PICHVNARI

RESULTS OF EXCAVATIONS
CONDUCTED BY THE N. BERDZENISHVILI BATUMI RESEARCH
INSTITUTE PICHVNARI EXPEDITION

VOLUME II
PICHVNARI 1967-1987

THE CLASSICAL WORLD IN THE EASTERN BLACK SEA AREA
THE FIFTH CENTURY BC GREEK NECROPOLIS AT PICHVNARI

PART 1: TEXT

BY
AMIRAN KAKHIDZE

THE ASHMOLEAN MUSEUM, OXFORD
AND THE BATUMI ARCHAEOLOGICAL MUSEUM

2007

ამირან კახიძე

ფიჭვნარი
II

ბათუმის ნ. ბერძენიშვილის სახელობის სამეცნიერო-კვლევითი ინსტიტუტის ფიჭვნარის არქეოლოგიური ექსპედიციის მუშაობის შედეგები

(1967-1987 წწ)

ანტიკური სამყარო აღმოსავლეთ შავიზღვისპირეთში
(ფიჭვნარის ძვ.წ. V საუკუნის ბერძნული ნეკროპოლი)

ნაწილი I
(ტექსტი)

ბათუმის არქეოლოგიური მუზეუმი
ოქსფორდის აშმოლის მუზეუმი

2007

UDC (უაკ) 902(479.22)
კ-378

© ამირან კახიძე, 2007

ფიჭვნარი II. ბათუმის ნ. ბერძენიშვილის სახელობის სამეცნიერო-კვლევითი ინსტიტუტის ფიჭვნარის არქეოლოგიური ექსპედიციის მუშაობის შედეგები (1967-1987 წწ)

ბათუმის არქეოლოგიური მუზეუმი
    ISSN-1512-0716
    ISBN 978-99940-0-114-9 (ტომეულის)
    ISBN 978-99940-0-218-4 (II ტომის)

ოქსფორდის უნივერსიტეტის აშმოლის მუზეუმი
    ISBN 1-85444-223-6

რედაქტორი: ასოც. პროფ. ე. კახიძე

დაიბეჭდა: საგამომცემლო სახლში „ინოვაცია",
საქართველო, ქ.თბილისი, ძმები კაკაბაძეების ქ. № 22.

ASHMOLEAN MUSEUM, UNIVERSITY OF OXFORD
    ISBN 1-85444-223-6

BATUMI ARCHAEOLOGICAL MUSEUM
    ISSN-1512-0716
    ISBN 978-99940-0-218-4

© KAKHIDZE, AMIRAN, 2007

PICHVNARI. RESULTS OF EXCAVATIONS CONDUCTED BY THE N. BERDZENISHVILI BATUMI
RESEARCH INSTITUTE PICHVNARI EXPEDITION. PICHVNARI 1967-1987, V. 2: CLASSICAL WORLD
IN THE EAST BLACK SEA AREA: THE PICHVNARI FIFTH CENTURY BC GREEK NECROPOLIS

INCLUDES BIBLIOGRAPHICAL REFERENCES AND CATALOGUE

CONTENTS: PT. 1. TEXT - PT. 2. ILLUSTRATIONS

PRINTED IN GEORGIA
BY THE PUBLISHING HOUSE INOVACIA LTD, 22 DZMEBI KAKABADZEEBI STREET, TBILISI

სარჩევი

TABLE OF CONTENTS

წინასიტყვაობა

XX ს მეორე ნახევარში ფართო მასშტაბის წყაროთმცოდნეობითი, ისტორიოგრაფიული და გეგმაზომიერი საველე არქეოლოგიური კვლევა-ძიების შედეგად შესაძლებელი გახდა აღმოსავლეთ შავიზღვისპირეთთან (სურ. 1), ოიკუმენის ამ მეტად საინტერესო რეგიონთან დაკავშირებული ცალკეული მეცნიერული საკითხების დამუშავება. ამ მიმართულებით სამხრეთ-დასავლეთ საქართველოს ზღვისპირეთში საყურადღებო სამუშაოები განახორციელა ბათუმის ნ.ბერძენიშვილის სამეცნიერო-კვლევითი ინსტიტუტის, ბათუმის არქეოლოგიური მუზეუმის, ციხისძირისა და გონიო-აფსაროსის მუზეუმ-ნაკრძალებმა. უკვე ოთხ ათეულ წელზე მეტია კვლევითი ინსტიტუტის არქეოლოგიის განყოფილებისა და ბათუმის არქეოლოგიური მუზეუმის საველე კვლევა-ძიების ერთ-ერთ ძირითად ობიექტს ფიჭვნარის ნაქალაქარი და ვრცელი სამაროვანი წარმოადგენს.

ფიჭვნარის კომპლექსში შემავალი ცალკეული ეპოქის ძეგლების შესახებ შეიქმნა საკმაოდ მდიდარი მეცნიერული მემკვიდრეობა. საბჭოთა პერიოდში გამოქვეყნებულ მონოგრაფიებსა და სტატიებზე რომ არაფერი ვთქვათ, მხოლოდ ბოლო წლების განმავლობაში მეცნიერულ მიმოქცევაში შევიდა რამდენიმე სერიოზული გამოკვლევა, მათ შორის ქართულ-ინგლისურ ენებზე შესრულებული მონოგრაფია ,,ფიჭვნარი I“. ამ წიგნისგან განსხვავებით, სადაც ფიჭვნარში 1998-2002 წწ გათხრილი ყველა ობიექტია განხილული, ,,ფიჭვნარი II“ მხოლოდ ძვ.წ. V ს ბერძნულ ნეკროპოლზე გვექნება საუბარი. დანარჩენი: ძვ.წ. V ს კოლხური, ძვ.წ. IV ს ბერძნული და ელინისტური ხანის სამაროვნები, ისევე როგორც ნაქალაქარი, მომავალში ცალკე კვლევის საგანს წარმოადგენს.

ბერძნული ნეკროპოლი ამიერკავკასიაში ჯერჯერობით ერთადერთი სამაროვანია, რომელიც უშუალოდაა დაკავშირებული ბერძნულ ეთნოსთან, იძლევა უმდიდრეს ნივთიერ მასალას ლეგენდარული კოლხეთის ანტიკურ სამყაროსთან ურთიერთობების კვლევისათვის. აქედან გამომდინარე, მის შესწავლას, რომელსაც თითქმის ნახევარი საუკუნის ისტორია გააჩნია, უდიდესი მეცნიერული ღირებულება გააჩნია. შემთხვევითი არაა, რომ სხვადასხვა დროს ფიჭვნარის ექსპედიციაში ბევრი ცნობილი მეცნიერი თუ საველე მუშაკი იღებდა მონაწილეობას: ა.ინაიშვილი, დ.ხახუტაიშვილი, ი.გძელიშვილი, ტ.ჩუბინიშვილი, გ.გრიგოლია, დ.შელოვი, ი.ბრაშინსკი, ი.კრუგლიკოვა, ი.გ.ვინოგრადოვი, მ.ზოლოტარიევი, ვ.კოვდეევ-შელოვი, ნ.ვაშაკიძე, ს.გოგიტიძე, ნ.ინაიშვილი, გ.თავამაიშვილი, ი.ჩავლეიშვილი, ი.იაშვილი, ი.დავითაძე, ლ.ჩხაიძე, ა.ჯაველიძე, რ.მიქელაძე, ი.გილგენდორფი, გ.ბიბილეიშვილი, ს.კვირიკაძე, ს.ლასურიძე, მ.ხინკილაძე, ნ.ჩმუტი, ს.მჟავანაძე, ა.სეფერთელაძე, ნ.საგინაძე, რ.ქათამაძე, რ.ქამადაძე, მ.ზარქუა, თ.ინაიშვილი, მ.კორობკო და სხვ.

მათი საქმე ღირსეულად გააგრძელეს ახალი თაობის წარმომადგენლებმა. „ფიჭვნარი II“ საბოლოო სახის მიცემაში განსაკუთრებით გულისხმიერება გამოიჩინეს და დიდი შრომა გასწიეს ჩვენი მუზეუმის თანამშრომლებმა: ნონა მეფარიშვილმა, ნინო ძნელაძემ, მერაბ უზუნაძემ, მაია ახვლედიანმა, დალი კახიძემ და გივი ნახუცრიშვილმა. წიგნის რედაქტირებაში, ინგლისური კატალოგისა და ბიბლიოგრაფიული ნაწილის შექმნაში დიდია ასოცირებული პროფესორის ემზარ კახიძის წვლილი. მონოგრაფიის ძირითადი ნაწილი ინგლისურად თარგმნა ი.კუციამ, რომელსაც საბოლოო სახე პროფესორმა მ.ვიკერსმა მისცა. ჩვენ საპატიო მოვალეობად რჩება მადლობა მოვახსენო ყველა მათგანს თანადგომისათვის.

განსაკუთრებული მადლიერებით გვინდა აღვნიშნოთ ჯესუს კოლეჯისა (ოქსფორდი) და შპს „ელიტ ელექტრონიქსის" წვლილი, რომლებმაც მნიშვნელოვნად შეუმსუბუქეს ბათუმის არქეოლოგიურ მუზეუმს წიგნის გამოქვეყნებასთან დაკავშირებული ხარჯები.

პროფ. ა. კახიძე
ბათუმის არქეოლოგიური მუზეუმი

PREFACE

The British-Georgian Pichvnari Expedition has been active since 1998, excavating the cemeteries and settlement of the Greco-Colchian *emporion* at Pichvnari. The site lies on the Black Sea coast of Georgia, at the confluence of the Choloki and Ochkhamuri rivers some 10km to the north of the town of Kobuleti in the Adjarian Autonomous Republic. The results of the activities of the first five years of the joint expedition were published in a monograph: M. Vickers and A. Kakhidze, *Pichvnari 1: Results of Excavations Conducted by the Joint British-Georgian Expedition 1998-2002*: Greeks and Colchians on the East Coast of the Black Sea (Ashmolean Museum, Oxford and the Batumi Archaeological Museum, 2004). A further monograph is planned to cover the next five years, and preparation is well advanced.

The present volume, however, is the next in the Pichvnari monograph series, and it is concerned with some of the work done at Pichvnari between 1960 and 1989. Coin hoards had led to the identification of the site in the 1950s. Small-scale fieldwork was carried out in 1953 and 1956 by the Acad. I. Javakhishvili Institute of History, but it was only in 1960 that large-scale excavation began conducted by the N. Berdzenishvili Batumi Research Institute of the Georgian Academy of Sciences. Perhaps the most significant contribution was the investigation of the Greek cemetery which, if it is indeed truly Greek, as we believe it to be, constitutes the largest ethnic Greek necropolis in the eastern Black Sea region. Work was carried out here between 1967 and 1989. There have only been preliminary reports, and discussions of certain finds, to date, but this volume is intended to place the whole of this important material before the scientific world.

The present publication is the result of a good deal of team work. First of all, on the part of those who participated in the 1967-1987 excavations: these included A. Inaishvili (director of excavations in 1967-1976), D. Khakhutaishvili (director of excavations in 1979 and 1981-1987), A. Kakhidze (director of excavations in 1977 and 1980), N. Vashakidze, S. Gogitidze, L. Chkhaidze, N. Inaishvili, I. Iashvili, G. Tavamaishvili, I. Chavleishvili, S. Mamuladze, A. Ramishvili, R. Nasidze, D. Mamisashvili, I. Gdzelishvili, S. Rusidze, G. Grigolia, T. Chubinishvili, T. Sikharulidze,

I. Davitadze, D. Shelov, V. Kovdeev-Shelov, I. Brashinskiy, I. Kruglikova, I.G. Vinogradov, M. Zolotariov, (archaeologists), A. Javelidze, R. Mikeladze, O. Kirova-Bedukadze, S. Mzhavanadze, N. Chmut, M. Khinkiladze (architects and surveyors), G. Bibileishvili, E. Kvirikadze, E. Gilgendorf, S. Lasuridze (photographers), M. Tsiskaradze, V. Ferselidze (laboratory assistants), A. Seferteladze (deputy director for supplies), G. Seidishvili, N. Saginadze, R. Kamadadze, M. Zarkua, T. Inaishvili, M. Korobko (drivers), students from the Batumi Pedagogical Institute, Tbilisi State University, Telavi Pedagogical Institute and Moscow State University. The staff of the Batumi Museum have been a constant source of help and support. More recently, Irine Kutsia translated the English summary (pp. 206-227) and Emzar Kahidze the English bibliography and catalogue (pp. 228-262 and 291-308). The latter has served as an indefatigible general editor, and has also co-ordinated the publication process. Nona Mepharishvili prepared the illustrations, and Merab Uzunadze, Levan Bochorishvili, Maia Akhvledini and Dali Kakhidze worked wonders on the computer. Thanks are also due to Dr Christopher Brown, the Director of the Ashmolean Museum, and to Dr Susan Walker, Keeper of the Department of Antiquities, for encouraging this work to appear under the joint imprint of the Ashmolean and the Batumi Archaeological Museum.

Thanks are due to Jesus College, Oxford for a Major Research Grant towards publication costs. Thanks are also due to the following: The Batumi Archaeological Museum and 'Elite Electronics Ltd'.

MICHAEL VICKERS
Ashmolean Museum, Oxford

შესავალი

როგორც უკვე აღინიშნა, აღმოსავლეთ შავიზღვისპირეთის (სურ. 1) ანტიკური ხანის ისტორიისა და კულტურის კვლევა ძველი მსოფლიოს ისტორიისა და არქეოლოგიის ერთ-ერთი აქტუალური და მრავალი ასპექტის მომცველი პრობლემათაგანია. წერილობითი ცნობების სიმცირის, ეპიგრაფიკული ძეგლების თითქმის არარსებობისა და თანამიმდევრული არქეოლოგიური გათხრების გვიან დაწყების გამო პონტოს სანაპიროს ეს ნაწილი დიდი ხნის განმავლობაში თითქოსდა „თეთრ ლაქად" გამოიყურებოდა.

კოლხეთისა და ანტიკური სამყაროს ურთიერთობების უადრესი საფეხურების ამსახველი მონაცემები შემონახულია ბერძნულ ლეგენდებსა და მითებში (ურუშაძე, 1964; ლორთქიფანიძე ოთ., 1966; 2002; Лордкипанидзе О. 1989; მიქელაძე, 1974 და სხვ.). გვიანარქაული ხანიდან მრავლდება ფრაგმენტული, მაგრამ საინტერესო ცნობები აღმოსავლეთ შავიზღვისპირეთის შესახებ (Инадзе, 1968: 39-97; ინაძე, 1982; Лордкипанидзе О., $1979_а$; $1979_ь$: 187-191). ბოლო ათეული წლების ინტენსიურ კვლევა-ძიებათა შედეგად კოლხეთის ნაქალაქარებსა, ნამოსახლარებსა თუ სამაროვნებზე მრავლადაა მოპოვებული ანტიკური სამყაროს სხვადასხვა საწარმოო ცენტრებში დამზადებული იმპორტული ნაკეთობანი (კახიძე, $1965_ь$; $1971_а$; ლორთქიფანიძე ოთ., 1966; მიქელაძე, 1978; კაჭარავა, 1983; ლიჩელი, ფოსი, მორინი, 1997; გაგოშიძე, 1997 და სხვ.).

ფიჭვნარსა და მის შემოგარენში მიკვლეულია სხვადასხვა ეპოქის არქეოლოგიური ძეგლები. ქობულეთის გორაკ-ბორცვოვან ზოლში აღმოჩენილია ეპიპალეოლითისა და ნეოლითის ხანის არაერთი ნამოსახლარი, ისპანის ტერიტორიაზე კი ადრებრინჯაოს ხანის ტორფქვეშა ნამოსახლარი. თვით ფიჭვნარში (ჩოლოქ-ოჩხამურის ხერთვისი) შეისწავლება შუა, გვიანბრინჯაო-ადრერკინის, კლასიკური და ელინისტური ხანის მძლავრი კულტურული ფენები, რომლებიც რამდენიმე ათეულ ჰექტარზეა გადაჭიმული. ფიჭვნარის კომპლექსში ექცევა, აგრეთვე, ჩოლოქ-ოჩხამურის აუზში აღმოჩენილი რკინის მეტალურგიის უძველესი სახელოსნოების მნიშვნელოვანი ნაწილი, ფიჭვნარის გასწვრივ მდებარე დიუნური დასახლება, ე.წ. ქვიშაზვინულები, ანტიკური ხანის სასოფლო რაიონი, ე.წ. ქორა და ფიჭვნართან უშუალოდ დაკავშირებული ძვ.წ. V ს კოლხური, ძვ.წ. V-IV სს ბერძნული და ადრეელინისტური ხანის ვრცელი სამაროვნები (სურ. 2). ამ ბოლო წლებში ადრეშუასაუკუნეების სამარხებიც გამოჩნდა.

როგორც ითქვა, უშუალოდ ფიჭვნარის არქეოლოგიური გათხრების დაწყებამდე ანტიკურ სამყაროსთან დაკავშირებული ბერძნული ეთნოსის ცხოვრების ამსახველი ძეგლები საქართველოს ზღვისპირეთში არ იყო ცნობილი. აქ 1967 წ მიკვლეულ იქნა კლასიკური ხანის ელინური ნეკროპოლი (სურ. 3), რომელიც არა მარტო ამ მხარის, არამედ პონტოსპირეთის და, საერთოდ, ანტიკური სამყაროს ერთ-ერთ ბრწყინვალე ძეგლს წარმოადგენს.

11

საველე არქეოლოგიური კვლევა-ძიება ფიჭვნარის ძვ.წ. V ს ბერძნულ ნეკროპოლზე

ფიჭვნარის ძვ.წ. V ს ბერძენ მოახალშენეთა სამაროვნის ტერიტორიაზე, ნაქალაქარზე მუშაობის პარალელურად, დროგამოშვებით საინტერესო და საკმაოდ მრავალრიცხოვანი ზედაპირული მასალა შევაგროვეთ 1961-1964 წლებში. ჩვენს ხელთ არსებული ნივთიერი კულტურის ძეგლების ხასიათის მიხედვით თავიდანვე მივედით დასკვნამდე, რომ ეს ადგილები უცხო, კერძოდ, ბერძნულ ეთნოსს უნდა სჭეროდა (კახიძე, 1965_a; 1965_b). 1967 წელს ფიჭვნარის სამარხის ერთ-ერთ უბანზე – „ნაპურვალაზე“ ძვ.წ. V ს კოლხური სამარხების გათხრების პარალელურად ამ ადგილებში ძეგლის ტოპოგრაფიის დადგენის მიზნით საკონტროლო თხრილი გავავლეთ. მისი ზომები იყო: 16X2 მ-ზე (ე.ი. 4 ნახევარკვადრატი). თხრილი დამხრობილი იყო სამხრეთიდან ჩრდილოეთისაკენ. პირველი ბარისპირის აღებისას ზედა ჰუმუსოვან ფენაში (1952 წ ჩაის დარგვისას პლანტაჟის გაკეთების გამო ჰუმუსოვანი ფენა აქ საკმაოდ მძლავრია – 35-45-50 სმ) ხშირად ჩნდებოდა სადა თუ სამკაულიანი შავლაკიანი ჭურჭლისა და ამფორების ნატეხები. ყურადღება მიიქცია იმ გარემოებამაც, რომ პირველი ორი ბარისპირის მოხსნის შემდეგ ეს მასალა მოშავო დანახშირებულ ფენაში ცალკეულ ჯგუფებად, კომპაქტურად იყო განლაგებული. მათ გაუკეთდათ სათანადო პრეპარაცია. პირველ ხანებში გაურკვეველი იყო მათი რაობა, მაგრამ ჰუმუსოვანი ფენის აღების, ამ ნაშთების სრულად გამოჩენისა და სამარხეული კონტურების გამოვლენის შემდეგ აშკარა გახდა, რომ ისინი წარმოადგენდნენ ცალკეულ სამარხებთან დაკავშირებულ სარიტუალო, საალაპო მოედნებს. მეორე ბარისპირის აღების შემდეგ ფხვიერ სილნარ ფენაში გამოჩნდა რკინის ლურსმნები, რაც „ნაპურვალას“ მსგავსად აქაც სამარხების არსებობის უტყუარი ნიშანი უნდა ყოფილიყო. გათხრების პროცესმა გვიკარნახა, რომ ამის შემდეგ ფიჭვნარისათვის ბარისპირის მეთოდით გათხრების გაგრძელება აღარ შეიძლებოდა. სამარხთა კონტურების „დაჭერის“ მიზნით რეკომენდირებული იყო უფრო თხელი შრეების მოხსნა, რისთვისაც მეტად მოხერხებული აღმოჩნდა სამარგლი – ე.წ. საფხეკი თოხის გამოყენება. ამ ტიპის თოხისათვის დამახასიათებელია შედარებით სიმსუბუქე და ტანის მოხრილობა; აქვს დაბალი და ფართო პირი (ჩიჯავაძე, 1966). ასეთი „მგრძნობიარე“ იარაღით ხდებოდა თხელი შრეების აღება, რაც გამორიცხავდა საალაპო მოედნებისა და ნივთების დაზიანება-გადაადგილებას.[1*] გარდა ამისა, თოხით მოპრიალებულ ზედაპირზე შეჩვეული თვალისათვის ადვილია სამარხეული ორმოს კონტურის განსაზღვრა. მართლაც, მალე თანამედროვე ზედაპირიდან 60-70 სმ-ის სიღრმეზე გამოჩნდა ერთ-ერთი მოზრდილი სამარხის კონტურის ნაწილი და რკინის ლურსმნები, ხის კუბოს სახურავის ლურსმნების დონიდან 10-15 სმ-ზე – მდიდრულად მოხატული წითელფიგურიანი კრატერის პირი და გედისთავიანი ბრინჯაოს ჩამჩის ტარი. ჩვენ მაშინვე შევაჩერეთ გათხრები, რადგანაც სამარხის კონტურის დიდი ნაწილი გაუთხრელ ფართობში ექცეოდა. თხრილს აღმოსავლეთით მთელ სიგრძეზე მივუმატეთ 4 მ, ხოლო დასავლეთით 2 მ

---

[*] შენიშვნები გატანილია თითოეული თავის ბოლო გვერდზე.

სიგრძის ფართობი. საბოლოოდ მისი ზომები გახდა 16X8 მ-ზე. გაუთხრელ ნაწილში ავიღეთ პირველ რიგში ზედა ჰუმუსოვანი ფენა, რის შემდეგაც კვლავაც გამოჩნდა სააღაპო მოედნები და კრემაციული წერტილები. მთლიანად გამოიკვეთა კრატერიანი და კიდევ 6 ახალი სამარხის კონტური. ამ წელს შესწავლილ იქნა 7 სამარხი (სურ. 4/1).

მდიდრული დაკრძალვითა და ინვენტარის მრავალრიცხოვნებით ყურადღებას იქცევს პირველი და მეექვსე სამარხი. პირველში წარმოდგენილი იყო 4 ქიოსური ამფორა, ვერცხლისა და ოქროს რგოლები, შავლაკიანი ჯამები, კილიკი, ცალყურა თასი, სამარილე, ამფორისკი, ბოლსალი, წითელფიგურული ასკი, ბრწყინვალე კრატერი; ტორევტიკის ნიმუშები – ბრინჯაოს ოინოხოია, ჩამჩა, საწური და სტრიგილა (სურ. 17-18). ასევე ითქმის მეექვსე სამარხის შესახებაც - ორი თაზოსური ამფორა, ელექტრუმის ქიზიკინი, ვერცხლის ომფალოსიანი ფიალა, ოქროს ფარაკიანი ბეჭედი ეროტისა და აფროდიტეს გამოსახულებით, წითელფიგურული ლეკითოსი, სამარილე და ა.შ. (სურ. 32-33). სხვა სამარხების ინვენტარიდან აღსანიშნავია კვლავაც ქიოსური და თაზოსური ამფორები, ოქროს საყურეები და მძივები, ვერცხლისა და რკინის სამაჯურები, ბრინჯაოს ზარაკები, ფერადი მინის ამფორისკი და ალაბასტრი, სადა და წითელფიგურული არიბალისებრი ლეკითოსები, სამარილე, კოლხური ჭურჭელი, პანტიკაპეონის მონეტა და ა.შ. საყურადღებო მასალა შეგროვდა პირველი და მეექვსე სამარხის სააღაპო მოედნებზე: შავლაკიანი ამფორისკები, კილიკები, სამარილეები, ლეკითოსები, ჯამები, ბოლსალები, სადა და წითელფიგურული ასკოსები, თასები, შავლაკიანი ორნამენტირებული სამარილე, მაღალძირიანი ლანგრები და ა.შ. (კახიძე, 1975).

როგორც ვნახეთ, ფიჭვნარის ძვ.წ. V ს ბერძნულ ნეკროპოლზე 1967 წელს განხორციელებულმა საველე სამუშაოებმა ბრწყინვალე შედეგები მოგვცა. ბუნებრივია, მომდევნო წელსაც გათხრების ძირითადი ობიექტი ეს უბანი იყო. წინა წელს შესწავლილ თხრილს მთელს სიგრძეზე მიემატა 8 მ სიგანის (ე.ი. ორ-ორი კვადრატი), ხოლო ჩრდილოეთით კი 4 მ (ე.ი. ერთი კვადრატი) სიგანის თხრილი. საბოლოოდ თხრილის ზომები გახდა: სიგრძე 20 მ, სიგანე 16 მ. კვადრატების საერთო ნუმერაციის მიცემის მიზნით 1967 წელს გათხრილ A1-4 კვადრატებს ვუწოდეთ 1-4 კვადრატები, ხოლო B1-4 კვადრატებს კი 7-10 კვადრატები. თხრილის ჩრდილო ნაწილში 1968 წელს მომატებულ ორ კვადრატს ეწოდა მე-5 და მე-6 კვადრატი, აღმოსავლეთით მიმატებულ 10 კვადრატს კი - 11-20 კვადრატი. როგორც ვხედავთ, 1967 წელს შესწავლილ იქნა 8 კვადრატი – 1-4 და 7-10, მომდევნო წელს კი 12 კვადრატი – 5-6 და 11-20.

წინა წელს მიღებული გამოცდილების შესაბამისად ახალ ფართობზე პირველ რიგში შევისწავლეთ ზედა ჰუმუსოვანი ფენა, რომელსაც მოსდევდა ფხვიერი სილნარი შრე, რომლის სიმძლავრეა 20-25 სმ. ჩაის გაშენების მიზნით პლანტაჟის გაკეთებისას ეს ფენა არ იყო დაზიანებული. ამის შემდეგ იწყება 30-40 სმ სისქის გამკვრივებული ქვიშნარი გრუნტი, რომელსაც კვლავ ფხვიერი სილნარი ცვლის. სააღაპო მოედნები და სამარხებში ჩაყოლებული ამფორის პირისა და ყელის ნაწილები ექცევა ზედა ფხვიერ სილნარ ფენაში; თვით სამარხები კი უმეტესად მკვრივ გრუნტშია ჩაჭრილი, ზოგიერთი მათგანი ზედაპირთან ახლოსაა. სამარხეული ორმოს კონტურები განსხვავებული შეფერილობისა და სიფხვიერის მიხედვით ადვილი გამოსაცნობია მკვრივი ქვიშნარი გრუნტისაგან. ყოველივე ეს შესაძლებლობას იძლევა ზუსტად განისაზღვროს დამხრობის წესები და სამარხის ზომები.

1968 წელს რამდენიმე ადგილას ერთდროულად აღმოჩნდა სააღაპო მოედნები. ისინი

13

თანამედროვე ზედაპირიდან 40-45 სმ-ის სიღრმიდან იწყება. იშვიათად მათი ზედა მონაკვეთები დაზიანებულია სახნისით. საერთოდ კი, სამარხების მსგავსად, ფიჭვნარის სააღაპო მოედნებიც კარგადაა დაცული. ერთ-ერთ მათგანს მოზრდილი ტერიტორია – თითქმის მთელი მე-13 კვადრატი ეკავა. აქ მასალა 3 კომპაქტურ ჯგუფად იყო განლაგებული. შედარებით მძლავრ დამწვარ-დანახშირებულ ფენაში დიდი რაოდენობით იყო წარმოდგენილი იონიური, ატიკური და ადგილობრივი ჭურჭლის ნატეხები, კალცირებული ძვლები, სხვადასხვა სახის ნაყოფთა ნაჭუჭები.

ამ წელს აღმოჩნდა ქვის წყობიანი სამარხის ნაშთები (სამარხი № 20). დაცული იყო სამარხის ჩრდილო კედლის თავზე გაკეთებული ქვის წყობა. დანარჩენი კედლები უძველეს ეპოქებში მძარცველთა მიერ მთლიანად ან ნაწილობრივ მორღვეული იყო. სამშენებლო მასალად უხეშად დამუშავებული ბაზალტის ქვები გამოუყენებიათ. ჩრდილო კედელთან დაცული იყო ქვის წყობის 4 რიგი. ბაზალტის ქვებს შორის ერია თეთრი კირქვის ნატეხებიც, თავის დროზე იგი, როგორც ჩანს, სამარხეულ სტელას ეკუთვნოდა. აქვე იყო ტყვიის T-ს მსგავსი გამირიც, რომლითაც წყობაზე კირქვის სტელა უნდა ყოფილიყო მიმაგრებული (სურ. 58-59).

ფიჭვნარის სამაროვანზე ამ წელს პირველად აღმოჩნდა კრემაციული სამარხი. სამარხეულ ურნად გამოყენებული იყო ე.წ. წითელფიგურული კოლონებიანი კრატერი. კიდევ უფრო გაიზარდა ჩვენი ცნობები აღაპის წესის შესრულებასთან დაკავშირებით. მე-15 კოლექტიური სამარხის თავზე მოპოვებულ იქნა ოთხკუთხა მოყვანილობის ქვის ესხარია, რომელსაც ცენტრში მოზრდილი ნახვრეტი ჰქონდა. ესხარიებად უნდა ყოფილიყვნენ გამოყენებული ძირმომტვრეული ამფორებიც.

1968 წელს შესწავლილ იქნა თხუთმეტი სამარხი და რამდენიმე სააღაპო მოედანი, სადაც გამოვლენილია მეტად საინტერესო, მდიდარი და მრავალფეროვანი მასალა. ჩვეულებრივ წამყვან ადგილს იკავებენ სადა, სამკაულიანი თუ მოხატული ატიკური შავლაკიანი ლეკითოსები, ამფორისკები, ბოლსალები, კილიკები, ჯამები, თასები, იონიური და ადგილობრივი თიხის ჭურჭელი, ქიოსური და თაზოსური ამფორები, ვერცხლის სამკაულები და ა.შ. წინა წლის მსგავსად ცალკეულ სამარხებში წარმოდგენილი იყო ოქროს საყურეები, მძივები და მძივსაკიდები, ელექტრუმის ქიზიკინი, ვერცხლის ომფალოსიანი ფიალა, ბრინჯაოს სტრიგილა, საწური, ჩამჩა და ოინოხოია, ფერადი მინის ალაბასტრი, რკინის ბეჭედი და სამაჯური, პასტის მძივები და სხვ. პირველად აღმოჩნდა ოქროს სასაფეთქლე ხვიები და კილიტები, ვერცხლის ბეჭდები და პირამიდური საკიდები, ბრინჯაოს სარკეები, ისრისპირები, ფერადი მინის ოინოხოია, შავლაკიანი გუტუსი, ლანგარი, მაღალძირიანი თასი, მენდეს ამფორა, ნიმფეის მონეტა და, რაც განსაკუთრებით აღსანიშნავია, კოლხური თეთრის ახალი ნომინალები - ჰემიტეტრატემორიონები (სურ. 4/2).

1969-1971 წლებში ფიჭვნარის სამაროვანზე გათხრითი სამუშაოები შეჩერებული იყო. წარმოებდა აღმოჩენილი მასალების კამერალური დამუშავება. ფიჭვნარის ძვ.წ. V ს ბერძნულ ნეკროპოლზე მცირე მასშტაბის საველე სამუშაოები განხორციელდა 1972 წელს. ადრე შესწავლილი თხრილის აღმოსავლეთი კედლის ჭრილში გამოჩენილი იყო ერთ-ერთი სამარხის კონტურის დასავლეთი მონაკვეთი. იგი განძის მოყვარულთა ყურადღებას მიიქცევდა, ამიტომაც პროფ გ.გრიგოლიასთან ერთად ბოლომდე შევისწავლეთ ეს რიგით 23-ე სამარხი, რომელშიაც აღმოჩნდა საყურადღებო ინვენტარი. ესენია: პატარა და მოზრდილი შესანიშნავი ამფორისკები, შავლაკიანი ლეკითოსი, ბრინჯაოს სარკე, ვერცხლის სამაჯურები და ფარაკიანი ბეჭდები. პირველად აღმოჩნდა ვერცხლის სპირალური ხვია, საკინძი და პიქსიდის ტიპის იონიური ჭურჭელი (სურ. 5/1; 62).

ფიჭვნარის ძვ.წ. V ს ბერძნული ნეკროპოლის საზღვრების დადგენისა და ძვ.წ. IV ს ბერძნულ ნეკროპოლთან მისი დამოკიდებულების გარკვევის მიზნით არქეოლოგიური გათხრები

ძვ.წ. V ს ბერძნული ნეკროპოლის გათხრები (1967-1987 წწ)

გაგრძელდა 1973 წელსაც. თხრილი გაფართოვდა აღმოსავლეთის მიმართულებით (მიემატა 21-25 კვადრატი), ხოლო სამხრეთის მიმართულებით მე-11, მე-20 და 21-ე კვადრატებს მიემატა 26-ე, 27-ე და 28-ე კვადრატები. შედეგები კვლავაც თვალსაჩინო იყო. დადასტურდა, რომ სამაროვნის საზღვრები გრძელდებოდა როგორც აღმოსავლეთის, ასევე სამხრეთის მიმართულებით. თანდათანობით მცირდება დაშორება ძვ.წ. V და IV საუკუნეების ნეკროპოლებს შორის.

1973 წელს გათხრილ 8 კვადრატში აღმოჩნდა 9 სამარხი (მათ შორის ორი სამარხი კრემაციული იყო), ერთი საალაპო მოედანი და რამდენიმე კრემაციული წერტილი. დადგინდა, რომ ფიჭვნარში მდიდრული ბერძნული განსასვენებლების გვერდით წარმოდგენილი ყოფილა რიგითი სამარხებიც, სადაც იშვიათად ჩნდება ოქრო-ვერცხლის ნაკეთობანი, მოხატული ვაზები და სხვა სახის ფუფუნების საგნები. ხშირად ფიჭვნარის ბერძნული მოსახლეობის ეს ნაწილი სამარხეულ ინვენტარად ადგილობრივ კერამიკულ ნაწარმსა თუ სამკაულებს იყენებდა. საერთოდ, ამ წელსაც მოპოვებულ იქნა ისეთი საინტერესო ნივთიერი კულტურის ძეგლები, რომელთა მსგავსიც არ გვხვდება წინა წლების განათხარ მასალებში (სურ. 5/2).

ფიჭვნარის ძვ.წ. V ს ბერძნულ ნეკროპოლზე საველე არქეოლოგიური კვლევა-ძიება 1977 წელს განახლდა. ძირითადი თხრილი გაფართოვდა ჩრდილოეთისა (გაითხარა კვადრატები № 31-36) და აღმოსავლეთის მიმართულებით (კვადრატები № 3,7,42). კვლავაც ექსპედიციის ინტერესების სფეროში ექცეოდა სამაროვნის საზღვრების დადგენა, თხრილის ჩრდილო ნაწილში აქა-იქ ჩნდებოდა ე.წ. რამანჩენკოს ტიპის შავლაკიანი კილიკისა და ქიოსური ამფორების ნატეხები, 34-ე და 35-ე კვადრატების საზღვარზე ერთი სამარხიც (№ 33) აღმოჩნდა. მათი რიცხვი მკვეთრად იზრდება კვლავ აღმოსავლეთის მიმართულებით. არც თუ ისე დიდ ფართობზე აღმოჩნდა 14 სამარხი. სულ ამ წელს 15 სამარხი გაითხარა. როგორც წესი, სამარხთა დიდი ნაწილი ინჰუმაციური იყო. მათ შორის ერთი – კრემაციული (სამარხი № 46). მიცვალებულის ფერფლი შეენახათ სადა ჰიდრიაში. სიახლეს წარმოადგენდა ამფორასამარხის აღმოჩენა (სამარხი № 45). ახალშობილის დასამარხად გამოეყენებიათ თაზოსური ამფორა. მიცვალებულთა დიდი ნაწილი ხის კუბოში ყოფილა დაკრძალული. ზოგიერთ სამარხს მხოლოდ რკინის ლურსმნებით შეჭედილი ხის სახურავი ჰქონდა გაკეთებული, ზოგან კი – საერთოდ არ შეგვხვედრია რკინის ლურსმნები (სურ. 6/1).

დაკრძალვის წესებისა და ზოგიერთ შემთხვევაში ინვენტარის მიხედვითაც 1977 წლის გათხრები რიგი სიახლის მომცემი გამოდგა. სამარხთა მნიშვნელოვან ნაწილში წარმოდგენილი იყო მინიატურული ჰიდრია, თეთრანგობიანი ცილინდრული წითელფიგურული ლეკითოსები და ე.წ. იონიური ლეკითოსისებრი ჭურჭლები. აღმოჩენილია თითო-ოროლა შავლაკიანი ბოლსალი, ამფორისკი, ფერადი მინის ამფორისკი და ალაბასტრი, პატარა ზომის ქიოსური ამფორა და ა.შ. უფრო მეტია კოლხური წარმომავლობის ნივთები. ესენია: სადა ყურმილიანი თუ ფიჭვნარული დოქები და სხვა სახის ადგილობრივი ჭურჭელი, ბრინჯაოს ზარაკები, ვერცხლისა და რკინის სამაჯურები, პასტის მძივები და სხვ. პირველად აღმოჩნდა სადა იონიური და ატიკური წითელ-ფიგურული ჰიდრია, განუსაზღვრელი ცენტრის ყელგამობერილი ამფორა, კოლხური მათარა და ა.შ.

ფიჭვნარის ძვ.წ. V ს ბერძნულ ნეკროპოლზე 1979 წელს საველე სამუშაოები წყალ-ტუბოს II საერთაშორისო სიმპოზიუმის მონაწილეებისათვის ჩვენების მიზნით წარმოებდა. ძირითადი თხრილი გაფართოვდა აღმოსავლეთის მიმართულებით. 1977 წელს შესწავლილ მონაკვეთს მიემატა 14 კვადრატი (№ 43-56). დადასტურდა ადრინდელი კანონზომიერება.

15

კერძოდ, ზედა ჰუმუსოვან ფენაში გამოჩნდა შავლაკიანი კერამიკისა და ამფორის ნატეხები. ფენის სიმძლავრე 35-40 სმ იყო. შემდეგ იწყებოდა ფხვიერი სილნარი ფენა (სიმძლავრე 20-25-30 სმ). ამ დონეზე საალაპო მოედნები, ესხარიებად გამოყენებული ამფორები და ცალკეულ სამარხებში ჩაყოლებული ამფორების პირისა თუ ყელის ნაწილებიც ჩნდება. მთელს ფართობზე გაიწმინდა საალაპო მოედნები, აღმოჩნდა 11 ამფორა და მომდევნო მკვრივ სილნარ გრუნტში ჩაჭრილი სამარხების კონტურები. სამარხები განსაკუთრებით ინტენსიურად თხრილის ჩრდილო-აღმოსავლეთ ნაწილში იყო განლაგებული. ჩანს, რომ თავის დროზე ამფორების სახურავად ადგილობრივი თუ იონიური ნაკეთობანი გამოუყენებიათ. საკმაოდ ხშირად სამარხის თავზე შესაწირავად მიტანილი ჭურჭლეულობაც დაუწყვიათ. მაგალითად, 42-ე სამარხის თავზე იდო იონიური ჭურჭელი, შავლაკიანი კანელურებიანი ტოლჩა, ფერადი მინის ამფორისკი, იონიური და ადგილობრივი ჭურჭლები. დადგინდა, რომ ღვინიან ამფორებს რიგითი ფენების წარმომადგენლებსაც აყოლებდნენ. ისინი ხშირ შემთხვევაში ხის კუბოს გარეთ, უფრო აღმოსავლეთ ნაწილში სამარხეულ ინვენტართან შედარებით ოდნავ მაღლაა ჩადგმული (ერთჯერ იყო ინვენტარის საერთო დონეზე დაბლა).

როგორც ითქვა, სამარხის თავსა თუ მის ახლო-მახლო ხშირად ჩნდებოდა შესაწირავად მიტანილი ჭურჭლეულობაც. ამ წელს ჩვენ ვერ მოვასწარით 49-ე და 56-ე კვადრატების გათხრები. სიმპოზიუმის მონაწილეებისათვის ჩვენების მიზნით დავიწყეთ მთელ ფართობზე ყველა სამარხის ერთდროული პრეპარაცია. მართლაც, შეიქმნა იდეალური სურათი – 18 სამარხის ინვენტარი, საალაპო მოედნები, ამფორები, შესაწირავად მიტანილი ჭურჭელი და ა.შ. სანახაობა ამ წელს მეტად შთამბეჭდავი იყო. მუშა-პრეპარატორმა ზ.ქათამაძემ საველე სამუშაოები მაღალ დონეზე შეასრულა. სამარხთა ერთი ნაწილი რკინის ლურსმნების განლაგებით გაიწმინდა ხის კუბოს ზომების, ნაწილი კი – სამარხეული ორმოს მომცველი ფართობის მიხედვით. გათხრების მეთოდიკამ საერთო მაღალი შეფასება დაიმსახურა (სურ. 6/2).

სამარხთა უმრავლესობა აღმოსავლეთისაკენ იყო დამხრობილი (ერთ შემთხვევაში ჩრდილო-აღმოსავლეთისაკენ). ბევრ სამარხში აღმოჩნდა მოხატული, თეთრფონიანი თუ ორნამენტირებული ცილინდრული და არიბალისებრი ლეკითოსები.

როგორც ითქვა, 1979 წელს შესწავლილ იქნა რიგითი ფენების სამარხები. ერთადერთი № 59 სამარხი შეიცავდა ოდნავ განსხვავებულ მასალას. ესენია: ქიოსური ამფორა, ადგილობრივი ჭურჭელი, მოხატული ცილინდრული ლეკითოსი, არიბალისებრი ლეკითოსები, ვერცხლის ფარაკიანი ბეჭედი, ბრინჯაოს ზარაკები და ცალყურა შავლაკიანი თასი. სხვა სამარხებში მეტ-ნაკლები რაოდენობით წარმოდგენილი იყო ქიოსური და თაზოსური ამფორები (ერთ სამარხში წყვილი თაზოსური ამფორა ჩაეყოლებინათ), ადგილობრივი კერამიკული ნაწარმი, იონიური ჭურჭელი, ატიკური შავლაკიანი კილიკი, გუტუსი, ბოლსალი, ცალყურა თასი, ამფორისკები, სამოსური ლეკითოსები, თეთრკეციანი ჭურჭელი, მძივები, ბრინჯაოს ზარაკები, ვერცხლის ფარაკიანი ბეჭდები, რკინის ბეჭედი და რგოლი, ბრინჯაოს ჭურჭლის ნატეხი, ორნამენტირებული რგოლი, ვერცხლის შესანიშნავი წელშეზნექილი სამაჯურები; ერთხელ კოლხური თეთრიც ჩაეყოლებინათ მიცვალებულისათვის პირის არეში. აშკარად შეინიშნება, რომ ბერძნული მოსახლეობის რიგითი ფენების წარმომადგენლები საკმაოდ ხშირად იყენებენ სამარხეულ ინვენტარად ადგილობრივ ნაწარმს, ხოლო მდიდრები კი – საიუველირო ხელოვნების ნიმუშებს. საკმაოდ ხშირად ადგილობრივი კერამიკული ნაწარმის ფორმები ამ წრეებშიც დიდი მოწონებით სარგებლობს.

ფიჭვნარის ძვ.წ. V ს ბერძნულ ნეკროპოლზე საველე არქეოლოგიური სამუშაოები გაგრ-

16

ძელდა 1980 წელსაც. ექსპედიციის მუშაობაში მონაწილეობა მიიღეს ჩვენმა რუსმა კოლეგებმაც (ი.ვინოგრადოვი, მ.ზოლოტარიოვი, ფ.კოვდიაევ-შელოვი და სხვ.). ძირითადი თხრილი გაგრძელდა აღმოსავლეთის მიმართულებით. ახლადშესწავლილი ფართობის სიგრძე იყო 28 მ, სიგანე 8 მ (ე.ი. 14 კვადრატი – 57-70). საველე სამუშაოებს ვახორციელებდით ადრე შემუშავებული მეთოდიკის მიხედვით. ბარის პირის მეთოდის გამოყენებით პირველ რიგში მოვხსენით ზედა ჰუმუსოვანი ფენა. როგორც წესი, აქ ჩნდება საალაპო მოედნებიდან მომდინარე შავლაკიანი თუ სხვა სახის ჭურჭლის ნატეხები. ასევე ზოგჯერ ამფორის ფრაგმენტები. ამ ადგილებში ზედა ფენის სიმძლავრე 40-45-50სმ-ს შორის მერყეობს. შემდგომ წარმოებს სამარგლი თოხის გამოყენებით ფხვიერი სილნარი ფენის შესწავლა. აქ გამოიყოფა საალაპო მოედნები და ცალკეულ სამარხებთან დაკავშირებული თუ ესხარიებად გამოყენებული ამფორები. ამ მონაკვეთზეც ფენის სიმძლავრე ცალკეული კვადრატების მიხედვით 12-20-25 სმ-ს შორის მერყეობს. ამის შემდეგ იწყება ე.წ. მკვრივი სილნარი გრუნტი. სწორედ ამ ფენაში საკმაო სიზუსტით იხაზება სამარხეული ორმოს კონტურები. მათი რიცხვი საგრძნობია. 1980 წელს შესწავლილ იქნა 18 სამარხი (№ 66-83) და 4 საალაპო მოედანი. ზოგადად ისინი ყველა ერთი პერიოდისაა და ძვ.წ. V ს მეორე ნახევარს განეკუთვნებიან. ყურადღებას იქცევს სამარხების ზუსტად აღმოსავლეთისაკენ დამხრობა. ერთ შემთხვევაში გადახრილი იყო ჩრდილოეთისაკენ, ერთჯერაც – სამხრეთისაკენ. დაკრძალვის წესებში სიახლეს წარმოადგენდა ის, რომ 70-ე სამარხის ცენტრალურ ნაწილში აღმოჩნდა ცხოველის წვრილი ძვლები. საინტერესოა, რომ მიცვალებულის პირ-სახის წინ ეწყო ბატკნის ძვლები მოდინახეს ადრეანტიკური ხანის ერთ-ერთ სამარხშიაც (ნადირაძე, 1975: 28, ტაბ. X/1). ჩანს, რომ საიმქვეყნიო საგზლის გაყოლების მსგავსი რიტუალი ცნობილია კოლხეთის შიდა რაიონების ადგილობრივი მოსახლეობისათვისაც. განსაკუთრებით ყურადღებას იქცევს ის გარემოებაც, რომ მინიატურულ ამფორაში, როგორც ჩანს, დედასთან ახლოს გამოძევებული ბავშვის ნეშთიც დაეკრძალათ (ამაზე სხვა დროს). სამარხთა დიდი ნაწილი ეკუთვნის რიგითი ფენის წარმომადგენლებს. იყო უინვენტარო სამარხებიც. სამარხის თავზე თუ თვით სამარხში შედარებით ხშირად ჩნდება არიბალისებრი თუ ცილინდრული სადა და მოხატული ლეკითოსები, თაზოსური თუ ქიოსური ამფორები. ერთჯერ განუსაზღვრელი ცენტრის ამფორაც იქნა მოპოვებული. დანარჩენ შემთხვევაში წარმოდგენილი იყო თითო-ოროლა ატიკური შავლაკიანი კილიკი, სამარილე, ჯამები, ამფორისკები, სკიფოსი, იონიური ჭურჭელი, ადგილობრივი სხვადასხვა სახის კერამიკული ნაწარმი, ვერცხლის ნახევარმთვარისებრი საკიდი, რკინის სტრიგილა, ვერცხლისა და ბრინჯაოს სამაჯურები, ქარვის და სხვა სახის მძივები და ა.შ. პირველად აღმოჩნდა ბრინჯაოს პატარა ზომის შესანიშნავი საწური და დიდი ზომის წითელფიგურული ლეკითოსი. სამწუხაროდ მისი აღდგენა არ მოხერხდა (სურ. 7).

მცირე მასშტაბის საველე სამუშაოები ფიჭვნარის ძვ.წ. V ს ბერძნულ ნეკროპოლზე ჩოლოქისპირა თხრილებისა და „ნაპურვალას“ გათხრების პარალელურად წარმოებდა 1981 წელსაც. დასრულდა 1980 წელს დაგეგმილი თხრილის არქეოლოგიური გათხრები. აღმოჩნდა კიდევ სამი სამარხი (№ 84-86). სამივე აღმოსავლეთისაკენ იყო დამხრობილი. პირველ სამარხში აღმოჩნდა იონიური ოინოხოია, მეორეში შავლაკიანი ბოლსალი და მთლიანად დაცული თეთრანგობიანი ცილინდრული ლეკითოსი. მესამე სამარხი უინვენტარო იყო. ამ წელს შესწავლილ იქნა ერთი საალაპო მოედანი - 84-ე სამარხთან დაკავშირებული. აქ წარმოდგენილი იყო მოზრდილი გრაფიტოიანი იონიური ოინოხოია, ორნამენტირებული კილიკისა და სხვა სახის შავლაკიანი კერამიკის ნატეხები. გათხრების პროცესში ჩნდებოდა ნახშირისა და კალცირებული

ძვლების წვრილი ნამსხვრევები (სურ. 7).

ფიჭვნარის ძვ.წ. V ს ბერძნულ ნეკროპოლზე საველე სამუშაოები 1983 წელსაც გაგრძელდა. საქართველოს მეცნიერებათა აკადემიის ბათუმის ნიკო ბერძენიშვილის სამეცნიერო-კვლევითი ინსტიტუტის არქეოლოგიის განყოფილების მუდმივმოქმედ წევრებთან ერთად საველე სამუშაოებში მონაწილეობა მიიღო ი.კრუგლიკოვამაც. ძირითადი მიზანი კვლავაც სამარხთა გავრცელების საზღვრების ძიება და ახალი მასალების მოპოვება იყო. თხრილი გაფართოვდა დასავლეთის მიმართულებით, შეისწავლებოდა № 102-116 კვადრატები. არქეოლოგიური გათხრები წარმოებდა ადრე შემუშავებული მეთოდიკის მიხედვით. ნეკროპოლის ეს მონაკვეთი მცირე დასკვნის გაკეთების საშუალებას იძლევა. შესასწავლი ფართობის გარკვეული ნაწილი ერთიან საერთო დონესთან შედარებით დაბლა ეშვება. ამ ადგილებში სამარხები არ აღმოჩენილა. როგორც ჩანს, ფიჭვნარელმა ელინებმა ყურადღება მიაქციეს იმ გარემოებას, რომ დაბალ ადგილებში გრუნტის წყლები ზედაპირთან საკმაოდ ახლოსაა, ამიტომაც საფლავების გამართვისაგან თავი შეუკავებიათ. სამარხები აღმოჩნდა უფრო შემაღლებულ ადგილებზე. ამ წელს გათხრილი ფართობის სამხრეთ-აღმოსავლეთ მონაკვეთზე აღმოჩნდა 10 სამარხი. მათ შორის ერთ-ერთ სამარხში (№ 97, კვადრატი 112) ორი მიცვალებული იყო დაკრძალული. ყურადღებას იქცევს 95-ე სამარხი, რომლის ჩრდილო კედლის თავზე ორი თუ სამი რიგისაგან შემდგარი ქვის წყობის ნაშთები იყო შემორჩენილი. სამარხების ახლოს კალცირებული ძვლების ნატეხები და წვრილი მძივები ჩნდებოდა. შესაძლოა ახლომახლო სამსხვერპლო მოედანი – ბოტროსიც იყო მოწყობილი. ყურადღებას იქცევს ის გარემოებაც, რომ ზოგიერთი სამარხეული ორმოს ზომები მოზრდილია. მაგალითად, 95-ე სამარხის სიგრძე 3,75 მ იყო, სიგანე 2,25 მ. 96-ე სამარხის სიგრძე 3,35 მ, სიგანე - 2 მ და ა.შ.

როგორც წესი, სამარხები აღმოსავლეთისკენ იყვნენ დამხრობილი მეტ-ნაკლები გადახრებით. სამარხის აღმოსავლეთ ნაწილში ზოგჯერ ჩნდებოდა კბილის ნაშთები, ერთჯერ (სამარხი № 100) ბრინჯაოს სარკის ქვემოთ მარცხენა მხრის ძვლის ნატეხიც იყო გადარჩენილი.

სამარხები არ გამოირჩევიან მრავალრიცხოვანი ინვენტარით. ყურადღებას იქცევს 101-ე ბავშვის სამარხი, რომელშიაც მოპოვებულ იქნა ოქროს საკიდიანი მძივები, შესანიშნავი პატარა ზომის ოქროსავე საყურეები, რომლებსაც ანალოგები არ ეძებნებათ. ისინი ადგილობრივ ნაკეთობას წარმოადგენენ. აქვე იყო ვერცხლის სამაჯურები, 2 წითელფიგურული ლეკითოსი, შავლაკიანი სამარილე და სამი ადგილობრივი ჭურჭელი. თვით ქვისწყობიან სამარხშიც კი მხოლოდ და მხოლოდ პატარა ზომის ქიოსური ამფორა, ამფორისკი და ბოლსალი იყო. სხვა სამარხებში მეტ-ნაკლები რაოდენობით აღმოჩნდა ვერცხლის სამაჯურები, ბრინჯაოს სარკეები, ამფორისკები, კანელურებიანი ტოლჩა, სამარილე, ლეკითოსი და ადგილობრივი ჭურჭლები (სურ. 8).

ფიჭვნარში 1985 წელს საველე კვლევა-ძიება წყალტუბოს IV საერთაშორისო სიმპოზიუმს დაუკავშირდა. ძირითადი გათხრები ძვ.წ. V ს კოლხურ სამაროვანზე მიმდინარეობდა. მნიშვნელოვანი საველე სამუშაოები განხორციელდა ძვ.წ. V და IV საუკუნეების ბერძნულ ნეკროპოლზე. ძვ.წ. V ს ბერძნულ ნეკროპოლზე ძირითადი თხრილი გავაფართოვეთ სამხრეთით (მიემატა თითო კვადრატი თითქმის მთელს სიგრძეზე - № 117-126) და აღმოსავლეთის მიმართულებით (აქაც აიგეგმა თითქმის მთელს სიგრძეზე ორ-ორი კვადრატი - № 127-142). როგორც წესი, მთელს ფართობზე პირველ რიგში მოვხსენით ზედა ჰუმუსოვანი ფენა. ჩაის დარგვისას გაკეთებული პლანტაჟის გამო მისი სიმძლავრე ბევრგან საგრძნობია - 50-60 სმ. ამ ადგილებში ფხვიერი სილნარი შრის სისქე 10 სმ-მდეა. შემდეგ იწყება მკრივი სილნარი გრუნტი, მაგრამ იგი მთელს ფართობზე არ ჩანდა გავრცელებული – აღმოსავლეთ თხრილის ჩრდილო-აღმოსავლეთ ნაწილში

18

მას მოყვითალო თიხნარ შერეული სილნარი ფენა ცვლის.

1985 წელს აღმოჩნდა 13 სამარხი. საალაპო მოედნები ცოტა იყო. სამარხთა დიდ ნაწილში აქაური მოსახლეობის რიგითი ფენები ჩანან დაკრძალულნი. შედარებით მდიდრული ინვენტარი იყო წარმოდგენილი 110-ე სამარხში – დიდი ზომის თაზოსური ამფორა, ოქროს მძივები, ჩიტებისა და ჯიხვის თავის სკულპტურული გამოსახულებებისაგან შედგენილი მძივსაკიდი, ოქროს ბეჭედი, შესანიშნავი ვერცხლის ომფალოსიანი ფიალა, ვერცხლის სამაჯურები, ბრინჯაოს სკიფოსი, ე.წ. ნატიფი კლასის კილიკი და შავლაკიანი არიბალისებრი ლეკითოსი. ყურადღებას იქცევს 107-ე სამარხიც. მასში მოპოვებულ იქნა წითელფიგურული ლეკითოსი, ცალყურა შავლაკიანი თასი, რელიეფური ბურცობებით შემკული შესანიშნავი შავლაკიანი ჭურჭელი, ადგილობრივი დოქი, ოქროს საყურეები, ვერცხლის საკინძი, ვერცხლის სამაჯურები. დანარჩენი სამარხები ხშირ შემთხვევაში საგულისხმოა იმით, რომ მათში წარმოდგენილი ინვენტარის დიდი ნაწილი ძვ.წ. V ს კოლხური სამაროვნის სამარხების მსგავსად ადგილობრივ ნაკეთები ნივთებითაა დაკომპლექტებული. ესენია: სხვადასხვა სახის თიხის ჭურჭელი, ვერცხლის, ბრინ-ჯაოსა და რკინის სამაჯურები, საყურეები, რკინის კირკალი, კოლხური თეთრი, მძივები და ა.შ. სხვა ნაკეთობებიდან აღსანიშნავია პატარა ზომის ქიოსური ამფორა, შავლაკიანი ლეკითოსები, რკინის სტრიგილა და ა.შ. სიახლეს წარმოადგენს ისიც, რომ ამ წელს პირველად აღმოჩნდა ე.წ. იონიური ასკი. ჩვენი აზრით, 115-ე სამარხი კოლექტიური უნდა იყოს, რომელშიაც დაკრძალული ჩანს ორი ბავშვი ფეხშექცევით (სურ. 9).

1986 წელს ფიჭვნარის ძვ.წ. V ს ბერძნულ ნეკროპოლზე საველე სამუშაოების წარმოება წინასწარ არ ყოფილა დაგეგმილი. ბათუმის მეთევზეთა კოლმეურნეობამ „წითელმა მეთევზემ" უხეშად დაარღვია რა სახელმწიფოს კანონი „ისტორიის და კულტურის ძეგლთა დაცვის და გამოყენების შესახებ", სამეცნიერო დაწესებულებებსა და კულტურის ძეგლთა დაცვის კომიტეტთან შეუთანხმებლად ფარულად საკმაოდ დიდი მასშტაბის მიწის სამუშაოები განახორციელა სამაროვნის ტერიტორიაზე. თხრილის ჩრდილო-დასავლეთ ნაწილში, გაუთხრელ ფართობზე 20 მ-ის მოშორებით აღებულ იქნა 2100 $მ^2$ ფართობზე 2 მ სიღრმის ფენა. ბუნებრივია, დაირღვა არაერთი სამარხი თუ საალაპო მოედანი. თევზსაშენისათვის გუბურის ამოღება სწრაფ ტემპში მიმდინარეობდა. მივუსწარით და რამდენიმე სამარხი გადავარჩინეთ ქვაბულის სამხრეთ ნაწილში. დარღვეული სამარხების ტერიტორიაზე შექმნილი „გორების" გაცრა არქეოლოგიური მასალების გადარჩენის მიზნით მომავლის საქმეა.

ნაწილობრივ გადარჩენილი ტერიტორიის ზომებია 16X12 მ-ზე. პირველ რიგში ტრაქტორის მიერ მოთხრილი ტერიტორია მოვიყვანეთ წესრიგში. სამხრეთ ხაზზე ავაგეთ 4 კვადრატი, ხოლო აღმოსავლეთზე 3 კვადრატი. გავაგრძელეთ თხრილის კვადრატების ნუმერაცია (№ 143-154). შემდგომ ზოგიერთ მონაკვეთზე აუცილებელი გახდა თხრილის გაფართოება. მიემატა № 155-167 კვადრატები. ამ ტერიტორიის მთლიანად შესწავლა ვერ მოხერხდა, ჰუმუსოვანი ფენა ტრაქტორს მოეხსნა. ნაწილობრივ – სილნარიც. მალე გამოჩნდა საალაპო მოედნები და ცალ-კეული სამარხების კონტურები. ამ მონაკვეთზე სამარხები საკმაოდ ინტენსიურადაა განლაგებული. ადრე შესწავლილი სამარხების საერთო დონიდან დაახლოებით 70-80 სმ-ით დაბლა მდებარეობენ. გარდა ამისა, ისინი ადრეული პერიოდით - ძვ.წ. V ს მეორე მეოთხედით თარიღდებიან. გაითხარა 27 სამარხი. მათი ზომები არაა დიდი და ხშირ შემთხვევაში უახლოვდებიან კოლხთა სამარხებს. ბავშვთა განსასვენებლები კიდევ უფრო პატარა ზომის არიან. მეტია აღმოსავლე-თისაკენ დამხრობილი სამარხები, მაგრამ საკმაოდ ხშირია ამ საერთო წესიდან გადახრებიც.

19

ერთჯერ (სამარხი № 124) მიცვალებული ჩრდილო-დასავლეთით იყო დამხრობილი, ივარაუდება მოხრილ პოზაში დაკრძალვის წესის არსებობაც (მარცხენა გვერდზე).

ხისკუბოიანი თუ სახურავიანი სამარხების რიცხვი საგრძნობლად ცოტაა (27 სამარხიდან რკინის ლურსმნები ფიქსირებულ იქნა 5 სამარხში). არც სამარხეული მასალა გამოირჩევა მრავალრიცხოვნებით. ხშირია უინვენტაროებიც. ფიჭვნარის პირველ ათენელ მოახალშენეებს უფრო ხელი მიუწვდებათ შავლაკიან ლეკითოსებზე, ფერადი მინის ჭურჭელზე. საკმაოდ ხშირად იყენებენ ადგილობრივ სამაჯურებს. პირველად აღმოჩნდა „ნაპურვალას" მსგავსი ვერცხლის სხივანა საყურეების ნაშთები. ოქროს ნივთები – ორი ცალი საყურე და 79 ფუყე მძივი წარმოდგენილი იყო ერთადერთ სამარხში. დასტურდება შავფიგურული ოინოხოიის, ლეკითოსის, მაღალძირიანი შავლაკიანი კილიკის, თასის, სამარილეს, იონიური ჭურჭლის, ადგილობრივი დოქის, სხვადასხვა სახის მინისა თუ ტყვიისებური მასის მძივების, ვერცხლისა და რკინის ბეჭდების, სპირალური ხვიების ნაშთებისა და სკვითური ისრისპირის აღმოჩენის ერთეული ფაქტები. ჩანს, რომ ფიჭვნარის ბერძენ მოახალშენეთა ადრეული პლასტი უპირატესად ღარიბული ფენებისაგან იყო დაკომპლექტებული. როგორც ჩანს, მათზე პირველ ხანებში მნიშვნელოვანი ზეგავლენა იქონია ადგილობრივმა კოლხურმა ადათ-წესებმა.

საინტერესო სურათის აღდგენის შესაძლებლობას იძლევა სააღაპო მოედნების გათხრები. ერთ-ერთ მათგანს უკავია მოზრდილი ტერიტორია – მთლიანად 165-ე კვადრატი, 164-ე კვადრატის მნიშვნელოვანი ნაწილი და 146-ე და 166-ე კვადრატების მცირე მონაკვეთი. სააღაპო მოედნის ფენის სიმძლავრე 45-60 სმ-ია. გათხრებისას მოპოვებულ იქნა 5-მდე ამფორის ნატეხი, 3 თითქმის მთლიანად დაცული ატიკური შავლაკიანი ლეკითოსი, ბრინჯაოს სამაჯური, თაზოსური ლეკითოსის, იონიური და ადგილობრივი ჭურჭლის ფრაგმენტები; განსაკუთრებით ხშირად ჩნდებოდა ატიკური კილიკების, სკიფოსების, ბოლსალების ფრაგმენტები. არის ფერადი მინის ნატეხები. იქმნება შთაბეჭდილება, რომ ეს ადგილები წარმოადგენდა საერთო სააღაპო მოედანს და მას დიდი სააღაპო მოედანი ვუწოდეთ. სამაროვნის ამავე უბანზე აღმოჩნდა კიდევ 6 შედარებით მცირე ფართობის მომცველი ტიპიური სააღაპო მოედანი, რომლებიც ცალკეულ სამარხებთან არიან დაკავშირებული. აქაც დაფერფლილ-დანახშირებულ ფენაში წარმოდგენილი იყო ჭურჭლის ნატეხები. ნამწვავი ფენა ახლაცაა შეწებებული შავლაკიანი კერამიკის ნატეხებზე. მე-4 სააღაპო მოედანზე შესანიშნავად დამუშავებული კაჟის ისრისპირიც აღმოჩნდა (სურ. 99/7). მე-6 სააღაპო მოედანზე ჩნდებოდა ლესბოსური ამფორის ნატეხებიც. ყურადღებას იქცევს ის გარემოებაც, რომ დაზიანებული თხრილის ცენტრალურ ნაწილში, საკმაოდ ღრმად, თანამედროვე ზედაპირიდან 1,15 მ სიღრმეზე თითქმის მთლიანად დაცული ლესბოსური ამფორაც იქნა მოპოვებული (სურ. 96/7). ესეც შესაწირავად მიტანილ ჭურჭელთა რიცხვს უნდა მივაკუთვნოთ. თვით სამარხებში ამფორებს არ აყოლებდნენ (სურ. 10).

1987 წელსაც ფიჭვნარის სამაროვანზე საველე სამუშაოების წარმოება განაპირობა ვანის V საიუბილეო სიმპოზიუმმა. მონაწილეებმა მეოთხეჯერ დაათვალიერეს ფიჭვნარის ველი და საცავში დაცული მასალა. 1987 წელს გათხრების ობიექტად არჩეული იქნა ძირითად თხრილსა და მეთევზეთა კოლმეურნეობის „წითელი მეთევზის" მიერ 1986 წელს დაზიანებულ ადგილებს შორის მდებარე ტერიტორია. კერძოდ, თხრილი გაფართოვდა აღმოსავლეთის მიმართულებით (ახალი თხრილის ზომები იყო 20X12 მ-ზე). აქ შესწავლილ იქნა № 172-186 კვადრატები. წინა წლებთან შედარებით სამარხების რიცხვი ნაკლები იყო. საერთო დონესთან შედარებით ეს ადგილები უფრო დაბლა მდებარეობს, ამიტომაც აქ გრუნტის წყლების დონე ზედაპირთან

საკმაოდ ახლოსაა; ფიჭვნარელი ელინები სწორედ ამ მიზეზების გამო ასეთ ადგილებში სამარხების გამართვას ერიდებოდნენ. შედარებით შემაღლებულ მონაკვეთებზე აღმოჩნდა 13 სამარხი და 5 სააღაპო მოედანი. სამაროვნის ამ ნაწილში ზედა ჰუმუსოვანი ფენის აღებისას იშვიათად ჩნდებოდა შავლაკიანი კერამიკის, ამფორებისა და თაზოსური ლეკითოსების ნატეხები. დიდ ნაწილზე ფხვიერი სილნარი ფენა იყო წარმოდგენილი. ზოგან გამოჩნდა მკვრივი სილნარი გრუნტი. ამ წელსაც შესწავლილი სამარხები პატარა ზომისანი არიან და ძვ.წ. V ს მეორე მეოთხედით თარიღდებიან. სამარხეული ინვენტარი არაა მრავალრიცხოვანი. ესენია: თითო-ოროლა ფერადი მინის ამფორისკი, ალაბასტრი, ვერცხლის ხვია, ბრინჯაოს ბიკონუსური საყურე, ბრინჯაოსა და რკინის სამაჯურები, ბრინჯაოს, პასტისა და მინის მძივები, ადგილობრივი სადა და ყურმილიანი დოქები, ქოთნები, იონიური ოინოხოია, შავლაკიანი კილიკი, ბოლსალი, სამარილე, ბელდამის ტიპის ცილინდრული ლეკითოსები, წითელფიგურული არიბალისებრი ლეკითოსი და ა.შ. სააღაპო მოედნების მასალებიდან კვლავაც ყურადღებას იქცევენ პროტოთაზოსური და თაზოსური ამფორებისა და ე.წ. თაზოსური ლეკითოსების, იონიური და ატიკური შავლაკიანი კერამიკის ნატეხები. 1987 წელს გამოვლენილი სამარხების მიხედვითაც შეინიშნება დაკრძალვის საერთო წესებიდან ხშირი გადახვევები. აღმოსავლეთისაკენ დამხრობილი იყო მხოლოდ ოთხი სამარხი. დანარჩენი – ჩრდილო-დასავლეთისაკენ, ჩრდილოეთისაკენ, დასავლეთისაკენ და სამხრეთ-დასავლეთისაკენ, ორი სამარხი უინვენტარო იყო (სურ. 10).

1987 წელს ძირითადი თხრილი გაფართოვდა სამხრეთის მიმართულებითაც. აქ შევისწავლეთ 7 კვადრატი - № 187-193. აქაც ჩრდილოეთის მიმართულების მსგავსად სამარხების რიცხვი კლებულობს - გამოვლენილი იქნა სულ სამი სამარხი (№ 47, 87 და 88) და ამდენივე სააღაპო მოედანი. სამარხები ძირითადად ძვ.წ. V ს მესამე მეოთხედით თარიღდებიან. ერთ-ერთი (№ 47) უინვენტარო იყო. მეორეში (№ 87) აღმოჩნდა ადგილობრივი ჭურჭელი, მესამეში (№ 88) შავლაკიანი არიბალისებრი ლეკითოსი.[2]

1989 წლის შემდგომ ქვეყანაში შექმნილ სიძნელეებთან დაკავშირებით ფიჭვნარში რაიმე სახის საველე სამუშაოები აღარ გვიწარმოებია. ახალი ეტაპი ფიჭვნარის და შესაბამისად ძვ.წ. V ს ბერძნული ნეკროპოლის კვლევაში 1998 წლიდან იწყება (კახიძე, ვიკერსი, 2004). ამ წელს შეიქმნა საქართველო-ბრიტანეთის ფიჭვნარის პირველი საერთაშორისო ერთობლივი ექსპედიცია. გაფორმდა სათანადო ხელშეკრულება ბათუმის არქეოლოგიურ მუზეუმსა და ინგლისის ოქსფორდის უნივერსიტეტის აშმოლის მუზეუმის ბერძნულ-რომაულ სიძველეთა დეპარტამენტს შორის. ამ ექსპედიციის შექმნას დიდი ამაგი დასდო დასახელებული დეპარტამენტის თავკაცმა პროფ. მაიკლ ვიკერსმა. საველე სამუშაოების დაფინანსების მნიშვნელოვანი წილი ინგლისის მხარეზე მოდის. ერთობლივ ექსპედიციაში აქტიურ მონაწილეობას იღებენ სხვა სამეცნიერო დაწესებულების თანამშრომლები, სხვადასხვა უნივერსიტეტის სტუდენტი-პრაქტიკანტები თუ დიპლომანტები.

შენიშვნები:

[1] ფიჭვნარის სამაროვნების გათხრების მეთოდიკის შესახებ იხ. (კახიძე, ვიკერსი, 2004: 17-18).

[2] ნუმერაციაში ცვლილება (კლება) გამოწვეულია ზოგიერთი ადრე გამოვლენილი სამარხის გვიან შესწავლის გამო.

სამაროვნის საერთო დახასიათება, სამარხთა ტიპები, დაკრძალვის წესები და სამარხეული ინვენტარის ჩაყოლების საერთო კანონზომიერებანი

ფიჭვნარის კლასიკური ხანის ბერძნული ნეკროპოლი ტერიტორიულად გამოყოფილია კოლხური და ელინისტური ხანის სამაროვნებისაგან. მათ შორის დაშორება არაა დიდი (100-150 მ). თანამედროვე გამყოფ ზოლად თითქოსდა გამოიყურება ჩაის პლანტაციებში შემავალი ლარივით სწორი ნაძვების ხეივანი. კოლხური და ელინისტური ხანის სამაროვნები მდებარეობენ გზის აღმოსავლეთ, ხოლო ბერძნული ნეკროპოლი კი – დასავლეთ ნაწილში. დღევანდელი მონაცემების მიხედვით ჩანს, რომ ბერძნული ნეკროპოლის დასავლეთი საზღვრები ქვიშაზვინულებამდე აღწევდა (ძვ.წ. I ათასწლეულის პირველი ნახევრისათვის ზღვის სანაპირო ზოლი ზედ ქვიშაზვინულებთან გადიოდა. ზოგჯერ ტალღები გადმოდიოდა კიდეც დიუნებზე). ფიჭვნარელ ელინებს სამაროვნად ზღვისპირა ზოლი გამოუყენებიათ. ჩრდილოეთი – მდ. ჩოლოქის მარცხენა სანაპიროს მიუყვებოდა. აღმოსავლეთი ზემოთ უკვე აღნიშნულ ხეივნიან გზამდე ვრცელდებოდა. ჯერ კიდევ არაა ზუსტად განსაზღვრული სამხრეთი საზღვარი. ზედაპირული მასალების მიხედვით ჩანს, რომ იგი ჩოლოქის დასახლებისაკენ მიმავალ გზას შორის მდებარე ადგილებში მთავრდება. ბერძნულ ნეკროპოლს 5-6 ჰა ფართობის უნდა სჭეროდა (სურ. 2).

ერთი შეხედვით სამაროვნის ტერიტორია არაფრით გამოირჩევა ირგვლივ მდებარე სწორი ზედაპირისაგან. საგანგებო დაკვირვების შემდეგ შესაძლებელი ხდება ალაგ-ალაგ ოდნავ შემაღლებული ადგილების შემჩნევა. სხვა ანალოგიური ძეგლების მსგავსად (Цветаева, 1951: 66; Мелюкова, 1975: 108 და სხვ.), ჩვენ არ გამოვრიცხავთ შესაძლებლობას, რომ თავის დროზე ცალკეულ სამარხებს მეტ-ნაკლები სიმაღლის მიწაყრილი ჰქონდა; ათეული საუკუნეების მანძილზე ქარების მოქმედებისა თუ სასოფლო-სამეურნეო სამუშაოების შედეგად ფხვიერი სილაყრილის ნიველირება მოხდა. ერთსა და იმავე ადგილზე სხვადასხვა დროის სამარხები არაა წარმოდგენილი. დღემდე გათხრილი ფართობის მიხედვით შეინიშნება შემდეგი კანონზომიერება: უძველესი სამარხები (მხედველობაშია ძვ.წ. V ს მეორე მეოთხედი) განლაგებულია სამაროვნის ჩრდილო-დასავლეთ მონაკვეთზე – იწყება უშუალოდ ქვიშაზვინულებიდან. მომდევნო ეპოქის (ძვ.წ. V ს შუა ხანები – მეორე ნახევარი) სამარხთა დიდი ნაწილი (250-მდე სამარხი) აღმოჩენილია სამაროვნის ჩრდილო და ჩრდილო-აღმოსავლეთ ნაწილში მთელს სიგრძეზე. ძვ.წ. IV ს სამარხები განლაგებულია ნეკროპოლის სამხრეთ-აღმოსავლეთ, სამხრეთ და სამხრეთ-დასავლეთ ნაწილში. ფიჭვნარის ბერძნული ნეკროპოლი დასაკრძალავ მოედნებად გამოყენებულია მთელი კლასიკური ხანის მანძილზე – დაახლოებით 480-330 წლებს შორის. ფიჭვნარის ბერძნული ნეკროპოლის სამხრეთ-დასავლეთით, დაახლოებით 150 მეტრის მოშორებით, უშუალოდ ქვიშაზვინულების ტერიტორიაზე შემთხვევით აღმოჩნდა ელინისტური ხანის კრამიტსახურავიანი გაძარცვული

სამარხი (კახიძე, 1983). 2001 და 2002-2004 წწ გათხრებმა დაადასტურეს, რომ ეს ადგილებიც ელინისტურ ხანაში მასობრივ სამაროვანს წარმოადგენდა (შევისწავლეთ 50-დე სამარხი).

სამაროვნის ტერიტორია საკმაოდ ინტენსიურადაა გამოყენებული. როგორც ზემოთაც აღინიშნა, ერიდებიან მხოლოდ და მხოლოდ დაბალ დაჭაობებულ ადგილებს. ერთი სამარხის მიერ მეორეს ჩაჭრა-დაზიანების შემთხვევა ერთადერთჯერაა ფიქსირებული. მთელი ფართობის ათვისება 150 წლის მანძილზე სამაროვნად თანამიმდევრობით ხდებოდა. სამარხთა ქრონოლოგია გვიჩვენებს, რომ პირველ ხანებში ნეკროპოლი იზრდებოდა აღმოსავლეთის მიმართულებით, ხოლო ძვ.წ. V ს ბოლოდან დაიწყო სამარხების მეორე რიგის გამართვა ჯერ სამხრეთის, მერე კი – დასავლეთის მიმართულებით (ძვ.წ. IV ს სამარხებიც ქვიშაზვინულებამდე ვრცელდება).

ფიჭვნარის ბერძნული ნეკროპოლის ერთ-ერთ თავისებურებას შეადგენს ის, რომ ცალკეულ სამარხთა დაცულობა შესანიშნავია. გარდა ზემოთ აღნიშნული კრამიტსახურავიანი სამარხისა, მძარცველთა ხელი, ისიც უძველეს ეპოქებში, როგორც ითქვა, ძვ.წ. V ს ბერძნულ ნეკროპოლზე შეეხო ერთადერთ სამარხს. ყოველივე ეს შესაძლებლობას იძლევა საკმაო სიზუსტით განისაზღვროს დაკრძალვის წესები, სამარხთა ტიპები, ინვენტარის ჩაყოლების კანონზომიერება და ა.შ. რკინის ლურსმნების განლაგების მიხედვით (იშვიათად ბრინჯაოს ლურსმნებიც გამოუყენებიათ) ხდება ხის კუბოსა თუ სახურავის მიახლოებითი ზომების დადგენა.

ფიჭვნარის ბერძნული ნეკროპოლისათვის წამყვანია ინჰუმაციური ინდივიდუალური ორმოსამარხები. იშვიათად გამოერევა კოლექტიური სამარხი. ასეთია მე-15 სამარხი, რომლის სამხრეთ მონაკვეთზე დაკრძალული იყო მამაკაცი, ჩრდილოეთზე ქალი და დასავლეთ ნაწილზე, როგორც ჩანს, მოახლე. ერთჯერ ბავშვთა ფეხშექცევით დასაფლავების ფაქტიც დადასტურდა. იშვიათად, მაგრამ კოლექტიური სამარხები ანტიკურ სამყაროს სხვა ცენტრებიდანაცაა ცნობილი. მაგალითად, ოლინთოში ერთ სამარხში 26 მიცვალებულის ნეშტი იყო წარმოდგენილი (Robinson, 1950: 146). გვხვდება ჩრდილო შავიზღვისპირეთშიც (Сорокина, 1957: 15-18; Силантьева, 1959).

ორმოსამარხებს აქვთ კუთხეებში მომრგვალებული წაგრძელებული ოთხკუთხედის მოყვანილობა. სამარხეული ორმო ფეხების არეში ოდნავ შევიწროვებულია. რკინის ლურსმნების განლაგების მიხედვით ჩანს, რომ მიცვალებულთა ერთი ნაწილი ხის კუბოში ყოფილა დასვენებული. არაა გამორიცხული, რომ შეძლებული ფენების წარმომადგენლებს ხის სარკოფაგებს უკეთებდნენ. № 1 და 16 სამარხში თითქოს ფიქსირებულ იქნა ოთხკუთხა მოყვანილობის ხის ფეხების ნაშთები შავი შეფერილობის მიხედვით. ოლბიაში აღმოჩენილი ხის სარკოფაგების ერთ ნაწილს ჰქონია ოთხი, ნაწილს კიდევ ექვსი ფეხი (Козуб, 1960: 77). ფიჭვნარის ზოგიერთ სამარხს მხოლოდ და მხოლოდ ხის სახურავი უკეთდებოდა. საკმაოდ ხშირად ჩნდება უბრალო გრუნტული ორმოსამარხები. სხვა ბერძნული ნეკროპოლების მსგავსად, ფიჭვნარშიაც კლასიკურ ხანაში სხვადასხვა სოციალური ფენების წარმომადგენლები ერთდაიმავე სამაროვანზე იკრძალებოდნენ.

ხის კუბოში დამარხვა ფართოდ გავრცელებული წესია ანტიკურ სამყაროში (Цветаева, 1951: 66-67; Кастанаян, 1959; Козуб, 1963: 16, 73-74 და სხვ.). ხისკუბოიანი სამარხები საკმაოდ ხშირად ჩნდება ჩრდილო შავიზღვისპირეთში. როგორც ვიცით, ფიჭვნარის ნესტიან სილნარ გრუნტში ხე არ ინახება; რკინის ლურსმნებს გარკვეული გადანაცვლება უნდა განეცადათ, მაგრამ მაინც ცდომილება უმნიშვნელო უნდა იყოს. რკინის ლურსმნების ზომებისა და ზოგჯერ ხის კუბოს ლპობის შედეგად გაჩენილი შავი ლაქის ანაბეჭდების მიხედვით ჩანს (სამარხი № 1

23

და 16), რომ ხის ძელები საკმაოდ მასიურნი ყოფილან. არაა გამორიცხული, რომ კონსტრუქციაში ხის წვრილ მორებსაც იყენებდნენ. გათხრების პროცესში შეიქმნა შთაბეჭდილება, რომ ხშირად ხის კუბოს სახურავის გარეშე ადრევე ამზადებდნენ; შემდეგ ჩაუშვებდნენ სამარხეულ ორმოში. მასში მიცვალებულის დასვენებისა და ინვენტარის ჩალაგების შემდეგ ხდებოდა სახურავის დაჭედვა. ასეთ შემთხვევაში ხის კუბოს ძირის ლურსმნები წვერით ზემოთკენაა მიმართული, სახურავის კი – პირიქით, ქვემოთკენ. სხვა შემთხვევაში, უფრო დიდი ზომის ხის კუბოს გაკეთებისას სამარხეული ორმოს იატაკზე აწყობდნენ მასიურ ხის ძელებსა თუ მორებს. გვერდებიდან აჭედებდნენ კედლის ძელებს. აქაც ბოლოს ხდებოდა სახურავის გაკეთება. ამ შემთხვევაში ძირის ლურსმნები გვერდებიდანაა მიჭედებული. უნდა ვიფიქროთ, რომ დიდი ზომის ხის კუბოს ამოშენება ადგილზევე ხდებოდა.

ფიჭვნარის სამარხთა მნიშვნელოვან ნაწილს მარტო ხის სახურავი უკეთდებოდა. მათი კონსტრუქცია მარტივია. რკინის ლურსმნების განლაგების მიხედვით ირკვევა, რომ თაროების მქონე გრუნტული სამარხის თავზე სიგრძივ ან სიგანეზე იდებოდა ორი მორი, რომელზედაც ეჭედებოდა ხის ძელები.

საბერძნეთში დიპილონის სამაროვანზე ხისსახურავიანი სამარხები ძვ.წ. VIII ს ჩნდება. გავრცელებული ჩანს მომდევნო VII-VI სს (Brueckner, Pernice, 1893: 133; Poulsen, 1905: 22; Burrows, Ure, 1907-1908: 242 და შმდ.). ელევსინის, კორინთოს, პირეის, სამოსის ნეკროპოლებისათვის მსგავსი სამარხები არაა დამახასიათებელი.

საკმაოდ ხშირად ჩნდება უბრალო გრუნტული ორმოსამარხები. ხის კონსტრუქციის მანიშნებელი რკინის ლურსმნები აქ აღარ ჩანს. სამარხეული ინვენტარი და თვით ორმოსამარხთა ზომები მოკრძალებულია. არ ახლავს სარიტუალო მოედნები. როგორც ვნახეთ, მსგავსი სამარხები განსაკუთრებით გავრცელებული ჩანს ადრეული ეპოქებისათვის. ორმოსამარხები დამახასიათებელია საბერძნეთისთვისაც (ოლინთი, ელევსინი, როდოსი და ა.შ. – Кастанаян, 1959: 263).

ორ შემთხვევაში ხისკუბოიანი სამარხის თავზე ქვის წყობაც იყო გაკეთებული. ერთ-ერთი მათგანი გაძარცვულ მე-20 სამარხს ეკუთვნოდა. ოთხკუთხა მოყვანილობის ქვის წყობიდან მთლიანად გადარჩენილი იყო ჩრდილო კედელი, აღმოსავლეთ და დასავლეთი კედლის მცირე მონაკვეთი. მძარცველთა მიერ დანგრეული დანარჩენი კედლის ქვები იქვე იყო მიმობნეული. გამოყენებული იყო ადგილობრივი ბაზალტის ქვა. გარეთა საპირე მხარე უხეშად დამუშავებული. ქვის ნანგრევებში თეთრი კირქვის ნატეხებიც ერია. აქვე აღმოჩნდა T-ს მსგავსი უწყვეტი, ე.წ. ტყვიის გამირი. როგორც ჩანს, სამარხს აღმოსავლეთ კედელთან კირქვის სტელა ჰქონია გაკეთებული, რომელიც ქვის მშრალ წყობაზე გამირით ყოფილა მიმაგრებული. ჩრდილოეთი კედლის სიმაღლე 75 სმ იყო, ქვის წყობა ოთხი რიგისაგან შედგებოდა. ესაა ადრეანტიკური ხანის ქვის არქიტექტურის პირველი ნაშთები აღმოსავლეთ შავიზღვისპირეთში. უნიკალურია ტყვიის გამირიც (კახიძე, 1980). მეორე, 95-ე სამარხს ფლეთილი ქვების წყობა (ზოგან ორი, ზოგან სამი რიგი) მიუყვებოდა სამარხეული ორმოს ჩრდილო კედლის თავზე (სურ. 85/4-5). ქვისა თუ ალიზის სამარხები ცნობილია ანტიკური სამყაროს სხვა ნეკროპოლების მიხედვითაც. ტყეებით მდიდარი ფიჭვნარისათვის წამყვანი ადგილი ხის კონსტრუქციებს უკავია.

ფიჭვნარის ნესტიან სილნარ გრუნტში ჩონჩხი არაა შემონახული (გადარჩენილია ზოგჯერ კბილის ემალის ნაშთები), მაგრამ სამარხის ზომებისა და ინვენტარის განლაგების კანონ-

24

ზომიერების მიხედვით ჩანს, რომ ფიჭვნარის ინჰუმაციურ სამარხებში მიცვალებულს კრძალავდნენ პირაღმა, გაშოტილ პოზაში. უპირატესად თავით აღმოსავლეთისაკენ (წელიწადის დროთა მიხედვით მეტ-ნაკლები გადახრებით). მათი რწმენით, აღმოსავლეთით მდებარეობდა ღმერთების სამყოფელი, მზერა კი მიმართული იყო დასავლეთისაკენ – ჰადესის, ქვესკნელის ღმერთებისაკენ (Plut., Solon, 10). აღმოსავლეთისაკენ ორიენტირება დაკრძალვის წმინდა ბერძნულ რიტუალადაა აღიარებული. ეს წესი ფართოდაა დანერგილი როგორც მატერიკულ საბერძნეთში, ასევე, როგორც ქვემოთაც ვნახავთ, ანტიკური ხანის ბერძნული სამყაროს პერიფერიებშიც. მაგალითად, ოლინთოს 366 სამარხიდან 260 აღმოსავლეთისაკენ იყო დამხრობილი (Robinson, 1950:141).

აღმოსავლეთისაკენ ორიენტირების წესი საკმაოდ მტკიცედაა დაცული ფიჭვნარელი მოსახლეების მიერაც. ბუნებრივია, არის ზოგიერთი გადახრაც. ეს განსაკუთრებით საგრძნობია ფიჭვნარის ადრეული სამარხების მიხედვით. მართალია, სჭარბობს აღმოსავლეთისაკენ ორიენტირება, მაგრამ (ეტყობა პირველ ხანებში ადგილობრივ მკვიდრთა გავლენით) გვხვდება ჩრდილო-აღმოსავლეთისკენ, სამხრეთ-აღმოსავლეთისაკენ, სამხრეთ-დასავლეთისაკენ და ზოგჯერ ჩრდილოეთისა თუ დასავლეთისაკენ მიმართული სამარხებიც კი. ძვ.წ. V ს შუა ხანებიდან აღმოსავლეთისაკენ დამხრობა (უმნიშვნელო გადახრებით) ფიჭვნარელ ელინთა შორის კანონიკურ წესადაა ქცეული. უფრო მეტიც, ძვ.წ. IV ს ბერძნული სამარხების დიდი ნაწილი უკვე ზუსტად აღმოსავლეთისკენაა დამხრობილი. ეს ფიჭვნარის ბერძნული ნეკროპოლის მორიგ თავისებურებას წარმოადგენს. ჩვენ ისეთი შთაბეჭდილება შეგვექმნა, რომ წელიწადის ნებისმიერი დროისათვის უკვე ისწავლეს მხარეთა გამოცნობის ზუსტი ხერხები. ასევე ითქმის ელინისტური ხანის ადგილობრივი მოსახლეობის სამარხთა დიდი ნაწილის შესახებაც. ელინური ტრადიციები იჭრება მკვიდრ მოსახლეობაშიაც.

ფიჭვნარის ბერძნული ნეკროპოლის მცირერიცხოვან ჯგუფს კრემაციული სამარხები ქმნიან - 305 სამარხიდან მხოლოდ 5 იყო კრემაციული, ე.ი. დაახლოებით 1,6%. მიუხედავად ამ სახის სამარხთა მცირერიცხოვნობისა, დასტურდება კრემაციის სხვადასხვა წესის არსებობა. ორჯერ მიცვალებულის ნეშტი დაუწვავთ საგანგებოდ გამოყოფილ მოედანზე, ფერფლი კი შეუნახავთ ძვ.წ. V ს ე.წ. კოლონებიან კრატერში და ძვ.წ. IV ს სფეროსებრ ურნა-სამარხში.[1] ძვ.წ. V ს ბოლოს წითელფიგურული კრატერი ურნასამარხად გამოყენებული იყო ქერსონესის ნეკროპოლზეც (Белов, 1976: 112). მესამეჯერ აღმოჩნდა თვით საკრემაციო მოედანი, რომელსაც მოზრდილი ფართობი ეკავა. საკრემაციო არე მოიცავდა დატკეპნილ-დანახშირებულ სილნარ ფენას, რომელშიაც შავლაკიანი ჭურჭლის ნატეხებიც იყო გარეული. შავი ფენა განსაკუთრებით მძლავრი იყო ცენტრალურ ნაწილში. კრემაციის დამთავრების შემდეგ საკრემაციო მოედანზე ამოეჭრათ 0,6 მ სიფართის ორმო, რომელშიაც ჩაედგათ მიცვალებულის ფერფლის შემცველი მაღალი სადა ჰიდრია (სურ. 73/2-4). პანტიკაპეონის ადრეულ ნეკროპოლზეც (ძვ.წ. VI-V სს დამდეგი) თვით კრემაციულ მოედანზე ამოეჭრათ მრგვალი ორმო, რომელშიაც ჩაედგათ ფერფლიანი შავფიგურული პელიკა (Кастанаян, 1959: 260). ასევე ითქმის ნიმფეის ნეკროპოლის შესახებაც (Грач, 1999: 28). მეოთხეჯერ მიცვალებული ფერფლად უქცევიათ საკრემაციო მოედანზე, ნაშთები კი დაუკრძალავთ საგანგებოდ ამოჭრილ ორმოში - სიგრძე 1,5 მ, სიგანე 0,7 მ (სამარხი №28). კრემაციულ ორმოსამარხში ერთმანეთში იყო არეული კალცირებული ძვლების, ნახშირისა და

ფიჭვნარი II

შავლაკიანი თას-სკიფოსის ნატეხები. მე-5 მიცვალებული დაეწვათ თვით სამარხეულ ორმოში (სამარხი აღმოსავლეთისაკენაა დამხრობილი). მიცვალებულის ჩასვენების შემდეგ მთელს სიგრძეზე ჩაეწყოთ ხის მორები (დანახშირებულმა ნაშთებმა ჩვენამდე მოაღწია). კრემაციის დამთავრების შემდეგ სამარხის აღმოსავლეთ ნაწილში ჩაედგათ მოზრდილი ადგილობრივი ქოთანი (ცეცხლის ნთების მოქმედების შედეგად მისი ერთი გვერდი გაშავებულია). სამარხის ცენტრალურ ნაწილში იდო იონიური თასი, ხოლო დასავლეთ მონაკვეთზე – იონიური ოინოხოია და დაზიანებული შავლაკიანი ჭურჭლები. ცეცხლის მოქმედების შედეგად მათაც ადრინდელი ელვარება დაკარგული ჰქონდათ (სურ. 66/4).

კრემაციის წესი ფიჭვნარში ელინთა მიერ უნდა იყოს შემოტანილი. ძვ.წ. V ს კოლხურ სამაროვანზე დაკრძალვის მსგავსი რიტუალი ჯერჯერობით არაა დადასტურებული. კრემაციული სამარხები აღმოჩნდა ფიჭვნარის ელინისტური ხანის სამაროვანზეც. ადრეანტიკური ხანის საინტერესო კრემაციული სამარხი გაითხარა ციხისძირის სამაროვანზე. უფრო ადრეული კრემაციული სამარხების არსებობა დადასტურდა ბორჯომის ხეობაში. მხედველობაშია ჩიტახევის შუაბრინჯაოს ბოლო ეტაპისა და გვიანბრინჯაოს ხანის სამარხები (ღამბაშიძე ოთ., 1975: 12-13; 1983). ეს წესი კიდევ უფრო მასობრივად ვრცელდება ძვ.წ. VIII-V სს, რაც მცირე აზიაში მომხდარ ძვრებთანაა დაკავშირებული. ფიქრობენ, რომ ჩრდილოეთიდან შემოჭრილი კიმერიელების მიერ მესხურ-ფრიგიული ძლიერი სახელმწიფოს განადგურების შემდგომ ხეთიზირებული მესხური მოსახლეობის ერთმა ნაწილმა დაიწყო ჩრდილოეთით, საქართველოს სამხრეთ პროვინციებისაკენ გადაადგილება (ღამბაშიძე ოთ., 1987: 40-41). ცნობილია, რომ ადრე კრემაცია აღმოსავლეთისა და ცენტრალური ევროპის ქვეყნებში იყო გავრცელებული. ჩანს, რომ დაკრძალვის ეს წესი ხეთიზირებულ ტომებს უკავშირდება. თუმცა, იგი უცხო არ იყო შუაბრინჯაოს ხანის საქართველოს გორასამარხებისათვის. წინაანტიკურ ხანაში საინტერესო სურათი ისახება კოლხური კოლექტიური სამარხების მიხედვით, რომელთაც თან ახლავს ნაწილობრივი კრემაცია. ანტიკური ხანის კრემაციული სამარხები ბერძენთა საკოლონიზაციო მოძრაობას უნდა უკავშირდებოდეს. როგორც ქვემოთაც ვნახავთ, კრემაცია ბერძნულ სამყაროში ადრეული ეპოქებიდან ჩანს გავრცელებული. საინტერესო ცნობები შემოგვინახა ჰომეროსმა. ადრეული კრემაციული სამარხები აღმოჩენილია კარიაში (Paton, 1887: 67, 73, 77), კ.ფერაზე, კრეტაზე (Dragendorff et al., 1903: 83) და ა.შ. ძვ.წ. VI საუკუნიდან მათი რაოდენობა მცირდება. მაგალითად, სამოსის 161 სამარხიდან მხოლოდ ორი იყო კრემაციული (Boellau, 1889: 12-13). ასეთივე სურათი შეინიშნება სხვა ნეკროპოლების მიხედვითაც.

ფიჭვნარის კლასიკური ხანის ნეკროპოლის მცირერიცხოვან ჯგუფს ე.წ. ამფორასამარხები ქმნიან. უძველესი ეპოქებიდან ბერძნულ სამყაროში არსებული ადათის მიხედვით ექვს თვემდე გარდაცვლილ ბავშვს საგანგებო ჭურჭელში, ხშირ შემთხვევაში კერამიკულ ტარაში, ამფორაში კრძალავდნენ. ზოგჯერ იყენებდნენ სხვა სახის თიხისა თუ ლითონის ნაკეთობას (Kurtz, Boardman, 1971: 99). ფიჭვნარის, ციხისძირის, გონიო-აფსაროსისა და ბიჭვინთის მონაცემებით დასტურდება, რომ ახალშობილთა ამფორაში დაკრძალვის ეს წესი შემოიჭრა საქართველოს ზღვისპირეთშიაც. უძველესი ამფორასამარხები (გვიანარქაული ხანა – ჩვ.ერამდე VI ს ბოლო V ს დამდეგი) აღმოჩენილია ფიჭვნარისა და ციხისძირის სამაროვნებზე. 2000 წელს ძვ.წ. V ს მორე მეოთხედის, ხოლო 2002 წელს ამავე საუკუნის შუა ხანების ამფორასამარხები

აღმოჩნდა ფიჭვნარის ბერძნულ ნეკროპოლზე (კახიძე, ვიკერსი, 2004: 60, 61).

ძვ.წ. V ს მეორე ნახევრის ამფორასამარხი აღმოჩნდა 1977 წელსაც. გათხრების პროცესში დადგინდა, რომ ჭირისუფალთ სილნარ გრუნტში წინასწარ ამოეჭრათ პატარა ზომის ორმო (85X82 სმ-ზე). მასში ჰორიზონტალურად ჩაეწვინათ თითქმის მთლიანად დაცული თაზოსური ამფორა (მომტვრეული ჰქონდა ყურები). სამარხეული ორმო და ამფორა პირით აღმოსავლეთისაკენ იყო მიმართული. ახალშობილის ჩასვენების მიზნით ამფორის მუცლის არეში გაეკეთებინათ საგანგებო ხვრელი (ახლაც კარგად შეინიშნება ბასრი იარაღის კვალი). ბავშვის ჩასვენების შემდეგ ხვრელი შეევსოთ იმავე ნატეხებით. ძვლები აღარ იყო გადარჩენილი. ამფორასამარხი უინვენტაროა (სურ. 73/1).

მეტად საინტერესო, შეიძლება ითქვას, უნიკალური აღმოჩენის მოწმენი გავხდით ფიჭვნარის ძვ.წ. V ს ბერძნული ნეკროპოლის გათხრებისას 1980 წელს. ვაწარმოებდით მორიგი (№78) სამარხის შესწავლას. თავიდანვე ამ სამარხს არაფრით მიუქცევია ყურადღება. ისიც წარმოადგენდა ადრინდელების მსგავს ოთხკუთხა შემოწერილობის ხის კუბოიან ორმოსამარხს. არც ინვენტარის სიუხვით გამოირჩეოდა. ხის კუბოს ჩრდილო კედელთან იდო ერთადერთი დაზიანებული მინიატურული ამფორა, რომელსაც აქვს თაზოსისებური ლეკითოსების მსგავსი პირი და ძირი. ასეთი ჭურჭელი პირველად აღმოჩნდა ფიჭვნარში, მაგრამ ეს არაა არსებითი. მისი რესტავრაციის შემდეგ დადგინდა, რომ მინიატურული ამფორის მუცლის არეში, ზემოთ აღწერილი ამფორასამარხის მსგავსად, ბასრი იარაღით გაეკეთებინათ საგანგებო ხვრელი – დიამეტრი – 10,7 სმ, თვით ამფორის სიმაღლე 39,5 სმ-ია. მუცლის დიამეტრი 14,5 სმ. ამფორის სიმაღლისა და მუცლის არეში გაკეთებული ხვრელის დიამეტრის მიხედვით ჩანს, რომ მასში შეიძლებოდა დაახლოებით 4 თვემდე ნაყოფის ჩასვენება. ჰააზეს სქემის მიხედვით ცნობილია, რომ 4 თვის ნაყოფის სიგრძე 16 სმ-ია და დაახლოებით 120 გრამს იწონის. სწორედ ასეთი ნაყოფი უნდა იყოს დაკრძალული ფიჭვნარის მინიატურულ ამფორაში. ფიჭვნარის მაგალითზე დასტურდება, რომ მუცლის მოშლისა და შესაბამისად სისხლდენის შედეგად განვითარებული მწვავე სისხლნაკლებობისა და სეპტიკური მოვლენის გამო დედა დაიღუპა, დედა და ნაყოფი ერთად დაკრძალეს. ელინურ სამყაროში სიცოცხლის უუნარო ნაყოფის დაკრძალვა საერთოდ არ ხდებოდა. ამდენად, სიცოცხლის უუნარო ნაყოფის მინიატურულ ამფორაში დამარხვის პირველ შემთხვევას ფიჭვნარის ბერძნული ნეკროპოლი უნდა იძლეოდეს (სურ. 83/7; 87/1).

ფიჭვნარის ძვ.წ. V ს კოლხურ სამაროვანზე ახალშობილთა ამფორაში დაკრძალვის ერთადერთი შემთხვევა 2005 წელს დადასტურდა. ძველ კოლხებს ძუძუთა ბავშვი ჩაესვენებინათ ლესბოსურ ამფორაში. აქაურ მკვიდრთა შორის ეს წმინდა ბერძნული წესი ელინიზმის ეპოქაში უფრო მეტად გავრცელდა. ამ მიმართებით ყურადღებას იქცევს ფიჭვნარის ელინისტური ხანის სამაროვანზე 1982 წელს წარმოებული არქეოლოგიური გათხრებისას აღმოჩენილი ამფორასამარხი (№156). ახალშობილის დასაკრძალავ ურნად გამოყენებული იყო ადგილობრივი ყავისფერკეციანი ამფორა. აქაც თოთო ბავშვი ამფორის მუცლის არეში საგანგებოდ ამოჭრილი ხვრელიდან ჩაესვენებიათ. ამფორასამარხში აღმოჩნდა მილტუჩიანი ჭურჭელი, ვერცხლის რგოლი და შიგნიდან მოოქროვილი 74 ცალი მძივი (ვაშაკიძე, $1983_ь$: 8). ელინისტური ხანის ამფორასამარხი ცნობილია სოფ. ეშერადან. კოსის ამფორაში ფერფლთან ერთად გრავირებული სტილიზებული ცხოველის თავებით დაბოლოებული ბრინჯაოს სამაჯურებიც აღმოჩნდა (Куфтин, 1949:33). ამ

შემხვევაში არაა გამორიცხული, რომ კოსური ამფორა კრემაციული სამარხის ურნად ყოფილიყო გამოყენებული და არა ახალშობილის განსასვენებლად; ელინურ სამყაროში ახალშობილის ფერფლად ქცევა საერთოდ არ ხდებოდა.

აღმოსავლეთ შავიზღვისპირეთში ფიჭვნარის გარდა ამფორასამარხები, როგორც ითქვა, ციხისძირშიცაა წარმოდგენილი. ახალმშენებლობასთან დაკავშირებით 1983-1986 წლებში წარმოებული არქეოლოგიური გათხრების შედეგად გამოვლენილია სხვადასხვა ეპოქის 315 სამარხი. გარკვეული წილი ამფორასამარხებზე მოდის. უძველესია გვიანარქაული ხანის ამფორასამარხები. ახალშობილთა დასაკრძალავად გამოყენებულია უფრო მეტად ძვ.წ. VI ს ბოლოსა და V ს დამდეგის ე.წ. ყელგამობერილი ქიოსური (14 სამარხი), პროტოთაზოსური თუ თაზოსური ამფორები (7 სამარხი). ერთ სამარხში წარმოდგენილი იყო შავლაკიანი კილიკი და მინიატურული კორინთული სკიფოსი, მეორეში – მინიატურული სკიფოსი. ამავე პერიოდით თარიღდებიან სხვა ფორმის ურნასამარხებიც: ამფორის მსგავსი წაწვეტებულ-ძირიანი იმპორტული, მოზრდილი წყვილყურიანი ადგილობრივი ჭურჭელი და დერგი. ციხისძირში აღმოჩენილია ერთადერთი ელინისტური ხანის ამფორასამარხი. ფიჭვნარის მსგავსად ახალშობილი დაკრძალული იყო ყავისფერკეციან კოლხურ ამფორაში. უფრო მეტია გვიანანტიკური და ადრეშუასაუკუნეების ამფორასამარხები. ერთჯერ ძუძუთა ბავშვის ძვლების ნაშთებიც იყო გადარჩენილი. გამოყენებულია იმპორტული თუ ადგილობრივი წელშეზნექილი ამფორები (10 სამარხი). ერთ-ერთში აღმოჩნდა ბუდეაბმული ბრინჯაოს მშვილდსაკინძი. სამარხები ახ.წ. IV-VI სს დათარიღებული.

ციხისძირის ამფორასამარხებში დაკრძალულ ახალშობილთა დამხრობის განსაზღვრაში რაიმე კანონზომიერება არ შეინიშნება. ყველა ეპოქის სამარხი ჰორიზონტალურადაა დაწვენილი. ზოგიერთ მათგანს რიყის ქვები აქვს შემოწყობილი. ციხისძირის გვიანარქაული და ელინისტური ხანის ამფორასამარხებში, ანტიკური სამყაროს სხვა ძეგლების მსგავსად, ახალშობილი ჩასვენებულია ამფორის მუცლის არეში ბასრი იარაღით გაკეთებული საგანგებო ხვრელიდან. გვიანანტიკური და ადრეშუასაუკუნეებისათვის სიახლეა ის, რომ ამფორის გადახერხვა ხდებოდა მხრის არეში, ამფორის ქვედა ნახევარში ჩაასვენებდნენ ახალშობილს, ზედა ნახევარს ან სხვა ამფორისა თუ ქვევრის ნატეხებს იყენებდნენ ხუფებად. ერთჯერ ამფორასამარხი მთელს სიგრძეზე იყო ჩახერხილი (ინაიშვილი, 1993: 81, 93-97, ტაბ. 39-39; ვაშაკიძე, 1986; ვაშაკიძე, ინაიშვილი, 1987).

ბერძნული ტრადიციის მიხედვით ჩვილ ბავშვს ამფორაში კრძალავდნენ რომაულ ხანაში ბიჭვინთის სამაროვანზეც. აქ აღმოჩენილი 510 სამარხიდან 65 ამფორასამარხი იყო. ერთადერთში აღმოჩნდა ახ.წ. III-IV სს მინის სანელსაცხებლე და ცუდად დაცული სპილენძის მონეტა. დანარჩენი უინვენტაროა, ზოგჯერ ჩნდება ბავშვის ძვლები. ერთჯერ ვერტიკალურად იყო ჩადგმული, სხვები ჰორიზონტალურად დაწვენილი. ისინი ჩნდებოდა თანამედროვე ზედაპირიდან 40-65 სმ-ის სიღრმეზე. დამხრობა არ ყოფილა მტკიცედ განსაზღვრული. უფრო მეტია აღმოსავლეთისა და დასავლეთისკენ ორიეტირებული სამარხები; ზოგიც მიმართულია პირით ჩრდილოეთისაკენ, სამხრეთისკენ თუ ჩრდილო-აღმოსავლეთისკენ. ამფორების ძირი და პირი არაა შემორჩენილი. ამათი ნაწილი შუაზეა გატეხილი, ზოგიც – პირისა თუ მხრის არეში გატეხილი ან გახერხილი. ადრეულები ახ.წ. III-IV საუკუნეებითაა დათარიღებული; გვიანდელები

– V-VII საუკუნეებით. დანარჩენი უინვენტარო ამფორასამარხები ახ.წ. II-IV საუკუნეებითაა დათარიღებული (აფაქიძე, 1975: 63; ლორთქიფანიძე გ., 1991: 114-115, 147, 157 და შმდ.; თოდუა, 2000: 50-54).[2]

ამფორასამარხების ნიშნებმა ადრიდანვე იჩინა თავი გონიო-აფსაროსიდანაც (მხედველობაშია 1995 და 1996 წლის გათხრები). ერთი ამფორასამარხი სამხრეთ კარიბჭის გარეთ აღმოჩნდა 2000 წელს (კახიძე, მამულაძე, ებრალიძე, 2002, 47, ტაბ. XV).

როგორც ვხედავთ, ამფორასამარხები ჯერჯერობით მხოლოდ და მხოლოდ საქართველოს ზღვისპირეთშია დადასტურებული. კოლხეთის შიდა რაიონებიდან ყურადღებას იქცევს მითითება იმის შესახებ, რომ საჩხერეში საბუდარის გორაზე მდიდრული აკლდამების გათხრის პროცესში ელინისტური ხანის ბავშვის დერგსამარხიც აღმოჩნდა (მახარაძე, წერეთელი. 2002: 66). შესაძლოა ეს ფაქტი ამფორასამარხების ერთ-ერთ ვარიაციად მივიჩნიოთ.

ჩვილ ბავშვთა ამფორაში დაკრძალვის წესი ფართოდაა გავრცელებული ანტიკურ სამყაროში. ისინი ცნობილია საბერძნეთის მატერიკული ცენტრის ათენის, ელევსინის, როდოსის და სხვა მთელი რიგი ნეკროპოლების მიხედვით, რომელთა შესახებ სიტყვის გავრცობა შორს წაგვიყვანდა (Poulsen, 1905: 23, 25, 27; Knigge, 1976: 432 და შმდ. და სხვ.). ზოგიერთი საერთო დასკვნის გაკეთების მიზნით მოკლე მონაცემებს მოვიტანთ ჩრდილო შავიზღვისპირეთის არქეოლოგიური გათხრებისას აღმოჩენილი სხვადასხვა ეპოქის ამფორასამარხებზე. პირველ რიგში აღსანიშნავია უძველესი ბერძნული სამოსახლო ბერეზანი-ბორისფენი-ბორისფენიდა. XX საუკუნის დამდეგისათვის აქ 800-დე სამარხია აღმოჩენილი (სამწუხაროდ ეს მასალა არაა გამოქვეყნებული). მათ შორის მიუთითებენ 150-მდე ამფორასამარხზე (Капошина, 1956_b: 215, 217, 220).

არქაული და რომაული ხანის ამფორასამარხების აღმოჩენის არაერთი შემთხვევაა ცნობილი ჩრდილო შავიზღვისპირეთის ერთ-ერთი მნიშვნელოვანი პოლისის ოლბიისა და მისი ქორას (სასოფლო რაიონი) ნეკროპოლების მიხედვით. ოლბიის მაგალითზე თვლიან, რომ ახალშობილის ამფორაში დაკრძალვის წესი ნაყოფის მუცლის არეში ყოფნის იმიტაციას უნდა წარმოადგენდეს. ჭირისუფლის რწმენით, სიკვდილის შემდეგ მოხდებოდა ხელახალი აღდგომა (Книпович, 1940_a: 80, 81; 1940_b: 94-104; Козуб, 1960: 76; 1974_a: 26). ოლბიის გარეუბან კოზირსკის ნაქალაქარის 46 სამარხიდან 17 რომაული ხანის ამფორასამარხი იყო. ამ ადგილებს ბავშვთა დასაკრძალავად 2,5 საუკუნის მანძილზე იყენებდნენ. გარდა ამფორებისა 8-ჯერ ახალშობილი ჩასვენებული იყო მოზრდილ წითელკეციან დოქში, 9-ჯერ ხელით ნაძერწ ქოთანში. ციხისძირის მსგავსად ამფორებს ზოგჯერ ქვები აქვს ირგვლივ შემოწყობილი. დამხრობის წესები არც აქაა მტკიცედ დადგენილი. საერთოდ კი თითქმის ყველა მიცვალებული თავით ამფორის ყელისაკენ იყო მიმართული, მხოლოდ ორჯერ ძირისაკენ. სამარხეული ინვენტარი მცირე რაოდენობით იყო წარმოდგენილი 5 სამარხში (სპილენძისა და ბრინჯაოს სამაჯურები, საკიდები და ა.შ.) (Бураков, 1976: 22, 26, 136, 138).

რომაული ხანის ამფორასამარხების არსებობა დადასტურებულია ნიკონიის ნაქალაქარზეც (Кузьменко, 1976: 221).

ამფორასამარხები საკმაოდ ხშირად ჩნდება ქერსონესის ნეკროპოლზე. ისინი გვიანკლასიკური და ელინისტური ხანით თარიღდებიან. სამარხებად უმეტესად დაზიანებული ამფორებია

გამოყენებული (მოხერხდა 30-მდე ამფორის რესტავრაცია) (Белов, 1938; 1950: 277-278; 1977: 17-23; Белов, Стржелецкий, 1953). ერთჯერ ახალშობილის ნეშთი წყალგაყვანილობის მილშიც აღმოჩნდა. მილის ერთი მხარე ქვევით იყო დახშული (Зубарь, Рыжков, Шевченко, 1988: 150-151, рис. 271). ამავე პერიოდის ამფორასამარხები აღმოჩენილია ქერსონესთან ახლოს მდებარე კერკინიტიდის ნეკროპოლზე (თანამედროვე ევპატორია). ახალშობილნი აქ დაკრძალულნი არიან ქიოსურ, ჰერაკლეურ, სოლოხა II (ხვრელი სინოპური ლუთერიით იყო დაფარული) და კოლხურ ამფორაშიაც კი (Кутаисов, Ланцов, 1989).

ქერსონესის ქორას ხარაკსის გათხრებისას აღმოჩენილია 31 ამფორასამარხი. ისინი ახ.წ. III ს ბოლოთი და IV ს პირველი ნახევრით თარიღდებიან (Блаватский, 1951$_{b}$: 262-273).

ძვ.წ. V-IV სს ორად-ორი ამფორასამარხია აღმოჩენილი ბოსფორის სამეფოს დედაქალაქ პანტიკაპეონში. მათში ინვენტარიც იყო წარმოდგენილი. ერთ-ერთში შავლაკიანი ლანგარი და სადა ცალყურა ჭურჭელი, მეორეში – პალმეტებით შემკული შესანიშნავი შავლაკიანი კილიკი და გრაფიტოიანი ლანგარი (Шкорпил, 1910: 17, 23; Кастанаян, 1959: 276, 280, 285, 286).

ბოსფორის აზიური ნაწილის დედაქალაქის ფანაგორიის ნეკროპოლზე გვიანარქაული და კლასიკური ხანის ამფორასამარხები ჯერ კიდევ ცოტაა აღმოჩენილი. სჭარბობს ელინიზმისა და მომდევნო ეპოქის სამარხები. ყელგამობერილ ქიოსურ ამფორაში ახალშობილის გვამი შეფუთული იყო. გვიანდელ ეპოქაში ურნებად გამოყენებულია დიდი ზომის კნიდური და გოფრირებულტანიანი ამფორები (Блаватский, 1951$_{a}$: 211-213, рис. 13-14; Кобылина, 1951$_{b}$: 246, 249).

პანაგიის კონცხის ახლოს (ხუტორი კროტენკო) ორჯერ დადასტურდა ძუძუთა ბავშვის დაკრძალვა გვიანარქაული ხანის ყელგამობერილ ქიოსურ ამფორაში. (Коровина, 1962$_{a}$: 304). ტირამბაში აღმოჩენილი ძვ.წ. II-I სს 9 სამარხიდან სამი ამფორასამარხი იყო. ორჯერ გამოყენებული იყო როდოსული, ერთჯერ – სინოპური ამფორა (Коровина, 1968: 75-76).

ტანაისის მაგალითზე ადრიდანვე შეინიშნება ელინური და ადგილობრივი ტრადიციების შერწყმა. ერთ-ერთი სამარხის (№194) ჩონჩხის ნაშთები გადახურული იყო როდოსული ამფორის კედლის ნატეხით. დაკრძალვის ეს წესი ამფორასამარხების ერთ-ერთ ვარიანტადაა მიჩნეული. თვით ამფორასამარხები არაერთგზისაა აღმოჩენილი ახ.წ. III-IV სს ნაქალაქარის ტერიტორიაზე. ყველა სამარხი უინვენტაროა (Шелов, 1961: 45-46).

საქართველოს ზღვისპირეთში აღმოჩენილი უახლესი ნივთიერი კულტურის ძეგლების მიხედვით ჩანს, რომ ჩვილი ბავშვის ამფორაში დაკრძალვის წესი პირველ ხანებში გავრცელებული იყო თვით ელინურ წრეებს შორის. თანდათანობით ეს რიტუალი თავს იჩენს ადგილობრივ მოსახლეობაშიაც. საკმაოდ ფეხმოკიდებული ჩანს რომაული ხანის დაკრძალვის წესებშიაც. ჩვენს ხელთ არსებული მასალისა და ჩრდილო შავიზღვისპირეთის მონაცემების მიხედვით უნდა დასტურდებოდეს, რომ ბავშვთა სიკვდილიანობის მაჩვენებელი საკმაოდ მაღალია გვიანარქაული და გვიანანტიკური ხანისათვის (ახ.წ. II-IV სს). ძუძუთა ბავშვის სიკვდილიანობის ერთეული შემთხვევებია ფიქსირებული კლასიკური და ელინისტური ხანისათვის (ძვ.წ. V-I ს).

ფიჭვნარელ ელინთა შორის საკმაოდ ფართოდაა გავრცელებული ალაპის წესი. ჩვენს ხელთ არსებული მონაცემების მიხედვით შესაძლებელი უნდა იყოს ამ რიტუალის სამი ქრონოლოგიური ეტაპის გამოყოფა. პირველი ძ.წ. V ს მეორე მეოთხედით თარიღდება, მეორე ეტაპში ექცევა ამავე საუკუნის შუა ხანები და მეორე ნახევარი; ხოლო მესამე კი – ძვ.წ. IV ს

პირველ სამ მეოთხედს მოიცავს. მოკლედ ვისაუბრებთ თითოეული მათგანის ზოგიერთი თავისებურების შესახებ.

ძვ.წ. V ს მეორე მეოთხედისათვის უმთავრეს თავისებურებად გამოიყურება ის, რომ ინდივიდუალურ სამარხებთან დაკავშირებული საალაპო მოედნების გარდა არსებობდა საერთო სარიტუალო მოედნებიც. ასეთად მივიჩნიეთ 1986 წელს აღმოჩენილი პირველი საალაპო მოედანი, რომელსაც მოზრდილი ფართობი ეკავა (ამის შესახებ ზემოთ უკვე ითქვა). 1986-87 და 2000 წლების ფიჭვნარის ბერძნული ნეკროპოლის გათხრებისას აქვე აღმოჩნდა 16-მდე ინდივიდუალური საალაპო მოედანი. საერთო საალაპო მოედნების არსებობასაც, ჩვენი აზრით, გარკვეული ახსნა ეძებნება. ეს ეპოქა აღმოსავლეთ შავიზღვისპირეთის ატიკური კოლონიზაციის ერთ-ერთი ადრეული საფეხურთაგანია. მასში არსებითად ღარიბული ფენების წარმომადგენლები მონაწილეობდნენ. ეს კარგად ჩანს სამარხეული ინვენტარის მიხედვითაც. ბუნებრივია, ჭირისუფალთა დიდ ნაწილს ფუფუნებით დაკრძალვის შესაძლებლობა არ ექნებოდა. სწორედ ამიტომ უმეტესობა თავს არიდებდა ალაპის წესის შესრულებას, გარკვეული ნაწილი კი კმაყოფილდებოდა საერთო საალაპო მოედნებზე თითო-ოროლა ნივთის მიტანით, სიმბოლური საქელეხო რიტუალის შესრულებით. ნიშანდობლივია ისიც, რომ საერთო საქელეხო მოედნებზე ცეცხლის ნთების კვალი და შესაბამისად ცხოველთა თუ ფრინველთა მსხვერპლად შეწირვის ნაშთებიც არ ჩანს, მაშინ როცა თანადროულ ინდივიდუალურ საალაპო მოედნებზე შესანიშნავად იკვეთება ცეცხლის ნთების, ე.წ. მსხვერპლშეწირვის ნიშნები. ადრეული ინდივიდუალური საალაპო მოედნების მომცველი ფართობი და შესაწირავად მიტანილი დაქუცმაცებული ნივთების რაოდენობა მოკრძალებულია.

თანადროული საალაპო მოედნები აღმოჩენილია ციხისძირის სამაროვანზეც, სადაც სხვა სახის ნატეხებთან ერთად წარმოდგენილი იყო ქიოსური და თაზოსური ამფორების, ლეკითოსების, ასევე სხვა სახის ჭურჭელთა ნატეხები.[3] აქაც გარკვეული ელინური ფენის არსებობა ივარაუდება.

განსხვავებული სურათი შეინიშნება მომდევნო, მეორე ეტაპისათვის. ფიჭვნარელ მოახალშენეთა ერთი ნაწილი სოციალ-ეკონომიკურად უკვე დაწინაურებულია. სახეზეა ფუფუნებითი დაკრძალვები. მდიდრული ფენების სამარხები თუ საალაპო მოედნები მრავალრიცხოვანი ინვენტარის შემცველნი არიან. ეს კარგად ჩანს I, VI და XX სამარხების მაგალითზე (სურ. 32/2; 60, 61). სამარხების ჩრდილო-აღმოსავლეთ ნაწილში გაუმართავთ საქელეხო ღრეობანი. მოუყვანიათ სამსხვერპლო ცხოველები თუ ფრინველები. მოუტანიათ საზედაშე ღვინო, სხვა სახის შესაწირავი სითხეები. აკეთებდნენ ე.წ. ბოტროსებს, ანთებდნენ ხორცის შესაწვავად კოცონს; ღვრიდნენ ქვესკნელის ღმერთების საპატივცემულოდ ღვინოს, ზეითუნის ზეთს, რძენარევ თაფლსა და ა.შ. ქელეხის შემდეგ იქვე ტოვებდნენ დამსხვრეულ სალვინე ჭურჭელს, ზოგჯერ ფერადი მინის სანელსაცხებლებს, სამკაულებს და ა.შ. სარიტუალო მოედნებს მოზრდილი ფართობი უკავიათ – 4X2 მ-ზე, ზოგჯერ 4X4 მ-ზე. საკმაოდ სქელ, გაშავებულ, დამწვარ-დანახშირებულ ფენაში დიდი რაოდენობით ჩნდება მსხვერპლად შეწირული ცხოველის, უფრო ხშირად ფრინველის კალცირებული ძვლების ნატეხები, მოხატული, ორნამენტირებული თუ სადა კერამიკული ნაწარმის ფრაგმენტები, სხვა სახის ნივთები. როგორც ცნობილია, ამ წესს ასრულებდნენ დაკრძალვის დროს, ასევე მე-3, მე-9 და 30-ე დღეს.

ფიჭვნარი II

საკმაოდ ხშირად ჩნდება შედარებით მცირე ფართობის მომცველი სააღაპო მოედნები, რომლებიც საშუალო შეძლების პირთა სამარხებს უკავშირდება. ისინიც სამარხის ჩრდილო-აღმოსავლეთ, აღმოსავლეთ თუ ზოგჯერ თვით სამარხის თავზეა გამართული. მოპოვებულია საინტერესო მასალა ფიჭვნარელ ელინთა ყოფა-ცხოვრებისა თუ რელიგიური მსოფლმხედველობის შესწავლის მიზნით. ამ პერიოდის სიახლეა შესაწირავი მოედნების, კრემაციული წერტილების, ე.წ. ბოტროსების გაჩენა. მე-15 სამარხის მაგალითზე ვნახეთ, რომ ზედაშეს დაღვრის წესის შესრულებისას იყენებდნენ ოთხკუთხა მოყვანილობის ქვის ესხარიებსაც (სურ. 46). მსგავსი ესხარიები აღმოჩენილია ჩრდილო შავიზღვისპირეთშიაც. კერძოდ, ბოლშაიაბლიზნიცის, ვასიუსინკის (Кастанаян, 1950), კეპისა (Сорокина, 1963: 62) და სხვა ნეკროპოლების გათხრებისას. როგორც ზემოთაც აღინიშნა, აღაპის წესის შესრულებისას ხდებოდა ცხოველთა თუ ფრინველთა მსხვერპლშეწირვა. ესხარიებს დგამდნენ სამსხვერპლო ორმოებზე, ე.წ. ბოტროსებზე. ესხარიის ნახვრეტიდან ქტონიური ღმერთების საპატივცემულოდ ბოტროსში იღვრებოდა მსხვერპლად შეწირული ცხოველის სისხლი. ქერჩის მახლობლად ბოტროსად გამოყენებული იყო პირქვე ჩამხობილი ყურებმომტვრეული ამფორის ზედა ნახევარი, რომელზეც დაშენებული იყო ფიჭვნარის მსგავსი ოთხკუთხა მოყვანილობის ესხარია. ფიჭვნარში და ანტიკური სამყაროს სხვა ნეკროპოლებზეც ესხარიების ფუნქციას ასრულებდნენ ძირმომტვრეული ამფორებიც, რომელთა რიცხვი საგრძნობია.

პირველი ეტაპის მსგავსად მოსახლეობის დიდი ნაწილი მოკლებული იყო ფუფუნებით დაკრძალვას. შესაბამისად ვერც აღაპის წესს ასრულებდა.

აღაპის წესი გრძელდება ძვ.წ. IV ს, ე.ი. მესამე ეტაპისთვის. ელინთა საკმაოდ დიდი ნაწილი კვლავაც მისდევს ტრადიციული რიტუალის შესრულებას. საქელეხო მოედნები უმეტესად სამარხის აღმოსავლეთ ნაწილშია გამართული. მათ მოკრძალებული ფართობი უკავიათ.

სამარხეული ინვენტარის მსგავსად ფიჭვნარის სააღაპო მოედნებზე მოპოვებულია საკმაოდ მრავალრიცხოვანი და მრავალფეროვანი არქეოლოგიური მასალა. პირველი ეტაპის, ე.ი. ძვ.წ. V ს მეორე მეოთხედის სარიტუალო მოედნებზე ხშირად ჩნდება ლესბოსური, ყელგამობერილი ქიოსური, პროტოთაზოსური, თაზოსური და სხვა განუსაზღვრელი ცენტრის ამფორის ნატეხები, თაზოსური ლეკითოსებისა და მინიატურული ამფორის ფრაგმენტები (ეტყობა ამ სახის ჭურჭელს ღვინის გადასასხმელად, სარწყაულად იყენებდნენ), ატიკური შავლაკიანი კილიკების, ცილინდრული ლეკითოსების, მაღალძირიანი თასების, სკიფოსების, ბოლსალების, იონიური და ადგილობრივი ჭურჭლის ნამსხვრევები. ყურადღებას იქცევს სააღაპო მოედნებზე აღმოჩენილი კაჟის იარაღი და შესანიშნავად დამუშავებული ისრისპირი (სურ. 96-99).

მდიდარი და მრავალფეროვანი მასალაა მოპოვებული მეორე ეტაპის – ძვ.წ. V ს შუა ხანებისა და მეორე ნახევრის სარიტუალო მოედნებზე. წამყვანია მოხატული, ორნამენტირებული თუ სადა ატიკური შავლაკიანი ასკოსების, ლეკითოსების, კილიკების, ამფორისკების, ჯამების, სამარილეების, ცალყურა თასების, ლეკანების, სკიფოსების, კრატერის, იონიური და ადგილობრივი თიხის ჭურჭლის ნატეხები. ზოგჯერ ჩნდება მძივები, ტყვიის ფილები, ნაყოფთა ნაჭუჭები. ერთჯერ შესანიშნავად დამუშავებული კაჟის ნამგლის პირიც აღმოჩნდა. ჩანს, რომ აქაურ ელინთა შორის დიდ მოწონებას იმსახურებდა ქვის ინდუსტრიის უძველესი ნიმუშები. შავლაკიანი კერამიკის დიდი ნაწილი ორნამენტირებულია, ბევრი მათგანი – გრაფიტოიანი (სურ. 36-37, 60-61, 100).

ძვ.წ. V ს ბერძნული ნეკროპოლის გათხრები (1967-1987 წწ)

ზოგიერთი სიახლე შეინიშნება მესამე ეტაპის, ძვ.წ. IV ს სარიტუალო მოედნის მასალების მიხედვითაც. კვლავაც წამყვანია ატიკური შავლაკიანი და ადგილობრივი კერამიკის ნატეხები. პირველად ჩნდება ე.წ. ნაცრისფერკეციანი ჭურჭლის ნამსხვრევები, სათევზე ლანგრები, ე.წ. იხთიები. ერთ-ერთ მოედანზე ბრინჯაოს ცულის ჩამოსასხმელი ქვის ყალიბის ნატეხიც იყო წარმოდგენილი.

საინტერესოა, რომ ფიჭვნარისა და ციხისძირის გარდა სააღაპო შეწირულობათა მოედნების არსებობა დასტურდება საჩხერის, კერძოდ, საირხეს ძვ.წ. V ს მდიდრული სამარხების მაგალითზე. პირველ რიგში აღსანიშნავია საბადურის გორის ჩრდილო-დასავლეთ ნაწილში მე-8 აკლდამის თავზე აღმოჩენილი მრავალრიცხოვანი დანაწევრებული ნივთები და ცეცხლის ნაშთები. ესენია: ოქროს იოტები, ცხენის მცირე ქანდაკება, ყელსაბამი, ოქროსავე შედარებით მოზრდილი მძივები, მთვარისებური ფორმის საკიდები, ნახევარმთვარისებრი საყურეები, ოქროს ფირფიტა, კოლხური მონეტები, რკინის ჯავშნის ფირფიტები, ბრინჯაოს ისრისპირები, ადგილობრივი და უცხოური კერამიკის ნატეხები (ნადირაძე, 1990: 45). სააღაპო მოედნის არსებობაზე მიუთითებენ, აგრეთვე, საბადურის დასავლეთ ფერდობზეც – (B_3 კვადრატი) მე-5 სამარხის სამხრეთით, 10 მ-ის მოშორებით. ნახშირიანი ფენის სისქე 10-15-20 სმ-ს შეადგენდა. ეკავა 4 $მ^2$ ფართობი. აქაც მიმობნეული იყო არწივის გამოსახულებიანი ოქროს ფირფიტები, მინის სანელსაცხებლის, ბრინჯაოს სიტულის, იმპორტული და ადგილობრივი ჭურჭლის ნატეხები, წაბლის ნაყოფთა ნაშთები. ერთ-ერთ საკულტო ორმოში ფიჭვნარის მსგავსი ძვ.წ. V ს მეორე მეოთხედის ორი ცალი თაზოსური მინიატურული ამფორაც აღმოჩნდა. აქაც ყველგან ჩანდა ცეცხლის ნთების კვალი (ნადირაძე, 1990: 79-85).

როგორც ვხედავთ, ბერძნულ სამყაროში გავრცელებული აღაპის წესი ასე ადრეული საფეხურიდან კოლხეთის შიდა რაიონების მდიდრულ ფენებშიაც იჭრება. ელინური გავლენით უნდა აიხსნას საირხეს სამარხებში ქარონის ობოლის, კოლხური მონეტებისა და ატიკური შავლაკიანი ლეკითოსების ჩაყოლების ფაქტებიც.

აღაპის წესი უძველესი ეპოქებიდან მონაწილეობდა ელინთა დაკრძალვის რიტუალში. იგი არაერთგზისაა მოხსენიებული ბერძნულ ეპოსში, კერძოდ, „ილიადაში". ამასვე ადასტურებს თვით ათენსა და მის შემოგარენში გამოვლენილი არქეოლოგიური ძეგლები (ამაზე ცოტა ქვემოთ). ძვ.წ. VI ს დამდეგიდან სოლონმა შეზღუდა, აკრძალა ადრინდელი ფუფუნებითი დაკრძალვები, საქელეხო ღრეობანი, რომელსაც თან ახლდა მსხვილფეხა პირუტყვის მსხვერპლშეწირვა. თანდათანობით თვით საბერძნეთში ქრება ეს რიტუალი, მაგრამ იშვიათად იხსენებდნენ მნიშვნელოვან მოვლენებთან დაკავშირებით. განსხვავებული სურათი შეინიშნება ანტიკური სამყაროს პერიფერიებში. აღაპის წესი მთელი კლასიკური და მომდევნო ეპოქების მანძილზე სრულდებოდა. ფიჭვნარის მაგალითზე ჩანს, რომ ელინისტური ხანიდან ზოგჯერ ამ წესს ადგილობრივი მკვიდრნიც მიმართავენ.

აღაპის წესი ფართოდ ჩანს გავრცელებული შავიზღვისპირეთის სხვა ნაწილებშიაც. ჩრდილო შავიზღვისპირეთში ეს წესი არაერთგზისაა დადასტურებული ძვ.წ. V-II სს გორასამარხების გათხრისას (Кастанаян, 1950; Яценко, 1960: 99-105).[4] სააღაპო მოდნები ზოგჯერ ალიზის აგურითა თუ ქვებით იყო მოკირწყლულ-შემოზღუდული. ესხარია-ბოტროსების შესახებ ზემოთ უკვე ითქვა. ადრე არქეოლოგიური გათხრებისას რიგითი სამაროვნების სააღაპო მოედნებს

33

ჯეროვანი ყურადღება არ ექცეოდა. შესაბამისად მონაცემები შედარებით მწირია. ამ მიმართულებითაც გამოირჩევა ფიჭვნარის ბერძნული ნეკროპოლი. როგორც ვნახეთ, ამ სახის ძეგლების კვლევა აღმოსავლეთ შავიზღვისპირეთის ძველი ისტორიისა და კულტურის ერთ-ერთი გამოკვეთილი ასპექტთაგანია.

ფიჭვნარის სამარხთა დიდი ნაწილი ინვენტარის შემცველია. ჩნდება უინვენტარო სამარხებიც. როგორც ზემოთაც აღინიშნა, ისინი ადრეულ ეპოქას განეკუთვნებიან. ჩანს, რომ პირველი მოახალშენეები ღარიბული ფენებით იყო დაკომპლექტებული. ძვ.წ. V ს შუა ხანებიდან ფიჭვნარელი ელინები მიცვალებულთ საკმაოდ მრავალრიცხოვან და ძვირფას ინვენტარს აყოლებდნენ (მაგალითად, სამარხი 1,6,12,15,16,20,110 და ა.შ.). როგორც ქვემოთაც ვნახავთ, პონტოს სანაპიროების სხვა მრავალრიცხოვანი ბერძნული მასობრივი ნეკროპოლების მიხედვით ჩვენს ძეგლს ანალოგი არც კი ეძებნება. გრაფიტოების მიხედვით ჩანს, რომ ერთი გვარის წარმომადგენლები ცალკეულ ჯგუფებად იყვნენ განლაგებულნი (ფიჭვნარში ხერხდება ე.წ. ბოსების გვარეულობის წარმომადგენელთა გამოყოფა). უფრო მეტია საშუალო შეძლების მქონე პირთა სამარხების რიცხვი. მდიდრულ სამარხებში 23-26 დასახელების ნივთია ჩაყოლებული. ხშირად ერთი სახე რამდენიმე ეგზემპლარითაა წარმოდგენილი. კიდევ უფრო მრავალრიცხოვანი ნივთის შემცველია სარიტუალო მოედნები. თითო-ოროლა ნაკეთობა ღარიბთა სამარხებშიაც გვხვდება. საშუალო ფენების სამარხებში წამყვანი ადგილი მასობრივი მოხმარების საგნებს უკავია. მდიდრებთან ვხდებით მონუმენტური მხატვრობის, ტორევტიკის, საიუველირო ხელოვნების ნიმუშებს, ინტერლოკალურ მონეტებს და ა.შ.

ფიჭვნარის სამარხებში ინვეტარის ჩაყოლების კანონზომიერების შესახებ შეიძლება ითქვას შემდეგი: მათი შედარებით მცირე ნაწილი განლაგებულია სამარხის თავზე ან ხის კუბოს გარეთ; უფრო დიდი ნაწილი თვით სამარხში ჩაუყოლებიათ – უმეტეს შემთხვევაში სამარხის აღმოსავლეთ ნაწილში, ე.ი. თავის არეში, ასევე სამხრეთ კედელთან და ზოგჯერ დასავლეთ ნაწილში (ფეხების არეში). ძვ.წ. V ს. II მეოთხედისათვის ამფორებს იყენებენ ახალშობილთა დასაკრძალავ ურნად და სარიტუალო მოედნებზე ქტონიური ღმერთებისათვის სამსხვერპლო ღვინის მისატანად. უშუალოდ სამარხებში მათ ჯერ კიდევ არ აყოლებდნენ. ძვ.წ. V ს შუა წლებიდან დაწყებული ადრეელინისტურ ხანამდე კანონიკური ჩანს მიცვალებულისათვის ამფორის თვით სამარხში ჩაყოლების წესი. პირველ სამარხში 4 ამფორა აღმოჩნდა, 4-ჯერ ორ-ორი, დანარჩენ შემთხვევაში თითო ამფორა სულ 55 სამარხში იყო წარმოდგენილი.

როგორც ვიცით, არქეოლოგიური გათხრებისას ხშირად ჩნდება კერამიკული ტარის ნიმუშები, რომელთა დაკავშირება ამა თუ იმ კომპლექსთან არ ხერხდება. როგორც ჩანს, მათ იყენებდნენ აღაპის წესის შესრულებისას. ამფორები სხვა სახის ინვენტარის საერთო დონესთან შედარებით რატომღაც 10-15-20 სმ-ით მაღალზე იყო ჩადგმული. ისინი ძირითადად სამარხის აღმოსავლეთ ნაწილში (ხის კუბოს გარეთ), ჩრდილო-აღმოსავლეთით და სამხრეთ-აღმოსავლეთ კუთხეშია ჩადგმული (45 შემთხვევა). იშვიათად სამარხის სამხრეთ-დასავლეთ კუთხეში გვხვდება (3 შემთხვევა); ორჯერ სამხრეთ კედელთან, სამარხის დასავლეთ ნაწილში, ე.ი. ფეხების არეში ამფორა აღმოჩნდა სამჯერ. გაძარცვული მეოცე სამარხის მენდეს ამფორის ადგილ-სამყოფელის განსაზღვრა არ ხერხდება.

ძვ.წ. V ს ბერძნული ნეკროპოლის გათხრები (1967-1987 წწ)

ზოგჯერ დაკრძალვიდან რამდენიმე დღის გასვლის შემდგომ ახლობლებს მოსაკითხი მიუტანიათ და სამარხის თავზე დაუწყვიათ სხვადასხვა სახის ჭურჭლის სახით (ადგილობრივი, იონიური და ატიკური შავლაკიანი).

თვით სამარხში აღმოჩენილ მასალებს შორის, როგორც წესი, წამყვანი ადგილი კერამიკულ ნაწარმს უკავია. მრავალრიცხოვნობით გამოირჩევიან მოხატული, ორნამენტირებული თუ სადა ატიკური შავლაკიანი ვაზები. ყველაზე უფრო გავრცელებული ფორმაა ბერძნული დაკრძალვის რიტუალთან დაკავშირებული შავლაკიანი ლეკითოსები. უმეტესად ერთი, ზოგჯერ ორი, და იშვიათად სამი ლეკითოსი თითქმის ყოველ მეორე თუ მესამე სამარხშია წარმოდგენილი. მათი ნატეხები ხშირად გვხვდება სარიტუალო მოედნებზეც. ფიჭვნარისა და სხვა ბერძნული ნეკროპოლების მიხედვით ჩანს, რომ სანელსაცხებლე ჭურჭელს უმეტესწილად ხელების ახლომახლო აწყობდნენ (37 შემთხვევა). საკმაოდ ხშირად ჩნდება თავის (20-ჯერ) და ფეხების (13-ჯერ) არეშიც. ლეკითოსებს ზოგჯერ დებდნენ მარცხენა (6-ჯერ) და მარჯვენა (4-ჯერ) მხრის არეშიაც. ორი ლეკითოსი აღმოჩნდა სამარხის თავზე, ორიც მეხუთე სამარხის ბოტროსის ტერიტორიაზე. შავლაკიან ლეკითოსებს დასაკრძალავ ინვენტარად ფიჭვნარული კოლხებიც იყენებდნენ. როგორც ვნახეთ, ისინი საჩხერის მდიდრულ სამარხეულ ინვენტარშიაც შედიოდა. წარმოდგენილია ციხისძირის გვიანარქაული ხანის სამარხეულ კომპლექსებშიაც.

შავლაკიანი ლეკითოსების შემდგომ სამარხეულ კომპლექსებში, განსაკუთრებით კი საალაპო მოედნის მასალათა შორის, აღმოჩენების სიხშირით შავლაკიანი ამფორისკები გამოირჩევიან. ისინი გამოჩნდა 16 სამარხში (ორ სამარხში 3-3, ერთში – 2, დანარჩენში თითო ცალი). ერთჯერ სადა ამფორისკი სამარხის თავზეც იდო. მათი რიცხვი გაცილებით მეტია საალაპო მოედნის ნამსხვრევებს შორის. ლეკითოსების მსგავსად ისინიც უმეტეს წილად ხელის არეშია ჩაყოლებული (11-ჯერ), ოთხჯერ აღმოჩნდა თავთან ახლოს. თითოჯერ მხრის, თავისა და ხელის არეში იდო.

სამარხეულ ინვენტარად ზომიერადაა გამოყენებული ღვინის სასმელად განკუთვნილი შავლაკიანი კილიკები (აღმოჩნდა 15 სამარხში, ერთში ორი, დანარჩენში თითო კილიკი). მათი რიცხვი გაცილებით მეტია საალაპო მოედნის მასალებს შორის, რომელთა დიდი ნაწილი სხვადასხვა მოტივის სამკაულითაა დაფარული. სამარხებში კილიკები აღმოჩნდა თავის მარცხენა მხარეს (6-ჯერ), ფეხებთან ახლოს (4-ჯერ), ორ-ორჯერ მარცხენა ხელის, თითოჯერ – მარჯვენა მხრისა და ხელის არეში.

ფიჭვნარის ბერძენ მოახალშენეთა და ადგილობრივ მკვიდრთა შორის ერთ-ერთი გავრცელებული ფორმაა შავლაკიანი ბოლსალი. მე-16 სამარხში 4 ცალი აღმოჩნდა, პირველში 3. დანარჩენ 9 სამარხში – თითო. კილიკებისა და ამფორისკების მსგავსად მათი რიცხვი გაცილებით მეტია საალაპო მოედნის მასალებს შორის. ისინი საკმაოდ ხშირად ჩნდება ფიჭვნარელ კოლხთა სამარხებშიაც.

ბოლსალები უმეტესად ფეხების არეში ჩაუწყვიათ (8-ჯერ). მე-16 სამარხის ორი ბოლსალი ფეხებთან ახლოს აღმოჩნდა, ორი კი მარცხენა ხელის ახლოს, სხვა დროს ორ სამარხში მსგავსი ჭურჭელი იდო მარჯვენა ხელის ახლოს, ერთჯერაც – თავთან.

შავლაკიანი ჯამები წარმოდგენილი იყო 14 სამარხში (ერთჯერ სამი, ორჯერ ორ-ორი, დანარჩენში - თითო). ისინიც ფეხებთან ახლოს იყო განლაგებული (6-ჯერ), თითოჯერ თავის

მარცხენა მხარეს (სამი ცალი ერთად, სამარხი 1), ხელების არეში (ორი ცალი, სამარხი 15) და სამარხის თავზე. ასევე ითქმის შავლაკიანი სამარილეების შესახებაც; ისინიც თითო ეგზემპლარის სახით წარმოდგენილი იყო 9 სამარხში (6-ჯერ ფეხებთან, თითოჯერ თავის, მარჯვენა მხრისა და მარცხენა ხელის არეში). 5 სამარხში ჩაეყოლებინათ შავლაკიანი ოინოხოია – ორი ფეხებთან, ერთი მარჯვენა ხელთან ახლოს, ერთი – მარცხენა ხელთან, ერთიც – მარჯვენა მხართან. ოინოხოიას ნატეხები ძვ.წ. V ს აღაპის მასალებს შორისაც გვხვდება.

ატიკური შავლაკიანი კერამიკის სხვა ფორმები ორ ან თითო სამარხშია აღმოჩენილი. ასეთებია: შავფიგურული (მარცხენა ხელთან) და წითელფიგურული (თავის მარცხენა მხარეს) ასკოსები (მათი რიცხვი გაცილებით მეტია სარიტუალო მოედნის მონაპოვრებს შორის), მაღალძირიანი შავლაკიანი თასი ორჯერ თავის მარჯვენა მხარეს, თითოჯერ ხელებისა და ფეხების არეში); ტოლჩა (თავის არეში და შეწირულობათა მოედანზე), ცალყურა ჯამი (ორი თავის, ორიც ფეხების არეში); ფეხების არეში აღმოჩნდა თითო ცალი წითელფიგურული კრატერი, ჰიდრია, შავლაკიანი ორნამენტირებული თეფში, გუტუსი, რელიეფურ-ორნამენტიან სასმისი და სკიფოსი. ერთჯერ წითელფიგურული სკიფოსი თავის არეშიც იყო ჩადგმული. შავლაკიანი თას-სკიფოსი იდო სამარხის თავზე, ჩრდილო-აღმოსავლეთ ნაწილში.

გარკვეულ პერიოდამდე ფიჭვნარელი ელინები სამარხეულ ინვენტარად იყენებდნენ სადაზოლებიან იონიურ კერამიკულ ნაწარმსაც. მათი რიცხვი არაა დიდი. ისინი გვხვდება როგორც სამარხებში, ასევე სააღაპო მოედნებზე. უფრო მეტია იონიური ოინოხოიები (4-ჯერ თავის არეში, 2-ჯერ ხელის, 2-ჯერ ფეხისა და ერთჯერაც შეწირულობათა მოედანზე); იონიური ლეკითოსები (2-ჯერ მარცხენა ხელის, თითოჯერ თავის, მარჯვენა ხელისა და ფეხების არეში), სახურავიანი ჭურჭელი (2-ჯერ თავისა და ერთჯერ ხელის არეში), ამფორისკი (თავის და ხელის არეში, ასევე სამარხის თავზე) და ა.შ. თითო ცალი იონიური ოლპა (თავის), ამფორა (ხელების), წყვილყურიანი ჭურჭელი და ასკი (ფეხების არეში) წარმოდგენილი იყო სხვადასხვა სამარხში. იონიური ამფორები და ჯამები ხშირად ჩნდება სააღაპო მოედნებზე. ასევე ითქმის ოინოხოიების მიმართაც. ამფორები ორჯერ სამარხის თავზეც იდო.

ფიჭვნარის ბერძენ მოახალშენეთა სამარხებში საკმაოდ ხშირად ჩნდება ადგილობრივი კერამიკული ნაწარმი. ადრეული და ძვ.წ. IV ს ზოგიერთი სამარხის ინვენტარი ხშირად მხოლოდ ადგილობრივი ნაკეთობებითაა დაკომპლექტებული. დიდ მოწონებას იმსახურებს კოლხური ხელადები, ყურმილიანი დოქები, მათარა, ოინოხოიები, ფიჭვნარული ჭურჭელი და ა.შ. ისინი შედიოდა 77 სამარხის კომპლექსში. ზოგიერთ მათგანში ჩაუყოლებიათ 4, 3 და 2 ჭურჭელი, უფრო მეტად – თითო ეგზემპლარი. უმეტესად ისინი ჩნდებიან თავის არეში (12-ჯერ), ფეხების (22-ჯერ), ხელების (10-ჯერ), მხრის (7-ჯერ) არეში, სამარხის სახურავზე (7-ჯერ) და ა.შ. ერთი მოზრდილი ადგილობრივი ქოთანი კრემაციულ სამარხშიც ჩაედგათ. ადგილობრივი ჭურჭლის ნატეხები მოპოვებულია სააღაპო მოედნებზეც. კარგად დაცული დახურული კომპლექსები შესანიშნავ პირობებს ქმნის ძვ.წ. V-IV სს კოლხური სამეთუნეო ნაწარმის ქრონოლოგიის დადგენისათვის.

ფიჭვნარელი ელინები სამარხეულ ინვენტარად საკმაოდ ხშირად ფერადი მინის ნაწარმს იყენებენ. უფრო ხშირად ჩნდება მინის ალაბასტრები (12 სამარხი). სხვა ბერძნული ნეკროპოლების მსგავსად სუნამოსათვის განკუთვნილი ეს ჭურჭელი, როგორც წესი, ხელების არეშია

განლაგებული (8-ჯერ მარჯვენა, 2-ჯერ მარცხენა ხელთან და ერთხელაც მარცხენა მხრის ახლოს). ხელების არეში იყო ჩალაგებული მინის ამფორისკებიც (5-ჯერ), ერთჯერ თავის მარცხენა მხარეს, ერთ-ერთი მათგანი შესაწირაობათა მოედანზეც იყო წარმოდგენილი. ასევე ითქმის მინის ოინოხოიების შესახებაც (ორი იდო მარცხენა, ერთი მარჯვენა ხელის არეში). მარცხენა მხრისა და მარჯვენა ხელის არეში დაფიქსირდა მინის არიბალოსი და ე.წ. ოთხწახნაგა სანელსაცხებლე ჭურჭელი.

ტორევტიკის ნიმუშები უპირატესად მდიდრულ სამარხებშია ჩატანებული. სულ მოპოვებულია ვერცხლის სამი ფიალა – ორჯერ პირქვე ჩამხობილი იდო მარცხენა მხართან, ერთჯერაც – მარჯვენა ხელთან ახლოს. მოპოვებულია ბრინჯაოს ერთადერთი სკიფოსი (მარცხენა ფეხთან), ბრინჯაოს სიტულის ნატეხები (ფეხების არეში). ერთი ცალი ბრინჯაოს ოინოხოია აღმოჩნდა მარცხენა ხელთან ახლოს, მეორე – ფეხების არეში. ბრინჯაოს სარკეები წარმოდგენილი იყო 5 სამარხში (3-ჯერ თავის მარცხენა, 2-ჯერ მარჯვენა მხარეს).

პალესტრთან დაკავშირებული ნივთებიდან ყურადღებას იქცევს ბრინჯაოსა და რკინის სტრიგილები. მოპოვებულია ხუთი ბრინჯაოსა (ერთი თავთან, ორი მარცხენა ხელთან და ორიც ფეხებთან ახლოს) და სამი რკინის სტრიგილა (ხელების არეში). ბრინჯაოს ჩამჩა და საწური ერთად იყო ერთ შემთხვევაში მარცხენა ხელთან ახლოს, მეორეჯერ ფეხების არეში. სხვა ბერძნული ნეკროპოლების მიხედვითაც ისინი ხშირად ერთადაა წარმოდგენილი.

მონეტები კოლხურ სამაროვანთან შედარებით ფიჭვნარის ბერძნულ ნეკროპოლზე იშვიათია. ორივე ქიზიკინი აღმოჩენილია პირის არეში. ასევე ითქმის პანტიკაპეონის, ნიმფეისა და ადრეული სინოპური მონეტების შესახებ. უფრო ხშირად ჩნდება კოლხურები. ცუდი დაცულობის გამო ყველა მათგანის განსაზღვრა არ ხერხდება. ისინიც პირის არეში აღმოჩნდა (9-ჯერ); ერთჯერ კოლხურების უნიკალური ნომინალები – (3 ცალი) ჩაეწყოთ ფერადი მინის ოინოხოიაში, რომელიც იდო მარცხენა ხელის არეში.

ზომიერადაა გამოყენებული სხვადასხვა სახის სამკაულები. ოქროს საყურეები აღმოჩნდა 7 სამარხში – 6 სამარხში ორ-ორი ცალი, ერთში – სამი. ერთ-ერთ სამარხში ორი ცალი სადა რგოლსაკიდი იქნა პრეპარირებული. 7 სამარხში წარმოდგენილი იყო ასევე ოქროს ყელსაბამები. ისინი შედგენილია სხვადასხვა რაოდენობის ოქროს მძივებისაგან, დისკოსებური თუ ნახევარმთვარისებრი საკიდების, ჩიტებისა და ჯიხვის თავის სკულპტურული გამოსახულებებისაგან. მოპოვებულია ორი ცალი ტანდაღარული სასაფეთქლე ხვიაც. ყველა ზემოთ ჩამოთვლილი ოქროს სამკაული ფიქსირებულია თავისა და ყელის არეში. ორი ცალი ოქროს ფარაკიანი ბეჭედი იდო მარჯვენა ხელის, ერთიც – მარცხენა ხელის არეში. მამაკაცის სამარხში ოქროს რგოლისებრი ბეჭედიც ჩაეყოლებინათ. გაძარცვულ სამარხში ოქროს მძივები და კილიტები იყო მიმობნეული.

შედარებით ხშირად ჩნდება ვერცხლის, ბრინჯაოსა და რკინის სამკაულები. ვერცხლის სამაჯურები აღმოჩნდა 26 სამარხში. ზოგჯერ მიცვალებულს ხელები გულმკერდის არეში ჰ ქონია დასვენებული. 7 სამარხში აღმოჩნდა ვერცხლის ბეჭედი (5-ჯერ გაკეთებული ჰქონია მარჯვენა, 2-ჯერ მარცხენა ხელზე). დადასტურებულია ვერცხლის სპირალური ხვიების (თავის არეში), რგოლის (3 ცალი ერთ სამარხში), საკიდის (თავის არეში), ნახევარმთვარისებური საკიდის (მარცხენა ყურთან ახლოს), სხივანა საყურის და საკინძის აღმოჩენის შემთხვევებიც.

ბრინჯაოს სამაჯურები წარმოდგენილი იყო 10 სამარხში. 3-ჯერ ხელის არეში, სხვა დროს თავთან ახლოს და სამარხის დასავლეთ მონაკვეთზე. არის ბიპირამიდული (სამარხის დასავლეთ ნაწილი) და ნახევარმთვარისებური (სამარხის ჩრდილო კედელთან) საყურეები, ხვიები (ორი ცალი თავის არეში), ბალთა (თავის არეში), რგოლები (სამარხის თავზე და 3 თავის არეში), ბეჭედი (თავის მარცხენა მხარესა და მარჯვენა ხელის არეში). სარიტუალო ნივთე-ბიდან აღსანიშნავია ბრინჯაოს ზარაკები. ორი ცალი მოპოვებულია თავის არეში, ერთიც – მარჯვენა მხართან ახლოს.

ყურადღებას იქცევს ის გარემოებაც, რომ კოლექტიურ სამარხში ქალის განსასვენებელ-თან თავის დროზე სამკუთხა მოყვანილობის ტყავის ფუტლარში ჩაეწყოთ 18 ცალი ე.წ. სკვი-თური ისრისპირიც (თავთან ახლოს). ქალის სამარხში ისრისპირების ჩაყოლების ფაქტი სხვა ბერძნული ნეკროპოლების მიხედვითაცაა ცნობილი. ერთი ცალი სკვითური ისრისპირი თავის არეში აღმოჩნდა ფიჭვნარის ბერძნული ნეკროპოლის ერთ-ერთ ადრეულ სამარხშიც.

შედარებით ცოტაა და ცუდად დაცული რკინის სამკაულები. ესენია: კირკალის ნატეხები (ყელის არეში), რკინის ბეჭდები (ორ-ორჯერ მარცხენა და მარჯვენა ხელის არეში), სამა-ჯურები (აღმოჩნდა 10 სამარხში, ხელის არეში, ერთჯერ – მარცხენა მხართან ახლოს). ერთჯერ მარცხენა მხართან რკინის რგოლიც იქნა ფიქსირებული. ფიჭვნარის ძვ.წ. V-IV სს ბერძნული ნეკროპოლის მორიგ თავისებურებას წარმოადგენს ისიც, რომ პონტოს სანაპიროს სხვა მასობრივ ბერძნულ ნეკროპოლებთან შედარებით აქ საკმაოდ ხშირად ჩნდება მინისებური პასტის, მინის თვალადი, სარდიონის, ქარვის, ტყვიისებური მასისა და ბრინჯაოს მძივები. ზოგიერთ სამარხში ისინი 1, 2, 3, 4 და მეტი ცალითაა წარმოდგენილი, ზოგჯერ გვხვდება მთელი ასხმა. მაგალითად, 105-ე სამარხში 237 მძივი იქნა შეგროვებული. ისინი უფრო ხშირად ადრეულ და ძვ.წ. IV ს სამარხშია აღმოჩენილი. 33 შემთხვევიდან 7-ჯერ მძივები ჩაეყოლებინათ ძვ.წ. V ს მეორე მეოთხედის სამარხებში. ამ სახის სამკაულებისადმი განსაკუთრებით დიდ მიდრეკილებას იჩენს კოლხეთის ადგილობრივი მოსახლეობა. ასეთივე მაგალითი დასტურდება თრაკიის მაგალითზე.

ასეთია სამარხთა ტიპები, დაკრძალვის წესები და ცალკეულ სამარხებში ინვენტარის ჩაყოლების ზოგადი კანონზომიერებანი. ფიჭვნარის ბერძნულ ნეკროპოლზე უფრო სრულყოფილი წარმოდგენის მიღების მიზნით მოვიტანთ ზოგიერთ ინფორმაციას მატერიკული საბერძნეთისა და პონტოს სანაპიროების ბერძნული ნეკროპოლების შესახებაც.

შენიშვნები:

[1] ძვ.წ. IV ს. კრემაციული სამარხის შესახებ სხვა დროს იქნება საუბარი.

[2] გ.ლორთქიფანიძე და თ.თოდუა აღნიშნავენ, რომ ამ წესს აღმოსავლეთ შავიზღვისპირეთის ადგილობრივი მოსახლეობა არ მისდევდა. ფიჭვნარისა და ციხისძირის სამაროვნების მიხედვით ვნახეთ, რომ ეს რიტუალი ძვ.წ. V საუკუნიდან ადგილობრივი მოსახლეობის წარმომადგენელთა შორისაც ზოგჯერ იჩენს თავს.

[3] ციხისძირის სამაროვნის გათხრების შედეგები ჯერ კიდევ არა გამოქვეყნებული.

[4] აქაური ნახვრეტიანი ქვის სამსხვერპლო-ესხარიები ფიჭვნარის ქვის ესხარიას მოგვაგონებს.

38

ძველი საბერძნეთის ნეკროპოლები

მიკენური ცივილიზაციის ხანაში წამყვანია ინდივიდუალური ინჰუმაციური ორმოსამარხები. ამავე ეპოქაში გვხვდება ხუროთმოძღვრების ბრწყინვალე ნიმუშები თოლოსებისა და კლდეში ნაკვეთი კამერების სახით, რომლებიც საოჯახო-საგვარეულო საძვალეებს წარმოადგენდნენ. ადრერკინის, ე.წ. სუბმიკენურ ხანაში (ძვ.წ. XII-XI სს) გავრცელებულია ქვის ფილებით ამოყვანილი და გადახურული სამარხები. თანდათანობით შემოდის ცენტრალურ ევროპასა და აღმოსავლეთის ქვეყნებში აგრერიგად გავრცელებული კრემაციული სამარხები. ძვ.წ. XI ს შუა, ე.წ. პროტოგეომეტრიული ხანიდან ათენში თანდათანობით ბატონდება კრემაცია. ბავშვთა სამარხები უმეტეს წილად ინჰუმაციურია. IX-VIII საუკუნეებისათვის ატიკაში კრემაციას აღარ ენიჭება უპირატესობა. გეომეტრიულ, არქაულსა და კლასიკურ ხანაში ოჯახის წევრთა არჩევანის თუ სოციალური მდგომარეობის მიხედვით მიმართავენ როგორც კრემაციას, ასევე ინჰუმაციას (Kurtz, Boardman 1971; Vickers, Gill 1994: 7-12).[1] ძვ.წ. VIII ს ბოლოდან ჩნდება ე.წ. საალაპო მოედნები და კრემაციული წერტილები. დამოწმებულია ცხოველთა (ფრინველი, კურდღელი, თხა, კრავი, ღორი, შესაძლოა ძროხა) შეწირვის ფაქტები. როგორც ითქვა, სოლონმა შეზღუდა ფუფუნებითი დაკრძალვები, მაგრამ ეს ადათი შემცირებული მასშტაბებით განაგრძობს არსებობას კლასიკურ ხანაშიაც. ციცერონის მიხედვით ვიცით, რომ დასაშვები იყო საფლავის გაკეთება, რომელსაც დასჭირდებოდა დაახლოებით 10 კაცის სამდღიანი შრომა.

კლასიკური ხანის ათენის სამაროვანზე ცალკე უბნებადაა გამოყოფილი წარჩინებული ათენელების, სახელმწიფო მსახურთა, რიგითი მოქალაქეებისა და ბავშვთა სამარხები. გავრცელებულია სადა ორმოსამარხები. აღმოჩენილია ხის კუბოს ნაშთები. ცნობილია ფილაქვებით გადახურული სამარხები. სამარხები ინდივიდუალურია. მასობრივი დაკრძალვა ხდებოდა ექსტრემალურ, ვთქვათ, ეპიდემიების შემთხვევაში. არქაული ხანიდან ფართოდ ვრცელდება კრამიტსამარხები; აღმოჩენილია კირქვის ან მარმარილოს ფილებით ამოშენებულ-გადახურული სამარხები და სარკოფაგები. ზოგი მათგანი მთლიანად აგურით იყო ნაგები, ნაწილის მარტო კედლებია ამოყვანილი. სამარხთა ერთი ჯგუფის საფასადო ნაწილი მხარდაბალი კარნიზებით დაგვირგვინებული ქვებით იყო დაფარული. ჩვ.ერამდე V ს ბოლოსათვის გაჩნდა ნაგებობიანი განსასვენებლის გრანდიოზული ფორმები. მამა-პაპური წესის (patrios nomos) მიხედვით ათენელებს ბრძოლებში დაღუპული მეომრების ნეშტი სამშობლოში მიჰქონდათ და საზოგადოებრივ სამარხებში სახელმწიფოს ხარჯზე კრძალავდნენ (ასე მოხდა მარათონისა და პლატეას ბრძოლების დროს). წარმოითქმებოდა გამოსათხოვარი სიტყვები. საზოგადოებრივი სამარხები შემკული იყო რელიეფებით, კარნიზებით, წარწერებით. დიდი ყურადღება ექცეოდა ჩვ.ერამდე V ს სამარხების მხატვრულ გაფორმებას. უკეთდება მიწაყრილი, იდგმება საფლავის ქვა, ქანდაკება (მგლოვიარე ქალებისა და კაცების, სფინქსების, სირინოზების, ლომის, ავაზის, ხარის, ვერძის, თხის,

39

ძაღლის, გედის, მტრედის, მამლისა და სხვათა გამოსახულებით). ზოგიერთი საფლავის ქვის რელიეფური გაფორმება გადაწყვეტილი იყო პართენონის სტილში. მათ დამზადებას ახასიათებს კონსერვატიზმი, სერიულობა, ფრონტალობა. გრძელდება ახალშობილთა თიხის ჭურჭელში დაკრძალვის პრაქტიკა. ჩვ.ერამდე IV საუკუნიდან კრემაციული სამარხების რიცხვი საგრძნობლად მცირდება.

კლასიკური ხანისათვის სამარხეული ინვენტარი დალაგებულია ან უშუალოდ მიცვალებულის ირგვლივ, ან სამარხთან ახლოს. ამ მიმართებით მტკიცედ დადგენილ კანონზომიერებაზე მითითება არ ჩანს. არქაული ეპოქის მსგავსად ჩნდება ე.წ. „შეწირულობათა თხრილები" და „შეწირულობათა ადგილები", ჩვენთვის ცნობილი სააღაპო მოედნები. ათენის კლასიკური ხანის სამარხები არ გამოირჩევა სამკაულთა მრავალფეროვნებით. წამყვანია კერამიკული ნაწარმი.

არქეოლოგიური მასალები, ლიტერატურული მონაცემები, ხელოვნებისა და ეპიგრაფიკული ძეგლები დაკრძალვის რიტუალის საინტერესო სურათის აღდგენის შესაძლებლობას იძლევა. დაკრძალვის წესების კონსერვატულობა იმის მანიშნებელი უნდა იყოს, რომ ათენიდან მოშორებული რაიონებისათვისაც, მათ შორის ჩვენთვის საინტერესო ფიჭვნარისთვისაც, ეს ადათ-წესები ხშირ შემთხვევაში სტანდარტული უნდა ყოფილიყო. ისიც საყოველთაოდ ცნობილი ფაქტია, რომ ბერძნული ახალშენები მეტროპოლიასთან დროსა და სივრცეში ერთიანი რელიგიით იყვნენ დაკავშირებული. რა თქმა უნდა, ყოველთვის სახეზეა ლოკალური თავისებურებანიც.

ახლა მივუბრუნდეთ ატიკაში გავრცელებულ დაკრძალვის პრაქტიკას, რომელიც როგორც ზემოთაც ვნახეთ, ყალიბდებოდა ათასწლეულების, საუკუნეების მანძილზე.

ჭირისუფალთა წმინდა ვალი იყო სათანადო პატივი მიეგოთ გარდაცვლილთათვის. როგორც ზემოთაც აღინიშნა, ათენელები დიდ მნიშვნელობას ანიჭებდნენ მიცვალებულის მშობლიური მიწისათვის მიბარებას. სახელმწიფო მესვეურთაგან ამა თუ იმ პიროვნების დასაფლავებაზე უარის თქმა ყველაზე დიდ სასჯელად ითვლებოდა. დაკრძალვა უპირველეს ყოვლისა, ოჯახს ეკისრებოდა. თუ ჭირისუფალს საამისო სახსრები არ აღმოაჩნდებოდა, ახლო მეგობარს ან დემარქოსს (demarch) უნდა ეკისრა. ხარჯები მოზრდილი იყო. პლატონის მითითებით 5 მინამდე აღწევდა.

ატიკური დაკრძალვის რიტუალში გამოიყოფა ორი ძირითადი ეტაპი. პირველი ესაა ე.წ. „პროთესისი" (prothesis) ანუ გასვენებამდელი მდგომარეობა და ეხფორა (ekhpora) ანუ გასვენება და დაკრძალვა. „პროთესის" ამსახველ სცენებში მიცვალებული მაღალ სარეცელზეა დასვენებული. თავის ქვეშ ხშირად ბალიშია ნაჩვენები. ცხედარს ზოგჯერ სუდარა ფარავს. მგლოვიარე ფიგურების ორი კატეგორია გამოიყოფა: ქალებს ორივე ხელი აქვთ აწეული, ან კიდევ თმებს იგლეჯენ, სახეს იხოკავენ, მკერდში ხელებს იშენენ. ისინი ან დგანან, ან დაჩოქილი არიან, ან კიდევ პატარა ზომის სკამებზე სხედან. ცალხელაწეული ჟესტი მამაკაცის მწუხარების გამომსახველია. ისინი ფეხზე მდგარნი გლოვობენ. ზოგჯერ ნაჩვენებია ბავშვებიც, რომლებიც დედის გვერდით დგანან, ან მის ხელს არიან ჩაჭიდულნი, ან კიდევ დედის კალთაში არიან ნაჩვენები. მსგავს სცენებში ხშირადაა გამოსახული ყვავილები, ცალკეული შტოები, ზოგჯერ სამსხვერპლო ცხოველებიც კი. ცხედარი ქალებს უნდა მოემზადებინათ (მონაწილეობდნენ 60 წელს გადაცილებულნი ან ახლო ნათესავები). წმინდა წყლით განბანვის შემდეგ მიცვალებულს ზეთს აცხებდნენ, ყვავილებით, ფოთლოვანი გვირგვინებითა და ლენტებით რთავდნენ. პრო-

თესისი მეორე დღეს სრულდებოდა, ეხფორა მესამე დღეს იწყებოდა. მზის ამოსვლამდე მიცვალებულს სასაფლაოზე წაასვენებდნენ. არსებული კანონების მიხედვით, პროცესიის მონაწილეთ ქუჩებში უხმაუროდ უნდა ჩაევლოთ. ეს წესი არ ვრცელდებოდა მდიდრულ სახალხო კორტე-ჟებზე. მიცვალებულს მიასვენებდნენ ხელით ან ეტლზე დასვენებულს (მოუჩანდა მხოლოდ თავი). პროცესიას მამაკაცები მიუძღოდნენ. მათ მიყვებოდნენ ქალები. მათი მონაწილეობა შეზღუდული იყო ასაკისა და ნათესაობის მიხედვით. ეცვათ სამგლოვიარო სამოსი. მესამე დღის რიტუალის (tatriata) შესრულების შემდეგ მგლოვიარენი ბრუნდებოდნენ გარდაცვლილის სახლში, რომელიც გლოვის დღეებში ნიშანდებული იყო კარებთან დადგმული ჭურჭლით (გარედან მოტანილი წყლით წასვლისას დაკრძალვის მონაწილენი განიბანებოდნენ). როგორც მიცვალებულისათვის, ასევე ცოცხლებისათვის გამწმენდ წყალს დაკრძალვის რიტუალში დიდი მნიშვნელობა ენიჭებოდა. გადმოგვცემენ, რომ სოკრატემ სიკვდილის წინ თვითონვე იბანავა, რათა ქალები აღარ შეეწუხებინა. ალკესტისმა გამდინარე წყალში იბანავა და დასაკრძალავი კაბა ჩაიცვა. ასევე მოიქცა ოიდიპოსი. დასტურდება საქელეხო პურმარილის არსებობა.

სასაფლაოზე შავებში ჩაცმული ოჯახის წევრები და ახლო მეგობრები იკრიბებოდნენ მე-9 დღეს სავალდებულო რიტუალის (ta enata) შესრულების მიზნით. არქაული და კლასიკური ხანისათვის ჩვენ არ ვიცით გლოვის დასასრულის დღე. გვიანდელ წყაროებში ასეთად მე-13 დღეა მიჩნეული. ამ ცერემონიალის შესრულებით არ მთავრდება ოჯახის წევრთა მიერ გარ-დაცვლილის მიმართ საბოლოო ვალის მოხდა. მნიშვნელოვანი იყო წლისთავი. იგულისხმება საფლავის მონახულება, ყვავილების, ლენტების, გვირგვინების მიტანა და ა.შ. (დაწვრ. იხ. Kurtz, Boardman, 1971).

შენიშვნები:

[1] საერთოდ, ინჰუმაციური სამარხები უფრო გავრცელებული ჩანს. კრემაცია, ძირითადად, მიწათმფლობელი არისტოკრატიის წარმომადგენლებს შორის იყო პოპულარული.

ჩრდილო შავიზღვისპირეთის ბერძნული ნეკროპოლები

მატერიკული საბერძნეთის მსგავსად საინტერესო სურათის აღდგენის შესაძლებლობას იძლევა ჩრდილო შავიზღვისპირეთის კლასიკური ხანის ბერძნული ნეკროპოლების კვლევა. როგორც ცნობილია, ამ რეგიონის, ისე როგორც საერთოდ ელინური სამყაროს, მძლავრი ეკონომიკური და პოლიტიკური გაერთიანებები შეიქმნენ ოლბიის, ქერსონესისა და ბოსფორის სახელმწიფოს სახით, რომელთაც პროგრესული როლი შეასრულეს სხვადასხვა საფეხურზე მდგომი ადგილობრივი ტომების სოციალ-ეკონომიკურ დაწინაურებასა და საერთაშორისო ვაჭრობის აღმავლობის საქმეში. ქალაქ-სახელმწიფოების ცხოვრებაში მალე ებმებიან ელინიზებული ე.წ. ბარბაროსი ტომების წარმომადგენლები და თანდათანობით ბერძნული პოლისების გვერდით ჩნდება სკვითთა, ტავრთა თუ მეოტიდ-სინდთა ადგილობრივი სახელმწიფოებრივი გაერთიანებები. უფრო მეტიც, გარკვეული ეპოქის შემდეგ იწყება ჩრდილო შავიზღვისპირეთის ბერძნული ქალაქების ბარბარიზაცია, რაც ახ.წ. I-IV სს განსაკუთრებით თვალშისაცემი გახდა (იხ. Шелов, 1984: 15-21).[1]

უძველეს ბერძნულ სამოსახლოს ჩრდილო შავიზღვისპირეთში (ძვ.წ. VII ს მეორე ნახევარი) წარმოადგენდა ბერეზანი (ბორისფენიდა). ახლა მისი ფართობი არაა დიდი (850-350 მ-ზე). ნეკროპოლი განლაგებულია კუნძულის ჩრდილო-დასავლეთ ნაწილში. 1900-1901 წლებში გ.ლ.სკადოვსკიმ 800-მდე სამარხი აღმოაჩინა. სამწუხაროდ ეს მასალა არაა გამოქვეყნებული. 1967 და 1968 წლებში სახელმწიფო ერმიტაჟის ექსპედიციამ გააგრძელა სამაროვნის შესწავლა. დადასტურდა, რომ სამარხთა დიდი ნაწილი ეკუთვნის ძვ.წ. VI ს მეორე ნახევრისა და V ს დამდეგს. სამარხთა დიდი ნაწილი ინჰუმაციურია, ნაწილი კი - კრემაციული. არის ამფორასამარხებიც. ამფორაში ნახეს პატარა მძივი, ძვლის ფირფიტა და ბრინჯაოს საყურის ნატეხი. ზოგჯერ სამარხის თავზე ფიჭვნარის მსგავსად ქვის რიგიც იყო შემორჩენილი. მიცვალებულნი დაკრძალულნი ჩანან გაშოტილ ან მოხრილ პოზაში. თან გაუყოლებიათ საკმაოდ მდიდრული ინვენტარი: როდოსულ-იონიური თუ ატიკური მოხატული ვაზები, ტერაკოტები, სამაჯურები, საყურეები, მძივები, დანა, ისრისპირები, რკინის სატევარი, ხის ფუტლარის ნაშთები (მასში 120 ისრისპირი იყო ჩალაგებული); არის ოქროს მძივები, კილიტები; ჩნდებოდა უინვენტარო სამარხებიც. ნეკროპოლის დიდი ნაწილი ზღვამ ჩაყლაპა (Фабрициус, 1951: 56 და შმდ.; Капошина, 1956$_{ь}$; Блаватский, 1961: 175-176; Горбунова, 1969: 21-24). ეს სამარხები ადრეულ ეპოქებს განეკუთვნებიან. ჩვენთვის საინტერესო კლასიკური ხანის სამარხები ცოტაა, რადგანაც ოლბიის აყვავების გამო აქ ცხოვრება საგრძნობლად ქვეითდება.

ჩრდილო შავიზღვისპირეთის ერთ-ერთი მნიშვნელოვანი პოლისი იყო ოლბია. საკმაოდ ფართო მასშტაბის საველე სამუშაოები XIX ს პირველი ნახევრიდან, 1810 წლიდან წარმოებს. აქ აღიზარდა ანტიკოსთა მთელი თაობები. აღმოჩენილია მდიდარი და მრავალფეროვანი ნივთიერი კულტურის ძეგლები, საცხოვრებელი თუ საზოგადოებრივი დანიშნულების (თემონესი, აგორა) ნაგებობათა ნაშთები. თვალსაჩინო სამუშაოები განხორციელდა ამჯერად ჩვენთვის საინტერესო

42

ოლბიის ნეკროპოლზე, რომელიც საკმაოდ ვრცელ ფართობს, 500-მდე ჰ-ას მოიცავს. იგი ქალაქს გარს აკრავს სამი მხრიდან - სამხრეთი (საზღვარი ე.წ. შიროკაია ბალკა), ჩრდილოეთი (საზღვარი პარუტინსკაია) და დასავლეთი (შიროკაია ბალკას დასავლეთ სანაპიროს გასწვრივ). რამდენიმე გორასამარხი შეისწავლა ა.ს.უვაროვმა 1848 წელს, 1873 წელს კი ვ.მ.ტიზენჰაუზენმა. 9 გორასამარხს მიაკვლია ი.გ.სურჩინმა 1886 წელს. ოლბიის ნეკროპოლის ტერიტორიაზე რიგითი სამარხების კვლევა განახორციელა ვ.მ.იასტრებოვმა 1894 წელს. 46 სამარხი აღმოაჩინა 1896 წელს ბ.ვ.ფარმაკოვსკიმ. მათი დიდი ნაწილი გაძარცვული იყო. 1900 წლისათვის ი.ა.კულაკოვსკიმ შეისწავლა 22 აკლდამა და 76 შედარებით კარგად დაცული სამარხი. ოლბიის ნეკროპოლის სისტემატიური კვლევა განხორციელდა 1901-1915 წლებში ბ.ვ.ფარმაკოვსკის ხელმძღვანელობით (ОАК, 1903; 1904; 1906a; 1907; 1908a; 1909; 1910; 1912; 1913; 1914; 1916; 1918; Фармаковский, 1903, 1906). აღმოჩნდა სხვადასხვა ეპოქის 1000-ზე მეტი სამარხი. მათ შორის ბევრი უინვენტარო (Скуднова, 1988: 5-7). სოლიდური სამუშაოები განხორციელდა საბჭოთა ეპოქაშიც (Фармаковский, 1926_a; 1926_b; Книпович, 1940_a; 1940_b; Козуб, 1960; 1963; 1967; 1968; 1971; 1974_a; 1974_b; 1984; Фурманская, 1959; Скуднова, 1960; 1988 და სხვ.). აქ საუბარია ოლბიის სამაროვნის სხვადასხვა ეპოქის სამარხებზე. ჩვენი ინტერესების სფეროში ექცევა ოლბიის კლასიკური ხანის ნეკროპოლი.

ამ ეპოქის სამარხთა დიდი ნაწილი ფიჭვნარის მსგავსად ინჰუმაციურია, დამხრობილია აღმოსავლეთისაკენ. ბ.ფარმაკოვსკი მიუთითებს, რომ წელიწადის დროთა მიხედვით ადგილი ჰქონდა უმნიშვნელო გადახრებს. ზაფხულში – ჩრდილოეთით, ზამთარში კი – სამხრეთისაკენ. იშვიათად ორიენტირებულია ჩრდილოეთისაკენ (ეს უფრო არქაული ხანის). არქაული ხანის საბერძნეთისა და ჩრდილო შავიზღვისპირეთის ადრეული ნეკროპოლების მსგავსად ოლბიის კლასიკური ხანის სამარხებსაც მიწაყრილი ან სამარხეული სტელები არ გააჩნია. წამყვანია უბრალო ორმოსამარხები, ოთხკუთხა მოყვანილობის, კუთხეები მომრგვალებული, ზოგი მათგანი საკმაოდ ღრმად ჩაჭრილი. სამარხთა სიგრძე უფრო ხშირად 1,7-2,2 მ-ს შორის მერყეობს. ზოგიერთის – 3-5 მ-მდეა. სიფართე სხვადასხვა, სიღრმე 0,9-2,7 მ. საოჯახო თუ საგვარეულო სამარხები ცალკეულ ჯგუფებადაა განლაგებული. კრემაციული სამარხები ცოტაა.

სამარხთა სახურავად გამოყენებულია ქვის ფილები, უფრო ხშირად ხის ძელები; აღმოჩენილია კრამიტსახურავიანი სამარხებიც. გვაქვს მითითებანი ხის კუბოსა და სარკოფაგების ნაშთების არსებობაზეც. ზოგან შეინიშნებოდა ხის სარკოფაგის ფეხებისათვის განკუთვნილი მცირე ზომის ორმოები. ხის კუბოს რეკონსტრუქცია ხდება ლურსმნების განლაგებისა და ტყვიის სახელურების მიხედვით (ხის კუბოს სიფართეა 1 მ-მდე, სიმაღლე 0,25-0,35 სმ). ხის კუბოს სახურავი ოდნავ ამობურცული ჩანს. ერთ-ერთი მათგანი ლურჯი საღებავით იყო დაფარული. სარკოფაგები ჩადგმული იყო დიდი ზომის სამარხებში. ზოგჯერ ხის კუბოს სარკოფაგებში ათავსებდნენ. მიცვალებული დასვენებულია პირაღმა, გაშოტილ პოზაში. იშვიათად ხელები გულ-მკერდზე აქვს დასვენებული, ფეხები კი მოხრილი ან გადაჯვარედინებული. სამარხები ინდივიდუალურია; დადასტურებულია შემთხვევიდან შემთხვევამდე კოლექტიური სამარხების არსებობაც (ОАК, 1907: 30; 1908a: 33; 1910: 63; 1912: 33). ერთხელ არქაულ სამაროვანზე ბავშვი დედასთან ერთად იყო დაკრძალული (Скуднова, 1988: 9). არის ახალშობილთა ამფორებსა თუ სხვა სახის ჭურჭლებში დამარხვის შემთხვევები.

ფიჭვნარის მსგავსად ოლბიის არქაული და კლასიკური ხანის ნეკროპოლის გათხრებისას

ფიჭვნარი II

აღმოჩენილია საკმაოდ მდიდარი და მრავალფეროვანი მასალა. უინვენტარო სამარხები აქაც იშვიათია. ტერიტორიულად არც აქაა გამიჯნული მდიდრული და ღარიბული სამარხები. ხშირად ჩნდება ტუალეტისათვის განკუთვნილი თუ პროფესიასთან დაკავშირებული ნივთები, საავგაროზო ამულეტები და ზარაკები. წამყვანია კერამიკული ნაწარმი. მონეტის ჩაყოლების წესი ძვ.წ. IV-III სს-ის სამარხებისათვის ჩანს დამახასიათებელი. ისიც, როგორც ბ.ფარმაკოვსკი მიუთითებს, იყენებდნენ დაზიანებულ ვერცხლისა და სპილენძის მონეტებს. არქაული ხანის მე-9 სამარხში აღმოჩნდა ოლბიის მონეტა დელფინის გამოსახულებით. სხვა სახის რაიმე მონეტა არ ჩანს. ჩვენ გადაჭრით ვერ ვიტყვით დელფინის მონეტის აღმოჩენა ქარონის ობოლთანაა დაკავშირებული თუ რიგით სამარხეულ ინვენტარს წარმოადგენდა. როგორც ზემოთაც ვნახეთ, ძვ.წ. V საუკუნისათვის პონტოს-პირეთში მონეტის ჩაყოლების წესი მხოლოდ ფიჭვნარისათვის ჩანს დამახასიათებელი.

ინვენტარის ჩაყოლების ერთიანი საერთო წესი არც ოლბიის მაგალითზე შეინიშნება, მაგრამ სხვა ბერძნული პოლისების მსგავსად (ატიკა, ბეოტია, მცირე აზია, პანტიკაპეონი, ქერსონესი და სხვა) დადგენილია ზოგიერთი კანონზომიერება. კერძოდ, სამაჯურები და ბეჭდები დანიშნულებისამებრ ხელის არეშია დაფიქსირებული, მძივები – ყელის. მიცვალებულს აცმევდნენ საპარადო ტანსაცმელს, ზოგჯერ აყოლებდნენ ოქროს ნივთებსაც. დიდი ზომის საგნებს, მაგალითად ამფორებს, ხის კუბოს გარეთ აწყობდნენ. ოლბიის სამაროვანი წარმოადგენს ტიპიურ ბერძნულ ნეკროპოლს, რომელიც დიდ სიახლოვეს პოვებს თვით მატერიკული და მისი კოლონიების ანალოგიურ ძეგლებთან. ზოგიერთი სამარხი ადგილობრივი იერის მატარებლადაა მიჩნეული. მაგალითად, ს.კაპოშინა და ბევრი სხვაც (ტ.კნიპოვიჩი, ვ.გაიდუკევიჩი, გ.ბელოვი, დ.ბელოვი და სხვა) თვლიან, რომ მოხრილ პოზაში დაკრძალვა, იარაღის, ოქროსა და ვერცხლის ნივთების არსებობა, ასევე დანა, სალესი და სხვა მიჩნეულია ადგილობრივ ელემენტებად (Капошина, 1950: 209 და შმდ.).[2] ეს მოსაზრებანი არაა სათანადოდ არგუმენტირებული და გაზიარებული.

ოლბიის ქორა ბუგის, დნეპრობუგისა და ბერეზინოსიცკის ლიმანებს შორის მდებარე ტერიტორია მიითვლის ანტიკური ხანის 15-მდე ნეკროპოლს (Марченко, 1984: 41).

ანტიკურ ხანაში ჩრდილო შავიზღვისპირეთის ერთ-ერთი უდიდესი ცენტრი იყო ქერსონესის სახელმწიფო, რომელიც მდებარეობდა ყირიმის ნახევარკუნძულის დასავლეთ ნაწილში. მასში შედიოდა, აგრეთვე, კერკინიტიდა და კალოსლიმენი. 1936 წლამდე ქალაქთან დაკავშირებული ადრეული ნივთების შემცველი მასობრივი ნეკროპოლი არ ყოფილა მიკვლეული. ამ წელს შესწავლილ იქნა 91 სამარხი (Белов, 1938: 163-196). მომდევნო 1937, 1938, 1940 და 1956 წლებში კიდევ 44 სამარხი (Белов, 1950). ადრე ძვ.წ. V ს ბოლოსა და IV ს პირველი ნახევრის რამდენიმე სამარხი აღმოაჩინა კ.კ.კოსციუშკო-ვალიუჟინიჩმა. 1970-1972 წლებში შესწავლილ იქნა ძვ.წ. IV ს კიდევ რამდენიმე სამარხი, რომელიც საკმაოდ ინტენსიურად, იარუსებადაა განლაგებული. ამ მონაცემებით დასტურდება, რომ ადგილობრივი ტავრული მოსახლეობის გვერდით ძვ.წ. V ს ბოლოდან, ჩვენი აზრით, II ნახევრიდან გაჩენილა ბერძნული დასახლება. ჩვენთვის საინტერესო ეპოქისათვის სჭარბობს სადა ინჰუმაციური ორმოსამარხები. 192 სამარხიდან მხოლოდ ორია კრემაციული. მათი რიცხვი მკვეთრად იზრდება ელინიზმის ეპოქისათვის. არის ამფორასამარხებიც (ამაზე უკვე ითქვა). დამხრობის წესები არაა ზუსტად განსაზღვრული. სჭარბობს აღმოსავლეთისაკენ, ჩრდილო-აღმოსავლეთისაკენ და სამხრეთ-აღმოსავლეთისაკენ ორიენტირება. ხის კუბოიანი განსასვენებლები ცოტაა (2-3 შემთხვევა). ზოგ სამარხს ირგვლივ

44

ქვის ფილები ჰქონდა შემოწყობილი. მიცვალებული დასვენებულია ზურგზე გაშოტილი. მოხრილ პოზაში დაკრძალული სამარხების რიცხვი ქერსონესის მაგალითზე საგრძნობია 40%. ამათ ადგილობრივ ტავრულ მოსახლეობებს უკავშირებენ (Стржелецкий, 1948: 69 და შმდ.; Белов, 1950: 283). ზოგი კიდევ ბერძნულ სამარხებად თვლის (Кадеев, 1973: 108 და შმდ.).

ფიჭვნარის მაგალითზე, როგორც ჩანს, კლასიკური ხანისათვის მოხრილ პოზაში დაკრძალვის წესი უპირატესად ადგილობრივი მოსახლეობისათვის უნდა იყოს დამახასიათებელი. ქერსონესში ბევრგან მითითებულია კრემაციული მოედნების არსებობის შესახებ, სადაც ხისა და ძვლის ნაშთებიც გვხვდება. ჩვენი აზრით, ისინი სააღაპო მოედნებს უნდა წარმოადგენდნენ. ინვენტარი მეტად მწირეა, არის უინვენტარო სამარხებიც. სამეცნიერო ლიტერატურაში გამოთქმულია მოსაზრება, რომ ისინი მონათა კუთვნილება უნდა იყოს, რაც ერთადერთ შემთხვევადაა მიჩნეული ამ რეგიონისათვის.

ქერსონესთან ყველაზე ახლოს მდებარეობს და მის შემადგენლობაში შედიოდა კერკინიტიდა – მეორენაირად კორონიტიდა. წარმოიშვა ძვ.წ. VI ს მესამე მეოთხედში, დორიული და იონიური კოლონიზაციის შედეგად. ნაქალაქარი და მის ჩრდილო-დასავლეთით მდებარე ნეკროპოლი ექცევა თანამედროვე ევპატორიის ფარგლებში, რის გამოც არქეოლოგიური გათხრების წარმოება მეტად ჭირს. შემთხვევითი აღმოჩენების გზით კერკინიტიდის ნეკროპოლმა ყურადღება XIX ს-ის 60-იანი წლებიდან მიიქცია. ძეგლის თანამიმდევრული გათხრები კი მხოლოდ და მხოლოდ ამ ბოლო წლებში განხორციელდა უკრაინის არქეოლოგიური ინსტიტუტის ქ.სიმფოროპოლის დასავლეთ ყირიმის არქეოლოგიური ექსპედიციის მიერ. ნეკროპოლს 20 ჰა უკავია. ყველაზე ადრეული სამარხები ძვ.წ. VI ს ბოლოსა და V ს დამდეგს განეკუთვნებიან, გვიანდელი – ძვ.წ. I საუკუნეს. სამარხები გვარების მიხედვით ცალკეულ ჯგუფებადაა განლაგებული. დიდია მათ შორის არსებული ცარიელი სივრცეები. სულ აღმოჩენილია 60-მდე სამარხი. მცირე ნაწილი განეკუთვნება ძვ.წ. V ს. უფრო მეტია IV და მომდევნო ეპოქების სამარხები. უძველესს – ბერძნულ ეთნოსს უკავშირებენ. ისტორიის მამა ჰეროდოტე კერკინიტიდას ტავრებისა და სკვითების გამყოფ ქალაქად მიიჩნევდა.

კერკინიტიდას ნეკროპოლის თავისებურებას წარმოადგენს ის, რომ ოლბიისა და ბოსფორის სამაროვნებთან შედარებით ხშირად ჩნდება ქვის ფილებით ნაგები სამარხები. არის კრემაციულებიც, მათი რიცხვი 11 შეადგენს. როგორც ვხედავთ, ქერსონესის ზეგავლენით ამ ტიპის სამარხების პროცენტი საკმაოდ მაღალია. არის უბრალო ინჰუმაციური ორმოსამარხები და ამფორასამარხები. ორჯერ ახალშობილი სხვა სახის ჭურჭელში იყო დამარხული. ზოგჯერ ამფორასამარხში ინვენტარიც არის. კერკინიტიდას მაგალითზე გაკეთებულია დასკვნა, რომ სხვა ნეკროპოლების მსგავსად ზოგჯერ ამფორებს სამარხეულ სტელადაც იყენებდნენ.

აღმოჩენილია ერთი ადრეული გორასამარხიც, რომელიც ძვ.წ. V ს მესამე მეოთხედითაა დათარიღებული ყელგამობერილი ამფორების მიხედვით. უფრო სწორი იქნება მისი დათარიღება ძვ.წ. V ს მეორე მეოთხედით. ასეთი ადრეული გორასამარხი იშვიათობაა ჩრდილო შავიზღვისპირეთისათვის. ცნობილია უფრო მეტად სკვითურ ეთნოსთან დაკავშირებული ყორღანები. ჩვენთვის საინტერესო ძვ.წ. V ს სამარხებში აღმოჩენილია შავფიგურული ლეკითოსი, შავლაკიანი სკიფოსი, გუტუსი, ყელგამობერილი ქიოსური ამფორა, ფერადი მინის ამფორისკი, ლითონის სპირალური ხვია და ა.შ. (Шеглов, 1984: 56; Кутаисов, Ланцов, 1983).

45

ფიჭვნარი II

ბოსფორის სამეფოს დედაქალაქ პანტიკაპეონის ტერიტორიაზე სავაჭრო ფაქტორია ძვ.წ. VII საუკუნის ბოლო ათწლეულში წარმოშობილა. ადრე მას შედარებით მცირე ფართობი ეკავა. სპარტოკიდების დინასტიის ხანაში ქალაქის საზღვრები 100 ჰა-ზე ჩანს გაშლილი. 1,5 საუკუნის მანძილზე წარმოებული საველე სამუშაოების შედეგად, ჩრდილო შავიზღვისპირეთის სხვა ქალაქების მსგავსად, მოპოვებულია უბრწყინვალესი ნივთიერი კულტურის ძეგლები. ნაქალაქარი მძლავრი კულტურული ფენების შემცველია - მიუთითებენ 12 ფენის არსებობაზე. გარს ერტყა ვრცელი ფართობის მომცველი ნეკროპოლი. იგი წარმოადგენს ერთ-ერთ ყველაზე სრულყოფილად შესწავლილ ძეგლს. სამწუხაროდ, ადრე გათხრილი სამარხების ზუსტ მეცნიერულ ფიქსაციას, ტოპოგრაფიას სათანადო ყურადღება არ ექცეოდა. როგორც ცნობილია, პანტიკაპეონის ნეკროპოლის ეპიზოდური გათხრები XIX ს პირველი ნახევრიდან დაიწყო. მთავარი ყურადღება გორასამარხების კვლევაზე იყო გადატანილი (ი.ბლარამბერგი, ა.ბ.აშიკი, დ.კ.კარეიშა). XIX ს 50-იან წლებში ჩვენთვის საინტერესო მასობრივ გრუნტულ სამაროვანს ყურადღება მიაქცია კ.რ.ბეგიჩევმა. ამავე საუკუნის II ნახევარში პანტიკაპეონის ნეკროპოლზე გათხრებს აგრძელებდნენ რ.ი.ვერებრიუსოვი, ფ.ი.გროსი, კ.ე.დუმბერგი, ი.კულაკოვსკი.

როგორც ზემოთ ითქვა, ეს მნიშვნელოვანი სამუშაოები მოკლებულია სათანადო მეცნიერულ დოკუმენტაციას; არაა მოცემული ნივთების კონკრეტული თარიღები, ვრცელი ანგარიშები.

პანტიკაპეონის ნეკროპოლის თანამიმდევრული მეცნიერული გათხრები XIX ს 90-იანი წლებიდან იწყება ჯერ კ.დუმბერგის (Думберг, 1901; 1902), ხოლო შემდგომ (1901-1914 წწ) ვ.შკორპილის ხელმძღვანელობით (Шкорпил, 1902, 1903; 1904; 1905; 1907; $1909_а$; 1909_b; 1910; 1911; $1913_а$; 1913_b; 1914; 1916; Беньковский, 1904). სწორედ ამ მონაცემთა საფუძველზე შეიქმნა განმაზოგადებელი ნაშრომები. თუმცა, აქაც არაა მოცემული ცალკეული სამარხების გეგმები. ბევრი მათგანი არაა დათარიღებული, ცალკეულ მონაპოვართა აღწერილობა მოკლეა. ვ.ვ.შკორპილის გათხრები შეეხო ნეკროპოლის მხოლოდ ერთ ნაწილს.

საბჭოთა ეპოქაში პანტიკაპეონის გორასამარხებისა და ნეკროპოლის არქეოლოგიური გათხრები ატარებდა ეპიზოდურ ხასიათს (Гриневич, 1952: 129 და შმდ.; Чуистова, 1959: 239-242; Сокольский, 1961: 44; Блаватскийи, 1962: 78-83; Азарова, 1962: 321-327; Гайдукевич, 1966: 102; Кастанаян и др., 1967: 223-225; Шульц, 1971: 55-62).

პანტიკაპეონის ნეკროპოლის შესახებ სპეციალური ნაშრომები ადრიდანვე შექმნილა, მაგრამ ისინი დღეისათვის მოძველებულად ითვლებიან (Муральт, 1850; Линевич, 1854); საინტერესო მონაცემებია დაცული მ.როსტოვცევის შრომებში (Ростовцев, 1925). პანტიკაპეონის მასობრივ სამაროვანს სპეციალური ნაშრომი უძღვნა გ.ცვეტაევამ (Цветаева, 1951). მოცემულია სამაროვნის ტოპოგრაფია, განხილულია სამარხთა ტიპები. ყურადღებაა გამახვილებული მოსახლეობის ეთნიკურ და სოციალურ სტრუქტურაზე. ბოსფორის სამეფოს ქალაქების მასობრივ სამაროვნებს საგანგებო ნაშრომი უძღვნა ე.კასტანაიანმა (Кастанаян, 1959). აქ, ბუნებრივია, წამყვანი ადგილი პანტიკაპეონის ნეკროპოლს ეთმობა. აქაც განსაზღვრულია სამარხთა ტიპები და კონსტრუქციები, დაკრძალვის წესები, სამარხეული ინვენტარი. ბოსფორის სამეფოს ნეკროპოლების თავისებურებათა გარკვევის მიზნით ეს ელემენტები შეპირისპირებულია ადგილობრივ და ბერძნულ ნეკროპოლებთან.

პანტიკაპეონის ნეკროპოლი ქალაქის საზღვრების ცვლასთან დაკავშირებით დაფარულია

მძლავრი გადანაყარი მასალებითა და კულტურული ფენებით – 1,78-10,5 მ. სამარხები ჩაჭრილია გრუნტში ან კლდის ქანებშია ამოკვეთილი. კლასიკური ხანის სამარხების ერთი ნაწილი ტოპოგრაფიულად მითრიდატეს მთის ჩრდილო ფერდობზეა განლაგებული, ნაწილი კი - სამხრეთზე. უფრო ინტენსიურად ჩრდილო ფერდობი ჩანს ათვისებული. ადრეულ ნეკროპოლს ეკავა მითრიდატეს მთის II იარუსის ჩრდილო-დასავლეთ და სამხრეთ ფერდობის უმნიშვნელო ნაწილი. ადრესპარტოკიდების ხანაში, ე.ი. ძვ.წ. V ს II ნახევარში, პანტიკაპეონის აყვავების ხანაში, მასობრივი სამაროვნის საზღვრები მკვეთრად ფართოვდება. დასავლეთით მისი სიგრძე 3 კმ-ს შეადგენდა, ჩრდილოეთით კი 2 კმ-ს. უფრო მეტი იყო ჩრდილო-აღმოსავლეთის მიმართულებით. გარდა მასობრივი გრუნტული ნეკროპოლისა, ძვ.წ. V ს დამდეგიდან, ქალაქის სხვადასხვა მიმართულებით განლაგებული იყო გორასამარხები. მაგალითად, პანტიკაპეონის ჩრდილოეთით მდებარეობდა მელქ-ჩესმენის გორასამარხი; ჩრდილო-აღმოსავლეთით მეფეთა გორასამარხები; დასავლეთით კულ-ობა; სამხრეთ-დასავლეთით იუზ-ობას მთაგრეხილზე გადაჭიმული იყო გორა-სამარხების მთელი სერია. სწორედ ამ სამარხებში იკრძალებოდნენ პანტიკაპეონის მდიდრული ფენების წარმომადგენლები (Блаватский, 1961: 194-195).

პანტიკაპეონის მასობრივ ნეკროპოლზე წამყვანია ინჰუმაციური სამარხები. კრემაციულთა რიცხვი 10-13%-ს შეადგენს. ამ უკანასკნელთა დიდი ნაწილი ა.ა.ბობრინსკის მიერაა გამოვლენილი (ОАК, 1893: 26). ერთ შემთხვევაში გრუნტთან ახლოს ფიქსირებულ იქნა კრემაციული წერტილი, სადაც შესრულებულია მიცვალებულის დაწვის რიტუალი. ფერფლი თიხის ჭურჭელში შეუნახავთ. კრემაციული წერტილების ზემოთ აღუმართავთ მიწაყრილი, რომლის თავზეც აღაპის წესი შეუსრულებიათ. მოედანზე აღმოჩნდა დამტვრეული ჭურჭლის ნატეხები, დამწვარი მიწა. მეორე წესის მიხედვით ფერფლიან ჭურჭელს საგანგებოდ ამოჭრილ პატარა ზომის ოთხკუთხა მოყვანილობის ორმოში დებდნენ (Шкорпил, 1914: 5-8; 1916: 8-10).

ინჰუმაციური სამარხების დიდი ნაწილი ხის ძელებით ან ადგილობრივი ჯიშის ქვის ფილებითაა გადახურული. ზოგიერთ ორმოსამარხს საერთოდ არ გააჩნია სახურავი. არის შემთხვევები, როცა ორმოსამარხის კედლები პატარა თუ მოზრდილი ქვებითაა ამოყვანილი (Шкорпил, 1907: 25; 1909: 26). ერთჯერ სამარხი ხის მოზრდილი მორებით იყო გადახურული; ან კიდევ ერთი და იმავე სამარხის სახურავის ნაწილი ქვის ფილებით, ნაწილი კი – ძელებით იყო გადახურული. მათ ზოგჯერ ქვაყრილებიც უკეთდებოდათ (Шкорпил, 1914: 6.

საზოგადოდ, მიცვალებულს კრძალავდნენ ხის კუბოში, ან მის გარეშე, პირაღმა, გაშოტილ პოზაში. იშვიათად ერთი ან ორივე ხელი გულ-მკერდზე ჰქონდა დასვენებული. ძვ.წ. VI-V საუკუნეების სამარხთა აბსოლიტური უმრავლესობა დამხრობილია თავით აღმოსავლეთისაკენ (Цветаева, 1951: 66). ვარაუდობენ, ფიჭვნარის მსგავსად, გვაროვნული სამარხების ცალკეულ ჯგუფებად განლაგებას.

ამფორები სამარხის აღმოსავლეთ ნაწილში, თავის იქით ან ფეხების არეშია ჩალაგებული; წვრილი ჭურჭელი უპირატესად ხელის არეში. თუ მათი რიცხვი ბევრია, გვერდით ან ფეხების ახლოს. ინვენტარის დიდი ნაწილი რიგით სამარხებში თავთანაა აღმოჩენილი. საინტერესოა, რომ ასეთივე კანონზომიერება ჩანს ფიჭვნარის კლასიკური და ელინისტური ხანის სამარხების მიხედვითაც. ქალთა სამარხებში უპირატესად წარმოდგენილია საყურეები, ბეჭდები, ბრინჯაოს სარკე, ნემსები, იშვიათად ოქროს ნივთები და ტერაკოტული ნაკეთობანი. მამაკაცთა სამარხებში

ჩნდება შუბისა და ისრის პირები, ზოგჯერ სატევრებიც.

გარკვეულად განსხვავებული სურათი ისახება მითრიდატეს მთის სამხრეთი ფერდობის მიხედვით. აქ ადრეული სამარხების რიცხვი მცირეა; 10-მდე სამარხი თარიღდება ძვ.წ. VI-V სს. ინვენტარიც შედარებით მწირია. ოქროს ნაკეთობა სრულიად არაა წარმოდგენილი. არ გვხვდება კრემაციული და ქვის სამარხები. დიდი ნაწილი ხის ძელებითაა გადახურული, იშვიათად – ქვის ფილებით. გარდა აღმოსავლეთისა, ჩნდება ჩრდილო-აღმოსავლეთით დამხრობილი სამარხებიც. შეინიშნება ადგილობრივი ელემენტის გავლენაც – გვერდზე დასვენება, მიცვალებულის ტანის საღებავით დაფარვა და ა.შ.

პანტიკაპეონის რიგით სამარხებთან შედარებით ფიჭვნარის ბერძნული ნეკროპოლის სამარხები მდიდრული და მრავალფეროვანი მასალების შემცველია. ადრეულ ხანაში არც აქაა გამოყოფილი არისტოკრატიული და რიგითი ფენების სამარხები ტერიტორიულად (აქ მხედველობაში არაა მიღებული გორასამარხები). ეს პროცესი შეინიშნება უფრო გვიან, ძვ.წ. IV საუკუნიდან. პანტიკაპეონის ნეკროპოლის თავისებურებას შეადგენს ის, რომ აქაურ სამარხებში საკმაოდ ხშირად ჩნდება იარაღი (80-დან 10 სამარხში).

პანტიკაპეონის რიგითი მოსახლეობის სამარხები მრავალფეროვანი ინვენტარის შემცველია. ოქროს ნაკეთობანი ცოტაა. შეინიშნება გარკვეული კანონზომიერება ინვენტარის განლაგების თვალსაზრისით. ტუალეტისათვის განკუთვნილი ნაკეთობანი აღმოჩენილია ხელის არეში (ლეკითოსი, ალაბასტრი, ფერადი მინის ჭურჭელი), იშვიათად მხრის არეში. ამფორები ჩადგმულია თავის ან ფეხების არეში. წითელფიგურული ვაზები თავთან ახლოს და ფეხებთან. დოქები, ქოთნები, ისრისპირები მხრის ან ფეხის არეში, დანა და შუბი მარჯვენა ფეხთან. ტერაკოტა ფეხის ან ხელის არეში. სამკაულები დანიშნულებისამებრ იყო განლაგებული. ყურსაკიდები ყურის არეში, მძივები – ყელის, ბეჭდები – თითებზე, ნემსები – თავის არეში და ა.შ. ძვ.წ. IV საუკუნის შუა წლებიდან იწყება მონეტების ჩაყოლებაც. ისინი აღმოჩენილია პირის არეში.

ბოსფორის სამეფოს ევროპულ თუ ე.წ. აზიურ ნაწილში შედიოდა არაერთი ბერძნული ქალაქ-სახელმწიფო. არანაკლებ საინტერესო მასალას იძლევა ამ პოლისთა ბერძნული ნეკროპოლები. შევჩერდებით ზოგიერთ მათგანზე. დავიწყებთ თეოდოსიით. მდებარეობს ყირიმის ნახევარკუნძულის სამხრეთ სანაპიროზე. წარმოიქმნა ძვ.წ. VI ს მეორე ნახევარში. იგი წარმოადგენდა მილეტის ახალშენს. ჰქონდა შესანიშნავი ყურე, აქ გადიოდა საზღვაო-სავაჭრო გზები. ჭრიდა საკუთარ მონეტას. ძვ.წ. V-III სს ნეკროპოლი ჯერ კიდევ XIX ს აღმოჩენილა (Штерн, 1906). 1852 და 1853 წწ ა.ა.სიბირსკიმ შეისწავლა 7 გორასამარხი. ოთხამდე გორასამარხი გათხარა ი.კ.აივაზოვსკიმ 1855 წელს. 1894 წელს ნეკროპოლის გათხრები გააგრძელა ა.ლ. ბერტედელაგარდიმ (Петерс, 1984: 63). ერთი გორასამარხი შეისწავლეს 1973 წელს (Айбабин, 1978: 80-84), საბჭოთა ეპოქაში გარკვეული სამუშაოები განხორციელდა თეოდოსიის მიდამოებში ძვ.წ. IV-III სს ნეკროპოლის ტერიტორიაზე (Катюшин, Айбабин, 1978: 328; Катюшин, 1979: 334-335; 1980: 273-274).

ბოსფორის სამეფოს ქალაქებს შორის ჩვენთვის განსაკუთრებით საყურადღებო ჩანს ნიმფეის ნეკროპოლი, სადაც ხშირ შემთხვევაში ფიჭვნარის თანადროული და ანალოგიური მასალაა მოპოვებული. როგორც ცნობილია, ესხინი მას ათენის სამფლობელოდ თვლიდა. ახალშენი ძვ.წ. VI ს წარმოშობილა. ჰქონია კარგი ნავსადგური, გარს ერტყა მდიდრული მიწები. პანტიკა-

პეონთან ახლოს მდებარე ქალაქებს (იგი ქ.ქერჩიდან სამხრეთ-დასავლეთის მიმართებით მოშორებული იყო 17 კმ-ით) შორის ნიმფეი ჭრიდა საკუთარ მონეტებს.

ნაქალაქარს ნეკროპოლი გარს ეკვრის სამხრეთ, ჩრდილოეთსა და დასავლეთის მხრიდან. ცნობები ნეკროპოლის შესახებ ადრევე ჩნდება (პ.დუბრიკიუსი, დიუბუა და მონპორე). არქეოლოგიური კვლევა-ძიება XIX ს 70-იანი წლებიდან იწყება, რაც 1866 წლის შემთხვევით აღმოჩენებს უკავშირდება. ქერჩის მუზეუმის დირექტორმა ა.ლიუცენკომ 1867 წელს შეისწავლა გაძარცვული გორასამარხი. აღმოჩნდა შესანიშნავი მოხატული ვაზები. ადგილი ჰქონდა უცხოელთა მიერ მძარცველურ გათხრებს (იყენებდნენ ბურღვის და აფეთქების ტექნიკას), მასალის საზღვარგარეთ გატანას. ერთი ნაწილი დაცულია ოქსფორდში აშმოლის მუზეუმში. ჩვენ შესაძლებლობა მოგვეცა არაერთგზის დაგვეთვალიერებინა ისინი. მათ შესახებ არსებობს ფიჭვნარის გათხრების მონაწილის მ.ვიკერსის ნაშრომი (Vickers, 1979; 2002). არქეოლოგიურმა კომისიამ ნეკროპოლის ტერიტორიაზე გათხრები აწარმოა 1876, 1878-1880 წლებში (ა.ი.ლიუცენკო, ნ.პ.კონდაკოვი, ს.ი.ვერებრიუსოვი). სრული დოკუმენტაციის უქონლობისა და მასალათა ერთი ნაწილის დაკარგვის გამო 179 სამარხიდან შესაძლებელი ხდება 70 სამარხის ასაკის დადგენა. აქედან 58 კლასიკური, 2 ელინისტური და 10 რომაული ხანისაა. 1966 წლიდან ნიმფეის ნაქალაქარსა და სამაროვანს სწავლობდა განსვენებული მეცნიერი ნ.გრაჩი. აღმოჩნდა 200-მდე სამარხი, რომლებიც ძვ.წ. V ს II ნახევარი – ადრეფეოდალური ხანით თარიღდებიან (Силантьева, 1959; Грач, 1969: 56-57; 1975: ч. 11; 1999; Черненко, 1970; Артамонов, 1974: 121). ნ.გრაჩის საველე სამუშაოები აღორძინდა 1995 წლიდან. შეისწავლეს 42 სამარხი. დიდი ნაწილი დარღვეულ-გაძარცვული იყო. ცოტაა ჩვენთვის საინტერესო კლასიკური ხანის სამარხები. არის საალაპო მოედნები. ძვ.წ. VI ს შუახანების კლაზომენურ ამფორაში ახალშობილი იყო დაკრძალული. ძვ.წ. V ს სამარხებში წარმოდგენილი იყო შავლაკიანი სამარილე, კანელურებიანი ტოლჩა, ბრინჯაოს სპირალური ხვია, მძივები და ა.შ. (Соловьев, 2003: 60-110).

როგორც ცნობილია, ნიმფეის ნეკროპოლზე ადრე აღმოჩენილი სამარხეული მასალების მონოგრაფიული კვლევა საარქივო და ერმიტაჟში დაცული მონაცემების გამოყენებით ეკუთვნის ლ.სილანტიევას (Силантьева, 1959: 3-107). სხვადასხვა ეტაპისათვის გამოყოფს სამარხთა 8 ტიპს: ურნასამარხები, კრემაციული, ქვის სამარხები, ორმოსამარხები, ქვის ფილებით გადახურული ორმოსამარხები, ალიზის სამარხები, აკლდამები და კატაკომბები. ყველაზე ადრეულები ძვ.წ. VI ს ბოლოსა და V ს დამდეგს განეკუთვნებიან. ძირითადი მასა კი ძვ.წ. V ს შუა ხანებითა და ამავე საუკუნის მეორე ნახევრით თარიღდება.

არის ძვ.წ. IV ს სამარხებიც. დადასტურებულია დაკრძალვის ორი წესი – კრემაცია და ინჰუმაცია. წამყვანია გორასამარხები (ყორღანები) და სადა მიწაყრილიანი სამარხები. გავრცელებულია ასევე ქვის ფილებით ნაგები ორმოსამარხები. რიგითი მოსახლეობის სამარხთა დიდ ნაწილში ლეკითოსებია აღმოჩენილი (58 სამარხიდან 22-ში). ასეთივე სურათი შეინიშნება ფიჭვნარისა და სხვა ბერძნული ნეკროპოლების მიხედვითაც. ცილინდრული ლეკითოსები ჩაყოლებულია ძვ.წ. V ს პირველი ნახევრის სამარხებში, II ნახევრისათვის კი ე.წ. არიბალისებური ლეკითოსებია დამახასიათებელი. ნიმფეისათვის ნიშანდობლივია ისიც, რომ ცილინდრული ლეკითოსებს სხვა ინვენტარი არ ახლავთ.

პანტიკაპეონის მსგავსად აქაური შეძლებული ფენები გორასამარხებში იკრძალებოდნენ.

49

ზოგჯერ ურნებად გამოყენებულია ბრწყინვალე მოხატული ვაზები. მდიდრული ფენებისათვის სრულდებოდა აღაპის წესი. დადასტურებულია აღაპის წესის შესრულებისას ძირმომტვრეული ამფორების გამოყენება. იშვიათად შეინიშნება დაკრძალვის ადგილობრივი ელემენტების გავლენა - ცხენის დაკრძალვა, ოქროს ყელსაბამები, კირკალი, ტანსაცმლის მორთვა სკვითური ცხოველური მოტივის სამკაულებით და ა.შ. ეს ფაქტი ახსნილია ბერძნული და სკვითური მოსახლეობების მშვიდობიანი, მჭიდრო სავაჭრო-ეკონომიკური ურთიერთობებით ძვ.წ. V საუკუნისათვის. ასეთივე ურთიერთობების არსებობაზე მიუთითებს უახლესი აღმოჩენების მიხედვით ნ.გრაჩი (Грач, 1999: 26). იგივე ითქმის ფიჭვნარის მაგალითზეც.

კრემაციული სამარხები ძირითადად გორასამარხებთანაა დაკავშირებული. ურნებად გამოყენებულ პიდრიას, კრატერსა და სადა ამფორას ირგვლივ ქვები ჰქონდათ შემოწყობილი. ფერფლად ქცევა ხდებოდა ჩაღრმავებულ ადგილას (ზოგჯერ გადარჩენილია დამწვარი ძვლები, ხისა თუ ნახშირის ნაშთები). სამარხეული ინვენტარიდან აღსანიშნავია თაბაშირის ალაბასტრი, რკინის სტრიგილა, ბრინჯაოს კოვზი, ლურსმნები, შავლაკიანი კილიკი. სამარხების გვერდით სრულდებოდა აღაპის წესიც. კრემაციულ თუ ურნა სამარხებთან დაკავშირებულია კრემაციული წერტილებიც, სადაც ხდებოდა მიცვალებულთა დაწვა. აღაპის წესის შესრულებისას წარმოქმნილი ნახანძრალის ნაშთების ფართობი უფრო დიდია (6-10 კვ.მ.).

გორასამარხებში გვხვდება ანტიკურ სამყაროში აგრერიგად გავრცელებული ინჰუმაციური ქვის სამარხებიც. მათში ხის სარკოფაგებია ჩადგმული. არის სადა ორმოსამარხებიც. ისინი დაკავშირებულნი ჩანან გორასამარხის ცენტრალურ ქვის სარკოფაგთან. ორმოსამარხთა ერთი ნაწილი დამუშავებული ქვის ფილებით ყოფილა გადახურული. ზოგიერთ მათგანს სტელაც ჰ ქონია.

ნიმფეის ნეკროპოლზე გორასამარხების გარდა მიკვლეულია მასობრივი სამაროვნებიც, სადაც აღმოჩენილია ქვის, სადა გრუნტული და ალიზის სამარხები, კატაკომბები და აკლდამები. მათმა აღწერილობამ ჩვენამდე ვერ მოაღწია. ხშირად ჩნდება ბავშვთა სამარხები. მათში თითო-ოროლა ნივთია ჩაყოლებული – ლეკითოსი, ალაბასტრი, შავლაკიანი გუტუსი, ორჯერ ოქროს ნივთი. ერთი სამარხი საკმაოდ მდიდრული ინვენტარის შემცველი იყო. კილიკებიან სამარხებში გვხვდება ჩამჩა, საწური, ამფორა, სარკე და სხვა საგნები. ეს ნივთები და განსაკუთრებით ოქროს ნაკეთობანი გარკვეულ სიახლოვეს იჩენენ ფიჭვნარის მონაპოვრებთან.

ნიმფეის ნეკროპოლზე აღმოჩენილია ძვ.წ. IV ს ე.წ. პელიკიანი სამარხებიც. მათი რიცხვი დიდი არაა. აქვეა მონეტა, რკინის სტრიგილა, ალაბასტრი, სამკაულები და ა.შ. ამ ეპოქის სამარხები ქვის ფილებითაა ნაგები.

ბოსფორის სამეფოს მნიშვნელოვანი ქალაქ-სახელმწიფო მირმეკიონი მდებარეობდა პანტიკაპეონის ჩრდილოეთით 7 კმ-ზე, ეკავა 6 ჰა. დასახლების არსებობა ძვ.წ. VI ს მეორე მეოთხედიდან ივარაუდება. ქალაქის საზღვრები იზრდება ძვ.წ. V საუკუნეში. ძვ.წ. IV ს დამდეგს უკეთდება დამცველი კედლები. აღმოჩენილია სხვადასხვა ეპოქის ნაგებობათა ნაშთები, არქიტექტურული დეტალები. აღიარებულია, რომ მირმეკიონი იყო მეღვინეობის ერთ-ერთი მნიშვნელოვანი ცენტრი ბოსფორის სამეფოში (აღმოჩენილია 10 სამეურნეო კომპლექსი). მიკვლეულია თევზის დასამარილებელი ცისტერნები, საკულტო ადგილები, სამეურნეო და ლითონჩამოსასხმელი ხელოსნური წარმოების ნაშთები.

ძვ.წ. V ს ბერძნული ნეკროპოლის გათხრები (1967-1987 წწ)

მირმეკიონის ნეკროპოლი გაშლილი იყო ქალაქის ჩრდილო და აღმოსავლეთ მიმართულებით. დასავლეთის ნეკროპოლი (დაბა ვოიკოვო) უშუალოდ ერწყმოდა პანტიკაპეონის ძვ. წ. V ს ვრცელ სამაროვანს. მირმეკიონის გათხრები ჯერ კიდევ XIX ს დაიწყო. 1839 წელს აღმოჩნდა ძვ.წ. II ს აკლდამა ორი დასაკრძალავი სენაკითა და ქანდაკებებით შემკული მარმარილოს უნიკალური სარკოფაგით. საველე სამუშაოები წარმოებდა 1885 და 1888-1889 წლებში. გაგრძელდა 1903-1906 წწ. საბჭოთა ეპოქაში არქეოლოგიური გათხრები მირმეკიონის ნეკროპოლზე ჩატარდა 1953 და 1974-1975 წლებში (ОАК, 1892: 9 და შმდ.; Думберг, 1901: 88-89; Шкорпил, 1905: 70; 1909: 78-81; Гайдукевич, $1952_{ხ}$: 142 და შმდ.; 1958: 185 და შმდ.; Молева, 1981: 73).

ჩვენთვის საინტერესო ეპოქის სამარხები ჯერ კიდევ ცოტა რაოდენობითაა გამოვლენილი. ყველაზე ადრეულები ძვ.წ. V ს დამდეგით თარიღდებიან. ათენის ზოგიერთი უბნის ნეკროპოლის მსგავსად აქაც სამარხები ამოკვეთილია კლდის მასივში. ისინი გადახურულია ქვის ფილებით, ხის ძელებითა თუ კრამიტით. არის გრუნტში ჩაჭრილი სამარხებიც. ხის კუბოები არ გვხვდება. მიცვალებულთა დიდი ნაწილი აღმოსავლეთისაკენაა დამხრობილი (ზოგჯერ ჩრდილოეთისაკენ გადახრილი). არის დასავლეთისაკენ დამხრობის შემთხვევებიც. წამყვანია ნელსაცხებლისა და სუნამოსათვის განკუთვნილი ნაკეთობანი. ცალკეულ სამარხებში მოპოვებულია ლეკითოსები, არიბალოსი, ალაბასტრი (ხელთან ახლოს ან ჩონჩხის ირგვლივ), კილიკები, სატევარი, შუბისა და ისრისპირები, დანები, სარკე (განსხვავებით პანტიკაპეონისა და ფიჭვნარისაგან, სარკე აქ ფეხის არეშია ფიქსირებული), სალესი, ამფორები (ფეხის არეში), ასტრაგალი, მონეტები (პირის არეში). აღიარებულია, რომ მირმეკიონი წარმოადგენს წმინდა ბერძნულ სამაროვანს, რომელიც დიდ სიახლოვეს პოვებს პანტიკაპეონთან (Кастанаян, 1959: 287-288).

მირმეკიონის ნეკროპოლის ნაწილად მიიჩნევენ 1953 წელს დაბა ვოიკოვოს (7 კმ ქერჩიდან) გათხრილ სამარხებსაც, მაგრამ ეს საკითხი ჯერ კიდევ პრობლემატურია, რადგან, როგორც ზემოთაც აღინიშნა, მირმეკიონის დასავლეთით განლაგებულ სამარხთა ჯგუფები უშუალოდ ერწყმიან პანტიკაპეონის ნეკროპოლს (Ростовцев, 1925: 254; Гайдукевич, $1952_{ხ}$: 154 და შმდ.; Кастанаян, 1959: 288; Молева, 1981: 76 და შმდ.).

უბრალო ორმოსამარხებსა თუ მინიატურულ აკლდამებში აღმოჩენილია მეტად საინტერესო მასალა (Капошина, 1959: 108 და შმდ.). ეს სამარხები ძვ.წ. IV-III საუკუნეებითაა დათარიღებული და ინვენტარის მიხედვით ახლოს დგას ფიჭვნარის ძვ.წ. IV ს მონაპოვრებთან.

ბოსფორის სამეფოში შედიოდა ბევრი მცირე ფართობის მომცველი ქალაქი, რომელთაც სულ რამდენიმე ჰა ეკავა. ერთ-ერთი მათგანი იყო ტირიტაკი, რომელიც პანტიკაპეონის სამხრეთით 11 კმ-ზე მდებარეობდა. ანტიკური დასახლება ძვ.წ. VI ს შუა ხანებში გვიანბრინჯაოს ხანის ადგილობრივი სამოსახლოს ტერიტორიაზე გაჩენილა. გამოვლენილია ძვ.წ. V ს და განსაკუთრებით მძლავრი ძვ.წ. IV-III სს საფორტიფიკაციო ნაგებობანი. მიკვლეულია მომდევნო ეპოქების შენობებიც, მოკირწყლული ქუჩები და ა.შ. საქალაქო მეურნეობაში დიდ როლს თამაშობდა მეღვინეობა და განსაკუთრებით თევზის რეწვა. აღმოჩენილია თევზის დამარილებასთან დაკავშირებული ათეულობით ცისტერნა და სხვა მასალა.

ტირიტაკის ნეკროპოლზე განხორციელდა მცირე მასშტაბის საველე სამუშაოები (Марти, 1941: 30 и сл.; Блаватский, 1941: 61-74; Чуистова, 1952: 219 და შმდ.; Гайдукевич, 1952_{a}: 35-40; 1958). გრუნტული სამარხები შეისწავლებოდა 1833 და 1834 წლებში. ძვ.წ. V ს ორმოსამარხები

51

ქვის ფილებითაა გადახურული. ცნობილია ამ ეპოქის გეგმაში მრგვალი მოყვანილობის კრემაციული სამარხებიც. სამარხთა დიდი ნაწილი ძვ.წ. IV-III სს (ქვის სამარხები) და ახ.წ. I-IV სს (მიწის აკლდამები) თარიღდებიან. დიდი სამამულო ომის წლებში ქერჩის მუზეუმში დაცული ზოგი სამარხეული კომპლექსი დაიკარგა (Блаватский, 1941; Кобылина, 1941: 75-84; Гайдукевич, 1959: 215 და შმდ.).

პორფმის ნეკროპოლი ჯერ კიდევ არაა მიკვლეული. ცნობილია მხოლოდ წარწერიანი საფლავის ქვა (Кастанаян, 1987: 85-87).

სიტყვას არ გავავრცობთ ილურატის ნეკროპოლის შესახებ. როგორც ცნობილია, ქალაქი წარმოიშვა ახ.წ. I საუკუნეში. ნეკროპოლის ტერიტორიაზე საველე სამუშაოებს ხელმძღვანელობს მ.კუბლანოვი.[3] უმეტესად შესწავლილია რომაული ხანის 220-მდე გრუნტული, ფილაქვებით ნაგები სამარხები, ქვაყუთები, აკლდამები და საალაპო მოედნები. ამ უკანასკნელთა რიცხვი საგრძნობია. ამ დროისათვის გრძელდება ცხოველთა თუ ფრინველთა შეწირვები.

კიტეი მდებარეობს პანტიკაპეონის სამხრეთ-დასავლეთით 38-ე კმ-ზე. ადრეული ფენები ძვ.წ. V ს თარიღდებიან. ძვ.წ. IV საუკუნიდან გარს ეკვრის 2,5 მ სიფართის დამცველი კედელი. ნაქალაქარს უკავია 4,5 ჰა. მის ჩრდილო და ჩრდილო-დასავლეთ ნაწილში მდებარეობს გორასამარხები და გრუნტული ნეკროპოლი. ადრეული სამარხები ძვ.წ. IV-III სს თარიღდებიან. ზოგიერთი მათგანი სკვითური იერის მატარებელია. პირველი საუკუნისათვის ვრცელდება კლდეში ნაკვეთი, მიწისა თუ ფილებით ნაგები საოჯახო საძვალეები (Масленников, 1984: 71).

ბოსფორის სამეფოს ევროპულ ნაწილში მიკვლეულია 200-მდე სამოსახლო. ცნობილია რამდენიმე ნეკროპოლი, მაგრამ მათი დიდი ნაწილი გვიანდელ ეპოქებს განეკუთვნება. მაგალითად, კიმერიის ჩრდილოეთით მე-8 კმ-ზე სოფ. მაევკაში. სამარხთა კედლები პატარა ზომის ფილებითაა ამოყვანილი, ხოლო სახურავად დიდი ზომის ფილებია გამოყენებული. აზოვის ზღვის სანაპიროზე სოფ. ნოვო-ოტრადნოეში შესწავლილია 43 სამარხი (Арсеньева, 1963; 1970). ნეკროპოლი აღმოჩენილია, აგრეთვე, სოფ. სემიონოვსკის ახლოს (Кругликова, 1969).

არანაკლებ საინტერესო მასალებია მოპოვებული ბოსფორის სამეფოს ე.წ. აზიურ ნაწილში. ინტენსიური საველე სამუშაოები აქ ამ ბოლო პერიოდში დაიწყო. ეს არ ითქმის ბოსფორის სამეფოს აზიური ნაწილის დედაქალაქის ფანაგორიის შესახებ, რომლის არქეოლოგიური გათხრები ჯერ კიდევ XVIII საუკუნის ბოლოდან წარმოებს. როგორც ცნობილია, ფანაგორია მდებარეობს ტამანის ყურის სამხრეთ ნაწილში. უკავია 50 ჰა ფართობი; მისი მნიშვნელოვანი ნაწილი (15 ჰა) ზღვის ფსკერზეა მოქცეული. პანტიკაპეონის მსგავსად აქვს რთული სტრატიგრაფია. გამოვლენილია ძვ.წ. VI - ახ.წ. XIII სს 14-მდე კულტურული ფენა. აქედან 7 – ანტიკური ხანით თარიღდება. მოპოვებულია მდიდარი და მრავალფეროვანი ნივთიერი კულტურის ძეგლები.

ფანაგორიას აღმოსავლეთიდან, დასავლეთიდან და სამხრეთიდან ეკვრის ვრცელი მასობრივი სამაროვანი, რომელთაც მოსდევს ძველი გზების გასწვრივ განლაგებული გორასამარხების - ყორღანების ხეივანი. ნაქალაქარის მსგავსად გორასამარხების შესწავლასაც ხანგრძლივი ისტორია აქვს. 1838 წლიდან მოკიდებული 1900 წლის ჩათვლით არაერთი ყორღანი შეისწავლეს დ.კარეიშამ, აბ.აშიკმა, ა.ლიუცენკომ, ვ.ტიზენჰაუზენმა, ნ.კონდაკოვმა და კ.დუმბერგმა (იხ. Герц, 1876; Качарава, Квирквелиа, 1991: 285).

ფანაგორიის ნეკროპოლის თანამიმდევრული გათხრები დაიწყეს ა.პუშკინის სახელობის

ძვ.წ. V ს ბერძნული ნეკროპოლის გათხრები (1967-1987 წწ)

სახვითი ხელოვნების მუზეუმმა და სსრკ მეცნიერებათა აკადემიის მატერიალური კულტურის ისტორიის ინსტიტუტმა. 1938-1940, 1947-1948, 1951-1952 წლებში შეისწავლეს სხვადასხვა ეპოქის სამარხები. ჩვენთვის საინტერესო გვიანარქაული თუ კლასიკური ხანის სამარხები ცოტაა. ფანაგორიის აღმოსავლეთით ერთ-ერთ ბორცვზე აღმოჩნდა ძვ.წ. VI ს ბოლოს ორი სამარხი. ერთ-ერთი მიცვალებული დაკრძალული იყო ხის კუბოში. მეორე, როგორც ზემოთაც აღინიშნა, ყელგამობერილ ქიოსურ ამფორაში (Блаватский, 1951_a: 212). ამ ბოლო წლებში ვ.დოლგორუკოვის ხელმძღვანელობით გაითხარა კიდევ რამდენიმე ადრეული სამარხი.[4]

ფანაგორიის ძვ.წ. V ს სამარხებს აქვს მიწაყრილები. ხის კუბო ჩასმულია ალიზის სარკოფაგში. ძვ.წ. IV-II სს სამარხები ძირითადად ინჰუმაციურია. ზოგჯერ ჩნდება კრამიტ-სახურავიანი თუ ხის კუბოიანი სამარხები.

მიცვალებულნი დაკრძალულნი იყვნენ გაშოტილ პოზაში თავით აღმოსავლეთისაკენ; იშვი-ათად დასავლეთის, სამხრეთის თუ ჩრდილო-დასავლეთის მიმართულებით. ხშირად სამარხთა ფორმების დადგენა ჭირს; ძირითადად ისინი ოთხკუთხა მოყვანილობისაა, კუთხეები მომრგვალებული, ფეხების არეში ოდნავ შევიწროვებული. გავრცელებული ტიპებია – ორმო-სამარხები, ამფორასამარხები; ცოტა კრემაციული.

ფანაგორიაში არაერთგზისაა დადასტურებული ანტიკური ხანისათვის აგრერიგად დამახა-სიათებელი ალაპის წესის შესრულება. საალაპო მოედნები ზოგჯერ საგანგებოდ მოკირწყლულ მოედნებზე იყო გამართული. 1947 წელს აღმოჩენილ ერთ-ერთ საალაპო მოედანს ეკავა 0,9X0,7 მ ფართობი, სისქე 0,02 მ. აქვე იყო ხანძრის ნაშთები. მოედანი გამოჩნდა ზედაპირიდან 1,13 მ სიღრმეზე. ნაცროვან შრეში წარმოდგენილი იყო ამფორის, სამკაულიანი კილიკის, ჭრაქის, ფანაგორიული ჭურჭლის ნატეხები, კვირისტავი, ძაღლის ეშვი, საქონლის ძვლები, ამფორაში - თევზის ძვლები, აქვე გამოიკვეთა საალაპო მოედნის მეორე ფენა; მას უფრო მეტი ფართობი ეკავა - 2,35X2 მ-ზე. ეს მოედანიც საგანგებოდ იყო მოტკეპნილი (Кобылина, 1951_a: 238). ასეთივე მოედნის არსებობაზე მიუთითებს ვ.ბლავატსკიც (Блаватский, 1951_a: 221-222).

დიდებულები აკლდამებში იკრძალებოდნენ. დადასტურებულია ხის კუბოს ნაშთების არსე-ბობაც. ერთ შემთხვევაში მისი ზომების განსაზღვრაც მოხერხდა – 1,9X0,4X0,37 მ (სამარხი №106). გამოყენებულია მაგარი ჯიშის ხეები – კაკალი, წაბლი და ა.შ.

ჩვენთვის საინტერესო ეპოქის სამარხეული ინვენტარი მეტად მწირია: ამფორები, თასები, ამფორისკები, სანელსაცხებლეები, ლანგრები, ცალყურა დოქები, პელიკა და ა.შ. დიდი ნაწილი ადგილობრივი წარმოშობისაა. ესენია: ბრინჯაოს სამკაულები, ფიბულები, მძივები, მინის ნაწარმი და ა.შ. ოქროს ნაკეთობა დიდ იშვიათობას წარმოადგენს. გვიანდელი სამარხები ხშირად უინვე-ნტაროა. მდიდრებს ქვის ფილებით ნაგებ სამარხებში კრძალავდნენ. უფრო მდიდრულია სარმატული ხანის აკლდამები. ფანაგორიაში გორასამარხები ძვ.წ. V ს ჩნდება. 1869 წ. შესწავლილ ძვ.წ. IV ს დამდეგის გორასამარხს ხის სახურავი ჰქონდა, სადაც აღმოჩნდა მაღალმხატვრული ოქროს თავსახური და სამი პოლიქრომიული ფიგურული ჭურჭელი აფროდიტეს, სფინქსისა და სირენის გამოსახულებით. მდიდრულ სამარხებში აღმოჩენილია ოქროს გვირგვინები, ბეჭდები, საყურეები, საკიდები, ყელსაბამები და ა.შ. (Блаватский, 1951_a; Кобылина, 1951_a; 1951_b; 1956; Марченко, 1956; Долгоруков, 1984: 80-81).

ჰერმონასა მდებარეობს სტანიცა ტამანის ტერიტორიაზე. დაუარსებიათ ძვ.წ. VI ს I

ნახევარში იონიელ და ეოლიელ კოლონისტებს. აქვე აღმოცენდა ძველი რუსული ქალაქი ტმუტარაკანი. კულტურული ფენების სისქე 10-12 მ-ს აღწევს. მათ შორის ანტიკური ხანისა - 6 მ. მასობრივი ნეკროპოლი და გორასამარხები 5-6 კმ-ის რადიუსში მდებარეობს ქალაქის დასავლეთ, სამხრეთ-დასავლეთ და სამხრეთ-აღმოსავლეთის მიმართულებით. ჰერმონასის ნეკროპოლზე პირველი სამუშაოები განხორციელდა 1912 წელს (Шкорпил, 1916: 30 და შმდ.). 1931 წელს აღმოჩნდა ანტიკური ხანის 4 სამარხი (Миллер, 1932), ხოლო 1938 და 1940 წლებში 16 სამარხი (Гайдукевич, 1959: 154-187),[5] 1955-1957 წლებში 37 სამარხი (Сорокина, 1961). მათი დიდი ნაწილი ძვ.წ. VI-V სს განეკუთვნებიან.

ჰერმონასაში გამოვლენილი მასალები გარკვეულ სიახლოვეს პოვებენ ფიჭვნარის მონაპოვრებთან. აქაც სამარხთა დიდი ნაწილი აღმოსავლეთისკენაა დამხრობილი; იშვიათად სამხრეთ-აღმოსავლეთისკენ თუ სამხრეთ-დასავლეთისკენ. ერთხელ მიცვალებული დასვენებული იყო მარცხენა გვერდზე მოხრილ პოზაში, თავით ჩრდილოეთისკენ. ზომების მიხედვითაც დიდ სიახლოვეს გვიჩვენებს ფიჭვნარის სამარხებთან. დიდი ზომის ინვენტარიანი სამარხების არსებობის შესახებ ჰერმონასაში რაიმე მითითება არ გაგვაჩნია. ბევრია იარაღიანი სამარხი. სამარხები უპირატესად ინდივიდუალურია. მათში წარმოდგენილია სპილენძის სამაჯურები, რგოლები, სატევარი, დანა, აკინაკი, ფარის უმბონი, იონიური ჯამები, კილიკები, ოინოხოიები, მოხატული როდოსული ამფორა, სკარაბეი, კვირისტავი და ა.შ. ძვ.წ. III ს ჩნდება აკლდამები. დადასტურებულია ახალშობილთა ამფორაში დაკრძალვის წესების არსებობაც (Коровина, 1984: 81-82).

გორგიპია ბოსფორის სამეფოს სამხრეთ-აღმოსავლეთი ნაწილის მნიშვნელოვანი სასაზღვრო პუნქტი იყო. იგი მდებარეობდა თანამედროვე ანაპის ტერიტორიაზე. მკვლევართა დიდი ნაწილი ახდენს გორგიპია-სინდიკის იდენტიფიკაციას. ქალაქი დაახლოებით 45-40 ჰა-ზე ყოფილა გაშლილი. უძველესი ფენები ძვ.წ. VI-V სს თარიღდებიან.

ნეკროპოლი მდებარეობს ქალაქის სამხრეთ და აღმოსავლეთ ნაწილში (ეკავა დაახლოებით 16 ჰა). შემდეგ იწყება გორასამარხები. ერთი რიგი მიემართება აღმოსავლეთისაკენ, მეორე – სამხრეთ-დასავლეთისაკენ. გორასამარხები აღმოჩენილია ანაპის სამხრეთითაც. მათი შესწავლა XIX ს შუა ხანებიდან დაიწყო. გათხრებს აწარმოებდნენ ვ.ი.სიზოვი, ა.ა.სიბირსკი, ფ.ს. ბაიერნი, ვ.გ.ტიზენჰაუზენი, ვ.ი.ვესელოვსკი. ძვ.წ. IV-III სს ქალაქის საზღვრების გაფართოვებასთან დაკავშირებით გორგიპიის მასობრივი ნეკროპოლის ძვ.წ. V ს სამარხები ქალაქის კვარტალების ქვემოთ აღმოჩნდა (Кругликова, 1971: 92 და შმდ.; 1980; Салов, Смирнова, 1972: 53 და შმდ.). 1954-1956 წლებში გრუნტულ ნეკროპოლზე ახალმშენებლობასთან დაკავშირებით გათხრები აწარმოა ი.ვ.პოზდნევამ. საერთოდ მასობრივი სამაროვნის ტერიტორიაზე აღმოჩენილია ძვ.წ. V ს და ახ.წ. III ს 300-მდე სამარხი. ისინი ოვალურ თუ ოთხკუთხა მოყვანილობისანი არიან. არის როგორც ინდივიდუალური, ისე წყვილადი სამარხები. მათი ერთი ნაწილი ხით ყოფილა გადახურული. დანარჩენი ქვის ფილებით. არის კრემაციული და კრამიტსამარხები. გორგიპიისა და მისი მოსაზღვრე რაიონებისათვის დამახასიათებელია ქვის სარკოფაგების და სამარხეული სტელების არსებობა. ქალაქის აღმოსავლეთ ნაწილში იკრძალებოდნენ პრივილეგირებული ფენის წარმომადგენლები. განსასვენებლები ურთიერთისაგან საგრძნობლად დაცილებულნი არიან. აღმოჩენილია, აგრეთვე, კლდეში ამოკვეთილი დიდი ზომის ქვის სარკოფაგი. გაძარცვის მიუხედავად ზოგჯერ დარჩენილია ოქროს ნივთები. სარკოფაგების ერთი ნაწილი მოხატულია. ისინი ახ.წ.

II-III სს თარიღდებიან (Цветаева, 1967; Кругликова, 1980; 1982; Алексеева, 1982; 1984).

კეპის ნაქალაქარს უკავია 20-25 ჰა, რეგისტრირებულია ძვ.წ. VI და ახ.წ. IV სს 12 კულტურული ფენა. მასობრივი ნეკროპოლი მდებარეობს ნაქალაქარის ჩრდილო-აღმოსავლეთ ნაწილში. ადრე რუსეთის საიმპერატორო არქეოლოგიური კომისია ეპიზოდურად სწავლობდა გორასამარხებს (ОАК, 1881.: XI; Максимова, 1979).

მასობრივი ნეკროპოლის გათხრები 1959-1970 წლებში წარმოებდა. შემთხვევით აღმოჩენილი სამარხები ადრეც იყო ცნობილი. 10-15 წლის განმავლობაში ამ ადგილების სილის კარიერად გამოყენებასთან დაკავშირებით ბევრი მათგანი დაზიანდა. 1959-1970 წლებში გაითხარა 6000 $მ^2$ ფართობი. გამოვლენილია სხვადასხვა ეპოქის 400-ზე მეტი სამარხი, რომელთა გარკვეული ნაწილი ძვ.წ. VI-V სს თარიღდება. ძვ.წ. IV ს ნეკროპოლი ჯერ კიდევ არაა მიკვლეული; ბევრია ამ ეპოქის გორასამარხი. ძვ.წ. VI-V სს კეპის ნეკროპოლზე გავრცელებული ჩანს სადა ორმოსამარხები. ერთ შემთხვევაში დადასტურდა ალიზის სამარხის არსებობაც. ფიჭვნარისაგან განსხვავებით, აქაურ სილნარ გრუნტში სამარხეული ორმოს კონტურების განსაზღვრა ჭირს. ზოგიერთ შემთხვევაში ჩანს, რომ ჰქონიათ წაგრძელებული ფორმა, ფეხების მიმართულებით ოდნავ შევიწროვებული. ერთჯერ ხის სახურავი ჰქონია გაკეთებული. ნ.სოროკინა მიუთითებდა, რომ კეპში სახეზეა დაკრძალვის ბერძნული წესები. მიცვალებული დასვენებულია ზურგზე თავით აღმოსავლეთისაკენ, ხელ-ფეხ გაშოტილი. აღმოჩენილია ქვის ესხარიები. ესხარიებად ზოგჯერ ძირმომტვრეულ ამფორებსაც იყენებდნენ. ქიოსურ და პროტოთაზოსურ ამფორებში ხშირად ახალშობილნი არიან დაკრძალულნი. სააღაპო მოედნები არსებობს ელინისტური ხანისათვის. განსაკუთრებით საყურადღებოა ის ფაქტი, რომ აქაც აღაპის წესი შეუსრულებიათ სამარხის ჩრდილო-აღმოსავლეთ ნაწილში (სამარხი №2). ფართობი, სადაც იყო კერამიკული ჭურჭლის ნატეხები – 1,6X1 მ-ზე. ფენის სიმძლავრე 0,3-0,6 მ. თარიღდება ძვ.წ. IV-II სს. ნანახია ლანგრების, თასების, ქვაბ-ქოთნების, დოქების, ხის ნახშირის ნატეხები. აღაპთან ახლოს იდგა ძირმომტვრეული სინოპური ამფორა. ავტორის აზრით, ღვინის დაღვრისას ეს ცვლიდა ქვის ესხარიას.

კეპის ნეკროპოლის მეორე სააღაპო მოედანი ახ.წ. I ს შუა წლებს განეკუთვნება. ამას უფრო დიდი ფართობი ეკავა - 3,4X1,6 მ. ფენის სიმძლავრე 0,3-0,35 მ. აქ დიდი რაოდენობით აღმოჩნდა ჩამსხვრეული ჭურჭელი, ფრინველის ძვლები, ხანძრის ნაშთები; ცხენის სამი ჩონჩხი, რომელიც დაუკრძალავთ აღაპის დროს.

1961 წელს კეპში კირქვის ესხარიებიც აღმოჩნდა, რომლებიც ტაძრის პორტიკს წააგავს (Сорокина, 1963: 62, рис. 237). ესხარიების მსგავსი ხშირი გამოყენება ჩრდილოეთ შავიზღვისპირეთის სხვა ნეკროპოლებიდან არცაა ცნობილი.

სამარხეული ინვენტარი შედარებით მწირია. ესენია: სადა ატიკური შავლაკიანი ჭურჭელი, ფერადი მინის ნაწარმი. თითო-ოროლა სამკაული, დოქები და ა.შ. კეპის მაღალძირიანი შავლაკიანი თასები, მინის ალაბასტრი და ამფორისკი მსგავსია ფიჭვნარის ნიმუშისა. ვრცელი პუბლიკაციები კეპის ნეკროპოლის შესახებ ჯერ კიდევ არაა გამოქვეყნებული (Сорокина, 1963: 98 და შმდ.; 1967: 101-107; Сокольский, 1963; Усачева, Сорокина, 1984).

ტირამბა მდებარეობს აზოვის ზღვის სამხრეთ სანაპიროზე, ფანაგორიის აღმოსავლეთით მე-20 კმ-ზე (ახლანდელი პერესიპი). ნაქალაქარის მცირე ფართობია გადარჩენილი. ნეკროპოლი

1,5 კმ-ის სიგრძეზეა გაშლილი ნაქალაქარის დასავლეთით და სამხრეთ-დასავლეთით.

ვ.დ.ბლავატსკიმ 1940 წელს შეისწავლა 2 სამარხი; 1947 და 1951 წლებში კიდევ 6 სამარხი. სისტემატიური გათხრები აწარმოა ა.კ.კოროვინამ 1959, 1961-1963, 1965, 1970 წლებში. დაახლოებით 1400 $მ^2$ ფართობზე აღმოჩენილია 163 სამარხი; მათ შორის 19 განეკუთვნება ძვ.წ. VI ს ბოლოსა და V ს. უფრო მეტია ძვ.წ. IV ს და მომდევნო ეპოქების სამარხები. ამ სამაროვნების თავისებურება ისაა, რომ მიცვალებულთა ერთი ნაწილი ორიენტირებულია აღმოსავლეთისაკენ, უფრო მეტი - დასავლეთისაკენ. ეს ახსნილია მეოტურ-სარმატული ტომების სიახლოვითა და ეთნიკური შერევით. სამარხები ინჰუმაციურია. კრემაციულები ძვ.წ. IV ს ჩნდება. არის ელინისტური ხანის ამფორასამარხებიც. საყურადღებოა ის ფაქტიც, რომ გამოვლენილია რამდენიმე კოლექტიური სამარხიც. დადასტურებულია განმეორებითი დამარხვის შემთხვევებიც. ძვ.წ. IV საუკუნისათვის აქაც სრულდებოდა აღაპის წესი (დამტვრეულ ჭურჭელს შორის სჭარბობს კერამიკული ტარისა და შავლაკიანი კილიკის ნატეხები).

ტირამბის ნეკროპოლის სამარხეულ ინვენტარში წამყვანია კერამიკული ნაკეთობა – არიბალისებრი ლეკითოსები, სამარილეები, კილიკები, კანთაროსები, ამფორები. არის ადგილობრივი ნაწარმი, რომლის წარმოების ცენტრად ფანაგორიაა მიჩნეული. წარმოდგენილია ბრინჯაოსა და რკინის ბეჭდები, რკინისავე სატევრები, შუბი, აგრეთვე, ისრისპირები, კვირისტავები, ხის ტარიანი სარკეები, სპირალური ხვიები, ფერადი მინის ამფორისკი, მძივები და ა.შ. ძვ.წ. IV საუკუნის სამარხებში აღმოჩენილია მონეტები.[6] ტირამბა ითვლება შიდა საკოლონიზაციო მოძრაობის შედეგად წარმოქმნილ ქალაქად. სამარხეული ინვენტარი არ გამოირჩევა მაღალმხატვრულობით, საკმაოდ მწირია (Коровина, 1962$_ь$; 1968).

ბოსფორის სამეფოს აზიურ ნაწილში აღმოჩენილია არაერთი ბერძნული სამოსახლო, რომლებიც ქორას შემადგენლობაში შედიოდა. მათთან დაკავშირებულია რამდენიმე გრუნტული ნეკროპოლი. შესწავლილია სხვადასხვა ეპოქის 200-ზე მეტი სამარხი. დადასტურებულია სამარხთა სხვადასხვა სახეობის არსებობა (გამოყოფილია 7 ტიპი). ყველაზე ადრეული ძვ.წ. VI-V სს თარიღდებიან. სჭარბობს ძვ.წ. IV-II სს სამარხები. ინვენტარი არაა მდიდრული. შეიცავენ იარაღს (ისრისპირები, შუბისპირები, აკინაკები), შავლაკიან, მოხატულ და სადა კერამიკულ ნაწარმს, სამკაულებს. მონეტები ცოტაა. ფიქრობენ, რომ ნეკროპოლები ეკუთვნით ადგილობრივ ელინიზებულ ფენებს (Десятчиков, Долгоруков, Алексеева, 1984: 90-91).

ტუზლინის ნეკროპოლი ჰერმონასასთან საკმაოდ ახლოს მდებარეობს. ადრე მკვლევართა მიერ იგი სხვადასხვა ნამოსახლართან იყო დაკავშირებული. ბოლო ხანებში განმტკიცდა მოსაზრება იმის შესახებ, რომ ტუზლინის ნეკროპოლი ეკუთვნოდა კოროკონდამის ბერძნულ-სინდურ ელინიზებულ მოსახლეობას. სამაროვნის შესწავლა ჯერ კიდევ XIX საუკუნეში დაიწყო. ითხრებოდა სადა ორმოსამარხებიც (კ.რ.ბეგიჩევი, ლ.ი.გროსი). საკმაოდ ფართო მასშტაბის საველე სამუშაოები გაგრძელდა XX საუკუნის პირველ ათწლეულში (კ.ე.დუმბერგი, ვ.ვ.შკორპილი, ვ.ნ.გლაზოვი). მცირე მოცულობის სამუშაოები საბჭოთა ეპოქაშიც მიმდინარეობდა. ზღვის მოქცევისა და განძის მაძიებელთა მიერ სამარხთა დიდი ნაწილი დაზიანებული აღმოჩნდა. ამას თან დაერთო ისიც, რომ სამამულო ომის წლებში ბევრი ნივთის პასპორტი დაიკარგა. არქეოლოგმა ნ.პ.სოროკინამ შეძლო ამ მასალებზე შეექმნა გამოკვლევა (Сорокина, 1957). მისთვის ცნობილი იყო 77 სამარხი. აქედან: 9 – ძვ.წ. VI ს; 41 – ძვ.წ. VI ს ბოლო-V ს; 43 – ძვ.წ. V-IV სს; 38

– ძვ.წ. IV-III სს; შედარებით მცირე რიცხვი – მომდევნო ეპოქების.

ტუზლინის ნეკროპოლისათვის წამყვანია სადა ორმოსამარხები. ძვ.წ. V ს ჩნდება ალიზით ნაგები სამარხებიც, რაც ძირითადად სინდიკისთვისაა დამახასიათებელი (სემიბრატნის, გორგიპიის, ფანაგორიის ნეკროპოლები). დიდი მასა ინჰუმაციურია, ცოტა – კრემაციული (სულ მითითებულია ორ კრემაციულ სამარხზე).

სჭარბობს აღმოსავლეთისაკენ დამხრობა (მეტ-ნაკლები გადახრებით). მიცვალებულს ასვენებდნენ ზურგზე, გაშოტილ პოზაში. ხის კუბოსა თუ სარკოფაგის აღმოჩენები იშვიათია, რკინის ლურსმნებზე ერთ-ორჯერ გვაქვს მითითება. ტუზლინისათვის თავისებურებადაა მიჩნეული ხის ძელებით გადახურული და იარაღიანი სამარხების სიმრავლე. სტელა აქ ადრიდანვე იდგმებოდა. ყველა სამარხი ინვენტარიანია. თითო სამარხში 2-3, ზოგჯერ 10 ნივთიც ჩაუყოლებიათ. ამფორები ძირითადად ფეხის არეშია ჩადგმული. თავთან ერთჯერ აღმოჩნდა. ადრეულ სამარხებში წამყვანია იონიური კერამიკული ნაწარმი. ფიჭვნარის მსგავსად ამ ცენტრის ნაწარმი ძვ.წ. V ს სამარხებშიცაა აღმოჩენილი (ასკოსები, ცალყურა ჯამები), შემდეგ სჭარბობს ატიკური. ლითონის ნაწარმი, გარდა იარაღისა, ცოტაა – სამაჯური, ბეჭდები. იშვიათია ძვირფასი ნივთები. ერთჯერ აღმოჩნდა სტრიგილა. ბრინჯაოს სარკეები (მათი რიცხვი 5-ია) გვხვდება მარცხენა მხრისა თუ თავის არეში (მარჯვენა მხარეს). არის კვირისტავები, ნემსები და ა.შ. მონეტები აქაც ძვ.წ. IV ს სამარხებშია ფიქსირებული. კოლექტიური სამარხები დიდ იშვიათობას წარმოადგენს.

პანაგიის კონცხის ნეკროპოლიც დაკავშირებულია ბოსფორის სახელმწიფოს აზიურ ნაწილში მდებარე ქორა კოროკონდამთან. აქ 1911 წ. ვ.ვ.შკორპილმა შეისწავლა 42 სამარხი, 1953 წელს ვ.დ.ბლავატსკიმ - 13 სამარხი. მათი დიდი ნაწილი არქაული და კლასიკური ხანით თარიღდება. სჭარბობს ხის ძელებით გადახურული სამარხები, წამყვანია ორმოსამარხები. არის ალიზის (16 სამარხი) და ამფორასამარხები (2 სამარხი). ურნად ყელგამობერილი ქიოსური ამფორებია გამოყენებული. მიცვალებულთა დიდი ნაწილი აღმოსავლეთისკენაა დამხრობილი, გაშოტილ პოზაში. ერთჯერ მარჯვენა გვერდზე, ფეხებმოხრილი. 2 მიცვალებული ხის კუბოში იყო ჩასვენებული. ყველაზე დიდი სამარხის სიგრძე 2,65 მ-ს აღწევდა. ცალკეული სამარხების სიგანე 1,74-1,1 მ-ს შორის მერყეობს. ინვენტარის გატანებაში შეინიშნება გარკვეული კანონზომიერება. კერამიკა უფრო მიცვალებულის მარცხენა მხარეს იყო ჩალაგებული; ორჯერ – ფეხების არეში. აქვეა ამფორები (5 სამარხი). ფიჭვნარის მსგავსი ხისტარიანი სარკეები ფიქსირებულია თავის, მარცხენა და მარჯვენა მხრის არეში. ერთ-ერთ მათგანზე ფუტლარის ნაშთებიც იყო შერჩენილი. 5 სამარხში აღმოჩნდა იარაღი, რამდენიმე კონუსისებრი კვირისტავი. ფიჭვნარის მსგავსი ფერადი მინის ამფორისკი მოპოვებულია ორ სამარხში. ერთ-ერთში – იყო ოქროს 13 მძივი, ოთხში კი – ვერცხლის ყურსაკიდი. ადრეულებში გვხვდება იონიური კერამიკული ნაწარმი. წამყვანია ატიკური ლეკითოსები, კილიკები, მაღალძრიანი თასები, სკიფოსები, სამარილეები, სადა დოქები, ოინოხოიები, ჯამები და ა.შ. მასალის დიდი ნაწილი ჯერ კიდევ არაა გამოქვეყნებული. პანაგიის კონცხის ნეკროპოლი ბერძნულ-სინდიკურ ეთნოსთანაა დაკავშირებული. ა.კოროვინა თვლის, რომ ხის სახურავიანი სამარხები ყუბანისპირეთსა და ტამანზე გვიანბრინჯაოს ხანიდანაა გავრცელებული. უფრო ფართოდ იკიდებს ფეხს ანტიკური ხანისათვის (Коровина, 1962а).

ჩვენი მონაპოვრების მიხედვით ზოგიერთი პარალელის გავლება შეიძლება დასავლეთ

ფიჭვნარი II

შავიზღვისპირეთის ნეკროპოლებთანაც. როგორც ცნობილია, აქ ძვ.წ. VII-VI სს არაერთი ბერძნული ახალშენი წარმოიშვა. ესენია: ჰისტრია, ტომი, კალატია, დიონისოპოლი, ოდესა, მესემბრია, აპოლონია და ა.შ. მათ მჭიდრო კონტაქტები ჰქონდათ თრაკიულ ტომებთან. უძველეს იონიურ ახალშენებს წარმოადგენდნენ ჰისტროსი და აპოლონია (Блаватская, 1952). ჰისტრიის ყორღანული ნეკროპოლი, რომელიც ერთ-ერთი უძველესია დასავლეთ შავიზღვისპირეთში, ფუნქციონირებას ძვ.წ. VII ს მეორე ნახევრიდან იწყებს. საყურადღებოა, რომ ადრეულ სამარხებს მკვეთრად გამოხატული ელინური იერი არც გააჩნიათ. ბევრი ელემენტი ადგილობრივია, სამარხთა კონსტრუქციისა და ზოგჯერ რიტუალების მიხედვითაც გარკვეულ სიახლოვეს პოვებს სამხრეთ თრაკიის ადგილობრივი ტომების სამაროვნებთან. ფიჭვნარის მსგავსად, მსხვერპლშეწირვისას ხშირად ჩნდება ადგილობრივი მასალაც. ჰეროდოტესა და თუკიდიდეს ცნობებზე დაყრდნობით გამოთქმულია ვარაუდი ჰისტრიის, საერთო დობრუჯიის ახლო კავშირებზე სკვითებთანაც (Alexandrescu, 1966).

ჩვენთვის საინტერესო ეპოქის განსაკუთრებით მდიდარი მასალაა მოპოვებული აპოლონიის (ქ.სოზოპილი, ადგილი კალფატა) ნეკროპოლზე. აქ ფართო მასშტაბის სამუშაოები წარმოებდა 1946-1949 წლებში. აღმოჩნდა ძვ.წ. V-II სს 768 სამარხი. მათი დიდი ნაწილი ინჰუმაციურია, მცირე პროცენტი - კრემაციული. ჩნდებოდა ქვის სამარხები, კრამიტსახურავიანი, ამფორა თუ პითოსებიანი სამარხებიც. ინვენტარის დიდი ნაწილი კერამიკისაგან შედგება. ადრეულებში წამყვანია ატიკური პროდუქცია. ესენია: ბადიები, სამარილეები, იხთიები, დოქები (საყოფაცხოვრებო ჭურჭელი), კრატერი, ოინოხოია, პელიკა, ოლპა, ლაგინოსი, კილიკი, კანთაროსი, სკიფოსი, ცალყურა თასი (საღვინე ჭურჭელი), ლეკითოსი, ასკოსი, ამფორისკი, ალაბასტრი, პიკსიდა, ლეკანი (ტუალეტისათვის და კოსმეტიკისათვის განკუთვნილი ჭურჭელი), ურნა, პითოსი, ამფორა, სანელსაცხებლე, ჭრაქი (დასაკრძალავად განკუთვნილი ჭურჭელი). ფიჭვნარის მსგავსად, ზოგჯერ ორი ჭურჭელი ერთმანეთშია ჩადგმული, ან პირქვე ჩამხობილი; ჩანს, რომ მიცვალებულს ყოველთვის კერძსა თუ რაიმე სითხეს არ აყოლებდნენ. აღაპის წესის შესრულება სამარხთან ახლოს ხდებოდა. აქაც სააღაპო მოედნებზე ფიქსირებულია დამსხვრეული ჭურჭლის ნატეხები, კალცირებული ძვლები და ა.შ. სააღაპო მოედნები აღმოჩენილია თრაკიის სხვა სამაროვნებზეც. საყურადღებოა, რომ ჭურჭლის დამტვრევის ეს წესი ახლაცაა შემონახული ბულგარელთა ეთნოგრაფიულ ყოფაში.

გარდა ატიკურისა, აპოლონიის ნეკროპოლზე მოპოვებულია როდოსულ-იონიური, კორინთული, თაზოსური, ჰერაკლეისა და ადგილობრივი ნაკეთობანი. ასევე ტერაკოტები სილენის, დემეტრეს, პერსეფონეს, აფროდიტეს, მსახიობთა და ცხოველების გამოსახულებებით; არის ბრინჯაოს, მინის, რკინისა და მცირე რაოდენობით ვერცხლის სამკაულები; ცოტაა ოქროს ნახელავი – სულ 9 ერთეული, რომლებიც არ გამოირჩევიან მაღალმხატვრულობით. ფიჭვნარის თანადროული მასალებიდან აღსანიშნავია ფერადი მინის ალაბასტრი, ამფორისკი და ოინოხოია, მინისა და მინისებური პასტის მძივები, მათი რიცხვი არაა დიდი. საქართველოს მსგავსად მძივები მრავლად ჩნდება ადგილობრივი მოსახლეობის სამარხებში. სხვა სახეობის მასალებიდან აღსანიშნავია ფიბულები, სტრიგილები, დანა და ა.შ. მონეტის ჩატანება ძვ.წ. IV ს მეორე ნახევრიდან იწყება. ცალკეული სამარხები არ გამოირჩევიან ინვენტარის მრავალრიცხოვნებით. ყველაზე მდიდარი სამარხი 12 ნივთისაგან შედგება. იშვიათად 13 თუ 17 ნივთისაგან. ადრეულ

სამარხებში ხშირად ჩნდება იონიური თუ ატიკური ასკოსები, ლეკითოსები თუ კილიკები. აპოლონიას თავიდანვე მჭიდრო კონტაქტები ჰქონია მეტროპოლია მილეტთან; ბერძენ-სპარსელთა ომების შემდგომ კი საბერძნეთის მატერიკულ ცენტრ ათენთან. მომდევნო ეპოქებისათვის ეს კავშირებიც თანდათანობით სუსტდება (Иванов, 1963).[7]

1960 წელს მ.ლაზაროვის მიერ ჰარმანიტეს უბანში ჩატარდა სამაშველო სამუშაოები. აღმოჩნდა ძვ.წ. VI-V სს სამარხები; მ.ტანევას მიერ 1981-1982 წლებში კოლიკეთიას კონცხზე განხორციელდა საველე სამუშაოები. ახალი ეტაპი აპოლონიის, კალფატის ნეკროპოლის კვლევაში 1993 წლიდან იწყება. კ.პანაიოტოვას ხელმძღვანელობით (სოფიის არქეოლოგიის ინსტიტუტი) გაგრძელდა აპოლონიის ნეკროპოლის გათხრები. კვლავ აღმოჩნდა 400 სამარხი, რომლებიც ძვ.წ. V ს დასასრულითა და III ს დასაწყისით თარიღდებიან. 2002 წელს შეიქმნა ბულგარეთ-საფრანგეთის ერთობლივი ექსპედიცია, რომელმაც გარკვეული სამუშაოები სამაროვნის ტერიტორიაზეც განახორციელა (ბარადისი, რიაპოვი, 2005: 8-9, 63-66).

როგორც ვხედავთ, რიგი თავისებურების მიუხედავად, ფიჭვნარის ძვ.წ. V ს ბერძნული ნეკროპოლი ბევრ სიახლოვეს პოვებს ანტიკური სამყაროს სხვა თანადროულ ძეგლებთან. იგივე ითქმის დასავლეთ ხმელთაშუაზღვისპირეთის ბერძნული ნეკროპოლების მიმართაც. ეს კარგად ჩანს ფიჭვნარის ძვ.წ. IV ს ნეკროპოლის მიხედვითაც, რომლის შესახებაც საუბარი სხვა დროს გვექნება.

შენიშვნები:

[1] ჩვენ უპირატესად ვეყრდნობით სამეცნიერო ლიტერატურაში არსებულ მონაცემებს. გარდა ამისა, სხვადასხვა დროს საშუალება მოგვეცა გავცნობოდით და გვემუშავა სახელმწიფო ერმიტაჟში, მოსკოვის ისტორიულ, პუშკინის სახ. სახვითი ხელოვნების, ოდესის არქეოლოგიურ მუზეუმებში, აგრეთვე როსტოვის, სევასტოპოლის, სიმფეროპოლის, ევპატორიის და სხვა მთელი რიგი ქალაქების მუზეუმებსა თუ სამეცნიერო დაწესებულებებში დაცულ მასალაზე. 1973 წ მონაწილეობა მივიღე სამხრეთ დონის არქეოლოგიურ ექსპედიციაში, რომელიც სწავლობს ელიზავეტსკის ნაქალაქარსა და სამაროვანს.

[2] ეს სამარხი აღმოჩნდა 1946 წ (№5). აქ წარმოდგენილი იყო ქიოსური ამფორა, ბრინჯაოს ჩამჩა, შავლაკიანი კილიკი, რუხკეციანი დოქი და სკვითური ისრისპირი. სამარხი ძვ.წ. V ს შუა ხანით თარიღდება.

[3] სამაროვნის შესახებ არსებული ლიტერატურა მითითებულია: **(Качарава, Квирквелия, 1991: 99, 443-444;** აგრეთვე იხ. **Хршановский, 2005: 124-130).**

[4] ამ მასალების გაცნობის შესაძლებლობა ვ.დოლგორუკოვმა მოგვცა 1987 წ მეცნიერებათა აკადემიის არქეოლოგიის ინსტიტუტში (მოსკოვი).

[5] ვ.გაიდუკევიჩი ერთ-ერთ სამარხს (№9, 1940 წლის გათხრები), რომელშიც წარმოდგენილი იყო ფერადი მინის ალაბასტრი და თაზოსური ამფორა (ვ.გაიდუკევიჩი ამფორის განსაზღვრას არ იძლევა - ა.კ.) ძვ.წ. IV ს ათარიღებს. ჩვენს ხელთ არსებული მასალის მიხედვით ეს სამარხიც ძვ.წ. V ს მიეკუთვნება.

[6] ა.ს.პუშკინის სახელობის მოსკოვის სახვითი ხელოვნების მუზეუმში ა.კ.კოროვინას თავაზიანი ნებართვით ჩვენ საშუალება გვქონდა დაგვეთვალიერებინა ეს მონაპოვრები.

[7] ტ.ივანოვი მოძველებულ მონაცემებზე დაყრდნობით ცალკეულ მონაპოვრების შესახებ ხშირად არასწორ თარიღებს გვთავაზობს. აშკარად შეინიშნება ბევრი მათგანის გაახალგაზრდავების ტენდენცია.

ფიჭვნარის ძვ.წ. V ს ბერძნულ ნეკროპოლზე აღმოჩენილი ნივთიერი კულტურის ძეგლები

როგორც ვხედავთ, სამარხთა ტიპების, დაკრძალვის წესებისა თუ ინვენტარის ჩაყოლების კანონზომიერების მიხედვით ფიჭვნარის კლასიკური ხანის ბერძნული ნეკროპოლი დიდ სიახლოვეს პოვებს მატერიკული საბერძნეთის, კერძოდ, ათენისა და მისი შემოგარენის, ანტიკური სამყაროს სხვა ცენტრების, განსაკუთრებით კი პონტოსპირეთის მასობრივ სამაროვნებთან. ცალკეულ სამარხებში გამოვლენილი ერთობ მდიდარი და მრავალფეროვანი ნივთიერი კულტურის ძეგლები წარმოადგენს უძვირფასეს ისტორიულ წყაროს კლასიკურ ხანაში ანტიკური სამყაროსა და აღმოსავლეთ შავიზღვისპირეთის, ძველი კოლხეთის სავაჭრო-ეკონომიკური და კულტურული ურთიერთობების კვლევისათვის. ბუნებრივია, ამ მონაცემთა მიხედვით ბევრი აქტუალური პრობლემის, არაერთი კერძო საკითხის ახლებურად გაშუქება შეიძლება. ჩვენს ხელთ არსებული არქეოლოგიური მასალის ნაწილი წარმოადგენს ანტიკური მცირე ხელოვნების, პლასტიკის, ოქრომჭედლობის, ტორევტიკის საუკეთესო ნიმუშებს. ხშირ შემთხვევაში ისინი განეკუთვნებიან აღმოსავლეთ შავიზღვისპირეთის უნიკალურ მონაპოვართა რიცხვს, ამიტომაც მეცნიერული ინტერესი მათდამი განსაკუთრებულია. შესაბამისად, თითოეული ჯგუფი ათეული წლების განმავლობაში ჩვენი სპეციალური კვლევის საგანს წარმოადგენდა. დავამუშავეთ დიდძალი მასალა, გავეცანით ხელმისაწვდომ სხვადასხვა ქვეყანაში დაცულ საფონდო მასალებს. განსაკუთრებით ნაყოფიერი აღმოჩნდა 1998 წლიდან დაწყებული საქართველო-ბრიტანეთის პირველი საერთაშორისო ფიჭვნარის ერთობლივი ექსპედიციის კვლევა-ძიებანი. ბრიტანეთის მეცნიერებათა აკადემიის მიწვევით ოთხგზის მოგვეცა შესაძლებლობა დაგვეთვალიერებინა ლონდონის, კემბრიჯისა და ოქსფორდის უნივერსიტეტის აშმოლის მუზეუმის უმდიდრესი ექსპოზიციები თუ ფონდებში დაცული კოლექციები, გვესარგებლა სამეცნიერო ბიბლიოთეკებით, დაგვემზადებინა ქსეროასლები თუ შეგვეძინა აუცილებელი სპეციალური ლიტერატურა. ბუნებრივია, გაიზარდა კვლევის პერსპექტივები და არეალი. საქართველო-ბრიტანეთის ფიჭვნარის ერთობლივი ექსპედიციის საველე კვლევა-ძიების შედეგები თუ ცალკეული ნაშრომები უკვე დაიბეჭდა ქართულ და ინგლისურ ენებზე, ფიჭვნარის კლასიკური ხანის ბერძნული ნეკროპოლის ერთობლივი არქეოლოგიური გათხრები მომავალშიაც გაგრძელდება. პირველ ხანებში მთავარი ყურადღება იქნება დათმობილი ძვ.წ. IV ს ბერძნულ სამაროვანზე, სადაც ჯერ კიდევ მცირე მასშტაბის საველე სამუშაოებია განხორციელებული. ამის შემდგომ მომზადდება ახალი ნაშრომი ამ მეტად საინტერესო ნეკროპოლის შესახებაც.

ახლა მივუბრუნდეთ ძვ.წ. V ს ბერძნულ ნეკროპოლზე აღმოჩენილ არქეოლოგიურ მასალას. სამარხეული ინვენტარის განხილვას კერამიკული ტარით დავიწყებთ. ამ სახის მონაპოვრები ერთ-ერთ მნიშვნელოვან წყაროდ ითვლება შესაბამისი ეპოქის მეტროლოგიის, სავაჭრო-ეკონომიკური და სამეურნეო საქმიანობის გასარკვევად. ამასთანავე ამფორები დიდ სამსახურს გვიწევს კულტურული ფენებისა თუ ცალკეული სამარხეული კომპლექსების დათარიღების საქმეში. ვიცით, რომ ამათ ჰქონიათ მრავალმხრივი გამოყენება.

კერამიკული ტარა

კერამიკული ტარა, როგორც თხევადი და მშრალი ნედლეულის გადასატანი საშუალება, წამყვანი იყო საზღვაო და სამდინარო ტრანსპორტში, რაც მათი სპეციფიკური ფორმის კონკრეტული პირობებისადმი მისადაგებით იყო განპირობებული. ამფორებით გადაჰქონდათ ღვინო, ზეითუნის ზეთი, ზეთისხილი, დამარილებული თევზი. სხვადასხვა სახის მშრალი პროდუქტები; ყურძენი, ქლიავი, ატამი, ლეღვი, ფინიკი, თხილი, ცარცი, ფისი, კირი, ნავთობი. გარდა ამისა, ამფორები მოიხმარებოდა როგორც სამზარეულო ჭურჭელი, ასევე გამოიყენებოდა საყვავილეებად, ყულაბად, მარაგის შესანახ „კარადად", პრიმიტიულ კერად, სასაზღვრო ნიშნებად, საარჩევნო ურნებად და პისუარებადაც კი. წერილობითი წყაროებისა და არქეოლოგიური მონაცემების მიხედვით დასტურდება, რომ ამფორებს იყენებდნენ ახალშობილთა დასაკრძალავად, სამარხეულ ინვენტარად, საკანალიზაციო, სადრენაჟო და წყალმომარაგების სისტემის გასამართავად, სამშენებლო მასალად, საბრძოლო ოპერაციების დროს, გემებისა და დიდი ზომის ჭურჭლების ტევადობის განსაზღვრისათვის (Зеест, 1963; Callender, 1965: 23-24, 33-35; ლორთქიფანიძე ოთ., 1971: 161-162; კახიძე, $1971_{ბ}$: 28-29; Buttger, 1907: 315-318, 357; ხალვაში, 2002: 97-98 და სხვ.).

ბუნებრივია, მსგავსმა მრავალმხრივმა გამოყენებამ განაპირობა მათი დიდი რაოდენობით წარმოება ანტიკურ და ადრეშუასაუკუნეების სავაჭრო-სახელოსნო თუ სატრანზიტო ცენტრებში.

არქეოლოგიურ მონაპოვარში წამყვან ადგილს სწორედ ამ სახის მასალა იკავებს. ასეთივე სურათი შეინიშნება ქობულეთ-ფიჭვნარის ნაქალაქარისა და განსაკუთრებით ბერძნული ნეკროპოლის, კოლხეთის სხვა რიგი ძეგლების მიხედვითაც. ჩვენს ხელთ არსებული მასალებით საინტერესო კანონზომიერების დადგენა შეიძლება აღმოსავლეთ შავიზღვისპირეთის (ისტორიული კოლხეთისა) და ბერძნულ სამყაროს შორის სავაჭრო-ეკონომიკურ თუ კულტურული ურთიერთობის ხასიათის გარკვევასთან დაკავშირებით.

არქაული და ადრეკლასიკური ხანისათვის (მხედველობაშია ძვ.წ. VII ს ბოლო - V ს პირველი ნახევარი) ძირითადად წარმოდგენილია ეგეოსური სამყაროს ნაწარმი. ამ მიმართებით ყველაზე უფრო მრავალრიცხოვან ჯგუფს ღვინითა და მონათვაჭრობით ცნობილი ცენტრის კ.ქიოსის ამფორები ქმნიან. განსაკუთრებით ყურადღებას იქცევს ბათუმისციხის ე.წ. თეთრანგობიანი ქიოსური ამფორები, რომლებიც კ.ფერაზე, როდოსზე, თაზოსზე, ჩრდილო აფრიკაში, იტალიაში, მცირე აზიაში, ჰისტრიაში, ბერეზანზე, დნეპრობუგის არქაული ხანის სამოსახლოზე, ნიმფეაში, პანტიკაპეონში, კეპში, ატრეაში, ჰერმონასასა და სხვა ძეგლებზე აღმოჩენილი ანალოგიების მიხედვით ძვ.წ. VII ს ბოლოთი და VI ს დამდეგით თარიღდებიან. ისინი განეკუთვნებიან უძველეს ბერძნულ იმპორტს არა მარტო საქართველოში, არამედ საერთოდ ამიერკავკასიაში (კახიძე, $1971_{ბ}$; კახიძე, ხახუტაიშვილი, 1989: 74-79). ქიოსური ნაწარმის ხვედრითი წონა განსაკუთრებით იზრდება გვიანარქაული და კლასიკური ხანისათვის. ქიოსური ნაწარმის იმპორტის

61

მეტ-ნაკლები ინტენსიურობით მთელი ანტიკური ხანის მანძილზე გრძელდებოდა. ჩვენ შესაძლებლად ვთვლით კ.ქიოსსა და კოლხეთს შორის უშუალო, პირდაპირი სავაჭრო ეკონომიკური ურთიერთობის არსებობას. ეს კარგად უნდა ჩანდეს ფიჭვნარის მაგალითზეც. კ.ქიოსს ასეთივე კავშირები ჰქონდა პონტოს სანაპიროს სხვა ნაწილებთანაც, კერძოდ, ჩრდილო შავიზღვისპირეთთან (Брашинский, 1963: 96).

ფიჭვნარის ძვ.წ. V ს ბერძნულ ნეკროპოლზე აღმოჩენილ კერამიკულ ტარაში წამყვანი ადგილი სწორედ ქიოსურ ამფორებს უკავიათ. ისინი ორ ქრონოლოგიურ ჯგუფად იყოფა. პირველში ერთიანდება ძვ.წ. V ს მეორე მეოთხედის, ხოლო მეორეში - ამავე საუკუნის მესამე და მეოთხე მეოთხედის ნაკეთობანი.

სამაროვნის საერთო დახასიათებისას ვნახეთ, რომ ძვ.წ. V ს მეორე მეოთხედისათვის ამფორებს უშუალოდ სამარხებში ინვენტარის სახით არ აყოლებდნენ. მათი ნატეხები გვხვდება საალაპო მოედნებზე, ორჯერაც გამოყენებული იყო ახალშობილის ურნასამარხად (კახიძე, ვიკერსი, 2004, 65,141). მიუხედავად შედარებითი მცირერიცხოვნებისა, ფიჭვნარის ამ ჯგუფის ამფორებისადმი ინტერესი განსაკუთრებულია. დროის ამ საკმაოდ მოკლე მონაკვეთისათვის წარმოდგენილია სხვადასხვა სახეობის ქიოსური ამფორები. პირველ სახეობაში ერთიანდება ე.წ. ყელგამობერილი ამფორები, რომელთაც აქვთ შედარებით პატარა ბოლოსკენ ოდნავ გაფართოებული ცილინდრისებური მოყვანილობის ძირი, საკმაოდ ღრმა ფოსო კალთებისკენაა გაწეული, რაც დამახასიათებელია მხოლოდ და მხოლოდ ძვ.წ. VI ს მეორე ნახევრისა და ძვ.წ. V ს ადრეული ქიოსური ამფორებისათვის; ტანი კვერცხისებური მოყვანილობის, კედლები არათანაბარი სისქის. დაბალი ყელი მკვეთრად გამობერილი, უშუალოდ ჩამჯდარი დაქანებული მხრების არეში, მომრგვალებული პირი მასიური და ელიფსისებური შემოწერილობის. პირთან ახლოს, ზოგჯერ ძირზეც, წრეში ჩასმული წერტილია მოხატული, რასაც ი.ანდერსონი სავაჭრო სამარკო ნიშნად მიიჩნევს (Anderson, 1954: 69).[1] მსგავსი ნიშანი მოცემულია ფიჭვნარის კოლხურ სამაროვანზე აღმოჩენილ ამფორის ყურზე.

ამ ფორმის ქიოსური ამფორის ნატეხები აღმოჩნდა 1986 წელს №1 დიდ საალაპო მოედანზეც. დაცულია პირისა და ყელის ნახევარი და ყურის ნაწილი (ქ-ფ-86/191, 204). პირი მასიური, რგოლისებრი, ყელი მკვეთრად გამობერილი. ყური ოვალურგანივკვეთიანი. პირის დიამ. 12 სმ, ყელის 13,5 სმ (სურ. 96/1).

ფიჭვნარის მეორე სახეობის ამფორებისათვის დამახასიათებელია დაბალი, ბოლოში შესამჩნევად გაფართოებული ცილინდრული მოყვანილობის ძირი. ფოსო ღრმაა, მაგრამ უკვე არაა გაწეული კალთებისაკენ. ძირი საკმაოდ მასიური და მოხდენილად პროფილირებულია. მომდევნო სახეობის ამფორების ძირებისაგან განსხვავებით კონტურები მკვეთრი არაა. არქაულ ქიოსურ ამფორებთან შედარებით კორპუსი უფრო მაღალია, ყელიც, შესაბამისად მაღალი და მხოლოდ ზედა ნაწილშია გამობერილი. სარიტუალო მოედნებზე ჩნდებოდა ამფორის ძირები. თუმცა, მათი რიცხვი გაცილებით მეტია ნაქალაქარის გათხრებისას აღმოჩენილ მასალებს შორის.

მესამე სახეობის ამფორის ძირებს აქვთ მკვეთრი კონტურების მქონე შედარებით პატარა ზომის მეორე სახეობის ამფორების მსგავსი ძირი. ფოსო ღრმაა, ქუსლისაკენ გაფართოებული. ტანი მომაღლო. მთავარი სიახლე ამ ამფორებისათვის ისაა, რომ წინა ნიმუშებისაგან განსხვავებით ყელი უკვე აღარაა გამობერილი.

ძვ.წ. V ს ბერძნული ნეკროპოლის გათხრები (1967-1987 წწ)

როგორც ვხედავთ, ძვ.წ. V ს მეორე მეოთხედისათვის ფიჭვნარში თანაარსებობს ქიოსური ამფორების სამი სახეობა. ეს პერიოდი პირველი სახეობისათვის ფინალურ სტადიად გამოიყურება. როგორც ცნობილია, მსგავსი ამფორები გავრცელებული იყო ძვ.წ. VI ს მეორე ნახევრისა და V ს დამდეგისათვის. ამავე პერიოდში უნდა იყოს შექმნილი მეორე სახეობის ქიოსური ამფორები, რომლებიც მომდევნო ეპოქებში უკვე აღარ განაგრძობენ არსებობას. ი.ანდერსონის მოსაზრებითაც ეს ფორმა დიდხანს არ უნდა ყოფილიყო გაბატონებული. ჩრდილო შავიზღვისპირეთის შემსწავლელნი კი ფიქრობენ, რომ ქიოსური ამფორების ეს სახეობა ძვ.წ. V ს ბოლომდე იწარმოებოდა.[2] ამავე პერიოდში ჩნდება მესამე სახეობის ამფორები, რომლებიც ფართოდ ვრცელდება ძვ.წ. V ს მეორე ნახევარში.

მრავალრიცხოვან ჯგუფს ქმნის ძვ.წ. V ს მესამე და მეოთხე მეოთხედის ქიოსური ამფორები. როგორც ვიცით, ისინი წარმოდგენილია როგორც სამარხეულ კომპლექსებში, ასევე საალაპო მოედნებზე. ხშირად ძირმომტვრეული ამფორები ესხარიებადაა გამოყენებული. მრავალრიცხოვან კოლექციას იძლევა ფიჭვნარის ნაქალაქარის გათხრები.

ძვ.წ. V ს მესამე და მეოთხე მეოთხედის ქიოსური ამფორები ჩვენს მიერ ზემოთ გამოყოფილი მესამე სახეობის ამფორების ანალოგიურია. სიახლეა ის, რომ ამ ეპოქისათვის მზადდებოდა ორი სტანდარტის - დიდი და პატარა ზომის ამფორები. ფორმებიც გამოირჩევიან დახვეწილობით. ზოგიერთ მათგანს აქვს გრაფიტო. ფიჭვნარის სამარხებსა თუ სარიტუალო მოედნებზე წარმოდგენილია როგორც დიდი (ტევადობა 21 ლ), ასევე უფრო ხშირად პატარა ზომის ქიოსური ამფორები (იტევდა დიდი ზომის ამფორების ნახევარს). სტატისტიკის მიხედვით თითქმის ყოველ მე-4 სამარხშია წარმოდგენილი ამ ცენტრის კერამიკული ტარა (სამარხი № 1, 10, 11, 12, 13, 19, 23, 25, 39, 52, 71, 73, 77, 95 და სხვ., იხ. სურ. 17, 19, 40, 44, 57, 64, 65, 71, 80, 81, 83 და ა.შ.).

ღვინით ვაჭრობის ერთ-ერთი მსხვილი ცენტრის ქიოსის ნაწარმი ფართოდ ჩანს გავრცელებული ანტიკურ სამყაროში. მრავალრიცხოვნებით გამოირჩევიან ქიოსური ამფორები საქართველოს ზღვისპირეთშიაც. გარდა ფიჭვნარისა, სხვადასხვა ეპოქის ამ ცენტრის ამფორები აღმოჩენილია ბათუმისციხეზე, ციხისძირში, ფოთის მიდამოებში (საქორქიო), ერგეტაში, ქარიეტში, ოჩამჩირეში, სოხუმის მთაზე, ვანში და ა.შ. (კახიძე, 1971$_{ხ}$; კახიძე, ხახუტაიშვილი, 1989; ფუთურიძე, 1983 და სხვ.). ფართოდ ჩანან გავრცელებულნი ჩრდილო შავიზღვისპირეთში (Зеест, 1960; Брашинский, 1984). კლასიკური ხანისათვის ქიოსური პროდუქციის შემოტანას კოლხეთის ზღვისპირა ზოლში და ზოგჯერ შიდა რაიონებშიაც სისტემატიური, ორგანიზებული ხასიათი მიუღია.

ფიჭვნარის მონაპოვარში შედარებით მცირერიცხოვან, მაგრამ მეტად საინტერესო ჯგუფს ლესბოსური ამფორები ქმნიან. როგორც ცნობილია, რუხკეციანი კერამიკა საუკუნეების განმავლობაში პოპულარული იყო ეგეოსის ჩრდილო-აღმოსავლეთი რეგიონისათვის. საწარმოო ცენტრის ლოკალიზაცია ეკუთვნის ჯ.კუკს. ეს მოსაზრება კითხვითი ნიშნის თანხლებით გაზიარებულ იქნა ვ.გრეისის მიერ (Clinkenbeard, 1982: 252). მოგვიანებით ამ ამფორების ლესბოსურ წარმომავლობას მხარი დაუჭირა ი.ანდერსონმა (ქიოსზე აღმოჩენილ მასალებზე დაწვ. იხ. Clinkenbeard, 1982: 254-256) და ი.ზეესტმა (ჩრდილო შავიზღვისპირეთის მონაპოვრებზე იხ. Зеест, 1960: 74), ყველა მკვლევარი კრიტერიუმად ამ ტიპის ამფორების რუხკეციანობას იღებდა

და ლესბოსის ანალოგიურ კეცთან ე.წ. bucharo ტიპის კერამიკას უკავშირებდა. ამ ბოლო წლებში ზემოთ დასახელებულ ნაშრომში ბარბარა კლინკენბერგის მიერ სხვა მონაცემებზეც იქნა მიქცეული ყურადღება. კერძოდ, ძველი და თანამედროვე თიხის ნაწარმის და გამოსავლების პეტროგრაფიული ანალიზი, ეთნოგრაფიული და წერილობითი ცნობების გათვალისწინება და ა.შ. (Clinkenbeard, 1982: 253 და შმდ.).

ლესბოსური ამფორების ქრონოლოგიური დიაპაზონი საკმაოდ ფართოა. ფიქრობენ, რომ მათი წარმოება იწყება ძვ.წ. VII ს და მოულოდნელად წყდება ძვ.წ. IV ს მეორე ნახევარში. ჯ.კუკს ძველ სმირანაში აღმოჩენილი მასალის მიხედვით მათი საწყისი თარიღი ძვ.წ. VIII ს, თვით ჰომეროსის ხანაშიაც კი გადააქვს. წერილობითი ცნობების მიხედვით დასტრუდება, რომ კ.ლესბოსზე საუკუნეების მანძილზე არსებობდა ღვინის ფართო წარმოება. მისი შეტანა ნავკრატისში ძვ.წ. VII საუკუნიდან დაწყებულა. სხვადასხვა ავტორი მაღალ შეფასებას აძლევს აქაურ ღვინოს და მიუთითებს, რომ ლესბოსურ ღვინოზე უფრო სასიამოვნო არ არსებობდა. მათი სიტყვით, ლესბოსურმა ღვინომ არ იცის თავის ტკივილი. იგი სასარგებლოა კუჭისათვის და ზღვის გემო დაჰკრავს, უფრო გამჭვირვალეა, ვიდრე ქიოსური და კნიდის ღვინოები. კ.ლესბოსი წყაროებში მოიხსენიება როგორც ყურძნის მტევნებით დახუნძლული, ღვინით მდიდარი მხარე. ვენახი გაშენებული იყო ტერასებზე და მას ველური ვაზის მსგავსად ჭიგოები არ სჭირდებოდა. ყველაზე მეტი ღვინო იწარმოებოდა კუნძულის ჩრდილო რაიონებში, მედიმნაში. საქალაქო მონეტების მიხედვით ჩანს, რომ აქ გავრცელებული იყო დიონისეს კულტი. ფსევდო-არისტოტელეს მიხედვით ვიცით, რომ პონტოელი სოვდაგრები ლესბოსური ღვინითაც ვაჭრობდნენ (Clinkenbeard, 1982: 254-256).

მთლიანად დაცული ლესბოსური ამფორა ნაპოვნია 1956 წელს ფიჭვნარის კოლხურ სამაროვანზე ნ.ხოშტარიას მიერ. იგი, როგორც ჩანს, სამარხეულ კომპლექსში შედიოდა (კახიძე, $1965_ь$: 73-74, ტაბ. 14). 2005 წელს ამავე სამაროვანზე აღმოჩნდა ახალშობილის დასაკრძალავად გამოყენებული კიდევ ერთი ლესბოსური ამფორა. ფიჭვნარის ბერძნული ნეკროპოლის სამარხებში ამ ცენტრის კერამიკული ტარა ჯერ-ჯერობით არაა ფიქსირებული. ცალკეული ნატეხები გვხვდება ძირითადად ძვ.წ. V ს მეორე მეოთხედის სარიტუალო მოედნებზე, რომელთაგან მხოლოდ ერთ-ერთის აღდგენა მოხერხდა და ისიც ნაწილობრივ – (ქ-ფ-86/224, აღაპი №2); აკლია პირი, ყელი, მხარი და ყურები. ტანი შედარებით დიდი ზომის, კვერცხისებური მოყვანილობის. ძირი დაბალი, ცილინდრული, ტანისაკენ გაფართოებული, სადგამი ამობურცული. კეცი ტიპიური მუქი ნაცრისფერი, ქარსიანი. დაცული სიმაღლე 47 სმ, ტანის დიამეტრი 36 სმ, ძირის სიმაღლე 3 სმ. დიამ. 4 სმ, ტანის ზედაპირი შედარებით უსწორმასწოროა. ქვედა კონუსისებრი ნაწილი ძირთან ერთად 17 სმ სიმაღლეზე ცალკეა მიძერწილი. ძირთან ახლოს დაცულია გრაფიტო – ჩაბრუნებული IV. ერთ-ერთი ადრეული გრაფიტო (სურ. 96/7). ძირის ფორმისა და ზომების მიხედვით უახლოვდება ა.აბრამოვის ლესბოსური ამფორების II ტიპს, რომელსაც ძვ.წ. V ს მეორე ნახევრით ათარიღებს (Абрамов, Масленников, 1991: 237-238; Абрамов, 1993: 31, рис. 18, кат. 259). ფიჭვნარის ამფორა ძვ.წ. V ს მეორე მეოთხედით თარიღდება. მსგავსი ნიმუშები (ნატეხების სახით) საკმაოდ ხშირად ჩნდება ფიჭვნარის ნაქალაქარის გათხრებისას.

არქაულსა და ადრეკლასიკურ ხანაში ლესბოსი მნიშვნელოვან როლს თამაშობდა კოლხეთთან სავაჭრო-ეკონომიკურ ურთიერთობათა სფეროში. შესაბამისად ლესბოსური ამფორები

მოპოვებულია მახვილაურის, ბათუმისციხის, ციხისძირის, გურიანთის, ფოთის მიდამოების (საქორქიო), დაბლაგომის ნამოსახლარებსა და ვანის ნაქალაქარზე (ლორთქიფანიძე ოთ., 1966: 73-74; კახიძე, 1971$_{ბ}$: 40-42; ვაშაკიძე, 1971: 18, ტაბ. III/5; მიქელაძე, 1978: 64; ფუთურიძე, 1983: 9 და სხვ.).

ფიჭვნარის ძვ.წ. V ს სამარხეულ ინვენტარში მორიგი წამყვანი ადგილი მევენახეობა-მეღვინეობის ერთ-ერთ უმნიშვნელოვანესი ცენტრის თაზოსის კერამიკულ ტარას უკავია. იგი ფართოდ ჩანს გავრცელებული ჩრდილო შავიზღვისპირეთსა და ანტიკური სამყაროს სხვა ცენტრებშიაც. თაზოსური პროდუქციის ინტენსიური იმპორტი მომდევნო საუკუნეებშიაც გრძელდება.

ფიჭვნარის მონაპოვარში ცალკე ჯგუფს ქმნიან ე.წ. პროტოთაზოსური თუ „თაზოსის წრის" ამფორები. აქვთ არც თუ ისე მაღალი, სწორკედლიანი გარეთკენ გაფართოებული ელიფ-სური შემოწერილობის მქონე ყელი, მხრები მომრგვალებული, კონუსისებური მოყვანილობის პატარა ზომის ტანი, ძირი დაბალი, ქვემოთ ოდნავ შევიწროვებული, სადგამი მკვეთრად გაფართოებული, რომლის კიდეს მიუყვება ჩამონაჭერი ვერტიკალური ზოლი. ოდნავ შეწეულ ძირზე აქვს ღრმა ფოსო. კეცი მოწითალო, წვრილმარცვლოვანი. შერეულია ქარსის წვრილი ნატეხები.

ძვ.წ. V ს მეორე მეოთხედისათვის წამყვანია ე.წ. თაზოსური თუ „თაზოსის წრეში" შემავალი ამფორები. ისინი ლეკითოსებსა თუ მინიატურულ ამფორებთან ერთად უპირატესად საალაპო მოედნებზე გვხვდება. 1986 წელს №1 დიდი ალაპის ტერიტორიაზე ამ სახის ამფორის ძირი, პირი, ყელი, ყურები და მხრის ნაწილებია შემორჩენილი. პირი მაღალი, სამკუთხაგანივკვეთიანი, ყელი ფართო, დაბალი, ცილინდრული, ოდნავ შებერილი, მხრები მომრგვალებული. ტანის შესახებ ვერაფერს ვიტყვით. ძირი ცილინდრისებური, ბოლოში ოდნავ ამობურცული, ცენტრში აქვს პატრა ფოსო (სურ. 96/4). ყური ოვალურგანივკვეთიანი, დაბალი. კეცი ღია მოყავისფრო, დაჰკრავს მოყვითალო ელფერი. შეერულია თეთრი კირქვის ნატეხები და ქარსის მბზინავი ჩანართები. ყელის დასაწყისში მოცემულია გრაფიტო. თითქოს ჩაბრუნებული K (სურ. 96/3). აქვე აღმოჩენილი მეორე ამფორის ყელი უფრო მაღალია, ოდნავ შებერილი, პირი სამკუთხაგანივკვეთიანი. მხარზე ნაწილობრივაა შერჩენილი დიპტინგი. კეცი ღია ყავისფერი, მოყვითალო, ურევია კირქვის და მბზინავი ქარსის ნატეხები (სურ. 96/2).[3]

1987 წელს პირველ საალაპო მოედანზე აღმოჩნდა თაზოსის წრის ამფორის ძირი (ქ-ფ-87/25). დაბალი, ცილინდრისებური, ბოლოზე ოდნავ გაფართოებული. საყრდენს თითქოს მიუყ-ვება ოდნავ ჩაღრმავებული ზოლი. ფოსო კონუსისებრი. კეცი მოყავისფრო-მოყვითალო, მინა-რევები ცოტაა. ძირის სიმაღლე 1,5 სმ, დიამ. 6 სმ, ფოსოს 2,7 სმ, არაა გამორიცხული, რომ ეს ძირი თვით თაზოსურ ამფორას ეკუთვნოდეს.

პატარა ზომის პროტოთაზოსური ამფორების წარმოება ძვ.წ. VI ს ბოლოდან იწყება. ჩვენთან ისინი ძვ.წ. V ს მეორე მეოთხედის საალაპო მოედნებზე გვხვდება. მრავლადაა წარ-მოდგენილი ფიჭვნარის ნაქალაქარის კულტურულ ფენებში. მათი წარმოების ცენტრს ეგეოსის არქიპელაგის რომელიღაც კუნძულსა თუ ჩრდილო საბერძნეთს უკავშირებენ. კეცი ჰგავს თაზოსურს (Зеест, 1960: 80).

ბუნებრივია, მრავალრიცხოვნებით ძვ.წ. V ს შუა ხანებისა თუ მეორე ნახევრის თაზოსის

ამფორები გამოირჩევიან. ისინი გვხვდება ფიჭვნარის ნაქალაქარის კულტურულ ფენებსა და კოლხურ სამაროვანზეც.

ბერძნულ სამაროვანზე მოპოვებული თაზოსური ამფორების ერთი ნაწილი ფართოტანიანი და მომრგვალებულმხრებიანია; მეორე ნაწილს აქვს კონუსური მოყვანილობის კორპუსი. ზოგიერთს კიდევ – კვერცხისებური. სხვადასხვა სიმაღლის ძირი ცილინდრისებურია, ქუსლთან მეტ-ნაკლებად გაფართოებული. შემოუყვება ვერტიკალური ჩამონაჭერი წრიული ზოლი. ძირის ბოლო ამობურცულია, რაც დამახასიათებელი ნიშანია ადრეული თაზოსური ამფორებისათვის. უფრო მოგვიანო ნიმუშებისათვის ნიშანდობლივია ტალღისებური ჩაღრმავება. ცენტრში გაკეთებული აქვს სხვადასხვა სიფართის ფოსო. ყელი სწორი, პირი მომრგვალებული თუ სამკუთხაგანივკვეთიანი. ოვალური ყურები ზოგჯერ თითისებური ანაბეჭდით მთავრდება. პროპორციები მასიურია, ძირის კონტურირება არამკვეთრია. არის პატარა ზომის ამფორებიც (სურ. 41/1, 49/2). კეცი სხვადასხვა ვარიაციის: ღიამოყვითალო-მოწითალო-მოყავისფრო, წვრილმარცვლოვანი, მინარევებიანი. ზოგიერთზე გრაფიტოცაა დაცული. ადრეულ ამფორებს დამღები არ უკეთდებოდათ. ხშირად ზოგიერთ ამფორის ყელი ვიწრო ღარითაა შემკული.

მოვიტანთ ძვ.წ. V ს მეორე ნახევრის ზოგიერთი სახეობის ამფორის მოკლე აღწერილობას: სამარხი 69 (ქ-ფ-80/5). მთლიანად აღდგენილია. პირი რგოლისებრი. ყელი მომრგვალებული მხრისაკენ ოდნავ გაფართოებული. ტანი კვერცხისებური. ძირი დაბალი, ცილინდრისებური, ბოლოსაკენ ოდნავ გაფართოებული. ცენტრში აქვს ფოსო. ყური ოვალურგანივკვეთიანი, ზედაპირი არათანაბარი. კეცი მოყავისფრო-მოწითალო, განატეხში მოყვითალო ელფერის მქონე. წვრილმარცვლოვანი (სურ. 82/14). ასეთივე ჩანს მე-6 სამარხში აღმოჩენილი ერთ-ერთი თაზოსური ამფორა (ქ-ფ-67/58) (სურ. 33/1, 34/1), რომელსაც შესანიშნავად ათარიღებს ძვ.წ. V ს შუა ხანებით ელექტრუმის ქიზიკინი, ვერცხლის ომფალოსიანი ფიალა, ოქროს ფარაკიანი ბეჭედი აფროდიტეს და ეროტის გამოსახულებით, შავლაკიანი სამარილე, ბოვდუონის მხატვრის წითელფიგურული ლეკითოსი და სხვ. (კახიძე, 1975: 75, ტაბ. XXVII/2).

განსხვავებულ ვარიანტს ქმნის 53-ე სამარხში აღმოჩენილი მთლიანად დაცული კონუსისებრტანიანი თაზოსური ამფორა. პირი სამკუთხაგანივკვეთიანი, ყელი ცილინდრული, მხრები შედარებით სწორი, ოდნავ დაქანებული, საყრდენი არე ამობურცული, ცენტრში აქვს ფოსო. ყური ოვალურგანივკვეთიანი, ბოლოში ღრმა თითისებრი ანაბეჭდებით. კეცი მოყავისფრო-მოყვითალო, მინარევებიანი (ქარსი, ყავისფერი და თეთრი კირქვის ნატეხები, სურ. 82/1).

კონუსისებრი ტანი არც თუ ისე მკვეთრადაა გამოხატული მე-6 სამარხში აღმოჩენილ მეორე თაზოსურ ამფორაზე. აქვს მაღალი, ბოლოში მკვეთრად გაფართოებული ღრმა ფოსოიანი ძირი, ტანი მომაღლო, კონუსისებრი, მომრგვალებული მხრების არეში მკვეთრად გაფართოებული, ყელი სწორი; მასზე მახვილი იარაღით წყვილი ღარია შემოვლებული (სურ. 33/1, 34/1; იხ. კახიძე, 1975: 74-75, ტაბ. XXXVII/1).

ამავე სახეობაში ერთიანდება 26-ე სამარხში აღმოჩენილი ამფორა (ქ-ფ-73/355). აქვს სამკუთხაგანივკვეთიანი პირი, მაღალი, ცილინდრული ყელი, მხრები ოდნავ მომრგვალებული. ტანი კონუსისებური, ძირი დაბალი, ბოლოში გაფართოებული, საყრდენი არე ამობურცული, ცენტრში აქვს ფართო და ღრმა ფოსო. ყურები ოვალურგანივკვეთიანი, ბოლოებზე თითისებრი ანაბეჭდით. კეცი მოყავისფრო-მოყვითალო მინარევებიანი. ყელზე, ყურის ზედა ბოლოს გასწვრივ,

66

ღარი მიუყვება. ერთ მხარეს ღარი შემოუყვება მხრის დასაწყისთანაც (სურ. 65/3).

ცალკე ჯგუფს ქმნიან სფერულტანიანი ამფორები. ასეთია 50-ე სამარხის ამფორა (ქ-ფ-79/15). მთლიანად დაცული. პირი უფრო ოთხკუთხაგანივკვეთიანი, ზედა კალთა მომრგვალებული, ყელი ცილინდრული, დაბალი, ტანი სფეროსებური, ძირი დაბალი, ცილინდრული, ბოლოსკენ ოდნავ გაფართოებული, ფოსოიანი, ყურები ოვალურგანივკვეთიანი, ბოლოებზე თითისებრანაბეჭდებიანი. პირთან ახლოს გარს უვლის ღარი. მხრის დასასრულსა და ყელის დასაწყისში დატანილია მოზრდილი გრაფიტო – Y და E-გან შემდგარი ლიგატურა. კეცი მოყავისფრო-მოყვითალო, მინარევებით. სიმაღლე 59 სმ, პირის დიამ. 12 სმ, ყელის 9 სმ, ტანის 34,5 სმ, ძირის 5,5 სმ, ფოსოს 2, ყელის 4,5 სმ. (სურ. 76/9). გრაფიტოიანია (N) 109-ე სამარხის თაზოსური ამფორაც (ქ-ფ-85/94).

ამავე სახეობაში ერთიანდება 51-ე სამარხის თაზოსური ამფორაც (ქ-ფ-79/20). პირისა და ყელის ნაწილი აკლია. პირი ოდნავ გარეთკენ გაწეული. სამკუთხაგანივკვეთიანი, ელიფსისებრი შემოწერილობის, ყელი დაბალი, ცილინდრისებური, ტანი სფეროსებური, ძირი შედარებით დაბალი, ცილინდრული, ბოლოსკენ გაფართოებული, მკვეთრად პროფილირებულ ამობურცულ ზედაპირზე გაკეთებულია ფართო, თითქოს ორსაფეხურიანი ფოსო, ყურები თითქმის ბრტყელგანივკვეთიანი. ბოლოზე აქვთ თითისებრი ანაბეჭდი. ყელზე შემოუყვება ჰორიზონტალური ღარი. კეცი ღია მოყავისფრო-მოყვითალო, შერეულია თეთრი კირქვისა და ქარსის ნატეხები. სიმაღლე 57 სმ, პირის დიამ. 9,5 სმ, ყელის 8,5 სმ, ტანის 32,5 სმ, ძირის 4 სმ, ქუსლის 6 სმ, ფოსოს 3 სმ.

აქვე განვიხილავთ მინიატურულ თაზოსურ ამფორას (ქ-ფ-80/34). მასში გამოძევებული ჩანასახი იყო ჩასვენებული. აქვს ფოსოიანი თაზოსური ამფორების მსგავსი ძირი, კვერცხისებური ტანი, მომაღლო ყელი, მკვეთრად გამოყოფილი თაზოსური ლეკითოსების მსგავსი პირი, ყური ოვალურგანივკვეთიანი, კეცი ღია მოყვითალო, ქარსიანი, წვრილმარცვლოვანი. სიმაღლე 38,5 სმ, პირის დიამ. 6 სმ, ყელის 4,5 სმ, ტანის 14,5 სმ, ძირის 5,5 სმ, ფოსოს 2 სმ, ყურის 2,2 სმ. თოთო ბავშვის ჩასასვენებლად ამოჭრილი ხვრელის ზომებია 8,5X7 სმ. მხარზე გრაფიტოცაა (სურ. 83/7, 87/1).

თაზოსის წრისა თუ თვით თაზოსური ამფორები არაერთგზისაა აღმოჩენილი სხვა სამარხებსა თუ სარიტაულო მოედნებზე. ხშირად ჩნდება ნაქალაქარის კლასიკური ხანის კულტურულ ფენებშიაც. ასე რომ, თაზოსის პროდუქციას ფიჭვნარის ადრეულ კერამიკულ ტარაში ერთ-ერთი წამყვანი ადგილი უკავია. აღიარებულია, რომ ჩრდილო შავიზღვისპირეთის ქალაქსახელმწიფოებთან თაზოსის პროდუქციით ვაჭრობისას შუამავლის როლში საბერძნეთის მატერიკული ცენტრი ათენი გამოდიოდა (Граков, 1954: № 538). ასევე ჩანს აღმოსავლეთ შავიზღვისპირეთის და განსაკუთრებით ფიჭვნარის მაგალითზე (ინაძე, 1962).

თაზოსის წრისა თუ თვით თაზოსის პროდუქცია აღმოჩენილია დასავლეთ საქართველოს მრავალ პუნქტში. ესენია: ბათუმისციხე, კოხი (კახიძე, $1971_ь$: 49), გურიანთა (ვაშაკიძე, 1971: 19, ტაბ. III/8), ფასისის მიდამოები, ოჩამჩირეს ანტიკური ხანის ნამოსახლარი (ლორთქიფანიძე ოთ., 1966: 8), სოხუმი და მისი მიდამოები (Трапш, 1955: 221, 223; კალანდაძე, 1955: 39), ვანი, დაფნარი (ფუთურიძე, 1983: 10), დაბლაგომი, ჭოგნარი (ლორთქიფანიძე ოთ., 1966: 8) და ა.შ.

ბუნებრივია, თაზოსური ამფორები გვხვდება ძვ.წ. IV ს ფიჭვნარის სამარხეულ

ფიჭვნარი II

კომპლექსებშიაც (ამაზე სხვა დროს).

ადრეულ მონაპოვარში ჯერჯერობით ერთადერთი ცალითაა წარმოდგენილი ქალკიდიკის ცნობილი ცენტრის მენდეს ამფორა (სამარხი 20 – ქ–ფ–68/271). მათი რიცხვი საგრძნობია ფიჭვნარის ძვ.წ. IV ს ბერძნული ნეკროპოლისა და განსაკუთრებით კი ძვ.წ. IV-III სს ნაქალაქარის კულტურულ ფენებში გამოვლენილი მასალის მიხედვით. მოკლედ ვისაუბრებთ ადრეული ამფორის შესახებ. აღდგენილი. აქვს სწორი კალთების მქონე მკვეთრად გარეთკენ გაფართოებული ძირი, ქუსლზე - ტალღისებურად დაღრმავებული ზოლი და ღრმა მომრგვალებული ფოსო. მეტად ფართო, შედარებით დაბალი ტანი და მომრგვალებული მხრები; დაბალი, სწორი ყელი ბოლოვდება სამკუთხაგანივკვეთიანი პირით. ყურები ოვალურგანივკვეთიანი. კეცი მოყვითალო-მონაცრისფრო. ურევია თეთრად და ოქროსფრად მბზინავი ქარსი (სურ. 59/3, 60/1)

ფიჭვნარის ამ მონაპოვრისადმი მეცნიერული ინტერესი დიდია. იგი პირველად აღმოჩნდა არა მარტო ჩვენში, არამედ საერთოდ დიდ იშვიათობას წარმოადგენს შავიზღვისპირეთისათვის. ჯერჯერობით ჩვენ შეგვიძლია დავასახელოთ ელიზავეტსკის ნაქალაქარი, სადაც აღმოჩენილია ფიჭვნარის მსგავსი ამფორები (გორასამარხი 27, სამარხი 3, 1966 წ. გათხრები. გორასამარხი 28, სამარხი 2 და გორასამარხი 30, სამარხი 1, 1967 წ. – იხ. Брашинский, 1970: 1, 13; 1976: 68; 1984: 35-37). განსვენებული მეცნიერი ი.ბრაშინსკი გამოყოფს ორ ტიპს და მიუთითებს, რომ ადრე შავიზღვისპირეთში მენდეს ამფორის მთლიანი ცალები არ იყო ცნობილი. პირველი ტიპის ამფორები არც თუ ისე მაღალია (54 სმ). აქვთ სფეროსებურად გამობერილი ტანი (დიამ. 38, 5 სმ), ყელი დაბალი, ძირი ქვემოთკენ გაფართოებული, ფოსოიანი.

მეორე ტიპის ამფორების მხრები კიდევ უფრო ფართოა, ტანი მომაღლო (66 სმ, მუცლის დიამ. 44 სმ), ქვედა ნაწილი კონუსისებური მოყვანილობისაა, ძირი უფრო გრძელი, მაგრამ საერთო პროპორციებითა და მოცულობით პირველი ტიპის ამფორებისაგან ისინი არ განსხვავდებიან. ჩვენი ამფორა ფორმის მიხედვით უფრო ახლოს დგას ელიზავეტსკის II ტიპის ამფორასთან. ი.ბრაშინსკი I ტიპის ამფორებს ძვ.წ. V ს მე-3 მეოთხედით ათარიღებს, ხოლო II ტიპისას კი ძვ.წ. V ს ბოლო მეოთხედით (Брашинский, 1970: 12-13). მენდეს ადრეული ამფორა ცნობილია სოფ.სტებლევიდან. მოპოვებულია აგრეთვე ოლბიის მიწურიდან და ბოტროსიდან. ესენი ძვ.წ. V ს 40-30-იანი წლებითაა დათარიღებული (Монахов, 1999: 120, рис. 38/2). უფრო მოგვიანონი ჩანან ნიმფეის საწყობში აღმოჩენილი ნიმუშები (Монахов, 1999: 128, рис. 41/1-2). გვხვდება ცალკეული ნატეხების სახითაც (Абрамов, 1993: 13,34). ბუნებრივია, უფრო მეტია ხმელთაშუა-ზღვისპირეთის ქვეყნებში, განსაკუთრებით ქალკიდიკასა და მის მოსაზღვრე რაიონებში (Grace, 1949: 178, 182, 186, pl. 20.1; Corbett, 1949: 337 და სხვ.). ძვ.წ. V ს ბოლოს შედარებით იშვიათად, მაგრამ მაინც, ცნობილია დამღიანი ამფორებიც. დამღად გამოყენებულია მენდეს მონეტის ტიპი: დიონისე სახედარზე. დამღა ყურზეა დატანილი (Papadopoulos, Paspalas, 1999: 162).

ი.ბრაშინსკი მიუთითებს, რომ ელიზავეტსკის ამფორები ფორმის მიხედვით არ ემსგავსებიან ი.ზეესტის მიერ გამოყოფილ მენდეს ამფორებს, რომლებიც ძვ.წ. V ს დათარიღებული (Зеест,1960: 88, таб. X/23). თუმცა, არ გამორიცხავს საერთო ნიშანს და თვლის, რომ ი.ზეესტის მიერ გამოქვეყნებული გრაფიტოიანი („MENDE") ამფორა ან გვიანდელია, ან კიდევ ეს ცენტრი ერთდროულად აწარმოებდა სხვადასხვა ტიპის ამფორებს.

ძვ.წ. V ს ბერძნული ნეკროპოლის გათხრები (1967-1987 წწ)

ი.ბრაშინსკის აზრით, მენდეს ადრეული ამფორები როგორც ფორმის, ასევე თიხის შედგენილობით ემსგავსებიან ძვ.წ. IV ს და III ს დამდეგის ე.წ. კათხისებურძირიან ამფორებს. ამ უკანასკნელთ თვლის მენდეს ადრეული ამფორების განვითარებულ ტიპად. მართლაც, თიხის მიხედვით სიახლოვე მეტად დიდია.

ამრიგად, ფიჭვნარის აღმოჩენების მიხედვით ნათლად ჩანს, რომ საკმაოდ ადრეული საფეხურებიდან იწყება ქალკიდიკის ერთობ ცნობილი და ძვირად ღირებული ღვინის იმპორტირება აღმოსავლეთ შავიზღვისპირეთში. მენდეს ღვინის იმპორტი გრძელდება მომდევნო ეპოქებშიაც, რაზეც მიუთითებენ უფრო მოგვიანო პერიოდის წერილობითი თუ ეპიგრაფიკული ძეგლები (Брашинский, 1962: 45 და შმდ.). ამასვე ადასტურებს ე.წ. კათხისებურძირიანი ამფორების უკვე მასობრივი აღმოჩენები.

და ბოლოს, ფიჭვნარის ძვ.წ. V ს მეორე ნახევრის სამარხეულ კომპლექსებსა თუ საალაპო მოედნებზე ნაპოვნია ასევე განუსაზღვრელი ცენტრის ყელგამობერილი ამფორებიც. ერთ-ერთი მათგანი წარმოდგენილი იყო 31-ე სამარხში (ქ-ფ-73/373). აქვს სამკუთხაგანივკვეთიანი პირი, ზედა ნაწილში გამობერილი მომაღლო ყელი, თანაბრად დაქანებული მხრები, პატარა კვერცხისებურად მომრგვალებული ტანი, მაღალი ტანისაკენ ოდნავ გაფართოებული ცილინდრისებურფოსოიანი ძირი (ფოსო დაუდევრადაა გაკეთებული), ოვალური მოყვანილობის ყურები. კეცი მოყავისფრო-მოყვითალო, მინარევიანი შავი და თეთრი ნატეხებისა და მბზინავი ქარსის სახით. მხრის არეში შეინიშნება მოზრდილი გრაფიტო M. ტანის დასაწყისთან შემოუყვება სამი ჰორიზონტალური ღარი. სიმაღლე 58,7 სმ, პირის დიამ. 9,6 სმ, ყელის - 9,5 სმ, მხრის - 26 სმ, ძირის სიმაღლე 10 სმ, დიამ. - 4,4 სმ, ტევადობა დაახლოებით 8,5 ლიტრი.

ასეთივე ამფორა აღმოჩნდა 36-ე სამარხის თავზე, თვით სამარხში წარმოდგენილი იყო წითელფიგურული ჰიდრია, არიბალისებური ლეკითოსი და შავლაკიანი ბოლსალი. ამფორა აღდგენილია (ქ-ფ-77/381,385). ამასაც აქვს სამკუთხანივკვეთიანი პირი, ზედა ნაწილში გამობერილი ყელი, შედარებით სწორი მხრები, მომრგვალებული ტანი და ბოლოსთან ოდნავ გაფართოებული ცილინდრისებური ძირი, ცენტრში მკვეთრად გამოსახული ფოსო, ყური ოვალურგანივკვეთიანი, კეცი მოყავისფრო, შიდა ზედაპირზე იასამნისფერი ანარეკლით (სურ. 70/3). ასეთივე ამფორა მე-80 სამარხშიც იყო წარმოდგენილი (სურ. 83/14).

მსგავსი ამფორები საქართველოში პირველად აღმოჩნდა. ანალოგები ჩრდილო შავიზღვისპირეთის მასალებს შორის ეძებნება. ასეთია მირმეკიონში 1938 წელს ძვ.წ. V ს მეორე მეოთხედის შავფიგურულ ლეკითოსს, თაზოსურ ამფორას, რკინის დანასა და სატევართან ერთად აღმოჩენილი ნიმუში (Гайдукевич, 1952$_{\text{ь}}$: 214-216, рис. 142). ყელზე დაცულია ასო A, მის ქვემოთ თხევადი წითელი საღებავის ზოლია შემოვლებული. ძირის კონუსისებური ფოსოს მიხედვით ამფორების ცნობილი სპეციალისტი ი.ზეესტი ჰერაკლეური ამფორების პროფილირებას უახლოებს (Зеест,1960: 90, таб. XIII/27). ფიჭვნარის მონაპოვრის უფრო ზუსტი ანალოგიაა ტამანზე 1940 წელს აღმოჩენილი ამფორა (Зеест,1960: 90, таб. XIII/27^{b}). ქერჩის ამ ტიპის ამფორების ერთ-ერთი ვარიანტი მოსკოვის ისტორიულ მუზეუმშია დაცული (Зеест, 1960: 90). ცნობილია სხვა მონაპოვრების მიხედვითაც. ესენია: კერკენიტიდა, ნოვოვასილევკის მე-9 ყორღანი, ოლბიის ნეკროპოლი და ა.შ. (Монахов, 1999: 88, ტაბ. 23/3).

ჰერაკლეურებთან სიახლოვე შეინიშნება გარკვეულად ტანისა და კეცის მიხედვითაც,

69

მაგრამ მაინც, ამ სახის ამფორების ლოკალიზაციის საკითხი ჯერ კიდევ არ შეიძლება ჩაითვალოს საბოლოოდ გადაწყვეტილად.

ასეთია წლების განმავლობაში ფიჭვნარის ძვ.წ. V ს ბერძნულ ნეკროპოლზე საველე არქეოლოგიური კვლევა-ძიებისას გამოვლენილი მასალის ერთი რიგი. ჩვენს ხელთ არსებული მონაცემებისა და სხვა მონაპოვრების გათვალისწინებით აშკარა ხდებოდა, რომ ძველ კოლხეთსა და ანტიკურ სამყაროს შორის სისტემატიურ სავაჭრო-ეკონომიკურ თუ კულტურულ ურთიერთობებს საფუძველი ეყრება არქაული ხანიდან. ამ დროისათვის წარმოდგენილია ძირითადად ეგეოსური სამყაროს ნაწარმი. ჩვენ დასაშვებად ვთვლით კ.ქიოსსა და კოლხეთს შორის უშუალო, პირდაპირი ურთიერთობების არსებობასაც. ეს კავშირი უწყვეტი ჩანს ძვ.წ. VII საუკუნიდან ძვ.წ. III საუკუნემდე. ამ ურთიერთობებში, განსაკუთრებით ადრეული ეტაპისათვის, მნიშვნელოვანი ადგილი უნდა სჭეროდა კ.ქიოსა და კ.ლესბოსს.

ათენის ჰეგემონობამ საერთაშორისო ბაზარზე, როგორც ჩანს, ასახვა ჩვენს მასალებშიაც პოვა. ათენის საშუამავლო ვაჭრობის გზით უნდა იყოს შემოზიდული კოლხეთში ძვ.წ. V ს დამდეგიდან პროტოთაზოსური, თაზოსის წრეში შემავალი და თვით თაზოსური ადრეული ამფორები.

სიახლეა ჩვენს მონაპოვრებში ძვ.წ. V ს მეორე ნახევრისათვის ჩრდილო ეგეიდის, ქალკიდიკის ცნობილი ცენტრის მენდეს ამფორების გამოჩენა. როგორც ითქვა, მენდეს საუკეთესო ხარისხის ღვინის იმპორტი კიდევ უფრო იზრდება ძვ.წ. IV საუკუნესა და III საუკუნის დამდეგისათვის.

საინტერესოა ძვ.წ. V ს მეორე ნახევრის პატარა ზომის ყელგამობერილი ამფორების ლოკალიზაცია. არაა გამორიცხული, რომ მათი წარმოება სამხრეთ შავიზღვისპირეთს, კერძოდ, ჰერაკლეას დაუკავშირდეს. თუ ეს ასეა, მაშინ გამოდის, რომ ამდროიდან ღვინისა თუ ზეითუნის ზეთის ექსპორტი პონტოსპირეთიდანაც იწყება. როგორც ქვემოთაც ვნახავთ, გვაქვს ამდროინდელი სინოპური მონეტები.

ასეთივე კანონზომიერება იკვეთება სხვა სახის ნივთიერი კულტურის ძეგლების მიხედვითაც. განსაკუთრებით საინტერესო ჩანს ატიკური მოხატული, ორნამენტირებული თუ სადა შავლაკიანი კერამიკა.

შენიშვნები:

[1] ასეთივე ნიშნებს ვხვდებით სხვა ცენტრების ამფორათა ყურებზეც. მაგალითად, კათხისებრძირიანებზე (ე.წ. მენდეს) და სოლოხაში აღმოჩენილ ამფორებზე (**Манцевич, 1947: 4, рис. 4**).

[2] ისტ.მეცნ.კანდ. მ.ხალვაშთან ერთად მოვამზადეთ სპეციალურ ნაშრომი, სადაც ფიჭვნარის მონაპოვრებს გარკვეული კორექტივები შეაქვს ქიოსური ამფორების დათარიღებასთან დაკავშირებით. (იხ. კახიძე, ხალვაში, 2005; ხალვაში, 2005; **Kakhidze, Khalvashi, 2006**).

[3] ამ სახის „თაზოსის წრის“ ამფორების შესახებ იხ. (**Зеест, 1960: 82, таб. VII/18; Гайдукевич, 1952: 215, рис. 14**).

ატიკური მოხატული კერამიკა

ფიჭვნარში აღმოჩენილ მოხატულ ვაზებს დიდი მნიშვნელობა აქვს ძველი საბერძნეთის ისტორიის, ხელოვნებისა და მითოლოგიის შესწავლისათვის. მათი სპეციალური კვლევა ისტ.მეცნ.კანდ. თ.სიხარულიძემ განახორციელა. ავტორმა ყურადღება გაამახვილა ბერძნული კერამიკის შესწავლის ეტაპებზე, ატიკური მოხატული ვაზების წარმოების ტექნოლოგიაზე, განვითარების საფეხურებზე, ფორმებზე და ა.შ. ფაქტობრივად, ჩვენს მეცნიერებაში ახალი დისციპლინის დამკვიდრებაში პირველი ნაბიჯები მის მიერვე იქნა გადადგმული (იხ. სიხარულიძე, 1984; 1985; 1987; 1988; 1991; 1992). ჩვენი ნაშრომის ეს მონაკვეთი სწორედ თ.სიხარულიძის კვლევა-ძიების შედეგების მიხედვითაა დაწერილი; ზოგიერთი მათგანის შესწავლის ცდა ჩვენც გვეკუთვნის.

სანამ ფიჭვნარში აღმოჩენილი მოხატული ატიკური კერამიკის საერთო დახასიათებას დავიწყებდეთ, მოკლედ შევჩერდებით ბერძნული ვაზათმომხატველობის ძირითად საფეხურებზე, ვფიქრობთ, ამით კიდევ უფრო ნათელი გახდება, რომ ფიჭვნარში აღმოჩენილი მოხატული კერამიკით მნიშვნელოვნად გამდიდრდა საკაცობრიო კულტურის საგანძური.

ხელოვნების სხვა დარგების მსგავსად ბერძნულმა ვაზათმომხატველობამ განვითარებისა და სრულყოფის მეტად რთული და ხანგრძლივი გზა განვლო. მისი ფესვები ეგეოსური ცივილიზაციიდან, ე.წ. შუა მინოსური ეპოქიდან, დაახლოებით ძვ.წ. 1800 წლიდან იწყება (კრეტა-მიკენის კულტურის აყვავების ხანა). სწორედ ამ დროისათვის ჩნდებიან ე.წ. კამარისის სტილის პოლიქრომიული მოხატული ვაზები. ძვ.წ. XIII საუკუნიდან დორიელთა შემოსევების შემდგომ კრეტა-მიკენის ცივილიზაცია შეცვალა ახალგაზრდა ელინურმა კულტურამ. პირველ ხანებში გავრცელება პოვა პროტოგეომეტრიული სტილის მონოქრომიულმა (ნარინჯისფერი, ყავისფერი, შავად ელვარე) ჭურჭელმა. მათი წარმოების ცენტრები იყო არგოლიდა, პელეპონესი, ატიკა, ბეოტია, კორინთო, პილოსი, როდოსი, კოსი და ა.შ. ძვ.წ X საუკუნიდან წამყვანი ადგილი დაიკავეს ე.წ. გეომეტრიული სტილის ვაზებმა. ვაზათმომხატველობის ამ სტილმა განვითარების უმაღლეს საფეხურს ძვ.წ. IX და განსაკუთრებით VIII ს პირველ ნახევარში მიაღწია. გაჩნდა დიდი ზომის შესანიშნავი ჭურჭელი, რომლის სიმაღლე ზოგჯერ 1,75 მ უდრიდა. ესენია ე.წ. დიპილონის ვაზები, ამფორები და კრატერები, ვხვდებით, აგრეთვე, დოქებს, ოინოხოიებს, კილიკებს, სკიფოსებს, პიქსიდებს და ა.შ. მათ შესამკობად გამოყენებული გეომეტრიული ორნამენტი თუ ფიგურული კომპოზიციები რაიმე სიუჟეტური შინაარსის მატარებელნი არ არიან. ფიგურები განლაგებულნი იყვნენ ერთიმეორის მიყოლებით, სიბრტყეში ფრიზისებურად. მთელი ზედაპირი დაფარული იყო გადაბმული მეანდრის, სწორი ზოლების, წრეების, ტალღისებური ხაზების, რომბების, წრეში ჩაწერილი წერტილების. სამკუთხედების, ზიგზაგების, ჭადრაკისებური დაფისა თუ ორმაგი ხერხის კბილებისაგან შედგენილი ორნამენტული მოტივებით. მითოლოგიური სცენები, ცხოველები (ცხენი, ირემი, თხა, ტახი, ლომი, გველი, თევზი, ჩიტი, გედი) და ადამიანები იშვიათადაა გამოსახული. გეომეტრიული სტილის

ᲤᲘᲥᲕᲜᲐᲠᲘ II

მხატვრობა ასახავდა იმდროინდელი საზოგადოების სულიერ მოთხოვნებს. არაა გამორიცხული, რომ გეომეტრიულ მოტივებს მაგიურ-კოსმოგონიური დანიშნულება ჰქონოდა. ამ სტილის ხელოვნებისათვის დამახასიათებელი ჩანს სიმბოლურობა, აბსტრაქტულობა. ათენის გარდა, გეომეტრიული სტილის ვაზები გავრცელებული ჩანს არგოსში, სპარტაში, მელოსში, ბეოტიაში, კორინთოში, ლაკონიაში, ითაკაზე, კრეტასა და კვიპროსზე,

დიდი ბერძნული კოლონიზაციის დაწყებამ, აღმოსავლეთის ქვეყნებთან კონტაქტების დამყარებამ ხელი შეუწყო ძვ.წ. VIII ს მეორე ნახევრიდან ვაზათმომხატველობის ე.წ. "აღმოსავლური", "ორიენტალისტური", "ხალიჩისებური", იგივე "ორხოვისებური" სტილის წარმოშობას. გეომეტრიულს ცვლის აღმოსავლური ხელოვნებისათვის დამახასიათებელი სტილიზებული მცენარეული მოტივები: ვარდული, ლოტოსის ყვავილი, ვოლუტები, პალმეტები და ა.შ. თანდათანობით კომპოზიციაში წამყვან ადგილს იკავებენ ფიგურათა გამოსახულებანი - ადამიანთა სახეები, ცხოველები (ლომი, ხარი, ტახი, გარეული თხა, ირემი, ძაღლი, კურდღელი, არწივი, მამალი) და ფანტასტიკური არსებანი. აღმოსავლეთ საბერძნეთის ვაზათმომხატველობაში გავრცელებული იყო "გარეული თხის სტილი". მხატვრობაც პოლიქრომიული გახდა. ჩანს კავშირი მონუმენტური ხელოვნების სხვა დარგებთან. ამ სტილის ვაზების დამზადების ცენტრებია კრეტა, როდოსი, სამოსი, ქიოსი, არგოსი, კორინთო, ბეოტია, ლაკონია, ერეტრია, ნავკრატისი და ა.შ. ატიკაში მხატვრობის ეს სტილი სუსტად ჩანს განვითარებული. სამაგიეროდ საერთო აღიარება პოვეს ატიკურმა შავფიგურულმა ვაზებმა. შავფიგურული სტილის ვაზათმომხატველობა წარმოიშვა კორინთოში ძვ.წ. VII ს ბოლოსა და VI ს დამდეგისათვის. შავფიგურული ტექნიკა გულისხმობს ჭურჭლის თიხისფერ ზედაპირზე შავი ფერის ლაკით სილუეტური გამოსახულების მოხატვას ცალკეული დეტალების ამოკაწვრით და, აგრეთვე, ზოგჯერ სხვა ფერების დამატებით. ათენის ოსტატებმა, რომელთა კულმინაციურ მიღწევას შავფიგურულ სტილში ექსეკიაზის ნამუშევრები წარმოადგეს, შავფიგურული სტილის მხატვრობა განვითარების უმაღლეს საფეხურზე აიყვანეს (სიხარულიძე, 1992: 65). შავფიგურიან სტილს მეორენაირად სილუეტებიან მხატვრობასაც უწოდებენ, რადგანაც ცალკეული გამოსახულებანი შესრულებულია სილუეტების სახით, რომლებიც შემდგომ გამდიდრებულია სხვა გრაფიკული და ფერწერითი საშუალებებით. ადრინდელი დეკორაციული მანერა იცვლება გამომსახველობითი სტილით. ფიგურას უკვე უკავია ცენტრალური ადგილი; დანარჩენი ზედაპირი დატოვებულია ან თიხისავე, ან კიდევ - მთავარ გამოსახულებას მოაქცევენ ოთხკუთხედში, დანარჩენ ზედაპირს კი მთლიანად ფარავენ შავი ლაკით.

შავფიგურიანი სტილის კომპოზიციური მხატვრობა მრავალფიგურიანია. მოყალმეთა შემოქმედების მასაზრდოებელ წყაროს წარმოადგენდა ბერძნული მითოლოგიური და საგმირო ეპოსი. გამოსახავენ ოლიმპიელ ღმერთებს (განსაკუთრებით დიონისეს თანმხლები ამალით, ჰერაკლეს გმირობის ციკლს, ტროას ომს და ა.შ.). ყოველდღიური ცხოვრების ამსახველი სცენები იშვიათია. გვხვდება უფრო წყლის ჭურჭელზე. ფანტასტიკურ არსებათა და ცხოველთა გამოსახულებებს მეორეხარისხოვანი მნიშვნელობა აქვთ.

შავფიგურიანი სილუეტებიანი მხატვრობის დროს გამოსახულება სიბრტყისებურია, ზედაპირზე ადამიანი ჩრდილისებურად გართხმულადაა გამოსახული, ამიტომაც მოხატულობა სრულ ჰარმონიაშია ჭურჭლის ფორმასთან, ე.ი. სივრცის გაგება ჯერ კიდევ ვაზათმომხატველებისათვის მიუწვდომელია. მიმართავენ ბევრ პირობითობას. მაგალითად, ძვ.წ. VII ს ბოლოდან ფიგურათა სახეები და კიდურები გადმოცემულია თეთრი საღებავით: თვალები ნაჩვენებია ფასში, მამაკაცებისა

- ოვალურ-წრისებრი მოყვანილობის, ცენტრში წერტილით; ქალებისა კი – წაგრძელებული, ნუშისებური. კომპოზიციაში პერსონაჟები მოხატულია სახით პროფილში, მხრები - ფასში, წელს ქვემოთ - კვლავ პროფილში. მუსკულატურა, ტანსაცმელი პირობითაა ნაჩვენები. ორნამენტს, პეიზაჟს, წარწერებს კვლავაც მნიშვნელოვანი ადგილი უკავიათ, ნაირნაირად ამკობენ ფარებს.

ძვ.წ. VI საუკუნისათვის ატიკური შავფიგურული ვაზები თანდათანობით მსოფლიო ბაზარს იკავებენ. იყო სხვა ცენტრებიც - კორინთო, ქალქიდიკა და სხვ.

შავფიგურული ვაზათმომხატველობა არსებობას განაგრძობს მხატვრობის ახალი წითელ-ფიგურული სტილის პარალელურად ძვ.წ. V საუკუნეშიაც. ძვ.წ. V ს მეორე მეოთხედიდან კი წითელფიგურული სტილი გაბატონდა.

წითელფიგურული მხატვრობა VI ს ბოლო მესამედიდან ისახება. შერეული სტილით მომუშავე მხატვრები ნერგავენ რეალურ ტენდენციებს. შეინიშნება სწრაფვა კომპოზიციის სივრცეში, მოცულობითი გამოსახვისაკენ, რაც შესაძლებელი გახდა წითელფიგურული მხატვრობის გარკვეულ საფეხურზე. ამ ტექნიკით ნახატის მონახაზი სრულდებოდა ჭურჭლის თიხისავე ზედაპირზე. შემდგომ კი ფონი იფარებოდა შავი ლაკით. ფიგურის გადმოსაცემად გამოყენებული იყო ჭურჭლის მოწითალო-მოყვითალო ფონი; კონტურებისა და ცალკეული დეტალების მოხატვა კალმით, სქელი შავი ლაკის რელიეფური ხაზებით ხდებოდა, მეორეხარისხოვანი დეტალების კი – ყავისფრად განზავებული ლაკით.

წითელფიგურიანმა ვაზათმომხატველობამ განვლო განვითარებისა და სრულყოფის რთული გზა. გამოყოფენ სხვადასხვა ქვეპერიოდს: ადრეული (ძვ.წ. 530-500 წწ), გვიანარქაული (500-480 წწ), ადრეკლასიკური (480-450 წწ), კლასიკური (450-425 წწ), გვიანკლასიკური (425-400 წწ) და ძვ.წ. IV ს. ამ ქვეპერიოდებისათვის დამახასიათებელი ჩანს წითელფიგურული მხატვრობის ე.წ. მკაცრი, თავისუფალი, ფუფუნებითი, მდიდრული (კაზმული) და ე.წ. ხელგაკრული სტილი. ათენში წითელფიგურულმა მხატვრობამ დაახლოებით ძვ.წ. 320 წლისათვის დაასრულა თავისი არსებობა. მოკლედ შევჩერდებით წითელფიგურული მხატვრობის ცალკეული ქვეპერიოდის შესახებ.

წითელფიგურული მხატვრობის ადრეული ე.წ. მკაცრი სტილი თემატურად ახლოს დგას შავფიგურულთან. წამყვანი ადგილი მითოლოგიურ სცენებს უკავიათ. ხშირად არიან გამოსახული ჰერაკლე და თეზევსი, პოპულარობით სარგებლობს ტროას ომთან დაკავშირებულ თქმულებათა ციკლისა და არგონავტების ლაშქრობის ამსახველი სცენები. საკმაოდ ხშირად ვხვდებით უბრალო მოკვდავთაც, უფრო მეტად - სიმპოსიუმებისა თუ ათლეტების ცხოვრების ამსახველ სიუჟეტებს. შედარებით ნაკლები ყურადღება ექცევა ცხოველებისა და პეიზაჟის გადმოცემას.

მკაცრი სტილის მხატვრებისათვის დამახასიათებელია ფიგურების კვლავაც სიბრტყეში სტილიზებული გამოსახვა. სივრცის გაგებას ვერ ვხედავთ. თავი ნაჩვენებია პროფილში, მხრები და გულმკერდის ზედა ნაწილი – ფასში. ტანი წელს ქვემოთ და ფეხები - პროფილში. მოძრაობები ატარებენ მკვეთრ ხასიათს, გაურბიან რაკურსებს. შიშველ ტანზე მუსკულები არაა გამოკვეთილი. ხელებისა და მუხლების მოძრაობა და ჟესტი კუთხოვანია - ე.წ. კუთხოვანი ჟესტიკულაცია. ნუშისებური ფორმის თვალები პირობითადაა გამოსახული, ხატავენ ყოველთვის ფასში. თვალის გუგა ნაჩვენებია ცენტრში შავი ლაკის წერტილის სახით. მკაცრი სტილის უფრო განვითარებული საფეხურისათვის გუგა თვალის შიდა კუთხისკენაა აღნიშნული. ამ სტილის ბოლო საფეხურისათვის (დაახლოებით ძვ.წ. V ს 70-იანი წლები) თვალის კონტურები აღარაა ნუშისებური მოყვანილობის. შიდა კუთხე გაწყვეტილია, თვალის გუგა კიდევ უფრო

გადანაცვლებულია შიდა კუთხისაკენ. წამწამები იშვიათადაა აღნიშნული, ისიც დიდი ზომის თვალებზე. ასეთ შემთხვევაში თვალის გუგაც აღინიშნება შავი ლაკის რგოლით, რომლის ცენტრში წერტილია გამოსახული. ტანსაცმლის ბოლო მერცხლის კუდის მოყვანილობისაა.

ძვ.წ. V ს მეორე მეოთხედიდან უდიდესი გარდატეხა ხდება ელინურ ხელოვნებაში. მკაცრი სტილის არქაული ხელოვნების გადმონაშთებით შეზღუდული, პირობითი, სიბრტყისებური მხატვრობის ნაცვლად თანდათანობით ინერგება უფრო განვითარებული, ე.წ. თავისუფალი სტილის ვაზათმომხატველობა, რომელიც განვითარების უმაღლეს საფეხურს ამ საუკუნის შუა ხანებისა და მესამე მეოთხედისათვის აღწევს. ვაზათმომხატველობაში ახალი სტილის დანერგვას მნიშვნელოვანი ბიძგი მისცა მონუმენტურმა კედლის მხატვრობამ, რომლის ბრწყინვალე წარმომადგენელი იყო პოლიგნოტი (მასზე ქვემოთ ვისაუბრებთ ფიჭვნარის წითელფიგურულ კრატერთან დაკავშირებით). სიახლე ბერძნულ კლასიკაში აღინიშნა იმით, რომ ახლა მრავალფიგურიან კომპოზიციებში ფიგურები გადმოიცემიან პლასტიკურად, ატარებენ მოცულობით ხასიათს. მხატვრები ახერხებენ თავის ტილოზე უჩვენონ სიღრმე, შემოდის სივრცის გაგება. როგორც ითქვა, მკაცრი სტილის მხატვრობის დროს სიბრტყისებური ნახატი ამკობდა ვაზას, შეხამებული იყო ჭურჭლის ფორმასთან.

თავისუფალი სტილის ვაზათმომხატველობას, მსგავსად დიდი ხელოვნების ნიმუშებისა, ახასიათებს მონუმენტურობა. წამყვანი ადგილი ფიგურულ კომპოზიციებს ეკუთვნით. ორნამენტი ამკობს ჭურჭელს. მას დაქვემდებარებული ადგილი უკავია. ხელოვანს გამოსახვის მეტი საშუალება ეძლევა. ფიგურები სივრცეში ნაჩვენებია უფრო თავისუფლად, ბუნებრივ, ზომიერ მოძრაობაში; მკვეთრ რაკურსებსა და კუთხოვან მოძრაობას აქ ვეღარ შევხვდებით. ასევე ბუნებრივ-რეალისტურადაა ნაჩვენები ტანსაცმელი, ტანისა და სახის ნაკვთები.[1]

წითელფიგურიანი მხატვრობის შემდგომ საფეხურს პირობითად მდიდრულ-ფუფუნებით-კაზმულს უწოდებენ. ამ სტილის მხატვრებმა ახლებურად გამოიყენეს წინამორბედ შემოქმედთა მიღწევები - ფიგურების მოცულობით-პლასტიკური გამოსახვა; თუ თავისუფალი სტილის მხატვრობისას ფიგურები ერთიმეორეს არ ფარავდნენ, ახლა ხშირად ერთი ფიგურის ფონზე გადმოცემულია მეორე, რაც კიდევ უფრო აძლიერებს მოხატულობის სივრცისებრ ხასიათს. გარდა ამისა, ამ გზით მოქმედება კიდევ უფრო დაძაბულადაა გადმოცემული; პათეტიკური სცენები აღსავსეა დინამიურობით, ხშირად რთული და გადატვირთული მოძრაობებით, მკვეთრი, ცოცხალი რაკურსებით. განსხვავებით ადრინდელი, თავისუფლად ჩამოფენილი ჩაცმულობისაგან, ფუფუნებითი სტილის ყალამის ოსტატები სიამოვნებით ხატავენ ურთულესი ქსოვილის სახეებს. აჭრელებული, დაკლაკნილი, ნაკეცებიანი ტანსაცმელი მოხატულობას აძლევს მდიდრულ, დიდებულ, ფუფუნებით ხასიათს და აძლიერებს სცენის დინამიურობის შეგრძნებას. ამ პერიოდის ვაზათმომხატველები ამ მიმართებით ნამდვილი ვირტუოზები იყვნენ.

ძვ.წ. V ს ბოლოსათვის საფუძველი ეყრება ნამდვილ მხატვრობას თანამედროვე გაგებით, რომლის ფუძემდებლადაც აღიარებულია აპოლოდორი. მან შექმნა ფერების გამა, შუქ-ჩრდილის თამაში. ამით შესაძლებელი გახდა ადამიანის შიშველი სხეულისა და გამჭვირვალე წყლის გადმოცემაც.

ძვ.წ. IV საუკუნისათვის, ე.წ. "ხელგაკრული სტილის" წითელფიგურული მხატვრობის დროს, ბერძნული და ამ შემთხვევაში ჩვენთვის საინტერესო ატიკური ვაზათმომხატველობა გარკვეულად ეცემა. მას კონკურენციას უწევს ტორევტიკა. კერამიკოსები თავიანთ ნაწარმს ლითონის ჭურჭლის მიბაძვით ამზადებდნენ. მოხატულობასთან ერთად იყენებენ რელიეფურ

გამოსახულებასაც, რომლებიც სხვადასხვა ფერის საღებავითაა შემკული. ყალამს იშვიათად მიმართავენ, უფრო ხშირად ფუნჯს ხმარობენ. ვხვდებით ერთფეროვან სიუჟეტებს. უფრო პოპულარულია დიონისესა და აფროდიტესთან დაკავშირებული სცენები. საგმირო ეპოსი მეორე პლანზე გადადის. ორნამენტის მნიშვნელობა კვლავ იზრდება. ჭურჭელთა ფორმები მრავალფეროვანია, მაგრამ სიუჟეტურად არ გამოირჩევიან სიმდიდრით.

ასეთია, მოკლედ, ბერძნული და ამ შემთხვევაში ჩვენთვის საინტერესო ატიკური მხატვრული კერამიკის განვითარების ძირითადი ეტაპები (უფრ.დაწვ.იხ. Pfuhl, 1923; Buschor, 1940; Блаватский, 1953; Книпович, 1955; Горбунова, Передольская, 1961; ლორთქიფანიძე ოთ., 1971; კახიძე, 1975; სიხარულიძე, 1992; Boardman, 1993; Osborne, 1998 და სხვ.).

ამის შემდეგ შესაძლებლობა გვეძლევა ვისაუბროთ თვით ფიჭვნარში აღმოჩენილი შავ და წითელფიგურიანი მოხატული ვაზების შესახებ.

შავფიგურული ლეკითოსები. პირველ რიგში აღსანიშნავია ჯამისებრპირიანი, თეთრფონიანი ლეკითოსი ვერტიკალური პალმეტების ორნამენტით (ქ-ფ-86/155, სამარხი 138). ძვ.წ. V ს მეორე მეოთხედი. ფორმა კანონიკური. ტანი მხრის ქვემოთ ოდნავ შეზნექილპროფილიანი, ქუსლი - დისკოსებური. მხარზე რადიალურად განლაგებული მოკლე და გრძელი სხივების ორი რიგია მოხატული, ტანის წინა მხარეს – შავი რკალებით გარშემოწერილი ოთხი ვერტიკალური პალმეტი ეყრდნობა გადაბმულ წრეებს – შუაგულში შავი წერტილებით. ფოთლები და გულები დამუშავებულია ნაკაწრი შტრიხებით. ქვემოთ შავლაკიან მონაკვეთზე "სველად" გავლებული ირგვლივი თიხისფერი ზოლებია. კეცი ნარინჯისფერი, ლაკი შავი, მბზინავი, თიხისფერი ანგობი, თეთრი საღებავი, ნაკაწრი დეტალები. სიმაღლე 18,5 სმ, ტანის დიამეტრი 6,5 სმ, ქუსლის 4,7 სმ (სურ. 12/13; 15/10).

შავლაკიანი მოხატული ამფორის ყელისათვის დამახასიათებელი გაფორმების გავლენით პალმეტების ვერტიკალური რითმული განლაგება პირველად ლეკითოსის მხარზე გაჩნდა. თვლიან, რომ ვერტიკალურპალმეტებიანი ადრეული ლეკითოსები მარათონის მხატვრის სახელოსნოს უკავშირდება და ძვ.წ. VI ს მიწურულითა და V ს დასაწყისით თარიღდება. ძვ.წ. 490 წლის შემდეგ ჭურჭლის ფორმის განვითარების შესაბამისად ტანშევიწროვებული, ცილინდრული პალმეტებიანი ლეკითოსები ჰაიმონის მხატვრის სახელოსნოს ნიმუშებითაა წარმოდგენილი. მომდევნო და ბოლო ეტაპის ლეკითოსების წარმოება ბელდამის მხატვრის სახელოსნოსთანაა დაკავშირებული. მსგავსი ლეკითოსები მრავლად აღმოჩნდა კორინთოს ჩრდილო სამაროვანზე. ძვ.წ. 470-465 წლებისათვის ფორმა სავსებით ჩამოყალიბებულია; შემდგომ მცირედ იცვლება. გვიანდელ ნიმუშებს ტანის ქვედა ნაწილის შევიწროვების ტენდენცია უჩნდება სამკუთხა მოყვანილობამდე. ლეკითოსები თიხისფერ ფონზე შესრულებული პალმეტებით უფრო ადრეულები არიან. ფიჭვნარის ლეკითოსს ასეულობით ანალოგი ეძებნება, რომელთა შესახებ საუბარი შორს წაგვიყვანდა. ისინი, როგორც წესი, ძვ.წ. V ს მეორე მეოთხედით თარიღდებიან (იხ. სიხარულიძე, 1988: 62-63, 65, ტაბ. XXVIII/2).[2]

ერთ-ერთი მოზრდილი ლეკითოსის თეთრ ფონზე შავფიგურული პალმეტები ყოფილა მოხატული, მაგრამ იმდენად გადარეცხილია, ვერაფერს ვიტყვით მათი განლაგების შესახებ. ოღონდაც, ერთგან შერჩენილი პალმეტის ფოთლების მიხედვით იქმნება შთაბეჭდილება, რომ ამათი ზედა რიგი წვერით ძირისაკენ უნდა ყოფილიყო მიმართული, ქვედა – პირისაკენ. ჰორიზონტალურპალმეტებიანი ლეკითოსი საჩხერეშიცაა აღმოჩენილი (ნადირაძე, 1990:39-40, ტაბ. III).

ჯამისებრპირიანი თეთრფონიანი ლეკითოსი სუროს ტოტის ორნამენტით (ქ-ფ-86/158,

სამარხი 140). ძვ.წ. V ს მეორე მეოთხედი. ფორმა ვერტიკალურპალმეტებიანი ლეკითოსის ანალოგიური. მხარზე მოკლე და გრძელი სხივების ორი რადიალური რიგი. ტანზე სუროს ტოტი ექვსფა უჯრედული ზოლებით ყოფილა შემოფარგლული. ორნამენტის დიდი ნაწილი და თეთრი საღებავი გადარეცხილია. კეცი ნარინჯისფერი. სიმაღლე 17,5 სმ, ტანის დიამეტრი 4,4 სმ (სურ. 13/3). ადრე აღმოჩენილი ნიმუშებიდან გამოირჩევა ადრეულებისათვის დამახასიათებელი ლაზათიანი ზოლების სიფართოვით (სიხარულიძე, 1988: 63, 66, ტაბ. XXXVIII/2).

საკვამურისებრპირიანი ლეკითოსი მეანდრის ზოლებით (ქ-ფ-86/139, სამარხი 127). ძვ.წ. V ს მეორე მეოთხედი. ფორმა ტიპიური, "საკვამურისებრპირიანი", საფეხურისებრი გადასვლით ყელის შუა ნაწილზე. ტანი მხრის ქვემოთ შეზნექილპროფილიანი, ძირთან ვიწრო და მომრგვალებული, ტანსა და ქუსლს შორის წიბურით. მხარზე მოკლე და გრძელი ჯოხისებრი სხივების ორი რადიალური რიგი შემოუყვება. წინა მხარეს მხართან და ტანის ქვედა ნაწილზე შავი ზოლებით შემოსაზღვრული მეანდრის ორნამენტია მოხატული (სურ. 15/4).

პირის საკვამურისებური (chimney-mouth) მოყვანილობის მიხედვით ამ სახის ცილინდრულ ლეკითოსებს ე.ჰასპელსი ცალკე ტიპად გამოყოფს. მათ ერთგვარი სიახლე-გამოცოცხლება შეიტანეს არსებულ ნაირსახეობაში. სახელმწიფო ერმიტაჟში დაცული ადრეული ვაზა ძვ.წ. 480-470 წწ თარიღდება. მოხატულია ბელდამის მხატვრის მიერ. ძვ.წ. V ს მეორე მეოთხედში ამ ფორმის თეთრფონიან ჭურჭლებზე მუშაობდა, აგრეთვე, ჰაიმონის მხატვარი. ჩვენი მონაპოვარი უნიკალურია იმ მხრივ, რომ საბერძნეთის ფარგლებს გარეთ ამ სახეობის ჭურჭლები იშვიათად გაჰქონდათ. ე.ჰასპელსის აზრით, "კოლონიებში მათ არ ეტანებოდნენ" (იხ. სიხარულიძე, 1988: 63, 64, 66-67, ტაბ. XXXVIII/3).

ძვ.წ. V ს მესამე მეოთხედის ცილინდრულტანიანი, თეთრფონიანი ლეკითოსები ფიჭვნარის სამაროვნიდან საგანგებოდ შეისწავლა თ.სიხარულიძემ. ისინი ბელდამის სახელოსნოს დაუკავშირა. მათი ფორმები კანონიკურია. აქვთ ჯამისებრი პირი, ოდნავ გამობერილპროფილიანი ტანი. შავი ლაკით დაფარულია პირი, ყურის ზურგი, ტანის კონუსური ნაწილი და ქუსლის ზედა სიბრტყე. თეთრ ანგობზე შესრულებული ორნამენტი შემდეგი შინაარსის მატარებელია: მხარზე მოხატულია რადიალურად განლაგებული მოკლე და გრძელი სხივები, ტანის წინა მხარეზე, მხართან ახლოს – ზოლებით შემოსაზღვრული მეანდრი ან მუქი წითელი ჰორიზონტალური ზოლი, ტანის შუა ნაწილზე – სუროს ტოტი, მის ზემოთ და ქვემოთ – ჯვარედინი ხაზების სარტყელი. ფიჭვნარის კოლხურ და ბერძნულ ნეკროპოლზე აღმოჩენილია ამ ტიპის ლეკითოსები, რომლებიც ტანის ზედა ნაწილში ოდნავ შეზნექილპროფილიანია, ქუსლი – სწორპროფილიანი, დისკოსებური (სურ. 72/9, 77/8, 82/3, 88/10 და სხვ.).

ამავე ეპოქის ცილინდრული ლეკითოსების ერთ-ერთ ვარიანტს ქმნიან ისეთი ნიმუშები, რომელთა მთელი ტანი დაფარულია ძლიერ გაზავებული ლაკით. ესენიც ბელდამის მხატვრის სახელოსნოს უკავშირდებიან.

თ.სიხარულიძე მიუთითებს, რომ სუროსტოტიანი ლეკითოსების წარმოების ქრონოლოგიურ დიაპაზონში - ძვ.წ. 470-465 წწ-დან ძვ.წ. V ს მესამე მეოთხედის ჩათვლით, მკვლევარებს დაზუსტებები შეაქვთ. შეზნექილპროფილიანი ტანის მქონე ლეკითოსებს უფრო ადრეული პერიოდით ათარიღებენ, ვიდრე ამოზნექილპროფილიანებს. კორინთოს სამაროვანზე სუროსტოტებიანი ლეკითოსები გვიანდელ პალმეტებიან ლეკითოსებთან ჩნდება - ძვ.წ. V ს შუა წლები. უფრო ადრეულებია პატარა ზომის

ეგზემპლარები სუროს ტოტის ზედა და ქვედა შემომსაზღვრელი უჯრედოვანი ზოლით. ქრონოლოგიური ცვლილებები შეინიშნება ჭურჭლის ქვედა ნაწილის შევიწროვებაში. უარესდება შესრულების ხარისხიც, ვიწროვდება ჯვარედინი ხაზების ქვედა სარტყელი, მეჩხრდება სტილიზებული მცენარის მტევანი, რომელიც წერტილოვანი ვარდულის სახეს იღებს. ფიჭვნარის ამ სერიის ლეკითოსების ერთი ნაწილი ძვ.წ. 450-440 წლებით, ხოლო მეორე ნაწილი 440-430 წლებითაა დათარიღებული (სიხარულიძე, 1984; 1987). შევჩერდებით ზოგიერთ მათგანზე.

ცილინდრულტანიანი ლეკითოსი (ქ-ფ-68/242, სამარხი 18). ფორმა კანონიკური, ოღონდაც ტანის ზედა ნაწილში ოდნავ შეზნექილპროფილიანი, ქუსლი სწორპროფილიანი, დისკოსებრი. მთელი ტანი დაფარულია ძლიერ გაზავებული ლაკით. სიმაღლე 16,2 სმ, ტანის დიამეტრი 4,7 სმ, ქუსლის 3,5 სმ, ძვ.წ. V ს მესამე მეოთხედი (სურ. 56/3). ბელდამის მხატვრის სახელოსნო (სიხარულიძე, 1984: 56).

ცილინდრულტანიანი თეთრფონიანი ლეკითოსი (ქ-ფ-68/300, სამარხი 21). მხარზე სხივები, ტანზე მხართან მეანდრი და სადა ზოლები. ბელდამის მხატვრის სახელოსნო (სურ. 62/2). ძვ.წ V ს მესამე მეოთხედი. მსგავსი: 85-ე, 56-ე და 43-ე სამარხის ლეკითოსებისა.

ცილინდრულტანიანი თეთრფონიანი ლეკითოსი (სამარხი 85). ფორმა კანონიკური: პირი ჯამისებრი, ტანი ოდნავ გამობერილპროფილიანი, ქუსლი დისკოსებრი. თეთრ ანგობზე შესრულებული ორნამენტი: მხარზე რადიალურად განლაგებული მოკლე და გრძელი სხივები: ტანის წინა მხარეს, მხართან ზოლებით შემოსაზღვრული მეანდრი, ტანის შუა ნაწილზე სუროს ტოტი, მის ზემოთ და ქვემოთ ჯვარედინი ხაზების სამრიგა უჯრედოვანი სარტყელი (სიხარულიძე, 1987: 53, ტაბ. XXXVII/1). თარიღდება ძვ.წ. V ს მესამე მეოთხედით. კეცი ღია ნარინჯისფერი. თეთრი ანგობი სუსტად შემონახული. შავი ლაკით დაფარულია პირი გარედან და შიგნიდან, ყურის ზურგი, ტანის კონუსური ნაწილი და ქუსლის ზედა სიბრტყე. სიმაღლე 19,2 სმ, ტანის დიამეტრი 6 სმ, ქუსლის 4,5 სმ.

ცილინდრულტანიანი თეთრფონიანი ლეკითოსი (ქ-ფ-77/33, სამარხი 56). ფორმა და მოხატულობა მსგავსია 85-ე სამარხში აღმოჩენილი ნიმუშისა, ოღონდაც მხართან მეანდრის ნაცვლად აქვს მუქი წყვილი ჰორიზონტალური ზოლი. სიმაღლე 19,4 სმ, ტანის დიამეტრი 6,4 სმ, ქუსლის - 4,6 სმ (სურ. 77/8). ძვ.წ. V ს მესამე მეოთხედი (სიხარულიძე, 1987: 55: ტაბ. XXXVII/2).

ცილინდრულტანიანი თეთრფონიანი ლეკითოსი (ქ-ფ-77/405, სამარხი 42). მსგავსი 85-ე და 56-ე სამარხის ლეკითოსებისა. ბელდამის მხატვრის სახელოსნო. სიმაღლე 19,2 სმ, ტანის დიამეტრი 6,4 სმ, ქუსლის 4,6 სმ, ძვ.წ. V ს მესამე მეოთხედი (სურ. 72/9).

შავფიგურული მოხატული ვაზების, მათ შორის სიუჟეტიანების, რიცხვი კიდევ უფრო გამრავლდა ამ ბოლო წლებში საქართველო-ბრიტანეთის ფიჭვნარის ერთობლივი არქეოლოგიური ექსპედიციის მიერ ძვ.წ. V ს ბერძნულ ნეკროპოლზე განხორციელებული არქეოლოგიური კვლევა-ძიებათა შედეგად. 1967-1987 წლების მონაპოვრებში კი გაცილებით მეტია წითელფიგურული ვაზები. ქრონოლოგიური თანამიმდევრობის დაცვით მოკლედ შევჩერდებით წამყვან ნიმუშებზე.

შენიშვნები:

[1] ამ სტილის მხატვრობას ჩვენ კიდევ დავუბრუნდებით ფიჭვნარის წითელფიგურული კრატერის შესახებ საუბრის დროს (ა.კ.).

[2] ნაშრომში ვრცელი ბიბლიოგრაფიაა მოტანილი მსოფლიოს მუზეუმებში დაცული მსგავსი ლეკითოსების შესახებ. ჩვენც შევაგროვეთ დიდძალი უახლესი პარალელები.

გვიანარქაული წითელფიგურული სტილი

<u>წითელფიგურული სკიფოსი.</u> ძვ.წ. V ს მეორე მეოთხედი. ფორმა ე.წ. "ბ" ტიპის - პირთან მიძერწილი ნალისებური ჰორიზონტალური და ვერტიკალური ყურებით. ოდნავ პირმოყრილი, ძირთან საგრძნობლად შევიწროვებული. ტანი გამობერილპროფილიანი, ტორუსისებრი ქუსლით, ცენტრისაკენ თანაბრად ამობურცული ფუძით. ჭურჭლის ორივე მხარეს მოხატულია მარჯვნივ მიმართული ბუს გამოსახულება ზეთისხილის რტოებს შორის; თვალები გადმოცემულია ორი სქელი, შეტყუპებული წრით შუაგულში ჩაწერილი წერტილოვანი გუგებით; შავი, მეჩხერი წერტილებით აქცენტირებულია ნისკარტი და ბუმბული. გაზავებული ლაკით შესრულებულია წვრილხაზოვანი დეტალები - წარბები, ფრთები, ფოთლები, თიხისფერი მონაკვეთები დამუშავებულია ანგობით, ნახატები ქვემოდან ირგვლივ ყავისფერი და თიხისფერი ზოლებით (სურ. 15/1). ასეთივე სკიფოსი აღმოჩნდა 2000 წელსაც (კახიძე, ვიკერსი, 2004:70).

ფორმა ჩამოყალიბდა ძვ.წ. VIII ს ბოლოსა და VII ს დასაწყისში (გვიანკორინთული კერამიკა). ატიკური სკიფოსები მათ ნაირსახეობა-ადაპტაციას წარმოადგენენ. შეიქმნა ძვ.წ. VI ს შუახანებში და კანონიკური ფორმა V ს დასაწყისში მიიღო. "ბ" ტიპი ძვ.წ. VI ს ბოლოს შეიქმნა. ჰორიზონტალურყურებიანი „ა" ტიპის სკიფოსებისაგან განსხვავებით ისინი ვიწროქუსლიანები, ქუსლისკენ მეტად ტანშევიწროვებული და კონვექსურპროფილიანებია. ძვ.წ. 480 წლიდან საუკუნის ბოლომდე ფორმის ნელი, მაგრამ განუხრელი ცვლილება პროფილისა და ყურების მოყვანილობაში აისახა.

ბუსგამოსახულებიანი სკიფოსები იმდენად ხშირია, რომ ისინი მოხატულ კერამიკაში ცალკე ჯგუფადაა გამოყოფილი - ე.წ. "glaux" სკიფოსები. მათი კლასიფიკაცია ეკუთვნის ფ.პ.ჯონსონს. ნახატის სტილისტურ თავისებურებათა მიხედვით გამოყო ცხრა ჯგუფი. თვლის, რომ ყველაზე ადრეული ნიმუშები ძვ.წ. VI ს ბოლოდან იქმნებოდა. მასობრივად იწარმოება V ს მეორე და მესამე მეოთხედში. მეოთხე მეოთხედიდან და ძვ.წ. IV ს ატიკიდან პროვინციებში გავრცელდა და ძვ.წ. III საუკუნეშიც არსებობდა. ჩვენი ნიმუში პარალელს პირველ ჯგუფში პოვებს (Johnson, 1953; 1955). ესენია ყველაზე ადრეული მოხატული წითელფიგურული ვაზები ფიჭვნარიდან (სიხარულიძე, 1988: 67-70, ტაბ. XXXIX/1,2).

ცილინდრულტანიანი წითელფიგურული ლეკითოსი (ქ-ფ-67/63, სამარხი 6). ძვ.წ 460-440 წწ. ათენა-ბოუდოინის მხატვრის სახელოსნო (სურ. 33/3). აკლია პირი და ყელის დიდი ნაწილი. ფორმა ტიპიური, ოდნავ გამობერილპროფილიანი. ქუსლი დისკოსებური. მხარზე შავფიგურული ტექნიკით შესრულებული ხუთი პალმეტია მოხატული - ოთხი ზემოთ მიმართული. ნახატი შემოსაზღვრულია ზემოდან კვადრატებში ჩასმული ჯვრებით შეწყვეტილი მეანდრით, ქვემოდან - შავხაზიანი თიხისფერი ზოლით.

ქალის ფიგურა მარცხენა პროფილში - უქამრო, სახელოებიან ქიტონში, მარჯვნივ მიმართულ მოძრაობაში. ორივე ხელში თითო საგანი უჭირავს. მის წინ საქსოვი კალათაა, უკან - კედელზე ჩამოკიდებული შარფი. სცენა გამოსახულია ინტერიერში. ზემოთ აწეული თმა გადმოცემულია ერთიან შავ მასად. თავს ირგვლივ თიხის ფერში დატოვებული არშია შემოუყვება. წვრილი რელიეფური ხაზებით აქცენტირებულია ყელის, ხელების და მკერდის კონტურები, კაბის ვერტიკალური ნაკეცები, ჰორიზონტალური ზოლები კალათაზე. სახეზე გაირჩევა გრძელი, სწორი, კუთხეგახსნილი თვალი წინიდან ოდნავ დაცილებული კაკალით. ნახატი, განსაკუთრებით მკერდი და მარცხენა ხელი ესკიზურია (კახიძე, 1975: 80-81, ტაბ. XXVIII/3; Кахидзе, 1977; სიხარულიძე, 1987: 57-60, ტაბ. XXXVIII).

ანონიმურ მხატვარს სახელწოდება მისცა ჯ.ბიზლიმ ბოუდოინის კოლექციაში დაცული ორი ლეკითოსის მიხედვით. პირველად ამ მხატვრისა და ათენის მხატვრის შესაძლებელ იდენტურობაზე აზრი გამოთქვა ე.ჰასპელსმა. ეს პრობლემა საბოლოოდ არაა გადაწყვეტილი. თუმცა, მკვლევართა უმრავლესობის მიხედვით თეზევს-ათენას და ბოუდოინის სახელოსნოების იგივეობაზე ორი აზრი არ არსებობს. ისინი გვანან ფორმითა და ორნამენტაციის მიხედვით. ბოუდოინის ძირისკენ ოდნავ უფრო შევიწროვებული სტანდარტული ლეკითოსები ატარებს BL - კლასის სახელწოდებას მხატვრის სახელის მიხედვით. ათენას მხატვრისაგან განსხვავებით, ჰეროიკული სიუჟეტების ნაცვლად ბოუდოინის მხატვარი ინტერიერში გადატანილ მშვიდ, ყოფით სიტუაციებს მიმართავს; რჩეული სახეებია ნიკე და ქალების ფიგურები. ამ მხატვარს 200 ნაშრომი მიეწერება. მისი მიმზიდველობა მდგომარეობს გამოსახულების სიმარტივესა და საგნის შესრულების უშუალობაში. ხატავდა განმარტოებულ ფიგურებს ლეკითოსებზე. ადრეულები 480-475 წლებით თარიღდებიან. ფიჭვნარის ნიმუში 460 წლის შემდეგაა შესრულებული.

<u>***ადრეკლასიკური წითელფიგურული სტილი.***</u> ფიჭვნარის ადრეკლასიკური ხანის წითელფიგურული სტილის მხატვრობის ერთ-ერთ საუკეთესო ნიმუშს წარმოადგენს პირველ სამარხში აღმოჩენილი ყვავილის ჯამისებრი (a calice) ფორმის კრატერი. აქვს შედარებით პატარა მოცულობის ტანი, სუსტად გამოყოფილი, მხრებიდან აზიდული ყურები. მაღალი გაშლილი ყელი, ფართო ლილვისებური გვირგვინით დასრულებული პირი (ტანის მოცულობის დიდი ნაწილი ყელზე მოდის), ტანისაგან გამოყოფილ ორსაფეხურიან ფეხსა და კორპუსს შორის შემოუყვება პლასტიკური რგოლი. მხატვრობა ორფრიზიანია. პირი შემკულია ვოლუტებიანი პალმეტებისა და ლოტოსის ყვავილების ჰორიზონტალური ზოლით. ქვედა ფრიზის სცენებს შორისი და ყურის ძირების ზედა არე ორმაგი პალმეტებითაა შევსებული. ზედა და ქვედა ფრიზი ერთმანეთისაგან გამოყოფილია ოვების ორნამენტის ზოლით. ქვედა ფრიზის შემომსაზღვრელი მეანდრისა და ჯვრების ჰორიზონტალური ზოლი ყურებამდე ვრცელდება (სურ. 23-27).

ქობულეთ-ფიჭვნარის წითელფიგურული კრატერის ზედა ფრიზის წინა მხარეს თეზევსის მიერ ელენეს მოტაცების სცენაა აღბეჭდილი (სურ. 23-24). მოქმედების ადგილია არტემიდე ორთიას ტაძარი, რაზედაც ნათლად მიუთითებს იქვე გამოსახული იონიურკაპიტელიანი საკურთხეველი და დორიული კოლონა. მრავალფიგურიანი კომპოზიციის (ზედა ფრიზზე მოხატულია ქალის 13 და მამაკაცის 7 ფიგურა) ცენტრში ნაჩვენებია შუბოსანი შიშველი ახალგაზრდა, ატიკის უპოპულარესი გმირი - თეზევსი, რომელიც მარცხნივ მისდევს ელენეს. თეზევსს ხურავს ორნამენტირებული პეტაზი, რომლის ქვემოთაც მოჩანს გრძელი, ჩამოშლილი თმები,

ხელთ უპყრია ორმაგი შუბი, მარცხენა ფერდზე დაკიდული აქვს მოკლე სატევარი, მარცხენა ხელზე კი ვიწრო და გრძელი მოსასხამია გადადებული. ელენეს აცვია სადღესასწაულო პეპლოსი, რომლის ზედა ტანი (აკეცილი კალთა) და ბოლო შემკულია ფართოშტოებიანი არშიით. წელზე ვიწრო სარტყელი აქვს შემორტყმული, კონად შეკრულ თმებს ამშვენებს მახვილშტოებიანი დიადემა. ელენეს უკან მარცხენა პროფილში დგას წვერიანი მამაკაცი, როგორც ჩანს, ელენეს მამა, ზევსი. მარჯვენა ხელში უკავია ორნამენტირებული სკიპტრა, თავი შემკული აქვს დაფნის შტოსაგან შედგენილი გვირგვინით. მის გვერდით ვხედავთ ზურგიან სკამს. გვირგვინი, სკიპტრა, ფიგურის მონუმენტურობა ნათელჰყოფს, რომ საქმე გვაქვს უზენაეს ღვთაებასთან. სიტყვას აღარ განვავრცობთ სხვა ფიგურების, ელენეს მეგობარი ქალიშვილების შესახებ.

კრატერის ზედა ფრიზის უკანა მხარეს სასიყვარულო მიდევნების სცენაა გადმოცემული: შუაში ფრთოსანი ქალღმერთი ეოსი მისდევს ჩანგიან ჭაბუკ კეფალოსს (სურ. 26).

ფიჭვნარის წითელფიგურული კრატერის წინა მხარეს, ქვედა ფრიზზე მოხატულია მითი ტრიპტოლემოსის, დემეტრესა და პერსეფონეს შესახებ (სურ. 23-24). ცენტრში ნაჩვენებია ფრთოსან ეტლში მჯდომი ტრიპტოლემოსი მარჯვენა პროფილში, რომელსაც მარცხენა ხელში სკიპტრა და თავთავები უკავია, მარჯვენაში კი - ფიალა. ტრიპტოლემოსის წინ დგას ქალღმერთი დემეტრე. მას მარცხენა ხელში სკიპტრა და თავთავები უკავია, მარჯვენა, წინ გაწვდილ ხელში კი - ბრინჯაოს ოინოხოია. დემეტრეს უკან ვხედავთ მაშხალებიან ჰეკატეს ფასში. ტრიპტოლემოსის უკან კი – კორას ანუ პერსეფონეს მარჯვენა პროფილში. შემოსილია ნაზი ქსოვილისაგან დამზადებული ქიტონითა და მოსასხამით. ორივე ხელში უკავია ზეთისხილის შტოების ბოლოები. სიღრმეში მოჩანს დორიული კოლონა, რაც ადასტურებს, რომ მოქმედება ხდება ელევსინის ტაძარში.

ქვედა ფრიზის უკანა მხარეს მოცემულია ოთხფიგურიანი კომპოზიცია სიმპოსიუმის სცენით - ტახტზე წამოწოლილი მამაკაცები და მათი გამრთობი ქალები (სურ. 26).

ქობულეთ-ფიჭვნარის კრატერი დამზადებულია ატიკაში, დაახლოებით ძვ.წ. 450 წ (დაწვ.იხ. კახიძე, 1973$_{a;}$ 1973$_{b}$; 1975: 34-58; სიხარულიძე, 1987: 60-66). მისი მომხატველია ე.წ. ნიობიდების მხატვარი. იგი წითელფიგურული ვაზათმომხატველობის ერთ-ერთი ბრწყინვალე წარმომადგენელია და ითვლება მონუმენტური ვაზათმომხატველობის ფუძემდებლად. აგრძელებს კლასიკური მონუმენტური ფრესკული კედლის მხატვრობის საუკეთესო ტრადიციებს (კლასიკური მონუმენტური მხატვრობის წარმოქმნა-განვითარება მჭიდროდაა დაკავშირებული ხუროთმოძღვრებასა და ქანდაკებასთან). მონუმენტური ფრესკული მხატვრობის უდიდეს წარმომადგენლად აღიარებულია პოლიგნოტ თაზოსელი (მოღვაწეობდა ძვ.წ. 470-440 წლებში). თვლიან, რომ კიმონის დროს იგი ისეთივე როლს თამაშობდა მხატვრობაში, როგორსაც ფიდიასი პერიკლეს მონათმფლობელური დემოკრატიის აყვავების ხანაში. პოლიგნოტი გრანდიოზული მრავალფიგურიანი კომპოზიციების ოსტატია. მის შემოქმედებაში დიდი ყურადღება ექცევა პერსონაჟთა სულიერ-ესთეტიკური განწყობილებების გადმოცემას. პოლიგნოტს მხატვრობაში შემოაქვს პეიზაჟი - ზღვის სანაპირო, მდინარეები, უსწორმასწორო რელიეფი და ა.შ., ნერგავს პლასტიკურ, მოცულობით მხატვრობას, ადრე კი ფიგურები სიბრტყეში ფრიზისებურად იყვნენ განლაგებული. მისი შემოქმედებიდან განსაკუთრებით აღსანიშნავია პლატეაში ათენა არეას ტაძრის მოხატულობა ჰომეროსის "ოდისეას" თემაზე, ასევე გრანდიოზული კომპოზიცია დელფოში: "ილიონის დანგრევა" და "ქვესკნელის სამეფო". მანვე კიმონთან ერთად ათენში მოხატა თეზეონი. ათენის აკროპოლისის

80

პორტიკის მხატვრობაში პოლიგნოტთან ერთად მონაწილეობა მიუღია მიკონსა და ფიდიასის ძმა პანენს. ორი ნახატი: "ილიონის აღება" და "ამაზონომახია" შეეხება მითოლოგიურ თემას, ხოლო "მარათონის ბრძოლა" და "ინოის ბრძოლა" – ისტორიულს (მონუმენტური მხატვრობის შესახებ იხ. Чубова, Иванова А., 1966; Колпииский, 1970; Виппер, 1972 და სხვ.).

კედლის მხატვრობის სწორედ ამ ტრადიციებს აგრძელებს ფიჭვნარის კრატერის ოსტატი. როგორც ცნობილია, "ნიობიდების მხატვარს" ეს სახელი შეერქვა ორვიეტოში აღმოჩენილი (დაცულია ლუვრის მუზეუმში) ბრწყინვალე კრატერის მიხედვით. ჯ.ბიზლი მის შემოქმედებას აკუთვნებს 101 ვაზას, ხოლო მოწაფეებისას - 46 (Beazley, 1963). მათ, რა თქმა უნდა, ჩვენი მონაპოვარიც ემატება. ნიობიდების მხატვრისათვის დამახასიათებელია იზოლირებულად მდგომი პერსონაჟების თავისუფალი განლაგება. საერთო სიმშვიდე, რომელიც ნიშანდობლივია მისი ფიგურებისათვის, ატარებს არა აბსტრაქტულ, როგორსაც ჩვენ ვხედავთ მისი მასწავლებლის (მხედველობაშია ოსტატი ალტამურიდან[1]) შემოქმედებაში, არამედ სრულიად სარწმუნო და ბუნებრივ ხასიათს, რითაც მოგვაგონებს ოლიმპოში, ზევსის ტაძარზე გამოსახული ღმერთებისა და გმირების მონუმენტურ ფიგურებს. ახალი მიმართულების ხელოვნებისათვის, ამაღლებული კლასიკისათვის დამახასიათებელი ეს ტენდენცია შესანიშნავად ჩანს ფიჭვნარის კრატერის მიხედვითაც. ნიობიდების მხატვარი ქმნის საყვარელი ღმერთების (აპოლონი, არტემიდა, ზევსი, ათენა, ლეტო, დემეტრე, დიონისე და ა.შ.) თუ გმირების (ტრიპტოლემოსი, ორფეოსი და სხვ.) ტიპიურ, იდეალიზებულ სახეებს. ინდივიდუალიზებული პორტრეტების შექმნის პრობლემა მის წინაშე არ დგას, რაც დამახასიათებელია საერთოდ ადრეკლასიკური ბერძნული ხელოვნებისათვის. ხშირად მიმართავს მონუმენტური კედლის მხატვრობისათვის ცნობილ სიუჟეტებს (გიგანტომახია, ამაზონომახია, კენტავრომახია, ტროას დაცემა და ა.შ.). ვხვდებით სხვა სცენებსაც: დიონისე და მენადები, ახალგაზრდის გამომშვიდობება ოჯახთან და სხვ. (დაწვ.იხ. Webster, 1935; Rumpf, 1953; Beazley, 1963; Barron, 1972; Oakley, 1984 და სხვ.).

ფიჭვნარის კრატერთან განსაკუთრებით სიახლოვეს პოვებს ჩვენს მიერ უკვე ნახსენებ ორვიეტოს, აგრეთვე, ალტამურასა (დაცულია ბრიტანეთის მუზეუმში) და ეტრუსკულ ქალაქ სპინაში აღმოჩენილი (დაცულია ფერარას მუზეუმში) კრატერები. ლუვრის კრატერის ფრონტალურ სცენაზე მოხატულია არგონავტების შეკრება. სხვა ფიგურებთან ერთად განსაკუთრებულ ყურადღებას იქცევს ცხენთან მდგომი შიშველი ახალგაზრდა. ჩვენი მონაპოვრის მიხედვით შესაძლებელი ხდება ლუვრის კრატერის ამ პერსონაჟის დადგენა, რასაც დიდი მნიშვნელობა აქვს იქ გამოსახული სცენების სწორი ინტერპრეტაციისათვის.[2] ერთი შეხედვითაც აშკარად ჩანს, რომ ეს ფიგურა, როგორც მხატვრობის მანერის, ისე ცალკეული ატრიბუტების მიხედვით იმეორებს ფიჭვნარის კრატერზე გამოსახულ შიშველ ახალგაზრდას, თეზევსს (ახურავს ანალოგიური ორნამენტირებული პეტაზი, ხელთ უპყრია წყვილი შუბი, გვერდზე კიდია მოკლე სატევარი, ხოლო მარცხენა ხელზე გადადებული აქვს გრძელი მოსასხამი).

ერთი სიტყვით, ფიჭვნარის აღმოჩენის შემდეგ შესაძლებელი გახდა ზუსტად განვსაზღვროთ ლუვრის კრატერზე გამოსახული თეზევსი - ესაა ცხენთან მდგომი შიშველი ახალგაზრდა. უფრო სარწმუნო ჩანს იმ ავტორთა ინტერპრეტაცია, რომლებიც ფრონტალურ სცენაზე არგონავტების შეკრებას ხედავენ.

ლუვრის კრატერის მეორე მხარეს გადმოცემულია ნიობიდების დახოცვის პათეტიკური სცენა.[3] აქაც მოქმედება უსწორმასწორო ადგილას ხდება. ფიგურები კიდევ უფრო თავისუფალ მოძრაობაშია

81

ნაჩვენები. ზემოთ გამოსახულია აპოლონი და არტემიდე, რომლებიც მომართული მშვილდებიდან ისრებს უშენენ განწირულ ნიობიდებს. ნაწილი უკვე განგმირული მიწაზეა გართხმული, ნაწილი კი ამაოდ ეძებს შველას. სწორედ ამ ამაღელვებელი სცენის მიხედვით ეწოდა დიდ ხელოვანს "ნიობიდების მხატვარი". მისი ნამდვილი სახელი ჯერ კიდევ უცნობია. კრატერი ძვ.წ. 455-450 წლებითაა დათარიღებული (უფრ.დაწვ.იხ. Webster, 1935; Beazley, 1963; Simon, 1963).

ფიჭვნარის მონაპოვრის მსგავსია ეტრუსკულ ქალაქ სპინაში აღმოჩენილი ორფრიზიანი კრატერი, რომლის ზედა ფრიზზე მოცემულია გიგანტომახია, ხოლო ქვედაზე, ფიჭვნარის მსგავსად, მითი ტრიპტოლემოსის, დემეტრესა და პერსეფონეს შესახებ (Alfieri, Arias, 1958: 40 და შმდ.; Oakley, 1984: 119-121, fig. 1). როგორც უკვე აღვნიშნეთ, ფიჭვნარის მსგავსი კიდევ ერთი კრატერი ბრიტანეთის მუზეუმშია ექსპონირებული. მასზე ღმერთების მიერ პანდორეს[4] დასაჩუქრებისა და სატირებისა და პანების გართობის სცენებია აღბეჭდილი (Beazley, 1963: 604; Boardman, 1997: 13, fig. 6).

ფიჭვნარის ძვ.წძ V ს ბერძნულ ნეკროპოლზე აღმოჩენილ წითელფიგურულ კრატერს სხვა მოხატულ ვაზებთან ერთად დიდი მეცნიერული მნიშვნელობა აქვს. იგი წარმოადგენს ანტიკური მცირე ხელოვნების ერთ-ერთ ბრწყინვალე ნიმუშს. მისი ზედა ფრიზი (თეზევსის მიერ ელენეს მოტაცება) უნდა აცოცხლებდეს მონუმენტური კედლის მხატვრობის დღემდე უცნობ მრავალფიგურიან კომპოზიციას, ხოლო თეზევსის შესახებ თქმულებათა ციკლს ახალი მხატვრული სიუჟეტი შეემატა. როგორც ზემოთაც აღინიშნა, ფიჭვნარის ვაზა შესაძლებლობას იძლევა განვსაზღვროთ ლუვრის კრატერის ერთ-ერთი პერსონაჟი.

კლასიკური წითელფიგურული სტილი. წითელფიგურული კრატერი, სამარხი 22 (ქ-ფ-68/78, 89). პოლიგნოტოსის ჯგუფი, დაახლოებით ძვ.წ. 440 წელი. ნაწილობრივ აღდგენილი. ფორმა სვეტისებრყურებიანი, ტიპიური, ყელისა და მხრის სწორკუთხოვანი გარდატეხით; ორსაფეხურიან ფეხთან მკვეთრად ტანშევიწროვებული. შემორჩენილია სწორპროფილიანი ყელის, დაწახნაგებული პირის გვირგვინის და მრგვალგანივკვეთიანი ყურების მცირე ფრაგმენტები. წერტილოვანი ორნამენტით გაფორმებულია პირის გვირგვინი და სცენების შემომსაზღვრელი ვერტიკალური სვეტები, ვერტიკალური ჯოხების ირგვლივი სარტყელი შესრულებულია მხარზე (სურ. 63).

წინა მხარე: სამფიგურიანი კომპოზიციის ცენტრში გამოსახულია ფრთოსანი ქალის ფიგურა (ეოსი) თავისუფალ მოძრაობაში, ქამარშემორტყმული, ბოლოებზე არშიაშემოვლებულ ქიტონში; მარცხნივ მისდევს მისგან გაქცეულ შუბოსან ჭაბუკს (კეფალოსს), რომელსაც მისკენ აქვს თავი შემობრუნებული, ეოსის უკან მეორე შუბოსანი ჭაბუკი გარბის საპირისპირო მიმართულებით. ორივე ჭაბუკი მოსასხამშია გამოსახული. კეფალოსის მოსასხამი მარჯვენა მხართან შეკრულია მრგვალი ბალთით; მხარს უკან მოჩანს ფარფლიანი ქუდი "პეტასოსი". ფეხზე აცვია წვივებზე თასმაასხმული სანდლები (სურ. 63/1).

უკანა მხარე: სამი გრძელსამოსიანი მდგომარე ფიგურა (ნაწილობრივ გადარჩენილი)[5] (სურ. 63/2).

პოლიგნოტოსის მიერ ხელმოწერილი ოთხი ვაზაა ცნობილი. იგი აგრძელებს ნიობიდების მხატვრის ტრადიციებს. მის სკოლაში 16 განსაზღვრული და ბევრი ჯერჯერობით ანონიმური ოსტატია გაერთიანებული. სამოცამდე ვაზა თვით პოლიგნოტოსის მიერაა შესრულებული, ორჯერ მეტი - მისი მოსწავლეების, მიმდევრების მიერ. ამ სკოლის მხატვრობაში შეინიშნება მისწრაფება ადამიანის სახის იდეალიზებისა და რაფინირებული სრულყოფისაკენ. ამას სპეცია-

ლისტები ფიდიასის ქმნილებათა გავლენით ხსნიან. მონუმენტური მხატვრობის მიმართულების ჰეროიკული ჟანრები გადმოცემულია დიდი ზომის ჭურჭლებზე, კერძოდ, კრატერებზე, სტამნოსებზე, ამფორებზე და ა.შ. ფიჭვნარის მსგავსი სცენა გვხვდება პოლიგნოტოსის მიერ მოხატულ ჰიდრიაზე. იყენებდნენ პატარა ზომის ჭურჭლებსაც, რამაც დასაბამი მისცა მომდევნო პერიოდის მინიატურისტულ ტენდენციებს (სიხარულიძე, 1985; 1987: 66-67, ტაბ. XLI).

<u>გვიანკლასიკური წითელფიგურული სტილი.</u> წითელფიგურული ჰიდრია "კალპისი" (ქ-ფ-77/82, სამარხი 36). აკლია ცალი ჰორიზონტალური ყური. ფორმა ტიპიური. აქვს ჰორიზონტალურად გადმოწეული პროფილირებული პირის გვირგვინი, ოდნავ შეზნექილპროფილიანი ყელი, პროფილირებულ ქუსლთან მკვეთრად შევიწროვებული გამობერილპროფილიანი ტანი, ორი ჰ ორიზონტალური და ერთი ვერტიკალური ყური.

წერტილებიანი ოვების დეკორაციული სარტყელი დატანილია ყელის ძირზე და ნახატის ქვემოთ. მოხატულია ზურგიან სკამზე მარცხენა პროფილში მჯდომი ქალის ფიგურა, უსახელოებო გრძელნაოჭებიან ქიტონში, მუხლებზე დაფენილი მოსასხამით და ალებასტრონით მარჯვენა ხელში. თავზე უკეთია ზონრებით შეკრული Sakkos-ი. შუბლზე და კისერზე ჩამოშლილი თმიდან, კისერთან საყურე რგოლი მოუჩანს. ქალის წინ გამოსახულია ეროსის ფიგურა მარჯვენა პროფილში, დაფრენისას, უკვე ორივე ფეხზე დამდგარი, მუხლებში და წელში მოხრილი. წინ გაწვდილ ხელებში მოზრდილი ორნამენტირებული კოლოფი უკავია. ფრთები აზიდულია უშუალოდ ხერხემლის ხაზიდან. ქალისა და ეროსის ფიგურებს შორის საქსოვი კალათა დგას, სიმაღლე 19 სმ, პირის დიამეტრი 8,2 სმ, ტანის უდიდესი დიამეტრი 13,5 სმ (სურ. 70/5).

ჰიდრია ატიკური მოხატული კერამიკის ერთ-ერთი გავრცელებული სახეობაა. ესაა წყლის სამყურა დოქი. მას იყენებდნენ, აგრეთვე, კენჭისსაყრელ "ყუთად", დასაკრძალავ ურნად, საკულტო შესაწირად და ა.შ. "კალპისიც" (ეოლიური წარმოშობის სიტყვა) წყლის დოქს ნიშნავს. ამათ განვითარების ხანგრძლივი ისტორია გააჩნიათ – გეომეტრიული სტილის პერიოდიდან ვიდრე ძვ.წ. III საუკუნემდე. ძვ.წ. VI საუკუნის ბოლოდან წითელფიგურული სტილის მხატვრობაში მკვიდრდება მხრებგანიერი, ტანმომრგვალებული, პირისკენ მკვეთრად შევიწროვებული ფორმა. ძვ.წ. V ს შუა ხანებში გავრცელდა ფიჭვნარის მსგავსი ჰიდრიები. არის პატარა ზომის ჰიდრია – "კალპისები", ე.წ. ჰიდრისკები. ფიჭვნარული ცალი ამ უკანასკნელს ეკუთვნის და პოლიგნოტოსის ტრადიციების გამგრძელებელ სახელოსნოშია დამზადებული. ბიზლიმ მინიატურისტული მიმართულების ერთ-ერთ თვალსაჩინო ოსტატს შუვალოვის მხატვარი უწოდა (ერმიტაჟში დაცული გრაფის ამფორის სახელის მიხედვით). ცნობილია ამ მხატვრის მიერ შესრულებული 103 ვაზა. ხატავდა პატარა ზომის ჭურჭელს. რჩეული სიუჟეტებია: სცენები ინტერიერში, ბავშვების თამაში, ახალგაზრდები პალესტრაში, აფროდიტე და ეროსი, აპოლონი და მუზა, პოლინიკე და ერიფლე, პერსევსი და გორგანა, პელევსი და თეტიდე, ამაზონები და ა.შ. იგი ორფიგურიან სცენებს ანიჭებს უპირატესობას. ფიქრობენ, რომ შუვალოვის მხატვრის სახელოსნოში მოხატული ფიჭვნარის ჰიდრია დაახლოებით ძვ.წ. 425-410 წლებში უნდა იყოს დამზადებული მაღალი კლასის მიმბაძველის მიერ (Кахидзе, Давитадзе, 1978: 483, рис. 1; სიხარულიძე, 1987: 67-73, ტაბ. XLII). ჩვენს ვაზაზეც აფროდიტე და ეროსი უნდა იყოს მოხატული.

მოხატული წითელფიგურული კერამიკის მომდევნო ჯგუფს ლეკითოსები ქმნიან. შევჩერდებით ზოგიერთ მათგანზე.

ფიჭვნარი II

ცილინდრული წითელფიგურული ლეკითოსი (ქ-ფვ-83/26, სამარხი 101). ფორმა კანონიკური. ჯამისებრი პირი, ოდნავ გამობერილი ტანი, დისკოსებრი პროფილირებული ქუსლი. მხარზე გავლებულია მოკლე და გრძელი სხივების ორი რადიალური რიგი, ოვების დეკორატიული სარტყელი – ჭურჭლის წინა მხარეს, ნახატის ზემოთ, თიხისფერი ზოლი ნახატის ქვემოთ. გამოსახულია ქალის ფიგურა მარჯვენა პროფილში; მოსავს ქამარშემორტყმული გრძელი ქიტონი; წინ გაწვდილ ხელებში ბურთს ათამაშებს. აკრეფილი თმა უკან შეკრული, შავი ფონიდან თიხისფერი ზოლით გამოყოფილი, შუბლთან ნაჩვებია კულულოები. კაბის ნაოჭები გადმოცემულია სიგრძივი და რკალური შტრიხებით (სურ. 91/5). ძვ.წ. V ს მეოთხე მეოთხედი. სიმაღლე 14,5 სმ, ტანის დიამეტრი 5,5 სმ, ქუსლის 4 სმ. L.M. მხატვრის სახელოსნო (სიხარულიძე, 1987: 73, ტაბ. XLIII/11).

ცილინდრული წითელფიგურული ლეკითოსი (ქ-ფვ-83/30, სამარხი 101). ესეც L.M. მხატვრის სახელოსნო. მსგავსია ამავე სამარხში აღმოჩენილი ლეკითოსისა, ოღონდაც, ნახატი ორივე მხრიდან შემოსაზღვრულია ოვების სარტყელით. ძვ.წ. V საუკუნის მეოთხე მეოთხედი (სიხარულიძე, 1987: ტაბ. XLIII/12).

წითელფიგურული ცილინდრული ლეკითოსი (ქ-ფვ-79/42, სამარხი 59). ფორმა მსგავსია 101-ე სამარხის ლეკითოსებისა. ფიგურას აკლია თავი, მკერდი და მხრების ნაწილი. გამოსახულია ქალის მარცხნივ მიმართული ფიგურა ქამარშემორტყმულ გრძელ ქიტონში, ზიგზაგებით ორნამენტირებული - კოლოფი გაწვდილ ხელებში (სურ. 82/8). ძვ.წ. V საუკუნის მეოთხე მეოთხედი. L.M. მხატვრის სახელოსნო (სიხარულიძე, 1987: ტაბ. XLIII/13).

ცილინდრული წითელფიგურული ლეკითოსი (ქ-ფვ-68/157, სამარხი 10), ქალის მარცხნივ მიმართული ფიგურა ქამარშემორტყმულ გრძელ ქიტონში. თავი და ფეხები პროფილში, მარცხენა ხელი წინ გაწვდილი – მარჯვენა თავისკენ აწეული. ძვ.წ. V ს მეოთხე მეოთხედი (სიხარულიძე, 1987: 74, ტაბ. XLIII/14). L.M. მხატვრის სახელოსნო (სურ. 40/6).

არის გვიანკლასიკური ცილინდრული ლეკითოსების მარტივორნამენტიანი ნიმუშები.

ცილინდრული წითელფიგურული ლეკითოსი. L.M. მხატვრის სახელოსნო. გამოსახული უნდა ყოფილიყო ქალის ფიგურა მოძრაობაში (სიხარულიძე, 1987: 74).

ცილინდრული შავლაკიანი მარტივორნამენტიანი ლეკითოსი (ქ-ფვ-68/300^{2}). L.M. მხატვრის სახელოსნო. ძვ.წ. V ს მეოთხე მეოთხედი. ფორმა ტიპიური. ტანის წინა მხარეზე, მხართან თიხისფერ ზოლში ორ რიგად ჭადრაკულად განლაგებული წერტილების სარტყელია მოცემული, რომლის უფრო წვრილი ვარიანტი მეორდება ტანის ქვედა ნაწილში (იხ. სიხარულიძე, 1987: 75, ტაბ. XLIV/18).[6]

ცილინდრული შავლაკიანი მარტივორნამენტიანი ლეკითოსი (ქ-ფვ-68/300^{1}, სამარხი 21). L.M. მხატვრის სახელოსნო. ტანზე მხართან და ქვედა ნაწილზე ოვების დეკორაციული სარტყელია მოცემული (სურ. 62/2). ძვ.წ. V ს მეოთხე მეოთხედი (სიხარულიძე, 1987: 75-76, ტაბ. XLIV/19).

ეს ლეკითოსები ერთი სახელოსნოს ნაწარმს წარმოადგენს. ცალკე ჯგუფს ქმნის ფორმის, ზომისა და ორნამენტაციის მიხედვით. 14,5-დან 16 სმ-მდე სიმაღლის კანონიკური ფორმის პატარა ცილინდრულტანიანი ლეკითოსების კლასს განეკუთვნებიან. სახელოსნოს დამახასიათებელი ნიშანია დისკოსებური პროფილირებული ქუსლი (ორსაფეხურიან თიხისავე ფერის ქუსლის შუა ნაწილს ოდნავ ზემოთ ღრმა ღარი მიუყვება). თიხისავე ფერშია დატოვებული მხარი,

84

რომელიც სხივური ორნამენტითაა შემკული, ტანი – წერტილებიანი ოვების ან ჭადრაკულად განლაგებული წერტილების რიგებით მხართან და ქვედა ნაწილზე. წითელფიგურიან ლეკითოსებზე მოცემულია ქალის თითო, მარცხნივ მიმართული ფიგურა სხვადასხვა მოძრაობაში. ბურთით მოთამაშე გოგონების გამოსახულებიანი ლეკითოსები უახლოვდებიან L.M. მხატვრის, ანუ ლუვრის გოგონას მხატვრის ნამუშევარს; ასევე ითქმის პალერმოს ლეკითოსების შესახებ. იმავე ხელითაა შესრულებული ფიჭვნარის მოკლეთმიანი ქალის ფიგურა, რომელსაც ორნამენტირებული კოლოფი უკავია. ეს მხატვარი აწარმოებდა მარტივი ორნამენტით გაფორმებულ ჭურჭლებსაც. ჩანს, რომ ამ დროს ფართო ბაზარზე გზა ეხსნება დიდძალ ერთსახოვან პროდუქციას. ხდება ერთიდაიგივე ნაწარმის სერიული ექსპორტი. ჭირს ინდივიდუალური ხელნაწერის გარჩევა (სიხარულიძე, 1987: 76-78).

კიდევ უფრო მრავალრიცხოვნებით ხასიათდებიან ძვ.წ. V ს ბოლო მეოთხედის ატიკური წითელფიგურული არიბალისებრი ლეკითოსები.

არიბალისებრი წითელფიგურული ლეკითოსი (ქ-ფ-68/223, სამარხი 16). ფორმა მხრებდაქანებული, ჯამისებრი პირით და გამობერილი ტანით. ქუსლი თხელი, პროფილირებული. მოხატულია ფრთოსანი ქალღმერთი მარჯვენა პროფილში, გრძელ ქიტონში და მოსასხამში, მარცხნივ მიმართულ მოძრაობაში. ფრთები თითქმის დაკეცილია, თმა აკრეფილი და ზონარით შეკრული. სამოსელის კალთები უკანაა გაფრიალებული (სურ. 52/1). ძვ.წ. 430-420 წლები (სიხარულიძე, 1987: 78, ტაბ. XLV/21).

არიბალისებრი წითელფიგურული ლეკითოსი (ქ-ფ-73/357). ნახატი ქვემოდან შემოსაზღვრულია ოვების დეკორატიული ზოლით. ქალი მარჯვენა პროფილში, გრძელ ქამარშემორტყმულ ქიტონში, მარცხნივ მიმართულ მოძრაობაში, ხელში კოლოფით, მის წინ სტილიზებული მცენარეა. კაბის კალთა აფრიალებულია, ნაოჭები დამუშავებული წვრილი ხაზებით (სიხარულიძე, 1987: 78-79, ტაბ. XLV/22).

არიბალისებრი წითელფიგურული ლეკითოსი (ქ-ფ-68/256, სამარხი 19). მოცემულია ქალის მდგომარე ფიგურა გრძელ ქამარშემორტყმულ პეპლოსში, მარცხენა ხელში ორნამენტირებული კოლოფი უჭირავს. თმა უკან აწეული და შეკრული. ფიგურის მარცხნივ მოჩანს უზურგო სკამის ნაწილი და სტილიზებული მცენარე (სურ. 57/5; იხ. სიხარულიძე, 1987: 79, ტაბ. XLV/23).

არიბალისებრი წითელფიგურული ლეკითოსი. ერთფიგურიანი ნახატი ქვემოდან შემოსაზღვრულია თიხისფერი ზოლით. გამოსახულია ქალის ფიგურა თავისუფალი სახელურების მქონე ქიტონში, მარჯვენა პროფილში, მარცხნივ მიმართულ სწრაფ მოძრაობაში, აფრიალებული მოსასხამით და ქვედა კალთით. უკან ჰაერში დარჩენილი ფეხით (სიხარულიძე, 1987: 79-80, ტაბ. XLIV).

არიბალისებრი წითელფიგურული ლეკითოსი (ქ-ფ-68/260, სამარხი 5). ფორმა მხარმომრგვალებული, ტანგამობერილი. პირი მაღალი, სწორპროფილიანი, ყური თხელი, ტანი პროპორციული, ქუსლი პროფილირებული. ნახატი ქვემოდან შემოსაზღვრულია თიხისფერი ზოლით, ორივე მხრიდან სტილიზებული მცენარეული ორნამენტით. მოხატულია ჭაბუკის თავი მარჯვენა პროფილში მაღალი მუზარადისებური პილოსით. ცხვირი სწორი, მოგრძო, ოდნავ წვერაწეული, ტუჩები პატარა, ნიკაპი მრგვალი, თვალი დიდი, კუთხე გახსნილი, ზედა ქუთუთოსთან დასმული პატარა თვალის გუგით, წარბი სწორი, თვალი კუთხისკენ დაქანებული, თმა კულულებად ჩამოშლილი კისერზე (სურ. 31/13; იხ. სიხარულიძე, 1987: 81, ტაბ. XLVI/2).

ფიჭვნარი II

არიბალისებრი წითელფიგურული ლეკითოსი (ქ-ფ-80/50, სამარხი 83). ფორმა დაბალი, განიერი, ცილინდრული, ოვების დეკორაციული სარტყელი. ნახატის ქვემოთ მოცემულია ჭაბუკის თავი მარცხენა პროფილში, თავზე ზეთისხილის ტოტით შემკული პილოსით. უკან გამოსახულია სტილიზებული მცენარე. პროპორციულნაკვთებიანი დიდთვალა პროფილი გამოსახულია მკაფიოდ, კისერზე ჩამოშლილი თმა დაუდევრადაა შესრულებული (სიხარულიძე, 1987: 81-82, ტაბ. XLVI/3).

არიბალისებრი წითელფიგურული ლეკითოსი (ქ-ფ-81/50, სამარხი 83). ოვების დეკორაციული სარტყელი ნახატის ქვემოთ. ჰერმესის თავი მარცხენა პროფილში, მაღალი, ფრთებიანი პილოსით, რომელიც წარბებამდეა ჩამოწეული, თმები კისერზეა ჩამოშლილი კულულოების სახით. პროფილი არაპროპორციულია - გრძელი, წვეტიანი ცხვირით, რომელიც ტუჩების ხაზს ქვემოთ ჩამოდის, მძიმე ნიკაპით, რომელიც უშუალოდ ოვების სარტყელს ებჯინება. თვალი აღნიშნულია ორ პატარა შტრიხს შორის დასმული წერტილით. წვრილი ხაზებით შესრულებულია ფრთები და ორნამენტი პილოსზე (სიხარულიძე, 1987: 82, ტაბ. XLVI/4).

არიბალისებრი წითელფიგურული ლეკითოსი (ქ-ფ-83/9, სამარხი 96). ფორმა სფეროსებრტანიანი, პირსა და ყელს შორის მიუყვება წვრილი ღარი, ქუსლი რგოლისებური, წიბურიანი, ნახატის ქვემოთ ოვების დეკორაციული სარტყელი. მოხატულია ფრთოსანი ეროსის ცალ მუხლზე დაჩოქილი ფიგურა მარჯვენა პროფილში. წინ გაწვდილ ხელებს შორის ბურთს ათამაშებს. გრძელი ბოლოების გაყოფილი ფრთები დამუშავებულია წვრილი სიგრძივი ხაზებით (სიხარულიძე, 1987: 82-83, ტაბ, XLVII/1).

არიბალისებრი წითელფიგურული ლეკითოსი (ქ-ფ-77/401, სამარხი 40). ნახატი ქვემოდან შემოსაზღვრულია ვიწრო თიხისფერი ზოლით, ეროსი ფრენისას მარჯვენა პროფილში. მის წინ სტილიზებული მცენარეა ნაჩვენები. ორივე ხელთან გამოსახულია პატარა ბურთულა. ფიქრობენ, რომ ეროსი ბურთებით თამაშობს. ბოლოებდაშვებული ფრთები თითქმის შეტყუბებულია. თმა ყურებზე და კისერზე კულულებადაა ჩამოშლილი. ცხვირი წვეტიანი, ნიკაპი მრგვალი, წმინდა შავი შტრიხებით აღნიშნულია თვალი და ტუჩები, მარცხენა ხელის თითები, იღლიის და წელის ხაზი, ფრთები დამუშავებულია წერტილებით და ვერტიკალური ხაზებით (სიხარულიძე, 1987: 83, ტაბ. XLVII/2).

არიბალისებრი წითელფიგურული ლეკითოსი (ქ-ფ-68/227, სამარხი 16). ფორმა მხარმომრგვალებული, ტანგამობერილი, რგოლისებურქუსლიანი. ნახატი ქვემოდან შემოსაზღვრულია თიხისფერი ზოლით. გამოსახულია სფინქსი მარჯვენა პროფილში (სურ. 52/3; იხ. სიხარულიძე, 1987: 83, ტაბ. XLVII/3).

არიბალისებრი წითელფიგურული ლეკითოსი. ბუ თავით ფასში, ტანით და ფეხებით პროფილში. ფიგურის მარცხნივ გამოსახულია ზეთისხილის ტოტი, მარჯვნივ - ნახევარმთვარე. ძვ.წ. V ს მეოთხე მეოთხედი (სიხარულიძე, 1987: 83-84, ტაბ. XLVII/4).

არიბალისებრი წითელფიგურული ლეკითოსი. ფორმა მხარშებრტყელებული, ტანშეკრული. ნახატი ქვემოდან შემოსაზღვრულია თიხისფერი ზოლით, რომელიც ქვემოთ სწორხაზოვანია, ზევით ტალღოვანი (ზედაპირის გადმოცემა). ირმის ფიგურა მარჯვნივ მიმართულ მოძრაობაში, ნიადაგის ხაზიდან მოწყვეტილი კიდურებით. შემორჩენილია წრიული თვალის აღმნიშვნელი წვრილი კონტური და ფლოქვების მანიშნებელი შტრიხები - ხალები გადარეცხილია (სიხა-

რულიძე, 1987: 84, ტაბ. XLVIII/1).

არიბალისებრი წითელფიგურული ლეკითოსი. ფორმა დაბალი, განიერი, ტანი დამჯდარი. ოვების დეკორატიული სარტყელი ნახატის ქვემოთ. ირმის დინამიური ფიგურა მარცხნივ მიმართულ მოძრაობაში. ქვედა ხაზს ეხება მარცხენა წინა კიდურით. თვალი წრითაა გადმოცემული, დრუნჩი ორი მოკლე შტრიხითაა აქცენტირებული. ტანის დეტალები - რკალური ხაზებით. ჩლიქები გამოყოფილია. ტანზე ხალების აღმნიშვნელი რამდენიმე წერტილია შემორჩენილი (სურ. 42/4; იხ. სიხარულიძე, 1987: 84-85, ტაბ. XLVIII/2).

არიბალისებრი წითელფიგურული ლეკითოსი (ქ-ფ-77/384, სამარხი 36). ნახატი ქვემოდან შემოზღუდულია თიხისფერი ზოლით. გედი მარჯვნივ მიმართული. ფრთები დაწყობილი. გაზავებული ლაკით დატანილი ხაზებით შესრულებულია თვალის ოვალი, კისრის, მკერდის და ფრთების დეტალები. შემორჩენილია ბუმბულის აღმნიშვნელი წერტილები კისერზე (სურ. 76/2; იხ.სიხარულიძე, 1987: 85, ტაბ. XLVIII/3).

წითელფიგურული ლეკითოსი ქალის გამოსახულებით (ქ-ფ-85/80, სამარხი 107). ფორმა მხარშებრტყელებული. კასრისებრი, პირი ტიპიური, სუსტად გამოსახული შიგა დაქანებით. ქუსლი ზედა ნაწილში წიბურიანია, ქვემოთ რგოლისებრი. ყური ტანთან მიძერწვის ადგილზე დაწახნაგებული. ჭურჭლის ტანზე, ყურის საპირისპირო მხარეზე გამოსახულია უზურგო სკამზე მჯდომი ქალის ფიგურა მარჯვნივ, გრძელ უსახელოებო ქიტონში და მოსასხამში. ოდნავ იდაყვში მოხრილი, თითებგამართული მარჯვენა ხელი (ცერი ქვემოთ მიმართული) წინ აქვს გაწვდილი. ხელის მტევნის ქვემოთ, იქ, სადაც თიხისფერი ლაკით მრგვალი საგანი (ბურთი?) უნდა იყოს აღნიშნული. დაზიანებულია, ქალი ბურთს თამაშობს (?). მის წინ სტილიზებული მცენარეა. ზურგს უკან საკიდზე მოჩანს ქალის ატრიბუტი, ყელსახვევი ან თავსახვევი ლენტი. ნახატი ქვემოდან შემოსაზღვრულია შავი ხაზით და თიხისფერი ზოლით (სურ. 91/14).

ბურთით მოთამაშე ქალის ან ეროსის მოტივი ფიჭვნარის რამდენიმე ლეკითოსზე მეორდება (სიხარულიძე, 1987, კატ. 11-12, 29-30). ეს სიუჟეტი ფართოდაა გავრცელებული ატიკური ვაზების რეპერტუარში. სიმაღლე 13 სმ, ტანის დიამეტრი 8 სმ, ქუსლის 6,5 სმ (სიხარულიძე, 1991: 42-44, ტაბ. XIII/1).

წითელფიგურიანი ტანგამობერილი ლეკითოსი გედის გამოსახულებით (ქ-ფ-85/108, სამარხი 111). ფორმა ტიპიური, პატარა, ტანდამჯდარი, ვაშლისებური. ქუსლი დაწახნაგებულია. ყელის ტანთან შეერთების ხაზზე წიბური აღინიშნება. გამოსახულია გედი მარცხნივ, ფრთებდაკეცილი. შავი ლაკით შესრულებულია თვალი წრეში ჩაწერილი წერტილის სახით, პარალელური ხაზებით მოხაზულია ფრთა და წერტილოვანი ბუმბული (სურ. 94/2). ანალოგიურია 1977 წელს 36-ე სამარხში აღმოჩენილი ნიმუშისა (სიხარულიძე, 1987: 85, კატ. 35, ტაბ. XLVIII/3). სულ ძვ.წ. V ს სამაროვანზე ოთხი ასეთი ლეკითოსი აღმოჩნდა. სპეციალისტები თვლიან, რომ ცხოველის ან ფრინველის კენტი გამოსახულება ფართოდ გავრცელებული მოტივია ძვ.წ. V ს უკანასკნელი მეოთხედის ატიკურ პატარა ზომის ჭურჭელზე. შესაბამისად, ხშირად იყენებდნენ იმდროინდელ სამარხეულ ინვენტარად (სიხარულიძე, 1991: 44-45, ტაბ. XIII/2).

არიბალისებრი წითელფიგურული ლეკითოსი (სამარხი 83). გედი მარცხნივ მიმართული, ფრთებდაწყობილი. თვალი გადმოცემულია ქვემოდან რკალშემოვლებული წერტილით, გრძელი ნისკარტი გამოყოფილია წვრილი შავი ზოლით. გაზავებული ლაკით შესრულებულია ფრთის

კონტური და შტრიხები; ბუმბული აღნიშნულია მეჩხერი წერტილებით (სურ. 87/4; იხ. სიხარულიძე, 1987: 85, ტაბ. XLVIII/4).

არიბალისებრი ლეკითოსი წითელფიგურული ორნამენტით (ქ-ფ-79/24, სამარხი 52). ნახატი ქვემოდან შემოსაზღვრულია თიხისფერი ზოლით, რომლის ზემოთ, მხარამდე დატანილია ერთნახევარი პალმეტი ვოლუტებით, გვერდით ორივე მხარეზე თითო ფოთოლი ორ წრეს შორის (სურ. 75/9, 82/2; იხ. სიხარულიძე, 1987: 86, ტაბ. XLIXI/1).

არიბალისებრი ლეკითოსი წითელფიგურული ორნამენტით (სამარხი 72). წინა მხარე უჭირავს თიხისფერი რკალით შემოსაზღვრულ პალმეტს, რომლის ფოთლების ბოლოები გაფართოებულია და სწორხაზოვანი. ძვ.წ. V ს მეოთხე მეოთხედი - IV ს პირველი მეოთხედი (სიხარულიძე, 1987: 86, ტაბ. XLIXI/4).

არიბალისებრი ლეკითოსი წითელფიგურული ორნამენტით (ქ-ფ-67/45, სამარხი 4). შემორჩენილია ნაწილობრივ ვოლუტებიანი პალმეტი და წერტილებიანი ოვების სარტყელი შავლაკიან ზოლებს შორის. ძვ.წ. V ს მეოთხე მეოთხედი (სურ. 31/7; იხ. სიხარულიძე, 1987: 86-87, ტაბ. XLIXI/5).

მარტივორნამენტიანი არიბალისებრი შავლაკიანი ლეკითოსი (ქ-ფ-83/22, სამარხი 100). ფორმა მხარმომრგვალებული, ტანგამობერილი, ყური თხელი, ფაქიზად მიძერწილი, ქუსლი თხელი, პროფილირებული. თიხისფერ სარტყელში ჭურჭლის წინა მხარზე, ორ შავ ხაზს შორის დატანილია წვრილხაზოვანი მეანდრის ზოლი (სურ. 88/5, 91/2; იხ. სიხარულიძე, 1987: 87, ტაბ. XLIXI/2).

არიბალისებრი შავლაკიანი ლეკითოსი (ქ-ფ-68/148, სამარხი 9). მხოლოდ ძირია რესტავრირებული (სურ. 39/7; იხ. სიხარულიძე, 1987: 87, ტაბ. XLIX/3).

მარტივორნამენტიანი არიბალისებრი შავლაკიანი ლეკითოსი (ქ-ფ-73/332, სამარხი 24). თიხისფერ სარტყელში წყვილ შავ წრეხაზს შორის ჭურჭლის წინა მხარეზე დატანილია ტალღოვანი ზიგზაგები (სურ. 64/5; იხ.სიხარულიძე, 1987: 87-88, ტაბ. XLIX/6).

მარტივორნამენტიანი არიბალისებრი შავლაკიანი ლეკითოსი (ქ-ფ-67/32, სამარხი 3). წინა მხარეზე დატანილია ტალღოვანი ზიგზაგები (სურ. 31/3; იხ. სიხარულიძე, 1987:88, ტაბ. XLIX/7).

მარტივორნამენტიანი არიბალისებრი პატარა ზომის ლეკითოსი (ქ-ფ-67/33, სამარხი 3). მინიატურული, ტეხილხაზოვანი ზიგზაგების ზოლი თიხისფერ სარტყელში (სურ. 31/2; იხ.სიხარულიძე, 1987: 87-88, ტაბ. L/6).[7]

არიბალისებრი ანუ ტანგამობერილი ლეკითოსი შუალედური ფორმაა ლეკითოსსა და არიბალოსს შორის. მისი სახელწოდება თანამედროვე ფრანგულიდან მოდის. არიბალისებრი ლეკითოსი წარმოიშვა კორინთული არიბალოსიდან, ოღონდაც მას დაუგრძელდა ყელი და დაედგა ლეკითოსის პირი; ტანი კი სფეროსებრი არიბალოსისთვის დამახასიათებელი (მომრგვალებული) დარჩა. არიბალისებრი ლეკითოსების კლასი გვიანარქაულ ხანაში, ძვ.წ. V ს დასაწყისში გაჩნდა; პოპულარულია ძვ.წ. V ს მეორე და ძვ.წ. IV ს პირველ ნახევარში. ჯერ შემოვიდა მოხატული ნიმუშები, შემდეგ კი შავლაკიანები. ძვ.წ. V ს მესამე მეოთხედიდან საუკუნის დასასრულამდე ქრონოლოგიური დიფერენციაციის დასაყრდენ ნიშნებს წარმოადგენს: ტანის სიმაღლე, მხრის მოყვანილობა და ტანის კონტური; უფრო ვიწრო დამათარიღებელი

მნიშვნელობის მქონე ნიშნებია: პირის ზედა სიბრტყე, ყელის სიგანე, ყურის მოყვანილობა, გაფორმების ავკარგიანობა და ლაკის ხარისხი. ძვ.წ. IV საუკუნეში ამ მიმართებით ყველაზე მნიშვნელოვანია პირის პროფილი და პირ-ქუსლის სიგანე ტანთან მიმართებაში. ფიჭვნარში გამოიყოფა მოხატული ლეკითოსების შემდეგი ტიპები:

I. მაღალი, მხარდაქანებული, ტანგამობერილი;

II. საშუალო (მხარდაქანებული, ტანგამობერილი; მხარმომრგვალებული, ტანგამობერილი; სფეროსებრტანიანი; მხარშებრტყელებული, ტანშეკრული);

III. დაბალი, განიერი, ტანდამჯდარი;

IV. ბადისებრორნამენტიანი.

თ.სიხარულიძე ფიქრობს, რომ ფიჭვნარის მოხატული არიბალისებრი ლეკითოსები ძვ.წ. V ს გვიანი პერიოდის ჯგუფების, დაქვეითებული მხატვრობის შესატყვისია. მასობრივი წარმოების პირობებში დაპატარავებული ზომის ჭურჭლებზე შესრულებული გამოსახულებები ტრადიციული სიუჟეტების და ახალი თემების შემოკლებულ, ხშირად გაიოლებულ ვარიანტს წარმოადგენს. ფიჭვნარის ყველა ნიმუშზე თითო ფიგურაა გამოსახული.

ყველაზე მაღალ ლეკითოსზე მოცემულია ფრთოსანი ქალღმერთის გამოსახულება. იგი მშვიდი და კეთილშობილი იერით, თავისუფალი, დინჯი და ზვიადი მოძრაობით პართენონის პერიოდის გამოსახულებებს უახლოვდება და პოლიგნოტოსის სკოლის ტრადიციულ სტილშია შესრულებული. იკონოგრაფიული ტიპი ნიკეს ან აურას უკავშირდება.

ძვ.წ. V ს ბოლო სამი ათწლეულით დათარიღებული არიბალისებური ლეკითოსების ჯგუფი ფორმათა ვარიაციებით ხასიათდება. მათ შორის სტილისტურად ყველაზე ადრეულებია ქალის ფიგურის გამოსახულებები ხელში კოლოფებით და ქალი შეწირვის დროს. ისინი ერთი ოსტატის მიერ უნდა იყოს შესრულებული.

კარგი შესრულებით გამოირჩევიან არიბალისებრი ლეკითოსები, რომლებზეც აღბეჭდილია ქალის (აფროდიტეს) პროფილი მოსასხამით და ჭაბუკის პროფილი თავზე მაღალი, მუზარადისებრი პილოსით. ისინი შუვალოვისა და ერეტრიის მხატვრული სკოლის ტრადიციაშია შესრულებული. პროფილში წარმოდგენილი თავები ატიკური კერამიკის მხატვრობაში ძვ.წ. V ს ბოლო ხანებში და ძვ.წ. IV ს დასაწყისში გავრცელდა. მართებულად თვლიან, რომ ფიჭვნარის ნიმუშები უფრო ადრეულია და სტანდარტიზებული ცალების კატეგორიას არ განეკუთვნება. ამ უკანასკნელთა შესატყვისია ფიჭვნარის დაბალ და განიერ ლეკითოსებზე გამოსახული პროფილები. მათზე გარდაცვლილთა სულების მეგზური ღვთაების – ჰერმესის პროფილია გამოსახული, დამახასიათებელი ფრთებიანი ქუდით. მათ არაერთი პარალელი ეძებნებათ. ერთ-ერთი გამოსახულების ქუდს ფრთები არ გააჩნია.

აფროდიტეს და ეროსის ციკლს განეკუთვნებიან ბურთებით მოთამაშე ეროსის გამოსახულებები. სფერულტანიან ლეკითოსზე აღბეჭდილი ეროსი ძვ.წ. 430-420 წლებით თარიღდება. მეორე უფრო გვიანდელ ნიმუშადაა მიჩნეული.

ალეგორიულ სახედაა გააზრებული ბუს გამოსახულება, რომელიც მის გვერდით მოცემული ზეთისხილის ტოტით ათენას კულტს უკავშირდება და, როგორც ითქვა, გავრცელებული სიუჟეტია ძვ.წ. V ს სკიფოსებზე. ლეკითოსებზე კი იშვიათად გვხვდება.

სფინქსისგამოსახულებიანი ლეკითოსი ახლო მსგავსებას პოულობს ჯ.ბიზლის მიერ 425-

420 წწ დათარიღებულ ვურცბურგის 577-ე ჯგუფის ნიმუშებთან. ლეკითოსები ცხოველების და ფრინველების გამოსახულებით ძვ.წ.V ს ბოლო მეოთხედს განეკუთვნება. ასევე ითქმის წითელ-ფიგურული ტექნიკით დატანილ პალმეტებიანი ლეკითოსების შესახებ.

ქრონოლოგიურად ყველაზე გვიანდელია ბადისებრორნამენტიანი ვაზების ჯგუფი (მათზე სხვა დროს იქნება საუბარი).

ზოგჯერ სამარხებსა და უფრო ხშირად სააღაპო მოედნებზე გვხვდება წითელფიგურული თუ სადა ასკები. მოვიტანთ მოხატული ნიმუშების აღწერილობას. სადა ასკების შესახებ საუბარი ქვემოთ იქნება.

წითელფიგურიანი ასკი (ქ-ფ-68/281, მე-20 სამარხის კრემაციული მოედანი). ფორმა კანონიკური. პირ-ყელი ზომიერად გაშლილი, პირი თხელტუჩიანი. ტანი ზომიერად ამობურცული, გვერდებმომრგვალებული, ძირთან წვრილი ღარით; ზონრისებური ყური ჭურჭლის პირიდან მოპირდაპირე გვერდამდე თაღისებურად გადაჭიმული. ლომისა და ხარის დინამიური ფიგურები ერთმანეთისკენ მიმართულ მოძრაობაში, შესაბამისად მარცხენა და მარჯვენა პროფილში. ლომის მარჯვენა წინა კიდური ჰაერშია, დანარჩენი კიდურები სადგამ ზოლს ეყრდნობა. კუდი აწეულია. ხარის თავი ჯიქურ დახრილია. ფიგურების თავისა და ტანის დეტალები გაზავებული ლაკის წვრილი ხაზებითაა შესრულებული (სურ. 60/4). ძვ.წ. V ს ბოლო მეოთხედი - IV ს პირველი ათწლეულები (სიხარულიძე, 1987: 99, ტაბ. LII/1).

წითელფიგურული ასკი (ქ-ფ-67/9, სამარხი 1). ათლეტების ორი შიშველი მოხრილი ფიგურა ერთმანეთისაკენ მიმართული მარცხენა და მარჯვენა პროფილში. ორივე ფიგურის წინ ქვემოთ მიმართული თიხისფერი სამკუთხედია დატანილი. ორივე სტრიგილით ზემოთ აწეულ მარჯვენა ხელში, მარცხენა პროფილში გამოსახული ფიგურის ტანი ფეხებს ზემოთ ზურგიდან არის გამოსახული, მარჯვენა პროფილში მოცემული ფიგურის ტანი კი ფეხებს ზემოთ ფასშია წარმოდგენილი. თავები კულულებიანია. სახისა და ტანის დეტალები შესრულებულია გაზავებული ლაკის წვრილი ხაზებით. ძვ.წ. V ს მეოთხე მეოთხედი (სურ. 20; იხ. სიხარულიძე, 1987: 99-100, ტაბ. LII/2).

წითელფიგურული ასკი (ქ-ფ-68/303). აღმოჩნდა დაშლილ მე-20 სამარხის ქვაყრილში. ერთ მხარეს გამოსახულია სატირი მარჯვენა პროფილში, მარცხნივ მიმართულ მოძრაობაში. მეორე მხარეს ქალის ხელებგაშლილი ფიგურა წელამდე, თავით მარცხენა პროფილში, ტანით ფასში, მარცხნივ მიმართულ მოძრაობაში: სატირი მისდევს მენადას, რომელიც მას გაურბის და დამფრთხალი უკან იყურება. ძვ.წ. V ს მეოთხე მეოთხედი (სიხარულიძე, 1987: 100-101, ტაბ. LII/3).

წითელფიგურული ასკი (ქ-ფ-67/69, მე-6 სამარხის კრემაციული მოედანი). სფინქსები ან სირენები (ნატეხების სახითაა შემორჩენილი) პროფილში, ერთმანეთისკენ მიმართული. მარცხენა პროფილში გამოსახული ფიგურის ფრთები ტანთან გაერთიანებულია. ფრთები მხოლოდ ჰორიზონტალური მიმართულებითაა დაშტრიხული. ძვ.წ. V ს მეოთხე მეოთხედი (სიხარულიძე. 1987: 101, ტაბ. LII/4).

წითელფიგურული ასკი (ქ-ფ-67/69[13]). ერთმანეთისაკენ მიმართული ორი ფიგურა: კაცი(?) და ლომი(?). ძვ.წ. V ს მეოთხე მეოთხედი - ძვ.წ. IV ს პირველი ათწლეული (სიხარულიძე, 1987: 101).

ძვ.წ. V ს ბერძნული ნეკროპოლის გათხრები (1967-1987 წწ)

წითელფიგურული ასკი (ქ-ფ-68/281, მე-20 სამარხის კრემაციული მოედანი). ფიგურები გადარეცხილია. ძვ.წ. V ს მეოთხე მეოთხედი - IV ს პირველი ათწლეული (სიხარულიძე, 1987: 101-102).

შავლაკიანი ასკი (ქ-ფ-69/278, მე-20 სამარხის კრემაციული მოედანი). ძირზე გრაფიტო. ძვ.წ. V ს მეოთხე მეოთხედი (სიხარულიძე, 1987: 102) (სურ. 76).

ასკი (პატარა გუდა, თულუხი) ჭურჭლის ის ფორმაა, რომელსაც თანამედროვე მკვლევარები პირობითად ასკოსს უწოდებენ. ამ ჭურჭელს განვითარების ხანგრძლივი ისტორია აქვს. გავრცელებული იყო უძველესი დროიდან. მას დამჯდარი ფრინველის, მტრედის თუ იხვის მოყვანილობა ჰქონდა. ატიკურ კერამიკაში დამკვიდრდა არქაულიდან თავისუფალი სტილისკენ გარდამავალ პერიოდში და არსებობდა ძვ.წ. IV ს მიწურულამდე. ტანმა, მილისებურმა პირყელმა და ყურმა მთელი რიგი ცვლილებანი განიცადა. მარტო წითელფიგურული სტილის პერიოდის ფორმებში ჯ.ბიზლი 11 ნაირსახეობას გამოყოფდა. მათ შორის პირველი ტიპის კანონიკურ ფორმას ახასიათებს ზომიერად ზურგგამობერილი დახურული ტანი, მილისებრი პირ-ყელი ტანის ცალ გვერდზე და პირიდან ტანის მოპირდაპირე გვერდამდე თაღისებურად გადაჭიმული თხელი ყური. ნაირსახეობებში შედის ასკები ორი პირით, მათგან ერთი სამტუჩაა; ტანის გვერდზე მიძერწილი პატარა რგოლისებრი ყურით. ლომის თავის მოყვანილობის პირყელით; ზურგის შუა ნაწილში საცრიანი ღიობით, რომელსაც შეიძლება ხუფიც ახლდეს და, ბოლოს, კიბოს მარწუხისებრი და კოჭისებრი ასკები.

ატიკური ასკები გაფორმებულია ვაზის ორივე გვერდზე მოთავსებული თითო გამოსახულებით. ფორმის ცვლილება მიმდინარეობს ამობერილი ზურგისა და შესაბამისად ტანის დადაბლების მიმართულებით. ძვ.წ. V ს ბოლო მეოთხედის ასკებზე უპირატესად ცხოველების და ფრინველების გამოსახულებებია მოცემული. ფიჭვნარში ნაჩვენებია ლომისა და ხარის ურთიერთდაპირისპირება. დევნის კომპოზიციაში ძაღლი მისდევს კურდღელს (კახიძე, 1964). გამოსახულია, აგრეთვე, სტრიგილებიანი ორი ფიგურა. სატირისა და მენადის ფიგურების ტიპოლოგია დევნის სცენების ტრადიციული სქემის შესატყვისია.

ასეთია ფიჭვნარის ძვ.წ. V ს ბერძნულ ნეკროპოლზე აღმოჩენილი წითელფიგურიანი ვაზების უმთავრესი კლასები. წამყვანია მასობრივი მოხმარების ნიმუშები. გვხვდება მაღალმხატვრული ცალებიც. აშკარაა, რომ ანტიკური ვაზათმომხატველობის საგანძური მნიშვნელოვნად გამდიდრდა ფიჭვნარის მონაპოვრებით, იგივე ითქმის ორნამენტირებულ თუ სადა ატიკურ შავლაკიან კერამიკული ნაწარმზეც.

შენიშვნები:

[1] ამ ოსტატის შესახებ იხ. (Dugas, 1951; Boardman, 1997: 14).

[2] ამ მიმართებით მკვლევართა შორის აზრთა სხვადასხვაობაა. ერთი ნაწილი (ბიზლი, ვებსტერი, ჰელბიგი, რობერტი და გარდნერი) თვლის, რომ აქ გადმოცემულია "ჰერაკლე და არგონავტები". ჰაუზერი და ბორდმანი აქ მარათონის ბრძოლის გმირებს ხედავენ. სიქსის მოსაზრებით, ესაა ჰერაკლეს მიერ ქვესკნელის ტყვეობიდან თეზევსის განთავისუფლების სცენა. სიმონის მიხედვით ლუვრის კრატერზე გამოსახულია თეზევსის არა პირველი, „მითიური" დაბრუნება ჰადესის სამეფოდან, არამედ მეორე, „ისტორიული", როცა ძვ.წ. 475 წ კიმონმა კიროსზე აღმოჩენილი "დიდი ადამიანის" კუბო, რომლის

გვერდითაც სპილენძის შუბი და ხმალი იდო, თეზევსის ნეშტად მიიჩნია და დიდი პატივით თეზეონში დაკრძალა. ეს ავტორი თეზევსად მიიჩნევდა მიწაზე გართხმულ ახალგაზრდას, რომელიც თითქოს ხელმეორედ წამოდგა საფლავიდან (ამ სცენის ინტერპრეტაციასთან დაკავშირებით სხვადასხვა შეხედულები უფრ.დაწ.იხ. Simon, 1963).

[3] მითის მოკლე შინაარსი ასეთია: თებეს მეფის ამფიონის მეუღლემ, ნიობემ რომელსაც 7 ვაჟი და ამდენივე ქალიშვილი ჰყავდა, ზევსის სატრფოს, მხოლოდ ქალ-ვაჟის: ოქროსკულულებიანი აპოლონისა და ქალწული არტემიდეს დედას, ქალღმერთ ლეტოს დასცინა. უფრო მეტიც, მისთვის მსხვერლის შეწირვაზეც უარი თქვა. განაწყენებულმა ლეტომ შვილებს შესჩივლა. ნიობე სასტიკად დაისაჯა: აპოლონმა ყველა ვაჟი დაუხოცა, არტემიდემ კი – ქალიშვილები. თვით ნიობე ცრემლჩამომდინარე კლდედ იქცა.

[4] ზევსის ბრძანებით ჰეფესტოსაგან შექმნილი პირველი მოკვდავი ქალი. ყველასაგან დასაჩუქრებული. აფროდიტემ სილამაზე აჩუქა, ჰერმესმა – მზაკვრობა, ცბიერება, სიცრუე და მჭევრმეტყველება; ათენამ ულამაზესი ტანსაცმელი მოუქსოვა. პანდორე ზევსმა ადამიანებს როგორც სასჯელი მოუვლინა იმის გამო, რომ პრომეთემ ღმერთებს ცეცხლი წაართვა და მათ მიუტანა (გაფრინდაშვილი, 1972: 233-234).

[5] ამ კრატერის ერთი ნაწილი აღმოჩნდა ფიჭვნარში ქალბატონ ნინო ხოშტარიას მიერ 1953 და 1956 წლებში განხორციელებული საველე სამუშაოების დროს. იგი საკმაოდ დიდი ხნის განმავლობაში იყო ექსპონირებული ს.ჯანაშიას სახელობის საქართველოს ეროვნულ მუზეუმში ფიჭვნარისავე ლესბოსურ ამფორასა და შავლაკიან ორნამენტირებულ ამფორისკთან ერთად. მისი ფონდებში მიკვლევა 22-ე კრემაციული სამარხის ურნად გამოყენებული წითელფიგურული კრატერის თითქმის მთლიანად აღდგენის შესაძლებლობას მოგვცემს (ა.კ.).

[6] ასეთივე ლეკითოსი აღმოჩნდა კოლხურ სამაროვანზეც.

[7] ასეთი ლეკითოსი ბევრია.

სადა და ორნამენტირებული შავლაკიანი კერამიკა

როგორც ვნახეთ, მოხატულ ატიკურ კერამიკას ფიჭვნარის ბერძნული ნეკროპოლის სამარხეულ ინვენტარში ერთ-ერთი მნიშვნელოვანი ადგილი უკავია. მაგრამ მაინც, წამყვანია ატიკური სადა თუ ორნამენტირებული შავლაკიანი ვაზები. საქართველოს ზღვისპირეთის სხვა ძეგლებთან შედარებით ფიჭვნარი განსაკუთრებით მდიდარსა და მრავალფეროვან მასალას იძლევა. ბუნებრივია, ამ სახის ნაკეთობანი დიდი ხანია საგანგებო კვლევის საგანს წარმოადგენს. პირველ ხანებში, 1961-1963 წლებში, ასპირანტობის პერიოდში ვაგროვებდით ზედაპირულ მასალას. მადლიერების გრძნობით მინდა აღვნიშნო, რომ ზოგიერთი ნიმუში ფიჭვნარის 1953 და 1956 წლების მონაპოვრებიდან გადმოგვცა განსვენებულმა მეცნიერმა ქალბატონმა ნინო ხოშტარიამ (ამ წლების აღმოჩენებზე იხ. ხოშტარია, 1959). საინტერესო ნიმუშები შეგვიგროვა აწგანსვენებულმა მეველემ მ. ხაბაზმა. ფიჭვნარის ნაქალაქარის ტერიტორიაზე პირველი საკონტროლო თხრილები გავავლეთ 1963 და 1964 წლებში, სადაც სხვა მასალასთან ერთად ატიკური შავლაკიანი ჭურჭლის ცალკეული ნატეხებიც იყო წარმოდგენილი. ეს მონაპოვრები შევიდა ჩვენს საკანდიდატო დისერტაციასა და ადრინდელ ნაშრომებში (კახიძე, 1965_a; 1965_b; 1971_a და სხვ.).[1]

ახალი ეტაპი ფიჭვნარის შესწავლაში, როგორც ცნობილია, 1965 წლიდან იწყება. ერთი მეორის მიყოლებით ვრცელ ტერიტორიაზე 1965 წელს აღმოჩნდა ელინისტური ხანის სამაროვანი, 1966 წელს ძვ.წ. V ს ადგილობრივი კოლხური მოსახლეობის სამაროვანი, ხოლო 1967 წელს კი ძვ.წ. V-IV სს ბერძნული ნეკროპოლი. სამივე სამაროვანზე, განსაკუთრებით კი ბერძნულზე. მრავლად იყო წარმოდგენილი ატიკური შავლაკიანი კერამიკა. ელინისტური ხანის სამაროვანზე ადრე მოპოვებული ერთეული ცალები უკვე გამოქვეყნებულია (კახიძე, ვაშაკიძე, 1977: 37 და შმდ.; 1978: 51, ტაბ. XVII/3; ვაშაკიძე, კახიძე, 1979: 79, ტაბ. XXVII/1; კახიძე, 1981: 48, ტაბ. XVII/1,4). ძვ.წ. IV ს ბერძნულ ნეკროპოლზე 1976 წლის ჩათვლით განხორციელებული კვლევა-ძიების შედეგები უკვე შევიდა სამეცნიერო მიმოქცევაში (კახიძე, 1974_b; 1979; Кахидзе, 1979). ქართულ, რუსულ და ინგლისურ ენებზე გამოვიდა საქართველო-ბრიტანეთის ფიჭვნარის საერთაშორისო ექსპედიციის სამუშაოების შედეგებიც (კახიძე, იაშვილი, 1999; ვიკერსი, კახიძე, იაშვილი, 1999; კახიძე, ვიკერსი, 2000; 2002; 2004; კახიძე, ვიკერსი, მამულაძე, 2000; კახიძე, თავამაიშვილი, ვიკერსი, 2005; Кахидзе, Мамуладзе, 2001; Кахидзе, Сулава, 2005; Kakhidze,Vickers, 2000_a; Vickers, Kakhidze, 1998; 1999_a; 1999_b; 2000; 2001_a; 2001_b; 2002; Kakhidze, Iashvili, Vickers 2001; Kakhidze, Tavamaishvili, Vickers, 2002; Kakhidze, Vickers, Tavamaishvili, 2005). დღემდე აშკარად ვალში ვიყავით ძვ.წ. V ს ბერძნული ნეკროპოლის მიმართ – შედარებით სრულყოფილად გამოქვეყნებულია მხოლოდ 1967 წლის არქეოლოგიური გათხრების შედეგად აღმოჩენილი შვიდი სამარხეული კომპლექსი (კახიძე, 1975). მომდევნო წლებში დაგროვდა დიდძალი მასალა. ჩვენც თითქმის 45 წლის განმავლობაში ვახორციელებდით თანამიმდევრულ კვლევას. გავეცანით დიდძალ მასალას, სპეციალურ ლიტერატურას,

93

რომელთა სრული სახით მოზიდვა შეუძლებელია. განსაკუთრებით დიდი სამსახური გაგვიწია ათენის აგორაზე ამ სახის მასალების შესახებ არსებულმა სპეციალურმა მონოგრაფიამ (Sparkes, Talcott, 1970). არსებითად ამ მონაცემებზეა დაფუძნებული ფიჭვნარის ამ სახის ნაწარმთა კონკრეტული კვლევა. რა თქმა უნდა, სათანადოდაა გამოყენებული სხვა ლიტერატურაც.

ფიჭვნარის მოსახლეობაში სადა, ნაკვეთი და შტამპირებულორნამენტიანი (ნაირსახეობანი იხ. Talcott, 1935; Ure, 1936; Sparkes, Talcott, 1970: 9-31) ატიკური შავლაკიანი კერამიკული ნაწარმი ფართოდ ჩანს გავრცელებული, რაც შესანიშნავად ჩანს სამარხეულ კომპლექსებში აღმოჩენილი ცალკეული ფორმების მიხედვით (იხ. კახიძე, შატბერაშვილი, 1971: 69-71, ტაბ. II). ატიკური კერამიკის განხილვას დავიწყებთ სუფრაზე მოსახმარი ჭურჭლით.

ოინოხოია. როგორც ცნობილია, ოინოხოია კლასიკური ხანის დახურული ტიპის ჭურჭელია, რომელსაც იყენებდნენ ყველა სახის სითხისათვის. იგი ყოველდღიური მოხმარებისათვის იყო განკუთვნილი, რამაც განაპირობა მათი მრავალრიცხოვნება და ნაირსახეობა. გავრცელებულია როგორც მოხატული, ასევე სადა ნიმუშები (იხ. Sparkes, Talcott, 1970: Nos 89-104, pl. 5, figs 2,8; Beazley, 1976: 256-257).

ფიჭვნარის მსგავსი ოინოხოიები (Sparkes, Talcott, 1970: Nos 105-138, shape 3, pls 6-7, fig. 2) სადა შავლაკიანებს შორის ყველაზე გავრცელებული კლასია. ეს არის დოქი, რომელსაც აქვს დაბალი ქუსლი, ტანი უწყვეტად გადადის ყელში, რომელიც სამტუჩა პირით მთავრდება. დაბალი სახელური სარტყელის ფორმისაა, ხშირად წიბურიანი. ჩანს, რომ ისინი საწყაულებადაც გამოიყენებოდნენ. ზომები უმეტესად ერთგვაროვანია. სახელი ოიონოხოებიც კარგადაა შერჩეული. ათენის აგორის მასალა ფორმის განვითარებაზე თვალის გადევნების შესაძლებლობას იძლევა. დასაწყისში დოქის პროპორციები ვიწროა, ქუსლი პატარა, მხრის დაქანება ისეთია, რომ პირი რბილადაა ჩამჯდარი მის სამტუჩა ფორმაში. პროგრესი აისახა განვითარების ცალკეულ დეტალებში. კერძოდ, ქუსლი დაბლდება და ფართოვდება - მისი დიამეტრი ოდნავ ჩამორჩება კორპუსისას. ეს კარგად ჩანს ძვ.წ. V ს ბოლოს ნიმუშებში. ძვ.წ. IV ს, როცა ტანის ფორმა კვლავ ნატიფი ხდება, ქუსლის დიამეტრი პატარავდება, მაღლდება და სქელდება. გარეთა ზედაპირიც მოჭიქულია. შესქელებული პირი ოდნავ ანელებდა სითხის გადმოსხმას. პირი გადაშლილი, ტუჩის ორი შეჭყლეტილი მონაკვეთი პირის დონის ზემოთაა აზიდული. ჭურჭელი გამაღლდა, დავიწროვდა, ბოლოში კი გაფართოვდა. სახელური უფრო გრძელია. ოინოხოიის გაფორმება ძვ.წ. V ს სუროს ფოთლებით და კენკროვანი ნაყოფით ხდებოდა. დანამატი თიხა გამოიყენება რელიეფური გაფორმება-მოოქროვებისათვის. კანელურები ძვ.წ. 400 წლამდე არ გვხვდება, თუმცა სხვა ფორმებისათვის იყენებდნენ. არის ისეთი ნიმუშებიც, რომელთა სახელურები პლასტიკური გამოსახულებითაა შემკული. ხშირად გვხვდება გრაფიტო.

ფიჭვნარის ძვ.წ. V ს მასალებს შორის გამოიყოფა ოინოხოიების ორი სახეობა. პირველში ტიპიური, ე.წ. სადამხრიანი შავლაკიანი სამტუჩა ოინოხოიები ერთიანდებიან. უფრო მეტია მრგვალპირა დოქები. ისინი გვხვდება ძვ.წ. V ს როგორც მეორე, ისე მესამე და მეოთხე მეოთხედის სამარხებში.

ძვ.წ. V ს მეორე მეოთხედის ნიმუშები არსებითად მსგავსია ამავე საუკუნის მეორე ნახევრის პირმრგვალი ოინოხოიებისა (სურ. 14/10).

ძვ.წ. V ს მეორე ნახევრის ოინოხოია აღმოჩნდა მე-16 სამარხში (ქ-ფ-68/231). სადა; პირი გარეთკენ გადაშლილი, ყელი დაბალი, ფართო. ტანი მაღალი, კვერცხისებური მოყვანილობის. ქუსლი გარეთკენ გაფართოებული, ძირის გარეთა ზედაპირი რეზერვირებული. ბრტყელგანივკვეთიანი ყურის

ზედა ბოლო პირზეა დაძერწილი, ქვედა - ტანის არეში (სურ. 51/5). მსგავსი ნიმუში ათენის აგორიდან ძვ.წ. 420 წლითაა დათარიღებული (Sparkes, Talcott, 1970: No. 255, pl. 13/279). ასეთივე ოინოხოია აღმოჩდა 108-ე სამარხშიც.

სადაპირიანების ნაირსახეობას ქმნის მე-18 სამარხის ოინოხოია (ქ-ფ-68/247). აქვს მკვეთრად გარეთკენ გადაშლილი პირი, დაბალი ყელი, მომაღლო მხრები მომრგვალებული ტანისაგან არაა გამოყოფილი. ძირი ბრტყელი, ოდნავ შიგნით შეწეული. კავისებურად მოხრილი ყურის ზედა ბოლო პირზეა დაძერწილი. მოხდენილი ფორმის. სიმაღლე 6 სმ, ყურთან ერთად 9,2 სმ, პირის დიამ. 4 სმ, ყელის 2,5 სმ, ტანის 5,5 სმ, ქუსლის 2 სმ (სურ. 56/5). ა.ბრიუკნერის მიერ გამოქვეყნებული მსგავსი ნიმუში ძვ.წ. V ს მეორე ნახევრითაა დათარიღებული (CVA, 1962: 28, pl. 28.7). ასეთივე ჭურჭელი შედიოდა ჯ.ბიზლის კოლექციაში (Beazley Gifts, 1967: 40, pl. 48).[2]

შავლაკიანი ტოლჩები. სამეცნიერო ლიტერატურაში „Mug"-ის სახელწოდებით იხმარება. ჩვენ შესატყვისად ქართული ტერმინი „ტოლჩა" მივაჩნია. ისინი ჯ.ბიზლისეული ოინოხოიების კლასიფიკაციის მერვე ნიმუშს წარმოადგენს. უფრო სწორი უნდა იყოს მათი ცალკე ტიპად გამოყოფა. თვლიან, რომ მას სხვადასხვა დანიშნულება ჰქონდა: სახაპავი (ჩამჩა), სასმისი, საწყაო, საჭაშნიკე ჭურჭელი და ა.შ. ტოლჩა მოსახერხებელი იყო მოგზაურებისათვის და გამოსახულებებში, ჩვეულებრივ, გამოიხატება მგზავრების ან ჯარისკაცების ხელში. მსგავსი განსხვავებული ფორმის ჭურჭელს ჰქონია სპეციფიკური სახელები. მიღებულია სახელწოდება კოტილისკიონი (ბეოტიურ ტოლჩაზე შემორჩენილია წარწერა „იმიკოტილიონი"), რაც კოტილასთან ნათესაობას ამტკიცებს. კრიტიასის „ლაკედემონელთა კონსტიტუციის" ფრაგმენტებში აღნიშნულია, რომ ლაკედემონური „კოტონი" მოსახერხებელია ჯარისკაცისათვის ლაშქრობაში. ის იოლი სატარებელია ზურგჩანთით და ხელსაყრელია მისი განსაკუთრებული ფორმის გამო. კოტონი სამგზავრო თასის ატიკური სახელია, რომელიც ფორმით არ შეესაბამება ტოლჩას. როგორც ჩანს, არსებითია მათი დანიშნულება.

ტოლჩის ატიკური წინამორბედები არაა ცნობილი. ის უფრო ადრე ჩნდება ლაკონიაში, ამიტომაც ამის სათავეს აქვე ეძებენ. ამ ფორმას კრიტიასი ლაკედემონურს უწოდებს.

ცნობილია სხვადასხვა სახეობის ტოლჩები. ზოგი კანთაროსისებრია.

ფიჭვნარის ძვ.წ. V ს ბერძნულ ნეკროპოლზე ე.წ.ფიდიასის კლასის ოთხი ტოლჩაა აღმოჩენილი. მოვიტანთ მათ აღწერილობას. 1) შავლაკიანი ტოლჩა. სამარხი 39 (ქ-ფ-77/396). გრაფიტოიანი. აქვს ფართო, გარეთკენ გადაშლილი პირი, დაბალი სწორი ყელი, მომაღლო სწორკედლიანი წვრილ ვერტიკალურ კანელურებიანი ტანი. ბრტყელი ძირი, რომლის გარეთა კალთა მომრგვალებულია. ძირი ტანისაგან ვიწრო და ღრმა ღარითაა გამოყოფილი. წყვილღერიანი ყურის ზედა სამკუთხედად განტოტილი ბოლო პირის არეშია მიძერწილი, ქვედა - მხრის არეში. ყურის ქვედა ბოლოსთან მოცემულია ჯერ ხუთი, შემდგომ სამი, ორი და ბოლოს ერთი ოვი; მოსდევს წვერით ძირისკენ მიმართული პალმეტი. მთავრდება წვერით ზემოთკენ მიმართული ორი პალმეტით. ტანისა და ყელის დამაკავშირებელი რელიეფური ზოლი წერტილოვანი ორნამენტითაა შემკული (სურ. 71/10). 2) სამარხი 48 (ქ-ფ-79). მთლიანად დაცული. პირის კიდეა ოდნავ მომტვრეული. ფორმა ტიპიური. ამისი ტანი მთლიანადაა დაფარული ვერტიკალური კანელურებით. ყელის დასაწყისის რელიეფური ზოლი წერტილოვანი ორნამენტითაა შემკული. წყვილღერიანი ყურის ბოლოს მოცემულია ოთხი წვერით ძირისაკენ მიმართული მოზრდილი

ოვი და სამი პალმეტი. სიმაღლე 7 სმ, პირის დმ 6,5 სმ, ტანის – 7,5 სმ (სურ. 76/8). 3) სამარხი 98 (ქ-ფ-83/14). ფორმით მსგავსი ზემოთ აღწერილი ნიმუშებისა. ტანი დაფარულია წვრილი ვერტიკალური კანელურებით. ტანისა და ყელის გამყოფი ვიწრო რელიეფური ზოლი დაკეჭნილია. ძირის გარეთა რეზერვირებული ზედაპირის ცენტრში შავი წყვილი წრეხაზია მოხატული, ხოლო კიდის ახლოს კი - ფართო წრეხაზი (სურ. 86/12; 87/10). 4) სამარხი 107 (ქ-ფ-85/76). აქვს ფართო პირი, მომაღლო ყელი, მომრგვალებული ტანი, ბრტყელი, გამოყოფილი ძირი, რომლის გარეთა კალთა მომრგვალებულია. ყური წყვილღერიანი. ტანის არე მთლიანადაა შემკული წვერით ძირისკენ მიმართული 11 ნუშისებრი რელიეფური გამოხატულებით, რომელიც შესაბამისად ქმნის წვერით პირისკენ მიმართულ ამდენივე სამკუთხედის გამოსახულებას. ლაკის ხარისხი შესანიშნავია. ტოლჩა პატარა ზომისაა. სიმაღლე 6,5 სმ, პირის დიამ. 5 სმ, ყელის 2,5 სმ, ტანის 6 სმ, ძირის 4,5 სმ (სურ. 90/4), იგი წარმოადგენს ატიკური კერამიკული ნაწარმის ერთ-ერთ საუკეთესო ნიმუშს.

გაცილებით მდიდრულადაა შემკული კოლხურ სამაროვანზე აღმოჩენილი ტოლჩა. ამის შესახებ სხვა დროს გვექნება საუბარი.

საინტერესოა, რომ ფიდიასის კლასის კანელურებიანი ტოლჩა ლითონისაგანაც მზადდებოდა. მაგალითად, დუვანლიში, ბაჩოვას ყორღანში აღმოჩნდა ვერცხლისგან დამზალებული ამგვარი ჭურჭელი (Filow, 1934: 67, Abb. 84; Strong, 1966: 84, pl. 17b; Gill, 1994: 16, fig. 20). აქვეა მოპოვებული ანალოგიური ფორმის თიხის ტოლჩაც (Filow, 1934: 78, Abb. 100; Gill, 1994: 16, fig. 21). ორივე პლოვდივის მუზეუმში ინახება. ბულგარეთშივე, მოგილანსკას ყორღანსა (ვრასტასთან ახლოს) და ბუკიოვციში კიდევ ორი მსგავსი ვერცხლის ჭურჭელია დაფიქსირებული (Gill, 1994: 16, fig. 22), ერთიც სიცილიაში, კერძოდ კი პატერნოში აღმოჩნდა (Oliver, 1977: 58-59, No. 25; Gill, 1994: 16, fig. 23). უფრო ხშირია ამ ფორმის ბრინჯაოს ტოლჩები (Gill, 1994: 16).

სკიფოსი. ერთ-ერთი ყველაზე გავრცელებული ღვინის სასმელი თასია, რომელსაც ათენელები ძვ.წ. VI-IV საუკუნეებში ხმარობდნენ. პოპულარობით მათ კილიკებიც კი ვერ შეეცილებიან. გამოირჩევიან სტაბილურობით. ფორმა კორინთულიდან მომდინარეობს. ათენელებმა მცირე ცვლილებები შეიტანეს. საერთოდ, წარმოადგენს კორინთული ტიპის ატიკურ ადაპტაციას. თვით ათენში წარმოება დაიწყეს ძვ.წ. VI ს შუახანებში. ამ დროისათვის ძნელია მათი გარჩევა კორინთულებისაგან. ძვ.წ. V ს დამდეგიდან ატიკურმა სკიფოსებმა კანონიკური სახე მიიღეს. გამოირჩეოდნენ უფრო სქელი კედლებით, მაღალი ქუსლით და ძლიერი ყურებით. პირველ ხანებში სკიფოსის ყურებს ზარისებრი, შემდგომ ნალისებრი, ბოლოს კი სამკუთხა მოყვანილობა ჰქონდა.

ტანი მთლიანად დაფარულია ლაკით. პირველ ხანებში ყურებთან ახლოს უკეთდებოდა დანამატი წითელი ხაზი - ძვ.წ. 480 წლამდე. ძირის გარეთა ზედაპირი რეზერვირებული და შავი ლაკის წრეებით შემკული იყო. ძვ.წ. 480 წლის შემდეგ ფორმა იწყებს მუდმივ, ნელ განვითარებას, რომელიც საუკუნის ბოლომდე გრძელდებოდა. ტანს აქვს ერთიანი შემოწერილობა პირიდან ქუსლამდე - პირთან ყველაზე დიდი დიამეტრით. თანდათანობით სკიფოსები იძენენ ორმაგ შემოწერილობას - ქვედა უფრო გამოყვანილია, ვიდრე ზედა. ძვ.წ. V ს ბოლოსათვის პირიც გარეთკენაა გადმობრუნებული, შევიწროებულია ტანის ქვედა ნახევარი. ეს ტენდენცია კიდევ უფრო საგრძნობი ხდება ძვ.წ. IV საუკუნისათვის. მომხმარებელს შეეძლო კარგად მოეკიდა ხელი. ტანის ქვედა ნახევრის შევიწროება კიდევ უფრო მკვეთრია ეტრუსკულ მოხატულ ვაზებზე.

96

ძვ.წ. V ს ბერძნული ნეკროპოლის გათხრები (1967-1987 წწ)

ფორმის განვითარებასთან ერთად თასის ნაპირი სქელდება. როგორც ითქვა, ძვ.წ. VI ს კორინთულების იმიტაციით ყურები ზარისებრია. თანდათანობით ისინი მასიური, ჩამოსაკიდად თუ ტრანსპორტირებისას გამძლენი, ნალისებური ხდებიან; ხოლო ძვ.წ. V ს ბოლოსათვის კი სამკუთხა მოყვანილობის ყურის ძირები ერთმანეთს დაუახლოვდა. ადრეულებზე ყურები პირთან ახლოს იყო მიძერწილი, გვიან - ცოტათი ქვემოთ, რაც პირის გარეთკენ გადმოშლამ განაპირობა. ძვ.წ. V ს აქვთ მასიური, რგოლისებრი ქუსლი. რეზერვირებული გარეთა ზედაპირი წერტილოვანი პატარა ზომის რგოლებითაა შემკული - ერთი ან ორი რგოლი შუაში წერტილით თუ მის გარეშე.

სკიფოსები მრავლადაა მოპოვებული ათენის აგორაზე, ალექსანდრიაში, კორინთოში, დელფოში, სალონიკში, ოლინთოში, როდოსსა და სხვა ძეგლებზე. ბევრია მოხატული ნიმუშებიც. ცნობილია ე.წ. სენ-ვალენტინის ტიპის სკიფოსები. ეს რაც შეეხება A ტიპის ათენურ სკიფოსებს. აგორის სადა შავლაკიანი კერამიკის შემსწავლელნი გამოყოფენ B ტიპის სკიფოსებს. განსხვავებით წინა ნიმუშებისაგან, მათ ჩვეულებრივ ერთი ჰორიზონტალურად, მეორე კი ვერტიკალურად მიძერწილი ყური აქვთ. ბიზლისა და მაგის ეს ყურები ბუს ნისკარტისა და კუდის გამომხატველად მიაჩნდათ (იხ.Beazley, Magi, 1934-1941: 87). ათენის აგორის შემსწავლელები მათ B ტიპს უწოდებენ და უნარჩუნებენ სახელს glaux-ს სკიფოსს, რომელზედაც წითელფიგურული ბუა გამოხატული (Beazley, 1963: 982-984; 1976: 200; Trendall, 1951: 192; Johnson, 1955: 119-124; Lang, 1956: 22). ამაზე ზემოთ უკვე იყო საუბარი.

ამ ტიპის სადა შავლაკიანი სკიფოსები ნაკლებადაა გავრცელებული. უფრო მეტია მოხატული ნიმუშები. კლასი ჩამოყალიბდა ძვ.წ. VI ს ბოლოს. ფორმით ისინი მსგავსია ატიკური A ტიპის სკიფოსებისა, ოღონდაც ძირისაკენ ვიწროვდება და უფრო პატარა რგოლისებრი ქუსლი გააჩნიათ. ხაზი პირიდან ქუსლამდე აქაც უწყვეტია.

ფიჭვნარის მონაპოვარში, რატომღაც, ამ ტიპის საღვინე ჭურჭელი არ გამოირჩევა მრავალრიცხოვნებით. ისინი იშვიათად გვხვდება როგორც საალაპო მოედნებზე, ისე სამარხეულ კომპლექსებში. როგორც ვნახეთ. ბუსგამოსახულებიანი სკიფოსები ძვ.წ. V ს მეორე მეოთხედით თარიღდებიან. ჩვენს ხელთაა ამავე სახეობის ადრეული სადა შავლაკიანი სკიფოსიც (ალაპი 3, ქ-ფ-87/36). იგი მეტად მოხდენილი ფორმისაა, აქვს ვიწრო ქუსლი, თანაბრად მომრგვალებული ტანი, პირთან ახლოს ერთი ყური ჰორიზონტალურადაა მიძერწილი, მეორე - ვერტიკალურად. რეზერვირებული ძირის გარეთა ზედაპირზე წერტილიანი შავი ლაკის წრეხაზია მოხატული, დანარჩენი არე საუკეთესო ხარისხის ლაკითაა დაფარული. სიმაღლე 7 სმ, პირის დიამ. 8,5 სმ, ძირის - 4,7 სმ. ესეც ძვ.წ. V ს მეორე მეოთხედით თარიღდება. მსგავსი ფორმის სამი ცალი სადა სკიფოსი ციხისძირის სამაროვანზე აღმოჩნდა.

ამავე პერიოდისაა 1986 წელს პირველ საალაპო მოედანზე აღმოჩენილი A ტიპის სკიფოსი (ქ-ფ-86/177). აქვს რგოლისებრი ქუსლი, სქელი კედლები, სწორი პირი (ორივე რგოლისებრი ყური პირთან ახლოს ჰორიზონტალურადაა მიძერწილი). აქაც ძირის გარეთა რეზერვირებულ ზედაპირზე წერტილიანი წრეხაზია მოხატული. სიმაღლე 9,5 სმ, პირის დიამ. 12 სმ, ძირის 8 სმ (სურ. 98/1).

ძვ.წ. V ს მეორე ნახევრის შავლაკიანი სკიფოსი აღმოჩნდა 82-ე სამარხში (ქ-ფ-80/48). ამასაც აქვს მასიური რგოლისებრი ქუსლი, სქელკედლიანი არც თუ ისე მაღალი, გარეთკენ გაფართოებული ტანი. პირთან ახლოს მიძერწილი წყვილი ჰორიზონტალური ყური. ქუსლის საყრდენი არე და ძირის

გარეთა ზედაპირი რეზერვირებულია. ცენტრში მოხატულია პატარა ზომის წრეში ჩასმული წერტილი, მისგან მოშორებით - მეორე მოზრდილი წრეხაზი. სიმაღლე 10,5 სმ, პირის დიამ. 14 სმ (ყურებთან ერთად 21 სმ), ძირის დიამ. 9,5 სმ (სურ. 84/8, 87/3).

სკიფოსები გვხვდება კოლხურ სამარხებშიაც. უფრო ხშირად ნაქალაქარის კულტურულ ფენებში. მათი რიცხვი იზრდება ძვ.წ. IV ს სამარხეულ ინვენტარში.

კილიკები. ანტიკურ სამყაროში ერთ-ერთი ყველაზე უფრო გავრცელებული ფორმაა. მათ ძველი ბერძნები ღვინის სასმელად იყენებდნენ (Richter, Milne, 1935: 24-25; Caskey, Beazley, 1931-1963: 161-207; Cook, 1972: 235-237; Brommer, 1967: 546 და სხვ.). კილიკები დიდი მოწონებით სარგებლობდნენ ფიჭვნარელ ელინებსა და ადგილობრივი მოსახლეობის წარმომადგენლებს შორისაც. მათი საკმაოდ ადრეული ფორმებია აღმოჩენილი ფოთის მიდამოების, ციხისძირის, ბათუმისციხისა და ვანის არქეოლოგიური გათხრების დროს, მაგრამ მაინც, ყველაზე მდიდარ კოლექციას ჯერჯერობით ფიჭვნარის ნაქალაქარი, ძვ.წ. V ს კოლხური და ძვ.წ. V-IV სს ბერძნული ნეკროპოლები იძლევა. ისინი განსაკუთრებით ხშირად სააღაპო მოედნებზე ჩნდება.

კილიკებისათვის დამახასიათებელია ფართო და თხელი თასი, ჰორიზონტალურად მიძერწილი წყვილი ყური და სხვადასხვა სიმაღლის ძირი. ყველაზე ელეგანტური ფორმები მოხატულ ვაზებს განეკუთვნება; სადა შავლაკიანებს გამოყენებითი დანიშნულება ჰქონდათ, ამიტომაც ისინი ყოველთვის არ შეესაბამებიან მოხატულ ნიმუშებს. ეს უკანასკნელი შესანიშნავადაა შესწავლილი ცალკეულ მხატვართა შემოქმედების განხილვისას. ქუსლიანი ფრაგმენტების ფორმა ჯერ კიდევ არაა განსაზღვრული. ისინი გარკვეულად უახლოვდებიან კორინთულ თასებს.

მაღალძირიანი კილიკები ყველაზე გავრცელებული ფორმაა. აგორაზე აღმოჩენილი მასალის მიხედვით გამოყოფილია სხვადასხვა ტიპი (Ashmole, 1946: 8; Vanderpool, 1951: 61-63; Beazley, 1956: pl. 53.50; Schauenburg, 1962: 746; Sparkes, Talcott, 1970: Nos 378-393, 398-517, pls 18-23, figs 4-5). ჩვენთვის საინტერესო ე.წ. C ტიპის მაღალძირიან კილიკებს აქვთ მკვრივი ღარიანი პირი, თხელი ჯამი, რომელიც უწყვეტად გადადის ძლიერ ფეხში. ძირს აქვს რეზერვირებული კიდე. მისი ქვედა კალთა შავია. კონუსის ძირში მოხატულია წერტილიანი წრეხაზი. ფილეტიანი. რეზერვირებულპანელიანი ყურები პირის დონემდეა აწეული. მრავალი დეტალის მიხედვით იგი სტანდარტული ფორმაა. ძვ.წ. VI და V საუკუნეების მიჯნაზე ხდება მცირე ცვლილება ფორმის განვითარებაში. ფეხი მაღლდება და ნაკლებად მასიური ხდება. რგოლი - ფილეტი კარგავს პლასტიურობას და გამოსახულია წყვილი ღარის სახით. ჯამი ბრტყელდება, ყურები გრძელდება, ბოლოებში უფრო კუთხოვანი ხდება და თაღთან ვიწროვდება შიგნითკენ, ჩაზნექილი პირი უფრო დაბლდება. ძვ.წ. 480 წლის შემდგომ ამ ტიპის კილიკები იშვიათია.

კიდევ უფრო საყურადღებოა მომდევნო ჯგუფის დაბალძირიანი კილიკები (Sparkes, Talcott, 1970: Nos 446-517, pls 21-23, 49-52, fig. 5.22). მათი რიცხვი და ზოგიერთი განსხვავებული ნაირსახეობაც ჩვენს მონაპოვარში სიმპტომურია. დაბალძირიანი კილიკებიც ხასიათდებიან მრავალრიცხოვნებით. არქაულ ხანაში ისინი დიდ იშვიათობას წარმოადგენენ. ძვ.წ. 480 წლიდან დაბალი რგოლისებრქუსლიანი კილიკები მეტოქეობას უწევენ სკიფოსებსაც კი. პირველ ხანებში ფრიალა თასებს ჰქონდათ შეწეული პირი, ძვ.წ. V ს მესამე მეოთხედში უპირატესობა ეძლევა სადაპირიან კილიკებს. შემოდის ნაკვეთი და შტამპიანი ორნამენტით შემკობის მოტივები. ძვ.წ. IV ს ადრეული საფეხურის შემდეგ კილიკების პოპულარობა ეცემა. იზრდება თას-კანთაროსების წარმოება.

98

ძვ.წ. V ს ბერძნული ნეკროპოლის გათხრები (1967-1987 წწ)

ამ ჯგუფის ათენის აგორის კილიკები ზომების მიხედვით ორ კლასადაა დაყოფილი: I. მცირე ზომის (Sparkes, Talcott, 1970: Nos 446-468); II. დიდი ზომის (Sparkes, Talcott, 1970: Nos 469-517).

მცირე ზომის კილიკები ჩნდებიან ძვ.წ.VI ს ბოლოდან და არსებობას განაგრძობენ V ს დასასრულამდე. აქვთ დაბალი, ფრიალა ჯამი, შეზნექილი ან შეწეული პირი. ამ ჯგუფის კილიკებში სხვადასხვა კლასია გამოყოფილი (იხ. Sparkes, Talcott, 1970: Nos 446-468).

დიდი ზომის კილიკები პირველ ხანებში მეტად მასიურკედლებიანი იყო. შემდგომ უფრო თხელკედლიანები ხდებიან, ქუსლიც ზედმიწევნითაა დამუშავებული, თანაც მაღალი, პირი სადა, სამკაული დახვეწილი. ძვ.წ. V ს ბოლოსათვის შემკულობა სტერეოტიპულ მოტივად იქცა. დიდი ზომის სალვინე თასებიდან პირველ რიგში აღსანიშნავია ე.წ. ღარიანპირიანი კილიკები (Sparkes, Talcott, 1970: Nos 469-473). მათთვის დამახასიათებელია მასიური რგოლისებრი ქუსლი, დაბალი ჯამი, შიგნითკენ მიმართული პირი, რომლის შიდა კალთა სწორია და კორპუსისაგან წიბოთი გამოყოფილი, ხოლო გარეთა კიდე კი ფართო ღარით შემკული. პირს ქვემოთ მიძერწილია წყვილი ჰორიზონტალური ტრაპეციისებრი ყური, რომლის ბოლოები პირის დონემდეა აზიდული, ადრეულების ყურის პანელი, ქუსლის სადგამი არე (ზოგიერთზე გარეთა კალთის გარკვეული მონაკვეთი) და ძირის გარეთა ზედაპირი რეზერვირებულია. გაფორმება სტანდარტულია - ერთი ან ორი წრე წერტილით ცენტრში. დანარჩენი ზედაპირი, როგორც წესი, დაფარულია საუკეთესო ხარისხის ზეთისხილისებურად მბზინავი ატიკური ლაკით. ფორმა შეიქმნა ძვ.წ. V ს მეორე მეოთხედში და არსებობას მნიშვნელოვანი ცვლილებებით ძვ.წ. IV ს პირველ მეოთხედამდე განაგრძობდა. შესაძლებლად თვლიან, რომ ფორმა მომდინარეობს გვიანარქაული ხანის თას-სკიფოსებისაგან (მათზე ცოტათი ქვემოთ). თანდათანობით ამ კლასის კილიკების კედლები დაბლდება, პროპორციები უფრო ფართო და თხელკედლიანი ხდება.

ჩვენი მონაპოვრების მიხედვით ყურადღებას იქცევს აგრეთვე ე.წ. ნატიფი კლასი (Sparkes, Talcott, 1970: Nos 483-517). როგორც სახელწოდება გვიჩვენებს, ამ სახის კილიკებიც ატიკური სალვინე ფიალების ერთ-ერთ საუკეთესო ნიმუშებს წარმოადგენენ. მათთვის დამახასიათებელია მსუბუქი, დახვეწილი, პროფილირებული პროპორციები და მდიდრული ორნამენტაცია. მათ არსებობას ვარაუდობენ ძვ.წ. V ს მეორე მეოთხედიდან. პოპულარული ჩანს ძვ.წ. V ს მესამე მეოთხედში. მეტნაკლები ინტენსიურობით მზადდება IV ს მეორე მეოთხედამდე. ყველა მათგანი ნაკვეთი თუ ნატვიფრი სამკაულითაა დაფარული. როგორც ითქვა, ფორმა თხელკედლიანია, გაშლილი, მომრგვალებული კორპუსი უწყვეტად მიემართება სადა პირისაკენ. უმეტესად პირის შიდა კალთის მოზრდილი მონაკვეთი ტანისაგან რელიეფური წიბოთია გამოყოფილი, რომლის შემდგომაც იწყება შემკული მედალიონი. ტრაპეციისებრი ყურები უფრო დაბლაა მიძერწილი, რომელთა ბოლოები პირის არემდე ვრცელდება. პროფილირებული ძირი ტანისაგან წიბოთია გამოყოფილი, გვიანდელებში - რეზერვირებული ღარით. ძირი ორი ნაწილისაგან შედგება: ზედა სადა, სწორი, ქვედა კალთა უფრო ფართო და ღარით გამოყოფილი. საყრდენი არე და შიდა კალთა ამობურცულია. კილიკის გარეთა ზედაპირი რელიეფური ზოლებითაა შემკული, დიდი ნაწილი - ლაკით დაფარული; მცირე ფართობი რეზერვირებულია, რომლის ცენტრში წერტილიანი პატარა ზომის წრეხაზია მოხატული. ძვ.წ. V ს ბოლოდან გარეთა ზედაპირის რელიეფური ზოლებით შემკობის მოტივი ქრება. ასევე აღარ გვხვდება ვარდულების ორნამენტიც. ნატიფი კლასის კილიკების განვითარებაში შეინიშნება სხვა ცვლილებებიც. ადრეულები უფრო მასიურებია, თანდათანობით კორპუსი თხელკედლიანი ხდება. გვიანდელებში პირის შიდა კალთის წიბო აღარ ჩანს. ძირის ზედა ნახევარი არაპროპორციულად მაღალია, ყურის ბოლოები უფრო მაღლაა

აზიდული და პირის არეს ზემოთაც ვრცელდება.

მოკლედ შევჩერდებით ფიჭვნარის კილიკების ზოგიერთ ნიმუშზე. ადრეულ სამარხეულ კომპლექსებში ჯერჯერობით ერთადერთი მაღალძირიანი შავლაკიანი კილიკია აღმოჩენილი. სამარხი 140 (ქ-ფ-86/158). აქვს არც თუ ისე ღრმა ტევადობის გარეთკენ გაშლილი ტანი, მაღალი პირი, რომლის შიდა არეს შემოუყვება წიბო, გარეთა კალთას - ფართო ღარი. პირთან ახლოს მიძერწილია წყვილი ტრაპეციისებრი ყური, რომლის ბოლოები ოდნავ ზემოთკენაა აზიდული, მომაღლო ცილინდრული ფეხი ბოლოვდება გარეთკენ გაშლილი კონუსისებრ შეღრმავებიანი დისკოსებური ძირით, ყურის შიდა ზედაპირი, მიძერწვის არე და ძირის შიდა ზედაპირის დიდი ნაწილი რეზერვირებული და ანგობირებულია მოწითალო საღებავით. დანარჩენი ნაწილი დაფარულია არც თუ ისე მაღალი ხარისხის მურა შავი ფერის ლაკით (სურ. 13/2, 15/13). ფიჭვნარის მსგავსი კილიკი აღმოჩენილია კორინთოში, ლეხეიონის სამაროვანზე 1954 წელს. თარიღდება ძვ.წ. 470-455 წლებით (Eliot C., Eliot M., 1968: 361, pl. 106.45). მსგავსია ჩრდილო კავკასიაში, ადიღეაში, ყუბანისპირეთში, აულ ულიაპთან ახლოს ნაპოვნი კილიკისაც, რომელიც ზოგადად ძვ.წ. V ს პირველი ნახევრითაა დათარიღებული (Лесков, 1985: 30, рис. 24). ასევე ითქმის ბოსფორის სახელმწიფოების მონაპოვართა შესახებ (Гайдукевич, 1959: 171-172, рис. 30/2).

ძვ.წ. V ს მეორე მეოთხედით თარიღდება 148-ე სამარხში აღმოჩენილი ღარიანპირიანი კილიკი (ქ-ფ-87/5). აქვს ფართო რგოლისებური ქუსლი, თანაბრად მომრგვალებული შედარებით ღრმა ტევადობის ტანი. პირის შიდა კალთა სწორია, გარედან შემოუყვება ფართო და ღრმა ღარი. პირის დასაწყისთან მიძერწილია ოდნავ ზემოთკენ აზიდული ტრაპეციისებრი წყვილი მასიური ყური. ყურების შიდა კალთა და ძირის გარეთა ზედაპირი დატოვებულია მეწამული წითელი ფერის საღებავით ანგობირებულ თიხისავე ფონზე. დანარჩენი ზედაპირი დაფარულია არათანაბრად გამომწვარი მოზეთისხილისფრო შავი ატიკური ლაკით. კეცი ნარინჯისფერი. ეს გახლავთ მასიურკედლიანი დაბალძირიანი კილიკების ერთ-ერთი უადრესი ნიმუში (სურ. 14/3). ფიჭვნარში აღმოჩენილია ძვ.წ. V ს შუა ხანებისა თუ უფრო მოგვიანო ცალებიც. ასეთია 32-ე სამარხის კილიკი (ქ-ფ-73/374). მისი პროპორციები კვლავაც საკმაოდ მასიურია, ოღონდაც აქვს შედარებით თხელი ტევადობის ჯამი. პირისა და ძირის პროფილირება მსგავსია ზემოთ აღწერილი ნიმუშისა. ლაკი საუკეთესო ხარისხის (სურ. 67/8, 69/7).

როგორც ვნახეთ, ამ ტიპის ადრეული კილიკებისათვის დამახასიათებელია ღრმა ტევადობა, მასიური რგოლისებრი ქუსლი და სქელი ყურები. ყველა დეტალი გამოირჩევა სიზუსტითა და სისადავით. ლაკი სქელი, ზეთისხილისებრი. ამ სახის მოხატულ კილიკებს ბიზლი ძვ.წ. 480-460 წლებით ათარიღებს (Beazley Gifts, 1967: pl. 48/2). ისინი უფრო ფართოდაა გავრცელებული ძვ.წ. V ს შუახანებისათვის. შტამპიანი ორნამენტის მქონე ადრეული ნიმუშები აღმოჩენილია ნიმფეაში (Силантьева, 1958: 67-73). ასეთივე შესანიშნავი კილიკი აღმოჩნდა ფიჭვნარის ძვ.წ. ბერძნულ ნეკროპოლზე 2006 წელს, რომლის შესახებ საუბარი სხვა დროს გვექნება.

საერთოდ პირის მოდელირების და ფიჭვნარის მონაპოვრების მიხედვითაც გამოიყოფა სხვადასხვა ვარიანტი. ერთი ნაწილის როგორც გარეთა, ასევე შიდა კალთა სწორია, ტანისაგან არაა გამოყოფილი. მეორე სახეობის კილიკების გარეთა კალთა სწორია, შიდას ფართო, ბრტყელი ზედაპირი ტანისაგან მკვეთრი წიბოთია გამოყოფილი. მესამე სახეობის კილიკებს გარეთა ზედაპირზე მიუყვება საკმაოდ ფართო ღრმა ღარი, შიდა ზედაპირი კი მეორე სახეობის კილიკების ანალოგიურია.

ამ სახის კილიკებს საგანგებო ნაშრომი უძღვნა ბ.შეფტონმა. იგი იცნობს ფიჭვნარის ადრინდელ

100

მონაპოვრებსაც. მკლევარი მიუთითებს, რომ ამათ მიმართ სამეცნიერო ლიტერატურაში დამკვიდრდა ტერმინი Castulo Cup. ისინი არიან გამძლენი, აქვთ სქელი კედლები, შესაბამისად ვარგისია ტრანსპორტირებისათვის. თანდათანობით იქცა დახვეწილ ფორმად და წარმოადგენს ატიკელ მეთუნეთა მორიგ საუკეთესო ნახელავს. ნაშრომში განსაკუთრებული ყურადღებაა გამახვილებული მსგავსი კილიკების გავრცელების ტოპოგრაფიაზე. ტორევტიკის ზოგიერთი ნიმუშის მსგავსად ისინი ცოტაა აღმოჩენილი თვით მატერიკულ საბერძნეთში. ავტორის აზრით, მზადდებოდა არა შინამოხმარებისათვის, არამედ საექსპორტოდ. ამაზე ნათლად მიუთითებს მათი გავრცელების ფართო არეალი არა მარტო ელინურ მოსახლეობაში, არამედ ზოგჯერ თვით ჰინტერლანდშიც. ისინი უფრო მეტად სამხრეთ იტალიაშია კონცენტრირებული, განსაკუთრებით კამპანიასა და სიცილიაში. გარკვეული რაოდენობა აღწევს ესპანეთის იბერიამდე. როდოსის გარდა, ცოტაა ეგეოსის ზღვის კუნძულებზე. გვხვდება ჩრდილო ეგეიდის ბერძნულ ქალაქ-სახელმწიფოებში. მცირე რაოდენობით შიდა რაიონებშიც ვრცელდებოდა. ჩანს, რომ ისინი გამძლენი იყვნენ ხმელეთზე ტრანსპორტირების დროსაც. ავტორს მოტანილი აქვს გამოთქმა, რომ „შეიძლება თავის ქალა გატყდეს, ატიკური ჭურჭელი კი არაო" (Shefton, 1996: 165). ეტყობა, „ბარბაროსებიც" იყენებდნენ მოხდენილ ჭურჭელს წყალში შერეული ღვინის დალევისას.

არც ერთი ეგზემპლარი არაა აღმოჩენილი დასავლეთ ანატოლიის მოსახლეობაში. ამ ადგილებს, სარდის ჩათვლით, სპარსეთი აკონტროლებდა. პონტოსპირეთის მიმართ აღნიშნულია, რომ ეს რეგიონი ჯერ კიდევ არაა სათანადოდ შესწავლილი. მნიშვნელოვანი აღმოჩენები გვაქვს დასავლეთ შავიზღვისპირეთის შიდა რაიონებში. მაგალითად, დუვანლი, ფრუმუსიტა. ავტორი ფიქრობს, რომ ამ ტიპის ჭურჭელი შედიოდა ან აპოლონიიდან, ან კიდევ ჩრდილო ეგეიდიდან, მარიცის ველიდან. ამგვარი კილიკების კონცენტრაციის გარკვეული არეალი იყო ჩრდილო შავიზღვისპირეთი (ოლბია, ბოსფორის პოლისები, ტამანის ნახევარკუნძული), მაგრამ არა იმ რაოდენობით, როგორც ეს სამხრეთ იტალიაში გვაქვს. არ გამოირიცხება, რომ ისინი შემოტანილი იყო სკვითური მოსახლეობისათვის. ჩრდილო შავიზღვისპირეთის ატიკური შავლაკიანი კერამიკის სხვა სახეობის სპექტრთან შედარებით მათი რიცხვი მაინც ცოტაა. ადგილობრივ მოსახლეობაში ვრცელდებოდა მდ.დონისა (ელიზავეტინსკის გზით) და დნეპრის გაყოლებით. ასეთი უკიდურესი პუნქტები იყო აკრუტინსკი, ტაიკინვერხი და ა.შ. აღმოსავლეთ შავიზღვისპირეთიდან, ბუნებრივია, მითითებულია ფიჭვნარის აღმოჩენები. ახლა მათი რიცხვი გაიზარდა. ტოტალური სიცარიელეა სამხრეთ შავიზღვისპირეთში (ეს, ჩვენი აზრით, რეგიონის შეუსწავლელობით უნდა აიხსნას). ცოტაა კვიპროსზე, რას-შამრაში; უფრო მეტია პალესტინაში. არ ჩანს ფინიკიაში (ყოველ შემთხვევაში, ავტორს არ მოეპოვება ინფორმაცია). ზოგჯერ ჩნდება ჩრდილო აფრიკაში (Shefton, 1996: 165-168).

ბ.შეფტონი თვლის, რომ ფორმა გაჩნდა გვიანარქაული ხანის ბოლო ეტაპისათვის, შესაძლოა ძვ.წ. V ს პირველ მეოთხედში. ათენის აგორის, იტალიისა და სიცილიის მონაპოვრების მიხედვით ჩანს, რომ მათი წარმოება დაიწყო ამ საუკუნის მეორე მეოთხედში; უფრო გავრცელებულია შუახანებისათვის. ფიქრობს, რომ მათი წარმოება ძვ.წ. V ს ბოლომდე გრძელდება (Shefton, 1996: 168-170).

ფიჭვნარის ძვ.წ. V ს მეორე მეოთხედის სამარხეულ კომპლექსებში, გარდა ზემოთ აღნიშნული ნიმუშებისა, გვხვდება, აგრეთვე, პატარა ზომის ვიწროქუსლიანი ე.წ. ფრიალა კილიკები. ისინი არსებობას მომდევნო ეპოქებშიაც განაგრძობენ.მაგალითად, მე-15 სამარხის შავლაკიანი კილიკი (ქფ-68/195). აქვს თხელკედლიანი, დაბალი, ფრიალა ტანი, მაღალი პირი - გარედან გარს უვლის ფართო

ღარი, ვიწრო, დაბალი რგოლისებური ქუსლი, რომლის გარეთა კალთა მომრგვალებულია, შიდა - სწორი. პირის დასაწყისთან მიძერწილია წყვილი ტრაპეციისებრი ყური, ქუსლის ტანთან მიძერწვის ადგილი (ერთგან ლაკით შევსილი), ქუსლის საყრდენი არე და ძირის გარეთა ზედაპირი რეზერვირებულია. თიხისავე ფონზე დატოვებული ძირის გარეთა ზედაპირის ცენტრში მოხატულია პატარა ზომის წერტილიანი წრეხაზი, ოდნავ მოშორებით – ყავისფერი ლაკით განზავებული შავი ლაკის წყვილი წრეხაზი. ფსკერის შიდა ზედაპირზე ნაკვეთია წყვილი წრეხაზით შემოფარგლული მოზრდილი ვარდული. სამარხეული კომპლექსი ძვ.წ. 450-440 წლებით თარიღდება (სურ. 48/2).

ფორმის მიხედვით ამავე ტიპში ერთიანდება მე-16 სამარხში აღმოჩენილი გრაფიტოიანი კილიკიც. (ქ-ფ-68/2281), ოღონდაც, ამისი ყურის ბოლოები მომრგვალებულია. განსხვავებულია ფსკერის შიდა ზედაპირის სამკაულიც: ნატვიფრია წრეხაზის ირგვლივ განლაგებული 9 პალმეტი. ეს კილიკი ოდნავ გვიანდელი (ძვ.წ. V ს 30-იანი წლები) უნდა იყოს (სურ. 52/8,11, 53/2). პატარა ზომის ვიწროქუსლიანი კილიკი პირველი სამარხის კომპლექსშიც იყო წარმოდგენილი (სურ. 19/3,5).

თას-კილიკების კატეგორიას უნდა განეკუთვნებოდეს 28-ე კრემაციულ სამარხში აღმოჩენილი საღვინე ჭურჭელი (ქ-ფ-73/359). ღრმა ტევადობის. პირის შიდა კალთა არაა მკვეთრად გამოყოფილი მედალიონისაგან, გარეთა კალთას, ადრეული პერიოდის კილიკების მსგავსად, ღრმა ჰორიზონტალური ღარი შემოუყვება. ზემოთკენ აზიდული ტრაპეციისებრი ყურები მიძერწილია ტანის არეში. ძირის გარეთა ზედაპირი რეზერვირებულია. ცენტრში და ქუსლთან ახლოს შავი ლაკის წრეხაზებია მოხატული. ფსკერის შიდა ზედაპირის ცენტრში დაშტამპულია პატარა წრეხაზით შემოფარგლული ოვები. ირგვლივ განლაგებულია რკალებით დაკავშირებული 7 პალმეტი. სრულდება წრეხაზებს შორის მოქცეული ოვების მორიგი რიგით (სურ. 66/2-3).

აქვე აღვწერთ მეორე კილიკსაც. სამარხი 68 (ქ-ფ-80/4). აქვს სწორი, პროფილირებული ძირი, საკმაოდ ღრმა ტევადობის ძირისაგან ღარით გამოყოფილი ოდნავ გარეთკენ გაფართოებული ტანი. გარეთა ზედაპირი სწორხაზოვანია, მომაღლო პირის შიდა მონაკვეთი მედალიონისაგან წიბოთია გამოყოფილი. ტანის არეში მიძერწილი ტრაპეციისებრი ყურები მაღლაა აზიდული. ძირის გარეთა ზედაპირის მცირე მონაკვეთი დატოვებულია თიხისავე ფონზე. აქვეა ნიშანი – ↑ – შესაძლოა, ეს ფალოსთან დაკავშირებული ისრის გამოსახულება იყოს. კილიკის შიდა ზედაპირზე დაუდევრად შესრულებული წრეხაზით შემოფარგლული ოთხი ოვია დაშტამპული. მის ირგვლივ – რკალებით დაკავშირებული ოთხი პალმეტი (სურ. 80/3). ძვ.წ. V ს ბოლო მეოთხედის ნაკეთობა ჩანს.

ცალკე ჯგუფს ქმნიან ფიჭვნარის ნატიფი კლასის კილიკები. შედარებით იშვიათად ისინი სამარხეულ კომპლექსებშიცაა წარმოდგენილი - მათი ნატეხები თითქმის წამყვანია სააღაპო მოედნების მასალათა შორის. ეს ბუნებრივიცაა, საზედაშე ღვინოს მსგავსი მაღალმხატვრული თასებით მიირთმევდნენ. მდიდარია მათი ორნამენტაციის გამა. სამარხებში აღმოჩენილი კილიკები ტიპიურნი არიან. მაგალითად, 26-ე სამარხის კილიკის გარეთა პროფილირებული ზედაპირი შავი ლაკის სამი ფართო წრითაა შემკული. ცენტრში მოცემულია კიდევ ერთი პატარა წერტილიანი წრეხაზი. შიდა ზედაპირზე დატანილია წრეხაზებით შემოფარგლული ორმაგი ვარდული (სურ. 65/4). ასეთივე სამკაულია 110-ე სამარხის საღვინე ჭურჭელზე (სურ. 92/6). შესანიშნავადაა ორნამენტირებული 53-ე სამარხის კილიკი (ქ-ფ-79/29). მედალიონის ცენტრში მოცემულია წრეხაზებით შემოფარგლული მცირე ვარდული. მოსდევს წრეებს შორის მოქცეული ოვების

ორნამენტი. მეორდება წრეხაზებით შემოფარგლული დიდი ზომის ვარდული და ოვების ორნამენტი. ლაკიც შესანიშნავი ხარისხისაა (სურ. 77/2).

ნატიფი კლასის (მეორენაირად რამანჩენკოს ტიპის კილიკებსაც უწოდებენ) კილიკების ნატეხები განსაკუთრებით ხშირად ჩნდება საალაპო მოედნებზე (სურ. 36/1-4, 44/4 და სხვა მრავალი). ზოგჯერ ხერხდება ფორმისა და უფრო ხშირად ორნამენტირებული მედალიონის აღდგენა. ერთ-ერთ მათგანზე, ზემოთ აღნიშნული ნიმუშების მსგავსად, ორმაგი ვარდულია ნატვიფრი (სურ. 100/1); უფრო მდიდრულადაა შემკული მეორე კილიკი: ცენტრში გამოსახულია წრეხაზით შემოფარგლული პატარა ზომის ვარდული. მოსდევს წრეხაზებს შორის მოქცეული ოვების ორნამენტი. მეორდება კვლავაც წრეხაზებს შორის დატანილი ენების ორნამენტისაგან შედგენილი ფართო ვარდულისა და თესლუჯრედების – ოვების ზოლი (სურ. 100/2).

ფიჭვნარის კილიკებს არაერთი ანალოგი ეძებნებათ. მათ შესახებ სიტყვას აღარ განვავრცობთ (იხ. Sparkes, Talcott, 1970: 102 და შმდ.; ფიჭვნარში ადრე აღმოჩენილი ამ ტიპის კილიკების შესახებ იხ. კახიძე, 1971$_a$: 91 და შმდ.).

და ბოლოს, შევჩერდებით მე-17 სამარხის საალაპო მოედანზე აღმოჩენილ, როგორც ჩანს, ნატიფი კლასის კილიკის ძირზე (ქ-ფ-68/263). მისი გარეთა ზედაპირი წრეხაზებითა და რელიეფური ზოლებითაა შემკული. განსაკუთრებით ყურადღებას იქცევს კილიკის შიდა ზედაპირზე დაცული გამოსახულება: ცენტრში გრავირებული ყოფილა სფინქსი - დაცულია კლდეზე შემჯდარი სფინქსის თათებიანი კიდურები, ტანის ნაწილი, ბუმბულით დაფარული ფრთები და დახვეული ისრისპირისებრბოლოიანი კუდი. ფონზე მოცემულია სხვადასხვა სახის ბალახეულობა. ზოგიერთი მათგანი ბოლოვდება თავთავებით. გამოსახულება ჩასმული ყოფილა ოთხკუთხა მოყვანილობის მედალიონში, რომლის ირგვლივ განლაგებულია პატარა ზომის ოვები (სურ. 55/7). როგორც ვხედავთ, მონუმენტური მხატვრობის მსგავსად აქაც გრაფიკული ხელოვნების ნიმუშში გადმოცემულია სივრცე, ნაჩვენებია პლასტიკა. ისიც საყურადღებოა, რომ ამ ნიმუშს ჩვენთვის ხელმისაწვდომ მასალებს შორის სათანადო ანალოგი არ მოეძებნა. კილიკი ძვ.წ. V ს 30-იანი წლებით თარიღდება.

ასეთია ფიჭვნარის ძვ.წ. V ს ბერძნულ ნეკროპოლზე აღმოჩენილი სადა და ორნამენტირებული კილიკების წამყვანი ნიმუშები.

ბოლსალი. ფიჭვნარის სადა ატიკური შავლაკიანი კერამიკის ერთ-ერთ მოზრდილ ჯგუფს ე.წ. ბოლსალები ქმნიან. სახელწოდება ჰიბრიდულია - წარმოდგება ბოლ(ონიის) და სალ(ონიკის) შეერთებისაგან. სწორედ ამ ადგილებში აღმოჩნდა მოხატული წითელფიგურული ნიმუშები (Talcott, 1935: 503-504; Ure, 1944: 76; Corbett, 1949: 301, 331, 332; Beazley Gifts, 1967: pl. 48(140).6). სამეცნიერო ლიტერატურაში ისინი ზოგჯერ სხვადასხვა სახელწოდებით გვხვდება: კოტილა, სკიფოსი, თას-კოტილა და ა.შ. მოხატული ნიმუშები დიდ იშვიათობას წარმოადგენს. თავისი არსებობის მანძილზე ფორმა თითქმის უცვლელი დარჩა. შეინიშნება დეტალიზაციის ზოგიერთი ნიუანსი. მათთვის დამახასიათებელია ფრიალა ჯამი, პირისკენ ვერტიკალურად აზიდული კედელი, ზედმიწევნით დამუშავებული ქუსლი, პირთან ახლოს მიძერწილი წყვილი ყური. ხშირად ფსკერის შიდა ზედაპირი მარტივი ქარგის შტამპიანი სამკაულითაა გაფორმებული. თვლიან, რომ ფორმა შეიქმნა ძვ.წ. V ს მესამე მეოთხედში. ამასთან მიუთითებენ ადრეულების ზოგიერთ განმასხვავებელ ნიშანზეც. კერძოდ, ძირის გარეთა ზედაპირიც დაფარულია შავი ლაკით. საფეხურიანი

103

ქუსლი შედარებით პატარა ზომისაა.[3] შემდგომ, თანდათანობით ქუსლი სტანდარტულ ფორმას იღებს - მოგვაგონებს კორინთული სკიფოსების ძირს, რომლის გარეთა კიდე მკვეთრადაა ჩამოსწორებული, ტანზე აქვს ღარიანი ზოლი. კედლის ზედა ნაწილი ერთ მრუდს წარმოადგენს მაქსიმალური დიამეტრით პირთან. ტანიც უფრო დაბალი ხდება, ყურები წვრილი და გრძელი. ძვ.წ. IV საუკუნეში პირი იწყებს გაშლას და ქმნის ორმაგ მრუდს. ცენტრში უჩნდება კონუსისებრი ბურცობი, ქუსლი ღარიანია, სამკუთხა მოყვანილობის ხდება ზემოთკენ აპრეხილი ყურები.

ბოლსალების შიდა გაფორმებაში ვხვდებით ფაქიზად შესრულებულ გადაბმულ თუ ჯვარედინად განლაგებულ პალმეტებს. შტამპი სხვადასხვაა. ადრინდელთა გამოსახულებანი ახლოახლოა განლაგებული. სახელოსნო ერთი უნდა ყოფილიყო. ძირის გარეთა რეზერვირებული ზედაპირი ხშირად წერტილიანი წრეხაზითა თუ შავი ლაკის ზოლებითაა მოხატული.

ბოლსალები ყველაზე ფართოდ იწარმოება ძვ.წ. V საუკუნეში; თანდათანობით კარგავს პოპულარობას, თუმცა, ისინი მზადდებოდა ძვ.წ. IV ს ბოლომდე (Sparkes, Talcott, 1970: 107-108, Nos 532-561, pl. 24, 53, fig. 6, 22).

ფიჭვნარის მონაპოვრებისაგან უადრესი ჩანს 149-ე სამარხში აღმოჩენილი ბოლსალი (ქ-ფ-87/7). აღდგენილია მოზრდილი ნატეხებისაგან. აქვს დაბალი, მომრგვალებული, გარეთკენ გაზიდული ქუსლი, მომაღლო ტანი, სწორი პირი. პირთან ახლოს მიძერწილია წყვილი რგოლისებრი ყური. მის ადრეულობაზე ისიც მიუთითებს, რომ ბოლსალი მთლიანადაა ლაკით დაფარული, ოღონდაც ტანის დასაწყისთან შემოუყვება ვიწრო რეზერვირებული ზოლი. როგორც აღინიშნა, გვიანდელებს უმეტესად ღარი შემოუყვებათ. ძირის გარეთა ზედაპირზე დაცულია გრაფიტო ΓN. ფიჭვნარის მონაცემების მიხედვით ჩანს, რომ ამ ტიპის ჭურჭელთა წარმოება ძვ.წ. V ს მეორე მეოთხედიდან უნდა დაწყებულიყო (სურ. 14/5, 16/4).

გაცილებით მეტია ძვ.წ. V ს მეორე ნახევრის ნაკეთობანი (21/8–10; 22/5-7; 51/7-10; 52/4, 7; 57/3; 70/4; 84/10; 86/9, 10; 87/6 და ა.შ.). მათი ფორმა ტიპიურია, აქვთ მეტ-ნაკლებად ღრმა ტევადობის ტანი, ზოგიერთის შიდა ზედაპირი სადაა (ეტყობა ისინი ადრეულები უნდა იყოს, იხ. სურ. 51/7-10; 52/4-7). დიდი ნაწილი შტამპიანი ორნამენტითაა შემკული. მე-20, გაძარცვული სამარხის საალაპო მოედანზე აღმოჩენილი ნიმუშები (ქ-ფ-68/288[2]) საკმაოდ დიდი ზომისაა (სურ. 60/7-8). მისი სიმაღლე 8 სმ-ია, პირის დიამ. 16,5 სმ (ყურებთან ერთად 26 სმ), ქუსლის დიამ. 11,3 სმ). ზოგიერთ მათგანზე გრაფიტოცაა მოცემული. მაგალითად, მე-18 სამარხის ჭურჭლის (ქ-ფ-68/249) ძირზე დატანილია გრაფიტო. თუ H-ზე M-ია მიერთებული, შესაძლოა გრაფიტო ΔHM "დემეტრეს" ნიშნავდეს. ორასოიანი გრაფიტო ΔH ყოველთვის "დემეტრადაა" წაკითხული (Толстой, 1953: 111, № 186). ასეთი გრაფიტოიანი ასკოსი მე-20 სამარხის საალაპო მოედანზეცაა აღმოჩენილი. 36-ე სამარხის ბოლსალზე მოცემულია სამი ასოსაგან შედგენილი გრაფიტო ΔIA (სურ. 70/4). ფიჭვნარის მონაპოვართ ბევრი ანალოგი ეძებნებათ. ისინი ფართოდ ჩანან გავრცელებული ანტიკურ სამყაროში (იხ. კახიძე, 1975: 30-34).

თას-კილიკი. აგორის მასალების მიხედვით გამოყოფილია სამი ჯგუფი: ადრეულები – ძვ.წ. VI ს და V ს მეორე მეოთხედი (Sparkes, Talcott, 1970: Nos 562-579), მსუბუქკედლიანები (Sparkes, Talcott, 1970: Nos 580-611) და მძიმეკედლიანი (Sparkes, Talcott, 1970: Nos 612-623).

ჩვენთვის საინტერესო მსუბუქკედლიან თას-კილიკებს აქვთ განიერი, ტევადი ჯამი, ნაზად აზიდული ყურები, პროფილირებული ქუსლი. თასის გარეთა ზედაპირი გაფორმებულია. ადრეულების

104

შტამპი უფრო საგულდაგულოდაა გაკეთებული. შემდგომ მომრგვალებული და დავიწროებული თასი ნაკლებად მოსახერხებელი იყო კერამიკოსისათვის შტამპის დასატანად. მსუბუქკედლიანი თას-კილიკები პირველად გამოჩნდა ძვ.წ. V ს მესამე მეოთხედის კომპლექსებში. მზადდებოდა ძვ.წ. 375 წლამდე.

ფიჭვნარის ბერძნულ ნეკროპოლზე ამ ტიპის ჭურჭელი აღმოჩნდა მე-10 სამარხში (ქ-ფ-68/159). პატარა ზომის, არც თუ ისე სქელკედლიანი, ღრმა ტევადობის. ძირის გარეთა ზედა-პირის 2 სმ-ის სიფართის არე დატოვებულია თიხისავე ფონზე, ცენტრში წერტილიანი პატარა ზომის წრეხაზია მოხატული. რეზერვირებულია პროფილირებული ქუსლის საყრდენი არეც, გრაფიტოიანი - ძირის გარეთა ზედაპირზე - ΓΕΛΩ. შიდა ზედაპირის ცენტრში მოცემულია წვეროებით ცენტრისკენ მიმართული, წრეხაზებით შემოფარგლული ოვები. მოსდევს წყვილი წრეხაზის ირგვლივ განლაგებული რკალებით დაკავშირებული 10 პალმეტი. ტრაპეციის მოყვანილობის ყურები მიძერწილია ტანის არეში, ბოლოები ოდნავ ზევითაა აწეული. პირის შიდა კალთა ტანისაკენ წიბოთია გამოყოფილი – გარეთას გარს უვლის წყვილი კონცენტრირებული წრეხაზი (სურ. 40/7).

ასეთი თას-კილიკები ათენის აგორადან ძვ.წ. 430 წლითაა დათარიღებული. მეორე ნიმუში 425 წლით (Sparkes, Talcott, 1970: No. 582, pl. 27, fig. 6).

შავლაკიანი ცალყურა თასი. ფორმა წარმოადგენს დაბალ ჯამს უშუალოდ პირს ქვემოთ მიძერწილი ერთი ჰორიზონტალური ყურით. აქვს დაბალი რგოლისებური ქუსლი. პირი, რომელიც კლასის ერთ-ერთ განმასხვავებელ ნიშანს წარმოადგენს, ზემოთ განიერკიდიანია. ხშირად მომრგვალებული და შიგნით გადაწეული. როგორც მკვლევარები მიუთითებენ, პირის ასეთ მოყვანილობას საგანგებო დანიშნულება ჰქონდა - იგი აჩერებდა სითხის დენას. მასში ფაფეულიც შეიძლება მოთავსებულიყო. მიჩნეულია, რომ მსგავსი ვაზები იდეალური იყო მოგზაურებისა და ჯარისკაცებისათვის, რადგანაც ბრტყელი ჯამის გამობმა შეიძლებოდა სამგზავრო ტომარაზე. ის თავისი სიმტკიცით უძლებდა საკმაო ნჯღრევას. პოპულარობით იგი სკიფოსს უთანაბრდებოდა და ხმარებაში ძვ.წ. IV საუკუნესა და ელინისტურ ხანაშიაც კი იყო, როცა უკვე უყურო თასები იკიდებენ ფეხს. სკიფოსების მსგავსად მათი ყურებიც განიცდიან სტადიალურ ცვლილებებს: ზარისებრი, ნალისებრი და სამკუთხამოყვანილობის.

ფიჭვნარის მოსახლეობაში ატიკური შავლაკიანი ცალყურა თასები ფართოდ არ ჩანს გავრცელებული. ერთ-ერთი მათგანი წარმოდგენილი იყო 107-ე სამარხში (ქ-ფ-85/84). ძირის გარეთა ზედაპირის ცენტრში წერტილოვანი, მოშორებით უფრო ფართო წრეხაზია მოხატული. აქვეა გრაფიტო - ΑVΧΗΤΟ (სურ. 90/5). ასეთივე გაფორმებისაა 59-ე სამარხში აღმოჩენილი ცალყურა თასიც (ქუსლთან ახლოს შემოვლებული წრეხაზის სიფართე 1,5 სმ). ლაკი საუკეთესო ხარისხის, მოზეთისხილისფრო, ალაგ-ალაგ მოყავისფრო (სურ. 78/10; 82/9). ასეთივეა პირველი სამარხის ცალყურა თასიც (სურ. 21/1; 22/1).

გვხვდება პატარა ზომის ცალყურა თასებიც - სამარხი 8 (ქ-ფ-68/118). მთლიანი ზედაპირი ლაკითაა დაფარული. მე-20 სამარხის საალაპო მოედანზე აღმოჩენილია როგორც პატარა, ასევე დიდი ზომის ცალყურა (ქ-ფ-68/286) თასები (სურ. 60/16; 61/1-3).

შავლაკიანი დიდი ზომის ჯამი. დიდი ზომის უყურო ჯამები ატიკურ კერამიკულ წარმოე-ბაში ძვ.წ. V საუკუნემდე არ ჩანს გავრცელებული. უფრო პოპულარული ყოფილა ცალყურა

105

ჯამები. გამოთქმულია მოსაზრება, რომ მათ მაგივრობას საოჯახო ყოფაში ხის ჭურჭელი ასრულებდა. უყურო ჯამებმა ბერძნულ კერამიკულ წარმოებაში და, შესაბამისად მომხმარებელთა შორის, ფართო გავრცელება ელინისტური ხანისთვის პოვეს. უმრავლესობა სადაა, მოხატული ნიმუშები დიდ იშვიათობას წარმოადგენს.

ფიჭვნარის ნეკროპოლზე რამდენიმე სამარხსა და უფრო მეტად სარიტუალო მოედნებზე აღმოჩენილია ძვ.წ. V ს მეორე ნახევრის დიდი ზომის ჯამები. შევჩერდებით ზოგიერთი მათგანის შესახებ. პირველ სამარხში აღმოჩენილ ჯამს (ქ-ფ-67/6) აქვს ღრმა, ამობურცული კედელი, რომელიც დგას გარედან შეზნექილ მაღალ ქუსლზე – ქვედა კიდე გარეთკენაა გაზიდული. ძირის გარეთა ზედაპირს, ქუსლთან ახლოს, შემოუყვება რეზერვირებული წრეხაზი. აქვეა გრაფიტო BH. ჯამის დანარჩენი ზედაპირი კარგი ხარისხის ლაკითაა დაფარული (სურ. 19/4,6).

ასეთივე ფორმის დიდი ზომის ორი ჯამი აღმოჩენილია მე-15 სამარხში. როგორც ფორმის, ასევე რეზერვირებული ზოლის შემკობის მიხედვითაც მსგავსია ზემოთ აღწერილი ნიმუშებისა, იმ განსხვავებით, რომ ვიწრო წრეხაზი ტანის გარეთა ზედაპირსაც შემოუყვება. ისინი უფრო დიდი ზომისანი არიან (სურ. 47/5, 49/7). სამი ცალი დიდი ზომის ატიკური შავლაკიანი ჯამის აღდგენა მოხერხდა მე-20 სამარხის საალაპო მოედნის მასალების მიხედვითაც (ქ-ფ-68/274, 287). ისინიც მსგავსნი არიან ზემოთ დასახელებული ნიმუშებისა, ოღონდაც მათი ფსკერის შიდა ზედაპირის გარკვეული მონაკვეთი ყავისფერი ლაკითაა დაფარული (სურ. 61/8-9). ერთ-ერთი მათგანის ცენტრში დაშტამპულია წყვილი წრეხაზით შემოფარგლული ოთხი პალმეტი. აქვე პალმეტებს შორის აგებულია საპირისპიროდ განლაგებული წყვილი რკალი, რომლებიც წრეხაზებამდე ვრცელდებიან. რგოლების ბოლოებზე დატანილია თითო პალმეტი, ე.ი. მორიგი ოთხი პალმეტი. დასასრულს, წრეხაზის ირგვლივ განლაგებულია ოთხი რკალის ბოლოებზე დასმული 8, რკალებს შორის კი – 4 პალმეტი. მედალიონი წრეხაზითაა შემოსაზღვრული (სურ. 100/3). მეორე ჯამის ორნამენტირებული მედალიონის ნაწილობრივ აღდგენა მოხერხდა; ჩანს, რომ ესეც პირველი ჭურჭლის ანალოგიური ყოფილა (სურ. 100/4). სამკაულის მსგავსი განლაგება ფიჭვნარის სხვა სახეობის ჭურჭლებისათვის არაა ნიშანდობლივი. საერთოდაც, ესენი მიეკუთვნებიან იშვიათ მონაპოვართა რიცხვს.

ყურადღებას იქცევს 1985 წელს საალაპო მოედანზე აღმოჩენილი შავლაკიანი ჯამის ძირისა და ტანის ნატეხები (ქ-ფ-85/43). ფორმით გავს წინა ნიმუშებს, მაგრამ მათგან განსხვავებით მისი ყავისფერი ფონის მქონე ფსკერის შიდა ზედაპირი დაფარულია შტამპიანი ორნამენტით.

არის ამ ტიპის ჭურჭლის სხვა ნატეხებიც, რომელთა შესახებ სიტყვას აღარ განვავრცობთ.

<u>შავლაკიანი მაღალძირიანი ლანგარი.</u> დიდი ზომის შავლაკიანი ჯამების შემდგომ მკითხველის ყურადღებას გავამახვილებთ მაღალძირიანი ლანგრების შესახებ. ჩვენთვის ხელმისაწვდომ მასალებს შორის ამ მონაპოვარს პარალელი არ ეძებნება, ამიტომაც მეცნიერული ინტერესი მათ მიმართ გასაგებია. ისინი წარმოდგენილი იყო 1967 წელს შესწავლილ მე-6 სამარხის საალაპო მოედანზე. ცალკეული ნატეხების მიხედვით მოხერხდა ორი ასეთი ლანგრის ნაწილობრივ აღდგენა. პირველი ნიმუშის (ქ-ფ-67/69[5,12]) ძირი მთლიანადაა დაცული. აქვს მომაღლო საკმაოდ ფართო ცილინდრული

106

მოყვანილობის მასიური ძირი, რომელიც ბოლოვდება მკვეთრად გარეთკენ გაშლილი დისკოსებური ქუსლით. ძირის შიდა არე შესაბამისად კონუსისებური შემოწერილობისაა, რომლის დიდი ნაწილი (გარდა კონუსის წვერისა, ბოლოსა და საყრდენი არის) დაფარულია შავი ლაკით. დაცული ნატეხების მიხედვით ჩანს, რომ ტანი ძირთან ახლოს სწორხაზოვნადაა გარეთკენ გაზიდული, შემდეგ ოდნავ მომრგვალებულია და გარეთკენ გადაშლილი. პირი სწორი, ფართო (2,8 სმ). ტანის ქვედა ნახევარი პროფილირებულია წიბოებითა თუ ღარებით პირის დასაწყისამდე, პირის ზედა კალთა და ფსკერის ცენტრალური ნაწილი ანგობირებულ-რეზერვირებულია. ლანგრის დანარჩენი ნაწილი შავი ატიკური ლაკითაა დაფარული (სურ. 35/2).

მეორე ლანგარი (ქ-ფ-67/69[5,10]) უფრო პატარა ზომისაა, მაგრამ საკმაოდ მასიური. როგორც ფორმის, ასევე გაფორმების მიხედვით იმეორებს პირველ ნიმუშს (კახიძე: 1975: 86-88, სურ. 7).

არაა გამორიცხული, რომ ეს ჭურჭელი სათევზე ლანგრების, ე.წ. იხთიების წინამორბედებს წარმოადგენდა. საწვენე განყოფილებიანი იხთიები ხშირად ჩნდება ჩრდილო შავიზღვისპირეთის და თვით ფიჭვნარის ძვ.წ. IV ს სარიტუალო მოედნებსა თუ ზოგჯერ სამარხეულ კომპლექსებშიაც. ასევე ითქმის ელინისტური ხანის შესახებაც.

<u>შავლაკიანი პატარა ზომის ჯამი</u>. უმეტესად სადანი არიან. წითელფიგურული ნიმუშები დიდ იშვიათობას წარმოადგენს. ისინი ფართოდ გამოიყენებოდა კლასიკურ ხანაში მარილისა თუ საკაზმისათვის. ელინისტურ ხანაში სუფრის ჭურჭელთა შორის მსგავსი ინვენტარი უკვე აღარ გვხვდება. ფიქრობენ, რომ ამ დროისათვის ხდებოდა თვით კერძების შეკაზმვა, ამიტომაც პატარა ზომის თასებმა თავისი ფუნქცია დაკარგეს. ხასიათდებიან ფორმათა მრავალგვარობით. ტევადობა დიდად არ შეცვლილა. ვარაუდობენ, რომ პატარა ზომის ჯამები საწყაულებადაც გამოიყენებოდა. ათენის აგორის მიხედვით გამოყოფილია სხვადასხვა კლასი. ადრეული და მძიმე ჯამები მოიცავს პერიოდს ძვ.წ. V ს მეორე მეოთხედიდან ბოლო მეოთხედის დასაწყისამდე. ადრეულებს აქვთ ჭურჭლის ზომასთან შედარებით მძიმე კედელი, სქელი პირი, მასიური ქუსლის გარეთა ზედაპირი რეზერვირებულია. გვიანდელ ნიმუშებში იცვლება ქუსლის ფორმა - ტორსისებური, ნახევრადმრგვალი ფრიზისებური ქუსლი იქცევა სადა რგოლისებურად. ძირის გარეთა ზედაპირი სხვადასხვა გვარადაა დამუშავებული - სადა რეზერვირება, დახვეწილი წრეები, მთლიანად ლაკით დაფარვა და ა.შ.

გვიანი და მსუბუქი ჯამები გავრცელებულია ძვ.წ. V ს ბოლო მეოთხედში. ისინი წარმოადგენენ ადრეული და მძიმე ჯამების ვერსიას, რომლებიც არსებობდნენ 50 წლის მანძილზე. მათი მსუბუქი მოდელია სადა პირი, რომელიც კედლის სისქისაა და ზემოთ მომრგვალებული. მეორე განმასხვავებელი ნიშანი ისიცაა, რომ ძირის შიდა მხარეზე ზოგიერთ მათგანს აქვს შტამპიანი ორნამენტი. ჯამი ჩვეულებრივ დაბალი და განიერია. დასადგამი არე და ძირის გარეთა ზედაპირი რეზერვირებულია, გაფორმებული წრეებითა და წერტილებით. შტამპიანი გაფორმება არაა დახვეწილი. ფორმა იწყება ძვ.წ. 430 წლიდან და გადადის ძვ.წ. IV საუკუნეში (Sparkes, Talcott, 1970: Nos 843-889, pls 33-34, 59, figs 9, 20).

პატარა ზომის შავლაკიანი თასები საკმაოდ ხშირად ჩნდება ფიჭვნარის ძვ.წ. V ს მეორე, მესამე და მეოთხე მეოთხედის როგორც სამარხეულ კომპლექსებში, ისე სარიტუალო მოედნებზე. მათთვის დამახასიათებელია ყველა ის ძირითადი ნიშანი, რაც ზემოთ ვნახეთ ათენის

აგორის მაგალითზე. აშკარაა, რომ ამ სახეობის ნაკეთობანი ყოველდღიური მოხმარების საგანი უნდა ყოფილიყო. ამასვე ადასტურებს ნაქალაქარის მონაპოვრებიც. გვაქვს როგორც მასიურ (უფრო ადრეულ სამარხებში), ისე შედარებით მსუბუქკედლიანები. ზოგიერთ მათგანზე გრაფიტოცაა დაცული. არის ორნამენტირებული ცალები. სიმაღლე მერყეობს 2,5-3 სმ-ს, პირის დიამ. 7-8-10 სმ-ს, ხოლო ძირის დიამ. 4-6 სმ-ს შორის.

ადრეული მასიურკედლიანი ჯამები აღმოჩნდა 142-ე (ქ-ფ-86/161) და 150-ე (ქ-ფ- 87/10) სამარხებში. აქვთ მასიური რგოლისებრი ქუსლი და მომრგვალებული ტანი, პირი ოდნავ შიგნით შეწეული. ტანის დასაწყისი, ძირის საყრდენი არე და გარეთა ზედაპირი რეზერვირებულია. ზოგიერთის ცენტრში პატარა ზომის წერტილია მოხატული. ლაკი მოზეთისხილისფრო. ისინი ძვ.წ. V ს მეორე მეოთხედით თარიღდებიან (სურ. 13/8, 14/8, 16/3). ამათ ერთ ნაწილს აქვს საკმაოდ მასიური პროპორციები, სქელი პროფილირებული პირი, მომრგვალებული ტანი, ფართო, დაბალი, ტანისაგან ოდნავ გამოყოფილი ძირი (სურ. 37/4; 67/10). დანარჩენთა ფორმის შესახებ ათენის აგორის მიხედვით უკვე ითქვა, რომლებიც გამოირჩევიან მრავალრიცხოვნებით. მათი დიდი ნაწილი გრაფიტოიანია, ასევე შტამპირებულორნამენტიანი. არის სადა ნიმუშებიც. ასეთია მე-19 სამარხში აღმოჩენილი საკმაოდ სქელკედლიანი პატარა ზომის შავლაკიანი ჯამი (ქ-ფ-68/258). აქვს მასიური პროფილირებული რგოლისებრი ძირი, ტანი მომრგვალებული. ძირის გარეთა ზედაპირზე, ცენტრში წერტილიანი წრეხაზია მოხატული, მოშორებით უფრო ფართო წრეხაზი (სურ. 57/7). ამავე სამარხში მოპოვებული მეორე თასის კედლები უფრო ნაკლებად მასიურია. ძირის გარეთა ზედაპირზე სამი წრეხაზია მოხატული (სურ. 57/9). სადაა 72-ე სამარხის ჯამიც (სურ. 80/9). ათენის აგორის ანალოგიური ჭურჭლები ძვ.წ. 450-425 წლებითაა დათარიღებული (Sparkes, Talcott, 1970: 297, pl. 33, fig. 9).

პატარა ზომის ჯამების რიცხვი კიდევ უფრო იზრდება ძვ.წ. V ს ბოლო მეოთხედისათვის. ამ პერიოდის ადრეული საფეხურის შავლაკიანი ჯამი წარმოდგენილი იყო მე-9 სამარხში (ქ-ფ-68/153). აქვს თხელი ტევადობის მომრგვალებული ტანი. რგოლისებრი ქუსლი. ძირის გარეთა ზედაპირი ოდნავ ამობურცულია. ფსკერი დაფარულია დახვეწილი პროპორციების მქონე შტამპირებული ორნამენტით. ცენტრში მოცემულია პატარა ზომის წრეხაზის ორივე მხარეს დატანილია ოვები, შემდგომ მოზრდილი წრეხაზის ირგვლივ განლაგებული ოვები და 8 პალმეტი. გარეთა ზედაპირზე მოცემულია გრაფიტო Σ (სურ. 39/6).

ყურადღებას იქცევს 109-ე სამარხში აღმოჩენილი პატარა ზომის ჯამი (ქ-ფ-85/92). ამისი ქუსლი საკმაოდ მასიურია, გარეთა კალთა მომრგვალებული, შიდა თანაბრად დაქანებული, ტანი მომრგვალებული. ძირის გარეთა რეზერვირებულ ზედაპირზე მოხატულია შავი ლაკის წერტილიანი პატარა წრეხაზი. ოდნავ მოშორებით - მეორე წრეხაზი. აქვეა გრაფიტო ΓΕ. შიდა ზედაპირზე დაშტამპულია რკალებით დაკავშირებული 6 პალმეტი. მათ შორის გამოსახულია თითო ოვი, სულ 7 (სურ. 90/12). ეს უკვე ახალი მოტივია ამ ტიპის ვაზების შემკობაში.

პირველ სამარხში აღმოჩენილი ჯამის (ქ-ფ-67/8) გარეთა ზედაპირი ამობურცულია და დაცულია გრაფიტო B (სურ. 21/2-3). სხვა ნიმუშებზე სამი ასოა მოცემული – ΒΟΣ. ფსკერის შიდა ზედაპირზე დაშტამპულია ოვები და ოთხი პალმეტი. ჯამი მთლიანადაა დაფარული სქლად წასმული შავი, ალაგ-ალაგ მოყავისფრო ატიკური ლაკით (კახიძე, 1975: 16-17, ტაბ. VIII/1, X/5). ორნამენტირებულია მე-17 სამარხთან დაკავშირებული ალაპის შავლაკიანი ჯამი

(ქ-ფ-68/238). ორ ნაწილად გაყოფილი. შეკეთების მიზნით სამგან გაკეთებულია წყვილი სამანჭვალე ნახვრეტი. აქვს თანაბრად მომრგვალებული მასიურკედლებიანი ტანი. ქუსლი რელიეფური წიბოთია შემკული, გარეთა კალთა მომრგვალებული. ძირის გარეთა ზედაპირზე დაცულია გრაფიტო ΔI და X (სურ. 54/7-8; 55/6). არაა გამორიცხული, რომ პირველი ორი ასო ΔIO - დიონისეს ან ზევსს აღნიშნავდეს, ხოლო X წერტილით - 600-ს. მსგავსი ფაქტები კარგადაა ცნობილი ბერძნულ ეპიგრაფიკაში, როცა ამა თუ იმ ღვთაების შესაწირავად მოტანილ ჭურჭელთა გარკვეული რაოდენობა იგულისხმება. ჯამის შიდა ზედაპირზე შტამპირებულია ჯვარედინად განლაგებული ოთხი პალმეტი. მათ მოსდევს წრეებით შემოფარგლული ოვების წრეხაზი, რომლის ირგვლივ კიდევ 5 პალმეტია განლაგებული. პალმეტების შტამპი პროპორციულობით გამოირჩევა. ანალოგიური თასები ათენის აგორიდან ძვ.წ. 425-400 წლებითაა დათარიღებული (Sparkes, Talcott, 1970: 298, No 870, fig. 9). არის სხვა ცალებიც, რომელთა შესახებ სიტყვას აღარ გავავრცობთ.

ამ სახის მონაპოვართა რიცხვი ყოველწლიურად იზრდება; ეს ითქმის არამარტო ბერძნული ნეკროპოლის მიმართ. პატარა ზომის შავლაკიანი ჯამები საკმაოდ ხშირად ჩნდება ნაქალაქარის გათხრების დროსაც.

<u>შავლაკიანი სამარილეები</u>. საკმაოდ გავრცელებული ჭურჭელია ანტიკურ სამყაროში. იგი მასობრივი მოხმარების საგანია, ამიტომაც მოხატული ნიმუშები დიდი იშვიათობას წარმოადგენს. სამარილეების ქრონოლოგიური კლასიფიკაცია შემუშავებულია ტიპოლოგიური განვითარებისა და სამარხეული კომპლექსების მიხედვით. ამ თვალსაზრისითაც საკმაოდ მყარ კრიტერიუმებს გვთავაზობს ფიჭვნარის ბერძნული ნეკროპოლი. ათენის აგორის მიხედვით გამოყოფილია სუფრაზე მოსახმარი ამ სახეობის ჭურჭლის სხვადასხვა ტიპი.

სამარილეები საკმაოდ ფართოდ ჩანს გავრცელებული ფიჭვნარის ელინურ წრეებს შორის. საყურადღებოა, რომ კოლხურ სამაროვნებზე და ნაქალაქარის კულტურულ ფენებში ატიკური შავლაკიანი სამარილეების აღმოჩენის ფაქტი ჯერჯერობით არცაა დადასტურებული. ასევე ითქმის საქართველოს სხვა თანადროული ძეგლების მიმართაც. ისინი ფიჭვნარის ბერძნული ნეკროპოლის ადრეულ სამარხებშიაც არაა წარმოდგენილი. როგორც ჩანს, ამ პერიოდის სამარილეების ფუნქციას პატარა ზომის სქელკედლიანი ჯამები ასრულებენ, რომელთა რიცხვი საგრძნობია.

ამ ტიპის კერამიკული ნაწარმი საკმაოდ მრავლადაა წარმოდგენილი ძვ.წ. V ს მეორე ნახევრისათვის. ასევე ხშირად ჩნდება ძვ.წ. IV საუკუნის სამარხებშიაც. შავლაკიანი სამარილეები შედის როგორც სამარხეულ, ისე საალაპო მოედნების კომპლექსებში.

პირველ რიგში აღსანიშნავია სამარილეები, რომლებიც ფორმის მიხედვით იმეორებენ ზემოთ უკვე აღნიშნულ პატარა ზომის ჯამებს, ოღონდაც მათთან შედარებით უფრო პატარა ზომისანი არიან. ასეთია ერთ-ერთი სამარილე (ქ-ფ-80/14, სამარხი 72). აქვს სადა რგოლისებრი ქუსლი, თანაბრად მომრგვალებული ტანი. ძირის გარეთა რეზერვირებულ ზედაპირზე წერტილიანი წრეხაზია მოხატული. აქვე გრაფიტოა – ერთ მხარეს A, მეორე მხარეს - Δ.

შემდგომ ჯგუფს ამობურცულკედლიანი სამარილეები ქმნიან. მათ აქვთ ბრტყელი ძირი, გარეთკენ გაფართოებული მასიური კედელი, რომელიც პირისაკენ თანადათანობით ვიწროვდება. მსგავსი არქიტექტონიკა ჭურჭელს გამძლეობას მატებდა. ძირი რეზერვირებულია. პირველ

სამარხში აღმოჩენილ ნიმუშზე მოცემულია გრაფიტო ΒΟΣ (სურ. 21/4, 22/2; იხ. კახიძე, 1975: 22, ტაბ. VIII/3, X/5). გრაფიტოიანია მე-100 სამარხში ნაპოვნი სამარილეც (სურ. 88/6, 91/3). ასეთივე სამარილეები გვხვდება სააღაპო მოედნებზეც (კახიძე, 1975: 70, სურ. 3/2, ტაბ. XXIV/3; აქვე, 100/5). ისინი ათენის აგორის მონაცემების მიხედვით ძვ.წ. 430-410-იანი წლებით თარიღდებიან (Sparkes, Talcott, 1970: 135).

კიდევ უფრო მრავალრიცხოვნებით ხასიათდებიან ფიჭვნარის მომდევნო ჯგუფის სამარილეები, რომელთაც აქვთ ბრტყელი ძირი და სადა ოდნავ მომრგვალებული ტანი. ისინი უკვე საკმაოდ თხელკედლიანებია. მე-8 სამარხის სააღაპო მოედნის ნიმუშის გარეთა ზედაპირზე მოცემულია თხელი, საკმაოდ ფართო ფოსო (სურ. 38/8-9). ამ ტიპის სამარილეებზე საკმაოდ ხშირად ვხდებით გრაფიტოებს. მაგალითად, მე-6 სამარხის ფსკერის შიდა ზედაპირზე ამოკაწრულია Β (სურ. 33/2, 34/4). ეს ზემოთ აღნიშნული ნიმუშის მსგავსად ΒΟΣ-ად უნდა იკითხებოდეს. 112-ესამარხის სამარილის ძირზე (ქ-ფ-85/110) დაცულია სამი ასოსაგან შემდგენილი გრაფიტო ΔΙΑ (სურ. 94/6).

ფიჭვნარში მე-6 სამარხის სააღაპო მოედანზე მოპოვებულია სამარილის ისეთი ნიმუში, რომელსაც ჯერჯერობით სამეცნიერო ლიტერატურაში პარალელი ვერც მოვუნახეთ (ქ-ფ-67-69[1]). თითქმის მთლიანად აღსდგა. გარეთკენ მკვეთრად გაფართოებული ძირის გარეთა კალთას წყვილი ღარი შემოუყვება. ოდნავ გარეთკენ გაშლილი ღრმა ტევადობის სწორკედლიანი ტანის ზედა მონაკვეთის გარეთა ზედაპირი შემკულია რელიეფური რგოლებით. პირი შედარებით ფართო, გარეთკენ გადაშლილი. მისი ქვედა კალთა ღარითაა შემკული, ხოლო ზედა – დაფარულია შტამპირებული ორნამენტით. პირის დასაწყისთან მოცემულია მჭიდროდ განლაგებული პატარა ზომის ოვები, შემდგომ – რკალებით დაკავშირებული მჭიდროდ ახლოს განლაგებული პალმეტები (სურ. 35/1). ორნამენტი მაღალმხატვრულია, საერთოდაც ჭურჭელი წარმოადგენს ატიკური კერამიკული ნაწარმის ერთ-ერთ საუკეთესო და იშვიათ ნიმუშს (კახიძე, 1975: 48, სურ. 6).

შავლაკიანი მაღალძირიანი თასები. საკმაოდ ხშირად ჩნდება ფიჭვნარის ნაქალაქარზე, ზოგჯერ – კოლხური სამაროვანის გათხრებისას (კახიძე, 1965$_ь$). ბუნებრივია, მათი რიცხვი გაცილებით მეტია ბერძნული ნეკროპოლის მონაპოვრებში. წარმოდგენილია როგორც სამარხეულ კომპლექსში, ისე სააღაპო მოედნებზე. გამოვყოფთ ორ ქრონოლოგიურ ჯგუფს. პირველი ძვ.წ. V ს მეორე მეოთხედით, მეორე კი ამავე საუკუნის შუა ხანებითა და მესამე მეოთხედით თარიღდება. უფრო გვიანდელ კომპლექსებში მაღალძირიანი თასები აღარ ჩანს. მეტია პირველი ქრონოლოგიური ჯგუფის ნიმუშები. ორივე ჯგუფისათვის დამახასიათებელია შედარებით დიდი და პატარა ზომის ჭურჭლების არსებობა. ფორმის განვითარებაში რაიმე ცვლილება არ შეინიშნება. ოღონდაც, ადრეულების ლაკი უფრო სქლადაა წასმული და მოზეთისხილისფროდ მოელვარეა. აქვთ ოდნავ შიგნით ჩახვეული პირი, რომელიც მომრგვალებული, საკმაოდ ღრმა ტევადობის ტანისაგან ვიწრო ღარითაა გამოყოფილი. კოხტად გამოყვანილი მომაღლო ფეხი არც თუ ისე მასიურია. ღრმა კონუსისებურად შეღრმავებული ქუსლი მკვეთრადაა გარეთკენ გაფართოებული.

ძვ.წ. V ს მეორე მეოთხედის მაღალძირიანი თასი 141-ე (ქ-ფ-86/160) სამარხში აღმოჩნდა. საყურადღებოა, რომ ამასაც და სხვა ადრეულსაც ძირი აკლია. მონამტრევი ადგილი საგანგებოდ მოუსწორებიათ და ისე ჩაუყოლებიათ სამარხში (სურ. 13/5). მოხერხდა სარიტუალო მოედნებზე აღმოჩენილი ნატეხების მიხედვით ზოგიერთი მათგანის მთლიანად აღდგენა (სურ. 97/6). ჩანს, ამ სახის ნაკეთობანი საკმაოდ ძვირად ფასობდა.

110

ძვ.წ. V ს ბერძნული ნეკროპოლის გათხრები (1967-1987 წწ)

ძვ.წ. V ს მესამე მეოთხედის მაღალძირიანი თასი მე-15 სამარხში აღმოჩნდა. იგი მთლიანად აღსდგა. ფორმა ტიპიური, ძირის შიდა არის კონუსისებური შეღრმავება და ქუსლის გარეთა კალთის ვიწრო ზოლი რეზერვირებულია. ქუსლთან ახლოს, შიდა ზედაპირზე 1,3 სმ სიფართის შავი ლაკის ზოლია მიხატული. დანარჩენი ზედაპირი კარგი ხარისხის ლაკითაა დაფარული. ძირის შიდა ზედაპირზე დაცულია გრაფიტო ΑΣΤ (სურ. 47/2, 48/1).

პატარა ზომის მაღალძირიანი გრაფიტოიანი თასი წარმოდენილი იყო მე-20 სამარხის სააღაპო მოედანზე (ქ-ფ-68/272). ტანი სადა, თანაბრადმომრგვალებული. არც თუ ისე მაღალი ცილინდრისებური მოყვანილობის ფეხი გარეთკენ გაშლილი, კონუსისებურად შეღრმავებული, ბოლოვდება რეზერვირებულზედაპირიანი ქუსლით. ძირისა და ტანის შეერთების ადგილი რელიეფური რგოლითაა შემკული (სურ. 60/15, 61/7).

ჯერჯერობით, საქართველოს ტერიტორიაზე ფიჭვნარის თანადროული მაღალძირიანი თასი აღმოჩენილია ითხვისში (გაგოშიძე, 1968: 39-40). სხვაგან არაერთი ანალოგი ეძებნება.[4]

თეფში. ატიკური სადა შავი და წითელფიგურული თეფში არქაული ხანიდან ჩნდება. ის საგანგებოდაა შესწავლილი (Callipolitis-Feytmans, 1948: 183-192, pls 1-2). შავფიგურულ თეფშებზე გორგონას, ლიდოსის და პოლოსის, წითელფიგურულზე კი ეპიქტეტოსის, კერბერის (ცერბერის) და ფრიაქსის მხატვარები მუშაობდნენ. სადა შავლაკიანი თეფშები ცნობილია გვიანარქაული ხანიდან, მაგრამ ძვ.წ. 480 წლამდე არ ყოფილან პოპულარულნი. უფრო გავრცელებული ჩანან გვიან, ძვ.წ. V-IV საუკუნეებისა და ელინისტური ხანისათვის. ფიქრობენ, რომ ადრე ხის თეფშებს ხმარობდნენ. ისინი აღმოჩენილია სამოსზე და სხვა ადგილებში. გავრცელებული იყო ლითონის მსგავსი ნაკეთობებიც. თეფშები იხმარებოდა სუფრაზე საკვების ზოგიერთი სახეობისათვის. ატიკურები გამოირჩევიანნაირსახეობით (Sparkes, Talcott, 1970: 144-150, Nos 1002-1096, pl. 36, 37, 59, fig. 9-10).

ფიჭვნარში ერთი მთლიანად დაცული ნიმუში აღმოჩნდა მე-16 სამარხში, ხოლო მოზრდილი პროფილირებული ნატეხები მე-8 სამარხის სააღაპო მოედანზე. შედარებით პატარა ზომის ნატეხები ჩნდებოდა სხვა სამარხების სარიტუალო მოედნებზეც. პირველ რიგში შევჩერდებით მე-16 სამარხში აღმოჩენილ ნიმუშებზე.

შავლაკიანი თეფში (ქ-ფ-68/224). მთლიანად აღდგენილი; რთული პროფილირების; აქვს ოდნავ გარეთკენ გაფართოებული სადა რგოლისებრი ქუსლი. სწორი ფსკერი, რომლის გარეთა ზედაპირი პროფილირებულია რელიეფური ფართო ზოლებითა და წიბოთი. დაბალი კედლები თითქმის ვერტიკალურია, რომელიც ბოლოვდება გარეთკენ გაშლილი პირით. პირის ქვემოთა კალთას გარს უვლის ღრმა და ფართო ღარი. ზედა ზედაპირზე დატანილია ვიწრო ღარი.

თეფშის შიდა ზედაპირზე მოცემულია ოვების - თესლუჯრედების წრეხაზი. მის ირგვლივ განლაგებულია შესანიშნავი პროპორციების მქონე შვიდი მოზრდილი პალმეტი. მისგან მოშორებით კი ნატვიფრია წრეხაზებს შორის მოქცეული მოზრდილი ოვები, მათ გარშემო ერთმანეთისაგან საკმაოდ მოშორებით განლაგებულია 8 პალმეტი. თეფშის სიმაღლე 2 სმ-ია, აქედან მარტო ქუსლის 0,7 სმ. ქუსლის დიამეტრი 13 სმ, პირის 18 სმ. თეფში მთლიანადაა დაფარული საუკეთესო ხარისხის შავი ატიკური ლაკით (სურ. 52/9,12; 53/1).

როგორც ფორმის, ისე განსაკუთრებით შემკულობის მიხედვით ფიჭვნარის მონაპოვართან ახლოს დგას მარშალის კოლექციაში დაცული ჭურჭელი; ორნამენტაციის თანამიმდევრობა

111

ზუსტად ერთნაირია; ასევე ემთხვევა პალმეტებისა და ცენტრში ნატვიფრი ოვების რაოდენობა (20-20). განსხვავებულია მხოლოდ მეორე წრეხაზზე მოცემული ოვების რიცხვი - ფიჭვნარისაზე მოცემულია 75, ხოლო მარშალის კოლექციაში დაცულ ნიმუშზე – 65 ოვი. ისინი ერთმანეთს გარკვეულად ზომების მიხედვითაც უახლოვდებიან. ჩვენი თეფშის ზომების შესახებ უკვე იყო აღნიშნული, მარშალის კოლექციის ჭურჭლის სიმაღლე 2,4 სმ-ია, დიამეტრი 17,8 სმ. დათარიღებულია ძვ.წ. V საუკუნის ბოლოთი. ფიჭვნარის თეფში ოდნავ ადრეული უნდა იყოს; ამაზე ნათლად უნდა მიუთითებდეს როგორც ლაკის მაღალი ხარისხი, ასევე პალმეტების მოყვანილობა, შესრულების დიდი სიზუსტე და პროპორციულობა (იმეორებენ ფიჭვნარის პირველ სამარხში აღმოჩენილ ბრინჯაოს ჭურჭლის ყურზე მოცემული პალმეტის ფორმას). მარშალის კოლექციის ჭურჭლის პალმეტები შედარებით დაუდევრადაა შესრულებული (Beazley Gifts, 1967: 145, pl. 62_8, 65_{18}).

ფიჭვნარის მსგავსი თეფშები ათენის აგორიდან ძვ.წ. 425 წლითაა დათარიღებული (Sparkes, Talcott, 1970: No. 1025, pl. 59, fig. 10). ასეთივე თეფში შემთხვევით აღმოჩნდა ათენში, ლენორმანის ქუჩაზე 1936 წელს. სიმაღლე 2,4 სმ, დიამეტრი 16,8 სმ. აქვს ბრტყელი ფსკერი. ძირის გამოყვანისას ყალიბია გამოყენებული. ფსკერზე ორ რიგად, ამოკვეთილ წრეებს შორის დატანილია წრიულად დატვიფრული თესლკვირტები (ოვები). გარედან - ცალ-ცალკე დატანილი პალმეტების ირგვლივი სარტყელი. ცენტრში ამოკვეთილია პატარა წერტილი. ქუსლში წყვილი ზონარგასაყრელი ნახვრეტია გაკეთებული (Corbett, 1949: 324-325, Nos 40-41, fig. 3; Young, 1951: 219, No. 3, fig. 13).

როგორც ითქვა, ასეთივე თეფშის ნატეხები აღმოჩნდა მე-8 სამარხის სააღაპო მოედანზე (ქ-ფ-68/129). წარმოდგენილია ძირის, ტანისა და პირის ნატეხების სახით. აქვს სადა, გარეთკენ ოდნავ გაფართოებული ქუსლი; დაბალი, გაზიდული ტანი, რომელიც ბოლოვდება გადაშლილი პირით. ამისი პირის ზედაპირი შემკულია წყვილი ღარით, გადარჩენილია ფსკერის შემკულობის ნაწილი – ესაა წრეხაზებით შემოფარგლული ოვები და მის ირგვლივ საკმაოდ მჭიდროდ განლაგებული შესანიშნავი პროპორციის მქონე პალმეტები. ფსკერის ცენტრალური ნაწილი არაა დაცული. თეფში მთლიანადაა ლაკით დაფარული. ათენას აგორაზე მსგავსი თეფშები ძვ.წ. 430-425 წლებითაა დათარიღებული (Sparkes, Talcott, 1970: 146, Nos 1022-1024, pl. 36, fig. 10).

ლეკითოსები. ფიჭვნარის სადა თუ ორნამენტირებული ატიკური შავლაკიანი კერამიკის მნიშვნელოვან ნაწილს ტუალეტისთვის განკუთვნილი სანელსაცხებლე ჭურჭელი - ლეკითოსი ქმნის. ის მეტად გავრცელებული ფორმაა ანტიკურ სამყაროში და სამარხეული ინვენტარის ერთ-ერთ შემადგენელ ატრიბუტთაგანს წარმოადგენს. როგორც ვნახეთ, ფიჭვნარის ნეკროპოლზე საკმაოდ ხშირად ჩნდება მოხატული ნიმუშები. ასევე ითქმის სადა შავლაკიანების მიმართაც. ლეკითოსების, განსაკუთრებით მოხატულობის შესახებ არსებობს ვრცელი სამეცნიერო ლიტერატურა. რაც შეეხება სადა შავლაკიანებს, ათენის აგორის მიხედვით ამ ჭურჭლის მთლიანი ისტორიის მოცემა ჭირს. სამარხეული ინვენტარი არაა სრულად გათვალისწინებული. ბუნებრივია, ფიჭვნარის მონაცემები ზოგიერთი სიახლის მომცემი იქნება.

ფიჭვნარში მრავლადაა წარმოდგენილი არიბალისებრი ლეკითოსები. აქვთ გამობურცული ტანი, განიერი ქუსლი; საწყისს იღებენ გვიანარქაული ხანიდან, მაგრამ გაბატონებული მდგომარეობა ძვ.წ. V ს მეორე ნახევარში უკავიათ. სადა შავლაკიანი ნიმუშები ძვ.წ. 450 წ ადრე არ

112

გვხვდება. ათენის აგორის მიხედვით გამოყოფილია ამ კლასის ლეკითოსების სხვადასხვა ვარიანტი. აქვთ დაქანებული მხრები, მაღალი ყელი, ექინისებური პირი - ზემოთ ბრტყელი და რეზევირებული, შიგნით მიმართული. ცალკეული დეტალები დიდი სიზუსტითაა დამუშავებული. მათზე ზოგჯერ საოჯახო სცენებია მოხატული. ძვ.წ. V ს ბოლო მესამედის ლეკითოსებს ხშირად მხრის ქვემოთ ორნამენტირებული ჰორიზონტალური ზოლი შემოუყვება. მათი ტანი ნაკლებად მრგვალია, ყელი და პირი უფრო მაღალი, ყური ბრტყელი, ნაკლები გულმოდგინებით შესრულებული ქუსლი; ასევე ითქმის ზემოთ დინების შესაჩერებელი პირის შიდა კიდის შესახებ.

ლეკითოსების ერთი ნაწილის ტანი ვერტიკალური ღარებით, კანელურებითაა შემკული. ისინი პატარ ზომისანი და გაბურთულ ტანიანებია. ღარები მოჭიქვამდეა გაკეთებული. აქვთ რგოლისებრი სადა ქუსლი, ღარები პირველად კეთდებოდა მსუბუქი ხაზების სახით, მაგრამ საუკუნის დასასრულისათვის – უფრო დამუშავებული და ღრმა ხდება. ფორმა არ განიცდის საგრძნობ ცვლილებებს, ოღონდაც მოგვიანო ნიმუშებზე ტანი ნაკლებადაა მომრგვალებული, აკუთვნებენ ძვ.წ. V ს ბოლო მეთოხედს, არ გამორიცხავენ ფორმის საწყისს მესამე მეოთხედიდანაც.

ცნობილია შტამპიანი ლეკითოსების ფრაგმენტებიც, მათი მცირერიცხოვნება იმის მაუწყებელი უნდა იყოს, რომ ეს ფორმა არ ყოფილა პოპულარული ათენში. ეტყობა უმთავრესად საექსპორტო საგანს წარმოადგენად, თარიღდებიან ძვ.წ. V ს ბოლოთი, ცოტა ხანს არსებობენ ძვ.წ. IV საუკუნეებშიაც.

არიბალისებური ლეკითოსების მომდევნო ნაირსახეობა პოპულარული ჩანს ძვ.წ. IV საუკუნეებში. ხშირადაა გაფორმებული პალმეტებითა და ბადისებრი ორნამენტით (Beazley, 1940-1945: 177-121; Robinson, 1950: 146-167; Hayes, 1992: 84, No. 80). ძვ.წ. IV საუკუნეში პროპორციები მაღლდება, პირი მეტად იშლება, ქუსლი პატარავდება, ცალკეული დეტალები დაუდევრადაა შესრულებული (Sparkes, fgh Talcott, 1970: 150-155, Nos 1097-1146, pl. 38, 48, fig. 11).

ფიჭვნარში აღმოჩენილი სადა თუ მარტივ ორნამენტიანი ლეკითოსები ორ ჯგუფად იყოფა. პირველში ერთიანდება კანონიკური ფორმის ცილინდრულტანიანი ლეკითოსების კლასი. მეორეში კი ე.წ. არიბალისებრი ტანგამობერილი ლეკითოსები. ისინი სხვადასხვა ვარიაციის სახით არიან წარმოდგენილი. მოკლედ შევჩერდებით თითოეული ჯგუფის შესახებ.

როგორც ვნახეთ, ცილინდრულტანიანი მოხატული ლეკითოსების ადრეული შავფიგურული ნიმუშები ფიჭვნარიდან მარათონისა და ჰაიმონის მხატვრის, ბოლო ეტაპი კი – ბელდამის მხატვრის სახელოსნოსთანაა დაკავშირებული. ისინი ძვ.წ. V ს მეორე და მესამე მეოთხედის სხვადასხვა საფეხურით თარიღდებიან. ამავე პერიოდში ჩანს გავრცელებული სადა თუ მარტივორნამენტიანი ნიმუშებიც. ზოგიერთი მათგანი ძვ.წ. V ს მეოთხე მეოთხედის სამარხეულ კომპლექსებშიცაა აღმოჩენილი. რომლებიც ე.წ. L.M. მხატვრის ნაწარმადაა მიჩნეული (სიხარულიძე, 1987: 75 და შმდ).

მოხატულების მსგავსად მათი ფორმაც კანონიკურია. აქვთ ჯამისებური მოყვანილობის პირი, ადრეულების ცილინდრული მოყვანილობის ტანი მხარს ქვემოთ ოდნავ შეზნექილ პროფილიანია, მომდევნო საფეხურის – გამობერილი. თანდათანობით შეინიშნება ტანის ქვედა ნაწილის შევიწროების ტენდენცია თითქმის სამკუთხა მოყვანილობამდე, რაც ყველაზე გვიანდელ ნიმუშებს ახასიათებს, ძირი დისკოსებრი, პროფილირებული ღია ღარით. რეზერვირებულია

113

პირის ზედა სიბრტყე, ყურის შიდა არე, ქუსლის ღარი და ძირი. ტანის დეკორაციული გაფორმების ძირითადი ელემენტებია მხარზე მოკლე და გრძელი სხივების ორი სადა რადიალური რიგი, ტანის წინა მხარეზე, მხართან და ქვედა ნაწილზე ორ რიგად ჭადრაკულად განლაგებული წერტილების ან ოვების ერთი რიგის სარტყელი.

ასეთი სამკაული მოცემულია ადრეულ შედარებით პატარა ზომის ლეკითოსზე (97/2, 3, 99/1). არის ძვ.წ. V ს მეორე ნახევრის მსგავს სამკაულიანი ცალებიც. მაგალითად, სამარხი 11 (ქ-ფ-68/165).

ყველაზე მრავალრიცხოვან ჯგუფს ფიჭვნარის მონაპოვრებში ე.წ. არიბალისბრი ანუ ტანგამობერილი ლეკითოსები ქმნიან. აღიარებულია, რომ იგი შუალედური ფორმაა ლეკითოსსა და არიბალოსს შორის. სწორედ აქედან მომდინარეობს ამ ჭურჭლის საკმაოდ მოხერხებული თანამედროვე ფრანგული სახელწოდება. მიიჩნევენ, რომ ეს სახე წარმოიშვა კორინთული არიბალოსისაგან, რომელსაც დაუგრძელდა ყელი და დაედგა ლეკითოსის პირი, ტანი კი მომრგვალებული დარჩა (Richter, Milne, 1935: 15, 16; Dugas, 1946-1947: 172-178, pl. IX). ეს კლასი გაჩნდა გვიანარქაულ ხანაში, ძვ.წ. V ს დამდეგს, განსაკუთრებით პოპულარულია ძვ.წ. V ს მეორე და ძვ.წ. IV ს პირველ ნახევარში. ეს შესანიშნავად ჩანს ფიჭვნარის მაგალითზეც. ვიცით, რომ პირველ ხანებში მოხატულები შემოვიდა, შემდგომ სადა შავლაკიანები თუ ორნამენტირებული ნიმუშებიც ვრცელდებიან. ძვ.წ. V ს მესამე მეოთხედიდან საუკუნის ბოლომდე არიბალისებრი ლეკისობის ქრონოლოგიური დიფერენციაციის ძირითადი ნიშნებია ტანის სიმაღლე და კონტური, მხრის მოყვანილობა. ყურადღება ექცევა სხვა ელემენტებსაც, კერძოდ, პირის ზედა სიბრტყე, ყელის სიგანე, ყურის მოყვანილობა, გაფორმებისა და .ლაკის ხარისხი და ა.შ. (Sparkes, Talcott, 1970: 153, 154).

ფიჭვნარის ამ ტიპის ლეკითოსები ბევრ ვარიანტს იძლევა. ყველაზე ადრეულები ძვ.წ. V ს მეორე მეოთხედით თარიღდებიან. შავფიგურიანი ნიმუშების ტანის არეს სუროს ორნამენტიანი ჰორიზონტალური ზოლი შემოუყვება. სამარხი 122 (ქ-ფ-86/138). სადა სამკაულიანი არიბალისებრი ლეკითოსი აღმოჩნდა 1987 წელს პირველ სააღაპო მოედანზე (ქ-ფ-87/50). აკლია პირი და ყელის ნაწილი. აქვს შედარებით დაბალი ტანი, მასიური რგოლისებრი ძირი, რომლის გარეთა ზედაპირს რეზერვირებული ზოლი მიუყვება. მხრის არეს შემოუყვება შავფიგურული წერტილოვანი ორნამენტით შემკული მოყავისფრო-მონაცრისფრო ჰორიზონტალური ზოლი. 1986 წელს დარღვეულ ფენაში შეგვხდა ასეთივე ლეკიოთსის ფართო ძირიც (სურ. 100/11).

ბუნებრივია, მრავალრიცხოვანია ძვ.წ. V ს მეორე ნახევრის სხვადასხვა საფეხურის არიბალისებრი ლეკითოსები. ერთ ნაწილს აქვს მაღალი, დაქანებული მხარი, გამობერილი ტანი. განსხვავებულ ნაირსახეობას ქმნიან მხარმომრგვალებული, ტანგამობერილი ლეკითოსები. არის სფეროსებრტანიანები, ან კიდევ მხარშებრტყელებული და ტანშეკრული ლეკითოსები. ცალკე ჯგუფს ქმნის დაბალი, განიერი, ტანმჭიდრო ამ სახის ჭურჭელი. გვიანდელია ბადისებრორნამენტიანი ლეკითოსები.

ადრეული არიბალისებრი ლეკითოსების ნაირსახეობას კანელურებიანი ნიმუშები ქმნიან. სამარხი 73 (ქ-ფ-80/17). შესანიშნავი ფორმის. ყელის დასაწყისს გარს უვლის დაბალი რელიეფის მქონე წრიულ-დისკოსებური ზოლი. ტანი დაფარულია წვრილი კანელურებით (სურ. 81/2).

114

ასეთივეა 76-ე სამარხის არიბალისებრი ლეკითოსიც (სურ. 81/8).

შავლაკიანი კანელურებიანი ლეკითოსი აღმოჩნდა 51-ე სამარხშიაც (ქ-ფ-79/21). პირი და ყელი არაა დაცული. ტანი მომაღლო, კასრისებური. ძირის გარეთა ზედაპირი, ქუსლის გარეთა კალთა და საყრდენი არე რეზერვირებულია. დანარჩენი ზედაპირი დაფარულია მოშავო-მოყავისფრო ლაკით (სურ. 75/6).

როგორც ზემოთაც ითქვა, გარდა სადა ნიმუშებისა, ხშირია ორნამენტიანი ცალები. ცილინდრულების მსგავსად ზოგიერთი მათგანის წინა მხარე შემკულია შავი ლაკის ჰორიზონტალდური ხაზებით შემოფარგლული ჭადრაკულად განლაგებული წერტილოვანი ორნამენტის ზოლით (წერტილები ამჟამად გადარეცხილია). მაგალითად, სამარხი 110 (სურ. 92/5); ზოგიერთ მათგანზე დატანილია ტეხილხაზოვანი ზიგზაგები: სამარხი 3 (სურ. 31/3), სამარხი 24 (სურ. 64/5), სამარხი 38 (სურ. 71/2-3), სამარხი 59 (სურ. 78/9), სამარხი 88 (სურ. 85/3) და ა.შ. გვხვდება ერთეული ცალები, რომლის ტანის ზედა ნახევარს რეზერვირებულ ზოლზე მეანდრის ორნამენტია მოხატული: სამარხი 100 (სურ. 88/5, 91/2). გავრცელებულია პატარა შავლაკიანი ლეკითოსები, რომლის ტანის ზედა ნაწილი ცრუმენდრის ორნამენტითაა შემკული: სამარხი 3 (სურ. 30/5, 31/2), სამარხი 117 (სურ. 95/13) და ა.შ. ფიჭვნარის არიბალისებური ლეკითოსების ერთი ნაწილის ტანის ზედა მონაკვეთი შავი ლაკის ჰორიზონტალური ზოლებითაა შემკული: სამარხი 19 (სურ. 57/8), სამარხი 61 (ქ-ფ-79/46) და სხვ.

როგორც ცილინდრული, ასევე არიბალისებრი ლეკითოსები ზოგჯერ ფიჭვნარის კოლხურ სამაროვანზეც ჩნდება. ეს ბერძნული დაკრძალვის წესების ზეგავლენით უნდა აიხსნას. ნაქალაქარზე მათი ნატეხები ჯერ კიდევ არაა აღმოჩენილი. ეს არცაა გასაკვირი - ისინი ხომ ძირითადად სამარხეულ ინვენტარად გამოიყენებოდა.

ახალი არქეოლოგიური აღმოჩენებით კიდევ უფრო მდიდრდება ატიკური შავლაკიანი ლეკითოსების კოლექცია.

ამფორისკი. ფიჭვნარის ბერძნული ნეკროპოლის სამარხეულ ინვენტარში ერთ-ერთი საპატიო ადგილი სანელსაცხებლედ გამოყენებული ჭურჭლის ამ სახეობას უკავია. ისინი განსაკუთრებით ხშირად ჩნდება საალაპო მოედნებზე. ფორმის ისტორიის შესახებ შეიძლება ითქვას შემდეგი: იგი წარმოადგენს დიდი ზომის ამფორების იმიტაცია-ადაპტაციას მინიატურაში. ამფორისკებს იყენებდნენ საპარფიუმერო ზეთის შესანახად. ხანგრძლივი წყვეტილებით ამ სახის ჭურჭელი დიდი ხნის განმავლობაში იწარმოებოდა. გამოყოფენ ორ ძირითად ფაზას: უფრო ადრეულები ძვ.წ. VI საუკუნეში, უფრო პირველ ნახევარში იწარმოებოდა, ხოლო გვიანდელები - ძვ.წ. V ს მეორე ნახევარში. ამფორისკები ყოველთვის პოპულარულ ფორმას წარმოადგენენ. ადრეული ფორმა ამჟამად ჩვენი განხილვის საგანს არ წარმოადგენს. შედარებით დაწვრილებით ვისაუბრებთ ჩვენთვის საინტერესო პერიოდის ნიმუშებზე.

წითელფიგურიანი ამფორისკები იშვიათ მონაპოვართა რიცხვს განეკუთვნებიან. სადა სტანდარტული ფორმის შავლაკიანი ნიმუშები კი საკმაოდ მრავალრიცხოვნებით ხასიათდებიან.

შავლაკიანი ამფორისკების ფორმის ძირითად ელემენტს წარმოადგენს კვერცხისებური მოყვანილობის ტანი, რომელსაც აქვს დახვეწილპროფილიანი ძირი, რომელიც დასადგამს საჭიროებს. ვიწრო ყელს მხრის დასაწყისთან საყელო – თხემი შემოუყვება. ორი წვრილი მრგვალგანივკვეთიანი ყური მოხდენილადაა აზიდული მხრიდან პირის დასაწყისამდე. გამოწეულ

ტუჩიანი ამობურცული პირი ლეკითოსების მსგავსად სითხის დინების შეჩერების მიზნით ოდნავ შიგნითაა შეწეული. ვარიანტები არც თუ ისე საგრძნობია. გვიანდელ ნიმუშებზე შეინიშნება ცალკეული დეტალების გაუხეშება და პროპორციების გაუარესება. აღიარებულია, რომ მათი დიდი უმრავლესობა ერთ სახელოსნოშია დამზადებული ერთი და იმავე სტანდარტების მიხედვით. მეორე ფაზის ამფორისკების დამზადების საწყის თარიღად მიჩნეულია დაახლოებით ძვ.წ. 430-იანი წლები; წარმოება გრძელდება ძვ.წ. IV ს დამდეგამდე.

მცირე გადახრების მიუხედავად, ძალზე ერთგვაროვანია შტამპიანი გაფორმებითაც. ყველაზე გავრცელებული სქემის მიხედვით ტანი ორად იყოფა. გამყოფად გამოყენებულია მეანდრის სამკაული; შრომატევადი მეანდრის ნაცვლად შედარებით მოგვიანო ნიმუშებზე სამღარიან ჰორიზონტალურ ზოლებს იყენებენ. ტანის გაფორმებაში მეტად გავრცელებული მოტივი ჩანს პატარა ზომის თითისტარისებრი გახსნილი პალმეტები. მხრებზე გამოსახულია ოვები - ე.წ. თესლრუჯრედები. ცალკე ჯგუფს ქმნის ე.წ. ბადისებრორნამენტიანი ამფორისკები (დაწვ. იხ. Beazley, 1940-1945; Sparkes, Talcott: 1970: 155ff, pl. 39, 48, fig. 11).[5]

გარდა საყოველთაოდ გავრცელებული სტანდარტული ფორმებისა, ფიჭვნარში აღმოჩენილია კიდევ უფრო მდიდრულად შემკული ნიმუშები. შევჩერდებით ფიჭვნარის ამფორისკების ზოგიერთ ნიმუშზე. პირველ რიგში აღსანიშნავია 23-ე სამარხში აღმოჩენილი ამფორისკი (ქ-ფ-72/315). მოზრდილი, შესანიშნავი ფორმისა და მდიდრული ორნამენტაციის მქონე. ყელის დასაწყისს წყვილი რგოლი შემოუყვება. ტანი მთლიანადაა დაფარული შტამპირებული ორნამენტით. ცენტრალურ ნაწილში გარს უვლის წრეხაზებით შემოფარგლული მეანდრის ორნამენტის ჰორიზონტალური ზოლი; შემდგომ მის როგორც ზედა, ასევე ქვედა. ნახევარზე დატანილია ზენური ხვიების თითო ჰორიზონტალური რიგი. ამის შემდგომ ტანის ორივე მხარეს აუგიათ მოზრდილი ურთიერთგადამკვეთი და ბოლოებით ერთმანეთთან დაკავშირებული ნახევარრკალისებრი ოვალები, რომელთა წვეროებზე აგებულია ვოლუტებიანი გაშლილი პალმეტები. ოვალების გადამკვეთ არეშიაც დაშტამპულია წვეროებით მეანდრისაკენ მიმართული პატარა ზომის პალმეტები. მხრის არეში, ყელის დასაწყისთან დატანილია მეანდრისა და მოზრდილი ოვების ჰორიზონტალური რიგები (სურ. 62/8). ფიჭვნარის მონაპოვარს ზუსტი ანალოგი არ ეძებნება; სამკაულის მოტივის მიხედვით ახლოს დგანან ათენის აგორის ზოგიერთი ნატეხი, რომლებიც ძვ.წ. 430-420 წლებით თარიღდებიან (Sparkes, Talcott: 1970: No. 1151, pl. 48).

საყურადღებო მონაპოვართა რიცხვს მიეკუთვნება 95-ე სამარხში აღმოჩენილი შავლაკიანი ამფორისკიც (ქ-ფ-83/2). ფორმა ტიპიური. ამისი ტანიც მთლიანადაა დაფარული სამკაულით; კორპუსი წრეების წყვილი რიგით ორ ნაწილადაა გაყოფილი. შემდგომ ორივე მხარეს დატანილია მოზრდილი მჭიდროდ განლაგებული ურთიერთგადამკვეთი რკალები, რომელთა ბოლოებზე აგებულია პალმეტები. მხრის არეც დაფარულია დიდი ზომის ურთიერთგადამკვეთი რკალებით, რომელთა ძირისაკენ მიმართულ შეერთებულ ბოლოებზე აგებულია მჭიდროდ განლაგებული პალმეტები; ძირთან ახლოს მოცემულია წვერით პირისაკენ მიმართული ოთხი პალმეტი. ლაკი მოზეთისხილისფრო (სურ. 85/8, 87/8).

შემკობის მოტივის მიხედვით ფიჭვნარის ამფორისკებს პარალელები არ ეძებნებათ.

იშვიათ მონაპოვართა რიცხვს განეკუთვნება, აგრეთვე, პირველ სამარხში აღმოჩენილი ნიმუშიც (ქ-ფ-67/13). მოზრდილი, ფორმა ტიპიური; ტანის არე შემკულია წორეხაზებით შემო-

116

ფარგლული მოზრდილი ოვების ჰორიზონტალური ზოლით, რომლის ორივე მხარეს დაშტამპულია შესაბამისად წვერით პირისა და ძირისაკენ მიმართული მჭიდროდ განლაგებული პალმეტები. მხრის არე სადაა (სურ. 21/7, 22/3; იხ. კახიძე, 1975: 24, ტაბ. VIII/91, X/67). სადა მხრიანი ორნამენტირებული ამფორისკები იშვიათობას წარმოადგენენ; არც ტანის ოვებიანი ცენტრალური გამყოფი ზოლი ჩანს გავრცელებული. ამფორისკებისათვის გამოყენებულია მეანდრის, ხოლო ოდნავ მოგვიანო ნიმუშებისათვის გამყოფი წვრილი წრეხაზები. ტანის არეში გამოსახული პალმეტებიც ჩვეულებრივ თითისტარისებური მოყვანილობისაა.

რა თქმა უნდა, ფიჭვნარის კოლექციაში წამყვან ადგილს საყოველთაოდ ცნობილი ფორმები იკავებენ. მათი ერთი ნაწილის ტანი შემკულია წრეხაზებით შემოფარგლული მეანდრის ჰორიზონტალური ზოლითა და წვერით პირისა და ძირისაკენ მიმართული ზომიერად განლაგებული გაშლილი ვოლუტებიანი პალმეტებით. ყელის არეს გარს უვლის მოზრდილი ოვების წრიული რიგი: სამარხი 23 (ქ-ფ-72/314), სამარხი 96 (სურ. 86/5, 87/9 და სხვ.). მეორე ნაწილის ტანის სამკაულის გამყოფად ორი თუ სამი წრიული წრეხაზია გამოყენებული. აქაც წრეხაზის ორივე მხარეს აგებულია გაშლილი მოზრდილი პალმეტები: სამარხი 4 (ქ-ფ-67/4), სამარხი 12 (ქ-ფ-68/174,175,179), სამარხი 77 (სურ. 83/3), სამარხი 81 (ქ-ფ-80/42; სურ. 84/2) და სხვ. 96-ე სამარხის ამოფრისკის (ქ-ფ-83/11) მხრის არე სადაა, რაც იშვიათობას წარმოადგენს ამ სახის ამფორისკებისათვის (სურ. 86/7). გარდა სამარხებისა, ორივე სახეობის ამფორისკები განსაკუთრებით ხშირად ჩნდება სააღაპო მოედნებზე (სურ. 39/8). ფიჭვნარის ამფორისკებს ეძებნება არაერთი ანალოგი, რომელთა ჩამოთვლაც კი პრაქტიკულად შეუძლებელია (კახიძე, 1975: 66-67).

ფიჭვნარში აღმოჩენილია ერთადერთი სრულიად სადა ატიკური შავლაკიანი ამფორისკი (სურ. 71/7). მეორე ნიმუშზე წელის არეში წყვილი წრეხაზია შემოვლებული. დანარჩენი ზედაპირი სადაა. სადა ამფორისკები იშვიათ მონაპოვართა რიცხვს განეკუთნებიან.

ასკოსი. ფიჭვნარის ატიკური შავლაკიანი კერამიკის მომდევნო საკმაოდ მრავალრიცხოვან ჯგუფს ასკოსები ქმნიან. ფორმას ლიდიიდან შემოტანილად მიიჩნევენ (აქაც ბევრია ნაპოვნი). ზოგიერთი ნიმუში, შესაძლოა, აღმოსავლეთ საბერძნეთში მზადდებოდა. ბუნებრივია, ბერძენმა კერამიკოსებმა თავისი იერსახე მისცეს აღმოსავლურ ნაკეთობას. ამ სახის ვაზებით ლიდიიდან გაჰქონდათ ბაკარისად წოდებული საცხი, საბერძნეთიდან – მისი მსგავსი ნელსაცხებელი.

ასკოსებს აქვს თაღოვანი ან რგოლისებური ყური და ისეთი პირი, რომელიც სითხის უაღრესი სიზუსტით გადმოღვრის შესაძლებლობას იძლეოდა. დროთა განმავლობაში განიცადეს საგრძნობი ცვლილებები (Beazley, 1921: 325-326). სახელწოდება პირობითია - წამყვანია პირის სასმელი თვისებები. პირის ტანის თავზე მოქცევის გამო მას გუტუსიც (guttural - ყელისმიერი) ეწოდა. აქ სახელწოდება ზოგადი ტერმინის ქვეტერმინად იხმარება. ყველა ფორმის ფუნქცია ერთი იყო. მცირე ტანი, ციცხვი და გადმოსასხმელად მორგებული ყური ისეთი ჭურჭლის მონაცემებს წარმოადგენს, რომლისგანაც სითხე წვეთწვეთობით უნდა გადმოდინდეს (ზეთი, სუნამო თუ თაფლი).

როგორც ითქვა, ფორმამ განიცადა საგრძნობი ცვლილება, ამიტომაც სახეზეა განსხვავებული კლასები. მოკლედ შევჩერდებით თითოეული მათგანის შესახებ.

ღრმა ასკი შედგება დისკოსებური ძირის, ვერტიკალურკედლიანი ტანისა და დახურული თავისაგან. ცალ მხარეზე მიძერწილია პატარა ზომის ვერტიკალურტუჩიანი პირი, საიდანაც

თაღოვანი ყური გადაჭიმულია ჭურჭლის მეორე მხარემდე. ზოგიერთ მათგანის ტანის ცენტრალურ ნაწილში გადის ღრუ ტუბი (ცილინდრი). ძირის გარეთა ზედაპირი რეზერვირებულია. ატიკაში გავრცელების შემდეგ ამ სახეობას საგრძნობი ცვლილებები არ განუცდია. თუმცა, ადრეულებს აქვს ვერტიკალური ყელი, გვიანდელების ყელისა და ტანის კუთხე შედარებით ირიბია; პირიც უფრო გადაშლილი, ყური მაღლა აწეული. არის სხვა სიახლეებიც (უფრო მაღალი ტანი, ვიწრო ძირი და ა.შ.). ღრმა ასკების უმრავლესობა სტანდარტული ზომისაა.

ამ კლასის ასკები ყველაზე მეტად ძვ.წ. V ს მეორე მეოთხედშია გავრცელებული. მათი დამზადება საუკუნის ბოლომდე აღარ აღწევს. ძვ.წ. 480 წელზე ადრეული ნიმუშები არაა ცნობილი, თუმცა, მიუთითებენ, რომ ამ პერიოდს უნდა უსწრებდეს ორი წითელფიგურული ასკი (Beazley, 1963: 59; Vermeule, 1965: 47, fig. 15).

მომდევნო სახეობის ე.წ. ფრიალა ასკოსებს აქვს დისკოსებური ძირი (კედლიდან ცოტათი გამოწეული), თხელი, დაბალი ტანი თაღისებური მედალიონით, პატარა გადაშლილი პირი და პირიდან კედლის მეორე მხარემდე გადაჭიმული თაღოვანი ყური. ეს ნაირსახეობა პირველად ღრმა ასკოსების თითქმის თანადროულად მზადდებოდა ატიკაში. ძვ.წ. V ს 30-იან წლებამდე არ ყოფილან პოპულარულნი. ამ დროიდან კი მრავლად იწარმოებოდა როგორც ფიგურული, ასევე სადა შავლაკიანები. ეს პერიოდია ამ სახეობის აყვავების ხანა. საუკუნის ბოლოსათვის პროპორციები უფრო განიერი და დაბალი ხდება, სადა სარტყლის ფორმის ყური მაღლა იწევს. ახალი ნიშნები ჩნდება ძვ.წ. IV საუკუნეშიაც – მაღალი გვერდი, ცენტრისაკენ აწეული მედალიონი გადადის ბურცობში (ხუფის იმიტაცია). ოლინთოში აღმოჩენილია როგორც ფიგურიანი, ისე სადა შავლაკიანები. სალონიკში ვერცხლისაგან დამზადებული ცალებიცაა მოპოვებული; მათ პირში ჩადგმული სახურებელიც აქვთ. ყური განიერია და კიდევ უფრო იწევს ტანს ზემოთ. მაკრონის წითელფიგურული ასკის მიხედვით ჩანს, რომ ფრიალა ასკები არსებობას იწყებს დაახლოებით ძვ.წ. 480 წლამდე და საკმაოდ ღრმად შემოდის ძვ.წ. IV საუკუნეში, მაგრამ არა უშორეს მესამე მეოთხედისა. რელიეფურთავიანი ასკების მთლიანი ცალები არაა აღმოჩენილი ათენის აგორაზე. ცნობილია სხვა მონაპოვრების მიხედვით (სალონიკი, ოლინთო და სხვ.). გამოსახულია აფროდიტე და ცხენი, გორგონას თავი - სახე მთელ წრეს მოიცავს. რელიეფური გამოსახულებანი უფრო ლითონის, ტორევტიკის ნიმუშებისთვისაა დამახასიათებელი. ასეთი ასკები ფიჭვნაში ჯერჯერობით არ ჩანს.

ძვ.წ. V ს ბოლოდან გავრცელებას იწყებს ასკის ტიპი, რომელსაც აქვს ფრიალა ფორმა, მაგრამ თაღოვანის ნაცვლად უკეთდება რგოლისებრი ყური, რომელიც სწორი კუთხითაა მიმაგრებული პირის (ციცხვის) მიმართ. ფორმით ჰგავს წინამორბედ ფრიალა ასკებს. ასკის ზედაპირი, ე.წ. მკერდის ცენტრი დაბლა ეშვება და ნასვრეტებითაა დაფარული. საერთოდაც, და მათ შორის ფიჭვნარშიაც გვხვდება წითელფიგურული ნიმუშები (კახიძე, 1964).

ამავე პერიოდში ჩნდება ლომის თავი, რომელიც წარმოადგენდა არქიტექტურულ ციცხვს - სადინარს. მკერდზე ზოგჯერ ლომის თავს მიახატავდნენ ტანს. ფორმა გადადის ძვ.წ. IV ს; ამ დროს ლომის ტანის მოხატვა აღარ ხდებოდა.

შავლაკიანი ასკოსების შემდგომ ნაირსახეობას ძვ.წ. IV ს ხუფიანი და გუტუსების ტიპის ნიმუშები ქმნიან (Sparkes, Talcott: 1970: 157-160, Nos 1166-1196, pl. 39, 46, fig. 11, 22).

ფიჭვნარის ელინურ სამაროვანზე წარმოდგენილია როგორც მოხატული, ასევე სადა ატი-

კური შავლაკიანი ასკოსები. ისინი ჩნდება როგორც სამარხეულ კომპლექსებში, ასევე კიდევ უფრო ხშირად საალაპო მოედნებზე. ბევრი მათგანი გრაფიტოიანია. ფიჭვნარის მოხატულ ასკოსებზე ზემოთ უკვე იყო საუბარი. ტუბიანი ასკოსი აღმოჩნდა მე-15 სამარხში (ქ-ფ68/196). ძირი ბრტყელი, ოდნავ გამოყოფილი ქუსლით. ტანი მომაღლო, მომრგვალებული. მხრის არე შემკული ყოფილა შავფიგურული ორნამენტით, მაგრამ იმდენად გადარეცხილი, რომ ჭირს ხასიათის გარკვევა. აქვს ტუჩიანი მილი; ლაკი მოზეთისხილისფრო (სურ. 47/4). ათენის აგორის მსგავსი გრაფიტოიანი ასკები ძვ.წ. 475-450 წლებითაა დათარიღებული. შავლაკიანი გუტუსისებრი ჭურჭელი წარმოდგენილი იყო 57-ე სამარხში (ქ-ფ-79/3). ყური და მილი აკლია. აქვს მომაღლო, თანაბრად მომრგვალებული ტანი, გარეთკენ გაფართოებული კონუსისებური შეღრმავების მქონე ძირი (სურ. 77/10). ასეთივე გუტუსი აღმოჩნდა 29-ე კრემაციულ სამარხშიც (სურ. 66/5).

მე-17 სამარხის საალაპო მოედანზე აღმოჩნდა მთლიანად დაცული შავლაკიანი გუტუსი (ქ-ფ-68/237). აქვს მაღალი გარეთკენ გაწეული ქუსლიანი პროფილირებული ძირი. ტანი შედარებით სწორი, მომაღლო. ტანის ზედა სწორ ზედაპირზე გაკეთებულია ფართო წრისებრი ნახვრეტი, მიძერწილია მილიანი ტუჩი და რგოლისებრი ყური. ოდნავ შეწეული ძირის გარეთა ზედაპირი და შიდა კედლები დატოვებულია თიხისავე ფონზე. ჭურჭლის დანარჩენი ზედაპირი დაფარულია საუკეთესო ხარისხის შავი ატიკური ლაკით (სურ. 54/6). ფიჭვნარის მსგავსი ჭურჭლები ძვ.წ. 450-425 წლებითაა დათარიღებული (Shear, 1936: 202, fig. 23; Boulter, 1963: 121. pl. 390.7-8). ანალოგიური ფორმის ათენის აგორის ჭურჭლის მხარის არეში ნატვიფრია რკალებით დაკავშირებული პალმეტები, პირთან ახლოს - მოზიდული ოვები (Sparkes, Talcott: 1970: No. 1197, pl. 39, 47, fig. 11). ასევე ითქმის აპოლონიის ნეკროპოლზე აღმოჩენილი ნიმუშის შესახებაც (Иванов, 1963: 209, таб. III, № 510-512).[6]

კიდევ უფრო მრავალრიცხოვანია ე.წ. ფრიალა ასკოსები. მე-20 სამარხის საალაპო მოედანზე აღმოჩენილი ნატეხების მიხედვით მოხერხდა სამი ასკოსის მთლიანად აღდგენა (სურ. 60/9-11, 61/11-13). ერთ-ერთი მათგანის ასკოსის ტანის არეში დატანილია გრაფიტო ΓΟ (სურ. 61/12). არაა გამორიცხული, რომ იგი "პოსეიდონის" აღმნიშვნელი იყოს. მეორე ნიმუშზე (ქ-ფ-68/278) ძირისა და ტანის არეში მოცემულია A-სა და N-გან შემდგარი ლიგატურა (სურ. 61.11).[7] ლიგატურა უნდა წარმოადგენდეს საკუთარი სახელის "ანდრეონის" პირველ ორ ასოს. მსგავსგრაფიტოიანი ძვ.წ. V ს მეორე ნახევრის შავლაკიანი კილიკი აღმოჩენილია პანტიკაპეონში, მითრიდატეს მთაზე (Толстой, 1953: 111, № 186). ამავე ასკოსის გარეთა ზედაპირზე მოცემულია გრაფიტო, რომელიც შედგება Δ, H და M ან B კომბინაციისაგან. ასეთივე ლიგატურა მეორდება მე-18 სამარხის ბოლსალზე. ჩრდილო შავიზღვისპირეთის ΔH-იანი გრაფიტოები, როგორც აღვნიშნეთ, ყოველთვის დემეტრედაა წაკითხული.

სხვა საალაპო მოედნებზეც მრავლადაა ფიქსირებული სადა ნიმუშები (სურ. 37/3, 38/6 და სხვ.), რომელთაც ბევრი ანალოგი ეძებნებათ . მათ შესახებ საცნობარო ლიტერატურის მოტანა შორს წაგვიყვანდა. დავკმაყოფილდებით ზოგიერთი პარალელის მითითებით (Beazley, 1921: 325; CVA, 1927: pl. 48.31; 1965: pl. 41.6; 1968: 26, pl. 76.4; Dugas, 1952: pl. 49.194 და სხვ.). უშუალო ანალოგები ეძებნებათ ათენის აგორის მონაპოვრებშიაც, რომლებიც ძვ.წ. V ს სხვადასხვა წლებითაა (470-450/430/425-400) დათარიღებული (Sparkes, Talcott: 1970: 157-162, Nos 1166-1196, pl. 39, 46-47, fig. 11, 22).

ფიჭვნარი II

ლეკანი. ბრტყელი ჯამია, ჩვეულებრივ ხუფიანი და წყვილჰორიზონტალურყურიანი. ჰ ქონია სხვადასხვა დანიშნულება. მასში ინახავდნენ საკვებს, სათამაშოს, საკაზმს, ძაფს და ა.შ. სადა შავლაკიანები უფრო ტუალეტისათვის განკუთვნილ ნივთს წარმოადგენდა. ლეკანი ითვლებოდა გავრცელებულ საქორწინო საჩუქრად. გამოყენებულია სამარხეულ ინვენტარად. გამოყოფილია მათი არაერთი კლასი.

ფიჭვნარში ჯერჯერობით მოპოვებულია ერთადერთი სადა ატიკური შავლაკიანი ლეკანოსი. იგი მე-8 სამარხს უკავშირდება (ქ-ფ-68/131). აქვს მასიური, გარეთკენ გაფართოებული რგოლისებრი მოყვანილობის ქუსლი, დაბალი თასისებრი ტანი, დისკოსებური ხუფი მკვეთრად გამოყოფილი სახელურით. თვით ჯამს ყურები არ აქვს. ლეკანის ძირის გარეთა ზედაპირი, ხუფის მოსარგებ-საყრდენი და შიდა არე რეზერვირებულია. დანარჩენი ზედაპირი დაფარულია მოშავო-მოყავისფრო ლაკით (სურ. 38/5). ათენის აგორის მსგავსი ჭურჭელი ძვ.წ. 430 წლითაა დათარიღებული (Sparkes, Talcott: 1970: 164-173, Nos 1206-1284, pl. 40-42, fig. 11).[8]

ასეთია სუფრაზე მოსახმარი თუ პარფიუმერიისათვის განკუთვნილი სადა და ორნამენტირებული ატიკური შავლაკიანი კერამიკის ძირითადი ფორმები. როგორც ზემოთაც აღვნიშნეთ, მათი დიდი ნაწილი აღმოსავლეთ შავიზღვისპირეთის უმნიშვნელოვანეს მონაპოვართა რიცხვს განეკუთვნება. ზოგიერთი მათგანი თვით ანტიკური სამყაროს ვრცელი არეალისთვისაც კი დიდი იშვიათობაა ან საერთოდ უნიკალურია. მოხატული ვაზების მსგავსად, საშუალო ფენების სამარხებში ჩაყოლებულია ბერძნული კლასიკის მაღალმხატვრული, საუკეთესო ნიმუშები. წამყვანია მასობრივი მოხმარების ნაწარმი, რომელიც, როგორც წესი, გამოირჩევა დახვეწილი პროპორციებით, ცალკეული დეტალების ჰარმონიულობით და არქიტექტონიკით, მაღალი ხარისხის ლაკით, წვრილმარცვლოვანი, კარგად დამუშავებული კეცითა და სამკაულის სინარნარით. მსგავსი ღირებული ნივთები, ბუნებრივია, მისი მომხმარებელი საზოგადოების მაღალი გემოვნების მაჩვენებელია. ფიჭვნარელი ელინები საიმქვეყნოდაც საკმაოდ უხვად ატანდნენ მსგავს საგნებს. ამ მიმართებით ფიჭვნარის ძვ.წ. V ს ბერძნულ ნეკროპოლს პონტოსპირეთის ძეგლებიდან აპოლონია თუ შეედრება.

ჯერჯერობით, ფიჭვნარელ ელინთა საინტერესო ყოფა-ცხოვრების შესწავლა მხოლოდ ნეკროპოლის საშუალებით გვიხდება. რა თქმა უნდა, საცხოვრისის აღმოჩენა კიდევ უფრო გაამდიდრებს ჩვენს ცოდნას მათი ყოველდღიური საქმიანობის შესახებ. ეს მომავალი კვლევაძიების ერთ-ერთი უმთავრესი ამოცანათაგანია. სამარხთა სტატისტიკა და ინვენტარის ხასიათი გვიჩვენებს, რომ აქ მოსახლე ელინთა რიცხვი სოლიდურია. მოსახლეობის ძირითადი ბირთვი საშუალო შეძლებისაა, მათ გვერდით სახლობენ როგორც მდიდრები, ისე ღარიბები. სახეზეა რთული სოციალ-ეკონომიკური დიფერენციაცია, პოლარიზაცია.

შენიშვნები:

[1] როგორც მოგეხსენებათ, ამ ბოლო წლებში საქართველო-ბრიტანეთის არქეოლოგიურმა ექსპედიციამ განაახლა საველე სამუშაოები ნაქალაქარის ტერიტორიაზე. კვლავაც ხშირად ჩნდება ამ სახის ნაკეთობანი. ჩანს, რომ ატიკურ კერამიკას საკმაოდ გულუხვად აყოლებდნენ არა მარტო სამარხებში, არამედ ყოველდღიური მოხმარების საგანი ყოფილა.

[2] აქვეა ვრცელი ბიბლიოგრაფია.

[3] ლ.სილანტიევას აზრით ადრეულების ყურები შედარებით პატარა ზომისაა და მასიური, კედლები სქელი (Силантьева, 1945: 77-78).

[4] მათ შესახებ სიტყვას აღარ გავაგრძელებთ. დავკმაყოფილდებით ლიტერატურის მითითებით (Сорокина, 1957: рис. 10; Гайдукевич, 1959: 174, рис. 43; CVA, 1962: 362; 1968: 26, pl. 76.3; Beazley Gifts, 1967: 309; Sparkes, Talcott, 1970: No. 962, pl. 35 და სხვ.). პატარა ზომის მაღალძირიანი თასების შესახებ იხ. (CVA, 1930: 41, pl. 41.39; Сорокина, 1962: 101, рис. 39/1; Коровина, $1962_а$: 305, рис. 39/1; Sparkes, Talcott, 1970: No. 973, fig. 973 და სხვ.).

[5] აქვეა მითითებული სპეციალური ლიტერატურა. ჩვენს მიერაც მოკვლეულია დიდძალი პარალელური მასალა, რომელთა უბრალო ჩამოთვლაც კი შორს წაგვიყვანდა.

[6] ავტორისეული დათარიღება, ძვ.წ. IV ს მეორე მეოთხედი, აშკარად გვიანდელია.

[7] ასეთივე გრაფიტოა მოცემული ამავე საალაპო მოედანზე აღმოჩენილ წითელფიგურულ ასკოსზე.

[8] ჩვენი მონაპოვარი 1258-ე კატალოგში მოცემული ნიმუშის მსგავსია.

სადაზოლებიანი იონიური კერამიკა

საბერძნეთის აღმოსავლეთ რაიონებთან ძველი კოლხეთის ურთიერთობების ადრეული საფეხურების კვლევისათვის განსაკუთრებით მნიშვნელოვანი ჩანს არქეოლოგიური გათხრების შედეგად ბათუმისციხეზე, ციხისძირში, ფიჭვნარში, ფოთის მიდამოებსა და ეშერას ნაქალაქარზე აღმოჩენილი სადაზოლებიანი იონიური კერამიკა (კახიძე, 1971_a; მიქელაძე, 1978; კახიძე, ხახუტაიშვილი, 1989; Шамба, 1981). როგორც ცნობილია, ამ სახის პროდუქცია დიდი რაოდენობით მზადდებოდა აღმოსავლეთ ხმელთაშუაზღვისპირეთის სხვადასხვა ცენტრში დაწყებული ძვ.წ. VII საუკუნის ბოლოდან, მთელი VI საუკუნის განმავლობაში და ამჯერად ჩვენთვის საინტერესო V საუკუნეშიაც. როგორც ყოველდღიურად მოსახმარი ჭურჭელი, ფართოდ ჩანს გავრცელებული იონიურ ცენტრებსა და პონტოსპირეთის პოლისებში (Шмидт, 1952; Сидорова, 1962). სადა ზოლებიანი იონიური კერამიკა ჯერ კიდევ არაა სათანადოდ შესწავლილი. თიხის ნაირსახეობა მრავალი ცენტრის არსებობაზე უნდა მიუთითებდეს, მაგრამ ბევრი მათგანი ჯერ კიდევ არაა ზუსტად განსაზღვრული. სამეცნიერო ლიტერატურაში ამ ტიპის ჭურჭლის აღსანიშნავად ხმარობენ ზოგად სახელწოდებას - „სადაზოლებიანი იონიური კერამიკა". გავრცელებულ ფორმებს წარმოადგენენ სხვადასხვა ტიპის თასები, კილიკები, სკიფოსები, ამფორები, ოინოხოიები, დოქები, კრატერისკები, ასკები, ამფორისკები, ლეკითოსები და ა.შ.

სადაზოლებიანი იონიური კერამიკა, ისე როგორც ე.წ. როდოსულ-იონიური მოხატული ჭურჭელი, დამზადებულია სუფთა, კარგად განლექილი თიხისაგან. გამოწვა ღია მოვარდისფრო, მოწითალო ან ყავისფერი. ზოგჯერ შერეულია კირქვის მოთეთრო ან ქარსის წვრილი ნაწილაკები. ფიქრობენ, რომ ღია ვარდისფერი უქარსო ან მცირე მინარევიანი თიხა როდოსული ნაწარმისათვისაა დამახასიათებელი; სამოსურის კეცი ვერნერ ტეხნაუს დახასიათებით მსუბუქი, ფენოვანია, დიდი რაოდენობით შეიცავს ქარსს. გამოწვის ხარისხი კარგია. ბევრ ნიუანსს იძლევა თიხის ფერი: მოწითალო-მოყავისფრო, მოყავისფრო-მოწითალო, მორუხო-მოყავისფრო; ზოგჯერ ღია მოთეთრო (Technau, 1929: 8).

იონიური კერამიკის ზედაპირი, განსაკუთრებით მოხატულებისა, კარგადაა გაპრიალებული ღია მოყვითალო-მოყავისფროდ, ან კრემისფრად. ადრეული ნიმუშების საღებავი უფრო მკვრივი და სქელია, გვიანდელების - თხევადი და ცუდად დაცული. ლაკი, რომლითაც ჩვეულებრივ ზოლებია მოხატული ან ჭურჭლის ზედაპირი დაფარული, ყავისფერია, ზოგჯერ მოწითალო ფერში გარდამავალი; სქლად წასმულ ფენაში - თითქმის შავი (კახიძე, ხახუტაიშვილი, 1989: 87).

ჯერჯერობით სადაზოლებიანი იონიური კერამიკის უადრესი ნიმუშები ბათუმისციხეზეა აღმოჩენილი. ვერნერ ტეხნაუ ზემოთ მითითებულ ნაშრომში ცალკე ჯგუფად გამოყოფს სამოსის ძვ.წ. VIII-VI სს საყოფაცხოვრებო ჭურჭელს. მათი რიცხვი დიდია და ფორმათა ნაირსახეობას იძლევა. ავტორი სპეციალურად ჩერდება ბათუმისციხის მსგავს დოქებზე, რომლებიც შემკულია მოთეთრო (ვერცხლისფერი) და მოწითალო ზოლებით. ავტორი უდავოდ თვლის მათ

122

ადგილობრივ წარმომავლობას და ძვ.წ. VII ს ბოლოთი ათარიღებს. სწორედ ასეთი დოქებია აღმოჩენილი ბათუმისციხის გათხრებისას

ძვ.წ. VI ს ნაკეთობანი მოპოვებულია ფიჭვნარში, ფოთის მიდამოებში და ეშერას ნაქალაქარზე. გვიანარქაული ხანისაა ციხისძირის სამარხებში წარმოდგენილი ნიმუშები. სადა ზოლებიანი იონიური კერამიკული ნაწარმის იმპორტი თითქმის მთელი V ს მანძილზე გრძელდება ფიჭვნარის მოსახლეობაში. შესაბამისად, ბერძნული ნეკროპოლის სამარხეულ ინვენტარში მორიგ მოზრდილ ჯგუფს ამ სახის სამეთუნეო ნაწარმი ქმნის. ისინიც ფორმათა ნაირსახეობითა და მრავალრიცხოვნებით გამოირჩევიან.

ფიჭვნარის ძვ.წ. V ს ბერძნული ნეკროპოლის სამარხეულ ინვენტარსა თუ საალაპო მოედნების კომპლექსებში წამყვან ადგილს სადაზოლებიანი იონიური ოინოხოიები იკავებენ. არის როგორც ძვ.წ. V ს მეორე მეოთხედის, ასევე უფრო მრავლად ამ საუკუნის მეორე ნახევრის ცალები. მოვიტანთ ზოგიერთი მათგანის აღწერილობას.

ადრეული ოინოხოია აღმოჩნდა 128-ე სამარხში (ქ-ფ-86/141). აკლია ყელისა და პირის ნაწილი. აქვს თითქმის სწორი ქუსლი, შედარებით პატარა ზომის ტანი, სწორი ყელი. ყური ოთხკუთხაგანივკვეთიანია. ზედა ოდნავ მოხრილი ბოლო პირის არეშია დაძერწილი, ქვედა - მხრის. პირის, ყურის, ყელის დასაწყისი, მხრისა და ტანის არე შემკულია სადა ჰორიზონტალური ზოლებით. კეცი მოყვითალო-მოყავისფრო, მინარევებიანი (სურ. 11/11).

უფრო მეტია ძვ.წ. V ს მეორე ნახევრის ოინოხოიები. მაგალითად, სამარხი 17 (სურ. 54/3, 55/3), სამარხი 18 (სურ. 56/4,9), მე-20 სამარხის საალაპო მოედანი (სურ. 59/8, 60/3), სამარხი 48 (სურ. 74/5), სამარხი 52 (სურ. 75/12) და სხვ.

მათი პირი ტიპიური სამყურასებრია, ყელი დაბალი, ფართო. ტანი ზოგიერთის ფართო მომრგვალებული, ზოგის დაბალი - გამობერილი. ან კიდევ გვხვდება ისეთი ნიმუშებიც, რომელთა ტანის ქვედა მონაკვეთი შედარებით სწორია, ზედა ნახევარი და მხრის არე მომრგვალებული. ქუსლი ერთი ნაწილი სწორი, ოდნავ გარეთკენაა გაწეული, ზოგის რგოლისებრი, ან კიდევ ქუსლის მხოლოდ გარეთა კალთაა მომრგვალებული. ყურები უმეტესად ოთხკუთხაგანივკვეთიანები. ზედა კავისებრად მოხრილი ბოლო პირქობაზეა დაძერწილი, ქვედა - მხრის არეში. მეწამული წითელი თუ თხევადი წითელი საღებავის ჰორიზონტალური ზოლების სხვადასხვა ვარიაციებით მოხატულია პირის, ყელის, ტანის, ქუსლისა და ყურის არეში. კეცი მოყვითალო-მოყავისფრო, მინარევებიანი. სიმაღლე მერყეობს 12-დან 24 სმ-მდე. ერთ-ერთი მათგანის - სამარხი 52 (ქ-ფ-79/23) მხრის არეში გრაფიტოცაა დატანილი.

მსგავსი ოინოხოიები აღმოჩენილია ციხისძირში,[1] ჩრდილო შავიზღვისპირეთში (Гайдукевич, 1959: 161-162, рис. 8),[2] ოლინთოში (Robinson, 1950: 207, pl. 147), როდოსზე (Jacopi, 1932-1933: 24, fig. 12), ათენში (Vanderpool, 1946: 329, pl. 67.315) და ა.შ.

სადაზოლებიანი იონიური კერამიკის შემდგომ ჯგუფს ამფორები ქმნიან. აქვთ შედარებით ფართო, ოდნავ გარეთკენ გადაშლილი პირი, მომაღლო ცილინდრული ყელი, სხვადასხვა სიმაღლის სფერული ტანი და რგოლისებრი ქუსლი. ბრტყელგანივკვეთიანი ყურების ზედა ბოლო პირს ქვემოთაა მიძერწილი, ქვედა - ტანის არეში. ოინოხოიების მსგავსად მათი პირის, ყელის, მხრის, ტანის, ქუსლისა და ყურების არე შემკულია სადა ზოლებით. არის როგორც პატარა ზომის, ასევე მოზრდილი ამფორები. ამ სახის იონიური ჭურჭელი ჩნდება როგორც ძირითადად

სარიტუალო მოედნებზე, ასევე სამარხეულ კომპლექსებში (სურ. 39/3, 42/6, 59/9, 60/5, 75/11, 78/12, 90/9, 91/16 და ა.შ.).

მცირერიცხოვან ჯგუფს ძვ.წ. V ს მეორე ნახევრის იონიური დოქები ქმნიან. ყურადღებას იქცევს ერთ-ერთი მათგანი - სამარხი 67 (ქ-ფ-80/2). ნაწილობრივ აღდგენილი. აქვს სადა გარეთკენ გადაშლილი პირი, არც თუ ისე მაღალი ყელი, დაქანებული მხრები, მომაღლო ტანი, გარეთკენ გაზიდული ქუსლი. მასიური ოვალურგანივკვეთიანი ყურის ზედა ბოლო პირზეა დაძერწილი, ქვედა - ტანის არეში. პირის, ყელისა და ტანის არე შემკულია მეწამული წითელი საღებავის ჰორიზონტალური ზოლით. მხარზე ჰქონია გრაფიტო. მსგავსი ჭურჭელი ბოლოდროინდელი გათხრების დროსაც აღმოჩნდა (კახიძე, ვიკერსი, 2004: სურ. 116).

იონიური მინიატურული ჭურჭელი (სამარხი 30, ქ-ფ-73/367). დეფორმირებულია – თითქოსდა წუნი; ძირი ბრტყელი, ტანი მაღალი, კვერცხისებური, ყელი ფართო, პირი გარეთკენ გადაშლილი. ბრტყელგანივკვეთიანი ყურის ზედა ბოლო პირზეა დაძერწილი. ყური და ტანის ზედა ნაწილი წყვილი მოყავისფრო ზოლითაა მოხატული (სურ. 67/2, 69/6).

იონიური ამფორისკი. იშვიათად იონიური ამფორისკებიც ჩნდება. ასეთია მე-65 სამარხში (ქ-ფ-79/48) აღმოჩენილი მოზრდილი ამფორისკი. აქვს გარეთკენ გადაშლილი პირი, მაღალი ყელი, კვერცხისებრი მოყვანილობის ტანი, მაღალი ძირი, მკვეთრად გაფართოებული დისკოსებური ქუსლი, წვრილი მრგვალგანივკვეთიანი ყურები (სურ. 79/8, 82/13).

ჯამი. იონიური ჯამები იშვიათ მონაპოვართა რიცხვს განეკუთვნებიან. ისინი უფრო საალაპო მოედნებზე ჩნდებიან. ერთ-ერთი მათგანი წარმოდგენილი იყო მე-20 სამარხის საალაპო მოედანზე (ქ-ფ-68/279). აქვს გარეთკენ გაზიდული მომაღლო ქუსლი, საკმაოდ ღრმა ტევადობის მომრგვალებული ტანი. პირი შიგნით ჩაკეცილი. კედლები ძირთან ახლოს შედარებით მასიური. ჯამის შიდა ზედაპირი შემკულია წყვილი წრიული ზოლით. ძირთან ახლოს გარეთა ზედაპირი დახაზულია, რაც დამახასიათებელი ჩანს იონიური კერამიკული ნაწარმის გვიანდელი ნიმუშებისათვის. კეცი ღია-მოყვითალო, წვრილმარცვლოვანი, განატეხში ნაცრისფერი (სურ. 59/6). იონიური თასი ჩაეყოლებინათ 29-ე კრემაციულ სამარხშიაც (ქ-ფ-73/361). ამასაც აქვს სწორი ქუსლი, რომლის გარეთა კალთა ზოლითაა შემკული, შიდა-მომრგვალებული, კორპუსი ღრმა ტევადობის. ფსკერზე მოხატულია მეწამული წითელი საღებავის წყვილი წრეხაზი, მისგან მოშორებით კიდევ ორი უფრო ფართო წრეხაზი. პირი ოდნავ შიგნით ჩაკეცილი.

იონიური პიქსიდისებრი ჭურჭელი. აღმოჩნდა 23-ე სამარხში (ქ-ფ-72/312). აღდგენილი მოზრდილი ნატეხებისაგან. აქვს რგოლისებრი ოდნავ გარეთკენ გაფართოვებული ქუსლი, გარეთკენ გაშლილი დაბალი თანაბრად მომრგვალებული ტანი, ფართო მხრები, დაბალი, ფართო, სწორი პირი, ცილინდრულკოპიანი ნახევარსფეროსებრი სახურავი. მხრის არეში, ტანის დასაწყისთან საპირისპირო მხარეს ვერტიკალურად მიერთებულია წყვილი მრგვალგანივკვეთიანი ყური, რომელთა შორის თავის დროზე დაძერწილი ყოფილა პირისკენ მიმართული ნისკარტისებური კაუჭები. ახლა შერჩენილია ერთი, მეორე დაკარგულია (ემჩნევა დაძერწვის ადგილი). სახურავი კოპთან ახლოს კონცენტრული წრეხაზებით ყოფილა შემკული. კეცი ჩვეულებრივ ღიამოყვითალო (სურ. 62/12, 69/5).

ამავე ჭურჭელს ემსგავსება 24-ე სამარხის პიქსიდა (ქ-ფ-73/335), ოღონდაც ეს მინიატურულია. აკლია სახურავი, ცალი ყური და ნისკარტისებური შვერილი. ძირი ბრტყელი, ტანი მომრგვალებული, ყელი დაბალი, პირი გადაშლილი, რკალისებრი მასიური ყური მხრის არეშია დაძერწილი (სურ. 64/6).

გარდა ზემოთ აღნიშნული ნიმუშებისა, 25-ე სამარხის საალაპო მოედანზე წარმოდგენილი იყო პიქსიდის ცალკეული ნატეხები. ერთ-ერთ მათგანზე შერჩენილია პატარა ზომის ნის-კარტისებრი შვერილი და ვერტიკალური ყურის მიძერწვის ადგილი, რაც განსაკუთრებით საყურადღებოა, მხრის არე მთლიანად ყოფილა მოხატული ჰორიზონტალური ზოლებით შემოფარგლული ვერტიკალური ფართო ხაზებით, ხოლო მათ შორისი არე - მოშავო-მოყავის-ფრო წვეთისებრი მოზრდილი ლაქებით, წერტილებით.

ფიჭვნარის მსგავსი ჭურჭელი მოპოვებულია ოლბიაში 1902 წელს. ამისი ტანი სადა ჰ ორიზონტალური ზოლებითაა შემკული, მხრის არე წრეების ზოლით (Фармаковский, 1902: 147-148, рис. 93).[3] ფიჭვნარისას ჩამოგავს ნიმფეაში 1876 წელს მე-9 სამარხში მოპოვებული ნიმუშიც. მხრის არე შემკულია წერტილებით შემოფარგლული წყვილი დისკოთი. ლ.სილანტიევა მათ პიქსიდებს უწოდებს. სამარხი ძვ.წ. V საუკუნითაა დათარიღებული (Силантьева, 1959: 42, рис. 18). ანალოგიების სახით დასახელებულია სამოსისა (Boehlau, 1898, pl. VI, fig. 3) და როდოსის (Jacopi, 1929: 210-212, fig. 209) მონაპოვრები.

<u>სამოსური ლეკითოსები.</u> სადაზოლებიანი იონიური კერამიკის გარკვეულ ჯგუფს სამო-სური ლეკითოსები ქმნიან. ისინი გვხვდება ძვ.წ. V ს ყველა პერიოდის სამარხებში. უმეტესობა მთლიანი სახითაა წარმოდგენილი, მოხერხდა სხვათა აღდგენა. შევჩერდებით ზოგიერთ მათგანზე.

ძვ.წ. V ს მეორე ნახევრის სამოსური ლეკითოსები აღმოჩენილია 31-ე, 58-ე და 85-ე სამარხებში. აქვთ ოდნავ მომრგვალებული პირი, ვიწრო ცილინდრისებური მოყვანილობის ყელი, კვერცხისებური ტანი, მკვეთრად გამოყოფილი მეტ-ნაკლებად კონუსისებრი შეღრმავების მქონე ძირი, ბრტყელგანივკვეთიანი ყურის ზედა ბოლო ყელის, ქვედა კი – მხრის არეშია მიძერწილი. ძირის გარეთა ზედაპირი, ყური, ტანის არე და პირის კალთა შემკულია ვიწრო ჰორიზონტალური ზოლებით; ზოგჯერ მხრის არე - ფართო (1 სმ) ზოლით. ზედაპირი მოყვითალოდაა ანგობირებული, კეცი მოთეთრო-მოყვითალო, მოვარდისფრო, წვრილმარცვლოვანი (სურ. 67/5, 78/2, 84/11).

ჰერმონასაში აღმოჩენილ ნიმუშს ვ.გაიდუკევიჩი სამოსურ ნაწარმად მიიჩნევს და თანმხლები მასალის მიხედვით ძვ.წ. V ს პირველი ნახევრით ათარიღებს (Гайдукевич, 1959: 173). ფიჭვნარის მონაპოვართან კიდევ უფრო მეტ სიახლოვეს აპოლონიური ამფორისკები პოულობენ. ტ.ივანოვი მათ ზოგადად აღმოსავლურ-ბერძნულ, კერძოდ, როდოსულ-იონიურ ნაკეთობად მიიჩნევს და თანმხლები მასალის მიხედვით ძვ.წ. V ს შუა და მესამე მეოთხედით ათარიღებს. არ გამორიცხავს მათ სამოსურ წარმომავლობასაც (Иванов, 1963: 129-130, 353, рис. 54, таб. 58/189,190).[4]

<u>ასკოსი</u>. ჯერჯერობით ერთადერთია იონიური ასკოსი. სამარხი 112 (ქ-ფ-85/112). აქვს საკმაოდ ფართო ოდნავ შეწეული ძირი, მომაღლო, ამობურცული ტანი. ჩაღრმავებული მხრის არე ცილინდრული ტუბითაა დაკავშირებული ძირთან. ტანის ერთ კიდეზე ვერტიკალურად დაძერწილია მილიანი პირი. სალტისებურად გადაჭიმული ჩაღრმავებულ ზედაპირიანი ყურის ერთი ბოლო მიძერწილია პირის საპირისპირო კიდეზე, მეორე ბოლო კი - გარეთკენ გადაშლილ პირზე. ასკოსი ძირთან ახლოს და მხრის დასაწყისთან ფართო, ხოლო ტანის ზედა ნაწილში ვიწრო ჰორიზონტალური ზოლებითაა შემკული. მურა შავი ფერის ლაკით ყოფილა დაფარული პირის გადაშლილი ნაწილი და ყურის ზედა ჩაზნექილი ზედაპირი. კეცი ღიამოყვითალო (სურ. 94/7).

ამ ტიპის ნაკეთობანი არქაული ხანის სადაზოლებიანი იონიური კერამიკის ერთ-ერთ წამყვან ფორმადაა მიჩნეული (Шмидт, 1952). მიუთითებენ წარმოების რამდენიმე ცენტრის არსებობაზე.

ერთ-ერთ მათგანად კ.სამოსია მიჩნეული. კეცის სტრუქტურაში დიდი რაოდენობით შედის ქარსი (ОАК, 1901: 18, рис. 17; Альбом рисунков… 1906: 59; Шкорпил, 1907: 22, 30; 1910: 22, 25). მიუნხენისა და ტორონტოს მუზეუმის კოლექციების გამომქვეყნებელნი არ იზიარებენ მათ სამოსურ წარმომავლობას (Sievecking, Hackl, 1912: pl. 19, fig. 550; Robinson, Harcum, 1930: 71, pl. XV,.215).

ფიჭვნარის მსგავს ე.წ. იონიურ ასკოსებს სპეციალური ნაშრომი უძღვნა ვ.სკუდნოვამ. ავტორი მიუთითებს, რომ უძველესი ფორმები ტროას გათხრებისასაა მოპოვებული. გეომეტრიული სტილის ნიმუშები კვიპროსის აღმოჩენების მიხედვითაა ცნობილი. იტალიის მონაპოვრებზე მსგავსი ორნამენტი არ ჩანს. დელფოს, ბეოტიის, ეგინას, როდოსის, გელას (სიცილია) ნეკროპოლისა და სხვა ძეგლების ჭურჭლებს საკმაოდ მაღალი ტანი აქვთ. ვ.სკუდნოვა ოლბიის სამაროვანზე წლების მანძილზე მოპოვებული ძვ.წ. VI-V ს პირველი ნახევრის ასკოსების მიხედვით გამოყოფს ოთხ ჯგუფს. ფიჭვნარის თანადროულია მეოთხე ჯგუფში გაერთიანებული ცალები, რომელთაც ზოგადად ძვ.წ. V ს პირველი ნახევრით ათარიღებს. უფრო გვიან მსგავსი ნაკეთობანი უკვე აღარ გვხვდება. როგორც ზემოთაც ვნახეთ, ამ პერიოდის ასკოსებს აქვთ წაკვეთილი კონუსის მსგავსი ძირისკენ გაფართოებული ტანი, ვიწრო, მოკლე მილისებრი ყელი, გარეთკენ გადაშლილი პირი. ტანსა და ზოგჯერ პირზე შემოვლებულია ჰ ორიზონტალური ზოლები. ლაკის ფერი გამოწვის ხარისხისა და სიღრმის მიხედვით ვარიაციებს იძლევა. ზოგჯერ ერთი და იმავე ჭურჭლებზეც კი. ესენია: მოშავო-მოყავისფრო, მურა შავი, მოყვითალო-მოწითალო და ა.შ. კეცი მრავალფენოვანია - უფრო ხშირად მოყვითალო-მოწითალო. ურევია ოქროსფრად მბზინავი ნაწილაკები. მიიჩნევს სამოსურ ნაკეთობად. ვ.სკუდნოვა მიუთითებს, რომ მათი დანიშნულების გარკვევა ჭირს. სამარხეულ კომპლექსებში რგოლისებრ ჭურჭლებთან ერთად ლეკითოსები არ ჩანს. ფიქრობს, რომ ისინიც ზეთის შესანახად გამოიყენებოდა.(Скуднова, 1945).

ფიჭვნარის მონაპოვარს ბევრი ანალოგი ეძებნება. მათ შესახებ საუბარის აუცილებლობა არ ჩანს. მათი რიცხვი ძალზე დიდია.

ასეთია ე.წ. სადაზოლებიანი იონიური კერამიკის წამყვანი ნიმუშები. ზემოთ უკვე აღინიშნა, რომ ამ სახის ნაწარმი საკმაოდ ხშირად გამოიყენება როგორც ყოველდღიურ ყოფაში, ისე დაკრძალვის რიტუალის შესრულებისას. ფიჭვნარის მონაცემებით დასტურდება, რომ სადაზოლებიანი იონიური კერამიკის იმპორტი მეტ-ნაკლები ინტენსიურობით მთელი ძვ.წ. V საუკუნის მანძილზე გრძელდებოდა. ისინი უმეტესად ღარიბული თუ ზოგჯერ საშუალო შეძლების მქონე პირთა სამარხეულ ინვენტარადაა გამოყენებული. ძვ.წ. V საუკუნის სადა ზოლებიანი იონიური კერამიკის მსგავსი კომპლექსი პონტოსპირეთის სხვა ბერძნული ნეკროპოლების მიხედვით არცაა ცნობილი.

შენიშვნები:

[1] აქაური მასალა ჯერ კიდევ არაა გამოქვეყნებული, ისინი ადრეულები ჩანან.

[2] ჰერმონასაში აღმოჩენილი ფიჭვნარის მსგავსი ოინოხოია ძვ.წ. V ს მეორე მეოთხედი-მეორე ნახევრითაა დათარიღებული.

[3] სამარხი ძვ.წ. IV საუკუნითაა დათარიღებული. ბრინჯაოს სარკის, შავლაკიანი კილიკისა და შავლაკიანი ამფორის მიხედვით უფრო სწორი ჩანს სამარხის ძვ.წ. V ს მეორე ნახევრით დათარიღება.

[4] როდოსის, სამოსის, ლინდოსის და ჰისტრიის აღმოჩენების შესახებ. იხ. (**Sieveking, Hackl, 1912: 48** და შმდ., **Nos 476-478, figs 62-63; Blinkenberg, Kinch, 1931: taf. 123, No. 2565; Lambrino, 1938: 164-169, Nos 58-59).**

ადგილობრივი კერამიკული ნაწარმი

სამარხეული ინვენტარის მოზრდილ ჯგუფს ადგილობრივი სამეთუნეო ნაწარმი ქმნის. მათი ერთი ნაწილი სამარხეულ ინვენტარადაა გამოყენებული. გვხვდება საალაპო მოედნებზეც. ჩანს, რომ ელინთა დაკრძალვის რიტუალში ადგილობრივი ფენების წარმომადგენლებიც იღებდნენ მონაწილეობას.

როგორც ქვემოთაც ვნახავთ, ფიჭვნარელ მოახალშენეებს შორის კოლხ მეთუნეთა საკმაოდ ბევრი სახეობა იმსახურებს მოწონებას. ეს არცაა გასაკვირი. სწორედ ამ პერიოდისათვის ფიჭვნარელ ხელოსანთა კერამიკული წარმოება ადის განვითარების მაღალ საფეხურზე. კოლხური ჭურჭელი გამოირჩევა დახვეწილი პროპორციებითა და სამკაულის სინატიფით. ჩნდება ახალი ფორმებიც, რომელთაც ჩვენ აქაურ მკვიდრთა შემოქმედების ნაყოფად მივიჩნევთ. ისინი თავისი თვითმყოფადობით, ფორმებისა და ორნამენტაციის ორიგინალობით ტოლს არ უდებენ საყოველთაოდ გავრცელებულ უცხოურ ნიმუშებს. სახეზეა აქ მოსახლე ბერძნული ფენების თავისებური კოლხიზაცია. იგივე ჩანს სხვა მონაცემების მიხედვითაც (ამაზე სხვა დროს). ამ სახის მასალის საგანგებო კვლევა სხვა მხრივაც მნიშვნელოვანია. ადგილობრივი ნაკეთობანი წარმოდგენილია შესანიშნავად დათარიღებულ კომპლექსებში, რაც შესაძლებლობას იძლევა გაკეთდეს კოლხური კერამიკული ნაწარმის ქრონოლოგიური და ტიპოლოგიური კლასიფიკაცია საუკუნეთა გარკვეული მონაკვეთების მიხედვით. ეს კი საქართველოს არქეოლოგიის ერთ-ერთი აქტუალური პრობლემათაგანია. სწორედ ამიტომაც, შევეცადეთ გამოყოფილი სახეობების, მათი სამკაულის მოკლე დახასიათება-აღწერილობის პარალელურად მოგვეტანა შედარებით სრულყოფილი საილუსტრაციო მასალა. ყოველივე ეს კი დიდ სამსახურს გაუწევს ჩვენი ქვეყნის სხვა ძეგლებზე მოპოვებული მსგავსი ნიმუშების ასაკის, ზოგჯერ კი სამეთუნეო ცენტრის განსაზღვრასაც კი.

ისე როგორც კოლხური სამაროვნის, ფიჭვნარის ძვ.წ. V ს ბერძნული ნეკროპოლის ადგილობრივი კერამიკული ნაწარმი სხვადასხვა ჯგუფად იყოფა. პირველში ერთიანდებიან ზოგადქართული, კავკასიური ფორმები; მეორე კოლხი მეთუნეებისათვის დამახასიათებელ ნიმუშებს მოიცავს; მესამეში ფიჭვნარულ ნაკეთობებს ვაერთიანებთ; მეოთხეში კი ელინიზებული ფორმები ექცევიან. შევჩერდებით თითოეულ ჯგუფზე ცალ-ცალკე.

ზოგადქართული, კავკასიური ფორმებიდან მრავალრიცხოვნობით ცალყურა ქოთნები თუ კოჭობები გამოირჩევიან; გვაქვს ჯამებისა და მათარის ერთეული ცალები.

საკმაოდ ბევრია ცალყურა ქოთნები. ისინი ჩრდილოკავკასიურ, ცენტრალურ ამიერკავკასიურსა და კოლხურ კულტურაში გვიანბრინჯაოს ხანაში ჩნდებიან და უმნიშვნელო ცვლილებებით ადრეშუასაუკუნეებშიაც განაგრძობენ არსებობას. ამ ვრცელი არეალისათვის არ გვეგულება თითქმის არც ერთი ნამოსახლარი, ნაქალაქარი თუ სამაროვანი, სადაც ამ ტიპის ჭურჭელი არ იყოს წარმოდგენილი. ქოთნები ფიჭვნარის მონაპოვრებშიაც ერთ-ერთ ყველაზე მრავალრიცხოვან ჯგუფს ქმნიან, რომელთა მიხედვით შესაძლებელი ხდება ზოგიერთი სახის დაკვირვების წარმოება

127

ფიჭვნარი II

ფორმის განვითარებაში მომხდარ ცვლილებებზე. ამ სახის სამზარეულო კერამიკაში გამოიყოფა ორი ქრონოლოგიური ჯგუფი. პირველი, სხვა მონაპოვართა მსგავსად, ძვ.წ V ს მეორე მეოთხედს განეკუთვნება, მეორე კი ამავე საუკუნის მეორე ნახევრით თარიღდება.

ადრეული ეტაპის შედარებით ღარიბული ფენების წარმომადგენელი ფიჭვნარელი ელინები საკმაოდ ხშირად იყენებდნენ სამარხეულ ინვენტარად ცალყურა ქოთნებს. ისინი სააღაპო მოედნებზედაც გვხვდება. მათი ფორმა ტიპიურია და კონსერვატიზმით ხასიათდება. კერძოდ, აქვთ მომაღლო, გარეთკენ გადაშლილი სწორი პირი, რომელიც უშუალოდაა მიერთებული მომრგვალებული ფორმისა თუ ბიკონუსური მოყვანილობის ტანზე. ძირი ბრტყელი. მარყუჟისებრი ყური ტანის არეშია დაძერწილი. ადრეულთა უმეტესობა პატარა ზომისანი არიან (სურ. 11/12, 13/7).

ბუნებრივია, გაცილებით მრავალრიცხოვანია ძვ.წ. V ს მეორე ნახევრის სამარხებში აღმოჩენილი ცალყურა ქოთნების რიცხვი (სურ. 30/8, 31/5, 38/4, 45/2, 54/4-5, 55/4-5, 59/5, 67/7, 74/8, 77/6, 79/5-6, 84/13 და სხვ.). ისინი კვლავაც სტანდარტული ფორმისანი არიან. აქვთ სწორი, გარეთკენ გაშლილი პირი, რომელიც უშუალოდაა მიერთებული ბიკონუსურ თუ მომრგვალებულ ტანზე. ყური ჩვეულებრივ მხრის არეშია დაძერწილი. უმეტესობა მოშავო-მონაცრისფრო კეციანია. არის მოყავისფროდ და ზოგჯერ მოყვითალოდ გამომწვარი ნიმუშებიც. ადრეულების მსგავსად ერთ-ერთი ქოთნის პირის გარეთა კალთა მომრგვალებულია (სურ. 64/10). გამონაკლისს წარმოადგენს ორყურა ქოთანი (29–ე კრემაციული სამარხი, ქ-ფ-73/365). დიდი ზომის, კეცი მოყავისფრო.

როგორც წესი, თიხის ქოთნები სადანი არიან. ერთ-ერთ მათგანს (სამარხი 48, ქ-ფ-79/4) ყელის დასაწყისთან წყვილი ღარი შემოუყვება. 105-ე სამარხის ქოთნის ტანის არე დაფარულია არასიმეტრიულად განლაგებული ოდნავ შესამჩნევი ვერტიკალური ხაზებით (სურ. 89/8), ხოლო 101-ე სამარხის ქოთნის ყურის ზედაპირზე განლაგებულია ურთიერთმოშორებული ღრმა ნაჩვრეტი წერტილები (სურ. 88/15). თიხის ქოთნებს ბევრი პარალელი ეძებნებათ (კახიძე, 1965$_{ბ}$: 72; 1971$_{a}$: 44; ვაშაკიძე, 1971: 16; მიქელაძე, 1978: 55; ლორთქიფანიძე ოთ., გიგოლაშვილი, კაჭარავა და სხვ., 1981: 28–31).

კოჭობების მსგავს პატარა ზომის ქოთნებისათვის სიახლეა ის, რომ ზოგიერთი მათგანის ყურის ზედა ბოლო უშუალოდ პირზეა მიძერწილი. აშკარაა, რომ სამზარეულო ჭურჭლის ეს სახეობა ყოველდღიურ ყოფაში მასობრივი მოხმარების საგანი ყოფილა. ხელგაშლილად გამოიყენებოდა სამარხეულ ინვენტარადაც.

<u>მათარა</u>. ფიჭვნარის კლასიკური თუ ელინისტური ხანის კერამიკული ნაწარმის ცალკე დამოუკიდებელ ტიპს სალაშქრო–სამგზავრო წყლის ჭურჭელი მათარები ქმნიან. ჯერჯერობით ერთადერთი მათარა ძვ.წ. V ს ბერძნულ ნეკროპოლზეცაა აღმოჩენილი. აქვე მოვიტანთ მის აღწერილობას.

თიხის მათარა (სამარხი 41, ქ-ფ-77/403). აქვს ოდნავ გაბრტყელებული მომრგვალებულ-გვერდებიანი ტანი. ირგვლივ შემოუყვება ფართო ღარი, რომელშიაც ჯდებოდა ქსოვილის ფუტლარზე მიმაგრებული ჩამოსაკიდი ღვედი. ყელი მომაღლო, პირისკენ გაფართოებული. ტანის ორივე მხარე მზის სიმბოლიკასთან დაკავშირებული სხვადასხვა სიფართის წრეებითაა დაფარული (ერთ მხარეს შემოვლებულია 7, მეორე მხარეს–5 წრეხაზი). ყელის დასაწყისი დახრილი ჭდეებისაგან შედგენილი ჰორიზონტალური ზოლითაა შემკული, ყელი კი, პირთან ახლოს, მეჭეჭისებური კოპების ჰორიზონტალური ზოლით (სურ. 72/5, 76/5).

ძვ.წ. V ს ბერძნული ნეკროპოლის გათხრები (1967-1987 წწ)

მათარები უფრო გავრცელებულია აღმოსავლეთ ამიერკავკასიის უდაბნოს ზოლში, შუა აზიასა და მსგავსი ბუნებრივი პირობების მქონე სხვა რაიონებში. საერთოდ კი, როგორც ცნობილია, ფორმა წინააზია–ეგეოსური სამყაროდან მომდინარეობს. ამიერკავკასიაში ამ ტიპის ჭურჭლების გავრცელება აქემენიდურ სამყაროს უკავშირდება (Мусхелишвили, 1978: 22). აღ. საქართველოში ისინი წინაანტიკურ ხანაშიაც გვხვდებიან. მაგალითად, სამთავროს სამაროვნის 104-ე ორმოსამარხში აღმოჩნდა დახვეწილი ფორმის მათარა, რომელიც ძვ.წ. VII ს მეორე ნახევრით თარიღდება (აბრამიშვილი, 1957: 128–129; 1961: 379, ტაბ. XI-X/1). ასევე ადრეულები არიან ხოვლესა (მუსხელიშვილი, 1978: 55) და უფლისციხის (ბამბების ნამოსახლარი) მონაპოვრები (ხახუტაიშვილი, 1970: 47). როგორც აღინიშნა, ისინი ფართოდაა გავრცელებული შუა აზიაში, ძველ ალბანეთსა და არმენიაში (იხ. Неразик, 1959: 104-109, рис. 12-21, 27, 31, 32; 13/4,5, 15/16; Казиев, 1960: 22, таб. XV-XVII; Тер-Мартиросов, 1979: 409; 1984: 20).[1]

ძვ. წ. V ს მათარები ბერძნული ნეკროპოლის გარდა კოლხურ სამაროვანზეცაა აღმოჩენილი (Кахидзе, 1981: таб. XXXIII). ასევე ითქმის ციხისძირის შესახებაც (ვაშაკიძე, 2000: 43 და შმდ.). ძვ.წ. V ს თარიღდება ვანის ნაქალაქარზე მოპოვებული მათარის ნატეხები (ლორთქიფანიძე ოთ., გიგოლაშვილი, კაჭარავა და სხვ., 1981: 44, კატ. 182, 183, სურ. 65). ადრეული ჩანს ქუთაისის ახლოს სოფ. მაღლაკში ნაპოვნი მათარა (ლორთქიფანიძე ოთ., 1972$_a$: 41; ჯიქია, 1978: 148–149, სურ.70). ასევე ითქმის ყაზბეგის ბრინჯაოს მათარის მიმართ (წითლანაძე, 1976: 23). ელინისტური ხანის ნიმუშები ცნობილია თვით ფიჭვნარის (ვაშაკიძე, კახიძე, 1978, 48-50, ტაბ. XI/1, XV/3-4, XX/4; ვაშაკიძე, 1983$_a$: 79, ტაბ. VII/7),[2] ციხისძირის (ვაშაკიძე, 2000: 44), ბუკისციხის (ვაშაკიძე, 1973: 85, ტაბ. IX/12; 2000), დაბლაგომის (თოლორდავა, 1976: 61, ტაბ. 81/2; 1980: 10, ტაბ. V/2,3), უფლისციხის (ხახუტაიშვილი, 1970: 46–77), სამთავროსა (აბრამიშვილი, 1957: 128-129) და სხვათა მიხედვით.

ჯამები. ჯამები ქვევრების, ყურმილიანი ხელადებისა და სასმისების მსგავსად კოლხური კერამიკის ერთ-ერთი წამყვანი ელემენტთაგანია. ისინი ჩნდება წინაანტიკურ ხანაში ფიჭვნარის ქვიშაზვინულებზე (Рамишвили, 1975: 147, рис. 3), მაგრამ განსაკუთრებით ფართო გავრცელებას კლასიკური ხანისათვის პოვებს. ამ სახეობის სუფრის ჭურჭელი უფრო ხშირად ჩნდება ნაქალაქარის კულტურულ ფენებში. როგორც კოლხურ, ასევე ბერძნულ სამაროვნებზე თიხის ჯამები დიდ იშვიათობას წარმოადგენენ. თიხის ერთ-ერთი ჯამი წარმოდგენილი იყო სარიტუალო მოედანზე, ერთიც სამარხელ კომპლექსებში (კახიძე, ვიკერსი, 2004: 75-76. სურ 172). მათთვის დამახასიათებელია სწორი ან შიგნით გადახრილი პირი, ბრტყელი ძირისკენ შევიწროებული სწორხაზოვანი თუ ოდნავ მომრგვალებული სხვადასხვა სიმაღლის ტანი. ისინი სხვადასხვა ზომისაა. ქუსლიანი ნიმუშები ელინისტური ხანიდან ჩნდება.

ჯამებს ბევრი ანალოგი ეძებნებათ როგორც თვით ფიჭვნარის, ასევე დასავლეთ საქართველოს სხვა ძეგლების მიხედვითაც – გურიანთა (ვაშაკიძე, 1971: 22), სიმაგრე (მიქელაძე, 1978: 58, ტაბ. XXVI), ოჩამჩირე (Качарава, 1972: 17), ქუთაისი, ვანი, ვეშაპიძისა და საბადურის გორები (ლორთქიფანიძე ოთ., გიგოლაშვილი, კაჭარავა და სხვ., 1981: 42-43, კატ. 173-178, სურ. 64), მოდინახე (ნადირაძე, 1975: 22, 30 (ტაბ. XI/2, 3), 103 (XXIX/1, 2), ითხვისი (გაგოშიძე, 1968: 40), დაფნარი (Кигурадзе, Лордкипанидзе Г., 1977: 55), დაბლაგომი (Куфтин, 1950: 97, таб. 32/6,7, рис. 24/15,17,18,20,21) და სხვ. გავრცელებული ჩანან აღმოსავლეთ საქართველოსა (Куфтин,

1941: 33, таб. IV; ჭილაშვილი, 1964: 30, ტაბ. XI) და ჩრდილო კავკასიის მასალებს შორისაც (Иессен, Пиотровский, 1940: табл. II, VI, VIII; Смирнов К., 1958: 277, 281, 287, рис. 5/10,16, 8/15; Анфимов, 1951: 169, рис.1/6; Крупнов, 1960: 148 (таб. XXII/1-4), 264 (таб. V/ 7,9) და სხვ.).

ყურმილიანი ჭურჭელი. ფიჭვნარის ძვ.წ. V ს სამარხეულ ინვენტარად კიდევ უფრო მრავლადაა გამოყენებული კოლხური კულტურისათვის დამახასიათებელი ნიმუშები. მრავალ-რიცხოვნობით, დახვეწილი ფორმებითა და სამკაულის სინარნარით ყურმილიანი ხელადები გამოირჩევიან. მოკლედ ვისაუბრებთ ზოგიერთი მათგანის შესახებ.

ფიჭვნარის ქვიშაზვინულების, დიუნური დასახლებების მიხედვით ჩანს, რომ ეს ფორმა სათავეს ძვ.წ. VIII–VII სს იღებს (Рамишвили, 1975: 147, рис. 7). ასევე ითქმის საქართველოს სხვა ძეგლების (ნიგვზიანის, პალურის, მუხურჩას, მერხეულის, საზანოსა და სხვა წინაანტიკური სამაროვნები) მიხედვითაც (იხ. ღამბაშიძე ოთ., 1963; ბარამიძე, 1977: 29–30; Микеладзе, Барамидзе, 1977: 24, рис. 5, 12, 13; Гогадзе, Панцхава, Дариспанашвили: 1977: 66, таб. X/ 23,26). განსაკუთრებით დიდი რაოდენობით მზადდებოდა ძვ.წ. VI-V საუკუნეებში. არსებობას განაგრძობენ ძვ.წ. IV საუკუნესა და III საუკუნის პირველ ნახევარშიაც. ამის შემდგომ ყურმილიანი დოქების წარმოება წყდება.

როგორც ადგილობრივ, ასევე ფიჭვნარის ბერძნულ მოსახლეობაში ყურმილიანი დოქები განსაკუთრებით პოპულარულია ძვ.წ. V საუკუნისათვის. ამ პერიოდისათვის ქვევრებისა და სასმისების მსგავსად ისინი კოლხური კულტურის ერთ-ერთ კომპონენტს წარმოადგენდა. შესანიშნავად ასახავენ ტომობრივი კულტურის ერთიანობას მთელი კლასიკური ხანის განმავლობაში.

ყურმილიანი დოქები შედარებით ნაკლებია ფიჭვნარელ ელინთა ადრეულ სამარხეულ კომპლექსებში. ეტყობა პირველ ხანებში არ მიუწვდებოდათ ხელი ღარიბული ფენების წარ-მომადგენლებს მაღალმხატვრულ კოლხურ ნაკეთობებზე. ჯერჯერობით ძვ.წ. V ს მეორე მეოთხედის სულ ორი ნიმუშია აღმოჩენილი. ერთ-ერთი მათგანის (სამარხი 150, ქ–ფ–87/8) სადა პირი გარეთკენ გაშლილი ყელისაგან არაა გამოყოფილი. ტანი ბიკონუსური (სურ. 14/9). 151–ე სამარხში აღმოჩენილი ბიკონუსური მოყვანილობის ყურმილიანი დოქის ტანის ზედა ნახევარი მთლიანადაა დაფარული მჭიდროდ განლაგებული ჰორიზონტალური ღარებით (სურ. 16/11).

გაცილებით მრავალრიცხოვანია ძვ.წ. V ს მეორე ნახევრის ყურმილიანი ხელადები. წინა ნიმუშების მსგავსად, როგორც სახელწოდება გვიჩვენებს, განმსაზღვრელი ნიშანია ყური, რომელიც შედგება სწორხაზოვანპროფილიანი მრგვალგანივკვეთიანი მილისა და ოვალურგანივკვეთიანი ძგიდისებური რკალისაგან, რომლითაც მილი ყელს უერთდება. არის სფეროსებურ, უფრო ხშირად კი ბიკონუსურტანიანები, რომელთა ზედა ნახევარი ოდნავ მომრგვალებულია; დიდი ნაწილი სამკაულიანია. სადა ნიმუშები იშვიათობას წარმოადგენს. ასეთია მე-17 და 105-ე სამარხის დოქები (სურ. 55/1, 89/7). აქვს ბიკონუსური ტანი; ყელი ძაბრისებური. სადა ნიმუშები ზოგჯერ სარიტუალო მოედნებზეც იჩენს თავს (სურ. 60/17). არის ისეთი ნიმუშებიც, რომელთა ყელის დასაწყისი მარტივი ორნამენტით, წყვილი რელიეფური რგოლითაა შემოფარგლული (სურ. 54/2, 55/2). გვხვდება ისეთი ცალებიც, რომელთა ყელის დასაწყისზე მოცემულია არასიმეტრიულად განლაგებული პატარა ზომის წრეხაზების სამი რიგი; სხვებზე ყელის დასაწყისი შემკულია მახვილი იარაღით დატანილი მჭიდროდ განლაგებული წვრილი პროპორციული

130

წრეების წყვილი ჰორიზონტალური რიგით (სურ. 43/7). ერთ-ერთ ყურმილიან ხელადაზე ძველკოლხური ტრადიციის მსგავსად ბიკონუსური ტანის ზედა ოდნავ მომრგვალებულ ნახევარზე პრიალა ვერტიკალური ზოლებია გამოსახული. ძველი ტრადიციების გარკვეული რემინისცენცია უნდა იყოს 74-ე სამარხის ყურმილიანი დოქის შემკულობაც (სურ. 81/5). ფორმა ბიკონუსური. კორპუსის ზედა ნახევარი დაფარულია ზოლებით შემოფარგლული წერტილოვანი ორნამენტით შევსილი ტრაპეციის ფორმის სიმეტრიულად განლაგებული შევრონისებური ვერტიკალური ზოლებით - გამოსახულია ცხრა შევრონი. ყურის რკალის ბოლოსა და კიდეებზე ჭდეებია დატანილი. ძველკოლხურ კერამიკულ წარმოებაში ტრაპეციის ფორმისანი იშვიათად გვხვდება, უფრო გავრცელებულია სამკუთხა შევრონები.

არის ორნამენტაციის სხვა მოტივებიც. ზოგიერთ ნიმუშს ტანის არეში მიუყვება წიწვოვანი, მცენარეული ორნამენტის ზოლი (სურ. 62/5, 90/8). ასეთივე სამკაულთან ერთად 31–ე სამარხის ყურმილიანი დოქის ყურის რკალის კიდეებს წერტილოვანი ორნამენტიც დასდევს (სურ. 67/4). მე–40 სამარხის ყურმილიანი დოქის მხრის არეზე წიწვოვანი ორნამენტია დატანილი, ტანის ზედა ნახევარზე – სადა დახრილი ხაზების ფართო ზოლი (სურ. 72/3). საკმაოდ ხშირად ყურმილიანი დოქების ტანის ზედა ნახევარი დაფარულია ღარებით შემოფარგლული წერტილოვანი ორნამენტის დახრილი ხაზების წყვილი ჰორიზონტალური სარტყელით, ხოლო ყურის რკალის კიდეებს მჭიდროდ განლაგებული წერტილები მიუყვება (სურ. 76/4, 79/1, 84/5). ზოგიერთი მათგანი ასეთივე სამკაულის სამი რიგითაა დაფარული (სურ. 83/9, 95/2). არის სხვა ვარიაციებიც. მაგალითად, 116-ე სამარხის ყურმილიანი ხელადის ტანის ზედა ნახევრის დასაწყისი შემკულია ღარებს შორის მოქცეული მჭიდროდ განლაგებული წერტილოვანი დახრილი ხაზების ჰორიზონტალური ზოლით. ასეთივე მეორე ზოლი შემოუყვება ყელის დასაწყისთან. მათ შორისი არე დაფარულია თითქმის შეუმჩნეველი პრიალა ზოლების ბადისებრი ორნამენტით (სურ. 95/9).

არის ისეთი ყურმილიანი დოქები, რომელთა ტანის ზედა ნახევარი ხაზებით შემოფარგლული დახრილი წერტილოვანი ხაზებით დაფარული და სადა ვიწრო ჰორიზონტალური ზოლებითაა შევსებული (სურ. 88/11). სხვა ნიმუში მთლიანადაა დაფარული 151-ე სამარხში აღმოჩენილი ძვ.წ. V ს მეორე მეოთხედის ყურმილიანი დოქის მსგავსად მჭიდროდ განლაგებული ჰ ორიზონტალური ხაზებით (სურ. 88/12).

ფიჭვნარის თანადროული თუ მომდევნო პერიოდის ყურმილიანი დოქები ბევრგანაა აღმოჩენილი. დავკმაყოფილდებით ზოგიერთი პუნქტის ჩამოთვლითა და საცნობარო ლიტერატურის მითითებით. ესენია: ხიხაძირი, კვაშტა, კოლოტაური, ვერნები, გონიო-აფსაროსი, ბათუმისციხე, ციხისძირი, კოხი, ფიჭვნარი, სიმაგრე, ოჩამჩირე, ერგეტა, შუამთა, მთისძირი, დაბლაგომი, დაფნარი, მაღლაკი, ქუთაისი, მოდინახე, საირხე, ითხვისი, ყულევი, ნაჭკადუ-ნაკალამუს ბორცვი, ბრილი, თლის სამაროვანი, უფლისციხე, ციხეაგორა, სამთავრო და ა.შ. (ლორთქიფანიძე ოთ., გიგოლაშვილი, კაჭარავა და სხვ., 1981: 28–31; ვაშაკიძე, 2000: 21).

სხვა სახის კერამიკული ნაწარმის მსგავსად ჩრდილო შავიზღვისპირეთსა და მის სიღრმეებში კოლხური კულტურის ეს მორიგი მნიშვნელოვანი მახასიათებელიც ვრცელდება.

საინტერესოა, რომ ტიპიური ყურმილიანი დოქი აღმოჩენილია შუა რუსეთში, ტულის ოლქში. უწოდებენ კავკასიურ ტიპს (OAK, 1912). ცნობილია ქერჩის გათხრების მიხედვითაც (OAK, $1908_{ს}$: 94). კიდევ უფრო საინტერესო ჩანს ის ფაქტი, რომ ჩრდილო კავკასიაში

131

ყურმილიანი ხელადების დამზადება უკვე ადგილობრივი მეთუნეების მიერ მოგვიანო პერიოდში, ახ.წ. I-II საუკუნებშიაც გრძელდება (Виноградов, Петренко, 1974: 174, 179, рис. 3/1). როგორც ითქვა, თვით კოლხეთში ძვ.წ. III საუკუნიდან ისინი აღარ იწარმოებოდა.

დოქები. ფიჭვნარელი ელინები ზომიერად იყენებდნენ სხვა სახის თიხის დოქებს. ისინი სხვადასხვა ზომისაა. დიდი ნაწილის ტანი ბიკონუსურია, ზედა ნახევარი ოდნავ მომრგვალებული; ზოგიერთი სფეროსებრი. პირი სადა, ძაბრისებური თუ ცილინდრული ყელისაგან მკვეთრად არცაა გამოყოფილი; ზოგიერთი მათგანის პირის გარეთა კალთა ოდნავ მომრგვალებულია; ბრტყელძირიანები; ყური ოვალური, მრგვალი თუ სამკუთხაგანივკვეთიანი. ამ უკანასკნელთა ზედა ბოლო პირქობაზეა დაძერწილი. ყველა მათგანი ჩარხზეა დამზადებული. ყურმილიანების მსგავსად ხასიათდებიან დახვეწილი პროპორციებით. უმეტესი მათგანი ზომიერადაა შემკობილი. სადა ნიმუშები დიდ იშვიათობას წარმოადგენს.

ადრეული ნიმუშები ცოტაა. 145-ე სამარხის დოქს (ქ.ფ-87/4) აქვს ოდნავ გარეთკენ გაფართოებული პირი, დაბალი ყელი, ფართო სფეროსებურად მომრგვალებული ტანი, ბრტყელი ძირი, ოვალურგანივკვეთიანი ყური. ყელის არე არც თუ ისე მკვეთრი სამი ჰორიზონტალური რგოლითაა შემკული. კეცი ღია მოყავისფრო-მოყვითალო (სურ. 14/2).

ძვ.წ. V ს მეორე ნახევრის დოქების ერთი ნაწილის ყელი ჰორიზონტალური რგოლებითაა შემკული (სურ. 49/5), სხვებს კი ჰორიზონტალური ღარები შემოუყვება (სურ. 56/8, 84/6); 25-ე სამარხის დოქის (ქ.ფ.-73/341) ყურის ზედა ბოლოზე დაძერწილია პატარა და მოზრდილი მეჭეჭისებური კოპი (სურ. 64/11).

გავრცელებული მოტივი ჩანს ყელის დასაწყისის წერტილოვანი წრეხაზების ჰორიზონტალური ზოლებით დაფარვა. ზოგიერთ მათგანზე წრეების თითო ზოლია მოცემული; ან კიდევ – წვრილი წრეებისა თუ ნახევარწრეების ორი და მოზრდილი წრეების მესამე რიგი (სურ. 64/4, 80/2). 66-ე სამარხის დოქის ტანის ზედა ნახევარი დაფარულია ვიწრო წერტილოვანი ზოლებით შემოფარგლული ოთხკუთხა წერტილოვანი ვერტიკალური შევრონებით (სურ. 79/10).

ცალკე სახეობას ქმნიან ისეთი ნიმუშები, რომელთა მომაღლო მომრგვალებულ ტანს გარს უვლის სამი ღარი, ყელის დასაწყისს – ოდნავ დახრილი ჭდეების ზოლი. მათ შორისი არე შევსილია დახრილი პრიალა ზოლებით. ოთხკუთხაგანიკვეთიანი ღარიანი ყურის ზედა ბოლო პირქობაზეა დაძერწილი (სურ. 94/9). 21-ე სამარხის თიხის დოქზეც (ქ–ფ– 68/296) სამკუთხაგანივკვეთიანი ყურის ზედა ბოლო შემკულია წყვილი შვერილითა და სამკუთხა წანაზარდით. იგი ცხოველის თავის სტილიზებულ გამოსახულებას უნდა წარმოადგენდეს. ყურისავე კიდეებზე მოგრძო დახრილი ხაზებიცაა მოცემული.

გამოყენებულია ტალღისებური ორნამენტის მოტივებიც. ერთ-ერთ მათგანზე (სამარხი 59, ქ-ფ-79/142) ტალღისებური ორნამენტის ზოლი დატანილია ყელის დასაწყისთან. მეორე დიდი ზომის დოქზე (სამარხი 47) ტანის ზედა ნახევარი ღარებით შემოფარგლული ტალღისებური ორნამენტის წყვილი ჰორიზონტალური სარტყელითაა შემკული (სურ. 74/1). ერთ-ერთი მოზრდილი დოქის ტანის ზედა ნახევარი დაფარულია ოდნავ შესამჩნევი არასიმეტრიულად განლაგებული სხვადასხვა ზომის ვერტიკალური ზოლებით (სურ. 75/4).

კოჭობი. ცალკე ჯგუფს ქმნიან პატარა ზომის თიხის კოჭობები, რომლებიც ზემოთ განხილული თიხის დოქების ფორმათა განმეორებას წარმოადგენენ მინიატურაში. ესენი შედა-

რებით იშვიათად გვხვდებიან როგორც ძვ.წ. V ს მეორე მეოთხედის სააღაპო მოედნებზე (სურ. 98/3), ასევე ამავე საუკუნის მეორე ნახევრის სამარხეულ კომპლექსებსა თუ სარიტუალო მოედნებზე. მე-6 სამარხის აღაპზე აღმოჩენილი მთლიანად დაცული კოჭობის ტანის ზედა ნახევარი ტალღისებური ორნამენტითაა შემკული (სურ. 37/1).

მე-13 სამარხის ტოლჩისებურ კოჭობებს გარეთკენ გადაშლილი პირი, დაბალი ყელი, დაშვებული მხრები, ძირთან ახლოს მომრგვალებული ტანი და ოდნავ შეწეული ბრტყელი ძირი აქვს; კეცი მოყავისფრო–მოყვითალო (სურ. 44/3). 101-ე სამარხის ტიპიურ დოქისებრი კოჭობის ყურზე რამდენიმე წერტილისებრი ნაჩვრეტია გაკეთებული. პატარა ზომის უყურო კოჭობები ძვ.წ. V ს მეორე ნახევრის სამარხეულ კომპლექსებშიაც გვხვდებიან (სამარხი 101, ქ.ფ-83/34).

ფიჭვნარული დოქები. ბუნებრივია, ყველაზე საინტერესო ჯგუფს ფიჭვნარული ჭურჭელი ქმნის, რომელიც როგორც ფორმის, ასევე შემკობის მოტივის მიხედვით აქაურ კერამიკოსთა შემოქმედების ნაყოფია. მათ პარალელები თვით კოლხეთის მონაპოვართა შორისაც, ზოგიერთი გამონაკლისის გარდა, არ ეძებნებათ. აქვთ მეტ-ნაკლებად გარეთკენ გადაშლილი პირი, ფართო ცილინდრული მომაღლო ყელი, დაბალი, მომრგვალებული ტანი, ბრტყელი ოდნავ შეწეული ძირი და სამკუთხა, ზოგჯერ ოვალურგანივკვეთიანი ყური; რომლის ზედა ბოლო პირის არეშია მიძერწილი, ქვედა - ტანისაში. ზედაპირი საგულდაგულოდაა დამუშავებული, შავად ან მონაცრისფროდ გაპრიალებული. დიდი ნაწილი ტანის არეში შემკულია ვერტიკალურად განლაგებული ადამიანის ნუშისებრი თვალების რელიეფური გამოსახულებებით. არის სამკაულის სხვა ვარიაციებიც. ისინი ჩნდებიან ძვ.წ. V ს შუა ხანებიდან და არსებობას განაგრძობენ ძვ.წ. IV საუკუნეშიაც.

ფიჭვნარული დოქები ბერძნულ მოსახლეობაში დიდი მოწონებით სარგებლობენ. ბუნებრივია, მათი რიცხვი გაცილებით მეტია კოლხურ სამაროვანზე.

ფიჭვნარის ძვ.წ. V ს ბერძნული ნეკროპოლის ამ სახეობის ჭურჭლის დიდ ნაწილზე ოთხ-ოთხი ნუშისებრი თვალია გამოსახული. მაგალითად, სამარხი 99 (სურ. 87/11, 88/2), სამარხი 108 (სურ. 90/7) და ა.შ. ზოგიერთ მათგანზე ოთხი თვალის გარდა ყელის დასაწყისთან მოცემულია დახრილი მოგრძო ჭდეების ჰორიზონტალური რიგი, ხოლო ყურის ბოლოზე დაძერწილია სამი კოპი (სურ. 72/8); სხვებზე ყელის დასაწყისს გარს უვლის უფუძო სამკუთხედების ჰორიზონტალური რიგი, ხოლო სამკუთხაგანივკვეთიანი ყურის ბოლოს ორივე კალთაზე მცენარეული ორნამენტია დატანილი (სურ. 82/12). ფიჭვნარული დოქების ერთ ნაწილზე 6–6 ნუშისებრი ვერტიკალური თვალია გამოსახული (სურ. 62/4, 69/4, 78/7, 82/7 და ა.შ.).

შემკობის მოტივის მიხედვით განსხვავებულ ვარიანტს ქმნის 35-ე სამარხში აღმოჩენილი ნიმუში. ფორმა ტიპიური. ტანის ზედა ნახევარი შემკულია რელიეფურ ბურცობებზე დატანილი ხაზებისაგან შედგენილი მცენარეული ორნამენტის ხუთი ვერტიკალური რიგით. ყელის დასაწყისს გარს უვლის უფუძო სამკუთხედების ჰორიზონტალური ზოლი; ყურის ბოლოზე სავარცხლისებური იარაღით დატანილია მცენარეულ-წიწვოვანი ორნამენტის სამი რიგი (სურ. 68/5, 76/1). ასევე განსხვავებულადაა შემკული მე-80 სამარხში აღმოჩენილი ფიჭვნარული დოქი (ქ-ფ-80/39). ფორმა ტიპიური. ტანის არეში აქაც რელიეფურ ბურცობებზე დატანილია ვერტიკალურად განლაგებული ფოთლისებური გამოსახულებანი (სურ. 83/13).

ერთ-ერთი ფიჭვნარული ჭურჭლის ტანი სადაა. ყურის ბოლო შემკულია რელიეფური გამოსახულებითა და წიწვოვანი ორნამენტით (სურ. 79/3).

133

ყველა მათგანი გამოირჩევა მაღალმხატვრულობითა და დახვეწილი პროპორციებით. კეცი შედარებით წვრილმარცვლოვანია, მოშავო-მონაცრისფრო ზედაპირი ხშირად მოყავისფროდ გაპრიალებული. ფიჭვნარელი კოლხები თითქოსდა ცდილობდნენ თავიანთი ნაკეთობებისათვის ლაკისებრი ელვარება მიენიჭებინათ. ისინი უმეტესად პატარა ზომისანი არიან.

უყურო ჭურჭელი. ფიჭვნარის ძვ.წ. V ს ბერძენ მოახალშენეთა სამარხებში ზოგჯერ ჩნდება ადგილობრივი უყურო ჭურჭლებიც. მაგალითად, სამარხი 101 (ქ-ფ-83/34). დაბალი, გარეთკენ გაშლილი პირი ყელისაგან არაა გამოყოფილი. ტანის ქვედა ნახევარი შედარებითსწორხაზოვანპროფილიანი, გარეთკენ გაშლილი, ზედა – მომრგვალებული. ძირი ბრტყელი. მხრის არეში დატანილი დახრილი ჭდეების სამი ჰორიზონტალური რიგი მცენარეული ორნამენტის შთაბეჭდილებას ქმნის. კეცი მყიფე, შლადი. შესაძლოა ეს ჭურჭელი სახელდახელოდ სამარხეულ ინვენტარად იყო დამზადებული. არც ამას ეძებნება უშუალო პარალელები (სურ. 88/14). არის სადა ნიმუშებიც (სურ. 43/8).

ელინიზებული ფორმები. ესენი შედარებით მცირერიცხოვანია. მათგან პირველ რიგში აღსანიშნავია ადგილობრივი ოინოხოისებრი დოქები. ისინი გაცილებით მეტია კოლხურ სამაროვანზე.

ოინოხოისებრი ჭურჭელი ბერძენ მოახალშენეთა ადრეულ სამარხებში არ გვხვდება (მხედველობაშია ძვ.წ. V ს მეორე მეოთხედი–ა.კ.). ძვ.წ. V ს მეორე ნახევრის ნიმუშებიდან აღსანიშნავია 25–ე სამარხის შესანიშნავი ფორმის ოინოხოია (ქ-ფ-73/340). პირი ტიპიური, სამტუჩა. ყელი ძაბრისებრი, ტანი ბიკონუსური, ზედა ნახევარი მომრგვალებული. ძირი ბრტყელი. ბრტყელგანივკვეთიანი ყურის ქვედა ბოლო ტანის არეშია დაძერწილი, ზედა კავისებურად მოხრილი – პირქობაზე. ტანის ზედა ნახევარი შემკულია ზოლებით შემოფარგლული ტალღისებრი ორნამენტის სარტყელით. ზედაპირი გაპრიალებული, კეცი მოშავო-მონაცრისფრო (სურ. 64/12).

პატარა ზომის ადგილობრივი ოინოხოისებრი ჭურჭელიც მეტად მოხდენილი ფორმისაა. აქვს სამტუჩა პირი, მომაღლო ოდნავ გარეთკენ გაფართოებული ყელი, მკვეთრად გამოხატული ბიკონუსური მოყვანილობის ტანი, ვიწრო, ბრტყელი ძირი. ბრტყელგანივკვეთიანი ყურის ქვედა ბოლო ტანის არეშია დაძერწილი, ზედა-პირქობაზე, სადა, ტანისა და ყელის არეში აქა-იქ ემჩნევა ჩარხზე გამოყვანისას გაჩენილი ჰორიზონტალური ზოლები. კეცი მოშავო-მონაცრისფრო (სურ. 74/6).

კოლხური ოინოხოია წარმოდგენილი იყო 98-ე სამარხშიც. აქვს სამტუჩა პირი, დაბალი ყელი, მომაღლო მოხდენილი ფორმის მომრგვალებული ტანი, ბრტყელი ძირი. ოვალურგანივკვეთიანი ყურის ქვედა ბოლო ტანის, ზედა კი, როგორც წესი, პირზეა დაძერწილი. ყელის დასაწყისი და ტანის შუა წელი არამკვეთრი ჰორიზონტალური ხაზებითაა დაფარული; კეცი მონაცრისფრო (სურ. 86/13).

ადგილობრივი ოინოხოისებრი ჭურჭლის უადრესი ნიმუშები ფიჭვნარში ძვ.წ. V ს კოლხურ სამაროვანზეა აღმოჩენილი. წარმოდგენილია ძვ.წ. IV ს ბერძნულ და ელინისტური ხანის სამარხებშიც. ფიჭვნარის გარდა მსგავსი ფორმები ცნობილია ციხისძირიდან (ვაშაკიძე, 2000: 30), დაბლაგომიდან (Куфтин, 1950: таб. 22/2; თოლორდავა, 1976: 54), დაფნარიდან (Кигурадзе, 1976: 50), ქუთაისის მიდამოებიდან და ა.შ. მ.ივაშჩენკომ ისინი ბერძნულ ოინოხოიებად მიიჩნია და მათი გამოჩენა ქვეყნის ელინიზაციას დაუკავშირა (Иващенко, 1941: 123-129). ელინიზებულ

ფორმებად თვლიან ნ.კიღურაძე და გ.ლორთქიფანიძე (Кигурадзе, Лордкипанидзе Г., 1970: 365; Кигурадзе, 1976: 50). ზოგიერთი მკვლევარის მიერ ეს შეხედულება არაა გაზიარებული. სამტუჩა დოქების გავრცელება აღმოსავლეთ საქართველოში ადგილობრივი მეთუნეობის განვითარების შედეგადაა მიჩნეული (Лордкипанидзе О., 1957; თოლორდავა, 1963: 142-143). მკვლევართა მეორე ნაწილი სამტუჩა დოქების გაჩენას აღმოსავლეთ საქართველოში ურარტული ეთნიკური მასის ინფილტრაციით ხსნის. შესაბამისად, სიახლედ ითვლება აღმოსავლურ ქართულ, ცენტრალურ ამიერკავკასიურ კულტურაში წითელკეციანი კერამიკის გავრცელება და მისი წითელი საღებავით მოხატვა (Мусхелишвили, 1977: 215-216; 1978: 19-21). ეს სიახლე ადრეელინისტური ხანის კოლხური კულტურისთვისაცაა დამახასიათებელი (ლორთქიფანიძე ოთ., 1972$_{b}$: 41).

ჩვენი აზრით, სამტუჩა ოინოხოისებრი ჭურჭლების საქართველოში შეღწევის ორი დამოუკიდებელი გზა არსებობდა. უფრო ადრე ცენტრალურ-ამიერკავკასიურ კულტურაში თავს იჩენს ურარტუსთან ურთიერთობის, ხოლო ძვ.წ. V საუკუნიდან კოლხურ კულტურაში საქართველოს ზღვისპირეთის ბერძნულ სამოსახლოებთან კონტაქტების გზით. საერთოდაც, ადრეული ეპოქების აღმოსავლურ-ქართული და დასავლურ-ქართული სამტუჩა ოინოხოისებრი ხელადები გარკვეულად ფორმისა და განსაკუთრებით კი კეცისა და შემკობის მოტივების მიხედვით მკვეთრად განსხვავდებიან. რაც შეეხება მომდევნო ეპოქებს (ელინისტური, გვიანანტიკური და ადრეფეოდალური) ელინიზაციის პროცესი საერთო ჩანს როგორც კოლხური, ასევე იბერიული კულტურებისათვის.

არის პიქსიდა-სტამნოსისებრი იონიური ჭურჭლის ადგილობრივი მინაბაძებიც, მაგრამ ისინი იმდენად ფრაგმენტულები არიან, რომ ფორმების შესახებ კონკრეტული მსჯელობა ჭირს.

ასეთია ფიჭვნარის ძვ.წ. V ს ბერძნულ ნეკროპოლზე აღმოჩენილი ადგილობრივი სამეთუნეო ნაკეთობის ძირითადი ფორმები. როგორც ვხედავთ, დაკრძალვის რიტუალის შესრულებისას და თვით სამარხეულ ინვენტარად საკმაოდ ხშირად გამოიყენებოდა ადგილობრივი კერამიკული ნაწარმი. აქაურ ბერძენ მოახალშენეთა დიდ მოწონებას იმსახურებს როგორც ზოგადკავკასიური, ასევე კოლხური და ფიჭვნარული თიხის ჭურჭლის დახვეწილი ნიმუშები. ეს უკანასკნელნი ფორმათა ორიგინალობითა და შემკობის თვითმყოფადობით განსაკუთრებულ ადგილს იკავებენ აღმოსავლეთ შავიზღვისპირეთის კერამიკულ წარმოებაში. ფიჭვნარელ ელინთა მიერ ადგილობრივი თიხის ჭურჭლის სამარხეულ ინვენტარად გამოყენება გრძელდება ძვ.წ. IV საუკუნისთვისაც. ძვ.წ. V-IV საუკუნეების ბერძნულ ნეკროპოლზე აღმოჩენილი ადგილობრივი თიხის ჭურჭელი შესანიშნავად თარიღდება თანმხლები უცხოური სხვადასხვა სახის მასალის მიხედვით.

შენიშვნები:

[1] სომხეთის ტერიტორიაზე მოპოვებული მათარები ტერ-მარტიროსიანის მიერ კერამიკულ ტარადაა მიჩნეული.

[2] ერთ-ერთ მათგანზე (ვაშაკიძე, კახიძე, 1978, ტაბ. XI/1) ბორჯღალია გამოსახული, რომელიც მზის სიმბოლიკასთანაა დაკავშირებული (ამ ასტრალური ნიშნის სემანტიკაზე იხ. სურგულაძე, 1966).

ნუმიზმატიკური ძეგლები

ფიჭვნარის სამაროვნების განსაკუთრებული ადგილი პონტოსპირეთის სხვა თანადროულ ძეგლებს შორის აქ მოპოვებული ნუმიზმატიკური ძეგლების დიდი მნიშვნელობითაცაა განპირობებული. როგორც ადრე აღინიშნა, ჯერჯერობით ფიჭვნარი ერთადერთი სამაროვანია შავიზღვისპირეთში, სადაც ასე ადრეული საფეხურიდან დასტურდება მიცვალებულისათვის ე.წ. „ქარონის ობოლის" ჩატანება. ამასთანავე, აქაური მონაცემები უძველესი კავკასიური ფულის - კოლხური თეთრის გენეზისის, იკონოგრაფიის, ქრონოლოგიისა და ტიპოლოგიის რიგი აქტუალური საკითხის ახლებური კვლევის შესაძლებლობას იძლევა. რაც განსაკუთრებით აღსანიშნავია, მოპოვებულია ამ სახის მონეტების უნიკალური ცალებიც. პირველ რიგში ყურადღებას იქცევენ ადგილობრივი მონეტები.

კოლხური თეთრები, ბუნებრივია, ხშირად ჩნდება ადგილობრივი მოსახლეობის თანადროულ სამარხებში. ფიჭვნართანაა დაკავშირებული კოლხური თეთრის შემცველი დიდი განძების შემთხვევითი აღმოჩენებიც (Голенко, 1957; 1961; Голенко, Капанадзе, 1966). შედარებით იშვიათად მათ ქარონის ობლად ფიჭვნარელი ელინებიც იყენებდნენ. სულ ფიჭვნარის ძვ.წ. V ს ბერძნულ ნეკროპოლზე კოლხური თეთრი ხუთ სამარხშია იყო ჩაყოლებული. ისინი ჩვეულებრივი ტიპის ნახევარდრაქმიანებს, ე.წ. ტრიობოლებს წარმოადგენენ, რომელთა შუბლზე გამოსახულია ხაზოვან ან წერტილოვან რკალში ჩასმული მარჯვნივ მიმართული არქაიზებული სტილის თმაჩამოშვებული ადამიანის თავი, ხოლო ზურგზე კი - ასევე მარჯვნივ მიმართული ხაზოვან რკალში ჩასმული ხარის თავი.

კოლხურ სამაროვანზე აღმოჩენილი ნიმუშების მიხედვით მათ შესახებ საუბარი სხვა დროს იქნება. ამჯერად ფიჭვნარის ძვ.წ. V ს ბერძნული ნეკროპოლის აღმოჩენილ ნუმიზმატიკურ მასალებს შორის, ბუნებრივია, განსაკუთრებით აღსანიშნავია კოლხურების უნიკალური, ახალი ნომინალები, რომელთა შუბლზე მოცემულია II ტიპის ნახევარდრაქმიანების იდენტური მარჯვნივ მიმართული ადამიანის თავის გამოსახულება, ხოლო ზურგზე კი - მარჯვნივ მიმართული რომელიღაც ფრინველი (მაღალი ფეხების გამო შესაძლებლად იქნა მიჩნეული მათი წეროთა ოჯახის ჯგუფისადმი მიკუთვნება). ახალი ნომინალების წონა უდრის 0,150, 0,111 და 0,110 გ-ს, ე.ი. ისინი დრაქმის 1/24 ნაწილზე (ტეტრატემორიონზე) უკნინესია და პირობითად ჰემიტეტრატემორიონი ეწოდა (სურ. 43/4,6; იხ. დუნდუა, კახიძე, 1979: 66-73).

კოლხური თეთრის ემისიაში ნომინალებისა და ტიპების მსგავსი მრავალფეროვნება,[1] მცირე და უმცირესი ნომინალების არსებობა პოლისის სამონეტო საქმიანობისათვის უნდა ყოფილიყო დამახასიათებელი. ფიჭვნარში მოპოვებული უწვრილესი ერთეულები, როგორც ჩანს, საქალაქო, ავტონომიურ მონეტებს წარმოადგენდნენ, რომელთა საშუალებითაც ხორციელდებოდა წვრილი სავაჭრო გარიგებანი, ხოლო ჩვეულებრივი ტიპის კოლხურების მასობრივი ტეზავრაცია ქვეყნის შიდა რაიონებში, გავრცელების ფართო დიაპაზონი იმის მანიშნებელი უნდა იყოს, რომ ისინი ერთდროულად ასრულებდნენ საქალაქო მონეტის ფუნქციასა და კოლხეთის შიდა რაიონებთან სავაჭრო ექვივალენტის როლსაც (დუნდუა, კახიძე, 1979:

136

72). გ.დუნდუა მიუთითებს, რომ კოლხური თეთრის პრობლემა არა მარტო ქართული ნუმიზმატიკის, არამედ, საზოგადოდ, ქართული ისტორიოგრაფიის ერთ-ერთი ურთულესი პრობლემაა. მიუხედავად იმისა, რომ მის შესახებ ბევრი რამ დაწერილა, დღეისათვის მასთან დაკავშირებული არც ერთი საკითხი არ შეიძლება ჩაითვალოს საბოლოოდ გადაწყვეტილად... კოლხური თეთრის პრობლემა შორს სცილდება ერთი სამონეტო ჯგუფის ატრიბუციის ფარგლებს და მჭიდროდაა დაკავშირებული კოლხეთში სახელმწიფოს კონსოლიდაციისა და შავი ზღვის აღმოსავლეთ სანაპიროს ბერძნული კოლონიზაციის საკითხებთან (დუნდუა, 2003: 33-49). ფიჭვნარის შესანიშნავად დათარიღებული კომპლექსები ბევრი საკითხის ახლებური გადაჭრის შესაძლებლობას იძლევა. ფიჭვნარში აღმოჩენილი კოლხურები სპეციალური კვლევის საგანია. აღიარებულია, რომ ფულადი მიმობცევა, თავის მხრივ, რთული ეკონომიკური სტრუქტურის, კონსოლიდირებული კლასობრივი საზოგადოების, ამ ურთულესი ორგანიზმის არსებობის უტყუარი ნიშანია (ლორთქიფანიძე გ., გერაძე, 2005: 14).

ფიჭვნარსა და მის შემოგარენში აღმოჩენილი მასალების მიხედვით ჩანს, რომ კოლხეთი წარმოადგენდა უძველეს სამონეტო ცივილიზაციის ერთ-ერთ კერათაგანს. აღმოსავლეთ შავიზღვისპირეთში ადრეული კოლხურების მოდელის გამოჩენა საკოლონიზაციო მოძრაობის ცნობილ ცენტრ მილეთთან უნდა იყოს დაკავშირებული. მონეტის ემისიას საქართველოს ზღვისპირეთის ბერძნული ახალშენები ახორციელებდნენ. მათ შორის წამყვანი ფასისი უნდა ყოფილიყო. პირველ ხანებში (მხედველობაშია ძვ.წ. VI ს ბოლო მეოთხედი - V ს დამდეგი) მათ მიმოქცევას კოლხეთის ტერიტორიაზე შეზღუდული ხასიათი ჰქონდა. თანდათანობით ათენის ჰეგემონიის და, შესაბამისად, აღმოსავლეთ შავიზღვისპირეთის როლის ზრდასთან ერთად საერთაშორისო ურთიერთობათა სფეროში იწყება კოლხურების დიდი რაოდენობით მოჭრა, რომლებიც ძირითადად საშინაო ბაზარს ემსახურებოდნენ (მხედველობაშია ნახევარდრაქმიანები). კოლხურების მიმართ უკვე საინტერესო კულტუროლოგიური კვლევა-ძიება განხორციელდა ამ ბოლო დროს (ლორთქიფანიძე გ., გერაძე, 2005).

ფიჭვნარის მიხედვით ჩანს, რომ ძვ.წ. V ს მეორე ნახევრიდან საერთო სატომოსახელმწიფოებრივი საფასურების გვერდით იჭრებოდა საქალაქო ავტონომიური ფულებიც. ამასთან, მიმოქცევაში იყო საერთაშორისო მონეტებიც. ამ მიმართებითაც მეტად საინტერესო ნუმიზმატიკური ძეგლებია აღმოჩენილი ფიჭვნარში.

დიდი ხნის განმავლობაში ადრეული, კერძოდ, გვიანარქაული თუ ადრეკლასიკური ხანის უცხოური მონეტები მოპოვებული იყო მხოლოდ და მხოლოდ ფიჭვნარში. ამ ბოლო დროს, კერძოდ, 1990 წლიდან ადრეული უცხოური მონეტები კოლხეთის შიდა რაიონებშიაც გამოჩნდა. მხედველობაშია ვანის რაიონის სოფ. სულორის განძი, რომელშიაც დიდი რაოდენობის კოლხურ ნახევარდრაქმიანებთან ერთად სამი ცალი ვერცხლის უცხოური მონეტაც შედიოდა. ესენია ჩვეულებრივი ტიპის ე.წ. „დარიკი“, დარიოს I (ძვ.წ. 521-486 წწ) სახელით ლიდიის დედაქალაქ სარდში მოჭრილი მონეტა, თვით ლიდიის კრეზის ეპოქაში (ძვ.წ. VI ს) მოჭრილი მონეტა და ამავე დროინდელი კარიის მონეტა (დუნდუა, 1997).

ადრეული მონეტების აღმოჩენის ყველა სხვა შემთხვევა ფიჭვნარზე მოდის. პირველ რიგში აღსანიშნავია ელექტრუმის ქიზიკინები. ჯერჯერობით ამიერკავკასიაში აღმოჩენილია სამი ეგზემპლარი. ყველა მათგანი მოპოვებულია ფიჭვნარში. მოკლედ ვისაუბრებთ თითოეული მათგანის შესახებ.

1952 წელს ფიჭვნარში მიმდინარე სასოფლო-სამეურნეო სამუშაოებისას (კეთდებოდა პლანტაჟი ჩაის პლანტაციის გაშენების მიზნით) აღმოჩნდა ბრინჯაოს ჭურჭელში ჩალაგებული 291

137

კოლხური თეთრი, 3 ცალი მკრთალი ოქროსგან დამზადებული სხივანა საყურე და ერთი ცალი ელექტრუმის ქიზიკინი.[2]

AV - მოცემულია გამარჯვების ღვთაება ნიკე მარჯვნივ, მარცხენა მუხლზე დაჩოქილი, თავი უკან აქვს მიბრუნებული. წინ გაწვდილ მარჯვენა ხელში თინუსი უკავია, ხოლო მარცხენათი კი ტანსაცმელი აქვს აკეცილი.

RV - ჩვეულებრივ ჩაჭდეული კვადრატი (Голенко, Капанадзе, 1966).

ჰ.ფრიტცე ქ.ბოსტონში დაცულ ფიჭვნარის მსგავს მონეტას II ქრონოლოგიურ ჯგუფში აქცევს და ძვ.წ. 550-475 წლებით ათარიღებს (Fritze, Goebler, 1912). ფიჭვნარის ქიზიკინი უფრო კონკრეტულ თარიღად ძვ.წ. 500-475 წლებია მიჩნეული (Голенко, Капанадзе, 1966: 34-35, рис. 3; დუნდუა, 1997) .

ადრეულია ასევე ფიჭვნარის ძვ.წ. V ს მე-15 სამარხის მრავალრიცხოვან ინვენტართან ერთად 1968 წელს აღმოჩენილი ქიზიკის ელექტრუმის მონეტა (სურ. 50/6).

AV - თევზის კუდიანი წვეროსანი მამაკაცის ფიგურა (ტრიტონი) მარცხნივ. მარჯვენა წინ გაწვდილ ხელში კუდით დაკიდებული თევზი (თინუსი) უკავია, ხოლო მარცხენა ხელი წინ აქვს გაშვერილი. ქვემოთ გამოსახულია თინუსი მარცხნივ.

RV - ჩაჭდეული კვადრატი.

სტატერის წონა 16 გრ; ზომები 2X1,8 სმ.

ფიჭვნარის ქიზიკინის უახლოეს ანალოგს წარმოადგენს ქ.ჟივკოვოში (ბულგარეთი) 1905 წელს აღმოჩენილი განძის ერთ-ერთი მონეტა, რომელსაც განძის გამომქვეყნებელი ტ.გერასიმოვი ჰ.ფრიტცესეული კლასიფიკაციის III ჯგუფს აკუთვნებს და ზოგადად ძვ.წ. 480-410 წლებით ათარიღებს (Герасимов, 1943: 81, № 30, таб. II/21). ს.ბულატოვიჩი ფიჭვნარის მონეტას ძვ.წ. V ს პირველ ნახევარში მოჭრილად მიიჩნევს (Булатович, 1971_a: 15). ჩვენი დაკვირვებითაც, ფიჭვნარის ბერძენ მოახალშენეთა მე-15 სამარხის მრავალრიცხოვანი ინვენტარი ძვ.წ. V ს მეორე მეოთხედის ბოლო ხანებს ეკუთვნის. ფიჭვნარის მონეტასთან სიუჟეტურად ახლოს დგას კიდევ ერთი ადრეული (ძვ.წ. 510 წ.) ქიზიკინი, რომელზედაც გამოსახულია თევზის კუდიანი წვეროსანი მამაკაცი (ტრიტონი), ოღონდაც დამჯდარ პოზაში; ამას ხელში თევზი არ უჭირავს. თინუსი ნაჩვენებია გამოსახულების ქვემოთ (Berger, 1963: No. F_5).

ოდნავ მოგვიანოა მე-6 სამარხში წარმოდგენილი ელექტრუმის ქიზიკინი (სურ. 41/2).

AV - ნიმფა კლიტე - ქ.ქიზიკის გმირის ეპონიმის მეუღლე. ნიმფას ყელს ქვემოთ მოცემულია თინუსი - ქ.ქიზიკის ემბლემა.

RV - ჩვეულებრივ ჩაჭდეული კვადრატი.

წონა 16,05 გრ. ზომები 2,15X1,8 სმ.

მსგავსი ქიზიკინები არაერთგზისაა გამოქვეყნებული (Greenwell, 1887: No. 84, pl. IV.6; Babelon, 1910: 1399-1408, No. 2593; Fritze, Goebler, 1912: No. 37, tab. IV.23; Catalogue Naville, 1922: No. 717). ჩვენი მონეტა ფრიტცესეული კლასიფიკაციის IIIa ქვეჯგუფში ექცევა (უფრ.დაწ.იხ. Карышковский, 1961: 3-4 და იქ მით.ლიტ.), ე.ი. ესეც ადრეულია. პროფ. პ.კარიშკოვსკი აღნიშნავდა, რომ ნიმფას განსაზღვრა ჰ.ფრიტცესთან არ გვხვდება, მოცემული აქვთ ვ.გრინველსა და ე.ბაბელონს. გამოშვების საორიენტაციო თარიღად ძვ.წ. V ს შუა წლებს მიიჩნევდა და მიუთითებდა, რომ მოჭრილი უნდა იყოს ძვ.წ. 460 წლის შემდგომ, არაუგვიანეს ძვ.წ. 440-430 წწ.[3]

მილეტის კოლონიის ქიზიკის სტატერების აღმოჩენა ფიჭვნარში მეტად მნიშვნელოვანი ფაქტია. როგორც ცნობილია, ანტიკური სამყაროს რიგ რაიონში (შავიზღვისპირეთი, მარმარილოსა და ეგეოსის ზღვის ჩრდილო აღმოსავლეთი ნაწილი) დიდი ხნის განმავლობაში (ძვ.წ. VI-IV სს) ქიზიკინები ასრულებდნენ საერთაშორისო, ინტერლოკალური მონეტების ფუნქციას. შესაბამისად,

მსხვილი სავაჭრო ოპერაციები მხოლოდ და მხოლოდ მათი საშუალებით ხორციელდებოდა (Greenwell, 1887; Babelon, 1907: 150-180; Fritze, Goebler, 1912; Зограф, 1926; Regling, 1931; Герасимов, 1943; Шелов, 1949; Brett, 1955; Карышковский, 1961; Булатович, 1968; 1970$_ა$; 1970$_ბ$; 1971$_ა$; 1971$_ბ$; Кравченко, 1969 და სხვ.). ათენი თავისი ძლიერების ხანაშიაც საკუთარ მონეტებთან ერთად მიმოქცევაში ტოვებს ქიზიკინებს, რომელთაც დიდი აღიარება მოიპოვეს საერთაშორისო ბაზარზე. თვლიან, რომ ათენმა ქიზიკი თავისი ზარაფხანის ფილიალად აქცია. სპეციალურ სამეცნიერო ლიტერატურაში მითითებულია, რომ საერთაშორისო სავაჭრო ურთიერთობათა სფეროში მსგავსმა რეპუტაციამ განაპირობა ქ.ქიზიკის ელექტრუმის მონეტებისათვის დამახასიათებელი თავისებურებანი: გარეგნული ფორმის კონსერვატიზმი და მოჭრის პრიმიტიული ტექნიკა. როგორც წესი, ისინი ერთგამოსახულებიანი არიან თავისი ხანგრძლივი მიმოქცევის მანძილზე - ზურგზე ჩვეულებრივ ჩაჭდეული კვადრატია მოცემული. სამაგიეროდ, შუბლის გამოსახულებანი (ცხოველები, მითოლოგიური სცენები თუ უსულო საგნები) სიუჟეტურად მეტად მრავალნაირია (დღეისათვის ცნობილია ქიზიკინების 250-დე ტიპი). არქაიზმი შეინიშნება ლითონის შერჩევაშიც - იყენებენ ელექტრუმს. როგორც წესი, ამ სახის მონეტები ანეპიგრაფიკულნი არიან. ლეგენდის მოვალეობას ასრულებს ქალაქის ემბლემა - თინუსის გამოსახულება. მიუხედავად იმისა, რომ ქიზიკინები არაა მოჭრილი მაღალი ოსტატობით, მათზე მოცემულ გამოსახულებებს ანტიკური ხელოვნების ნიმუშებად მიიჩნევენ. ბუნებრივია, ყველა ეს ნიშანი ვრცელდება ფიჭვნარის მონაპოვრებზეც. ფიჭვნარის საფასურები წარმოადგენენ ქიზიკის სამონეტო სისტემის შედარებით იშვიათ ეგზემპლარებს - მათში ოქროს სინჯი საკმაოდ მაღალია, დაახლოებით 65-70 პროცენტი. იქმნება შთაბეჭდილება, რომ ასე ადრეულ მონეტებში ხელოვნურად უნდა იყოს შერეული ოქრო, რაც უფრო გვიანდელი პერიოდისათვის არის დამახასიათებელი.

არანაკლებ საყურადღებო ჩანს ადრეული სინოპური ვერცხლის დრაქმა. იგი მოპოვებულია 1983 წელს ფიჭვნარის ძვ.წ. V ს ბერძნული ნეკროპოლის 104-ე სამარხში. მისი აღწერილობა ასეთია:

AV - რეალისტურად შესრულებული არწივის თავი, რელიეფურად გამოყვანილი ნისკარტითა და თვალით, ბუმბული თავისა და კისრის არეში შტრიხებითაა გადმოცემული. არწივის ქვემოთ უნდა ყოფილიყო პატარა ზომის დელფინის გამოსახულება, მაგრამ სიქის არასწორი დარტყმის გამო აღარ აღბეჭდილა.

RV - ორი ერთმანეთისადმი დიაგონალურად განლაგებული კვადრატული ჩაღრმავება, რომელთა საპირისპირო კვადრატები ზედაპირის დონეზე გლუვადაა დატოვებული. ერთ-ერთ ჩაღრმავებაში ნაჩვენებია ბერძნული ასო λ. ზურგის მხარეს მონეტა დაზიანებულია. როგორც ჩანს, აქაც სიქის არასწორად დარტყმის გამო კიდის ნაწილი ჩამოტეხილია.

წონა 5,6 გრ, ზომა 2X1 სმ.

ა.ზოგრაფი ფიჭვნარის მსგავს მონეტებს ზოგადად ძვ.წ. 500-443 წლებით ათარიღებს (Зограф, 1951: 230, таб. II/67). როგორც ცნობილია, მილეთის უძველესი კოლონია სინოპე მონეტების მოჭრას იწყებს ძვ.წ. VI ს მეორე ნახევრიდან. ფიჭვნარის მონეტის შემსწავლელი ი.იაშვილი მხარს უჭერს მათ 500-453 წლებით დათარიღებას (იხ. Babelon, 1907: 399; Head, 1911: 507). სინოპური ადრეული მონეტები იშვიათ მონაპოვართა რიცხვს მიეკუთვნებიან. დასტურდება, რომ ფიჭვნარის მოსახლეობას ასე ადრეული ეპოქებიდან ჰქონია სავაჭრო-ეკონომიკური თუ კულტურული ურთიერთობა სამხრეთ შავიზღვისპირეთის მნიშვნელოვან სატრანზიტო ცენტრ სინოპესთან (იაშვილი, 1987: 44-46; კახიძე, იაშვილი, 1999: 22; ვიკერსი, კახიძე, იაშვილი, 1999: 94-96; Kakhidze, Iashvili, Vickers, 2001: 282-288).[4] ეს კონტაქტები

ფიჭვნარი II

განსაკუთრებით ინტენსიურ ხასიათს გვიანკლასიკური ხანიდან იღებს (ამაზე სხვა დროს).

ჩრდილო შავიზღვისპირეთის მონეტების მეტად საინტერესო კოლექცია დაგროვდა ფიჭვნარის ძვ.წ. V ს ბერძნული ნეკროპოლიდან. პირველ რიგში აღსანიშნავია მე-5 სამარხში აღმოჩენილი პანტიკაპეონის მონეტა (ქ-ფ-67/49). ვერცხლის, თხელი, ერთ კიდეზე ნახვრეტი ჰქონდა. როგორც ჩანს, გარკვეულ დროს იგი საკიდად ყოფილა გამოყენებული.

AV - ლომის თავი ფასში.

RV - ჩაჭდეული კვადრატი და ქალაქ პანტიკაპეონის ორი საწყისი ასო ΓΑ (კახიძე, 1974_a; Кахидзе, 1974).

მსგავსი მონეტები მრავლადაა აღმოჩენილი ჩრდილო შავიზღვისპირეთში. ფიჭვნარის ანალოგებს ა.ზოგრაფი d ჯგუფში აერთიანებს და ძვ.წ. V ს მეორე მეოთხედით (ძვ.წ. 475-450 წწ) ათარიღებს (Зограф, 1951: 167, таб. 39/19). ამავე თარიღს იზიარებს დ.შელოვიც (Шелов, 1956: 21, таб. I/7). პანტიკაპეონის ძვ.წ. IV ს მონეტები სვანეთიდან და ციხისძირიდან ადრეც იყო ცნობილი (Капанадзе, 1959: 143). ბოსფორის სახელმწიფოს დედაქალაქ პანტიკაპეონის ძვ.წ. V ს მონეტა პირველად გამოჩნდა საქართველოში.

სამარხეულ კომპლექსში მონეტასთან ერთად წარმოდგენილი იყო ქიოსური ამფორა, სადა თუ მოხატული ლეკითოსები, ვერცხლის სამაჯურები, ფერადი მინის ალაბასტრი, შავლაკიანი სამარილე და ყურმილიანი ხელადები. სამარხი ინვენტარის მიხედვით ძვ.წ. V ს მესამე მეოთხედით თარიღდება (კახიძე, 1975: 68-73).

1968 წელს ფიჭვნარის ძვ.წ. V ს ბერძნულ ნეკროპოლზე მე-8 სამარხში აღმოჩნდა ჩრდილო შავიზღვისპირეთის კიდევ ერთ მნიშვნელოვანი ქალაქ-სახელმწიფოს ნიმფეონის მონეტა.

AV - ქალის თავი (ნიმფა) მარცხნივ. თმები შეკრული აქვს თავზე წასაკრავი ბადითა თუ ლენტით.

RV - ჩაჭდეული კვადრატი, რომლის შიგნითაც გამოსახულია ვაზი ყურძნის მტევნებითა და ფოთლებით. აქვე გაკეთებულია წარწერა NYN. წონა 1,6 გრ. (სურ. 38/2).

ნიმფეონის მონეტაც პირველად აღმოჩნდა საქართველოში. საერთოდაც, ამ პოლისის საფასურები ძალიან ცოტა რაოდენობითაა ცნობილი (Зограф, 1951: 163-164, таб. XXXIX/6-8; Шелов, 1956: 30 და შმდ., таб. II/20). ამის მიზეზად დასახელებულია ის გარემოება, რომ ნიმფეონი თავის მონეტებს ჭრიდა ძალიან მოკლე დროის განმავლობაში. ა.ზოგრაფის აზრით, ისინი მიმოიქცეოდა ძვ.წ. V ს მეორე ნახევარში - 450-400 წლები (Зограф, 1951: 164), ხოლო დ.შელოვის მიხედვით კი - ძვ.წ. V ს ბოლო მეოთხედში (Шелов, 1956: 33-35).

ნიმფეონის ყველა მონეტა ერთი ტიპისაა - მსგავსი ზემოთ აღწერილი ფიჭვნარის ნიმუშებისა.

ფიჭვნარის მონაპოვრის მნიშვნელობა მეტად დიდია. ჯერ ერთი, ის რაოდენობრივად ზრდის ნიმფეის საქალაქო მონეტების რიცხვს. მეორეც, რაც მთავარია, იგი აღმოჩენილია ძვ.წ. V ს ბოლო მეოთხედის დახურულ კომპლექსებში. ესენია: ვერცხლის საკიდი, ვერცხლის სამაჯურისებრი რგოლები, შავლაკიანი ლეკითოსი და ადგილობრივი თიხის ჭურჭელი. ჩრდილო შავიზღვისპირეთის ცალები შემთხვევით აღმოჩენათა რიცხვს განეკუთვნებიან. ჩვენს ხელთ არსებული მასალის მიხედვითაც დასტურდება, რომ ამ სახის მონეტების ემისია ძვ.წ. V ს ბოლო მეოთხედით უნდა შემოიფარგლოს. გარდა ამისა, ისიც იქცევს ყურადღებას, რომ თვით ქ.ნიმფეონში აღმოჩენილია კოლხური ქვევრები და მონეტები (Скуднова, 1952).

ეს მონეტაც მოგვიანებით საკიდად გამოუყენებიათ. მასზე შერჩენილია ნახვრეტი და საკიდი რგოლი. საქართველო-ბრიტანეთის ფიჭვნარის ერთობლივი ექსპედიციის მიერ 1998 წელს მოპოვებულია თეოდოსიისა და პანტიკაპეონის აპოლონის ტაძართან დაკავშირებული

140

მონეტებიც (კახიძე, ვიკერსი, 2004: 77-78. სურ. 109; Kakhidze, Iashvili, Vickers, 2001: 282-288).

ფიჭვნარის ნუმიზმატიკური ძეგლების მიხედვით დასტურდება, რომ გვიანარქაულსა და კლასიკურ ხანაში ანტიკურ სამყაროსა და ძველ კოლხეთს შორის სავაჭრო-ეკონომიკურ ურთიერთობათა სფეროში მნიშვნელოვან როლს თამაშობდნენ საქართველოს ზღვისპირეთის ბერძნული სამოსახლოები. აშკარაა, რომ პონტოს სანაპიროს ეს ნაწილი წარმოადგენდა ურბანისტული და სამონეტო ცივილიზაციის ერთ-ერთ უძველეს კერათაგანს. ერთ-ერთი ასეთი ცენტრი ფიჭვნარში, ჩოლოქ-ოჩხამურის ხერთვისში მდებარეობდა. ძვ.წ. V ს მეორე მეოთხედში გაჩენილი ატიკური დასახლება კოლხეთთან ურთიერთობაში საკუთარ მონეტებთან ერთად (ამ თვალსაზრისით საყურადღებოა ცნობა ქობულეთის ახლოს, ციხისძირში ძველი სტილის ათენური ტეტრადრაქმის აღმოჩენის შესახებ) მიმოქცევაში ტოვებს ქიზიკინებს, რომელთაც ადრევე მოიპოვეს აღიარება საერთაშორისო ბაზარზე. თვლიან, რომ ათენმა ქიზიკი თავისი ზარაფხანის ფილიალად აქცია.

ასევე მეტად საყურადღებო მონაპოვართა რიცხვს მიეკუთვნებიან ფიჭვნარის კოლხურ და ბერძნულ ნეკროპოლზე აღმოჩენილი ადრეული სინოპური მონეტები. თუ ადრე სამხრეთ შავიზღვისპირეთის ამ უმნიშვნელოვანესი სავაჭრო-სატრანზიტო ცენტრისა და კოლხეთს შორის ურთიერთობის შესწავლისათვის ჩვენ ხელთ გვქონდა მხოლოდ და მხოლოდ ძვ.წ. IV ს შუა წლებიდან მოყოლებული ნივთიერი მასალა, ახლა ეს ქრონოლოგიური ჩარჩოები გაღრმავდა და ძვ.წ. V ს პირველი ნახევრისაკენ გადაიწია. არაა გამორიცხული, რომ ათენსა და კოლხეთს შორის ადრეანტიკურ ხანაში არსებულ მსგავს ინტენსიურ ურთიერთობებში ზოგჯერ შუამავლის როლში სინოპელებიც გამოდიოდნენ. ცნობილია, რომ ათენის პოლიტიკაში განსაკუთრებულ როლს თამაშობდა სინოპე. მისი საშუალებით ახორციელებდა ათენი ამა თუ იმ რაიონის ეკონომიკურ ათვისებას, ახალი კოლონიების გაყვანას. ჩვენს ხელთ არსებული მონაცემების მიხედვით, ფიჭვნარსა და სინოპეს შორის მჭიდრო, უშუალო და პირდაპირი კონტაქტების არსებობა მთელი კლასიკური და ელინიზმის ეპოქისათვის არავითარ ეჭვს არ იწვევს.

ასევე საინტერესო სურათის აღდგენის საშუალებას უნდა იძლეოდეს ჩრდილო შავიზღვისპირეთის მონეტების აღმოჩენის ფაქტებიც. იქმნება შთაბეჭდილება, რომ ფიჭვნარში მჯდომი ბერძენი მოახალშენეები არეგულირებდნენ სავაჭრო-ეკონომიკურ თუ კულტურულ ურთიერთობებს არა მარტო ატიკასთან, არამედ ისინი გამოდიოდნენ ასევე შუამავლის როლში ჩრდილო შავიზღვისპირეთის ბერძნულ პოლისებს შორის არსებულ ურთიერთობათა სფეროშიაც. სხვანაირად ფიჭვნარის ბერძნულ სამარხებში პანტიკაპეონის აპოლონიის, თვით პანტიკაპეონის, თეოდოსიისა და ნიმფეონის საფასების გამოჩენა გაუგებარი იქნებოდა.

შენიშვნები:

[1] უკვე ცნობილია კოლხური თეთრის რვა ტიპი: ტეტრადრაქმა, I, II და III ტიპის დიდრაქმები, დრაქმა, I და II ტიპის ნახევარდრაქმიანები და ჰემიტეტრატემორიონი.

[2] განძი ზედაპირულად შეგროვებულ სხვა მასალებთან ერთად ფიჭვნარიდან ჩაიტანა აკად. ა.აფაქიძემ და ს.ჯანაშიას სახელობის მუზეუმის ნუმიზმატიკის განყოფილებას ჩააბარა (№№ 8709-9000).

[3] ნიმფას განსაზღვრა ეკუთვნის პროფ. პ.კარიშკოვსკის. მანვე მოგვაწოდა თავის დროზე სპეციალური ლიტერატურა ამ მონეტის შესახებ.

[4] ორი ცალი ადრეული სინოპური დრაქმა ფიჭვნარის ძვ.წ. V ს კოლხურ სამაროვანზეცაა აღმოჩენილი (იხ. კახიძე, $1974_а$; Кахидзе, 1974; კახიძე, იაშვილი, 1999; ვიკერსი, კახიძე, იაშვილი, 1999; Kakhidze, Iashvili, Vickers, 2001; კახიძე, ვიკერსი, 2004: 40, სურ. 87)..

141

საიუველირო ხელოვნების ნიმუშები

საქართველო უძველეს მეტალოგენური ქვეყნების რიცხვს განეკუთვნება. ადრიდანვე დაიწყო სპილენძის მოპოვება-დამუშავება, მასში სხვადასხვა სახის ლითონის შერევა და ბრინჯაოს სხმულის მიღება. ადრებრინჯაოს ბოლო ეტაპიდან, კერძოდ, ძვ.წ. III ათასწლეულის მეორე ნახევრიდან ვითარდება ოქრომჭედლობაც. ამ ბოლო წლებში მიკვლეულია აღმოსავლეთ საქართველოში ოქროს მოპოვება-დამუშავების უძველესი კერები (ღამბაშიძე ი., 2005: 16-23; Deutsches Bergbau-Museum Bochum, 2006: 99-104). მოპოვებულია არაერთი უნიკუმი. პირველ რიგში აღსანიშნავია ანანაურის მე-2 ყორღანში აღმოჩენილი ყელსაბამი-პექტორალი. იგი ტრაქტირებულია ცალკეული დეტალებისაგან. მათ შორის გამოირჩევა შესანიშნავად დამუშავებული მასიური მოზრდილი ვოლუტისებური მოყვანილობის აჟურული საკიდი. აქვეა ამობურცულად დახვეული ორმაგსპირალური მცირე ზომის სამი საკიდი, სხვადასხვა ზომის ორმაგკოჭისებური და ცილინდრული მძივები. ამ მონაპოვარს პარალელი არ ეძებნება (იხ. Dshaparidse, 1995: 71, Abb. 50). შესანიშნავია, აგრეთვე, წნორის მეორე ყორღანში აღმოჩენილი ლომის ქანდაკება, რომელიც ადრებრინჯაოს ხანის მცირე პლასტიკის უნიკუმთა რიცხვს განეკუთვნება. ლომის სტილიზებული ფაფარი გადმოცემულია რელიეფური ორნამენტით, რომელიც გავარსისა და გრეხილურის შთაბეჭდილებას ტოვებს (Дедабришвили, 1979: 41, рис. 11/3). ბედენის მეხუთე ყორღანის საკინძის ბრტყელი თავის ერთ მხარეს მოცემულია მეანდრის, ხოლო მეორე მხარეს კი წრეების ორნამენტი (გობეჯიშვილი, 1980: ტაბ. XXXVIII). სიტყვას აღარ განვავრცობთ ამ ეპოქის სხვა მონაპოვართა შესახებ. ამ მონაცემების მიხედვითაც ჩანს, რომ ქართული ოქრომჭედლობის პირველი აღზევება ადრებრინჯაოს ხანას უნდა დაუკავშირდეს. საერთოდაც, ენეოლით-ადრებრინჯაოს ხანა ერთ-ერთი უმნიშვნელოვანესი ეტაპთაგანია ჩვენი ქვეყნის ისტორიაში. აღმოცენდა შულავერისა და მტკვარ-არაქსის საყოველთაოდ ცნობილი კულტურები; ამავე ეპოქაში ჩამოყალიბდა საერთოქართული ენობრივი ერთობა. ჩვენ შესაძლებლად მიგვაჩნია ქართული ოქრომჭედლობის აღმავლობის პირველი ეტაპიც სწორედ ამ ეპოქას დაუკავშირდეს.

ოქრომჭედლობამ მორიგი აღმავლობა განიცადა შუაბრინჯაოს ხანაში (ძვ.წ. II ათასწლეულის პირველი ნახევარი). ამ ეპოქიდან იყენებდნენ ოქროს ნივთების მხატვრული დამუშავებისას ინკრუსტაციის, გავარსის (გრანულაცია) და ფილიგრანის ტექნიკას. გაჩნდა პოლიქრომიული ხელოვნება (გაგოშიძე, 1981: 10). მსოფლიო ხელოვნების მორიგ უნიკუმს წარმოადგენს თრიალეთის მე-17 ყორღანში აღმოჩენილი ოქროს თასი. გამოყენებითი ხელოვნების ეს ბრწყინვალე ნიმუში დამზადებულია სახარატო ჩარხზე ოქროს ერთი ნაჭერისაგან. აქვს ორმაგი კედელი და ღრუ ფეხი. თასის ზედაპირის სამკაულები ცალკეა მომზადებული და შემდეგ დაკრული მცირე ენებით. ისინი გაყრილია ფილიგრანული ორნამენტული სარტყლების ქვეშ. ნახევარვოლუტისებრი ორნამენტის

ბუდეებში მონაცვლეობს სარდიონისა და იასპის თვლები ლაპისლაზურთან და ლურჯად შეღებილ კერამიკულ მასასთან ერთად. ერთ-ერთ ბუდეში გამჭვირვალე ჭიქურით დაფარული კვარცია ჩამაგრებული. თასის ფეხის არე შემკულია ფილიგრანით, ცვარათი და ფერადი ინკუსტრაციით, ცენტრში ქარვით და გიშერით. თრიალეთის თასი ძვ.წ. XVIII-XVII საუკუნეებითაა დათარიღებული (Куфтин, 1941: 87-93, рис. 93-94, таб. 91-92; გოგაძე, 1972: 77-78, ტაბ. 17-18). მაღალმხატვრულ ნაკეთობათა რიცხვს განეკუთვნება თრიალეთის მე-8 სამარხში აღმოჩენილი ყელსაბამი, რომელიც შედგება აქატის კულონის, ოქროსა და სარდიონის მძივებისაგან. ოქროს მძივები შემკულია ღია წითელი ფერის სარდიონის თვლებით, ცვარათი, სპირალური და ხაზოვანი სახეებით. აქატის კულონი ოქროს ფურცლისაგან ნაკეთებ ჩარჩოშია ჩასმული. თავის მხრივ ჩარჩო შემკულია ღია წითელი ფერის სარდიონის ქვებით, ფილიგრანული გრეხილი მავთულითა და ცვარათი. ფურცლოვანი ოქროს გარსაკრავებითაა შემკული სარდიონის მძივებიც (Куфтин, 1941: 93-94, рис. 97-98, таб. XCIV-XCV; გოგაძე, 1972: 71). აღიარებულია, რომ თრიალეთის მაღალი კულტურის მატარებელი საზოგადოება სახელმწიფოებრიობის ზღვარს მიუახლოვდა.

კოლხური და ცენტრალურამიერკავკასიური, იბერიული ტომობრივი კულტურების ფორმირების ხანაში (მხედველობაშია ძვ.წ. II ათასწლეულის შუა ხანები და მეორე ნახევარი, ე.ი. გვიანბრინჯაოს ადრეული საფეხური) წინაურდება ბრინჯაოს მეტალურგია. ამ ეპოქის ოქრომჭედლობის ნიმუშები საქართველოს ტერიტორიიდან ჯერჯერობით უცნობია. მრავალსაუკუნოვანი ტრადიციების მქონე სახვითი ხელოვნების ამ დარგის ერთგვარი გამოცოცხლება შეინიშნება ადრერკინის ხანისათვის. ამ ეპოქით (ძვ.წ. VII-VI სს) თარიღდებიან ნოსირის, ჭუბურხინჯის, ფარცხანაყანევისა და ცხინვალის განძები, ურბნისის ნაქალაქარის მონაპოვრები. განსაკუთრებით ყურადღებას იქცევენ გავარსით შემკული ოქროს საყურეები და ჭვირული ხელოვნების ბრწყინვალე ნიმუშები მძივების სახით. ამ უკანასკნელთ შორეული ანალოგიები ეტრურიასა და ჰალშტატის კულტურებში ეძებნებათ (გაგოშიძე, 1976: 12 და შმდ.).

მაგრამ მაინც, ქართულმა ოქრომჭედლობამ სრულყოფის მწვერვალს კლასიკური ხანისათვის, ძვ.წ. V-IV საუკუნეებისათვის მიაღწია. მართალია, ამ ეპოქისათვის საიუველირო ხელოვნებამ აქემენიდური და ბერძნული სკოლების გარკვეული ზეგავლენა განიცადა, მაგრამ მაინც შეინარჩუნა თვითმყოფადობა. აღიარებულია, რომ ადრეანტიკური ხანის ოქრომჭედლობის თავისთავადობა აისახა უპირველეს ყოვლისა ერთი საერთო ტექნიკური ხერხის გამოყენებაში - ესაა გრანულაცია. მიუთითებენ, რომ როგორც ვანის სამარხების, ისე ახალგორის განძის შემადგენელი უმნიშვნელოვანესი ნივთები უხვადაა შემკული გავარსით, რომელიც შუქ-ჩრდილის განუმეორებელ თამაშს ქმნის, აცოცხლებს, აფერადებს ნივთის ზედაპირს, უფრო მიმზიდველსა და ლამაზს ხდის სამკაულს (გაგოშიძე, 1976: 11.).

პროფ. ოთ.ლორთქიფანიძე მიუთითებდა, რომ "ვანსა და კოლხეთის ცენტრებში ნაპოვნი ოქროს ნივთების ადგილობრივი წარმოშობის უტყუარი მოწმობაა მათი სტილისტური და ტექნიკური ერთიანობა, რგოლის საფასადო მხარის შემკობა, გავარსის ფართოდ გამოყენება" (ლორთქიფანიძე ოთ., 1972_{b}: 19-20). განსაკუთრებით მდიდარი მასალა მოგვცა ვანის ნაქალაქარმა (ჭყონია, 1981). ასევე ითქმის საჩხერესა (ნადირაძე, 1990) და ახალგორის (საძეგურის) (Смирнов Я., 1934; ლორთქიფანიძე ოთ., 2003: 28-71) მონაპოვართა შესახებაც.

143

ფიჭვნარი II

შემთხვევითი აღმოჩენებისა თუ არქეოლოგიური გათხრების შედეგად საინტერესო მასალა დაგროვდა ფიჭვნარიდანაც. ძვ.წ. V ს კოლხურ და ელინიზმის ეპოქის სამაროვნებზე გამოვლენილი ოქროს ნივთები უკვე შევიდა სამეცნიერო მიმოქცევაში (კახიძე, ვაშაკიძე, 1977: 45, ტაბ. XX-15; ვაშაკიძე, კახიძე, 1978: 58, ტაბ. XVIII; Кахидзе, 1981; კახიძე, ვიკერსი, 2004: 41, 119, სურ. 48, 96, 272 და სხვ.). არის სხვა მონაპოვრებიც. საიუველირო ხელოვნების თვალსაჩინო ნიმუშებია აღმოჩენილი ფიჭვნარის ძვ.წ. V ს ბერძნულ ნეკროპოლზე. ამჯერად მკითხველის ყურადღებას შევაჩერებთ სწორედ ამ მონაპოვართა შესახებ. ძვ.წ. IV ს ბერძნულ ნეკროპოლზე მსგავსი ნაკეთობანი ამ ბოლო წლებში გამოჩნდა (კახიძე, ვიკერსი, 2004: 103-104, სურ.416).

ფიჭვნარის ძვ.წ. V ს ბერძნულ ნეკროპოლზე წარმოდგენილი ოქრომჭედლობის ნიმუშები შეიძლება დაიყოს ოთხ ჯგუფად. პირველში ექცევიან თვით ბერძნული ნაკეთობანი; მეორეში ვაერთიანებთ ე.წ. კოლხიზებულ ნიმუშებს; მესამე შედარებით მრავალრიცხოვანი ჯგუფი საერთოქართული, კოლხურ-იბერიული ეგზემპლარებითაა წარმოდგენილი; მეოთხე მცირერიცხოვან ჯგუფს ე.წ. ფიჭვნარული ერთეულები ქმნიან.

ფიჭვნარის ბერძნულ ნეკროპოლზე ოქროს იმპორტული ნაკეთობანი ჯერჯერობით წარმოდგენილია სადა თუ ჭრილაფარაკიანი ბეჭდებითა და კილიტების სახით.

<u>**ჭრილაფარაკიანი ბეჭედი**</u>. ფიჭვნარის ძვ.წ. V ს ბერძნული ნეკროპოლის მე-6 სამარხში აღმოჩენილ ელექტრუმის ბეჭედ-ინტალიოს აწგანსვენებული გლიპტიკოსი მ.ლორთქიფანიძე აძლევს შემდეგ დახასიათებას: ოვალური მოყვანილობის საკმაოდ სქელი ფირფიტის ფარაკი ბოლოებისკენ შევიწროვებულია. ფარაკი უშუალოდ გადადის ვიწრო და ქვევითკენ ჩამოგრძელებულ რკალში, რომლის ქვედა ნაწილი მკვეთრად გაფართოებული, გასქელებული და შებრტყელებულია. ოდნავ ამოზნექილ ფარაკზე გამოხატულია მოკლესახელოებიანი, ნახევრად გამჭვირვალე, მრავალნაოჭიანი კვართით შემოსილი აფროდიტე. თეძოებსა და ნაწილობრივ ფეხებზე რელიეფური წინწკლებით აჭრელებული ჰიმატიონი აქვს შემოხვეული. იგი ოქროქსოვილს უნდა წარმოადგენდეს. ქალღმერთს შუბლსა და საფეთქელზე ოდნავ ჩამოშლილი თმა კეფაზე აქვს შეკრული. მარჯვენა ხელი არ ჩანს – მხოლოდ მხართანაა აღნიშნული. ფიქრობენ, რომ წამოწოლილი აფროდიტე იდაყვს ეყრდნობა. წინ გაწვდილი მარცხენა ხელი მასთან მოფრენილი ეროსის ხელისათვის წაუვლია. ეს უკანასკნელი ბეჭედ-ინტალიოს მარჯვენა არეშია მოთავსებული (ზურგით პროფილში მარცხნივ). აფროდიტეს თავი პროფილში მარჯვნივ არის მოცემული, ხოლო ტორსის ზედა ნაწილი 3/4 მარჯვნივ მიბრუნებული. მისი მზერა ეროტისკენაა მიმართული. ფართო გაღებული თვალის კაკალი რბილი რელიეფითაა გადმოცემული, ქუთუთოები წმინდა ღარებით შემოფარგლული. ცხვირი და პირი აღარ უჩანს, გადაშლილია, მაგრამ დახვეწილი ღაწვების, რბილი, შეუმჩნეველი რელიეფით ნაჩვენები ყვირმალის ძვლისა და მაღალი, ნათელი შუბლის მიხედვით გაკეთებულია დასკვნა, რომ მას ლამაზი სახის ნაკვთები აქვს. თავისა და კისრის აღნაგობაც ჰარმონიულად ერწყმის სხეულის უზადო პროპორციებს. ეროტი ღვთაებას გვირგვინს უნდა აწვდიდეს (ინტალიო ამ ადგილასაც გაცვეთილია). ფიგურის ფეხის ტერფები არაა გამოხატული. ლამაზად გამოყვანილი მაღალი წვივები სადღაც კოჭებთან წყდება შეუმჩნევლად. ეროტის პატარა ფრთა და თმები ფაქიზადაა შესრულებული. მისი სხეული პროპორციულია. სახე შედარებით სუმარულადაა გადმოცემული – ეს ადგილიც გადაშლილია (სურ. 41/4).

144

მ.ლორთქიფანიძე მიუთითებს, რომ ბეჭედი-ინტალიო სუფთა და ზედმიწევნით ფაქიზი ნახელავია, შესრულებული დახვეწილი კვეთით. ოსტატი კარგად ფლობს ადამიანის სხეულის ანატომიას - ქალღმერთის სხეულის პროპორციები ლამაზი და მოქნილია. ფიგურა – პლასტიკური. დიდი ოსტატობით გადმოგვცემს ქსოვილის გამჭვირვალობას, კვართში ზომიერად გამოსჭვივის სხეულის ნაკვთები. ჰიმატიონი ან ოქროქსოვილისაა, ან კიდევ კილიტებით დაფარული. ეროტის თმა და ფრთების ძირი პატარა წერტილების რამდენიმე წყებითაა შემოვლებული. აღიარებულია, რომ შარავანდედით მოსილი, მაღალი, ტანადი, ფაქიზი სახის ნაკვთებით, რბილი თმებით დამშვენებული ფიჭვნარის ღვთაება განასახიერებს ციურ სილამაზესა და დაუჭკნობელ სიჭაბუკეს.

ფიჭვნარის ჭრილაფარაკიანი ბეჭდის სცენას პირდაპირი პარალელი არ ეძებნება. თვლიან, რომ ფაქიზად ნაკვეთი ქსოვილის ნაკეცები დექსამენის თანამედროვე ოსტატების ნახელავთან ამჟღავნებს ახლო მსგავსებას. ფიჭვნარის ჭრილაფარაკიანი ბეჭედი ჯ.ბორდმანის II ტიპშია გაერთიანებული და ძვ.წ. V ს მესამე მეოთხედით დათარიღებული. ფიქრობენ, რომ ფიჭვნარის ინტალიოზე გამოხატული სილამაზის ღმერთქალი აფროდიტე ურანიას უნდა წარმოადგენდეს (უფრ.დაწვ.იხ. ლორთქიფანიძე მ., 1975: 16-21, სურ. 1, ტაბ. VIII/32).[1]

გარდა ჭრილაფარაკიანებისა, ფიჭვნარის ძვ.წ. V ს ბერძნულ ნეკროპოლზე აღმოჩენილია, აგრეთვე, სადაფარაკიანი ოქროს ბეჭდები (მაგალითად, სამარხი 12 და110 – სურ. 43/1, 93/2), რომლებიც ფორმის მიხედვით ანალოგიურნი არიან ზემოთ განხილული ნიმუშებისა და ტიპიურ ბერძნულ ნაკეთობას წარმოადგენენ. უფრო ხშირად ჩნდება ასეთივე ფორმის ვერცხლის ბეჭდები. ერთ-ერთ მათგანზე ოთხი ცალი ოქროს მანჭვალი იყო გაყრილი. არის ბრინჯაოსაგან დამზადებული ბეჭედიც (ამ მონაპოვართა შესახებ ქვემოთ გვექნება საუბარი).

თვლიან, რომ ფიჭვნარის მსგავსი ბეჭდების ადრეული ნიმუშები ეგვიპტე-სირია-ფინიკიის გზით ვრცელდებიან კვიპროსზე. ასე მოხდა მათი ადაპტაცია ძვ.წ. VII საუკუნეში. შემდგომ აქედან შეაღწია საბერძნეთში. გვიანდელ, კერძოდ, ძვ.წ. V ს ბეჭდებს ფოთლისებური მოყვანილობის ფარაკი აქვთ. რკალი უზანგისებური შემოწერილობის, მხრები ზოგჯერ მომრგვალებული, საკუთრივ ბრტყელი ფარაკი რკალის მოხაზულობის შესაბამისად ოდნავ მოხრილა. ფარაკი ზოგჯერ ცალკე მზადდებოდა; უფრო ხშირად კი რკალის გარკვეული მონაკვეთის ფოთლისებურად გაბრტყელების გზით. მათი საერთო იერი ერთფეროვანია, მკვეთრი ქრონოლოგიური და ტიპოლოგიური ცვლილებები არ შეინიშნება. ოქროსა და ვერცხლის ბეჭდების ეს ტიპი ფართოდაა გავრცელებული ანტიკურ სამყაროში. ფიჭვნარის მსგავსი ნიმუშები დაცულია ნიქოზიის მუზეუმში (№ 28, 35 და ა.შ.). ერთ-ერთი მათგანის ფარაკზე, ფიჭვნარის მსგავსად, გაუკეთებიათ ოქროს მანჭვალები (Boardman, 1970: 5-15). ფიჭვნარის მსგავსი ოქროს ბეჭდები აღმოჩენილია ჩრდილო შავიზღვისპირეთშიაც (Фармаковский, 1906: 139, рис. 82, 83; Силантьева, 1959: 46, 71, рис. 19/3,4, 38/3). ცნობილია სხვა მონაპოვრების მიხედვითაც (Vickers, 2002: 52, 53).

იმპორტულ ნაკეთობებს წარმოადგენენ, აგრეთვე, მე-20 გაძარცვულ სამარხში აღმოჩენილი მკრთალი ოქროსაგან დამზადებული კილიტები. მათი რიცხვი 19-ს შეადგენს. ბუნებრივია, სამარხის გაძარცვამდე მათი რაოდენობა გაცილებით მეტი იქნებოდა (სურ. 69/3).

ოქროს კილიტები ნახევარსფეროსებრი მოყვანილობის არიან. სფეროს წვერზე დარჩი-

ლულია მოზრდილი მარცვალი, ხოლო ნახევარსფეროს ძირს უვლის გავარსით შედგენილი წრეხაზი. ყველა მათგანს შიდა ნახევარსფეროზე გააჩნია ყუნწი, რომლითაც მაგრდებოდა ტანსაცმელზე. ჩვენს მონაპოვარს უშუალო ანალოგიები როდოსზე აღმოჩენილ მასალებს შორის ეძებნებათ (Jacopi, 1932-1933: 210-211, figs 253-8).

კოლხიზებული ნიმუშები. ფიჭვნარის ძვ.წ. V ს ბერძნულ ნეკროპოლზე აღმოჩენილი ნატიფი ხელოვნების შემდგომ ჯგუფს ე.წ. კოლხიზებული სამკაულები ქმნიან. ესენია ე.წ. ნახევარმთვარისებრი საყურეები. ოქროს სამკაულების მსგავსი ჯგუფის გამოყოფის შესაძლებლობას ფიჭვნარის მონაპოვრები უნდა იძლეოდეს. როგორც ცნობილია, ნახევარმთვარისებრი საყურეების ქრონოლოგიური დიაპაზონი და გავრცელების არეალი საკმაოდ ფართოა. პირველად ჩნდება ურში ძვ.წ. 2500 წლის მახლობლად. ისინი ცნობილია მიკენურ ეპოქაშიც. ძვ.წ. VIII-VII სს მიჯნიდან ამ ფორმის საყურეები მცირე აზიის დასავლეთ სანაპიროს ბერძნულ დასახლებებამდეც აღწევენ. გავრცელებული ჩანს ურარტუში, აქემენიდურ ირანში, ეტრურიასა და ჩრდილო შავიზღვისპირეთში (ბერეზანი, ოლბია, იაგორლიცკი, ნიმფეა, ტალაევის ყორღანი, დორტ-ობა და სხვ.) თუ დნეპრისპირეთში (ლორთქიფანიძე ოთ., $1972_ხ$: 15 და შმდ.; ჭყონია, 1977: 95, 26-27; 1981: 26, 27; Скржинская, 1986: 113-115). ადრეულები სადა და პატარა ზომისანი არიან. ზოგიერთი მათგანის ზედაპირი დაღარულია. უკვე ძვ.წ. VI-V სს მიჯნიდან ჩნდება გავარსითა და ფილიგრანით შემკული ნიმუშები. ისინი არსებობას განაგრძობენ ძვ.წ. IV საუკუნეშიაც. სახენაცვალი ფორმით ნახევარმთვარისებრი საყურეები ძვ.წ. II ს გვხვდებიან (Скржинская, 1986: 32).

სხვაგან აღმოჩენილი ნიმუშებისაგან კოლხეთის მონაპოვრები განსხვავდებიან საყურე რგოლის ბოლოს გახვრეტა-გამსხვილებითა და წინაპირის ვარდულითა და ორნამენტირებული სარტყელით შემკობით. უცხო ფორმა გამოყენებულია ღრმა ფესვების მქონე ადგილობრივ ტრადიციებზე აღმოცენებული მხატვრული ხერხების დასახვეწად (ჭყონია, 1977: 96; 1981: 32). როგორც ზემოთ აღინიშნა, ფიჭვნარის მონაპოვრების მიხედვით მათ კოლხიზებული ფორმები ვუწოდეთ. საქმე იმაშია, რომ ფიჭვნარის კოლხურ სამაროვანზე მოპოვებულია სადარკალიანი ნახევარმთვარისებრი საყურეც. ჩვენ მივდივართ დასკვნამდე, რომ აქაური კოლხები პირველ ხანებში უცხოურების მიბაძვით სადარკალიანებს ამზადებდნენ. შემდგომ თანდათანობით წამყვან ადგილს იკავებს კოლხეთის საიუველირო ხელოვნებისათვის დამახასიათებელი ვარდულიანი და ორნამენტირებულსარტყლიანი თავსამკაულები. ისინი გამოირჩევიან მაღალმხატვრულობით და კოლხური საიუველირო ხელოვნების მორიგ ბრწყინვალე ნიმუშებს წარმოადგენენ.

ფიჭვნარის ძვ.წ. V საუკუნის ბერძნულ ნეკროპოლზე აღმოჩენილია სულ 7 ცალი ოქროს ნახევარმთვარისებური საყურე. ორი ცალი მე-12 სამარხში, სამი მე-15 და ორიც - 104-ე სამარხში.

სამარხეული კომპლექსის მიხედვით ფიჭვნარის მონაპოვართა შორის ადრეულად გამოიყურებიან 104-ე სამარხის ნახევარმთვარისებრი საყურეები (სურ. 91/7) აქვთ გახსნილი, ბოლოებგახვრეტილი ოვალური მოყვანილობის საკიდი რგოლი, რომლის ნაწილი სადა და მრგვალგანივკვეთიანია; ნახვრეტებთან გაფართოვებული. გაბრტყელებული წინაპირი შემკულია ვარდულითა და ორნამენტირებული ზოლით. ვარდული თექვსმეტფურცლიანია. ისინი დაკეჭნილი

146

მავთულითაა გამოყვანილი. ვარდულის ცენტრში მოზრდილი ბურთულაა დარჩილული, რომლის ირგვლივ მონაცვლეობს დაკეჭნილი და სადა მავთულების წრეები (3 სადა და 3 დაკეჭნილი). გაბრტყელებულ წინაპირს ცენტრში მთელს სიგრძეზე მიუყვება მოზრდილმარცვლოვანი ცრუ გავარსის, ხოლო ორივე მხარეს წვრილგავარსიანი ზოლი. სარტყლის ორივე კიდეზე ჩამწკრივებულია დაკეჭნილი მავთულებისაგან გამოყვანილი მჭიდროდ განლაგებული მარყუჟისებური აჟურული 18-18 რგოლი. საყურე რგოლი მომაღლო კონუსებით გადადის ნახევარმთვარისებურ გამსხვილებაში. კონუსები დაფარულია სადა მავთულის ხვიებით, რომლის წვერი და ფუძე მარცვლოვანი გავარსის თითო წრითაა შემკული. ნახევარმთვარისებრი საყურე დაფარულია ოთხ რკალურ ზოლად განლაგებული მარცვლოვანი გავარსით შევსილი სამკუთხედებით.

ნახევარმთვარისებური გამსხვილება მიღებულია გამოტვიფრული სადა ფირფიტის ორი ნახევრის ერთმანეთთად მირჩილვის გზით, რომლის ზედაპირი დაფარულია მარცვლოვანი გავარსით შედგენილი წვეროებით ერთმანეთისაკენ მიმართული სიმეტრიული სამკუთხედების ოთხი რკალური ზოლით. კონუსის ფუძეებზე ზედა და ქვედა წყვილ-წყვილი რკალური ზოლის გამყოფად გამოიყურება ორივე გვერდზე დატანილი 2-2 მარცვლოვანი გავარსის მოზრდილი სამკუთხედები და პატარა ზომის რომბისებური გამოსახულებანი. ნახევარმთვარისებურ გამოსახულებას ირგვლივ შემოუყვება მარცვლოვანი გავარსით შედგენილი წვრილი პირამიდების რიგი. საყურეები დიდი ზომისანი არიან. სიმაღლე 6 სმ, წონა 10-10 გრამი. ისინი განეკუთვნებიან საიუველირო ხელოვნების საუკეთესო ნიმუშებს.

ასევე ითქმის მე-15 სამარხში აღმოჩენილი ოქროს ნახევარმთვარისებური საყურეების შესახებაც.

როგორც ვიცით, ამ სამარხში მრავალრიცხოვან ინვენტართან ერთად აღმოჩნდა 3 საყური. ორი ცალი ქალის სამარხში, ერთიც მოახლისაში. აქვე მოვიტანთ პირველ რიგში ქალის სამარხში აღმოჩენილი ოქროს საყურეების მოკლე აღწერილობას. მათი გახსნილი ბოლოებგახვრეტილი ოვალური მოყვანილობის საკიდი რგოლი ქვემოთ სადა მავთულის ხვიებისაგან შედგენილი კონუსებით გადადის გამოტვიფრული სადა ფირფიტების ორი ნახევრის ერთმანეთთან მირჩილვის გზით მიღებული ნახევარმთვარისებურ გამსხვილებაში. მრგვალგანივკვეთიანი რგოლის ნაწილი სადაა, ნახვრეტებთან გაფართოებული, წინაპირი გაბრტყელებული და შემკულია ვარდულითა და ორნამენტირებული სარტყლით. ვარდული თერთმეტფურცლიანია, რომელიც გამოყვანილია ფირფიტაზე დარჩილული დაკეჭნილი მავთულით. ვარდულის შუაგული წარმოადგენს დაკეჭნილი და სადა მავთულებით შედგენილი წრეების (ორი დაკეჭნილი, ორი სადა) მონაცვლეობას. ცენტრში მირჩილულია ბურთულა. სარტყელი შემკულია მჭიდროდ განლაგებული სადა რგოლებით დაფარული სამი ვერტიკალური ზოლით. კონუსის წვერს ერთი და ფუძის სადა რგოლით გამოყოფილი ორი წრეხაზი შემკულია დაკეჭნილი რგოლებით. საყურის ნახევარმთვარისებრ დაბოლოებაზე მარცვლოვანი გავარსით გამოყვანილია სხვადასხვა გეომეტრიული სახე: კონუსის ფუძიდან ეშვება წვერით ქვემოთკენ მიმართული ცვარათი გამოყვანილი სამკუთხედები, რომელთაც ენაცვლებათ საყურის ერთ მხარეზე წვერით ზემოთკენ მიმართული სამკუთხედები, მეორე მხარეზე – რომბები. საყურის ზედა და ქვედა ფრიზი ერთმანეთისაგან გამოყოფილია ბრტყელი, სადა რკალური ზოლით. ქვედა ფრიზი იწყება წვერით ქვემოთკენ მიმართული ცვარათი შედგენილი

ფიჭვნარი II

სამკუთხედებით, რომელსაც გვერდებიდან ენაცვლება სამკუთხედების, ხოლო შუა წელის არეში რომბების რკალი. ფირფიტების რჩილვის ხაზი ნახევარმთვარისებური გამოსახულების ირგვლივ დაფარულია მარცვლოვანი გავარსის რელიეფური პირამიდებით. ისინი წარმოადგენენ ამ ტიპის სამკაულების ერთ-ერთ საუკეთესო ნიმუშს (სურ. 50/3-4,7,9). ამავე სამარხში, როგორც ჩანს, მხევალისათვის ჩაუყოლებიათ მესამე ნახევარმთვარისებრი საყურე. იგი არ გამოირჩევა მაღალმხატვრულობით (სურ. 50/8). ვარდული მიღებულია წრეხაზის ირგვლივ განლაგებული დაკეჭნილი შტოებისაგან (დაცულია ოთხი, ორი აკლია). ცენტრში მოზრდილი მარცვლოვანი ბურთულაა მირჩილული. ორნამენტირებული სარტყელი დაკლაკნილი ხაზების ზოლებითაა შემკული, კონუსი მჭიდროდ განლაგებული ღარებით (თავისა და ბოლოს წრეხაზები დაკეჭნილია). თვით საყურის ორივე მხარე მარცვლოვანი გავარსის სამკუთხოვანი რკალებითა და წვრილი პირამიდებითაა შემკული. ამ საყურის თავისებურებას წარმოადგენს ის, რომ გავარსის რკალებს შორის თავისუფალ სივრცეზე სამ-სამი მარცვლოვანი გავარსისაგან შედგენილი სამკუთხედი ორივე მხარესაა დატანილი.

ძვ.წ. V საუკუნის ბოლო მეოთხედის, უფრო კონკრეტულად 30-20-იანი წლების ნაკეთობანი ჩანან მე-12 სამარხში აღმოჩენილი მკრთალი ოქროსაგან დამზადებული ნახევარმთვარისებური საყურეები.

ოქროს საყურეების (ქ-ფ-68/166) ვარდული თერთმეტშტოიანია; ისინი წვრილი გავარსითაა შემკული; აქაც ცენტრში მოზრდილი ბურთულაა დარჩილული, ირგვლივ უფრო წვრილი მარცვლები, სადა და დაკეჭნილი წრეები. წინაპირის სარტყელზე მოცემულია სადა და დაკეჭნილი ზოლები. აქაც საკიდი ნახევარმთვარისებრ გამსხვილებასთან დაკავშირებულია სადა რგოლებით დაფარული კონუსებით, რომლის წვეროები და ბოლოები მარცვლოვანი გავარსითაა შემკული. ერთ-ერთი მათგანის შუა წელზეც მოცემულია მარცვლოვანი გავარსის რგოლი. თვით საყურეებზე, ზემოთ აღნიშნული ნიმუშების მსგავსად, მარცვლოვანი გავარსით გადმოცემულია რკალისებრ-ფრიზისებრად განლაგებული გეომეტრიული სახეები. ზომები: 3,5X1 სმ-ზე, წონა 2,75 და 2,64 გრ.

ძვ.წ. V ს კოლხურ და ბერძნულ ნეკროპოლებზე აღმოჩენილია ბრინჯაოსა და ვერცხლის ნახევარმთვარისებური საყურეებიც.

გარდა ზემოთ აღნიშნული ფართო არეალისა ფიჭვნარის ამ ტიპის სამკაულებს უშუალო პარალელები საქართველოს მონაპოვრებშიც ეძებნება. ერთი წყვილი ნახევარმთვარისებრი საყურე 1961 წელს წარმოდგენილი იყო ვანის წარჩინებული კოლხი ქალის სამარხში (ჭყონია, 1981: 26-27. სურ. 7/15). მორიგი წყვილი 1962 წელს აღმოჩნდა რაჭაში (შრომისუბანი, ონის რაიონი), რომლებიც დაცულია საქართველოს ეროვნულ მუზეუმში (ჭყონია, 1981: 27). 5 ცალი ოქროს ნახევარმთვარისებრი საყურეა აღმოჩენილი საირხეს მდიდრულ სამარხებში (ნადირაძე, 1990: 27, 28, 48, 92. ტაბ. II/1, IV/5, VII/2).

ფიჭვნარის ძვ.წ. V ს ბერძნულ ნეკროპოლზე აღმოჩენილი ოქროს სამკაულების მორიგ, შედარებით მრავალრიცხოვან ჯგუფს ზოგადქართული, საერთოკოლხური ნიმუშები ქმნიან. პირველ რიგში აღსანიშნავია სხივებიანი საყურეები. ელექტრუმის სხივებიანი საყურეები შედიოდა ფიჭვნარის ბერძნული ნეკროპოლის ტერიტორიაზე 1952 წელს შემთხვევით აღმოჩენილ განძში.

148

როგორც ითქვა, ბრინჯაოს პატარა ზომის მოხდენილ ჭურჭელში საყურეებთან ერთად აღმოჩნდა ქსოვილში გახვეული 291 ცალი კოლხური თეთრი და ერთიც ქიზიკინი. ამ უკანასკნელის მიხედვით განძი ზოგადად ძვ.წ. V ს პირველი ნახევრითაა დათარიღებული (Голенко, Капанадзе, 1966: 34; კახიძე, $1971_а$: 63-65, ტაბ. XIIII/1). საყურეებს აქვთ წრიული მოყვანილობის საყურე რგოლი, გახსნილი, გახვრეტილი ბოლოები. მსგავსი სამკაულისათვის ნიშანდობლივია ის, რომ რკალზე მიმაგრებული ვარდული წარმოადგენს დაგრეხილი მავთულით გამოყვანილ სპირალს ცენტრში პატარა ბურთულათი. საყურე რგოლზე უძრავადაა დამაგრებული სხივისებურად გაშლილი 4 თუ 5 ღერო, რომლებიც ცვარათი შედგენილი მტევნებით ბოლოვდებიან.

როგორც დასავლეთ, ისე აღმოსავლეთ საქართველოში ამ ტიპის სამკაულები საკმაოდ ფართოდ ჩანს გავრცელებული. ჩვენი ქვეყნის ფარგლებს გარეთ სხივებიანი საყურეების აღმოჩენის შემთხვევები არაა ცნობილი. ჯერჯერობით გვაქვს ერთადერთი ინფორმაცია ჩრდილო კავკასიაში (აული კომუნტა) ვერცხლის სხივანა საყურის აღმოჩენის შესახებ (Уварова, 1900: ტაბ. CXXIII/9, 18). ეჭვს გარეშეა, რომ ეს მონაპოვარი იმპორტის სახით საქართველოდანაა შეღწეული. ჯერ კიდევ XIX საუკუნის 80-იან წლებში სხივანა საყურეების პირველი შესანიშნავი ნიმუშები გამოჩნდა ყაზბეგის სამაროვანზე (Филимонов, 1878: 30-31). სადარგოლიანი ოქროს სხივანა საყურე შემთხვევით აღმოჩნდა სოხუმში (Кинжалов, 1955: 32-33);[2] ცნობილია, აგრეთვე, ბრილის (გობეჯიშვილი, 1952: ტაბ. XVII),[3] საჩხერესა (ნადირაძე, 1975: 28) და მოდინახეს ციხის სამხრეთ ფერდზე გამოვლენილი ადრეანტიკური ხანის სამაროვნებიდან (მახარაძე, წერეთელი, 2002: 59, 60. სურ. 5, 22). ოქროს ბრწყინვალე სხივებიანი საყურეებია აღმოჩენილი ვანის ადრეანტიკური ხანის მე-6 და მე-11 მდიდრულ სამარხებში (ჭყონია, 1977: 82-88, სურ. 65-68; 1981: 17-21, სურ. 4-8). ისინი მიჩნეულია ფილიგრანული ხელოვნების ნიმუშებად. დამზადებულია რთული წესით: საყურე რგოლის საფასადო მხარე მორთულია ვარდულით, სხივები ცვარათი შედგენილი პირამიდებით ბოლოვდება. მათზე მოცემულია ჩიტების გამოსახულებები (ლორთქიფანიძე ოთ., 1972_b: 15). ასევე ითქმის ვანთან ახლოს, მთისძირში აღმოჩენილი სხივანა საყურის მიმართაც (გამყრელიძე, 1982: 70-72, სურ. 22). ერთი ცალი ოქროს სხივანა საყურე აღმოჩნდა ბორში (Придик, 1914: 98-99; Кинжалов, 1955: 32-33). სამსხივიანი ოქროს საყურე აღმოსავლეთ საქართველოდანაც, კერძოდ, კამარახევის სამაროვნიდანაცაა ცნობილი (ჭყონია, 1981: 21). უფრო ხშირად ჩნდება ვერცხლის სხივანა საყურეები: იკოთა (გაგოშიძე, 1976: ტაბ. V, 39/1), ბოლნისი (Гдзелишвили, 1964: 37) და ბეშთაშენი (Куфтин, 1941: 45, рис. 40; მენაბდე, დავლიანიძე, 1968: 124; ტყეშელაშვილი, 1969: 68-69, ტაბ. XI). დასავლეთ საქართველოში ვერცხლის ერთი ცალი სხივანა საყურე შედიოდა ჭითაწყარის განძში (Куфтин, 1941: 45; 1950: 4-6, таб. 1, 2). ერთი წყვილი ვერცხლის სხივანა საყურე იყო წარმოდგენილი გონიო-აფსაროსის ძვ.წ. V ს სამარხეულ კომპლექსში (პლონტკე-ლიუნინგი, ფელმუთი, გაიერი, 2002: 80, ტაბ. XVII/2), მოპოვებულია ბრილში (გობეჯიშვილი, 1952: 70, ტაბ. XVII). მსგავსი საყურეები განსაკუთრებით ხშირად ჩნდება ფიჭვნარის კოლხურ სამაროვანზე (Кахидзе, 1981: 51, таб. IX/4). რამდენიმე ცალი თვით ბერძნულ სამარხებშიაც გამოჩნდა. მათი დიდი ნაწილი მხატვრული ხელოსნობის საუკეთესო ნიმუშებს წარმოადგენს. გრანულაციის ტექნიკას ფართოდ იყენებენ ვერცხლშიც. ეჭვს გარეშეა, რომ სხვა რიგი სამკაულის მსგავსად, ისინიც ფიჭვნარელ ხელოსანთა

149

ფიჭვნარი II

შემოქმედების ნაყოფია. საქართველოში აღმოჩენილი ოქროს, ელექტრუმის და ვერცხლის სხივანა საყურეები და სასაფეთქლეები ერთმანეთისაგან მეტ-ნაკლებად ცალკეული დეტალებისა და სხივების რაოდენობით განსხვავდებიან.

ფიჭვნარის ძვ.წ. V ს ბერძნული ნეკროპოლის საერთოკოლხური ოქროს თავსამკაულების შემდგომ ტიპს ე.წ. დაღარულბურთულიანი საყურეები ქმნიან. ისინიც როგორც კოლხურ, ასევე ბერძნულ სამაროვნებზე საკმაოდ ხშირად ჩნდებიან. ბერძნული ნეკროპოლის მიხედვით გამოვყოფთ ამ ტიპის სამკაულების ორ ქრონოლოგიურ ჯგუფს. პირველში ძვ.წ. V ს მეორე მეოთხედის ნიმუშები ექცევიან, რომლებიც ჯერჯერობით ერთადერთი წყვილითაა წარმოდგენილი. მეორეში ამ საუკუნის შუა ხანებისა თუ მეორე ნახევრის სამკაულები ერთიანდებიან. ამ ეპოქის საყურეები უფრო ხშირად ჩნდება. მათ შორის განსხვავებანი უმნიშვნელოა. ფორმით ყველა ერთნაირია. ოღონდაც, ფიჭვნარის მაგალითზე, თითქოსდა ადრეულების ბურთულა დაფარულია მჭიდროდ განლაგებული ჰორიზონტალური (სურ. 15/2), ხოლო მომდევნო პერიოდის კი – ვერტიკალური ღარებით (კახიძე, 1975: ტაბ. XXI/1, სურ. 41/1, 91/15). ამ ნიუანსის გამორიცხვით ფიჭვნარის სამაროვნებზე აღმოჩენილ ბურთულიან საყურეებს შეიძლება მიეცეს საერთო დახასიათება: საყურე რგოლი ყველა მათგანისა წაგრძელებული ოვალის მოყვანილობისაა, გახსნილი, ოდნავ გაფართოებული ბოლოები გახვრეტილი, სადა, მრგვალგანივკვეთიანი, საყურე რგოლი ცილინდრით უკავშირდება სფეროსებრ ბურთულას, რომელიც მიღებულია ორი წინასწარ, ერთჯერ ჰორიზონტალურად, ხოლო დანარჩენ შემთხვევებში ვერტიკალურად დაღარული ნახევარსფეროს ერთმანეთთან მირჩილვის გზით. შეერთების ადგილი დაფარულია შუა წელზე დარჩილული ჰორიზონტალური სარტყლით; მასზე ცვარათი შედგენილი პირამიდებია დამაგრებული. ბურთულა ბოლოვდება ცილინდრით გამოყვანილი ცვარათი შედგენილი მტევნით. შემკობის ეს მოტივი ყველასათვის ერთნაირი ჩანს.

ფიჭვნარში აღმოჩენილია ვერცხლისა და ბრინჯაოსაგან ნაკეთები ბურთულიანი საყურეებიც. ოქროს საყურეების უშუალო ანალოგიები მოპოვებულია ვანის მე-8 და მე-11 სამარხში (ჭყონია, 1977: 90-91, სურ. 78-79; 1981: 23, სურ. 6), საირხეს მე-10 აკლდამაში (ნადირაძე, 1990: 96, ტაბ. XLI/3; მახარაძე, წერეთელი, 2002: 64. სურ. 41), ითხვისის მე-2 და მე-4 სამარხში (ნადირაძე, 1975: 27). საჩხერეშივე მოდინახეს ციხის სამხრეთ ფერდზე 1961 წელს შემთხვევით აღმოჩნდა საყურეები (დაცულია საჩხერეს მე-2 საშუალო სკოლაში), რომლის ბიკონუსური მოყვანილობის ბურთულა, ფიჭვნარის ადრეული საყურეების მსგავსად, ჰორიზონტალური ღარებითაა შემკული (ნადირაძე, 1975: 26-27, ტაბ. IX/4; მახარაძე, წერეთელი, 2002: 59. სურ. 1). ყველა ძვ.წ. V ს თარიღდებიან. ბრინჯაოს დაღარული ბურთულა (საყურის ფრაგმენტი?) აღმოჩნდა დაბლაგომის ერთ-ერთ ქვევრსამარხში (Куфтин, 1950: 50, таб. 14). როგორც ჩანს, ისინი ძვ.წ. IV საუკუნეშიაც განაგრძობენ არსებობას.

ვანის მაგალითზე მკვლევართა მიერ ფორმისა და შემკულობის მიხედვით ბურთულიანი საყურეების სხვადასხვა სახეობანია გამოყოფილი: ჭვირულბურთულიანი, დაღარულბურთულიანი, დაჯვარულბურთულიანი და ბიპირამიდულსაკიდიანი საყურეები. დაჯვარულბურთულიანი საყურის ბრწყინვალე ნიმუშია აღმოჩენილი საჩხერეში, საირხეს მე-8 სამარხში, რომლის რგოლი შემკულია დაკეჭნილი მავთულით გამოყვანილი თერთმეტშტოიანი ვარდულითა და ორნამენტირებული

სარტყელით. მის კიდეებსაც მიუყვება ცვარათი შედგენილი სამკუთხედები (ერთ მხარეს 10, მეორეზე - 11). თვით ბურთულა დაფარულია ცვარათი შედგენილი პირამიდებითა და სამკუთხედებით. ბოლოვდება ცვარათივე გამოყვანილი პირამიდების მტევნით. ორნამენტირებული სარტყელის მიხედვით ამსგავსებენ საყოველთაოდ ცნობილ ახალგორის ცხენებიანი საკიდის მქონე ოქროს საყურეების უბრწყინვალეს ნიმუშს და ფიქრობენ, რომ კოლხური კულტურისათვის დამახასიათებელი ეს სამკაული რამდენადმე გააღმოსავლურებულია (ნადირაძე, 1990: 49, ტაბ. IV/4).

ფიჭვნარი ბურთულიანი საყურეების დამზადების ერთ-ერთი ლოკალური ცენტრი უნდა ყოფილიყო აღმოსავლეთ შავიზღვისპირეთში.

ფიჭვნარის ოქროს სამკაულების შემდგომ ჯგუფს ყელსაბამები ქმნიან. ისინი შედგენილია სხვადასხვა სახის საკიდებისა და მძივებისაგან. საკიდები წარმოადგენდნენ ჯიხვის, ფრინველის, დისკოსა და ნახევარმთვარისებრ გამოსახულებებს. კიდევ უფრო მრავალრიცხოვანია სადა სფეროსებური (იშვიათად ბიკონუსური) თუ ტანდაღარული მძივები. პირველ რიგში აღსანიშნავია 110-ე სამარხში აღმოჩენილი ყელსაბამი, რომელიც შედგენილია ჯიხვის, ჩიტებისა და მძივების ასხმისაგან (სურ. 93/1). ჯიხვის გამოსახულება მიღებულია ორი გამოტვიფრული ნახევრის ერთმანეთთან მირჩილვის გზით. იგი ფეხმორთხმულ პოზაშია წარმოდგენილი. პლასტიკურადაა გადმოცემული სხეულის ცალკეული ნაკვთები. მორკალული რქები სადა დაკეჭნილი მავთულისგანაა ნაკეთები. ასევე საგანგებოდაა დამზადებული ზემოთკენ მიმართული დაცქვეტილი ყურები. რელიეფურადაა გადმოცემული თითქოსდა ინკუსტრირებული თვალები. დრუნჩი მკვეთრი ჭრილითაა გამოყვანილი. მარცვლოვანი გავარსითაა შემკული ყელის არე. მარცვლოვანი გავარსისაგან შედგენილ სამ წრეხაზზე აგებულია წვერით ჯიხვის ტანისაკენ მიმართული სამკუთხედები. ასეთივე გავარსიანი წრეხაზების ორი რიგი მოცემულია ჯიხვის გავაზე, ოღონდაც ახლა სამკუთხედები წვერით ჯიხვის კისრისაკენაა მიმართული. ორივე ფერდზე მირჩილულია მარცვლოვანი გავარსისაგან შედგენილი თითო სამკუთხედი, ბოლოში დამაგრებულია ნესვისებური მოყვანილობის ტანდაღარული მძივი, რომლის ნახვრეტები რგოლებითაა შემოფარგლული.

ფიჭვნარის მსგავსი ჯიხვისგამოსახულებიანი საკიდები აღმოჩნდა ვანის ნაქალაქარის მე-6 მდიდრულ სამარხში - 56 ერთეული (ჭყონია, 1981: 34, 37, სურ. 11). ა.ჭყონია მიუთითებს, რომ ჯიხვის გამოსახულებები დაღარული რქებით აქემენიდური ირანის ხელოვნების ტიპიურ ძეგლებადაა მიჩნეული. ისინი დამახასიათებელია ძველი კოლხეთისათვისაც (ჯიხვის გამოსახულება კოლხურ დიადემაზე). თუმცა, არ გამორიცხავს ირანულ გავლენას (ჭყონია, 1981: 37). ჯიხვის კულტის არსებობა საქართველოში ეთნოგრაფიული და ფოლკლორული მონაცემების მიხედვით უძველესი ეპოქებიდანაა დადასტურებული. იგი მიჩნეულია ცხოველთა მფარველი ღვთაების ბუნების დედის ერთ-ერთ ზოომორფულ სახედ. ასეთი მნიშვნელობით არიან ისინი გამოსახული ბრინჯაოს ქართულ ბალთებზე (ხიდაშელი, 1972: 63-79). ჯიხვი, როგორც საღვთო ცხოველი, გადმოცემულია ყაზბეგის ბრინჯაოს ქანდაკებაზე (წითლანაძე, 1976: 39, 43-45, ტაბ. IX). ვანში, ქვედა ტერასაზე ძვ.წ. III-I სს საკულტო კომპლექსის გათხრებისას შეწირულობათა შორის ჯიხვის რქებიც აღმოჩნდა (Лордкипанидзе О. и др., 1974: 37).[4] გაკეთებულია დასკვნა, რომ

151

ვანის ჯიხვის გამოსახულებიან საკიდებს ადგილობრივ რწმენა-წარმოდგენაში ეძებნება ახსნა (ჭყონია, 1981: 37).

110-ე სამარხში აღმოჩენილ ყელსაბამზე ჯიხვის გარდა აღმოჩნდა 6 ცალი ჩიტის გამოსახულება. ისინიც მიღებულია ორი გამოტვიფრული ნახევრის ერთმანეთთან შეერთების გზით. მსხვილი ნისკარტი, კისერი და ტანის დიდი ნაწილი სადაა. თავი დაფარულია ცვარათი, თვალი და კისერი სადა მავთულითაა შემოფარგლული. ფოთლისებური მოყვანილობის ფრთებისა და გაორებული კუდის კიდეები მარცვლოვანი გავარსითაა შემკული. ფრთების შიდა არე დაფარულია რამდენიმე ვერტიკალური და ერთი ჰორიზონტალური ღარით.

ვანში აღმოჩენილი 11 ყელსაბამიდან ორ შემთხვევაში (სამარხი 6, 11) საკიდებად ფრინველის გამოსახულება იყო გამოყენებული (ჭყონია, 1981: 34-35, 37-38, სურ. 15). მსგავსი საკიდებისაგან შედგენილი ოქროს ყელსაბამი ცნობილია ყაზბეგიდანაც (წითლანაძე, 1976: ტაბ. XV/1). ფრინველის ფიგურები მოცემულია ვანის საყურეებზეც (ჭყონია, 1981: 37). ჩიტის გამოსახულებანი გვხდება, აგრეთვე, გონიოს ახალი წელთაღრიცხვის პირველი საუკუნეების განძის (ლორთქიფანიძე ოთ., მიქელაძე, ხახუტაიშვილი, 1980: 14 და შმდ., ტაბ. XXI), კლდეეთსა (ლომთათიძე, 1957: 35, 168) და ლოოში (Иванова М., Голубев, 1961: 284-292, рис. 7/1, 8/2) აღმოჩენილ ოქროს ბალთებზე. გვიანარქაული ხანის ფიჭვნარის ნიმუშებისაგან ოდნავ განსხვავებულია ოლბიაში ნანახი საყურე, რომელზეც ჩამოკიდებულია ოქროს სამ-სამი ჩიტი (ОАК, 1916: 34, рис. 53). მასზე ცალკეული დეტალები ხაზებითაა გადმოცემული, გრანულაციის ტექნიკა არ ჩანს. მიჩნეულია იონიურ ნაკეთობად და ძვ.წ. VI ს შუა თუ მეორე ნახევრითაა დათარიღებული (Скржинская, 1986: 115, рис. 2/6). ჩიტების სკულპტურულ გამოსახულებებს ძველ სამყაროში ფართოდ გავრცელებულ დიდი დედის კულტს უკავშირებენ (Куфтин, 1949: 238, таб. XXXl/2; Лордкипанидзе Г., 1970: 118 და სხვ.). ფიქრობენ, რომ ფრინველის გამოსახულება გარკვეულ ადგილს იკავებდა ძველი კოლხების რელიგიურ რწმენა-წარმოდგენებშიც (ჭყონია, 1981: 38).

ფიჭვნარის ძვ.წ. V ს ბერძნული ნეკროპოლების ყელსაბამების შემდგომ ნაირსახეობებზე მძივებთან ერთად ნახევარმთვარისებრი საკიდებია წარმოდგენილი. მსგავსი სამკაული, ბუნებრივია, ასტრალურ რწმენა-წარმოდგენებს, კერძოდ, მთვარის კულტს უნდა უკავშირდებოდეს. 104-ე სამარხში ადრეულ დიდი ზომის ნახევარმთვარისებურ საყურეებთან ერთად მოპოვებული ყელსაბამი შედგებოდა 86 ცალი სხვადასხვა ზომის მძივისა და ორი ნახევარმთვარისებრი საკიდისაგან. საკიდის ბოლოებსა და შუაზე მირჩილულ ყუნწებზე პატარა ზომის რგოლების საშუალებით ჩამოკიდებულია ყუნწებიანი დისკოსებური ფირფიტები.[5] საკიდისა და ფირფიტების კიდეები წვრილი გავარსითაა შემკული (სურ. 91/9). ჯერჯერობით ოქროს თანადროული ნახევარმთვარისებური საკიდები ცნობილია საირხეს ერთ-ერთი მდიდრული სამარხიდან (ნადირაძე, 1990: 94). ვანში მსგავსი სამკაული ძვ.წ. IV ს მესამე მეოთხედიდან ჩნდება; გვხვდება უფრო მოგვიანო ყელსაბამებზეც (ჭყონია, 1981: 70, სურ. 44). თვლიან, რომ საკიდის ნახევარმთვარისებრი მოყვანილობა დამახასიათებელი ელემენტია ადრეელინისტური და შემდგომი ხანის ოქროს სამკაულებისათვის. მათ წარმოშობას ძველ აღმოსავლეთს, კერძოდ, მესოპოტამიას უკავშირებენ (ჭყონია, 1981: 70). ფიჭვნარის და საირხეს უახლესი აღმოჩენის მიხედვით დასტურდება, რომ

152

კოლხეთში ოქროს ნახევარმთვარისებრი საკიდები ძვ.წ. V ს შუა ხანებიდან მაინც ჩანს გავრცელებული. საერთოდ კი ოქროს, ვერცხლისა და ბრინჯაოს ნახევარმთვარისებური საკიდები უფრო მასობრივად მზადდება ადრეელინისტური ხანიდან. ისინი გვხვდება თვით ფიჭვნარის ელინისტური ხანის სამაროვანზე (კახიძე, ვაშაკიძე, 1977: 45, ტაბ. XXI5; ვაშაკიძე, კახიძე, 1978: 52, ტაბ. XVII-XVIII), დაფნარში (Кигурадзе, 1976: 34, таб. XI), დაბლაგომში (Куфтин, 1950: 34, таб. 15/6), ვანში,[6] ახალგორში (Куфтин, 1950: 34), ქლივანში, აბულმუგის სამაროვანზე, ეცოში, პაპიგორაში (მარგიშვილი, 1992: 37-38) და ა.შ. ანალოგიური ნივთები აღმოჩენილია, აგრეთვე, ქერსონესის, ელიზავეტინსკისა და ვოლგისპირეთის სარმატულ სამარხებში. ბ.კუფტინი თვლიდა, რომ ნახევარმთვარისებრი საკიდები ამიერკავკასიაში ბრინჯაოს ხანიდან ჩნდება (Куфтин, 1950: 48). ბრინჯაოს, ტყვიის, მინის, ეგვიპტური ფაიანსისა და ქარვის მსგავსი მძივსაკიდები ცნობილია ჩრდილო შავიზღვისპირეთიდან (Алексеева, 1975: 93, таб. 4). ასეთივე ფორმის მძივსაკიდები მოგვიანო პერიოდშიც განაგრძობს არსებობას (იხ. Смирнов А., 1951: 158; Хованская, 1958: 240, рис. 1). ფეოდალურ ხანაში მოპოვებულია როგორც თვით სამკაულები, ასევე მათი ყალიბები (Рыбаков, 1948: 168; 1956: 181, рис. 24).

ფიჭვნარის ძვ.წ. V ს ბერძნულ ნეკროპოლზე მე-12 სამარხში აღმოჩენილია ოქროს ყელსაბამი, რომელიც შედგება 58 ცალი სადა მძივისა და კილიტისებური საკიდისაგან. საკიდის წრისებრი კიდეები გავარსითაა შემკული. იგი პატარა ზომის მძივით დაკავშირებულია კასრისებური მოყვანილობის მოზრდილ მძივთან (სურ. 43/3).

ყელსაბამების მომდევნო ჯგუფი მძივებისა და პატარა ზომის თხელი ფირფიტა-საკიდისაგან შედგება. ერთ-ერთი ყელსაბამზე (ქ-ფ-83/24, სამარხი 101) ასხმული ყოფილა 43 წვრილი მძივი და ერთი ცალი ფირფიტა-საკიდი, რომელიც წვრილი რგოლით ჩამოკიდებულია ყუნწიან, ცილინდრული მოყვანილობის ოქროს მძივზე.

ფიჭვნარის როგორც კოლხურ, ასევე ბერძნულ ნეკროპოლზე კიდევ უფრო ხშირად ჩნდება სადა ყელსაბამები, რომლებიც მხოლოდ და მხოლოდ ოქროს მძივებისაგან შედგება. როგორც ცნობილია, მსგავს სამკაულთა ქრონოლოგიური დიაპაზონი და გავრცელების არეალი მეტად ფართოა. ფიქრობენ, რომ ისინი მაგიური დანიშნულების ამულეტებისაგან წარმოიშვა, შემდგომ კი სამკაულის სახე მიიღეს. როგორც ვნახეთ, ძირითადად ყელსაბამებად გამოიყენებოდა, ზოგჯერ კიდევ – სამაჯურებად, საყურეებად, ბალთებად. აკერებდნენ ტანსაცმელზე, სარტყელსა და ფეხსაცმელზედაც კი. ბერეზანის ერთ-ერთი მდიდრული სამარხის ქამარი შემკული იყო ოქროსა და სერდოლიკის მძივებით (Горбунова, 1969: 24). ძველი ყელსაბამი მთლიანად არ ფარავდა ყელის არეს (Скржинская, 1986). ბევრგან, მათ შორის ფიჭვნარშიაც, სამარხში რამდენიმე ან ერთი მძივი თუ მძივსაკიდი გვხვდება; ხშირად – მთელი ასხმა. როგორც ზემოთაც ვნახეთ, ერთ-ერთი ყელსაბამი 90 ოქროს მძივისაგან შედგებოდა.

წამყვანია ღერძის გასწვრივ მცირედ წაგრძელებული სადა სფეროსებური მოყვანილობის წვრილი მძივები. ისინი მიღებულია ორი ნახევარსფეროს ერთმანეთთან მირჩილვის გზით - მირჩილვის ხაზი იკითხება. ზედაპირი მოპრიალებულია, მძივების ნახვრეტთან კიდეები შიგნითაა ჩაკეცილი (სურ. 50/5). უფრო ნაკლებია ტანდაღარული მძივები. ისინი უფრო დიდი ზომისანი არიან, სფეროსებური მოყვანილობის. მიღებულია ადრე დაღარული ორი ნახევარსფეროს

153

ფიჭვნარი II

ერთმანეთთან მირჩილვის შედეგად (სურ. 69/3). ზოგჯერ გამოერევა ბიკონუსური თუ მასთან მიახლოებული ოქროს მძივებიც. როგორც ზემოთაც ვნახეთ, ხანდახან ყელსაბამის საკიდები წვრილი რგოლებით ჩამოკიდებულია კასრისებურ ტანდაღარულსა და ცილინდრული მოყვანილობის მძივებზე.

ფიჭვნარის მსგავსი ოქროს მძივების გავრცელების დიაპაზონი და ქრონოლოგიური ჩარჩოები მეტად ფართოა. ანალოგიები ეძებნებათ როგორც საქართველოს[7], ისე ჩრდილო შავიზღვისპირეთის[8] მასალებს შორის.

როგორც ზემოთ აღინიშნა, ფიჭვნარის ბერძნული ნეკროპოლის მეოთხე ჯგუფში ე.წ. ფიჭვნარული ნიმუშები ექცევიან. მათი რიცხვი არაა დიდი. ადგილობრივი ნაკეთობანი უფრო ხშირად ფიჭვნარის თანადროულ კოლხურ სამაროვანზე ჩნდებიან. ეს ასეც უნდა იყოს. ფიჭვნარული ნაკეთობებისათვის დამახასიათებელია მთელი ზედაპირის დაფარვა მჭიდროდ განლაგებული ირგვლივი, კონცენტრირებული ღარებით. ასეთთა რიცხვს განეკუთვნებიან საყურე რგოლები და სასაფეთქლეები. ამ სტილის წყვილი საყურე რგოლი (დმ 1,5 სმ) 24-ე სამარხში აღმოჩნდა (სურ. 64/2). მისი გახვრეტილი ბოლოები ჩიტის თავის გამოსახულებას ემსგავსება. ოქროს, ვერცხლისა და ბრინჯაოს საყურე რგოლები ფართოდაა გავრცელებული კლასიკურსა და ელინისტურ ხანაში როგორც დასავლეთ, ისე აღმოსავლეთ საქართველოში. მათ შესახებ აქ სიტყვას აღარ გავავრცობთ, მაგრამ ფიჭვნარის მსგავსი შემკობის მოტივი არც ერთი მათგანისათვის არაა დამახასიათებელი. ასევე ითქმის ფიჭვნარის ძვ.წ. V ს ბერძნული ნეკროპოლის მე-15 სამარხში აღმოჩენილი სასაფეთქლეების მიმართ. საკმაოდ მასიური 1,5 ხვია მთლიანადაა დაფარული მჭიდროდ განლაგებული სიმეტრიული ირგვლივი წრისებრი ღარებით (სურ. 50/1-2). მათ ანალოგი არ ეძებნება თვით ფიჭვნარის კოლხური სამაროვნის ოქროს სამკაულთა შორისაც კი. საერთოდ, როგორც ცნობილია, ბრინჯაოს სასაფეთქლეები უძველესი ეპოქებიდან იჩენს თავს.

ჯერჯერობით ანალოგი არ ეძებნება ფიჭვნარის ძვ.წ. V ს ბერძნული ნეკროპოლის 101-ე ბავშვის სამარხში აღმოჩენილ ოქროს საყურეებსაც. მათ აქვთ წაგრძელებული, თითქმის ოთხკუთხა შემოწერილობის ბოლოებგახვრეტილი რგოლსაკიდი. მისი წინა მხარე შემკულია შვიდშტოიანი ვარდულითა და ორნამენტირებული სარტყელით. ვარდულები განლაგებულია გავარსიანი წრეხაზის ირგვლივ. ცენტრში სადა წრეხაზით შემოფარგლული მოზრდილი ბურთულაა დარჩილული. შედარებით ვიწრო სარტყელს მთელს სიგრძეზე მიუყვება ცენტრში სადა, ხოლო კიდეებზე წვრილგავარსიანი ზოლები. წაგრძელებული ბოლოებისაკენ ოდნავ შევიწროვებული საყურე რგოლსაკიდთან უძრავადაა დაკავშირებული არც თუ ისე მაღალი ცილინდრით, რომლის ბოლოები გავარსიანი წრეებითაა შემკული. თვით საყურეზე აგებულია საკმაოდ მაღალი 3-3 პირამიდისებრი გამოსახულების ურთიერთმოშორებული სამი ვერტიკალური რიგი, რომელთა ზედაპირი მჭიდროდ განლაგებული ჰორიზონტალური ღარებითაა დაფარული. რიგებს შორის დატანილია სადა მავთულისაგან დამზადებული კითხვის ნიშნის მსგავსი გამოსახულება. საყურის მომაღლო კონუსისებრი გაგრძელება მთლიანადაა დაფარული მჭიდროდ განლაგებული ჰ ორიზონტალური ღარებით. ერთი საყურე ბოლოვდება ცვარათი შედგენილი ხუთი, მეორე კი ერთი, შედარებით მოზრდილი პირამიდით (სურ. 91/6). ვარდულითა და ორნამენტირებული

სარტყელის მიხედვით ჩანს, რომ ფიჭვნარის ეს უნიკალური საყურეები ადგილზევე ყოფილა დამზადებული.

ასეთია ფიჭვნარის ძვ.წ. V ს ბერძნულ ნეკროპოლზე აღმოჩენილი საიუველირო ხელოვნების უმთავრესი ნიმუშები. ნივთიერი კულტურის სხვა ძეგლების მსგავსად მათი მნიშვნელობაც განსაკუთრებულია. ჩანს, რომ კლასიკურ ხანაში ფიჭვნარელ ელინებში დიდ მოწონებას იმსახურებდა ოქრომჭედლობის მაღალმხატვრული ნიმუშები. ჩვენს მიერ შესწავლილი მასობრივი ბერძნული ნეკროპოლების, მათ შორის მატერიკული საბერძნეთისაც კი, სამარხეული ინვენტარის შემადგენლობაში ოქროს ნივთების მსგავსი ნაირსახეობა და სიმრავლე არ შეინიშნება. ეს უთუოდ კოლხური საზოგადოების გავლენით უნდა აიხსნას. როგორც ვიცით, კოლხეთში მოქმედებდა ოქრომჭედლობის არაერთი სკოლა. ამ მიმართებით განსაკუთრებით მდიდარ მასალას იძლევა ვანისა და საირხეს არქეოლოგიური გათხრები. მათ რიცხვს უნდა მიემატოს ფიჭვნარიც, რომელიც წარმოადგენდა უძველესი კოლხური და ელინური ტრადიციების შეხვედრა-შერწყმის ერთ-ერთ მნიშვნელოვან არეალს. სხვა სახის მასალებისაგან განსხვავებით, ფიჭვნარის მონაპოვარში ოქრომჭედლობის უცხოურ ნიმუშებს მოკრძალებული ადგილი უკავია. წამყვანია კოლხიზებული, ზოგადკოლხური თუ თვით ფიჭვნარული ნაკეთობანი. ბევრი მათგანი საიუველირო ხელოვნების ბრწყინვალე ნიმუშს წარმოადგენს. აშკარაა, რომ ფიჭვნარში ამაღლებული კლასიკის ხანაში სახეზეა დახვეწილი გემოვნების მქონე საზოგადოება.

ქართულმა ოქრომჭედლობამ მორიგი აღმავლობა ახ.წ. I-III სს განიცადა. იგივე ითქმის X-XIII სს საქართველოს ფეოდალური მონარქიის ძლიერების ეპოქაზე (Чубинашвили, 1959; გაგოშიძე, 1976; 1981). საიუველირო ხელოვნების მორიგი რენესანსის ეს საინტერესო პერიოდი ჩვენი კვლევის ქრონოლოგიურ ჩარჩოებს სცილდება.

შენიშვნები:

[1] სპეც.ლიტ. იხ. გვ. 5-13. თანმხლები მასალის შესახებ იხ. (კახიძე, 1975: 78, ტაბ. XVIII2; კახიძე, ვიკერსი, 2004, 94-104, სურ. 22)ძ

[2] ინახება ერმიტაჟის აღმოსავლეთის განყოფილებაში, ინვ. № 7-438.

[3] აქ არის ელექტრუმის ორსხივიანი და ოქროს ხუთსხივიანი საყურეებიც (იხ. ჭყონია, 1981: 20).

[4] ასეთი რიტუალი ეთნოგრაფიული მონაცემებითაც დასტურდება (იხ. Бардавелидзе 1957: 163).

[5] მათ „საწკარუნოს", „ჟღარუნასაც" უწოდებენ (იხ. ლომთათიძე, 1957: 103-104; ჭყონია, 1981, 1981: 70).

[6] ამის შესახებ უკვე ითქვა.

[7] ვანი (ჭყონია, 1981: 39, სურ. 21-22), ბრილი (გობეჯიშვილიბ $1959_а$: 198), საჩხერე-მოდინახე (ნადირაძე, 1975: 31, სურ. 3), საირხე (ნადირაძე, 1990: 58-59, 61-62, 94, ტაბ. VI/2, VIII/2,3, XXXIV/3; მახარაძე, წერეთელი, 2002: 60), წითელიშუქურა (Трапш, 1969: 276, таб. XXXIX/18) და ა.შ.).

[8] ოლბია (Скржинская, 1986: 123, 124, рис. 5/2), ნიმფეი (Силантьева, 1959: 42, рис. 19/1), ფანაგორია (Марченко, 1960: 22-23) და სხვ. მ. სკრიჟინსკაია ვარაუდობს, რომ ოლბიაში ნაპოვნი მძივები ადგილზევე მზადდებოდა.

ტორევტიკის ნიმუშები

ფიჭვნარის ბერძნულ ნეკროპოლზე აღმოჩენილ მასალებს შორის ყურადღებას იქცევენ ტორევტიკის ნიმუშები. ცალკეულ შედარებით მდიდრულ სამარხეულ კომპლექსებში მეტ-ნაკლები რაოდენობით წარმოდგენილია ვერცხლის ფიალები, ბრინჯაოს ჩამჩები, საწურები, ოინოხოები, სკიფოსი, სტრიგილები, სიტულები და ა.შ.

ამ სახის მასალების მიმართაც ჩვენი ინტერესი განსაკუთრებულია. მათი დიდი ნაწილი პირველადაა დადასტურებული აღმოსავლეთ შავიზღვისპირეთში. თვით მატერიკულ საბერძნეთში ტორევტიკის ნიმუშები შედარებით ცოტა რაოდენობითაა მოპოვებული. ისინი უფრო ხშირად პერიფერიებში, კერძოდ, დასავლეთსა და ჩრდილო შავიზღვისპირეთში ჩნდება. ბოლოდროინდელ მონაპოვრებს თუ გავითვალისწინებთ, ამ რეგიონებს თანდათანობით საქართველოს ზღვისპირეთიც ემატება.

ტორევტიკის ნიმუშების განხილვას ვერცხლის ომფალოსიანი ფიალებით დავიწყებთ. ისინი სამ სამარხში იყო წარმოდგენილი. მათ შორის ყველაზე ადრეული ჩანს 1968 წელს მე-15 სამარხში აღმოჩენილი თასი. იგი საკმაოდ კარგადაა დაცული; შედარებით ღრმა ტევადობის მომრგვალებული ტანი წვრილი კანელურებითაა შემკული; აქვს მაღალი გარეთკენ გაშლილი სადა პირი; სიმაღლე 4 სმ-ია, აქედან პირის - 2,2 სმ; დიამეტრი 15,4 სმ (სურ. 48/4).

მსგავსი ფიალების განვითარებულ ნიმუშებზე კანელურები უფრო მკვეთრია. ომფალოსის ირგვლივ ორნამენტიცაა დატანილი (Filow, 1913: 360, Abb. 15-16; Шкорпиль, 1916: 30, рис. 16).

დიდი ნაწილი ინვენტარისა ძვ.წ. V ს მეორე მეოთხედისა თუ შუა ხანებისაა. თავისი არქაული იერის მიხედვით ამავე პერიოდის უნდა იყოს ვერცხლის ომფალოსიანი ფიალაც.

მე-15 სამარხის ვერცხლის ფიალის ქრონოლოგიურ გაგრძელებას უნდა წარმოადგენდეს 1967 წელს მე-6 სამარხში აღმოჩენილი ნიმუში. იგი თხელკედლიანია; ტანის დასაწყისის როგორც გარეთა, ასევე შიდა ზედაპირი შემკულია რელიეფური კონცენტრული წრეხაზებითა და მრავალკუთხედებით; მრავალკუთხედის წვეროებზე აგებულია სტილიზებული პალმეტები. მათ შორისი არე შევსილია წვერით პირისკენ მიმართული ნუშისებრი ბურცობებით. ფიალის ტანზე დატანილია 13-13 ბურცობი და პალმეტი, რაც ქმნის მთელი ზედაპირის რელიეფურ შემკულობას. აქვს სწორი, მომაღლო, ოდნავ გარეთკენ გადაშლილი სადა პირი. ფიალის სიმაღლე 3,5 სმ-ია, პირის დიამეტრი - 12 სმ (სურ. 33/4, 34/3).

როგორც ფორმის, ისე რელიეფური გაფორმების მიხედვით ჩვენს მონაპოვარს მნიშვნელოვნად ემსგავსება საქართველოში, კერძოდ, ქვემო ქართლში, თეთრიწყაროს რაიონში, ენაგეთის სამაროვანზე აღმოჩენილი ვერცხლის ომფალოსიანი ფიალა. ფიჭვნარისაგან განსხვავებით პირისა და ტანის დასაწყისზე შემოუყვება ოვებისაგან შედგენილი სარტყელიც. ენაგეთის

ფიალა ძვ.წ. IV ს პირველი ნახევრითაა დათარიღებული (მარგიშვილი, 1992: 5, 30, 31, 71, 72, ტაბ. XX). ჩვენ უფრო სწორად მიგვაჩნია ძვ.წ. V ს 30-20-იანი წლები.

მეტ-ნაკლებად განსხვავებული ფორმის ფიჭვნარის თანადროული ოქროს, ვერცხლისა და მინის ფიალები აღმოჩენილია საქართველოს სხვადასხვა პუნქტში: ახალგორში, ალგეთში, ყანჩაეთში, ყაზბეგში, ვანში და ა.შ. (გაგოშიძე, 1964: 72-75; ხოშტარია, ფუთურიძე, ჭყონია:1972: 116, სურ. 55; საგინაშვილი, გაგოშიძე, 1973: 81-98 და სხვ.) ისინი ძირითადად აქემენიდურ ნაკეთობადაა მიჩნეული.

ოდნავ განსხვავებული რელიეფური გაფორმება აქვს ჩრდილო შავიზღვისპირეთში, ნიმფეის ნეკროპოლზე აღმოჩენილ ვერცხლის ფიალას, რომელიც თანმხლები მასალის მიხედვით ძვ.წ. V ს 60-50-იანი წლებითაა დათარიღებული (Силантьева, 1959: 58, рис. 26). ფორმისა და რელიეფური გაფორმების მიხედვით ფიჭვნარის მონაპოვარს უახლოვდება ბერლინის სახელმწიფო მუზეუმში დაცული ვერცხლის ფიალაც (Strong, 1966: 176, pl. 9).[1]

თვით სამარხისა და განსაკუთრებით სააღაპო მოედანზე აღმოჩენილი მასალების მიხედვით ფიჭვნარის მე-6 სამარხის ფიალა ძვ.წ. V ს 50-40-იანი წლებით უნდა თარიღდებოდეს.

მესამე ფიალა აღმოჩნდა 110-ე სამარხში 1985 წელს. ესეც ომფალოსიანია. ტანი შემკულია ნუშისებრი ბურცობების სამი რიგით. თითოეულ რიგში მოცემულია 23-23 ბურცობი. ომფალოსთან ახლოს განლაგებული შედარებით პატარა ზომის ბურცობები წვერით პირისკენაა მიმართული, ხოლო მეორე რიგის მოზრდილი და მესამის დიდი ზომის ნუშისებრი ბურცობები - წვერით ძირისკენ. დიდი ზომის პირთან ახლოს განლაგებული ბურცობების ბოლოებს შორის როგორც გარეთა, ისე შიდა ზედაპირზე მოცემულია ლოტოსის ყვავილის სტილიზებული გამოსახულებანი, ხოლო ფსკერზე, ომფალოსის ირგვლივ, ნაკვეთია ოვებისა და წვერით ძირისკენ მიმართული პალმეტების წრისებრი ზოლი (დატანილია შესანიშნავი პროპორციების მქონე 22 პალმეტი). პირი სადა, ოდნავ მომრგვალებული, შედარებით დაბალი. ფიალის სიმაღლე 3 სმ, პირის დმ – 13,5 სმ (სურ. 92/7). ფიჭვნარის ეს მონაპოვარიც წარმოადგენს ანტიკური ტორევტიკის მორიგ მაღალმხატვრულ ნაკეთობას.

სამარხსა და ამ შემთხვევაში ჩვენთვის საინტერესო ვერცხლის ფიალას შესანიშნავად ათარიღებს ძვ.წ. V ს 30-20-იანი წლებით ე.წ. ნატიფი კლასის ატიკური შავლაკიანი კილიკი და არიბალისებრი ლეკითოსი (კახიძე, 1971_a).[2]

ფიჭვნარის ვერცხლის ფიალების მოკლე დახასიათებისა და მყარი კომპლექსების მიხედვით ქრონოლოგიის განსაზღვრის შემდგომ მოკლედ შევჩერდებით მათი წარმომავლობის საკითხზეც. როგორც ცნობილია, მსგავსი სარიტუალო ჭურჭლის პროტოტიპები ეგვიპტე-სირია-ფრიგიის ძვ.წ. IX-VII სს მასალებს შორის ჩნდება. ირანულ-ბერძნულ სამყაროში ისინი ფართოდაა გავრცელებული ძვ.წ. VI-IV სს. ირანული ფიალებისათვის დამახასიათებელია ომფალოსიანი დაბალი სფერული კორპუსი და გარეთ გადაშლილი ფართო პირი. შემკულობის ძირითადი მოტივია ლოტოსის გამოსახულება ყვავილების, ფოთლებისა და კოკრების ნაირ-ნაირი კომბინაციით. ბერძნული ფიალებისათვის განმასხვავებელ ნიშნად ითვლება ვერტიკალურად მიმართული სადა პირი. მცენარეულ ორნამენტებს დაქვემდებარებული ადგილი უკავია; უფრო ხშირია გეომეტრიული სახეები, მითოლოგიური სიუჟეტები და ფიგურული გამოსახულებანი (მათიაშვილი, 1977: 103-104).

157

ფიჭვნარი II

ძველ საბერძნეთში ადრეული ეპოქებისათვის ოქროსა და ვერცხლის წარმოების შესახებ ჩვენი ცნობები შეზღუდულია. აღიარებულია, რომ ბერძენ-სპარსელთა ომებში აღმოსავლურ დესპოტიაზე ელინთა გამარჯვების შემდეგ მხატვრული ხელოსნობის ეს დარგიც მკვეთრად დაწინაურდა. ჰეროდოტეს მიხედვით ვიცით, რომ პლატეასთან გამარჯვებით ელინებმა დიდძალი ოქრო-ვერცხლის ნაკეთობა ჩაიგდეს ხელთ. გაჩნდა შთაგონების წყარო. ბერძნული ტორევტიკის ნიმუშებზე აშკარად შეინიშნება აქემენიდური ხელოვნების გავლენა. ვაზათა ყველაზე პოპულარული ფორმები ვერცხლისაგან კეთდებოდა. საყოველთაოდ ცნობილია, რომ თვით ელადაში არქეოლოგიური გათხრებისას ამ სახის ნაწარმი მცირე რაოდენობითაა აღმოჩენილი. თვლიან, რომ სარიტუალო ოქროსა და ვერცხლის ნივთები შეზღუდულად გამოიყენებოდა. მათ, როგორც ფუფუნების საგნებს ინახავდნენ ღვთაებათა წმინდა ადგილებში – ტაძრებში. ხშირად ხანძრისა თუ მომხვდურთა ძარცვა-რბევის შემდეგ ეს განძეულობა ნადგურდებოდა. გარდა ამისა, მდიდარი არაბერძენი მეზობლები დიდი სიამოვნებით იძენდნენ მაღალმხატვრულ ნაკეთობებს. ადგილობრივი ტომების მესვეურებისაგან ბერძენი ხელოსნები იღებდნენ არა ერთ დაკვეთას. ხშირად ხელოვნების ბრწყინვალე ნიმუშები ანტიკური სამყაროს პერიფერიებისაკენ გაედინებოდა. შესაბამისად, ოქრო-ვერცხლის ინვენტარი დიდი რაოდენობითაა აღმოჩენილი თრაკიისა და სამხრეთ რუსეთის სკვითურ ყორღანებში (Luschey, 1936). ამ ბოლო დროს მსგავსი ნაკეთობანი ჩვენშიაც გამოჩნდა.

დ.სტრონგის დახასიათებით ჩვენთვის საინტერესო პერიოდის ბერძნული მესომფალოსიანი ფიალები მზადდებოდა ოქროსა და ვერცხლისაგან. ხშირად გაფორმების ერთადერთ სახეს წარმოადგენდა ვიწრო ზოლი, რომელიც კეთდებოდა ომფალოსის გარშემო. ძვ.წ. V საუკუნისათვის რელიეფური გაფორმება ჩვეულებრივი, კანონიკური გახდა. V საუკუნის შუა წლებში შემოვიდა ორნამენტაციის უფრო რთული კონცენტრულ -ზოლებიანი გამოსახულება. იგრძნობა ოქრო-ვერცხლის ნაკეთობათა მრავალგვარობა ფორმების მიხედვითაც (დაწვრ იხ: Strong, 1966: 75-89).

ჩვენს ხელთ არსებულ მასალებს როგორც ფორმის, ასევე რელიეფური გაფორმებისა და ორნამენტაციის ზოგიერთი მოტივის მიხედვით ბერძნულ ნაკეთობად მივიჩნევთ. როგორც ვნახეთ, მათ აქვთ სადა სწორი პირი და რელიეფურად გაფორმებული ტანი. ორნამენტაციის ზოგიერთი მოტივი უშუალო პარალელს, შორს რომ არ წავიდეთ, თვით ფიჭვნარში აღმოჩენილ მრავალრიცხოვან ატიკურ შავლაკიან კერამიკულ ნაკეთობათა შორის პოვებს. ზემოთაც აღინიშნა და ახლაც გავიმეორებთ, 110-ე სამარხის ვერცხლის ფიალაზე ნაკვეთი პალმეტები ისე ემსგავსება ატიკური შავლაკიანი კერამიკის ორნამენტაციის მოტივებს, რომ ზოგჯერ იქმნება შთაბეჭდილება მათი ერთ და იმავე სახელოსნოში დამზადების შესახებაც კი. ისიც უნდა აღინიშნოს, რომ სახეზეა აქემენიდური ხელოვნების მეტ-ნაკლები ზეგავლენაც. მაგალითად, სტილიზებული პალმეტებისა თუ ლოტოსის ყვავილის გადმოცემა. ჩვენი აზრით, გადასინჯვას მოითხოვს საქართველოში აღმოჩენილი ოქრო-ვერცხლის ფიალების აქემენიდური წრის ნაწარმად მიჩნევასთან დაკავშირებული შეხედულებები. ენაგეთის ფიალის ბერძნული წარმომავლობა ეჭვს არ უნდა იწვევდეს.

ფიჭვნარის მონაცემებით დასტურდება, რომ ამაღლებული კლასიკის ხანის საბერძნეთში ოქროსა თუ ვერცხლის ფიალების დამზადება მხატვრული ხელოსნობის გამოკვეთილ, დაწი-

158

ნაურებულ დარგად ქცეულა. შესაბამისად ელადის ფუფუნების საგნების ექსპორტში გარკვეული წილი ამ სახის ნაკეთობებზე მოდიოდა. ფიალები უპირატესად მდიდრულ სამარხებში გვხვდებიან. ასევე ითქმის ტორევტიკის სხვა ნიმუშების შესახებაც. მხედველობაშია ბრინჯაოს ნაკეთობანი. აქვე განვიხილავთ ამ სახის მასალასაც.

ბრინჯაოსაგან დამზადებული ფიჭვნარის ტორევტიკის ნიმუშები 4 ჯგუფად იყოფა. პირველში წარმოდგენილია ღვინის სმასთან დაკავშირებული ნივთების თითქმის მთელი კომპლექსი - ბრინჯაოს ოინოხოია, ჩამჩა, საწური და სკიფოსი. მეორე ჯგუფში ერთიანდება პალესტრთან დაკავშირებული ბრინჯაოსა და რკინის სტრიგილები. მესამე ჯგუფში ექცევა ტუალეტისათვის განკუთვნილი ბრინჯაოს დისკოსებური სარკეები. მეოთხე ჯგუფი ადგილობრივი სიტულებითაა წარმოდგენილი.

დავიწყებთ საღვინე ჭურჭლით. ამ მიმართებით საინტერესო კომპლექსია აღმოჩენილი ფიჭვნარის პირველ სამარხში. ბრინჯაოს დოქი (ქ-ფ-67/15). აქვს საკმაოდ ფართო ბრტყელი ძირი, თხელკედლიანი მომრგვალებული ტანი, თანაბრად დაქანებული მხრები. დაბალი ყელი ბოლოვდება მკვეთრად გამოყოფილი გარეთკენ გადაშლილი პირით, რომლის გარეთა კალთა შემკულია რელიეფური ზოლებით შემოფარგლული წერტილოვანი ორნამენტის სამი ჰორიზონტალური რიგით. მუცლის არეში მირჩილული ოთხკუთხაგანივკვეთიანი ყურის ქვედა ბოლოს ფოთლისებური შემოწერილობა აქვს. მასზე გამოსახულია შესანიშნავი პროპორციების მქონე ცხრაშტოიანი პალმეტი და მზის ღვთაების სიმბოლო - ლოტოსის ყვავილი. კავისებურად მოხრილი სახელურის ზედა ბოლო პატარა ზომის ოვალურ ფირფიტაზე პირის გვირგვინის ქვემოთ სამი მანჭვალითაა მიერთებული. პირქობა და ყური ჩამოსხმულია, ტანი ნაჭედი (სურ. 28/1, 29/1; კახიძე, 1987; Kakhidze, 2000-2001: 42, fig. 1/1).

ფიჭვნარის ოინოხოისებრი ჭურჭელი იშვიათ მონაპოვართა რიცხვს განეკუთვნება. როგორც ცნობილია, მსგავს ფორმებს იყენებდნენ ღრეობის, საზეიმო ტრაპეზის დროს. საქართველოში მას ჯერჯერობით პარალელი არ ეძებნება. ჩრდილო შავიზღვისპირეთშიაც კი, სადაც არქეოლოგიური გათხრები დიდი ხანია წარმოებს, ერთადერთი ცალია აღმოჩენილი. მხედველობაშია ტამანის ნახევარკუნძულზე, სემიბრატნის IV ყორღანში 1876 წ აღმოჩენილი დოქი, რომელიც ერმიტაჟშია დაცული. იგი ეტრუსკულ ნაკეთობადაა მიჩნეული (Билимович, 1982: 84-85). ისინი უფრო ხშირად ეტრუსკულ სამარხებში ჩნდება (20 შემთხვევა). ყურის ქვედა ბოლოზე დაცული დეკორის მიხედვით გამოყოფენ სხვადასხვა სახეობებს: სილენის ნიღბის, გორგონეიდის, ლომის ტყავისა და ფიჭვნარის მსგავსი პალმეტისგამოსახულებიანი ცალები. ლოტოსის ყვავილიანი პალმეტები მოცემულია სემიბრატნის, ტარკვინიის, გენუის, ვატიკანის, კასელისა და ლოკრის ბრინჯაოს დოქებზე. ფორმის, ღარიანი ყურისა და პირის სამკაულის მიხედვით ჩვენი მონაპოვარი ემსგავსება ზემოთ აღნიშნულ სხვა სახეობის ნიმუშებსაც. აშკარაა, რომ ყველა მათგანი ერთ საწარმოო ცენტრში უნდა იყოს დამზადებული. მკვლევართა დიდი ნაწილი ასეთად ეტრურიას მიიჩნევს. თუ ეს ასეა, მაშინ აღმოსავლეთ შავიზღვისპირეთში უძველეს ეტრუსკულ ნაკეთობათა აღმოჩენის პირველ შემთხვევას ფიჭვნარი უნდა იძლეოდეს. აქვე უნდა დავძინოთ, რომ ფიჭვნარის ჭურჭელს ეძებნება ანალოგი წითელფიგურულ ატიკურ ვაზათა შორისაც (CVA, 1968: pl. 145-146).[3] ბუნებრივია, ტორევტიკის ამ საინტერესო ნიმუშთა წარმოების ცენტრის საკითხი

საბოლოოდ გადაწყვეტილად ვერ ჩაითვლება. სამარხეული კომპლექსის მიხედვით ფიჭვნარის ბრინჯაოს ჭურჭელი ძვ.წ. V ს მესამე მეოთხედით თარიღდება.

ბრინჯაოს ოინოხოია აღმოჩენილია მე-15 სამარხში. სადა, პატინიზებული, საკმაოდ დაზიანებული. აქვს ბრტყელი ძირი, ოდნავ მომრგვალებული მომაღლო ტანი, მხრები ვიწრო; სწორი, დაბალი, ფართო ყელი; პირი სამყურასებრი. ძირი ცალკეა ნაჭედი. აკეცილი ფირფიტებით ტანზე მანჭვალებით ყოფილა მიერთებული (ყოველ 3 სმ-ში თითო წრისებრი ნახვრეტია გაკეთებული - სულ 9). კორპუსი და მრგვალგანივკვეთიანი მასიური ყური ჩამოსხმულია. ყურის ქვედა ბოლო მირჩილულია ტანის ზედა ნახევარზე, გველისთავისებური ზედა ბოლო კი - პირის არეში. ძირის დიამ. 6,5 სმ; ტანის - 11,5 სმ; ყელის 5,5 სმ; სიმაღლე 14 სმ (სურ. 48/3; იხ. Kakhidze, 2000-2001:42-44. fig. 2/1).

სამტუჩა ბრინჯაოს ოინოხოია აღმოჩენილია ვანის ნაქალაქარის მე-11 მდიდრულ სამარხში. ოღონდაც, მისი ყური განსხვავებულია. ქვედა ბოლო ადრეკლასიკური ხანისათვის დამახასიათებელი პალმეტითაა შემკული, ხოლო ზედა კავისებურადაა მოხრილი. იგი ატიკურ ნაწარმადაა მიჩნეული და ძვ.წ. V ს მეორე მეოთხედით დათარიღებული (ლორთქიფანიძე ოთ., 1983: 90, ტაბ. 39/403). ფორმის მიხედვით ფიჭვნარის ოინოხოიას ემსგავსება აღმოსავლეთ საქართველოში, ქვემო ქართლში (ბოლნისის რ-ნი) მშენებლობისას შემთხვევით აღმოჩენილი ჭურჭელი. იგი დაზიანებულია. ყური საერთოდ არაა დაცული. ყელისა და მხრის არეს შემოუყვება გრავირებული ორმაგი სარტყელი, რომელიც ყურძნის მტევნების, ვაზის ფოთლებისა და მსხვილი წნულისაგან შედგება. ტანის არე დაფარულია ვიწრო თოკისებური სარტყლებით შემოფარგლული მითოლოგიური კომპოზიციით (ერთი მეორის მიყოლებით გრავირებულია ატლეტის, საკურთხევლის, მოცეკვავე შიშველი მამაკაცისა და კიდევ ერთი დაზიანებული ფიგურის გამოსახულება). ფიქრობენ, რომ მასზე გადმოცემულია დიონისეს მისტერიები ან სცენები ჰ ერაკლეს თავგადასავლიდან (სინაურიძე, 1985: 31-33, სურ. 6, ტაბ. XXI-XXIII). ამ მონაპოვრის მიხედვით ჩანს, რომ ანტიკური იმპორტი აღმოსავლეთ საქართველოშიც აღწევდა. აქვე გადიოდა წინა აზიის კულტურულ ქვეყნებთან დამაკავშირებელი გზები.

ფიჭვნარის ბრინჯაოს ოინოხოიას უშუალო ანალოგიები ეძებნება ჩრდილო შავიზღვისპირეთის მასალებს შორისაც. ერთ-ერთი მათგანი აღმოჩენილია ნიმფეის ნეკროპოლის 24-ე გორასამარხში, რომელიც თანმხლები მასალის მიხედვით ძვ.წ. V ს მეორე მეოთხედისა თუ შუა ხანებითაა დათარიღებული (Силантьева, 1959: 67, рис. 2). ასეთივე მოოქროვილი ბრინჯაოს ჭურჭელი წარმოდგენილი იყო შუადნეპრისპირეთის ტყე-სტეპების, კერძოდ, ტიასმინის აუზის ყორღანებშიაც. წარმოების ცენტრად ზოგადად ხმელთაშუა ზღვის აუზია მიჩნეული, ხოლო დამზადების თარიღად ძვ.წ. V ს შუა ხანები (Онайко, 1966: 30-63, таб. XVII/4, 25/8). ამავე პერიოდით თარიღდებიან ათენის აგორაზე აღმოჩენილი ფიჭვნარის მსგავსი ატიკური შავლაკიანი ოინოხოიები (Boulter, 1953: pls 31-41; Sparkes, Talcott, 1970: 243, pl. 5.2, fig. 102). ფიჭვნარის ოინოხოია ძვ.წ. V ს შუა ხანებში უნდა იყოს დამზადებული. მისი წარმოების ცენტრად ათენი მიგვაჩნია.

ჰიდრიებისა და ამფორების მსგავსად ოინოხოიები პოპულარულია ძვ.წ. VII ს, განსაკუთრებით კი VI საუკუნეში. ადრეული ნიმუშების სახელურების ზედა ნაწილი პლასტიკური გამოსახულებითაა შემკული; ძვ.წ. V საუკუნისათვის ეს მოტივი აღარაა დამახასიათებელი, ძვ.წ.

ძვ.წ. V ს ბერძნული ნეკროპოლის გათხრები (1967-1987 წწ)

IV საუკუნის ოინოხოიებზე გამოსახულება უფრო მრავალფეროვანია (არიადნე, დიონისე, ფსიქეა, კუპიდონი, ორთეა, ბორეასი და სხვ.). ძველი მოტივები იშვიათად ელინისტურ და რომაულ ხანაშიაც იჩენს თავს. სიტყვა XALKOS-ის მიხედვით ადრე მათ ქალქიდიკას უკავშირებდნენ. შემდეგ ზოგიერთმა მკვლევარმა (მაგ.ნოიგებაუერი) ისინი სამხრეთიტალიურ, ტარენტის ნაწარმად მიიჩნია. ბერძნული ბრინჯაოს ხელოსნობის ფართო დიაპაზონის მიხედვით არ გამორიცხავენ დიდი ინდუსტრიული ცენტრების (ეგინა, კორინთო და სხვ.) როლსაც. კორინთო ბრინჯაოს სარკეების დამზადებითაც იყო ცნობილი (Robinson, 1950: 172-197).[4] ფიჭვნარის ჭურჭელი განსხვავებულია იტალიის ნისკარტისებრპირიანი და ეგინას პალმეტებიანი ოინოხოებისაგან. გარდა ზემოთ აღნიშნული ნიმუშებისა, იგი ახლო პარალელს ატიკურ შავლაკიან კერამიკასთან პოვებს.

ოინოხოიების მსგავსად პირველსა და მე-15 სამარხებში აღმოჩნდა ბრინჯაოს ჩამჩებიც. ორივე ერთნაირია, ამიტომაც, მივცემთ საერთო დახასიათებას. აქვთ ნახევარსფეროსებური პატარა ზომის სახაპავი ჯამი, რომლის ბრტყელ პირს ახასიათებს შიდა გაშვერილობა სითხის დაღვრის შეკავების მიზნით. მაღალი, ვერტიკალური, ოთხკუთხაგანივკვეთიანი სახელური ბოლოვდება კისერმოღერებული გედის თავის სკულპტურული გამოსახულებით. ტარის გვერდებს მთელ სიგრძეზე წიბურები დაუყვება, რომელიც ჯამის პირზეც გადადის. ტარის დასაწყისი, პირთან ახლოს, უფრო ფართოა (შიდა მხრიდან 3 სმ სიგრძეზე ფართო ღარი მიუყვება). გედის თავი გულდასმითაა ტრაქტირებული ნაჭდევი თვალებითა და ნისკარტით. პირველ სამარხში აღმოჩენილი ჩამჩის ზომებია: სიგრძე 32,5 სმ, ჯამის დიამ. 6,3 სმ, სიღრმე 3 სმ. მე-15 სამარხის ჩამჩის სიგრძე 37 სმ-ია, ჯამის დიამ. 6,2 სმ, სიღრმე 3 სმ (სურ. 28/2, 29/2; 47/6, 49/4; იხ. კახიძე, 1975: 26-27, ტაბ. IX/3, XI/4; Kakhidze, 2000-2001: 45. fig. 2/3).

როგორც ცნობილია, ჩამჩა (Kyatos) რეგულარულ ხმარებაში იყო. გამოიყენებოდა ღვინის ჩამოსასხმელად, ასევე ტაძარში სასმელის შეწირვისას. იგი სითხის საზომი ჭურჭელიც ყოფილა და ატიკურ მეტროლოგიაში Chous – სამოცდამეთორმეტედს უტოლდებოდა. ფორმას ახასიათებს კონსერვატულობა. არსებობს ნაირსახეობანი. რომაული ხანისათვის ჯამი ღრმავდება, ზოგჯერ ძირბრტყელია, ტარი უფრო მოკლე ხდება. ტერმინი კიათოსი ძვ.წ. V ს-დან ახ.წ. V ს-მდე გვხვდება (Crosby, 1943: 209-216).

ტორევტიკის ეს სახეობა ფართოდ ჩანს გავრცელებული ანტიკურ სამყაროში. საქართველოში ბრინჯაოს ჩამჩების განსხვავებული ნაირსახეობა აღმოჩენილია ვანის მდიდრულ, ძვ.წ. V ს დათარიღებულ სამარხში (ხოშტარია, ფუთურიძე, ჭყონია: 1972: 116, სურ. 57). არის ცდა ლომის, ჯიხვისა და ხბოსთავიანი ოქროს წელშეზნექილი სამაჯურების მიხედვით ჩვენთვის საინტერესო ნაკეთობების უფრო გვიანდელი პერიოდით (ძვ.წ. IV ს პირველი ნახევარი) დათარიღებისა (ლორთქიფანიძე ოთ. 1972$_ბ$: 9). ასეთი ვერცხლის სამაჯურები ფიჭვნარში, როგორც ვნახეთ, ძვ.წ. V ს მეორე ნახევრის კომპლექსებში გვხვდება. ამდენად, უფრო მართებული ჩანს ვანის მე-6 სამარხის ძვ.წ. V ს დათარიღება.

ჩრდილო შავიზღვისპირეთში ისინი უკვე XIX საუკუნის აღმოჩენებითაა ცნობილი (Древности Боспора Киммерийского, 1854: 204, таб. 31). ფიჭვნარის მსგავსი ბრინჯაოს ჩამჩები მოპოვებულია ოლბიის ნეკროპოლზე (Козуб, 1974$_а$: 75, рис. 28-29).[5] უფრო ადრეული და გარკვეულად განსხვავებულია ნიმფეის ჩამჩა (Силантьева, 1959: 64, рис. 34).[6] ჩვენს ნიმუშებს ემსგავსება ჩრდილო შავიზღვისპირეთის

161

ფიჭვნარი II

მდიდრული სკვითური ყორღანების ჩამჩებიც (Онайко,1966: 101, № 411). ფიჭვნარის თანადროულია ოლბიასთან ახლოს მარიცინის სამაროვანზე მოპოვებული ბრინჯაოს ჩამჩები (Ebert, 1913: 11-13, 15-16). ხშირად ისინი ამფორის პირზეა ჩამოკიდებული (Коровина, 1962_a: 304). ამ ბოლო დროს მსგავსი ინვენტარი რიგითი მოსახლეობის სამარხებშიაც გამოჩნდა. ძვ.წ. IV ს ბრინჯაოსა და რკინის ჩამჩები ნაპოვნია ნიკოლაევკის სამაროვანზე (5 ბრინჯაოსი და 5 რკინის). საერთოდ, რკინის ჩამჩები იშვიათ მონაპოვართა რიცხვს განეკუთვნება. ნიკოლაევკის სამაროვანზე ლითონის სხვა ბერძნული ნივთი არცაა წარმოდგენილი (Мелюкова, 1975: 168-169, рис. 43/11-12, 50/1-4).

ჩამჩის მსგავსად პირველსა და მე-15 სამარხში იყო წარმოდგენილი ბრინჯაოს საწური. ერთი პატარა ზომის საწური შეგვხვდა 70-ე სამარხშიც. ყველა მათგანი განსხვავებული ტიპისაა. როგორც ცნობილია, მათ უპირატესად ღვინის გასაფილტრად იყენებდნენ. პირველი ტიპის საწური აღმოჩნდა მე-15 სამარხში. საკმაოდ დაზიანებული (წვრილნახვრეტიანი საწური არე საერთოდ აღარაა დაცული). ჩამოსხმული ტანი თასისებრი მოყვანილობისაა, პირის ზედაპირი შემკულია კონცენტრული წრეხაზებით. ტარი დამზადებულია რვიანების მსგავსად დაკლაკნილი მსხვილი მავთულისაგან, რომლის ბოლოები გველისთავისებურადაა გაბრტყელებული და საწურზე ორ-ორი მანჭვალით მიერთებული. მოპირდაპირე მხარეს თითო მანჭვალით მიერთებული მარყუჟისებრი ჩამოსაკიდი რგოლი. საწური არეს დიამ. 6 სმ-ია, ტანის 12 სმ, ყურის სიმაღლე 15 სმ, საკიდი რგოლის 4 სმ (სურ. 49/3, იხ. Kakhidze, 2000-2001: 44, სურ. 2/2).

მსგავსი საწური აღმოჩენილია დნეპრისპირეთში (ჩერკასის ოლქი, შპოლიანსკის რ-ნი, სოფ. ჟუროვკა, დაცულია ერმიტაჟში). იგი ხმელთაშუა ზღვის აუზის ნაწარმადაა მიჩნეული და თანმხლები შავლაკიანი თასის მიხედვით ძვ.წ. V ს პირველი ნახევრითაა დათარიღებული (Бобринский, 1905; ОАК, 1906_b: 120, рис. 245; Фармаковский, 1914: 30-31; Онайко, 1966: 63, таб. XIII/3, XXV/83; Билимович, 1979: 29, рис. 6). ანალოგიური საწური მოპოვებულია ოლბიის ნეკროპოლზე. ესეც ძვ.წ. V ს პირველი ნახევრის კომპლექსებშია ნანახი (Фармаковский, 1914: таб. XIII/1; Козуб, 1974_a: 76; Билимович, 1979: 30, рис. 7). ასეთივე საწურები გვხვდება ეტრუსკულ სამარხებშიც. ზუსტ ანალოგიას წარმოადგენს ფრიდრიხ შილერის სახელობის იენის უნივერსიტეტში დაცული საწური (Paul-Zinserling, 1981: 38, Abb. 21).[7] დაცულია სხვადასხვა მუზეუმის ეტრუსკულ კოლექციებში (კარლსრუე, მილანი, ლიონი, სენ-ჟერმენ-ან-ლეის სიძველეთა ეროვნული მუზეუმი და ა.შ., დაწვ.იხ. Билимович, 1979: 30, 38).

ფიჭვნარის მეორე ტიპის საწური აღმოჩნდა პირველ სამარხში. ჩამოსხმული. აქვს თხელი ტევადობის თასისებური მოყვანილობის ტანი, რომლის ხვრელის ბოლოები საგანგებოდაა გამოყოფილ-მომრგვალებული ცალკე ნაჭედი წვრილნახვრეტებიანი საწურის მორგების მიზნით (საწური არე არაა გადარჩენილი). აქვს მასიური, შუა წელზე ოდნავ შევიწროვებული ლენტისებური მოყვანილობის ტარი, რომელიც ბოლოვდება მარცხნივ მიმართული გედის თავის სკულპტურული გამოსახულებით, ე.ი. თავი და თასი ერთ სიბრტყეშია ტრაქტირებული. სახელურის მოპირდაპერი მხარეს მირჩილულია სამკუთხა მოყვანილობის საკიდი. სახელურს მთელს სიგრძეზე მიუყვება წაგრძელებული წვეთისებრი გამოსახულება. დიდი სიზუსტითაა გადმოცემული გედის თავის ყველა ნაკვთი (ნისკარტი თავისი ნესტოებით, თვალები, ბუმბული და ა.შ.). საწურის დიამეტრი 12,5 სმ-ია (აქედან საწურის ნასვრეტების არის დმ 6,5 სმ), სიგრძე ტართან ერთად 26,5 სმ (სურ. 28/3,5, 29/3; იხ. კახიძე,

1975: 27-29, სურ. 1, ტაბ. IX/3; Kakhidze, 2000-2001: 46.fig. 3/1).

ფიჭვნარის მონაპოვართ უშუალო ანალოგები ჩრდილო შავიზღვისპირეთის მასალებს შორის ეძებნებათ. ეს განსაკუთრებით ითქმის სოლოხას ყორღანში აღმოჩენილი ნიმუშის შესახებ. ისინი ერთი ოსტატის თუ არა, ერთ და იმავე სახელოსნოში დამზადებული მაინც უნდა იყოს. ჩვენს ხელთ არსებული მასალების მიხედვით, ბუნებრივია, ვერ გავიზიარებთ მკვლევართა მიერ შემოთავაზებულ თარიღს - ძვ.წ. IV ს პირველი ნახევარი (ОАК, 1918: 25, рис. 202; Силантьева, 1959: 65-66; Онайко, 1966: 22, 101, таб. XVII; Билимович, 1979: 30, рис. 10). ფიჭვნარის მსგავსია სემიბრატნის მე-6 ყორღანში აღმოჩენილი საწურიც, რომლის თარიღი სწორადაა განსაზღვრული - ძვ.წ. V ს მესამე მეოთხედი (Билимович, 1979: 30, рис. 9). ახლო ანალოგს უნდა წარმოადგენდეს სემიბრატნის მე-2 ყორღანის საწურიც. ოღონდაც, ამისი გედის თავის სკულპტურული გამოსახულება ოდნავ პატარა ზომისაა. თარიღიც, ვფიქრობთ, სავსებით სამართლიანად ძვ.წ. V ს მესამე მეოთხედითაა განსაზღვრული (ОАК, 1879: 157, таб. IV/11; Билимович, 1979: 30, рис. 8). არის სოლოხასა და სემიბრატნის ყორღანების ბრინჯაოს საწურების ზოგადად ძვ.წ. V ს I ნახევრით დათარიღების ტენდენციაც (Билимович, 1979: 31). ფიჭვნარის მრავალრიცხოვანი თანმხლები მასალების მიხედვით მათი დამზადების დრო ძვ.წ. 450-425 წლებით უნდა შემოიფარგლოს. ფიჭვნარის მეორე ტიპის საწურებთან რიგ სიახლოვეს პოვებენ ნიმფეიაში, ჟუროვკაში, ოლბიაში, მარიცინში, ტოდში, ჩერტოზში, კორსიკაზე, დოდონასა და ოლიმპიაში აღმოჩენილი ეგზემპლარებიც, ოღონდაც მათზე გედის თავის გამოსახულება მოცემულია ფაში (Билимович, 1979: 26-29, рис. 105). საერთოდ, ბევრი მკვლევარის მიერ ანტიკური ტოევტიკის ეს სახეობაც ეტრუსკულ ნაწარმადაა მიჩნეული (Билимович, 1979: 28).

მესამე ტიპის საწურიც ერთადერთი ეგზემპლარითაა წარმოდგენილი. პატარა ზომის, ჩამოსხმული. აქვს წრიული ნახვრეტებით დაფარული არც თუ ისე ღრმა ტევადობის ტახი; ოდნავ გაღუნული ბაფთისებური მოყვანილობის სახელური ბოლოვდება ვოლუტებიანი ნახვრეტიანი დისკოსებური ჩამოსაკიდით. საწურის სიფართე 7,4 სმ-ია, სიმაღლე ტანთან ერთად 14,5 სმ (სურ. 80/5; იხ.Kakhidze, 2000-2001: 48. სურ. 3/4).

ჩვენთვის ხელმისაწვდომ მასალათა შორის მსგავსი ნიმუში უცნობია. როგორც ჩანს, იგი იშვიათ მონაპოვართა რიცხვს განეკუთვნება.

ღვინის სასმელად განკუთვნილი ჭურჭლებიდან აღსანიშნავია ბრინჯაოს სკიფოსი. აღმოჩნდა 1985 წ, 110-ე სამარხში. აქვს ძვ.წ. V ს ატიკური შავლაკიანი სკიფოსებისათვის დამახასიათებელი ერთიანი შემოწერილობის ჩამოსხმული ტანი; ცალკე დამზადებული მარყუჟისებრი ყურები მირჩილულია სწორი პირის ქვემოთ: ხოლო კორინთული სკიფოსების მსგავსი ქუსლი კი - ტანის დასაწყისთან. სიმაღლე 7,5 სმ: პირის დიამ. 8 სმ (სურ. 92/4).

ბრინჯაოს სკიფოსი ადრე უცნობი იყო საქართველოს ზღვისპირეთიდან. მას ჯერჯერობით არ ეძებნება უშუალო პარალელი ჩვენთვის ხელმისაწვდომ მასალებს შორისაც. ფიჭვნარის სკიფოსის მიხედვით კარგად უნდა ჩანდეს კორინთული და ატიკური ლითონის ნაკეთობისა და სამეთუნეო ნაწარმის გენეტიკური სიახლოვე. სამარხეული კომპლექსის მიხედვით ფიჭვნარის ჭურჭელი ძვ.წ. V ს 40-30-იანი წლებით თარიღდება.

ანტიკური ტორევტიკის შემდეგი სახეობანი პალესტრთან დაკავშირებული ნივთებითაა

წარმოდგენილი. ესენია ბრინჯაოსა და რკინის სტრიგილები. ორი ბრინჯაოსა და სამი რკინის სტრიგილა აღმოჩნდა ძვ.წ. V საუკუნის, ამდენივე ძვ.წ. IV ს სამარხეულ კომპლექსში. ამ უკანასკნელში ლითონის მხატვრული ნაკეთობის სხვა სახეობანი ჯერჯერობით არც ჩანს. უკეთაა შემონახული ძვ.წ. V ს პირველი სამარხის ბრინჯაოს სტრიგილა, რომელსაც აქვს მორკილულკედლებიანი ლანცეტისებრი მოყვანილობის მოგრძო მოხრილი ტანი, ორად გაღუნული სახელურის ფოთლისებრი მოყვანილობის ბოლო ზურგის მხრიდან (ტანის დასაწყისი) ოქროს მანჭვალითაა მიმაგრებული. სახელურის ზედა ნახევრის შუა წელზე ოთხი სამანჭვალე ნახვრეტია გაკეთებული. სტრიგილის სიგრძე სახელურთან ერთად 24,5 სმ-ია (აქედან სახელურის 9 სმ), დიამ. 2,8 სმ, სახელურის 2 სმ (სურ. 28/4, 29/4; იხ. კახიძე, 1975: 29, ტაბ. IX/2, XI/2; Kakhidze, 2000-2001: 47, fig. 3.2,5). არსებითად ასეთივეა მე-16 სამარხში აღმოჩენილი ბრინჯაოს სტრიგილაც (სურ. 51/11). სხვა ნიმუშები, განსაკუთრებით რკინისა, ცალკეული ნატეხების სახითაა წარმოდგენილი. ვფიქრობთ, რომ ისინიც ზემოთ აღნიშნული ნიმუშების ანალოგიურნი არიან (სურ. 83/4; იხ.Kakhidze, 2000-2001: 47, სურ. 2/5).

ბრინჯაოსა და რკინის სტრიგალები წარმოდგენილი იყო 1998-2003 წლების სამარხეულ კომპლექსებშიც (კახიძე, ვიკერსი, 2004: 83, 105, სურ. 140/1,196).

პალესტრთან დაკავშირებული ნივთები ადრე უცნობი იყო აღმოსავლეთ შავიზღვისპირეთიდან. ფიჭვნარის მაგალითზე ჩანს, რომ ძვ.წ. V-IV სს ელინურ წრეებში იმართებოდა სპორტული შეჯიბრებები, სხვადასხვა სახის დღესასწაულები. უახლესი აღმოჩენების მიხედვით ჩანს, რომ მსგავსი ინვენტარი თავის გავრცელებას აღმოსავლეთ საქართველოში, კერძოდ, შიდა ქართლშიაც პოვებს. ამ მიმართებით განსაკუთრებით ყურადღებას იქცევს ტახტიძირის ადგილობრივი მმართველი არისტოკრატიის ძვ.წ. IV-III სს მდიდრული სამარხები, სადაც სხვა მასალებს შორის რკინის სტრიგილებიცაა წარმოდგენილი (გაგოშიძე, 1997: 16-17).

ანტიკურ სამყაროში მათი უადრესი ნიმუშები ძვ.წ. VI საუკუნიდანაა ცნობილი (ბოლონია, კვიპროსი და ა.შ.) (Dohan, Holnigswald, 1942: 532, fig. 1). უფრო გავრცელებულია მომდევნო ეპოქებში. ფიჭვნარის მონაპოვართა უშუალო ანალოგს წარმოადგენს კორინთოს სტრიგილა, რომელიც ძვ.წ. 460-450 წლებითაა დათარიღებული (Eliot C., Eliot M., 1968: 361, pl. 107, fig. 49). მსგავსია ათენის სტრიგილებიც. მათი თარიღი ძვ.წ. 440-430 წწ (Schlürb-Vierneisel, 1966: 33, taf. 26/4), მეორე ნაწილის კი უფრო კონკრეტულად 433-432 წწ განსაზღვრული (Knigge, 1972: fig. 26). ამ მხრივ საინტერესოა როდოსის მონაპოვრებიც (Jacopi, 1929: 239-243, fig. 241). თანადროული სტრიგილები გვხვდება დასავლეთ და ჩრდილო შავიზღვისპირეთის მასალებს შორისაც (Иванов, 1963: 31-317, таб. 170; Древности Боспора Киммерийского, 1854: 212, таб. XXXI/2; Капошина, 1959: 143, рис. 53; Грач, 1999: 84, таб. 122).[8] არის არაერთი სხვა პარალელი როგორც ბრინჯაოს, ისე რკინის სტრიგილების სახით (იხ. Robinson, 1941: 172).

ანტიკური ტორევტიკის შემდგომი ჯგუფი ტუალეტისათვის განკუთვნილი ბრინჯაოს სარკეებითაა წარმოდგენილი. მსგავსი ნაკეთობანი, როგორც ცნობილია, ეგვიპტეში შუა სამეფოს ხანიდან ჩნდება. ძვ.წ. II ათასწლეულისათვის ისინი ხმელთაშუაზღვისპირეთის ბევრ ხალხთა შორისაა გავრცელებული. ძვ.წ. VI საუკუნის დამდეგიდან გვხვდება საბერძნეთშიც. ეგვიპტური ელიფსური შემოწერილობის სარკეებისაგან განსხვავებით ბერძნული ნაკეთობანი წრიული

მოყვანილობის არიან. წამყვანია სადგამიანი, სახელურიანი და სახურავიანი სარკეები. თითოეულ ტიპში გამოიყოფა სხვადასხვა სახეობა. არქაულსა და ადრეკლასიკურ ხანაში მხატვრული ხელოსნობის არა ერთი ცენტრი მოქმედებდა პელეპონესში (კორინთო, არგოსი, სპარტა, სიკიონი), ატიკაში, ეგინაზე, მცირე აზიის სანაპიროებსა და სამხრეთ იტალიაში, სადაც მზადდებოდა მდიდრულად ორნამენტირებული, მცირე პლასტიკითა თუ რელიეფური გაფორმებით შემკული ბრინჯაოს სარკეების შესანიშნავი ნიმუშები (Билимович, 1976: 54-58).

ფიჭვნარის ბერძნულ ნეკროპოლზე აღმოჩენილი ბრინჯაოს სარკეებისაგან განსხვავებული, მაგრამ თანადროული ნიმუშები წარმოდგენილი იყო ახალგორის განძსა (Смирнов Я., 1934: 63) და ვანში 1961 წ გათხრილ წარჩინებული კოლხი ქალის მდიდრულ სამარხში (Хоштария, 1962: 65). ძვ.წ. IV ს ბრინჯაოს სარკე დაბლაგომიდან წარმოადგენს ბრინჯაოს დისკოს, რომლის ერთი მხარე გაპრიალებულია და შემკულია წვრილი რელიეფური წრეხაზებით, ხოლო მეორე მხარეს ემჩნეოდა ხის ჩარჩოს ნაშთები (თოლორდავა, 1976: 74, სურ. 116). საყურადღებოა, რომ ბრინჯაოს სარკეების სამარხეულ ინვენტარად გამოყენება ახ.წ. IV ს გრძელდება. ურბნისის ხუთ სამარხში აღმოჩენილია ფიჭვნარის მსგავსი სპილენძის წრიული, ბრტყელი სარკეები. ზოგ მათგანს ეტყობა პატარა შვერილიც, რომლითაც ხის ბუდეზე ტარი ერგებოდა (ჭილაშვილი, 1964: 81-82, ტაბ. XXIV/1-4).

ფიჭვნარში ბრინჯაოს სარკეები წარმოდგენილი იყო ხუთ სამარხში. ისინი განეკუთვნებიან ე.წ. სახელურიანი სარკეების ტიპს. პირველად აღმოჩნდა 1968 წ (მე-19 და მე-20 სამარხები). მე-19 სამარხის სარკე დისკოსებური მოყვანილობისაა, ბრტყელი, კიდეები ოდნავ ამობურცული. ხის ტარის მორგების მიზნით გაუკეთებიათ წყვილი სამანჭვალე ნახვრეტი. დიამ. 13,8 სმ (სურ. 57/2; იხ. Kakhidze, 2000-2001: 51, fig. 8/1); მე-20 სამარხის სარკე მთლიანადაა დაცული. გარს ეკრა ხის ფუტლარის ნაშთები.[9] დისკოსებური მოყვანილობის, გარეთა ზედაპირი ოდნავ ამობურცული, კიდეები მცირედ ამოღუნული. გარეთა ზედაპირზე შერჩენილია არასიმეტრიულად განლაგებული წერტილები და ნაკაწრი ხაზები. ჰქონია ხის ტარი – კიდეზე შერჩენილია წყვილი სამანჭვალე ნახვრეტი. სარკის დიამ. 17 სმ-ია (სურ. 59/4, 60/2; იხ. Kakhidze, 2000-2001: 51. fig. 8/2). მესამე ეგზემპლარი აღმოჩნდა 1972 წ, 23-ე სამარხში. ესეც დისკოსებური მოყვანილობისაა, გარეთა ზედაპირი ოდნავ ამობურცული, კიდეები ამოღუნული. აკლია ტანის მცირე მონაკვეთი და კიდის ის ნაწილი, სადაც მანჭვალებით ხის ტარი უნდა ყოფილიყო მიმაგრებული. გარეთა ზედაპირზე, სახელურთან ახლოს, ფაქიზად ნაკეთები წვრილი წერტილებით გამოყვანილი მოზრდილი ხუთშტოიანი პალმეტია გამოსახული. სარკის დიამ. 16 სმ (სურ. 62/9; იხ. Kakhidze, 2000-2001: 52. fig. 9). სახელურებთან ახლოს ვოლუტებიანი პალმეტებით დეკორირებული სარკეები ფართოდაა გავრცელებული ძვ.წ. VI ს ბოლოდან V ს დასასრულამდე (კვიპროსი, როდოსი, სამოსი, ატიკა, ოლბია, ნიმფეა, ქერჩი, სემიბრატნის VI ყორღანი და სხვ., იხ. Билимович, 1979: 43-44). დანარჩენი ორი სარკე 1983 წ განხორციელებული საველე არქეოლოგიური კვლევა-ძიების შედეგად იქნა მოპოვებული. მეოთხე სარკე 96-ე სამარხში იყო წარმოდგენილი. ბრტყელი, დისკოსებური მოყვანილობისა, ოდნავ დაზიანებული (მომტვრეულია კიდის ის მონაკვეთი, სადაც ხის სახელური უნდა ყოფილიყო მიმაგრებული). სარკეზე შერჩენილი იყო წვრილი ძაფით ნაქსოვი ნაზი ქსოვილის ნაშთები. ჩანს, რომ იგი ხის

165

ფუტლარში იყო მოთავსებული.[10] სარკის დიამ. 10 სმ (სურ. 86/4; იხ. Kakhidze, 2000-2001: 53, fig. 10/1). ბოლო ბრინჯაოს სარკე აღდგენილია მოზრდილი ნატეხებისაგან (დიამ. 15 სმ). ბრტყელი; დისკოსებური მოყვანილობის; კიდეები სწორი, ოდნავ ამობურცული; გარეთა ზედაპირის კიდეებს შემოუყვება წერტილოვანი ორნამენტისაგან შედგენილი წრეხაზი.[11] ხის სახელურის მიერთების ადგილი მომტვრეულია, შერჩენილია სამაგრი მანჭვალე ნახვრეტის მცირე მონაკვეთი. ამავე სარკეს ეკუთვნის ბრინჯაოსაგან ჩამოსხმული ხის ტარის გილზისებური დაბოლოვება. ჩანს, რომ ბრინჯაოს მასრაზე წამოგებული ხის ტარის გაგრძელება წყვილი მანჭვალით იყო მიმაგრებული სარკის კიდეზე. სახელურში ხის ნაშთები ახლაცაა შემორჩენილი. ბრინჯაოს ტარის ბოლო ფართო ღარითაა შემკული. ბრინჯაოს სახელურის სიმაღლე 8 სმ-ია, დიამ. 1,7 სმ. (სურ. 88/4, 91/1; იხ.Kakhidze, 2000-2001: 53, fig. 10/2).

ფიჭვნარის სარკეები ჩამოსხმულია კალიანი ბრინჯაოსაგან. ისინი ათენში ჩანან დამზადებულ-ნი. ყველა მათგანი დისკოსებური მოყვანილობისაა. ნაწილის გარეთა ზედაპირი ოდნავ ამობურცული, ხოლო კიდეები კი ამოღუნულია. ჰქონიათ ხის სახელურები. ერთჯერ სახელურის შემადგენელ ნაწილად ბრინჯაოსაგან ჩამოსხმული ცილინდრული მოყვანილობის დაბოლოვებაცაა გამოყენებული. დებდნენ თავის მარჯვენა ან მარცხენა მხარეს. ისინი მოთავსებული ყოფილან ქსოვილის სარჩულიან ხის ფუტლარებში. ტორევტიკის სხვა ნიმუშების მსგავსად ბრინჯაოს სარკეები ძვირადღირებულ ნივთებად გამოიყურებიან. აღმოჩენილია მდიდრულსა (მე-20 ქვისწყობიანი სამარხი) თუ საშუალო შეძლების მქონეთა ძვ.წ. V ს მეორე ნახევრით დათარიღებულ სამარხებში.

ფიჭვნარის ბერძნულ ნეკროპოლზე ტორევტიკის შემდეგი სახეობანი ადგილობრივი ნაკე-თობით ე.წ. სიტულებითაა წარმოდგენილი. ''სიტულა'' ბრინჯაოს ფურცლებით შეკრული ყურიანი ჭურჭლის ზოგად სახელწოდებადაა მიჩნეული. ისინი ჩნდება გვიანბრინჯაოს ხანაში, ძვ.წ. II ათასწლეულის ბოლოდან მაინც. ამგვარი ნაწარმი უმეტესად გავრცელებული ჩანს კოლხური კულტურის არეალში. გვხვდება უფრო შორეულ რაიონებშიც, მაგალითად, პოდგორცი (უკრაინა), მალაქლუ (არარატის მთის პირას). მათი დამზადებისას შესრულებულია რთული პროცესები: მადნის მოპოვება, დაწურვა, ცალკეული დეტალების ჩამოსხმა, კედლის თხელი ფურცლების გამოჭედვა-გამოკვერვა, თარგზე მორგება, სპილენძის მანჭვალების დამზადება, ჭურჭლის საბოლოო ტრაქტირება და ა.შ. (Куфтин, 1944: 35; Крупнов, 1952: 16; გობეჯიშვილი, 1959$_{ბ}$: 220; სახაროვა, 1976: 33-34). კავკასიაში გავრცელებული ლითონის ჭურჭლებისათვის, სამეთუნეო ნაწარმის მსგავსად, დამახასიათებელია სახელურების ზოომორფული (ცხოველთა დაცქვეტილი ყურები) სახეებითა და წნული ორნამენტით შემკობა. ადრეული სიტულები ძვ.წ. X-VI სს მზადდებოდა (სახაროვა, 1965). ჩვენი მონაპოვრები კლასიკური ხანის ნაკეთობათა რიცხვს განეკუთვნებიან. ყურების შემკობის ზოომორფული მოტივები უკვე ქრება. ზოგიერთი სიახლე შეინიშნება ტექნო-ლოგიურ პროცესებშიაც. კიდევ უფრო ფართოდ ინერგება შედუღების, მირჩილვის ტექნიკა. ფიჭვნარში შედარებით უკეთესად დაცული ბრინჯაოს სიტულები ადრეც აღმოჩნდა. ერთ-ერთ მათგანში ბრინჯაოს ფირფიტისაგან გამოჭრილი სვასტიკაც იყო ჩადებული (Kakhidze, 2000-2001: 56. სურ. 11). ბერძნულ ნეკროპოლზე ამ სახის ნაკეთობა ორ სამარხში იყო წარმოდგენილი ცალკეული ნატეხების სახით, მაგრამ ადრე გაკეთებული ჩანახატებისა და უშუალო პარალელე-ბის მიხედვით ფორმაზე სრული წარმოდგენის შექმნა მაინც შეიძლება. პირველი სიტულა აღ-მოჩნდა 21-ე სამარხში. ტანი გამოკვერილი ყოფილა სპილენძის თხელი ფურცლისაგან. წნული

ორნამენტით შემკული ორივე ყური ჩამოსხმულია მასიური ღეროსაგან, რომლის ქვედა ბოლო შედგება ოთხკუთხა სამაგრი ფირფიტისაგან. ყურები მირჩილულია მხრის არეში. მათზე ამოდებული ყოფილა მრგვალგანივკვეთიანი რგოლისებრი მავთულისაგან დამზადებული ბოლოებმოკაუჭებული მოძრავი სახელური. ჰქონია დაბალი, გარეთკენ გაფართოებული ყელი, პირი შექმნილია ფირფიტის გარეთკენ გადმოკეცვით. ცალკეული დეტალების მიხედვით ჩანს, რომ სიტულა დამზადებულია სპილენძის თარგზე გამოყვანილი ფირფიტოვანი ორი ნახევრისაგან, რომლებიც ერთმანეთზეა მიერთებულ-მიმოქლონებული და, როგორც ჩანს, მირჩილულიც. სიტულას ნაკერები ყურების გასწვრივ ვერტიკალურად ასდევს. სამანჭვალე ნახვრეტები საკმაოდ მჭიდროდაა განლაგებული (სურ. 62/3; იხ. Kakhidze, 2000-2001: 56, fig. 12/1).

მეორე სიტულას ნატეხები 52-ე სამარხში იყო ფიქსირებული. მისი ჩამოსხმული ძირი მთლიანადაა გადარჩენილი. საკმაოდ მაღალი ქუსლი გარეთკენაა გაზიდული, ფსკერის შიდა ზედაპირი ოდნავ ამობურცულია. კორპუსი ძირში ჩანს ჩასმული, ცალკეული ნატეხების მიხედვით ირკვევა, რომ ტანი დამზადებულია თარგზე გამოყვანილი ფირფიტოვანი ორი ნახევრისაგან. აქაც მანჭვალები ყურების სიგრძეზე საკმაოდ მჭიდროდ ვერტიკალურადაა განლაგებული. სხმული ყურები სადაა, ოღონდაც მათზე ოთხკუთხა სამაგრი ფირფიტები ორივე ბოლოზეა გაკეთებული. ამასაც ჰქონია მრგვალი მავთულისაგან დამზადებული ბოლოებკაუჭიანი მოძრავი სახელური. ქუსლის დიამ. 8 სმ-ია, სიმაღლე 1,5 სმ (სურ. 75/8; იხ. Kakhidze, 2000-2001: 56. სურ. 12/2).

ფიჭვნარის ორივე სიტულას შეიძლება მიეცეს შემდეგი საერთო დახასიათება: აქვთ ჩამოსხმული, ოდნავ ამობურცულზედაპირიანი ძირი, მომაღლო გარეთკენ გაწეული ქუსლი, ძირში ჩასმული მომაღლო მხრებში გაზიდულ-მომრგვალებული კორპუსი. ტანი თარგზე გამოყვანილი ნაჭედი ფირფიტოვანი ორი ნახევრისაგანაა დამზადებული, რომლებიც ერთმანეთზე მანჭვალებით მიჭედილ-მირჩილულია ვერტიკალურად ყურების სიგრძეზე. ყურები სხმული, ერთ-ერთი წნული ორნამენტით შემკული, მეორე სადა. ყელი დაბალი, გარეთკენ გაფართოებული. პირი გარეთკენ გადმოკეცილი. ორივე სიტულას ჰქონია მრგვალი მავთულისაგან დამზადებული ყურებში ამოდებული ბოლოებკაუჭიანი მორკალული მოძრავი სახელური.

ფიჭვნარის მსგავსი სიტულები აღმოჩენილია ზემო რაჭაში, ძვ.წ. VI-V სს სამარხებში (გობეჯიშვილი, $1959_{ь}$: 191, 220). ჭიათურის რ-ნის სოფ. ითხვისის (ადგილი ჩილათა) მდიდრულ, ძვ.წ. V ს პირველი ნახევრის სამარხეულ კომპლექსში (გაგოშიძე, 1968: 38, ტაბ. II/8), ვანის ძვ.წ. V ს შუახანებით დათარიღებულ წარჩინებული კოლხი ქალის მდიდრულ მე-11 სამარხში (ორი შედარებით დაცული, ორიც ცალკეული ფრაგმენტების სახით). ორივე სიტულის ძირზე სვასტიკაა გამოსახული, ერთ-ერთ მათგანს ხუფიც ჰქონია, რომელიც ცხოველთა გამოსახულებებითაა შემკული (ლორთქიფანიძე ოთ., ფუთურიძე, თოლორდავა, ჭყონია, 1972: 238, სურ. 224-225). ბრინჯაოს სიტულების ნატეხები არაერთგზისაა ფიქსირებული საირხეს ძვ.წ. V ს მდიდრული სამარხების სააღაპო მოედნებზე (ნადირაძე, 1990: 24, 44, 46). სვასტიკიანი ბრინჯაოს სიტულა აღმოჩენილია ნამარნუს ძვ.წ. V ს კულტურულ ფენაშიაც. ამ ტიპის სარიტუალო ჭურჭლის ყველაზე გვიანდელი ნიმუში (ძვ.წ. III ს პირველი ნახევარი) წარმოდგენილია ვანის მდიდრულ მე-2 სამარხში (მათიაშვილი, 1977: 102, სურ. 93). მომდევნო ეპოქების კომპლექსებში, კოლხური სამეთუნეო ნაწარმის ტრადიციული ფორმების მსგავსად, ლითონის მსგავსი ნაკეთობანი აღარ ჩანს.

ასეთია ფიჭვნარის ბერძნულ ნეკროპოლზე მოპოვებული ბრინჯაოსაგან დამზადებული კლა-

სიკური ხანის ტორევტიკის ძირითადი ნიმუშები. მათი მნიშვნელობა დიდია. ფიჭვნარის აღმოჩენებით ანტიკურ სამყაროში მსგავს ნაკეთობათა გავრცელების არეალს აღმოსავლეთ შავიზღვისპირეთიც შეემატა. მათი ღირებულება იმითაც იზრდება, რომ ისინი შესანიშნავად დათარიღებულ, დახურულ კომპლექსშია წარმოდგენილი. ჩვენს ხელთ არსებული მონაცემების მიხედვით დასტურდება, რომ ანტიკური ხანის მხატვრული ხელოსნობის ძვირადღირებული ნაკეთობანი ხელმისაწვდომია უპირატესად მდიდრული, იშვიათად კი საშუალო შეძლების მქონე ფენებისათვის. ფიჭვნარის ძვ.წ. V ს მეორე მეოთხედით დათარიღებულ სამარხებში ბრინჯაოსაგან ნაკეთები ტორევტიკის ნიმუშები, ადგილობრივი ნაკეთობანიც კი, საერთოდ არაა წარმოდგენილი. ისინი ჩნდება ძვ.წ. V ს შუა ხანებიდან; უფრო მეტია ძვ.წ. V ს მესამე მეოთხედის სამარხებში, შედარებით ნაკლები ძვ.წ. V ს ბოლო მეოთხედის კომპლექსებში. ბრინჯაოსა და რკინის სტრიგილების გარდა, არც ძვ.წ. IV ს სამარხებშია ჯერჯერობით აღმოჩენილი ლითონის ნაკეთობანი.

აღმოსავლეთ შავიზღვისპირეთის ატიკური კოლონიზაციის ადრეული ეტაპის მონაწილენი (მხედველობაშია ძვ.წ. V ს მეორე მეოთხედი) დაკომპლექტებული ჩანან უპირატესად ღარიბი ფენების წარმომადგენლებით. მათთვის მიუწვდომელი ჩანს ძვირადღირებული ნივთები. უფრო მეტიც, ისინი ხშირად სამარხეულ ინვენტარად შეზღუდული რაოდენობის ადგილობრივ სამეთუნეო ნაწარმს თუ სამკაულებს იყენებდნენ. ხშირია ამ ეპოქის უინვენტარო სამარხებიც. მეტროპოლიის კვალდაკვალ ფიჭვნარელ ელინთა ეკონომიკური პოტენციალი იზრდება ძვ.წ. V ს შუა ხანებიდან, განსაკუთრებით პერიკლეს მმართველობის ეპოქისათვის. ამ დროისათვის უკვე სახეზეა ფუფუნებით დაკრძალვები, მდიდრული სამარხები და სარიტუალო მოედნები, სადაც აღმოჩენილია საიუველირო ხელოვნების, გლიპტიკის, ტორევტიკის და მონუმენტური ვაზათმომხატველობის საუკეთესო ნიმუშები. პარალელურად გვხვდება საშუალო, ღარიბული და, იშვიათად, სრულიად უქონელთა სამარხებიც. ძვ.წ. V ს ბოლოდან, როგორც ჩანს, ათენის პელეპონესის ომში დამარცხებისა და შესაბამისად საერთაშორისო პოზიციების შესუსტების გამო ფიჭვნარელ ელინთა ეკონომიკური შესაძლებლობანი თანდათანობით იზღუდება. არც ფიჭვნარის ძვ.წ. IV ს ბერძნულ ნეკროპოლზეა ჯერჯერობით გამოვლენილი მდიდრული სამარხები, ხოლო მაკედონიის მიერ საბერძნეთის დაკავების შემდგომ (V ს 30-იანი წლები) ფიჭვნარის ბერძნული ნეკროპოლი საერთოდ წყვეტს ფუნქციონირებას.

აშკარაა, რომ ფიჭვნარელი ელინები ძვ.წ. V-IV სს მნიშვნელოვან როლს თამაშობდნენ ადგილობრივ მკვიდრთა ანტიკური სამყაროს სხვადასხვა ცენტრებს შორის სავაჭრო-ეკონომიკურ ურთიერთობათა სფეროში. მრავალრიცხოვანი სამეთუნეო ნაწარმის მსგავსად ჩვენს ხელთ არსებული ვერცხლისა თუ ბრინჯაოსაგან დამზადებული ტორევტიკის ნიმუშების მნიშვნელოვანი ნაწილი თვით ათენსა თუ ახლო-მახლო მდებარე საწარმოო ცენტრებში უნდა იყოს დამზადებული. ეს პირველ რიგში ითქმის ბრინჯაოს ოინოხოის, სკიფოსის, სარკეებისა და სტრიგილების შესახებ. სარწმუნოდ გვესახება მკვლევართა შეხედულებანი იმასთან დაკავშირებით, რომ ფიჭვნარის პირველ სამარხში აღმოჩენილი ბრინჯაოს ოინოხოისებრი დოქების წარმოების ცენტრი ეტრურია უნდა იყოს. გვიძნელდება იგივე ვთქვათ ჩამჩებისა და საწურების შესახებ. სატრაპეზო ღრეობასთან დაკავშირებული ამ ნივთების დამზადების ადგილი თვით საბერძნეთის საყოველთაოდ ცნობილ ინდუსტრიულ ცენტრებში უნდა ვეძიოთ. სწორედ აქედან გაედინებოდა ისინი ერთის მხრივ დასავლეთ ხმელთაშუაზღვისპირეთის, ხოლო მეორე მხრივ კი პონტოს სანაპიროს ქვეყნებისაკენ.

როგორც ვნახეთ, ფიჭვნარის თანადროული ბრინჯაოს ნაკეთობანი გავრცელებული ჩანს

კოლხეთის შიდა რაიონებსა (დაბლაგომი, ვანი) და აღმოსავლეთ საქართველოშიაც (ტახტიძირი, ახლაგორი, ბოლნისი, ბოგვი). ყველა მათგანი აღმოჩენილია მდიდრულ სამარხებში. დასტურდება, რომ კლასიკურ ხანაში მომზადდა სათანადო პირობები ქართლის სახელმწიფოს წარმოშობისა და საერთაშორისო, ტრანსკავკასიური მაგისტრალის ამოქმედებისათვის. ბერძენ-რომაელი ავტორების (პატროკლე, არისტობულე, ერატოსთენე, სტრაბონი, ვარონი, პლინიუსი) ცნობების მიხედვით დასტურდება, რომ ეს გზა მიემართებოდა ინდოეთიდან კასპიის ზღვამდე (სანაოსნო მდინარის ოქსოსის, თან. ამუდარიის გაყოლებით), შემდეგ ამიერკავკასიის გავლით (მდ.მტკვრის გაყოლებითა და სურამის გადასასვლელით) უკავშირდებოდა მდ.ფასისსა (რიონ-ყვირილას მაგისტრალი) და აღმოსავლეთ შავიზღვისპირეთის საქალაქო ცენტრებს, პირველ რიგში ქ.ფასისს. ტრანსკავკასიური საერთაშორისო მაგისტრალის ერთ-ერთ საყურადღებო მონაკვეთს, როგორც ჩანს, ქობულეთ-ფიჭვნარი და მისი შემოგარენი წარმოადგენდა.

შენიშვნები:

[1] აქვეა მოცემული ჩვენთვის საინტერესო ეპოქაში დამზადებული ამ ტიპის ნაწარმის საერთო დახასიათება (გვ. 75-89).

[2] ფიჭვნარის ვერცხლის ფიალების შესახებ უფრო დაწვრილებით იხ. **Kakhidze A. Silver phialai from the 5th century BC. Greek cemetery at Pichvnari. - Colloquia, 9, 2004: 85-120.**

[3] ვაზაზე ითიფალური სცენაა გადმოცემული. არაა გამორიცხული, რომ ათენის ეს ვაზა ეტრუსკული ლითონის მიბაძვით იყოს დამზადებული.

[4] მკვლევარი მიუთითებს, რომ ლითონის ვაზები ცოტაა აღმოჩენილი, ამიტომ ჭირს საწარმოო ცენტრებისა და ქრონოლოგიის განსაზღვრა. პინდარესა და პავსანიასის მიხედვით ჩანს, რომ მათი რიცხვი დიდი ყოფილა: "შეუძლებელია ბრინჯაოს პრიზების ჩამოთვლა".

[5] ბრინჯაოს ჩამჩები წარმოდგენილი იყო ძვ.წ. V-IV სს 13 სამარხში.

[6] ნიმფეის გედის წყვილთავიანი ჩამჩა ძვ.წ. V ს პირველი ნახევრითაა დათარიღებული. ანალოგიის სახით მითითებულია ბოლონიაში, ჩერტოზის სამაროვანში მოპოვებული ნიმუში.

[7] რატომღაც, კატალოგში ეს ნივთი ძვ.წ. IV ს დათარიღებული, ხოლო ილუსტრაციის ქვემოთ, სავსებით სწორად, ძვ.წ V ს-ით.

[8] რამდენიმე ცალი ოდესის არქეოლოგიურ მუზეუმშია დაცული. ნიმფეის მონაპოვრებს ნ.გრაჩი ძვ.წ. V ს ათარიღებს.

[9] გვიანელინისტური და რომაული ხანის სარკეები აღმოჩენილია კიმერიის ბოსფორის სასოფლო რაიონში, ზოლოტოეში. ზოგიერთზე შერჩენილია ქსოვილის სარჩულიანი ხის ფუტლარის ნაშთები (**Корпусова, 1983: 53-54**). სარკეები საკმაოდ ფართოდ ჩანს გავრცელებული ჩრდილო კავკასიაშიც (იხ. **Хазанов, 1964; Кузнецова, 1980; 1988** და სხვ.).

[10] ქსოვილის ნაშთები შეწებებული იყო პანაგიის ერთ-ერთ სარკეზეც (იხ. **Коровина, 1962$_a$: 306**). ქსოვილის ანაბეჭდებია შემორჩენილი ყირიმში აღმოჩენილ ძვ.წ. IV ს ბრინჯაოს სარკეებზეც (**Яковенко, 1970: 125, рис. 12, 18-20; Яковенко, Черненко, Корпусова, 1970: 138-140, рис. 2/5; 13; 5/13; 8/21** და სხვ.).

[11] ფიჭვნარის თანადროულ ოლბიის ერთ-ერთი სარკის დისკოსაც კიდეზე წერტილოვანი ორნამენტი შემოუყვება (იხ. **Скуднова, 1962**).

ფერადი მინის ჭურჭელი

ფიჭვნარის ძვ.წ. V ს ბერძნული ნეკროპოლის სამარხეულ ინვენტარში საპატიო ადგილს ფერადი მინისაგან დამზადებული სუნამოსათვის განკუთვნილი სანელსაცხებლე ჭურჭელი იკავებს. ამ სახის მონაპოვართა მნიშვნელობა განსაკუთრებულია. შესანიშნავად დათარიღებული კომპლექსები შესაძლებლობას იძლევა ფიჭვნარის მაგალითზე გავაკეთოთ ამ სახის ნაკეთობათა ქრონოლოგიური და ტიპოლოგიური კლასიფიკაცია ცალკეული ქვეპერიოდების მიხედვით. როგორც ცნობილია, ფერადი მინის ჭურჭელი საკმაოდ ფართოდ ჩანს გავრცელებული ანტიკურ სამყაროში. შესაბამისად, განსაკუთრებით ამ ბოლო წლებში შეიქმნა საკმაოდ მდიდარი მეცნიერული მემკვიდრეობა, მაგრამ მაინც მათ მიმართ ხშირ შემთხვევაში მოტანილია ზოგადი თარიღები. ამას ისიც ემატება, რომ სხვადასხვა ქვეყნების სიძველეთსაცავებში დაცული მასალის დიდი ნაწილი (ზოგჯერ ორი მესამედი) კერძო კოლექციებიდან მომდინარე თუ აუქციონზე შეძენილი ნივთებისაგან შედგება. ჩვენი მონაპოვრის მეცნიერულ ღირებულებას ისიც ზრდის, რომ ყველა მათგანი არქეოლოგიური გათხრების გზითაა მოპოვებული. გარდა ამისა, ახალი აღმოჩენებით დადასტურდა, რომ ამ სახის ნაწარმი პონტოს სანაპიროს აღმოსავლეთ ნაწილშიაც ყოფილა გავრცელებული. ამ მიმართებით ყველაზე მდიდარ კოლექციას ფიჭვნარის ნაქალაქარისა და სამაროვნის არქეოლოგიური გათხრები იძლევა. ფერადი მინის მთლიანი ცალები აღმოჩენილია არა მარტო კლასიკური ხანის ბერძნულ ნეკროპოლზე, არამედ ისინი მეტ-ნაკლები რაოდენობით გვხვდებიან თანადროულ კოლხურ და ელინისტური ხანის სამაროვანზე და თვით ნაქალაქარის კულტურულ ფენებშიაც ცალკეული ნატეხების სახით. ახალი მონაპოვრები მნიშვნელოვან წყაროს წარმოადგენენ ფიჭვნარის მოსახლეობის სოციალ-ეკონომიკური და კულტურული დონის, საერთაშორისო ურთიერთობების კვლევისათვის.

როგორც ცნობილია, ფერადი მინის წარმოება რთულ ტექნიკურ პროცესებთანაა დაკავშირებული. ამიტომ ისინი შედარებით ცოტა რაოდენობით კეთდებოდა. ბუნებრივია, მსგავსი ფუფუნების საგნები ფართო მასებისათვის ვერ იქნებოდა მისაწვდომი. მხატვრული ხელოსნობის ამ დარგის განვითარებას ხანგრძლივი ისტორია გააჩნია. ფიქრობენ, რომ თავდაპირველად მინის წარმოება ძველი აღმოსავლეთის ქვეყნებში, კერძოდ, მესოპოტამიასა და ეგვიპტეში დაიწყო ჯერ კიდევ ძვ.წ. III ათასწლეულებში. ძვ.წ. II ათასწლეულში იგივე მესოპოტამიასა და ეგვიპტეში, აგრეთვე, ეგეოსური სამყაროს ქვეყნებში კეთდებოდა მინის მძივები, მძივსაკიდები, საბეჭდავები, ავეჯის შესამკობად გამოყენებული მოზაიკური ფირფიტები, პატარა ზომის ე.წ. ღრუ კრატერისკები და სუნამოსათვის განკუთვნილი ფლაკონები ფორმაში დაწნეხვა-პრესირების გზით. ძვ.წ. IX საუკუნისათვის მინის წარმოების უმთავრესი ცენტრებს წარმოადგენდა მესოპოტამია და სირიის სანაპიროები. ძვ.წ. VII-VI საუკუნეებისათვის მათ ემატებიან ახალი კერები კ.როდოსის,

კვიპროსისა და, როგორც ჩანს, თვით მატერიკული საბერძნეთის სახით.

აღიარებულია, რომ პარფიუმერიისათვის განკუთვნილი ფერადი მინის ჭურჭლის დამზადებისას რკინის ღეროზე ახვევდნენ თიხის შეზელილ მასას (ლუგვი), რომელსაც სასურველი სანელსაცხებლის ფორმას აძლევდნენ, ე.ი. ფორმისა და ზომების მიხედვით გადმოსცემდა ნაკეთობის შიდა ღრუს. შემდგომ გულარზე ახვევდნენ ცხელი მინის შოლტებს. იქმნებოდა ფონი, რომელიც გაუმჭვირვალე თუ ნახევრად გამჭვირვალე იყო. ზედაპირს ფარავდნენ ნათელი, სხვადასხვა ხასხასა ფერის მრავალრიგიანი დეკორით, ე.ი. ღეროზე ბრუნვის გზით ახვევდნენ მინის ფერად ძაფებს, საგანგებო იარაღით გამოჰყავდათ („ივარცხნებოდა") ზიგზაგისებური ზოლი. ამის შემდგომ ქვის ან მეტალის ფილაზე მრავალგზის გორებით ფერადი ძაფები ჯდებოდა კორპუსში, რის შედეგადაც მიიღებოდა ერთიანი სწორი ზედაპირი. გაცივების შემდგომ აცლიდნენ ღეროს გულართან ერთად და ბოლოს, კიდევ ერთხელ ახურებდნენ მინის ჭურჭელს მასზე ცალკე დამზადებული პირ-ყელის, ყურებისა და ქუსლის მიერთების მიზნით. სწორედ ეს უკანასკნელნი არიან ხშირ შემთხვევაში ნახევრად გამჭვირვალენი.

ხელოსნების საყვარელი ფერებია: მუქი ლურჯი (ლაჟვარდის ფერის მსგავსი), ღია ცისფერი, დახშული შავი, მოწითალო-მოყავისფრო (მეწამული), ფირუზისფერი და მოთეთრო-რძისფერი. განსხვავებული ფერისაა ორნამენტაციის მიზნით გამოყენებული მინის ძაფები. სჭარბობს ყვითელი, ცისფერი თუ ფირუზისფერი და თეთრი. მრავალრიგიანი სამკაულის (ზიგზაგისებური, ფესტონისებური, ბუმბულისებრი) პარალელურად იყენებენ მკაცრ დეკორსაც ერთი ან რამდენიმე ფერადი ზოლის (წრიული, სპირალური, ტალღისებური) სახით. იშვიათია სამკაულის გარეშე დამზადებული სადა ჭურჭელი.

ჩვენთვის საინტერესო პერიოდის ფერადი მინის გავრცელებული ფორმებია: არიბალოსი, ალაბასტრი, ამფორისკი და ოინოხოია. როგორც წესი, სქელკედლიანი პატარა ზომის სანელსაცხებლე ჭურჭელი შესანიშნავადაა შემონახული თავისი ნაირ-ნაირი ფერების ელვარებით (დაწვ. იხ. Кунина, 1997).[1]

ფიჭვნარის მინის ჭურჭელი პ.ფოსინგის, დ.ჰარდენისა და დ.გროსეს მიერ გამოყოფილი ხმელთაშუაზღვისპირეთის Core-formed მინის სამი ჯგუფიდან პირველ ორს განეკუთვნება, რომლებიც შესაბამისად ძვ.წ. VI ს ბოლო-V ს დასასრულითა და ძვ.წ. IV ს შუა ხანები-III ს დასასრულით თარიღდებიან. ადრეული ნიმუშები ძალზედ გავრცელებული და თავისებურებებით გამორჩეულია. მკვლევარები მათ ეგეოსის კუნძულების კულტურას აკუთვნებენ. დ.გროსეს IA ჯგუფი ცნობილია გაუმჭირვალე თეთრი ფერით და მეწამული შეფერილობის მქონე დეკორაციებით. მიაკუთვნებენ ოინოხოიებს, ამფორისკებს, ალაბასტრებსა და არიბალოსების მცირე ნაწილს. გაფორმებები ხშირად ერთმანეთს ჰგავს. მეწამული ჰორიზონტალური ხაზები უმეტესად ყელის არედან იწყება, ტანზე ზიგზაგების ფორმას იღებს და კვლავ ჰორიზონტალური ხაზებით მთავრდება. ისინი ერთდაიმავე სახელოსნოში დამზადებულადაა მიჩნეული. როგორც ფორმის, ისე დეკორაციული ქარგის მიხედვით მასთან ახლოს IB ჯგუფი დგას, ოღონდ ეს უკანასკნელი მუქი ლურჯი მინისაგანაა დამზადებული; შემკობისას უმეტესად ყვითელი ძაფია გამოყენებული (Fossing, 1940; Harden, 1981; Grose, 1989).

ფიჭვნარის ფერადი მინის ნაწარმს ოთხ ქრონოლოგიურ ჯგუფად ვყოფთ. ესენია: 1) ძვ.წ.

171

V ს მეორე მეოთხედი; 2) ძვ.წ. V ს შუა ხანები-მეორე ნახევარი; 3) ძვ.წ. IV საუკუნე; 4) ელინისტური ხანა. ამჯერად ყურადღებას გავამახვილებთ პირველი ორი ქრონოლოგიური ჯგუფის პოლიქრომიული მინის ჭურჭლის შესახებ. დავიწყებთ პირველი ჯგუფით.

ძვ.წ. V ს მეორე მეოთხედის ფერადი მინის ნაწარმი. ამ პერიოდის სამარხეულ კომპლექსებში ყველა ზემოთ დასახელებული ფორმაა წარმოდგენილი. არის იშვიათი, განსხვავებული ნიმუშებიც.

პოლიქრომიული მინის სანელსაცხებლეებიდან განსაკუთრებით ყურადღებას იქცევენ ე.წ. Kohl-Tube-ს ტიპის სანელსაცხებლები. ფიქრობენ, რომ ისინი ქუთუთოების კოსმეტიკური საღებავის შესანახად გამოიყენებოდა (არაბულად „kohl" ქუთუთოს საღებავს ნიშნავს). ჯერჯერობით ფიჭვნარის ადრეულ სამარხებში მოპოვებულია ერთი მთლიანი ცალი და მეორეს ნატეხი. აქვე მოვიტანთ მათ აღწერილობას.

Kohl-Tube-ს ტიპის მინის სანელსაცხებლე. სამარხი 136 (ქ-ფ-86/149). ფონი მუქი ყავისფერი. პირის კიდე ლილვაკისებურია და დაღარული მოყვითალო ირიბი ძაფებით. ყელი ვიწრო, დაბალი, ცილინდრული; მხრები მასიური, სწორი, რომელზეც (წიბოების გაგრძელებაზე) მოთავსებულია ოთხი მოყავისფრო-ლუქის ფერის გირჩისებური შვერილი; ოთხწახნაგა ტანი ძირისკენ თანაბრად ვიწროვდება. ძირი მომრგვალებული. მხართან ახლოს ჩასმულია სწორი, ხოლო ტანის დიდ ნაწილზე - თეთრი ზიგზაგების ზოლები. ტანის ოთხივე წიბოს მთელ სიგრძეზე მიუყვება მოყვითალო ზოლი. სიმაღლე 8,5 სმ, პირის დიამ. 1,5 სმ, ტანის მხართან ახლოს 1,7 სმ, ძირთან 1 სმ. (სურ. 12/11, 15/8).

Kohl-Tube-ს ტიპის მინის ჭურჭლის ნატეხი (ქ-ფ-87/251). შევაგროვეთ დარღვეულ სამარხეულ ფენაში. გადარჩენილია ტანის ნაწილი. ოთხწახნაგა. ფონი მუქი ლურჯი. წახნაგები შემკული ყოფილა თეთრი და ყავისფერი ძაფების სწორი და ტალღისებური ხაზებით, ხოლო წიბოები კი - თეთრი ფერის სპირალური ძაფებით.

ამ ტიპის საპარფიუმერიო ჭურჭლის ქრონოლოგიური და ტიპოლოგიური კლასიფიკაცია დ.ბარაგმა მოგვცა. მანვე განსაზღვრა საწარმოო ცენტრი და დამზადების ტექნოლოგია (Barag, 1975: 23-35). მკვლევარი მივიდა დასკვნამდე, რომ მეტისმეტად ვიწრო და დაგრძელებული ტანი იმის მაჩვენებელი უნდა იყოს, რომ ისინი მზადდებოდა არა ქვის გულარზე, როგორც ამას ადრე ფიქრობდნენ, არამედ თითოეული მათგანი ლითონის ღერაკზე უნდა იყოს ჩამოსხმული (Barag, 1975: 25-26).[2] გავრცელების არეალი ავტორს საწარმოო ცენტრად ჩრდილო-დასავლეთ ირანს ავარაუდებინებს (Barag, 1975: 28). მის მიერ შესწავლილი 47 სანელსაცხებლიდან მხოლოდ და მხოლოდ სამი იყო მოპოვებული კომპლექსებში. ერთ-ერთი მათგანია ძვ.წ. VI-V სს დათარიღებული ნიმრუდის, ხოლო მეორე კი - გალეკუტის ძვ.წ. V ს ინვენტარის შემცველი სამარხი (Barag, 1975: 25). მესამე ვანის მდიდრული სამარხია. როგორც ქვემოთაც ვნახავთ, ამ მიმართებითაც ყურადღებას იქცევენ საქართველოს, მათ შორის ფიჭვნარის მონაპოვრები. ყველა მათგანი დახურულ კომპლექსებშია წარმოდგენილი.

ფიჭვნარის ანალოგიურ მინის ნაკეთობას დ.ბარაგი IA ჯგუფში აერთიანებს და ძვ.წ. V ს ათარიღებს. ეს თარიღი გასაზიარებელი ჩანს ჩვენს ხელთ არსებული მონაცემების მიხედვითაც. როგორც ვნახეთ, ფიჭვნარის ნიმუშებისათვის სამარხეული კომპლექსების მიხედვით შემუშავებული გვაქვს უფრო კონკრეტული თარიღი - ძვ.წ. V ს მეორე მეოთხედი.

ძვ.წ. V ს ბერძნული ნეკროპოლის გათხრები (1967-1987 წწ)

ახლა მოკლედ შევჩერდებით საქართველოს სხვა მონაპოვრებზეც. ფიჭვნარის გარდა Kohl-Tube-ს ტიპის ოთხწახნაგა ჭურჭელი ჯერჯერობით დასავლეთ საქართველოში მხოლოდ და მხოლოდ ვანშია აღმოჩენილი. ფორმა ფიჭვნარის სანელსაცხებლის მსგავსია. ფონი მუქი იისფერია. ტანის შუა ნაწილი შემკულია თეთრი ზიგზაგის ზოლით, რომელიც ზემოდან ყვითელი, ხოლო ქვემოდან კი - თეთრი ფერის ძაფებითაა შემოფარგლული. სიმაღლე 7,7 სმ. (ფირცხალავა, 1983: 83-84,86, ტაბ. 37/396).

ასეთი ფორმის სანელსაცხებლეები გავრცელებული ჩანს აღმოსავლეთ საქართველოშიაც. მაგალითად, წინწყაროს რ-ნის სოფ. ენაგეთში აღმოჩენილი მინის ჭურჭელი (მე-16 სამარხი). ფონი მოშავო, გაუმჭვირვალე ოთხწახნაგა. ტანი დაფარულია ცისფერი ზოლებით შემოფარგლული თეთრი და ყვითელი ფერის ტეხილი ხაზების ორი სარტყელით. დათარიღებულია ძვ.წ. V ს ბოლოთი და IV ს დამდეგით (საგინაშვილი, 2000: 73, სურ. 4; Gagošidze, Saginašvili, 2000: 67-68, fig. 1.2). ორი ცალი ასეთივე ფორმის ჭურჭელი აღმოჩნდა ქარელის რაიონის სოფ. ტახტი-ძირის მდიდრულ სამარხებში 1996 წელს. ერთ-ერთი მათგანის ფონი მუქი შავი ფერისაა. ტანი თეთრი ზიგზაგებითაა შემკული, რომელსაც საზღვრავს ორ-ორი თეთრი და ყვითელი ხაზი (საგინაშვილი, 2000: 74, სურ. 5). მეორეს ტანის ზედაპირი მოთეთრო-მოყვითალოა, განატეხში შავი. ტანი დაფარულია მოყვითალო ფრთისებრი სამკაულით, პირისა და ყელის არე კი მოყვითალო ფერის ძაფებით. ორივე ჭურჭლის წიბოებს მთელ სიგრძეზე მიუყვება მუქი ყვითელი ფერის ზოლები (საგინაშვილი, 2000: 74, სურ. 6; Gagošidze, Saginašvili, 2000: 67-68, fig. 1.4-5). თარიღდებიან ადრეელინისტური ხანით. დ.ბარაგი ტახტიძირის მსგავს სანელსაცხებლეებს IB ჯგუფში აერთიანებს.

აღმოსავლეთ საქართველოდან ცნობილია განსხვავებული ფორმისა და სამკაულის მქონე Kohl-Tube-ბი. ასეთთა რიცხვს მიეკუთვნებიან წალკის რაიონის სოფ. კუშჩი (გაგოშიძე, 1982: 50-53, № 111/3; საგინაშვილი, 2000: 72, სურ. 1; Gagošidze, Saginašvili, 2000: 68, fig. 1.6)[3] და თეთრიწყაროს რ-ნის შავსაყდარას მე-2 სამაროვანზე (თუშიშვილი, მარგიშვილი, 1987: 47. სურ. 1/4; მარგიშვილი, 1992: 24, ტაბ. XVII/5, XXIV/2; საგინაშვილი, 2000: 73, სურ. 3; Gagošidze, Saginašvili, 2000: 68, fig. 1.7)[4] მოპოვებული ცალები. მათ აქვთ დაკბილული პირი, ფერადი ძაფების ხვიებით დაფარული ცილინდრული მოყვანილობის ტანი და ბრტყელი ძირი. ისინი ძვ.წ. IV-III სს თარიღდებიან.

სპეციალური სამეცნიერო ლიტერატურის გაცნობით მივდივართ დასკვნამდე, რომ Kohl-Tube-ს ტიპის სანელსაცხებლეები იშვიათ მონაპოვართა რიცხვს განეკუთვნებიან. დ.ბარაგის შემდგომაც მაინცდამაინც არ გამრავლებულა მათი რიცხვი (Recent acquisitons, 1982: 87; Grose, 1989: 86, No. 31).[5] ამ ფონზე, ბუნებრივია, ყურადღებას იქცევს საქართველოს უახლესი აღმოჩენები (ნანახია 7 მთელი და 2 ნაკლული ჭურჭელი). ეს არცაა გასაკვირი – ჩრდ.-დას. ირანი საქართველოსთან საკმაოდ ახლოს მდებარეობს. ახალი აღმოჩენებით გაფართოვდა მათი გავრცელების არეალი. ფიჭვნარისა და ვანის აღმოჩენების მიხედვით ჩანს, რომ დასავლეთ საქართველოში გვხვდება მათი ადრეული ნიმუშები, აღმ.საქართველოში კი – როგორც კლასიკური, ასევე ელინისტური ხანისა. ბუნებრივია, აღმ. საქართველო, განსაკუთრებით მისი სამხრეთი

ნაწილი, ირანულ სამყაროსთან კონტაქტებს ტერიტორიული სიახლოვის გამო საკმაოდ დიდხანს ინარჩუნებს.

როდოსსა თუ თვით მატერიკულ საბერძნეთში დამზადებული ადრეული პოლიქრომიული მინის ჭურჭლის განხილვას არიბალოსებით დავიწყებთ. ფიჭვნარის ნეკროპოლის მომდევნო ეპოქების მინის ჭურჭელში ეს ფორმა საერთოდ არაა წარმოდგენილი.

ფიჭვნარის ძვ.წ. V ს მეორე მეოთხედით დათარიღებულ სამარხეულ კომპლექსებში ეს სახეობა ერთი ეგზემპლარითაა წარმოდგენილი. მოვიტანთ მის აღწერილობას.

ფერადი მინის არიბალოსი. სამარხი 137 (ქ-ფ-86/150). დამზადებულია ნახევრად გამჭვირვალე მუქი ლურჯი მინისაგან. პირი გარეთკენ გაფართოებული, ყელი დაბალი, ტანი გლობუსისებურად მომრგვალებული, ყურები ფიგურიანი (ზედა მონაკვეთი ბეჭდისებური). პირის კიდეს შემოუყვება ცისფერი ძაფი, მხრისა და ტანის დასაწყისს ყვითელი ძაფების სამი სპირალისებური ზოლი. ტანის არე შემკულია პარალელურ ყვითელ ხაზებს შორის მოქცეული ცისფერი და ყვითელი ზიგზაგების სარტყელით. სიმაღლე 7 სმ, პირის დიამ. 3 სმ, ყელის - 1 სმ, ტანის - 6 სმ. (სურ. 15/9; იხ. Schroeder, 2004: 37, fig. 20).

ფიჭვნარის ძვ.წ. ბერძნულ ნეკროპოლზე ერთი ცალი მინის არიბალოსი საქართველო-ბრიტანეთის ფიჭვნარის ერთობლივმა ექსპედიციამაც მოიპოვა (კახიძე, ვიკერსი, 2004: 78-79, სურ. 138).

ფიჭვნარის გარდა, სამი ფერადი მინის არიბალოსი აღმოჩენილია ციხისძირის გარექალაქის ტერიტორიაზე მდებარე სამაროვნის გათხრებისას. ისინი ქრონოლოგიურად უფრო ადრეულებია და გვიანარქაული ხანით, ძვ.წ. VI ს ბოლოთი და V ს დამდეგით უნდა თარიღდებოდნენ. მოვიტან მათ მოკლე აღწერილობას.

ფერადი მინის არიბალოსი. სამარხი 180 (ცძ/271). ფონი მუქი ლურჯი. პირი მომრგვალებული, ყელი დაბალი, ცილინდრისებური, ტანი სფეროსებრი. პირის კიდეს ყვითელი ძაფი შემოუყვება, მხრისას - ყვითელი ფერის ხაზების სპირალისებრი ზოლი. ტანის არე შემკულია ყვითელი და ცისფერი ზიგზაგების სარტყელით. ბოლოს მოცემულია ყვითელი და ცისფერი ჰორიზონტალური ხაზები. სიმაღლე 6,3 სმ, პირის დიამ. - 2,5 სმ.

ფერადი მინის არიბალოსი. სამარხი 198 (ცძ-86/337). ფონი ლურჯი. პირი მომრგვალებული, ყელი დაბალი, ცილინდრული, ტანი მომრგვალებული. პირის კიდე და მხრის არე ყვითელი ძაფებითაა შემკული, ტანის – ყვითელი და ცისფერი ზიგზაგების სარტყელით. ტანის ქვედა ნაწილს შემოუყვება ცისფერი და ყვითელი ჰორიზონტალური ხაზების თითო რიგი. სიმაღლე 5 სმ, პირის დიამ. 2,5 სმ.

ფერადი მინის არიბალოსი. სამარხი 269 (ცძ/2). ფონი მუქი შავი ფერის. გაუმჭვირვალე. პირი მომრგვალებული, ყელი დაბალი, ცილინდრული. გლობუსისებურად მომრგვალებული ტანი გოფრირებულია. ყურები ჩვეულებრივ ფიგურული. პირის კიდე ყვითელი კანტითაა შემკული. ასეთივე ძაფი შემოუყვება მხარზე, რომელიც ერთგან გაწყვეტილია. ტანის არე შემკულია ცისფერი და ყვითელი ტეხილი ხაზების ზიგზაგისებრი ზოლით. ბოლოს მოცემულია ცისფერი და ყვითელი ძაფების წყვილი ჰორიზონტალური რიგი. სიმაღლე 6 სმ, პირის დიამ. 2.5 სმ, ტანის - 5,1 სმ.[6]

არიბალოსები სფეროს ფორმის საპარფიუმერიო ჭურჭელია. საბერძნეთში მათში ძვირფას ზეთებს ინახავდნენ. ბერძენი ათლეტები ჭიდაობის სკოლაში სიარულისას მაჯაზე ზეთით სავსე არიბალოსებს იმაგრებდნენ ვარჯიშის შემდგომ ჭუჭყისა და ოფლის მოსაცილებლად. ზეთითვე იზელდნენ ზურგს. ფიჭვნარის მსგავს ნიმუშებს აკუთვნებდნენ ხმელთაშუაზღვისპირეთის I ჯგუფის A ქვეჯგუფს, რომელთაც ახასიათებთ მუქი ფერები, განიერი დისკოსებური პირი, ზიგზაგების დეკორი ტანის შუა ნაწილზე. გარს შემოვლებული ძაფები უმეტესად ორი ფერისაა - ყვითელი და ცისფერი. მკვლევარნი ვარაუდობენ, რომ ისინი ერთ და იმავე ან ერთმანეთთან მჭიდროდ დაკავშირებულ სახელოსნოებშია დამზადებული. ფართოა არიბალოსების გავრცელების არეალი იორდანიიდან დაწყებული ესპანეთით დამთავრებული. დიდი ნაწილი კ.როდოსზეა აღმოჩენილი. იწარმოებოდა აღ. ხმელთაშუაზღვისპირეთში მდიდარი ფენებისათვის (Stern, Schlick-Nolte, 1994: 204-205).

ფიჭვნარის მსგავსი არიბალოსები დაცულია სანკტ-პეტერბურგში, სახელმწიფო ერმიტაჟში (Кунина, 1997: 250, кат. 23).[7] კიდევ უფრო მრავლად გვხვდება სხვადსხვა ქვეყნის მუზეუმებსა თუ კერძო კოლექციებში. მათი ერთი ნაწილი არქეოლოგიური გათხრების გზითაა მოპოვებული, უმრავლესობა შენაძენთა რიცხვს განეკუთვნება. ბუნებრივია, მათ შესახებ სიტყვას ველარ განვავრცობთ და საკმაოდ ვრცელი ბიბლიოგრაფიის მოტანით დავკმაყოფილდებით (Almagro, 1953, tab. 14.4-6,9-10, 165-166, 179,194,198,242; 1964: 24; Neuburg, 1962: 39, pl. Va; Spartz, 1967: No. G97, taf. 2.4; Nolte, Haevernick, 1967: taf. 64.3; Harden, Painter, Pinder-Wilson, Tait, 1968: No. 14; Jehasse, 1973: 408, 514; Saldern, Nolte, Baume, Haevernick, 1974: Nos 143-144; Fossing, 1975: 73, pl. V; Hayes, 1975: Nos 14-16; Auth, 1976: 33, No. 16; Matheson, 1980: Nos 10-11; Bergman, Oliver, 1980; Harden, 1981: Nos 222-223, pl. XII; Grose, 1989: No. 48; Brouwer, 1991: 25; Weinberg, 1992; Roffia, 1993: 49, No. 3; Stern, Schlick- Nolte, 1994: 214, No. 48 და სხვ.).

ფერადი მინის ოინოხოებიც ერთ სამარხში იყო წარმოდგენილი. აქვე მოვიტანთ მის აღწერილობას.

მინის ოინოხოია. სამარხი 118 (ქ-ფ-86/126). დამზადებულია გაუმჭვირვალე მუქი ლურჯი ფერის მინისაგან. პირი სამტუჩა, ტანი კვერცხისებური, გარეთკენ გაშლილი კონუსისებრ შეღრმავებიანი ძირი პატარა ზომისაა, ყური მომრგვალებული. პირისა და ძირის კიდე ყვითელი ძაფებითაა შემკული. ტანის არეში მოცემულია ორ-ორი წყვილი ყვითელი ხაზებით შემოფარგლული ცისფერი, მოშავო და ყვითელი ზიგზაგების სარტყელი. სიმაღლე 9 სმ.

ოინოხოია სადვინო დოქის ბერძნული სახელწოდებაა. სამყურა ფორმის პირითა და ვერტიკალური ყურით ხდებოდა ჭიქებში ღვინის გადასხმა. მინის ოინოხოიებში კოსმეტიკურ ზეთს ინახავდნენ, მაგრამ რა სახისას ჯერ კიდევ არაა ზუსტად ცნობილი. იგი კლასიფიცირებულია ხმელთაშუაზღვიპირეთის I ჯგუფის იმ ქვეჯგუფებში, რომელთათვისაც დამახასიათებელია მუქი ფერები, ზიგზაგების დეკორი და მაღალი სახელურები. ზოგიერთ ნიმუშზე სახელურს ქვემოთ შენიშნავთ ყვითელ წერტილს, რაც როდოსული ხელოსნური ნაწარმის ნიშნადაა მიჩნეული. უმეტესობა აღ. ხმელთაშუაზღვისპირეთშია აღმოჩენილი, ძირითადად კ.როდოსზე. ფერადი მინის ოინოხოიებს როგორც ანტიკვარებს ყიდდნენ ისეთ შორეულ ქვეყნებშიაც, როგორიცაა ბულგარეთი და საქართველო (Stern, Schlick- Nolte, 1994: 212-213, No. 47).

ფიჭვნარი II

თვით ფიჭვნარის გარდა (კახიძე, ვიკერსი, 2004: 79. სურ. 134,167) ამ სახის მონაპოვრებსაც მოეპოვებათ პარალელები. დავასახელებთ ზოგიერთ მათგანს (Spartz, 1967: No. G88, Taf. 2.3; Saldern, Nolte, Baume, Haevernick, 1974: No. 119; Baume, Salomonson, 1976: No. B.1, taf. 2.1; Harden, 1981: 58-60, form 2; McClellan 1984: 74-75, type IIE,V; Grose 1989: 111, 112, 127, 130, No. 117, glass IB, form I.2a; Weinberg, 1992: No. 47; Кунина, 1997: 250, кат. 19 და სხვ.).

ამფორისკები ორ სამარხეულ კომპლექსში გამოჩნდა. მოვიტანთ თითოეული მათგანის მოკლე აღწერილობას.

მინის ამფორისკი. სამარხი 127 (ქ-ფ-86/140). შედარებით პატარა ზომის. დამზადებულია მოთეთრო რძისფერი მინისაგან. ფორმა ტიპიური. აქვს გარეთკენ გადაშლილი ძაბრისებური პირი. ცილინდრისებური ყელი, კვერცხისებური მოყვანილობის ტანი ბოლოვდება პატარა ზომის რგოლისებრი ქუსლით. რკალისებრი ყურის ქვედა ბოლო მხრის არეშია დაძერწილი, ზედა პირის ქვემოთ. პირის კიდე და ქუსლის არე შემკულია მოზეთისხილისფრო ძაფით. ტანის ცენტრალურ ნაწილს გარს უვლის მოლურჯო-მონაცრისფრო და მოზეთისხილისფრო ზიგზაგების სარტყელი, რომელიც ზემოდან, მხრის არეში – ღია მოზეთისხილისფრო, ხოლო ქვემოდან, ძირთან ახლოს, მონაცრისფრო-მოლურჯო ხაზებითაა შემოფარგლული. სიმაღლე 6 სმ, პირის დიამ. 2,5 სმ, ქუსლის - 0,8 სმ (სურ. 11/9, 15/5).

მინის ამფორისკი. სამარხი 149 (ქ-ფ-87/6). ფორმა ტიპიური. ოდნავ დეფორმირებული. ფონი მუქი ლურჯი; პირის ქვედა კალთა, ყურები და ქუსლი ნახევრად გამჭვირვალე. პირის კიდეს შემოუყვება ყვითელი ძაფი - ზოგჯერ ენაცვლება ვიწრო ცისფერი ხაზები. მხრის არე დაფარულია სხვადასხვა სიფართის ყვითელი ძაფებით, რომელთაც ალაგ-ალაგ კიდეებზე ვიწრო ცისფერი ხაზები მისდევს. ტანის ზედა ნახევარი შემკულია მჭიდროდ განლაგებული ყვითელი და ცისფერი სხვადასხვა სიფართის ზიგზაგების სარტყელით. ცენტრალურ ნაწილს გარს უვლის არასიმეტრიულად განლაგებული ყვითელი ძაფების წყვილი ჰორიზონტალური რელიეფური ზოლი. სიმაღლე 7,5 სმ, პირის დიამ. 2 სმ, ქუსლის - 1 სმ. (სურ. 16/6; იხ. Schroeder, 2004: 35, fig. 14).

თეთრფონიანი ადრეული ამფორისკები არ ჩანს მასობრივად გავრცელებული (Fossing, 1975: 70, Abb. 66; Nolte, Haevernick, 1967: 492, taf. 65.1; Saldern, Nolte, Baume, Haevernick, 1974: 66, No. 153 და სხვ.). დ.გროსეს კლასიფიკაციის მიხედვით IA ჯგუფი ცნობილია თავისი თეთრი ფერის მინისა და მეწამული ფერის დეკორაციებით. ამ ჯგუფში ექცევიან ოინოხოიები, ამფორისკები, ალაბასტრები და არიბალისებრის მცირე ჯგუფი. შემკულობა ხშირად ერთმანეთს ჰგავს. ძირითადად მეწამული ფერის გაფორმებებით იწყება ჭურჭლის ყელზე ჰორიზონტალური ხაზების სახით, ტანზე იღებს ზიგზაგების ფორმას და მთავრდება კვლავაც ჰორიზონტალური ხაზებით (Grose, 1989: 110-115).[8] თვლიან, რომ ისინი ერთდაიმავე სახელოსნოშია დამზადებული.

უფრო მეტი პარალელი ლურჯფონიან ამფორისკებს ეძებნებათ. სამი ცალი, თვით ფიჭვნარის ძვ.წ. V ს ბერძნულ ნეკროპოლზეა მოპოვებული (კახიძე, ვიკერსი, 2004: 79. სურ. 134). ერთ-ერთი მათგანი ფიჭვნარის ახლოს ციხისძირის სამაროვანზეა აღმოჩენილი.[9] იგი შედარებით დიდი ზომისაა. ფონი მუქი ლურჯი. პირის კიდე ცისფერი ხაზითაა შემოფარგლული, მხარი და ტანის დასაწყისი – ყვითელი ფერის სამი ჰორიზონტალური ზოლით. ტანის ზედა ნახევარი

176

დაფარულია ორ-ორი ურთიერთმონაცვლე ყვითელი და ცისფერი ზიგზაგების სარტყელით. ტანის სამკაული სრულდება ყვითელი და ცისფერი ჰორიზონტალური ხაზებით. ქუსლის არე ყვითელი ზოლითაა დაფარული, რომელშიაც ალაგ-ალაგ ცისფერი წინწკლებია ჩართული.

ფიჭვნარის თანადროული ამფორისკები გვხვდება ჩრდილო შავიზღვისპირეთის მონაპოვართა შორის (Шкорпил, 1910: 22; Скуднова, 1988: 30-31; Кунина, 1997: кат. 30-32, илл. 13, 14). ბუნებრივია, მრავლადაა წარმოდგენილი მსოფლიოს სიძველეთსაცავებსა თუ სხვა სახის კოლექციებში (Eisen, 1927: 35, pl. 4; CVA, 1930, No. 23_b; Jacopi, 1931: 97, No. 5, fig. 85; Almagro, 1964: 24; Harden, Painter, Pinder-Wilson, Tait, 1968: No. 15; Neuburg, 1962: pl. 13; Nolte, Haevernick, 1967: Taf. 64.2; Jehasse, 1973: 422, pl. 1144.1648; Saldern, 1974: No. 7.4; Hayes, 1975: No. 13.11; Baume, Salomonson, 1976: No. B.4, taf. 3.1; Auth, 1976: kat. 18, 33-34; Matheson, 1980: Nos 13, 15; Grose, 1989: 144, No. 97; Brouwer, 1991: 24; Weinberg, 1992: No. 15).[10]

უფრო მეტია ადრეული ფერადი მინის ალაბასტრები. ისინი სამ სამარხეულ კომპლექსში აღმოჩნდა. მოკლედ შევჩერდებით თითოეული მათგანის შესახებ ცალ-ცალკე.

მინის ალაბასტრი. სამარხი 128 (ქ-ფ-86/143). აღდგენილი მოზრდილი ნატეხებისაგან. ფორმა ტიპიური. აქვს ფართო, დისკოსებური პირი, დაბალი ყელი, ვიწრო მხრები, მომრგვალებულ ბოლოსკენ ოდნავ გაფართოებული ტანი, S-ის შემოწერილობის ყურები. ფონი მოთეთრო-რძისფერი. პირის კიდეს შემოუყვება ღია ლურჯი ფერის ძაფი, ტანის ზედა ნახევარს - ღიალურჯი ფერისავე ზიგზაგების სარტყელი. ასეთივე ფერისაა ტანის ქვედა ნახევარზე ჩასმული ჰორიზონტალური რელიეფური ზოლი. სიმაღლე 9,5 სმ, პირის დიამ. 3,5 სმ.

მინის ალაბასტრი. სამარხი 120 (ქ-ფ-86/129). ფორმა ტიპიური. ფონი მუქი ლურჯი, გაუმჭვირვალე. პირის კიდე ფირუზისფერი ძაფითაა შემოსაზღვრული, მხარი და ტანის დასაწყისი - ყვითელი ძაფებით. ტანის ზედა მონაკვეთი დაფარულია მჭიდროდ განლაგებული ყვითელი, მოყვითალო-მოფირუზისფრო და ცისფერი ზიგზაგების ფართო სარტყელით. ოდნავ მოშორებით ჩასმულია ყვითელი ძაფების წყვილი ჰორიზონტალური ზოლი. სიმაღლე 9,5 სმ, პირის დიამ. 3,5 სმ. (სურ. 15/3).

მინის ალაბასტრი. სამარხი 144 (ქ-ფ-87/1). ფორმა ტიპიური. დამზადებულია ლურჯი ფერის მინისაგან. პირის კიდეს შემოუყვება თეთრი ფერის მინის ძაფი, ტანის ზედა ნახევარს - ასეთივე ფერის ოთხი ჰორიზონტალური ხაზი; შემდგომ მოცემულია თეთრი ფერისავე ზიგზაგების სარტყელი. დეკორი სრულდება თეთრი ფერის წყვილი ჰორიზონტალური ხაზით. სიმაღლე 10 სმ, პირის დიამ. 2,7 სმ. (სურ. 16/5).

გარდა ზემოთ აღნიშნული მთლიანი ცალებისა, დარღვეულ ფენაში შევაგროვეთ მინის ალაბასტრის მხრისა და ტანის ნაწილი (ქ-ფ-86/170). ფონი ლურჯი ფერის, ნახევრად გამჭვირვალე. მხარი და ტანის ზედა ნახევარი დაფარული ყოფილა ყვითელი სპირალისებური ჰორიზონტალური ხაზების რვა რიგით. მოსდევს სხვადასხვა სიფართის ყვითელი და ცისფერი ზიგზაგები. ოდნავ მოშორებით მოცემულია ყვითელი ძაფების ორი ჰორიზონტალური რიგი (სურ. 99/4).

ალაბასტრებშიაც ბერძნები ძვირფას ზეთებს ინახავდნენ. ადრეული ნიმუშები გაერთიანებულია ხმელთაშუაზღვისპირეთის I ჯგუფის A ქვეჯგუფებში, რომელთაც ახასიათებთ მუქი ფერები, განიერი ჰორიზონტალური დისკოსებური პირი, ცილინდრული ტანი, ზიგზაგების დეკორი

ტანის შუა ნაწილზე. მკვლევარები ფიქრობენ, რომ ისინი ერთ და იმავე ან ერთმანეთთან მჭიდროდ დაკავშირებულ სახელოსნოებში მზადდებოდა. ფართოა მათი არეალი იორდანიიდან დაწყებული ესპანეთამდე. ახალი აღმოჩენებით ამ არეალს აღ. შავიზღვისპირეთიც შეემატა. ხშირად ჩნდება კ.როდოსზე. ფიქრობენ, რომ მზადდებოდა აღ. ხმელთაშუაზღვისპირეთში შეძლებული ფენების მოთხოვნილებათა დაკმაყოფილების მიზნით (Stern, Schlick-Nolte, 1994: 204-205, No. 43).

მომდევნო წლების აღმოჩენების მიხედვითაც ჩანს, რომ ფიჭვნარის ადრეული ალაბასტრების კოლექციაში სჭარბობს თეთრფონიანი ნიმუშები. უმეტესობა მუქი მეწამული, მოყავისფრო-ღვინისფერი მინის ძაფებითა თუ ზიგზაგების სარტყელითაა შემკული. გამონაკლისს წარმოადგენს 196-ე სამარხში აღმოჩენილი ალაბასტრი, რომლის ზიგზაგები ღია ლურჯი, ხოლო 3 ორიზონტალური ზოლები ყვითელი ძაფებითაა შექმნილი. იგი ისედაც იშვიათ მონაპოვართა რიცხვს განეკუთვნება (კახიძე, ვიკერსი, 2004: 79. სურ. 133). მრავალრიცხოვან პოლიქრომიულ მინის ჭურჭელს შორის მას უშუალო ანალოგი ჯერჯერობით არც ეძებნება. საერთოდ კი სხვა თეთრფონიან ალაბასტრებს ბევრი პარალელი მოეძებნება როგორც თანადროულ, ასევე მომდევნო ეპოქის მასალებს შორის (Kat. Vogell, No.1068; Eisen, 1927: 35, pl. 4; Jacopi, 1931: 99, fig. 85; Labino, 1968: 14-15, fig. 3; Fosing, 1975: fig. 29; Hayes, 1975: 11.99, fig. 85; Harden, 1981: 58-59, 63, Nos 90, 93; Saldern, Nolte, Baume, Haevernick, 1974: 70, kat. 176; Bergman, Oliver, 1980: No. 63; Grose, 1989: Nos 65, 66, 68, 90).

ანტიკურ სამყაროში, ფიჭვნარისაგან განსხვავებით, კიდევ უფრო ფართოდ ჩანან გავრცელებულნი ადრეული ლურჯფონიანი ალაბასტრები. ისინი დიდ სიახლოვეს პოვებენ ფიჭვნარის მინის ჭურჭელთან (Dugas, 1935; Almagro, 1964: 24; Auth, 1976: 27; Brouwer, 1991: 24; Скуднова, 1988).

ასეთია ფიჭვნარის ძვ.წ. V ს მეორე მეოთხედის სამარხებში აღმოჩენილი პოლიქრომიული მინის ჭურჭლის კვლევის ძირითადი შედეგები. ახლა მკითხველის ყურადღებას შევაჩერებთ მომდევნო პერიოდის მონაპოვრებზე. ამის შემდეგ გაკეთდება ზოგიერთი დასკვნა.

ფიჭვნარის ძვ.წ. V ს შუა ხანებისა და მეორე ნახევრის მინის ჭურჭელი. ფიჭვნარის ბერძნული და კოლხური სამაროვნების მიხედვით ჩანს, რომ ფერადი მინის ჭურჭლის შემოტანა ძვ.წ. V ს შუა ხანებსა და მეორე ნახევრისათვისაც საკმაო ინტენსიურობით გრძელდება. ფიჭვნარის მაგალითის მიხედვით თუ ვიმსჯელებთ გარკვეულად იცვლება მათი ასორტიმენტი. საერთოდ წყდება არიბალოსების შემოტანა. ერთეული ცალებითაა წარმოდგენილი ოინოხოები და ამფორისკები. სანელსაცხებლე ჭურჭლებიდან უფრო მეტი მოწონებით ალაბასტრები სარგებლობენ. ზოგიერთი ცვლილება შეინიშნება დეკორაციასა თუ ფორმების განვითარებაში. აშკარაა, რომ არც ამ ეპოქისათვის წარმოადგენენ ისინი მასობრივი მოხმარების საგანს. მოკლედ შევჩერდებით თითოეული ფორმის შესახებ. დავიწყებთ ოინოხოით.

მინის ოინოხოია. სამარხი 12 (ქ-ფ-68/171); დამზადებულია გაუმჭვირვალე ღია ლურჯი ფერის მინისაგან (გარეულია მოთეთრო სილის ნაფცქვენები). ფორმა ტიპიური. პირი სამტუჩა. ყელი ვიწრო, მომაღლო, ტანი კვერცხისებური, ქუსლი ბრტყელი, ღილისებური. ყურები რკალისებრი. პირის კიდე ყვითელი ძაფითაა შემკული (ზოგან მოფირუზისფრო ანარეკლს

იძენს). მხრის არეს მიუყვება ყვითელი ძაფების წყვილი ჰორიზონტალური ზოლი, ტანის ზედა ნახევარი დაფარულია ღია ცისფერი და ყვითელი ზიგზაგების სარტყელით. მის ქვემოთ მეორდება ყვითელი ძაფების წყვილი ჰორიზონტალური რიგი. სიმაღლე 6,5 სმ, პირის დიამ. 2,5 სმ, ტანის 4,5 სმ, ქუსლის 2 სმ. სწორედ ას სანელსაცხებლე ჭურჭელში იყო შემონახული კოლხურების ახალი ნომინალები ჰემიტეტრატემორიონების სახით.

მრავალრიცხოვანი თანმხლები ინვენტარის მიხედვით ოინოხოია ძვ.წ. V ს 30-20-იანი წლებით თარიღდება (ჩხაიძე, 1974: 46, ტაბ.I/2). ფორმისა თუ დეკორაციის მიხედვით აგრძელებს ადრინდელ ტრადიციებს.

ასეთივე ოინოხოიები აღმოჩენილია ვანის ნაქალაქარის მე-6 სამარხში (ფირცხალავა, 1983: 86, №395); ჩრდილო შავიზღვისპირეთში (Сорокина, 1957), დასავლეთ შავიზღვისპირეთის - აპოლონიის ნეკროპოლზე (Младенова, 1963: таб. 162/989). ცნობილია სხვა ანალოგიებიც (Harden, Painter, Pinder-Wilson, Tait, 1968: No. 12; Fossing, 1975: 76, fig. 52; Saldern, Nolte, Baume, Haevernick, 1974: No. 127; Spartz, 1967: No. G 88, taf. 2,3; Matheson, No. 7, 9; Grose 1989: 149, No. 114; Stern, Schlick- Nolte, 1994: 212, No. 47).

არც ფერადი მინის ამფორისკები გამოირჩევიან მრავალრიცხოვნებით. ისინი სულ სამ სამარხში იყო წარმოდგენილი. არც მათ განუცდიათ რაიმე საგრძნობი ცვლილებები ფორმის განვითარებისა თუ შემკობის მოტივების თვალსაზრისით. ერთი კია, რომ ადრეული ნიმუშების ფერი უფრო მკვეთრი და ხასხასაა. გარდა ამისა, ამფორისკის პირი, ყელის ნაწილი და ყურები ხშირად ნახევრადგამჭვირვალეა.[11] აქვე მოვიტანთ მათ მოკლე აღწერილობასა და სათანადო პარალელებს.

ფერადი მინის ამფორისკი. სამარხი 3 (ქ-ფ-67/3). ფორმა ტიპიური. დამზადებულია მოშავო-მოზეთისხილისფრო საკმაოდ სქელკედლიანი გაუმჭვირვალე მინისაგან. პირის კიდე ყვითელი ძაფითაა შემკული, ტანის ზედა ნახევარი ორ-ორი ყვითელი ჰორიზონტალური ზოლით შემოფარგლული ყვითელი და ცისფერი ზიგზაგების სარტყელით. სიმაღლე 7 სმ, პირის დიამ. 2,5 სმ, ტანის 4,5 სმ, ძირის 1,3 სმ. (სურ. 31/1).

მინის ამფორისკი. სამარხი 33 (ქ-ფ-77/374); პირი ყვითელი ძაფითაა შემკული, ტანის ზედა ნახევარი - ყვითელი ორ-ორი ძაფით შემოფარგლული მოთეთრო ცისფერი და ყვითელი ზიგზაგებით.

მინის ამფორისკი. სამარხი 48 (ქ-ფ-79/2); ფონი ლურჯი - წყლისფერი ანარეკლით; პირისა და ქუსლის არე[12] ყვითელი ძაფებითაა შემკული; ტანის ზედა ნახევარი დაფარულია ორ-ორი ყვითელი ძაფით შემოსაზღვრული ყვითელი და ცისფერი ზიგზაგების სარტყლით; სიმაღლე 7 სმ (სურ. 76/6).

ფიჭვნარის მსგავსი და თანადროული ამფორისკები საქართველოში ორგანაა აღმოჩენილი. ესაა ვანის ნაქალაქარი (მე-6 სამარხი), სადაც სამი ამფორისკი ჩაეყოლებინათ (ფირცხალავა, 1983: 79 და შმდ.) და მთიანი რაჭა, კერძოდ, ბრილი (გობეჯიშვილი, 1959_a: 198). საკმაოდ ჩანს გავრცელებული ჩრდილო შავიზღვისპირეთის ქალაქ-სახელმწიფოები (Сорокина, 1957: 20, таб. III; 1962: 105, рис. 39; Коровина, 1962_a; 1968: 69, рис. 16/3; Сокольский, 1963: 104; Галанина, 1970: 36, рис. 1; Кутаисов, Ланцов, 1989: 2; Кунина 1997: кат. 33-35; Voščinina, 1963: taf. 118.2

და სხვ.). აღმოჩენილია აპოლონიის ნეკროპოლზე (Младенова, 1963: 305-312, таб. 162-163). ბუნებრივია, მათ არაერთი პარალელი ეძებნებათ ანტიკური სამყაროს სხვა ნაწილებიდანაც (Almagro, 1952: 82, pl. 5.9,12; Jacopi, 1931: sep. XXV (fig. 85), XXVI (fig. 89); Fossing, 1975: 61, fig. 29; Saldern, Nolte, Baume, Haevernick, 1974: Nos 140, 142; Auth, 1976: No. 233; Grose, 1989: 146, No. 104 და სხვ.).

ფიჭვნარის ბერძენ მოსახლეებს შორის კვლავაც მოწონებით სარგებლობენ ფერადი მინის ალაბასტრები. მათი რიცხვი გაცილებით მეტია ზემოთ განხილულ ფორმებთან შედარებით. ამ ტიპის სანელსაცხებლე ჭურჭელი კოლხურ სამაროვანზეც, ნატეხები კი ნაქალაქარის კულტურულ ფენებშიაც ჩნდება. მოვიტანთ ძვ.წ. V ს. მეორე ნახევრის ფიჭვნარელ ელინთა განსასვენებლებში აღმოჩენილი ფერადი მინის ალაბასტრების მოკლე აღწერილობას. პირველ რიგში შევჩერდებით თეთრფონიანი ალაბასტრზე, რომელიც ადრეულებისაგან განსხვავებით ერთადერთი ეგზემპლარითაა წარმოდგენილი.

მინის ალაბასტრი. სამარხი 5 (ქ-ფ- 67/53); ფორმა ტიპიური; თეთრფონიანი, გაუმჭვირვალე; დეკორი ერთფეროვანია მეწამულ-მოყავისფრო, ღვინისფერ-მოიასამნისფერო ანარეკლით. ასეთი ძაფებითაა შემკული პირის კიდე, ყელის, მხრისა და ტანის ზედა მონაკვეთი; მოსდევს სხვადასხვა სიფართის ზიგზაგების სარტყელი. ოდნავ მოშორებით, ტანის ქვედა ნახევარზე, ჩასმულია სამი ჰორიზონტალური ზოლი. განსხვავებით სხვა ფონის მქონე ალაბასტრებისაგან, ადრეულების მსგავსად ამისი ტანის ქვედა ნახევარი სადაა. სიმაღლე 11 სმ, პირის დიამ. 3 სმ, ტანის 3,5 სმ. აღმოჩნდა მარჯვენა ხელის არეში (სურ. 31/12; უფრ. დაწვ. იხ. ჩხაიძე, 1974: 12, ტაბ. I/3; კახიძე, 1975: 70, ტაბ. XXIV/4).

ფრაგმენტირებული თეთრფონიანი მინის ალაბასტრი აღმოჩენილია შიდა კოლხეთის ერთ-ერთი უმნიშვნელოვანესი საქალაქო ცენტრის საირხეს მე-5 აკლდამის ქვაყრილის ჩრდილო-დასავლეთ კუთხეში, შტამპირებულორნამენტიან ატიკურ შავლაკიან ჭურჭელთან ერთად. გადარჩენილია პირი, ყელი და ტანის ზედა ნაწილი. დამზადებულია მოთეთრო, რძისფერი გაუმჭვირვალე მინისაგან. პირის კიდე და ტანის დასაწყისი მუქი ყავისფერი ძაფებითაა შემკული; მოსდევს ასეთივე ფერის ზიგზაგების სარტყელი. ჭურჭლის დანარჩენი ნაწილი არაა დაცული (ნადირაძე, 1990: 42-44, ტაბ. III/4).

თანადროული ალაბასტრები აღმოჩენილია ჩრდილო შავიზღვისპირეთში, კერძოდ, ტამანის ნახევარკუნძულზე (Гайдукевич, 1959: 181, рис. 55). დაცულია სახელმწიფო ერმიტაჟში (Voščinina, 1963: taf. 118.2; Кунина, 1997: кат. 7). ნაპოვნია დასავლეთ შავიზღვისპირეთში, კერძოდ, აპოლონიის ნეკროპოლზე, რომელიც ძვ.წ. V ს მესამე მეოთხედითაა დათარიღებული (Младенова, 1963). გავრცელებული ჩანს ანტიკური სამყაროს სხვა ცენტრებშიაც (Jacopi, 1931: sep. XXV (fig. 85), sep. XXVI (fig. 89); Fossing, 1975: 61, fig. 29).

მინის ალაბასტრი. სამარხი 9 (ქ-ფ-68/151); დამზადებულია მუქი ლურჯი ფერის გაუმჭვირვალე მინისაგან; ფორმა ტიპიური; პირის კიდეს შემოუყვება ყვითელი ძაფი. ტანი მთლიანადაა დაფარული მუქი ცისფერი და ყვითელი ზიგზაგებით. სიმაღლე 9 სმ, პირის დიამ. 3 სმ, ტანის 2,5 სმ. აღმოჩნდა მარჯვენა ხელის არეში.

მინის ალაბასტრი. სამარხი 21 (ქ-ფ-68/299); ფორმა ტიპიური; დამზადებულია მუქი

მოშავო ფერის გაუმჭვირვალე მინისაგან; დისკოსებური პირი ცისფერი ძაფითაა შემკული. ცილინდრული ტანი მთლიანადაა დაფარული მჭიდროდ განლაგებული ცისფერი და ყვითელი ზიგზაგებით. სიმაღლე 10 სმ, პირის დიამ. 3 სმ, ყელის 2 სმ, ტანის 3 სმ.

მინის ალაბასტრი. სამარხი 33 (ქ-ფ-77/375); ფორმა ტიპიური; პირს გარს უვლის ცისფერი ანარეკლის მქონე ყვითელი ძაფი. ტანი მთლიანადაა დაფარული ყვითელი და ცისფერი ზიგზაგებით. სიმაღლე 10 სმ, პირის დიამ. 2,8 სმ. აღმოჩნდა მარჯვენა ხელის არეში.

მინის ალაბასტრი. სამარხი 43 (ქ-ფ-77/407); ფორმა ტიპიური; დამზადებულია შავი მოზეთისხილისფრო გაუმჭვირვალე მინისაგან; პირის კიდე ყვითელი ძაფითაა შემკული. ტანი დაფარულია ყვითელი და ცისფერი მჭიდროდ განლაგებული ზიგზაგებით. სიმაღლე 10,5 სმ, პირის დიამ. 2,7 სმ. აღმოჩნდა მარჯვენა ხელის არეში.

მინის ალაბასტრი. სამარხი 104 (ქ-ფ-83/39); ფორმა ტიპიური; ფონი მოშავო-მოზეთისხილისფრო; პირის კიდე შემკულია ცისფერი ძაფით. ტანის დასაწყისის ორი რიგი მოყავისფრო, დანარჩენი ზედაპირი მჭიდროდ განლაგებული მოთეთრო-მოცისფრო მკვეთრი ზიგზაგებითაა დაფარული. ბოლოს მოცემულია ყავისფერი არშიით შემოფარგლული მოცისფრო არასიმეტრიული წრისებრი ზოლების ორი რიგი. სიმაღლე 10,5 სმ, პირის დიამ. 3,3 სმ (Schroeder, 2004: 32, fig. 8). აღმოჩნდა მარჯვენა ხელის არეში (სურ. 91/10).

არაერთი პარალელი ეძებნება ფიჭვნარის ალაბასტრებს, რომელთა ცილინდრისებური ტანი მთლიანადაა დაფარული სხვადასხვა ფერის ზიგზაგებით.[13] ისინი ცნობილია ჩრდილო (Voščinina, 1963: 558, 559, taf. 117.3, 118.1; Сорокина, 1957: таб. III/5; 1977; Кунина, 1997: кат. 11-13). თუ დასავლეთ (Fossing, 1975: 67, fig. 41; Младенова, 1963: таб. 162/985) შავიზღვისპირეთისა და ანტიკური სამყაროს სხვა ნაწილების (Almagro, 1952: 81 და შმდ., pl. 5.5,6; Saldern, Nolte, Baume, Haevernick, 1974; No. 184, 185; Hayes, 1975: Nos 7-8; Auth, 1976: No. 264) მონაპოვართა მიხედვით.

ასეთია ფიჭვნარის ძვ.წ. V ს ბერძნულ ნეკროპოლზე აღმოჩენილი ფერადი მინის ჭურჭელი (ახლადაღმოჩენილი მასალის შესახებ იხ. კახიძე, ვიკერსი, 2004: 82. აქვეა ლიტერატურა პარალელური მასალის შესახებ).

როგორც ვხედავთ, აქაური ელინური წრეები, ასევე გარკვეულად ადგილობრივი მოსახლეობის წარმომადგენლები დიდ მიდრეკილებას იჩენს მსგავსი ფუფუნების საგნების მიმართ. ახალი აღმოჩენებით გაიზარდა ამ სახის პროდუქციის გარცელების არეალი; ჩრდილო და დასავლეთ პონტოსპირეთს აღმოსავლეთ შავიზღვისპირეთიც შეემატა. ჩვენს ხელთ არსებული პოლიქრომიული მინის ჭურჭლის მეცნიერული ღირებულება განსაკუთრებულია. ყველა მათგანი აღმოჩენილია შესანიშნავად დაცულ დახურულ სამარხეულ კომპლექსში, რაც მათი ქრონოლოგიური და ტიპოლოგიური კლასიფიკაციის მყარ კრიტერიუმს ქმნის. გარდა ამისა, ამ სახის ნაკეთობანიც უტყუარ ისტორიულ წყაროს წარმოადგენს ფიჭვნარში მოსახლე ფენების სოციალ-ეკონომიკური თუ კულტურული დონისა და საერთაშორისო ურთიერთობების კვლევისათვის. ყველა მათგანი აღმოსავლეთ ხმელთაშუაზღვის საწარმოო ცენტრებიდან უნდა მომდინარეობდეს. ასეთად პირველ რიგში აღიარებულია კ. როდოსი. ჩვენც არ გამოვრიცხავთ ამ კატეგორიის მინის ჭურჭლის საწარმოო ცენტრების ძიებას თვით მატერიკული საბერძნეთის ტერიტორიაზეც; ამ მიმართებით

ფიჭვნარი II

პირველ რიგში აღსანიშნავია ათენი. აღიარებულია, რომ დროსა და სივრცეში ატიკური იმპორტისა და ფერადი მინის გავრცელების საზღვრები ემთხვევა.

ძვ.წ. V ს მეორე მეოთხედისათვის ფიჭვნარში, როგორც ვნახეთ, წარმოდგენილი არის ყველა ძირითადი ფორმა. ესენია: არიბალოსები, ოინოხოები, ამფორისკები და ალაბასტრები. მათ ახასიათებთ ხასხასა, ელვარე, მკვეთრი ფერები. პირველად აღმოჩნდა საქართველოს ზღვისპირეთში ე.წ. Kohl-Tube-ს ტიპის სანელსაცხებლე, რასაც დიდი მნიშვნელობა აქვს ირანულ სამყაროსთან ურთიერთობის კვლევისათვის. ისინი იშვიათ მონაპოვართა რიცხვს განეკუთვნებიან.

ადრეულ ფერად ჭურჭელში სჭარბობს თეთრფონიანი ალაბასტრები, რომლებიც, როგორც წესი, უმეტესად მეწამული-მოყვითალო-ღვინისფერი ძაფებითაა შემკული. ფიჭვნარში სახეზეა ყვითელი ძაფებითა და ღია ლურჯი ზიგზაგებით შემკული ნიმუშიც. არის, ბუნებრივია, სხვა ფონის მქონე ალაბასტრებიც. ყურადღებას იქცევს ადრეულ ნიმუშებზე ყელისა თუ მხრის არეში სხვადასხვა, უფრო ხშირად ყვითელი ფერის ლაქები, ხაზებისა თუ ზიგზაგების შემკობაში სხვადასხვა ფერების შერევის შემთხვევები, რაც უფრო მეტად ადრეული ნაკეთობისათვის უნდა იყოს ნიშანდობლივი.

საკმაოდ ხშირად ჩნდება ფერადი მინის ჭურჭელი ფიჭვნარის ძვ.წ. V ს შუა თუ მეორე ნახევრის სამარხებშიაც. ჩვენს ხელთ არსებული მასალის მიხედვით ჩანს, რომ ამ დროისათვის არიბალოსები უკვე აღარ იწარმოება. კვლავაც გვხვდება ოინოხოიები, ამფორისკები და ალაბასტრები. ამ უკანასკნელთა რიცხვი პირველთან შედარებით მეტია. როგორც ცნობილია, მომდევნო საუკუნეებისთვისაც არსებობა მხოლოდ და მხოლოდ ალაბასტრებმა შეინარჩუნეს. შემოდის ახალი ფორმები; მათზე სხვა დროს.

შენიშვნები:

[1] აქვეა მითითებული სპეციალური ლიტერატურა ფერადი მინის ისტორიის, დამზადების ტექნოლოგიისა, საწარმოო კერებისა და გავრცელების არეალის შესახებ. არსებითად, ფიჭვნარში აღმოჩენილი ფერადი მინის ჭურჭელი და მძივსამკაულები დაედო საფუძვლად ჰ.შროიდერის სადისერტაციო ნაშრომს (**Schroeder, 2004**). გაკეთებულია სათანადო ქიმიური ანალიზები.

[2] ოთხ გირჩისებურ შვერილს საკურთხევლის იმიტაციად მიიჩნევს.

[3] შავი ფერის, ტანი სწორი, ვიწრო, ცილინდრული. დახვეულია 23 მინის ძაფისებრი ხვია.

[4] მოთეთრო-მოცისფრო ზედაპირიან ტანზე პირიდან ძირამდე სპირალურად დახვეულია ცისფერი მინის ძაფი.

[5] დ.გროსე, რატომღაც, ზოგად თარიღს (ძვ.წ. V-IV სს) იძლევა. ჩვენ სწორად მიგვაჩნია ძვ.წ. V ს.

[6] ციხისძირის არიბალოსების საველე დოკუმენტაცია და აღწერილობა მოგვაწოდეს ისტ.მეცნ.კანდ-ებმა ნ.ვაშაკიძემ და ნ.ინაიშვილმა, რისთვისაც მადლობას მოვახსენებთ.

[7] ციხისძირის არიბალოსები ჯერ არაა გამოქვეყნებული. გამოფენილია ბათუმის არქეოლოგიურ მუზეუმში. მსგავსი, ერმიტაჟში დაცული გვიანარქაული ხანის გოფრირებულტანიანი არიბალოსების და პარალელული მასალის შესახებ იხ. (**Кунина, 1997: кат. 22**).

[8] I ჯგუფის შესახებ იხილეთ აგრეთვე (**McClellan, 1984: 28-76, 173-233**).

[9] არიბალოსების მსგავსად ციხისძირის ფერადი მინის ამფორისკი ჯერ კიდევ არაა გამოქვეყნებული.

[10] კორინთოს ახლოს, ლეხეიონში აღმოჩენილ და ძვ.წ. VI ს ბოლოთი - V ს პირველი ორი ათეული წლით დათარიღებულ სამარხში 9 ცალი ფერადი მინის ამფორისკი იყო წარმოდგენილი. ახასიათებთ ხასხასა ლურჯი ფერი და კონტურის სიმკაცრე (იხ. Eliot C., Eliot M., 1968: 353, pl.103.9). ისინი ციხისძირის ამფორისკების თანადროულნი და ფიჭვნარის ნიმუშებზე ცოტათი ადრეულები ჩანან.

[11] ფიჭვნარის ძვ.წ. V ს მეორე ნახევრის ადრე აღმოჩენილი ამფორისკების შესახებ უფრო დაწვრილებით იხ. (ჩხაიძე, 1974: 40, ტაბ. I/1; 1979: 39, ტაბ. VI/2).

[12] ქუსლის არის შემკობა ამ ტიპის ჭურჭლებზე იშვიათია.

[13] მკვეთრზიგზაგებიან ორნამენტს მ.საგინაშვილი „ფრინველის ფრთის სამკაულს" უწოდებს (იხ. საგინაშვილი, 1974). ფიჭვნარში ადრე აღმოჩენილი მსგავსი ალაბასტრის შესახებ იხ. (ჩხაიძე, 1974; 1979).

სამკაულები და სხვა სახის ნაკეთობანი

ფიჭვნარის ძვ.წ. V ს ბერძნული ნეკროპოლის ცალკეულ სამარხეულ კომპლექსებში საიუველირო ხელოვნების ნიმუშების გარდა მეტ-ნაკლები რაოდენობით წარმოდგენილია სხვადასხვა სახის სამკაულები. ამათი ერთი ნაწილი უცხოური წარმომავლობისაა. უფრო დიდ ჯგუფს ადგილობრივი ნაკეთობანი ქმნიან. იმპორტულებიდან პირველ რიგში აღსანიშნავია ვერცხლისა და ბრინჯაოს ე.წ. სპირალური ხვიები. ფიჭვნარის სამაროვნის გათხრებამდე აღმოსავლეთ შავიზღვისპირეთიდან ამ სახის სამკაულები უცნობი იყო. ესენი წარმოდგენილია როგორც ძვ.წ. V ს მეორე მეოთხედის, ასევე ამავე საუკუნის 30-იანი წლების სამარხეულ კომპლექსებში. ადრეული ბრინჯაოს ხვია აღმოჩნდა 144-ე სამარხში. საკმაოდ კარგად დაცული. დაფარულია ე.წ. კეთილშობილური პატინის საკმაოდ სქელი ფენით, მასიური, სადა. ტანი წაგრძელებული ოვალის მოყვანილობის, რომლის გახსნილი ბოლოები ზემოთკენ ვერტიკალურად, სწორხაზოვნადაა მიმართული – თითქმის ტანის მთელ სიგრძეზე ლათინური ასო W-ს მსგავსად. თავების დასაწყისი შემკულია წრიული რგოლებით. თვით ბოლოები წარმოადგენენ სამწახნაგა პირამიდებს, რომელთა წვერზე დატანილია წყვილი რგოლი და ლოტოსისებური გამოსახულება (სურ. 13/11). 138-ე სამარხის ბრინჯაოს ხვია (ქ-ფ-86/154) დამტვრეულია. ესეც ორნამენტირებული ყოფილა.

ძვ.წ. V ს 30-იანი წლებით თარიღდებიან 23-ე სამარხში აღმოჩენილი ვერცხლის სპირალური ხვიები (სურ. 62/7). როგორც ფორმის, ისე შემკობის მიხედვითაც ორივე ერთგვაროვანია. ამათაც აქვთ წაგრძელებული ოვალური ფორმის საკმაოდ მასიური სადა რკალი, გახსნილი ბოლოები ვერტიკალურად ზემოთკენაა მიმართული. გველის თავისებური ბოლოების დასაწყისი ორნამენტირებულია რგოლებით. ერთ-ერთი მათგანის წვეროებზეც შემოვლებულია 2 და 3 რგოლი. დიამ. 3,3X2,5 სმ-ზე, სისქე 0,4 სმ. თანადროულია 30-ე სამარხში აღმოჩენილი ბრინჯაოს სპირალური ხვიაც (ქ-ფ73/363). რკალი ოდნავ შემსხვილებული. გველისთავისებური ბოლოები რგოლებითაა შემკული. 1986 წელს ციხისძირის 158-ე სამარხში მიცვალებულის თავის არეში სხვა სახის ინვენტართან ერთად (შავფიგურული ცილინდრული ლეკითოსი, ორი ჩალეწილი ამფორისკი, ტერაკოტა კუს (3 ცალი), ღორისა და გარეული ტახის გამოსახულებით) წარმოდგენილი იყო ვერცხლის ორი სპირალური ხვია (Tsetskhladze, Vashakidze, 1994). ესენი საკმაოდ ადრეულები ჩანან. შესაძლოა, გვიანარქაული ხანის - ძვ.წ. VI ს ბოლო - V ს პირველი მეოთხედი.

ოქროს, ვერცხლისა თუ ბრინჯაოს სპირალური ხვიები ფართოდ ჩანს გავრცელებული მიკენური ეპოქიდან ძვ.წ. III-II საუკუნემდე. ფილიგრანული ხელოვნების მსგავსი ნიმუშები აღმოჩენილია მატერიკულ საბერძნეთში, სამხრეთ იტალიაში, მცირე აზიაში, კ.კვიპროსზე,

თრაკიაში, ჩრდილო შავიზღვისპირეთსა და ანტიკური სამყაროს სხვა ცენტრებში. ბოსფორის სახელმწიფოში ესენი ძვ.წ. V ს შუა ხანებიდან ჩანს გავრცელებული. მკვლევართა შორის აზრთა სხვადასხვაობაა ამათ დანიშნულებასთან დაკავშირებით. ერთი ნაწილი თვლის, რომ მსგავსი საკიდები წარმოადგენდნენ აგრაფებს (ლ.სტეფანი); ან კიდევ გამოყენებულია ქამრის შესაკრავად, თმის დასამაგრებლად, საყურე რგოლებად და ა.შ. უფრო გასაზიარებელია იმ მკვლევართა შეხედულებანი, რომლებიც სპირალურ ხვიებს საყურე რგოლებად მიიჩნევენ (Hadaczek, 1903: 15). ფიჭვნარში და სხვაგან ესენი უპირატესად თავის არეში ფიქსირდება. ლიკიის მონეტებზე გამოსახულ ქალის ფიგურას ყურებზე მსგავსი სამკაული უკეთია. მათთან ერთად სხვა სახის საყურეები არაა წარმოდგენილი (Силантьева, 1976). საკმაოდ მასიური ხვიები ყურზე ზონარით თუ ძაფებით უნდა ყოფილიყო ჩამოკიდებული. ყურადსაღებია ის შეხედულებაც, რომ სპირალური ხვიები თმის დასამაგრებელი სამკაულის ფუნქციას ასრულებდნენ (გ.ვეინბერგი). რ.ჰიგინსი ადრეულებს ვარცხნილობის სამკაულს უწოდებს. არქაული და კლასიკური ხანის ნიმუშებს კი - უსიტყვოდ საყურეებად მიიჩნევს (Higgins, 1961: 50). თვლიან, რომ სამკაულის ეს სახე აღმოსავლეთ საბერძნეთში წარმოიშვა (Philipp, 1981: 115). დ.რობინსონის აზრით, ყველაზე ადრეული ნიმუშები შეიქმნა კ.კრეტაზე მიკენის ეპოქაში (Robinson, 1941: 58-90. ტაბ. 10).

ჩვენი მონაპოვრები ემსგავსება კრეტაზე აღმოჩენილ სპირალურ ხვიებს (Weinberg, 1959). ასევე ითქმის ოლინთოს (Amandry, 1954), ოლიმპიის (Philipp, 1981: №398, 399), როდოსისა (Jacopi, 1929) და სხვა ბერძნული ცენტრების მონაპოვრების შესახებაც (Furtwängler, 1884: 110, IX/9-10). ეძებნება ბევრი სხვა პარალელი. არქაული ხანის 4 წყვილი ხვია აღმოჩნდა ოლბიაში. სათანადო პარალელების მიხედვით თვლიან, რომ ისინი დამზადებული იყო კ.როდოსსა თუ ქიოსზე (ეს კუნძულები ოქრომჭედლობის ცნობილ ცენტრებს წარმოადგენენ). მოპოვებულია კ.ბერეზანზეც. თარიღდებიან ძვ.წ. VI ს II ნახევრითა და VI-V სს მიჯნით (Скржинская, 1986: 12).

სახელმწიფო ერმიტაჟში დაცული ბოსფორის სამეფოს მაღალმხატვრული ნიმუშების მიხედვით გამოყოფენ ამ სახის სამკაულების სამხრეთ რუსულ ვარიანტს. ჩრდილო შავიზღვისპირეთიდან მომდინარე სპირალური საკიდები დაცულია მსოფლიოს სხვადასხვა მუზეუმებში: ოქსფორდის (Vickers, 1979; 2002), ბრიტანეთის (დ.მაქსფერსონის გათხრები), ბერლინის (მასონოს კოლექცია) და მეტროპოლიტენის მუზეუმი (Силантьева, 1976). ფიჭვნარის მსგავსი ბოლოებპროფილირებული სადა ვერცხლისა თუ ბრინჯაოს სპირალური ხვიები აღმოჩენილია კერკინიტიდის (Кутайсов, Ланцов, 1989), ტუზლინის (Сорокина, 1957), ნიმფეის (Грач, 1999), ტირამბისა (Коровина, 1968: 73, рис. 33) და სხვა ნეკროპოლების (Смирнов К., 1958; Тереножкин, 1976) გათხრებისას. 1870 წელს ნიმფეაში მოპოვებული ამ სახის სამკაულების მიხედვით გამოთქმულია ვარაუდი, რომ ესენი ბოსფორის სამეფოში მზადდებოდა ბერძენი ხელოსნის მიერ (Силантьева, 1976). მითითებულია მათი არსებობის შესახებ ძვ.წ. II ს მასალებს შორისაც (Марченко, 1956). ციხისძირისა და ფიჭვნარის მონაპოვრები ბოსფორის სახელმწიფოს ნიმუშებზე ადრეულებია და, როგორც ჩანს, ისინი თვით ბერძენი მოახალშენეების მიერ უნდა იყოს შემოტანილი.

სხვა სახის თავსამკაულების დიდი ნაწილი ადგილობრივ ნაკეთობათა რიცხვს განეკუთვნებიან. ეს განსაკუთრებით ითქმის ვერცხლისა თუ ბრინჯაოს საყურეების მიმართ. ძვ.წ. V ს

მეორე მეოთხედის 131-ე სამარხში ვერცხლის სხივანა საყურის ნატეხების არსებობაც დაფიქსირდა. მისი აღება არ მოხერხდა. მსგავსი საყურეები ხშირად ჩნდება ფიჭვნარის კოლხურ სამაროვანზე. ოქროს სამკაულების მიხედვით ამ სახეობის სამკაულის შესახებ ზემოთ უკვე იყო საუბარი. საერთოდ კი, ფიჭვნარი კოლხურ კულტურაში სხივანა საყურეების დამზადების ერთ-ერთი უმნიშვნელოვანესი ცენტრთაგანია.

ერთადერთია ბრინჯაოს ნახევარმთვარისებრი საყურეც. პატინიზებული. საყურე რგოლი არაა შერჩენილი. ნახევარმთვარისებრი საყურის ზედაპირი ნახევარრკალებით, ხოლო ბოლოები განივი ხაზებითაა შემკული (სურ. 95/4). აქ უკვე გავარსით დაფარვის იმიტაციასთან უნდა გვქონდეს საქმე. ოქროს ნიმუშების მიხედვით ამ ტიპის საყურეებზეც ითქვა.

მოპოვებულია ბრინჯაოსაგან, ნაკეთები ე.წ. ბიკონუსური საყურეებიც. ძვ.წ. V ს მეორე მეოთხედის ნიმუშებზე საკიდი რგოლი არაა შემორჩენილი (სურ. 13/12). ანალოგიური უნდა ყოფილიყო ზემოთ აღწერილი ოქროს ბიკონუსური საყურეების ბოლოებგახვრეტილი საკიდი რგოლებისა, რომლებსაც წაგრძელებული ოვალური შემოწერილობა აქვთ. ტანი დაფარულია საკმაოდ სიმეტრიულად განლაგებული ვერტიკალური ღარებით. კონუსების ფუძეთა შემაერთებელი სალტისებური ზოლი დაკეჭნილია. ბოლოები ბიკონუსური მოყვანილობის სადა კოპებითაა შემკული. ერთი ცალი პატარა ზომის ბრინჯაოს ბიკონუსური საყურე ძვ.წ. V ს მეორე ნახევრით დათარიღებულ 115-ე სამარხშიცაა აღმოჩენილი. საკიდი რგოლი არც ამაზეა შერჩენილი (სურ. 95/5).

ბიკონუსური საყურეები გვხვდება, აგრეთვე, ფიჭვნარის ძვ.წ. V საუკუნის კოლხურ და ადრეელინისტური ხანის სამარხებშიაც. ელინისტური ხანის ბრინჯაოს ბიკონუსური საყურეები აღმოჩნდა ნოქალაქევშიც, რომელიც გატანილი იყო ადგილობრივი მუზეუმის ექსპოზიციაში (გაიხსნა 1988 წ). სამწუხაროდ, 1991 წ სხვა სამკაულებთან ერთად ისიც დაიკარგა. მას აკლდა რკალები, ტანი ჰორიზონტალური ღარებით იყო შემკული (იხ. ნოქალაქევი-არქეოპოლისი, III, 1993: 294, ტაბ. LV/1). როგორც ჩანს, ამ სახის სამკაულებს ატარებდნენ როგორც ქალები, ასევე მამაკაცები. ჩვენი ნიმუშები გარკვეულ სიახლოვეს ამჟღავნებენ ბრილის, ნესტოროვის, ლუგოვოს (ჩრდილო კავკასია), ყირიმის, ვოლგისპირეთისა და ურალის სამკაულებთან (Кахидзе, 1981). არაა გამორიცხული, რომ ისინი საქართველოს ზღვისპირეთიდან მდ.რიონის გაყოლებით გავრცელდა კოლხეთის მთიანეთში (ბრილი), აქედან ჩრდილო კავკასიასა და სხვა დასახლებულ რაიონებში.

არის ვერცხლის ნახევარმთვარისებური საკიდის ფრაგმენტიც (სამარხი 79, ქ-ფ-80/36). მოკაუჭებული ბოლოები მომტვრეულია. საკიდი ალაგ-ალაგ ოთხკუთხა და წერტილოვანი ორნამენტითაა შემკული. ოქროს ყელსაბამების განხილვისას ამ ტიპის სამკაულების შესახებ ზემოთ უკვე იყო საუბარი.

23-ე სამარხში აღმოჩენილ ძვ.წ. V ს 30-იანი წლების მრავალრიცხოვან სამარხეულ ინვენტარში ერია ვერცხლის საკიდიც (ქ-ფ-72/319). აქვს კოპიანი ყუნწი, ყელი ცრუ გავარსითა და სადა რგოლებითაა შემკული, მომრგვალებული ტანი ასევე ცრუ გავარსითა და სადა რგოლით

დაფარული ცილინდრით ბოლოვდება. ჩვენთვის ხელმისაწვდომ მასალებს შორის სათანადო პარალელი არ ეძებნება.

ასევე ერთადერთი ცალითაა წარმოდგენილი ვერცხლის პირამიდული საკიდი (სამარხი 9, ქ-ფ-68/143). პატარა ზომის. წვერზე აქვს ნახვრეტი. მსგავსი სხვადასხვა ფერის მინის მძივსაკიდები აღმოჩენილია თვით ფიჭვნარის კოლხურ სამაროვანზე. ფართოდაა გავრცელებული ანტიკურ სამყაროში.

შედარებით მრავალრიცხოვანია ვერცხლისა თუ ბრინჯაოს სამაჯურები. ამათი ერთი ნაწილი უცხოურ ნაკეთობათა რიცხვს უნდა განეკუთვნებოდეს. არის ადგილზე დამზადებული ნიმუშებიც. ძვ.წ. V ს მეორე მეოთხედის სამარხებში უფრო მეტად გვხვდება ბრინჯაოს სამაჯურები. 122-ე სამარხის (ქ-ფ-86/126) ბრინჯაოს სამაჯურის ცალკეული ნატეხების მიხედვით ფორმაზე ვერაფერს ვიტყვით. ხელზე მოსარგები არე გაბრტყელებულია, გარეთა ზედაპირი - მომრგვალებული.

არის ადრეული მრგვალგანივკვეთიანი სამაჯურების ისეთი ნიმუშებიც, რომელთა განივი ჭდეებითა და სიგრძივი ხაზებით შემკული გახსნილი ბოლოები ერთმანეთზე გადადის (სურ. 12/8). ერთ-ერთი მათგანის გაბრტყელებული ბოლოები წიწვოვანი ორნამენტითაა დაფარული. გაბრტყელებული ბოლოები ჰქონია 151-ე სამარხში ნაპოვნ ბრინჯაოს სამაჯურს (ქ-ფ-87/17). მასზე დატანილი ყოფილა წყვილი სიგრძივი ხაზი. როგორც ვხედავთ, მარტივად შესრულებული ცხოველის თავის სტილიზებულ გამოსახულებიანი სამაჯურების წარმოება ფიჭვნარის მაგალითზე ძვ.წ. V ს მეორე მეოთხედისათვის უნდა დაწყებულიყო. ასევე ითქმის ვერცხლის სამაჯურების მიხედვითაც.

ვერცხლის სამაჯურები (სამარხი 138, ქ-ფ-86/151). ორი ცალი. ერთი მთლიანადაა გადარჩენილი, მეორე ორად გატეხილი. რკალი სწორი. გახსნილი ბოლოები წარმოადგენენ ცხოველის სტილიზებული თავების სკულპტურულ გამოსახულებას. ყელის მოზრდილი ნაწილი ორნამენტირებულია: ორივე მხარეს მიუყვება წერტილოვანი ორნამენტის წყვილი რიგი; შემდგომ მოცემულია წრეხაზებით შემოფარგლული წერტილოვანი ორნამენტის წრიული ზოლი; მოსდევს დახრილი ჭდეების თითო ზოლი. ბოლოს წყვილ წრეხაზზე აგებულია წვერით ღეროსკენ მიმართული სამკუთხედები. დმ. 5X4 სმ (სურ. 12/14, 15/11).

კიდევ უფრო მრავალრიცხოვანია ძვ.წ. V ს მეორე ნახევრის ვერცხლის სამაჯურები. ერთი ნაწილი მაღალმხატვრულ ნაკეთობებს წარმოადგენს. ყველა მათგანი მრგვალგანივკვეთიანია. ბოლოებგახსნილი. ზოგიერთის ბოლოები ერთმანეთზე გადადის. პირველი სახეობის სამაჯურებში ერთიანდებიან ისეთი ნიმუშები, რომელთაც აქვთ სწორი რკალი და ოდნავ შემსხვილებული გახსნილი ბოლოები. მრგვალგანივკვეთიანები. მცირე ნაწილის ბოლოები სადაა (სურ. 88/9). უმეტესობის - სხვადასხვა სახის სამკაულითაა დაფარული. ზოგიერთის ბოლოები მჭიდროდ განლაგებული ირგვლივი რგოლებითაა შემკული (სურ. 70/9). სხვებზე მოცემულია მოკლე პარალელური ხაზები, მოსდევს წყვილი წრეხაზი და ბოლოს პატარა ზომის ოვები (სურ. 30/9); გვხვდება ისეთი ნიმუშებიც, რომელთა ბოლოებზე 5-5 თუ 6-6 წრიული რგოლია დატანილი (ქ-ფ-73/343, სამარხი 25). ერთ-ერთი მათგანის ბოლოები შემკულია მოკლე პარალელური ხაზების

187

ორი რიგით (სურ. 86/3). მე-8 სამარხის სამაჯურის ბოლოები კი - ჭდეებით (ქ-ფ-68/113).

პირველი ტიპის სამაჯურების ნაირსახეობას ისეთი სწორზურგიანი ნიმუშები ქმნიან, რომელთა შემსხვილებული ბოლოები ერთმანეთზე გადადიან. ერთ-ერთი წყვილის ბოლოებზე დატანილია წრეებს შორის მოქცეული მოკლე სიმეტრიული ხაზები. მომდევნო წრეზე აგებულია წვერით რკალისკენ მიმართული სამკუთხედები. დმ. 3,5 სმ (სურ. 72/7). სხვა სამაჯურზე სამკაული იწყება წვერით რკალისკენ მიმართული უფუძო სამკუთხედებით. შემდგომ მოზრდილ მონაკვეთზე გრძელდება წიწვოვანი ორნამენტის წყვილი ზოლი. დმ 4 სმ. (სურ. 64/3).

ეს რაც შეეხება ზურგსწორ სამაჯურებს. ამავე ტიპის სამაჯურების კიდევ ერთ ნაირსახეობას წელშეზნექილი ნიმუშები ქმნიან. 23-ე სამარხის ორივე ვერცხლის სამაჯური წელშეზნექილია (ქ-ფ-72/323, 324). წაკვეთილ ოდნავ შემსხვილებულ ბოლოებზე მოცემულია ირგვლივ წრეხაზებზე აგებული რკალისკენ მიმართული ოთხი სამკუთხედი. ერთ-ერთი მათგანის სამკუთხედის წვეროებთან ახლოს თითო ღრმა წერტილიცაა ნაჩვრეტი. შემდგომ დატანილია ურთიერთმონაცვლე 5 სადა და 5 მოკლე სწორი ხაზებით შემკული ურთიერთმონაცვლე რგოლები. დმ 6,8X5,5 და 6,3X4,5 სმ. სხვა წელშეზნექილი სამაჯურების ბოლოები ირგვლივი წრეხაზებითაა შემოფარგლული (სურ. 56/7, 69/2).

პირველი ტიპის სამკაულების დიდი ნაწილი უცხოური ნაკეთობანი ჩანან. ამათ როგორც ფორმის, ასევე შემკობის მოტივების მიხედვითაც ბევრი პარალელი ეძებნებათ პონტოსპირეთის თანადროულ ძეგლებში.

ფიჭვნარის ვერცხლის სამაჯურების მომდევნო ტიპს ისეთი ნიმუშები ქმნიან, რომელთა გახსნილი ბოლოები ცხოველის თავების სტილიზებულ გამოსახულებებს წარმოადგენენ. ამათი დიდი ნაწილი ძვ.წ. V ს შუა ხანებითა თუ მეორე ნახევრით თარიღდებიან. ზოგიერთი მათგანი მაღალმხატვრულ ნაკეთობას წარმოადგენს. ესენიც, როგორც წესი, ბოლოებგახსნილია, მრგვალგანივკვეთიანები. არის, როგორც ზურგსწორი, ისე წელშეზნექილი ცალები.

აქვე მოვიტანთ ზოგიერთი მათგანის აღწერილობას.

ვერცხლის სამაჯურები. სამარხი 34 (ქ-ფ-77/378). ორივე კარგად დაცული. ზურგსწორი. მასიური. გახსნილი ბოლოები უნდა წარმოადგენდნენ ხბოს (?) თავის სკულპტურულ გამოსახულებას. ყურები დაცქვეტილი - შიდა არე მოკლე ხაზებითაა აქცენტირებული, თვალები წრეებით, წარბები - პარალელური ხაზებით. რელიეფურადაა ნაჩვენები შუბლი, ცხვირის კეხი, ზედა და ქვედა ყბა. კისრის არის 1,5 სმ სიგრძის მონაკვეთი დაფარულია გველის ქერცლის მსგავსი ორნამენტით. სამკაული მთავრდება წვერით რკალისკენ მიმართული ორმაგი მოზრდილი სამკუთხედებით. დმ 5X4,5 სმ (სურ. 68/2, 69/8).

ამავე ტიპის ვერცხლის სამაჯურები აღმოჩნდა 104-ე სამარხშიც. ორი ცალი. კარგად დაცული. მასიური. რკალსწორი. ბოლოები წარმოადგენდნენ ცხოველის (ხბოს?) თავის სტილიზებულ გამოსახულებას. აქვს დაცქვეტილი ყურები, თვალები წერტილიანი წრეხაზითაა გადმოცემული. კისრის არე გადარეცხილია. თავის დროზე შემკული ყოფილა მოკლე პარალელური ხაზებითა და სამკუთხედებით. დმ. 5,5X5 სმ. (სურ. 89/2, 91/13). მე-9 სამარხის ვერცხლის

სამაჯურის ბოლოები წარმოადგენენ ცხოველის თავის სტილიზებულ გამოსახულებას. რკალის დასაწყისის მოზრდილი მონაკვეთი დაფარულია რგოლებით, წიწვოვანი ორნამენტითა და წვერით რკალისაკენ მიმართული უფუძო სამკუთხედებით (სურ. 39/5).

ამავე სტილის სამაჯურებს განეკუთვნებიან მე-12 და 107-ე სამარხებში აღმოჩენილი ვერცხლის სამაჯურები, ოღონდაც წინა ტიპის ზოგიერთი ვარიანტის მსგავსად ამათი ბოლოები ერთმანეთზე გადადის.

ამავე ტიპში ექცევიან წელშეზნექილი სამაჯურები. ასეთია 57-ე სამარხში აღმოჩენილი სამაჯურები; ორი ცალი. კარგად დაცული. საკმაოდ მასიური, მრგვალგანივკვეთიანი. ბოლოები შემკულია ცხოველის თავების სტილიზებული გამოსახულებებით. ჩამოსხმული. რელიეფურადაა გამოსახული ყველა ნაკვთი. ყურები დაცქვეტილი, შიდა არე დახრილი ხაზებითაა აქცენტირებული, თვალები - ჩაღრმავებული წრეხაზებით; ნესტოები და პირის ჭრილი – რკალური ჩაღრმავებებით. პირის ჭრილის გაყოლებაზე, ყბისა და კეფის არეს ორივე მხარეს მიუყვება მჭიდროდ განლაგებული მოკლე ხაზების ზოლი. შუბლიდან ნესტოებამდე ეშვება წყვილი სადა რკალური ხაზი. 7,5X5 სმ. სამაჯურები წარმოადგენენ მაღალმხატვრულ ნაკეთობებს (სურ. 77/11, 82/5).

ამ სახის ვერცხლის სამაჯურები აღმოჩენილია, აგრეთვე, მე-10 სამარხში. მრგვალგანივკვეთიანები. ბოლოები ცხოველის თავების სკულპტურული გამოსახულებებითაა შემკული (ერთ-ერთი მათგანის ცალ ბოლოზე გამოსახულება წაცლილია). ორივე ერთ ყალიბში ჩანს ჩამოსხმული. აქვს სიგრძივი ღარებით შემკული დაცქვეტილი ყურები. წყვილი წერტილიანი რელიეფური თვალები; ნესტოები და პირის ჭრილი ღრმა ხაზებითაა გამოკვეთილი. თავთან ახლოს, ყელის მოზრდილი მონაკვეთი თევზიფხური ორნამენტითაა შემკული, რომელიც ბოლოვდება ღარებით შემოფარგლული მოკლე ხაზების რგოლით. 6,2X4,4 სმ-ზე (სურ. 40/2).

მესამე ტიპის სამაჯურებისათვის დამახასიათებელია მრგვალგანივკვეთიანი სწორხურგიანი რკალი და კოპისებური შემსხვილებიანი გახსნილი ბოლოები. ერთ-ერთი მათგანის (სამარხი 14, ქ-ფ-68/190) კოპისებურად მომრგვალებული ბოლოები ოთხი ღარითაა შემკული (სურ. 45/4). წინაანტიკური ხანიდან დაწყებული მეტად ფართოა ამ სტილის სამკაულების გავრცელების არეალი. ზოგჯერ, განსაკუთრებით ელინისტურ ხანაში, კოპებით ცალკეული მონაკვეთებიცაა დაფარული.

როგორც ვხედავთ, ფიჭვნარის ვერცხლის სამაჯურების შემკობისას უპირატესად გამოყენებულია გეომეტრიული თუ ცხოველსახოვანი მოტივები. გეომეტრიული სახეები (სამკუთხედები, წრეები, პარალელური ხაზები, წერტილები და ა.შ.) მეტად ზომიერად, ისიც უპირატესად სამკაულის ბოლო მონაკვეთებზეა განლაგებული. ძვ.წ. V ს მეორე მეოთხედიდან ჩნდება და საკმაოდ ფართოდ ვრცელდება ვერცხლის სამაჯურების ისეთი ნიმუშები, რომელთა გახსნილი ბოლოები ცხოველთა სტილიზებული თავების სკულპტურული გამოსახულებებითაა შემკული. ხელოსნები შორს არიან ამა თუ იმ სახეობის ცხოველის კონკრეტიზაციისაგან. აქ ერთმანეთთანაა შერწყმული, ვთქვათ, ხბოს, ვერძის, ჯიხვის, გველისა თუ სხვა სახის ცხოველთა განზოგადოებული სახეები, ორნამენტაციის მოტივები. ზოგჯერ ხბოს თავების მსგავს სამაჯურებზე

189

გველის ქერცლის მსგავსი ორნამენტაციის მოტივებიცაა გადმოცემული. ვფიქრობთ, ადგილობრივ ნაკეთობებს უნდა წარმოადგენდნენ ჭდეებითა თუ თევზიფხური ორნამენტით დაფარული სამაკაულები.

ფიჭვნარის შესანიშნავად დათარიღებული კომპლექსების მიხედვით ჩანს, რომ ცხოველის სტილიზებული თავებით შემკული სამაჯურები ძვ.წ. V ს მეორე მეოთხედიდან იღებს სათავეს. ცხოველის თავების სკულპტურლ გამოსახულებიანი ოქროს სამაჯურების შესანიშნავი ნიმუშები აღმოჩენილია ვანის მდიდრულ სამარხებში. ერთი ნაწილი შესრულებულია აქემენიდური სტილით და იმეორებენ ფართოდ გავრცელებულ ცხოველსახოვან სამაჯურებს. ასეთები აღმოჩენილია 1961 წელს მე-6 სამარხში, რომლებიც ჯიხვის, ლომის და ხბოს თავის გამოსახულებებით ბოლოვდება. მსგავსი ნიმუშები ნაპოვნია კ.კვიპროსზე, სირიაში, ეგვიპტეში და ა.შ. ამათი დამზადების ცენტრი ჯერ კიდევ არაა ზუსტად განსაზღვრული. ფიქრობენ, რომ ესენი აქემენიდურ სამყაროსა და მის მომიჯნავე ქვეყნების სხვადასხვა ნაწილებში კეთდებოდა (ო.ლორთქიფანიძე, 1972: 18). ვანის ზოგიერთ სამაჯურზე ვერძის თავებისა და ტახის სკულპტურული გამოსახულებებიცაა მოცემული. ვანის ნაქალაქარზე აღმოჩენილი სამაჯურები აქემენიდური ოქრომჭედლობის ტიპიურ ნიმუშებადაა მიჩნეული (ჭყონია, 1981: 48).

ცხოველის თავებით შემკულ სამაჯურებში ფორმის მიხედვით გამოიყოფიან ოვალური, ე.წ. ზურგსწორი და ზურგშეზნექილი სამაჯურები. ფიჭვნარის ადრეულ მონაპოვრებში, როგორც წესი, წარმოდგენილია მხოლოდ და მხოლოდ ზურგსწორი ვერცხლის, ბრინჯაოსა თუ რკინის სამაჯურები. ზურგშეზნექილი ნიმუშები თავს იჩენს უკვე ძვ.წ. V ს 30-იანი წლების კომპლექსებში. ასე ჩანს ალგეთისა და ყანჩაეთის მდიდრული თუ რიგითი სამარხების მიხედვითაც (გაგოშიძე, 1964: 22; რობაქიძე, 1986: 77). ფართო გავრცელებას იწყებს ძვ.წ. IV-III სს. თვლიან, რომ საქართველოში ზურგშეზნექილი სამაჯურები უნდა გავრცელებულიყო აქემენიდური ირანიდან, სადაც ამგვარი სამკაულები ჩვეულებრივია უკვე ძვ.წ. VI ს ბოლოდან. ძვ.წ. V ს ზურგშეზნექილი სამაჯურები ფართოდაა გავრცელებული აქემენიანთა იმპერიის მთელ ვეებერთელა ტერიტორიაზე ავღანეთიდან კვიპროსამდე. კავკასია ამგვარი სამაჯურების გავრცელების უკიდურეს ჩრდილო საზღვრადაა მიჩნეული. ჩრდილო შავიზღვისპირეთში ზურგშეზნექილი სამაჯურები სრულებით არ გვხვდება.

სამაჯურების შემდეგ სახეობას რკინისაგან დამზადებული ნიმუშები ქმნიან. წარმოდგენილია როგორც ადრეულ (სამარხი 136, 158 და სხვ.), ასევე ძვ.წ. V ს შუა ხანებისა თუ მეორე ნახევრის სამარხებში (სურ. 31/11, 72/2, 75/2). ისინი იმდენად კოროზირებული არიან, რომ გადაჭრით ვერაფერს ვიტყვით ფორმისა და სამკაულის შესახებ. საერთოდ მრგვალგანივკვეთიანები ჩანან. ბოლოები გახსნილი. ზურგსწორი. უმეტესად ცალკეული ნატეხების სახითაა ფიქსირებული. ჟანგზე ქსოვილის ნაფლეთებია შეწებებული. გარკვეული ფენების სამარხეული ინვენტარის დაკომპლექტება საკმაოდ ხშირად ამ სახის სამკაულით ხდებოდა. მე-15 სამარხში რკინის ხუნდებისებრი პატარა ზომის რგოლებიც აღმოჩნდა (სურ. 47/3). ვერაფერს ვიტყვით მათი დანიშნულების შესახებ.

მცირერიცხოვან ჯგუფს ვერცხლის ფარაკიანი ბეჭდები ქმნიან. როგორც ჩანს, ფიჭვნა-

190

რელი ელინები უმეტესწილად ყოველდღიურ ყოფაში ვერცხლის ბეჭდებს სამკაულის სახით ატარებდნენ. ზოგჯერ აყოლებდნენ სამარხეულ ინვენტარადაც. ზემოთ განხილული ოქროს მაღალმხატვრული ნიმუშები უპირატესად საბეჭდავ-ბეჭდებად უნდა ყოფილიყო გამოყენებული. ვერცხლის ბეჭდებსაც, ოქროს ნიმუშების მსგავსად, აქვთ ბოლოებშევიწროვებული ოვალური ფარაკი და მრგვალანივკვეთიანი რკალი. ისინი წარმოადგენენ კლასიკური ხანისათვის ბერძნულ სამარხებში ფართოდ გავრცელებული ბეჭდების ფორმას. შევჩერდებით ზოგიერთი მათგანის შესახებ. ერთ-ერთ ბეჭედ ინტალიოზე გამოსახულია მსრბოლი ცხოველი (კურდღელი თუ ნუკრი) მარჯვენა პროფილში. გამოსახულებას მთელ ტანზე კოპების სახით მოზრდილი ფორეჯები აქვს დაყრილი. მკერდის წინ და ტანის უკან პალმეტებია ამოჭრილი. გამოსახულებას ანალოგი არ ეძებნება. მიჩნეულია დასავლურ-ბერძნულ ნაკეთობად (ლორთქიფანიძე მ., 1975: 24). მეორე ფარაკიან ბეჭედზე ნაკვეთია მამაკაცის ფიგურა. სახე ნაჩვენებია მარჯვენა პროფილში, ტანი ფასში (სურ. 82/6).[1] ყურადღებას იქცევს 104 სამარხის ვერცხლის ბეჭედი (ქ-ფ-83/41), რომლის ფარაკზე ცხოველის გამოსახულებასთან ერთად გაკეთებულია წარწერაც - XAIPE (სურ. 89/3, 91/12). ეს კი გახლავთ ბრძანებითი კილო ზმნისა χαίρω, რაც ნიშნავს „გაიხარე", „ჯანმრთელი იყავი", „მშვიდობით" (Вейсман, 1991: 1334). ასეთივე ფორმის ოქროს ბეჭედი დაცულია ქ.მოსკოვის ა.ს.პუშკინის სახელობის სახვითი ხელოვნების მუზეუმის ნუმიზმატიკის განყოფილებაში, ოღონდაც მასზე მოცემულია მხოლოდ და მხოლოდ ფიჭვნარის მსგავსი წარწერა. ფიჭვნარისაზე, როგორც ვნახეთ, ლომის გამოსახულებაცაა აღბეჭდილი. ავტორი ამ მონაპოვარს, რატომღაც, ძვ.წ. III ს ბოლოთი ათარიღებს (Розанова, 1968: 128, рис. 1/5). რა თქმა უნდა, ამ თარიღის გაზიარება არ შეიძლება. იგი ტიპიური კლასიკური ხანის ბერძნული ნაკეთობაა, რომელთა ფორმის შესახებ მე-6 საუკუნის ოქროსა და სხვა მონაპოვრების მიხედვით უკვე გვქონდა საუბარი. მოსკოვის ბეჭედი ფიჭვნარის თანადროული თუ არა, ძვ. წ. IV ს 30-იან წლებზე აქეთ მაინც ვერ წამოვა. მისალმება XAIPE ბეჭდებსა და გემებზე ძველი დროიდან გვხვდება. ერთ-ერთი უძველესია ჩვენი მონაპოვარი. ბრიტანეთის მუზეუმში დაცული ასეთივე წარწერიანი სკარაბეოიდი აპულიიდან ძვ.წ. 400 წლითაა დათარიღებული (Furtwängler, 1900: Abb. IX.34).

საყურადღებოა, რომ გონიო-აფსაროსის თუ სხვა ძეგლების ზოგიერთი სახეობის საჩუქრად გამზადებულ საპრიზო მინის ჭურჭელზეც გვხვდება ანალოგიური შინაარსის ბერძნული წარწერა (შალიკაძე, 2004: 22-24; მსგავსი მინის ჭურჭელი სახელმწიფო ერმიტაჟშიცაა დაცული, იხ. Кунина, 1968: 220, рис. 1/3, 2/3).

არის ისეთი ვერცხლის ბეჭდები, რომელთა ფარაკის ბოლოები და გვერდები ოქროს ოთხი კოპითაა შემკული. ამათაც ეძებნებათ სათანადო პარალელები. სადა ნიმუშები მოპოვებულია როგორც ძვ.წ. V ს მეორე მეოთხედის (სამარხი 138, ქ-ფ-86/152), ასევე უფრო ხშირად ამავე საუკუნის მეორე ნახევრის სამარხეულ კომპლექსებში (სურ. 78/4).

ფიჭვნარის მე-2 სამარხში ნანახია ჭრილაფარაკიანი ბრინჯაოს ბეჭედიც. მასზე ამოჭრილია ბავშვის თავი მარჯვენა პროფილში. გამოსახულება რეალისტური, პორტრეტულ ნახელავადაა მიჩნეული. თვლიან, რომ მისი წარმომავლობა დასავლურ-ბერძნულ, შესაძლოა, სირაკუზულ

191

სახელოსნოს უკავშირდებოდეს (ლორთქიფანიძე მ., 1975: 27).

ბრინჯაოს მეორე ფარაკიანი ბეჭედი (სამარხი 58, ქ-ფ-79/39). საკმაოდ დაზიანებული, მეტად პატინიზებული. გამაგრება-გაწმენდა არ მოხერხდა. ვერაფერს ვიტყვით გამოსახულების არსებობის შესახებ. ფორმა ტიპური. აქვს მოზრდილი ოვალისებური მოყვანილობის ფარაკი, რკალის ბოლოები ფარაკთან მიერთების ადგილას უფრო წვრილია, შემდგომ თანდათანობით შემსხვილებული (სურ. 78/3).

არის რკინისაგან დამზადებული ბეჭდებიც. ისინი იმდენად არიან კოროზირებული, შეჭმული, რომ გაწმენდა არ ხერხდება, იშლებიან. ფორმა ტიპიური. მსგავსი ზემოთ დასახასიათებელი ოქროს, ვერცხლისა და ბრინჯაოს ბეჭდებისა. გვხვდებიან როგორც ძვ.წ. V ს მეორე მეოთხედის (სურ. 12/3), ისე მომდევნო პერიოდის სამარხეულ კომპლექსებში.

ფიჭვნარის მაგალითზე ბეჭდების სხვა სახეობებისა თუ ადგილობრივი ნიმუშების გამოყოფა არ ხერხდება.

ადგილობრივი მოსახლეობის ზეგავლენით ფიჭვნარელი ელინები გარკვეულ მიდრეკილებას მძივ-სამკაულებისადმიც იჩენენ. ამ რიგის მონაპოვართა გათვალისწინებას დიდი მნიშვნელობა აქვს წვრილი ხელოსნობის, ანტიკური ხანის შემკულობის, ადათ-წესების, რწმენა-წარმოდგენების, გამოყენებითი ხელოვნებისა და ძველი ქვეყნების საწარმოო ცენტრებთან პირდაპირი თუ საშუამავლო ურთიერთობების კვლევისათვის. ისინი ძირითადად ყელსაბამებადაა გამოყენებული. ამ მიზნით ზოგჯერ რამდენიმე ასხმა ასეულობით მძივია ჩაყოლებული. უფრო მეტად ერთეული ცალებითაა წარმოდგენილი. მსგავსი პრაქტიკა კარგადაა ცნობილი. ანტიკური ხანის სხვა სამაროვნების მიხედვითაც. ფიჭვნარელ ელინებს მინისა თუ მინისებრი პასტის როგორც მონო, ისე პოლიქრომული მძივები მოსწონთ. შედარებით მცირე რაოდენობით ჩნდება ნახევრადძვირფასი ქვებისგან დამზადებული ცალები.

ერთფეროვან მძივებში მრავალრიცხოვნებით, როგორც წესი, მოთეთრო, შავი, მოყვითალო, ცისფერი, მომწვანო თუ მონაცრისფრო პასტის წვრილი მძივები, ე.წ. იოტები გამოირჩევიან. ყველა მათგანი სადა რგოლისებურია. ზოგი ერთმანეთზეა შეწებებული. გვხვდება ძვ.წ. V ს მეორე მეოთხედის (სურ. 12/5), უფრო ხშირად კი ამავე საუკუნის შუა თუ მეორე ნახევრის კომპლექსებში (სურ. 43/2, 82/10, 87/5,7). მე-15 სამარხში აღმოჩენილ ამ სახეობის მძივების რიცხვი 765-ს შეადგენდა, 105-ში - 237-ს. ასეთი მძივები გაცილებით ხშირად და უფრო დიდი რაოდენობით თანადროულ კოლხურ სამაროვანზე გვხვდება. მაგალითად, მე-300 სამარხში 2100 პასტის მძივი შევაგროვეთ, 304-ში - 1570, 307-ში კი 1110 ცალი. როგორც საქართველოში, ისე ჩრდილო კავკასიასა და ჩრდილო შავიზღვისპირეთში ამ ტიპის მძივები საკმაოდ დიდი ხნის განმავლობაში (ძვ.წ. VI ს-დან ელინისტური ხანის ბოლომდე) იმსახურებდა მოწონებას (Иессен, Пиотровский, 1940; Алексеева, 1975; Кахидзе, 1981; გიგოლაშვილი, 1983; ვაშაკიძე, 1985; Грач, 1999).

შედარებით მცირერიცხოვანია მონოქრომული მინის მძივების სხვა სახეობანი. ადრეულ სამარხებში წარმოდგენილია მოზეთისხილისფრო, ყვითელი და შავი ფერის პატარა ზომის მინის ერთფერი მძივები (სურ. 15/7, 16/10). მომდევნო პერიოდის სამარხებში სხვადასხვა რაოდენობით ჩნდება მომწვანო, მოყავისფრო, ღია მოყვითალო, მოზეთისხილისფრო, მოშავო-

192

ძვ.წ. V ს ბერძნული ნეკროპოლის გათხრები (1967-1987 წწ)

მოყავისფრო, ლურჯი (მათი რაოდენობა სჭარბობს), ცისფერი მინის რგოლისებრი, მრგვალი თუ ბიკონუსური მძივები (სურ. 70/10, 87/5, 89/4, 91/11). მე-15 სამარხში აღმოჩენილი მოშავო-მოყავისფრო მძივების ერთი ნაწილი ორმაგი და სამმაგია, ზოგი კოპლებიანი. მათაც ეძებნებათ ბევრი ანალოგი თანადროულ მასალებს შორის, რომელთა შესახებაც სიტყვას აღარ განვავრცობთ.

მინის სამკაულებიდან რამდენიმე ერთფერი მოყავისფრო-მორუხო-მოყვითალო გოფრირებული მძივი აღმოჩენილია ძვ.წ. V ს მეორე მეოთხედის სამარხეულ კომპლექსებში (სურ. 14/7,9).

ცოტაა პოლიქრომული, ე.წ. თვალადი მძივები. ეს განსაკუთრებით ძვ.წ. V ს მეორე მეოთხედით დათარიღებულ სამარხეულ კომპლექსებზე ითქმის. მხოლოდ 123-ე სამარხში იყო ორად-ორი პატარა ზომის ერთნაირი ფორმის მრგვალი მძივი. აქვთ ღია მომწვანო-მოლურჯო ფერი, შემკული არიან თეთრი რგოლებით შემოფარგლული მელნისფერი თვლებით (სურ. 11/6, 15/6). ამ სახის მძივების მთელი ასხმა იყო ჩაყოლებული 2000 წ გათხრილ ადრეულ სამარხში (195), რომელთა შესახებ საუბარი „ფიჭვნარი I" გვქონდა. ამ სახის მძივები ცოტათი უფრო ძვ.წ. V ს შუა და მეორე ნახევრის სამარხეულ კომპლექსებში მატულობს. უმეტესად ფირუზისფერი, მომწვანო, ღია ლურჯი ფონის მქონე მძივები შემკულია თეთრი რგოლებით შემოფარგლული ლურჯი თვლებით (სურ. 70/11, 90/3, 95/6). 107-ე სამარხის მოშავო-მოზეთისხილისფრო ფართო დიამეტრის (1,5 სმ) მძივში თეთრი რგოლებით შემოფარგლული 9 ცისფერი თვალია ჩასმული (ქ-ფ-85/78). ასეთივე ფერის თვალებითაა შემკული მე-18 სამარხის ყვითელი პასტისგან დამზადებული მძივებიც (ქ-ფ-68/345). ფიჭვნარის პოლიქრომულ მძივებს სათანადო პარალელები ეძებნებათ პონტოსპირეთის თანადროულ მასალებს შორის (Алексеева, 1975: 51-52, таб. 16 და სხვ.).

სხვადასხვა ფორმის დაწახნაგებული ქარვის წვრილი მძივები ძვ.წ. V ს მეორე მეოთხედით თარიღდებიან (სურ. 16/8). წაგრძელებული ფორმის დაწახნაგებული ქარვის მძივები ძვ.წ. V ს მეორე ნახევრის მონაპოვრებშიც იჩენს თავს (ქ-ფ-85/41, სამარხი 105). ამავე პერიოდის სამარხებში გვხვდება რომბისებური და წაკვეთილი კონუსის მოყვანილობის ფართო ნახვრეტიანი ნიმუშებიც (სურ. 31/10).

იშვიათია გიშერის (ჩამქრალი) და სარდიონის მძივები (სურ. 16/2, 43/2, 82/10).

ფიჭვნარის ძვ.წ. V ს მეორე მეოთხედით დათარიღებულ 147-ე სამარხში აღმოჩნდა ბრინჯაოს ორი ცალი ფართო ნახვრეტიანი მძივი (სურ. 13/13), ხოლო 139-ე სამარხში კი - ტყვიისებური მასის ბრტყელი, რგოლისებური მძივი (სურ. 15/12). ერთი ცალი ნახევარსფეროსებრი ფართო ნახვრეტიანი (დმ 1,5 სმ) ტყვიის მძივი ძვ.წ. V ს მეორე ნახევრის სამარხშიაც იყო წარმოდგენილი (სურ. 77/5).

ერთ-ერთი შესანიშნავად დამუშავებული მინის მძივსაკიდი თავის დროზე საყურედ ყოფილა გამოყენებული. მოზრდილი; დამზადებულია ლურჯი ფერის მინისაგან; აქვს წვეთისებური მოყვანილობა; გაფართოებულ ნაწილში თეთრი ფერის ზოლი შემოუყვება. ლითონის რკალის ნაწილი ნახვრეტში იყო შემორჩენილი (სურ. 16/10).

სამკაულების გარდა ფიჭვნარის ძვ.წ. V ს ბერძნული ნეკროპოლის გათხრებისას აღმოჩენილია უპირატესად ადგილობრივი თუ ზოგჯერ შემოტანილი სხვა სახის ნაკეთობანიც. მოკლედ ვისაუბრებთ ამ სახის მონაპოვრების შესახებაც.

193

ფიჭვნარი II

ფიჭვნარელი ელინები სამარხეულ ინვენტარად დროდადრო ბრინჯაოს ზარაკებსაც იყენებდნენ. ისინი თავის არეში ჩნდებიან. ამათ, როგორც ჩანს, თილისმის ფუნქციას აკისრებდნენ. რკინის ენის მქონე ჟღარუნებს უნდა დაეცვა ავი სულებისაგან. აქვთ ერთნაირი წაკვეთილი კონუსის ფორმა, მრგვალგანივკვეთიანი ყური სამკუთხა მოყვანილობისაა, მის ქვემოთ ნახვრეტია რკინის ენის ჩამოსაკიდებლად. 37-ე სამარხში აღმოჩენილ ზარაკზე ახლაცაა შერჩენილი სილასთან ერთად შეწებებული ენა, ბოლოზე ქსოვილის ნაშთებიც იყო შეწებებული. ტანი ვერტიკალური კანელურებითაა შემკული. გვერდი ცალ მხარეს ფუძიდან შუამდე ოთხკუთხადაა შეჭრილი (სურ. 70/8, 76/3). ესენი უმეტესად პატარა ზომისანი არიან. ასეთივე ფორმის კანელურებიანი და სადა ზარაკი აღმოჩენილია მე-3 და 59-ე სამარხებში (სურ. 31/8, 78/8).

ზარაკებს საგანგებო ნაშრომი უძღვნა თინათინ ჭანიშვილმა. იგი მიუთითებს, რომ ადრერკინის ხანიდან გავრცელებული ჩანს კონუსური, ცილინდრული, ნახევრადელიფსისებური და სფერული ზარაკები. ჩვენი მონაპოვრები ექცევიან II ტიპის მე-3 ქვეჯგუფში, რომელთათვისაც დამახასიათებელია ცილინდრული კორპუსი, სამკუთხა ყუნწი და მცირე ზომები. საერთო კი, ამ ტიპის გვერდშეჭრილი ზარაკებისათვის კონუსისებურებისაგან განსხვავებით, დამახასიათებელია კონსერვატიზმი. ქრონოლოგიური დიფერენციაციის საფუძვლად მიჩნეულია ყუნწის ფორმის, ზომებისა და შემკულობის ზოგიერთი ცვლილება. ქრონოლოგიური დიაპაზონი დიდია – ძვ.წ. VIII-VII – ძვ.წ. I ს. ასევე ითქმის გავრცელების არეალის შესახებაც (ჭანიშვილი, 2005: 19-29. აქვეა ლიტერატურა).

2002 წელს აღმოჩენილი მოზრდილი ზანზალაკი დაფარულია .წიწვოვანი ორნამენტით შემკული კანელურებით (კახიძე, ვიკერსი, 2004: 83. სურ. 176).

როგორც ითქვა, ბრინჯაოს ზარაკები ჩნდება კოლხეთის ადრერკინის ხანის სამარხებში. ესენი საქართველოს სამარხეული ინვენტარის დამახასიათებელი ელემენტია. ხშირად ჩნდება ადრეელინისტური ხანის სამარხებშიაც. რიგი ცვლილებები ხდება, ფორმათა განვითარებაში. განსხვავებულია სხვადასხვა ეპოქის ზარაკების ზომებიც. სხვადასხვა ვარიანტებს ქმნიან ამ სახის ნაკეთობათა დასავლურქართული და აღმოსავლური ნიმუშები. გვხვდებიან საქართველოს ფარგლებს გარეთაც. მათ შორის სამოსის ნეკროპოლებზე. აშკარაა, რომ ესენი მზადდებოდა როგორც კოლხეთში, ასევე იბერიაში (Куфтин, 1950; გაგოშიძე, 1964; Трапш, 1969; მიქელაძე, 1985).

გვაქვს ერთადერთი ვერცხლის ფიბულა (ქ-ფ-72/320, სამარხი 23). პატარა ზომის, ენა არაა დაცული. ცნობილია, რომ ძვ.წ. VI ს ბოლოდან ბერძნები ამ სახეობის ნივთებს აღარ აყოლებდნენ. მშვილდსაკინძის გამოჩენა ფიჭვნარელი ელინების სამარხებში ადგილობრივი ადათწესების გავლენით უნდა აიხსნას. ვერცხლის შესანიშნავი ფიბულაა აღმოჩენილი ძვ.წ. IV ს ფიჭვნარის ბერძნულ ნეკროპოლზე (Кахидзе, Сулава, 2005: 61 таб. I./d10).

მეტად ფართოა ტანსაცმლის აკაზმულობასთან დაკავშირებული ამ სახის ნივთების გავრცელების არეალი. თვლიან, რომ მშვილდსაკინძები გენეზისის თვალსაზრისით მიილტვიან ძვ.წ. XII-XI სს ე.წ. სუბმიკენური ფიბულებისაკენ (Куфтин, 1944: 310-317). დასავლეთ კავკასიაში შავი ზღვის გზით უნდა იყვნენ გავრცელებულნი. მკვლევართა მეორე ნაწილის შეხედულებით,

ესენი ძვ.წ. XIII-XII სს იტალიკური თაღიანი ფიბულების მინაბაძებს წარმოადგენენ (Козенкова, 1982: 59). ზოგიერთი ავტორი უარყოფს ზემოთ მოტანილ მოსაზრებებს და ამათ ადგილზევე შექმნილ ნაკეთობად მიიჩნევს (Техов,1974: 146-147). ერთი სიტყვით, მშვილდსაკინძების წარმომავლობის საკითხი ჯერ კიდევ არაა საბოლოოდ დადგენილი.

საქართველოში მშვილსაკინძები თავს იჩენს XI-IX საუკუნეების კომპლექსებში (აბრამიშვილი, 1957). განსაკუთრებით მრავლადაა წარმოდგენილი ძვ.წ. VII-V სს კოლხურსა და მისი მოსაზღვრე რაიონების, განსაკუთრებით, ჩრდილო კავკასიის კულტურებში (წონიარისი, ურეკი, ნიგვზიანი, მუხურჩა, ყუალანრხვა, გუადიხუ, წითელიშუქურა, ეშერა, გორაძირი, სამთავრო, ყაზბეგი, ბანისხევი, თრიალეთი, მარლინ-დერესი, თლი, მარუხა, არხონსკის სტანიცა, ზემორუხტა, კუმბულტისა და ნესტოროვის სამაროვნები და სხვ.) (მიქელაძე, 1985: 44-47).

ამავე პერიოდში გვხვდება სომხეთის ძეგლებზეც (ლალვარი, ბჟინი, ახტალა და სხვ.), რომლებიც ჩრდილო-კავკასიური იმპულსების გამოვლინებადაა მიჩნეული (Мартиросян, 1964: 276). უფრო სარწმუნო ჩანს ამათი კოლხეთის გზით გავრცელება.

ძვ.წ. VIII-VII საუკუნეებში უკვე გვაქვს მშვილდსაკინძების მძლავრი ადგილობრივი წარმოება. ამაზე მიუთითებს როგორც დიდი რაოდენობით აღმოჩენები, განსაკუთრებით კი მათი უძველესი მეტალურგიული წარმოების ცენტრებთან სიახლოვე (ჭოროხის აუზი, რაჭა-სვანეთი, აფხაზეთი, ქართლი). სახეზეა ამ ხანისათვის სრულყოფილად ჩამოყალიბებული, მხოლოდ კავკასიისათვის, კონკრეტული რაიონებისათვის დამახასიათებელი ტიპოლოგიური ნიუანსები (სულავა, 2000). ერთ-ერთ საწარმოო კერად სამხრეთ-დასავლეთი საქართველოც გამოიყურება. მშვილდსაკინძები წარმოდგენილია ფიჭვნარის როგორც კლასიკური ხანის კოლხურ და ბერძნულ, ასევე ელინიზმის ეპოქის სამარხეულ კომპლექსებში (Кахидзе, Сулава, 2005). ფიჭვნარის ანტიკური ხანის მონაპოვრებთან ერთად ყურადღებას იქცევენ აჭარისწყლის ხეობის (წონიარისი) ადრერკინის ხანის ფიბულები (კახიძე, მამულაძე, ფარტენაძე, 2003).

ყურადღებას იქცევენ ბრინჯაოს ისრისპირები. ერთი ცალი ძვ.წ. V ს მეორე მეოთხედის 129-ე სამარხში აღმოჩნდა 1986 წელს. მასრა მომტვრეულია, ტანი სამწახნაგა, დაცული ნაწილის სიგრძე 2 სმ-ია (სურ. 12/2); 18 ცალი წარმოდგენილი იყო მე-15 კოლექტიური სამარხის ქალის ინვენტართან ერთად. ნაწილი კარგად იყო გადარჩენილი, ბევრი საგრძნობლად დაზიანებული. ისინი ჩაწყობილი იყო პატარა ზომის გულისებრი მოყვანილობის ქსოვილის ფუტლარში. ყველა მათგანი ერთნაირი ფორმისაა - სამწახნაგა, მახვილფხიანი, მასრიანი, შესანიშნავი პროპორციების მქონე. ზოგიერთ მათგანს მასრაზე მანჭვალიც აქვს – ეტყობა ხის ტარზე დამაგრების მიზნით. ამათი სიგრძე დაახლოებით 2,2 სმ-ია, მასრის დიამ. 0,4 სმ. (სურ. 49/6).

მსგავსი ისრისპირები ფართოდ ჩანს გავრცელებული სკვითურ-ბერძნულ სამყაროში ძვ.წ. V-IV სს. მათ სპეციალისტები პირამიდებისებრს (pyramidical) უწოდებენ (Капошина, 1956$_а$: 174, рис. 17; Смирнов К., 1961; Либеров, 1962; Галанина, 1995). ფიჭვნარის მსგავსი ისრისპირები აღმოჩენილია ითხვისში (გაგოშიძე, 1968: 35), ვანში (ლორთქიფანიძე გ., 1976: 179), უფრო ადრეულები - სამთავროს სამაროვანზე (აბრამიშვილი, 1961) და ბევრგან, რომელთა შესახებ აქ სიტყვას აღარ გავაგრძელებთ. განსაკუთრებით ხშირად ჩნდება ჩრდილო შავიზღვისპირეთში. ისინი წარმოდგენილი

იყო ოლბიის ძვ.წ. V ს შუა ხანების კარგად დათარიღებულ სამარხეულ კომპლექსებში (Капошина, 1950: 207, 210). ცნობილია, რომ მსგავსი ისრისპირები მიზანში მოხვედრისას ტყდებოდა და ისარი ჭრილობაში რჩებოდა, რაც ძალიან სწრაფად იწვევდა სისხლის მოწამვლას.

გვაქვს კაჟის ისრისპირიც (ალაპი 4, ქ-ფ-86/137). სამკუთხედისებრი, ყუნწიანი, მოგრძო ფრთები მკვეთრადაა გამოყოფილი. კიდეები რეტუშირებული, ზედაპირი დამუშავებული წვრილფაცეტებიანი ანატკეცებით. კაჟი მოყვითალო-მოყავისფროა. სიგრძე 3,4 სმ, ფუძის დმ. 1,8 სმ. (სურ. 99/7). ფიჭვნარის ძვ.წ. V ს ბერძნული ნეკროპოლის სხვა საალაპო მოედნებზე შესანიშნავად დამუშავებული მოგრძო, ოთხკუთხა მოყვანილობის კაჟის ნამგლის პირებად გამოყენებული ჩასართებიცაა აღმოჩენილი (სურ. 99/8, 100/13). ესენი შუა თუ გვიანბრინჯაოს ხანის ნაკეთობანი ჩანან. ეტყობა ფიჭვნარელი ელინები თავის საცხოვრისთან ახლოს ძველ კულტურულ ფენებში შესანიშნავად დამუშავებულ კაჟის ინდუსტრიის მსგავს ნაკეთობებსაც წააწყდნენ, რომლებიც შემდგომ დაკრძალვის რიტუალში გამოიყენეს. არის სხვა სახის დამუშავებული კაჟის ნივთები (სურ. 98/7). კაჟის იარაღის გაყოლება კარგადაა ცნობილი პონტოსპირეთის ანტიკური ხანის სამაროვნების მიხედვით. ციხისძირსა და თვით ფიჭვნარის ადრეშუასაუკუნეების სამარხებშიაც იყო წარმოდგენილი კაჟის უფორმო იარაღები, მაგრამ ადრინდელებისაგან განსხვავებით ესენი აღარ გამოირჩევიან მაღალმხატვრულობით (კახიძე, ვიკერსი, მამულაძე, 2000: 80).

ფიჭვნარელი ელინები ხის კუბოს დამზადებისა თუ სახურავის შეჭედვისას საკმაოდ გულუხვად ხმარობდნენ სხვადასხვა ზომის რკინის ლურსმნებს. ზოგიერთი მათგანის ზომა 30 სმ აღწევს. მეტია 15-20 სმ სიგრძის მქონე ნიმუშები. ისინი, როგორც წესი, კოროზირებულნი არიან (სურ. 13/10). ზოგჯერ ბრინჯაოს ლურსმანიც გამოერევა ხოლმე. ასევე ითქმის თანადროული კოლხური სამაროვნის მიმართაც. ფიჭვნარის ბერძნული ნეკროპოლის 106-ე სამარხში აღმოჩენილი ბრინჯაოს ლურსმანი (ქ-ფ-85/74) მრგვალგანივკვეთიანია. აქვს სოკოსებრი თავი, სიგრძე 14,5 სმ (სურ. 89/11). ანალოგიური ფორმისანი ჩანან რკინის ლურსმნებიც.

ასეთია ფიჭვნარის ძვ.წ. V ს ბერძნული ნეკროპოლის სამარხეულ კომპლექსებში გამოვლენილი სამკაულებისა და სხვა დანიშნულების ნაკეთობათა ძირითადი სახეობანი. ციხისძირისა და ფიჭვნარის მონაცემებით დასტურდება, რომ სპირალური ხვიების იმპორტი საქართველოს ზღვისპირეთში ბოსფორის სახელმწიფოსთან შედარებით ადრე დაწყებულა; ესენი განეკუთვნებიან ბოლოპროფილირებულ სადა ნაკეთობათა რიცხვს. ადგილობრივი წარმომავლობისაა ვერცხლის სხივანა საყურეები. ოქროს ნივთების მსგავსად ამათზეც ფართოდაა გამოყენებული მარცვლოვანი გავარსის, გრანულაციის ტექნიკა. ფიჭვნარი სხივანა საყურეების დამზადების ერთ-ერთი უმნიშვნელოვანესი ცენტრი ჩანს. სწორედ აქაა ყველაზე დიდი რაოდენობით მოპოვებული ამ სახის სამკაულები. ბრინჯაოს ნახევარმთვარისებრი და ბიკონუსური საყურეები ოქროსაგან დამზადებული სამკაულების ანალოგიურნი არიან. ამათზე დატანილი სამკაულები გავარსის ტექნიკის იმიტაციას წარმოადგენენ. არაა გამორიცხული, რომ ბიკონუსურები მდ.რიონის გაყოლებით ჩრდილო კავკასიამდე აღწევენ, აქედან კი გარკვეული ვარიანტების სახით ვრცელდებიან ვოლგისპირეთში, ურალსა და ყირიმში.

ძვ.წ. V ს ბერძნული ნეკროპოლის გათხრები (1967-1987 წწ)

ფიჭვნარელი ელინები საკმაოდ ხშირად იყენებენ ვერცხლის, ბრინჯაოსა თუ რკინის სამაჯურებს. უმეტესობა ადგილზევე ჩანს დამზადებული. საერთოდ კი ყველა სახეობის სამაჯურები კარგადაა ცნობილი ბერძნულ-აქემენიდურ სამყაროში. მათ შემკობისას ზომიერადაა გამოყენებული გეომეტრიული (სამკუთხედები, წრეები, პარალელური ხაზები, წერტილოვანი ორნამენტი და ა.შ.) თუ ცხოველსახოვანი მოტივები. სამკაული დატანილია უპირატესად გახსნილ ბოლოებზე. ფიჭვნარის მიხედვით ჩანს, რომ ირანული სამყაროს კვალდაკვალ ძვ.წ. V ს მეორე მეოთხედიდან იწყებს გავრცელებას აღმოსავლეთ შავიზღვისპირეთში სამაჯურების ის ტიპი, რომელთა ბოლოები ცხოველთა სტილიზებული თავების სკულპტურული გამოსახულებებითაა შემკული. მხატვრულ ხელოსნობის ამ დარგის წარმომადგენლები შორს არიან ამა თუ იმ სახეობის ცხოველის კონკრეტიზაციისაგან. ერთმანეთთანაა შერწყმული ხბოს, ვერძის, ჯიხვის, გველისა თუ სხვა სახის ცხოველთა განზოგადოებულ-სტილიზებული სახეები, ორნამენტაციის მოტივები. ზოგჯერ ხბოს თავების გამოსახულებიან სამაჯურებზე გველის ქერცლის მსგავსი დეკორია გადმოცემული. ადგილობრივ ნაკეთობებს უნდა წარმოადგენდნენ ჭდეებითა თუ ე.წ. თევზიფხური ორნამენტით დაფარული ნიმუშები. ფიჭვნარში პირველად ზურგშეზნექილი სამაჯურები ძვ.წ. V ს 30-20-იანი წლებით დათარიღებულ სამარხეულ კომპლექსებში იჩენს თავს. როგორც ცნობილია, აქემენიდურ ირანში ძვ.წ. VI ს ბოლოდან იწყებს ფართო გავრცელებას ვეებერთელა ტერიტორიაზე ავღანეთიდან კვიპროსამდე. კავკასია უკიდურესი ჩრდილო საზღვარი ჩანს.

ვერცხლის, ბრინჯაოს და, როგორც ჩანს, რკინის ოვალურ ფარაკიანი და მრგვალრკალიანი ბეჭდები უცხოურ ნაკეთობებს წარმოადგენდნენ. საბეჭდავი-ბეჭდების მსგავსი სტანდარტული ფორმა კლასიკურ ხანაში გაბატონებული ჩანს მთელ ანტიკურ, კერძოდ, ბერძნულ სამყაროში.

სხვა სახის სამკაულებიდან განსაკუთრებით ყურადღებას იქცევენ ბრინჯაოს, ტყვიის, გიშერის, ქარვის, სარდიონის, მინისა თუ მინისებური პასტის მძივები. ადგილობრივ მოსახლეობასთან შედარებით ფიჭვნარელი ელინები მსგავს სამკაულებს ყელსაბამებად შედარებით მოკრძალებულად იყენებენ.

თილისმის, ავგაროზის ფუნქციის მატარებელნი უნდა ყოფილიყვნენ ბრინჯაოს ზარაკები. ჯერჯერობით ერთადერთია ვერცხლის ფიბულა. ცნობილია, რომ ძვ.წ. VI ს ბოლოდან ბერძნები ამ სახეობის ნივთებს არ აყოლებდნენ.

სხვა სახის ნაკეთობებიდან აღსანიშნავია კაჟისა და ბრინჯაოს ისრისპირები, მრავალრიცხოვანია რკინის ლურსმნები. ზოგჯერ ბრინჯაოსაგან დამზადებული ნიმუშებიც გამოერევიან.

შენიშვნები:

[1] ქალბატონი ქ.ჯავახიშვილი არ გამორიცხავს, რომ ფარაკზე ჰერმესი იყოს აღბეჭდილი.

დასკვნები

ფიჭვნარის კლასიკური ხანის ბერძნულ ნეკროპოლზე 1967-2006 წლის განმავლობაში შესწავლილია ძვ.წ. V ს 300-ზე მეტი სამარხი, რომლებსაც ცალკეულ სამარხებთან დაკავშირებული თუ საერთო საალაპო მოედნებიც ემატება. განსაკუთრებით აღსანიშნავია ის გარემოება, რომ როგორც სამარხები, ისე საალაპო მოედნები შესანიშნავადაა დაცული. გაძარცვული აღმოჩნდა ერთადერთი სამარხი, ისიც ძველ ეპოქაში. მიუხედავად იმისა, რომ სამაროვნის ტერიტორია საკმაოდ ინტენსიურადაა გამოყენებული კლასიკურ ხანაში, ერთი სამარხის მიერ უფრო ადრეული მეორე სამარხის ჩაჭრა-დაზიანების ფაქტი არ დასტურდება. ყოველივე ეს, ბუნებრივია, იდეალურ პირობებს ქმნის ზუსტად განისაზღვროს სამარხთა ტიპები, დაკრძალვის წესები, დამხრობა, ინვენტარის ჩაყოლების კანონზომიერება, სოციალური და ეთნიკური შემადგენლობა, ქრონოლოგია და ა.შ. მსგავსად შემონახული სამაროვანი პონტოსპირეთში არც გვეგულება.

ფიჭვნარის ბერძნული ნეკროპოლის განსაკუთრებული ადგილი იმითაცაა განპირობებული, რომ ჯერჯერობით ელინურ ეთნოსთან უშუალოდ დაკავშირებული მეორე ძეგლი არცაა ცნობილი აღმოსავლეთ შავიზღვისპირეთში, სწორედ ამიტომაც მეცნიერული ინტერესები მისდამი დიდია.

როგორც ვნახეთ, ფიჭვნარელ ელინთა სამაროვანზე წამყვანია ინდივიდუალური ინჰუმაციური ორმოსამარხები. აქა-იქ გამოერევა კოლექტიური თუ კრემაციული სამარხები. გარკვეული პროცენტი ძვ.წ. V საუკუნის ამფორასამარხებზე მოდის. განსვენებულთა დასაკრძალავად მოზრდილ სამარხეულ ორმოებს ჭრიდნენ, რომლებშიაც ხის სარკოფაგები თუ კუბოები იდგმებოდა. გვხვდება ხის სახურავიანი სამარხებიც. ადგილობრივი პირობების შესაბამისად წამყვანია ხის კონსტრუქციები. როგორც ცნობილია, ამ ეპოქისათვის ანტიკური სამყაროს სხვა ცენტრებში ალიზისა და ქვის სამარხებიც გვხვდება. ფიჭვნარში ამისი საჭიროება არ ჩანს. გაძარცვულ მე-20 სამარხს ჰქონდა სამი რიგისაგან შედგენილი ქვის წყობა. ისიც, როგორც ჩანს, ხის კუბოს თავზე თეთრი კირქვისაგან დამზადებული სტელის აღმართვის მიზნით. 95-ე სამარხის ჩრდილო კედლის თავზეც, რატომღაც, გაკეთებული იყო ორი რიგისაგან შედგენილი ქვის წყობა. მდიდრულ სამარხებს თან ახლავს მოზრდილი ფართობის მომცველი საალაპო მოედნები. იგივე მე-20 სამარხის სარიტუალო მოედანი 16-18 კვ.მეტრზე იყო გავრცელებული.

მეტროპოლიის მსგავსად ფიჭვნარელ ელინთა შორისაც შეინიშნება რთული სოციალური სტრატიგრაფია, პოლარიზაცია. ელიტარული ფენის წარმომადგენლები დიდი პატივით იკრძალებოდნენ. მათი რიცხვი არაა დიდი. როგორც ითქვა, ჭრიდნენ მოზრდილ სამარხეულ

ორმოებს, რომლებშიაც იდგმებოდა სარკოფაგები თუ ხის კუბოები. ხის კუბოს შესაჭედად უხვადაა გამოყენებული მოზრდილი რკინის ლურსმნები. მართავდნენ მდიდრულ საალაპო ქელეხებს. ჰადესის სამეფოში თან აყოლებდნენ ანტიკური ვაზათმომხატველობის, საიუველირო ხელოვნების, გლიპტიკისა და ტორევტიკის მრავალრიცხოვან ნაკეთობას. ჩანს, რომ ისინი თავის დროზე ხელგაშლილ ცხოვრებას ეწეოდნენ.

ფიჭვნარელ ელინთა გარკვეული ნაწილი საშუალო შეძლების მქონედ გამოიყურებიან. ამ სოციალური ფენების სამარხებს ხშირად ახლავს სარიტუალო მოედნები. რკინის ლურსმნების განლაგების მიხედვით ჩანს, რომ მათი ერთი ნაწილი ხის კუბოსა თუ სარკოფაგში იკრძალებოდა. ზოგიერთ სამარხს მხოლოდ სქელი ფიცრებითა თუ მორებისაგან შეჭედილი სახურავი უკეთდებოდა. ამგვარ განსასვენებლებშიც აღმოჩენილია ბერძნული მცირე ხელოვნების ნიმუშები, მაგრამ მაინც წამყვანია მასობრივი წარმოების ნიადაგსახმარი ნივთები. აღარ გვხვდება ვაზათმომხატველობის, ოქრომჭედლობისა და ტორევტიკის მაღალმხატვრული ნიმუშები, ინტერლოკალური მონეტები. მსგავსი ნაკეთობანი მდიდართა სამარხების თანამგზავრია.

უმრავლესობა რიგითი ფენების წარმომადგენლები არიან. ეწევიან მოკრძალებულ ცხოვრებას. შესაბამისად, მათი სამარხეული ინვენტარიც შედარებით იაფად ღირებული, მასობრივი წარმოების პროდუქციითა დაკომპლექტებული. ასეთ სამარხებს იშვიათად ახლავს მოკრძალებული ფართობის მომცველი საალაპო მოედნები. უმეტესად არც ხის კუბოს მანიშნებელი რკინისა თუ ბრინჯაოს ლურსმნები გვხვდება. იშვიათად სამარხს უკეთდებოდა ხის სახურავი. სამარხებში უმეტესად 2-5 დასახელების ნივთია წარმოდგენილი.

სახეზეა სრულიად უქონელთა მასაც. როგორც ჩანს, ისინი ანტიკური, კერძოდ, ბერძნული სამყაროსათვის კარგად ცნობილი მონების კატეგორიას უნდა განეკუთვნებოდნენ. ამ მონაცემებს დიდი მნიშვნელობა აქვს აღმოსავლეთ შავიზღვისპირეთის ბერძნული კოლონიზაციის ხასიათის გარკვევისათვის.

ფიჭვნარელი ელინები ფართოდ იყენებდნენ სხვადასხვა სახის, ზოგჯერ ძვირადღირებულ ღვინოებს. მათ სატრაპეზო სუფრას ამშვენებდა ანტიკური ვაზათმომხატველობის ბრწყინვალე ნიმუშები, ღვინის ამოსახაპი თუ ჩამოსასხმელი ლითონის ნაკეთობანი, ნაირ-ნაირი ფორმის სადა თუ ორნამენტირებული ატიკური, იონიური და ადგილობრივი ჭურჭელი. მდიდარ სურათს ქმნის სუფრაზე მოსახმარი სხვა სახის ნატიფი ნაკეთობანი. არანაკლებ მრავალრიცხოვანი და მრავალფეროვანია სანელსაცხებლე ჭურჭელი, პალესტასთან დაკავშირებული ნივთები. მიმოქცევაში იყო ინტერლოკალური, პონტოს სანაპიროსა თუ თვით კოლხეთის სამეფოს მონეტები, მათ შორის უნიკალური ნომინალები - ე.წ. ჰემიტეტრატემორიონები.

მთელი კლასიკური ხანის განმავლობაში ფიჭვნარში მტკიცედაა დაცული დაკრძალვის წმინდა ბერძნული წესები. ესენია აღმოსავლეთისაკენ დამხრობა (მეტ-ნაკლები გადახრებით), კრემაცია, ამფორასამარხები, ალაპის გამართვა, დაკრძალვიდან გარკვეული დროის გასვლის შემდეგ შესაწირავების მიტანა და ა.შ. პონტოსპირეთის სხვა ბერძნული ნეკროპოლების მიხედვით

199

სახეზეა მიცვალებულთა ქვეყნის სხვა მხარეებისაკენ ორიენტირების შემთხვევებიც. ფიჭვნარში ზოგიერთი გამონაკლისი, როგორც ჩანს, კოლხთა გავლენით სახეზეა ადრეული სამარხების მიხედვით; ძვ.წ. V ს შუახანებიდან ვიდრე ელინისტურ ხანამდე საერთო ელინური წესებიდან გადახვევის შემთხვევები იშვიათად დასტურდება. ეს ამ ნეკროპოლის კიდევ ერთ თავისებურებად გამოიყურება. ჩვენ ისეთი ეჭვიც შეგვექმნა, რომ მათ წელიწადის ნებისმიერი დროის მიუხედავად მხარეთა გამოცნობის რაღაც საიდუმლოს მიაგნეს, ყურადღებას იქცევს კიდევ ერთი ფაქტი: შავიზღვისპირეთის სამაროვანთა შორის ფიჭვნარი ჯერჯერობით ერთადერთი ძეგლია, სადაც ძვ.წ. V ს მეორე მეოთხედიდან იწყება მიცვალებულისათვის ე.წ. „ქარონის ობოლის" გაყოლება. სხვა რეგიონებში ამგვარი რამ მხოლოდ ძვ.წ. IV ს სამარხებშია ფიქსირებული. ყოველივე ეს აქაური დასახლების მეტროპოლიასთან უშუალო ურთიერთობების მანიშნებელი უნდა იყოს.

საინტერესო დასკვნების გაკეთების შესაძლებლობას იძლევა ჩვენს მიერ შესწავლილი სამარხეული ინვენტარი. როგორც ითქვა, ფიჭვნარელი ელინები ღვინისა თუ ზეთისხილის ზეთის ფართო მომხმარებელნი ყოფილან. პირველ ხანებში, ძვ.წ. V საუკუნისათვის წამყვანია ეგეოსური სამყაროს ამფორები - ქიოსი, ლესბოსი, თაზოსი და ქალქიდიკის ცნობილი ცენტრის მენდეს ამფორები. ისინი ზოგჯერ ღარიბულ სამარხებშიც კი გვხვდება. ჩვენ ვფიქრობთ, რომ კ.ქიოსსა და კოლხეთს შორის უშუალო, პირდაპირი ურთიერთობები ძვ.წ. VII ს ბოლოდან III საუკუნემდე გრძელდებოდა. მნიშვნელოვანი ადგილი ეკავა კ.ლესბოსსაც. საბერძნეთის მატერიკული ცენრტის ათენის საშუამავლო ვაჭრობის გზით უნდა იყოს შემოზიდული ე.წ. პროტოთაზოსური, თაზოსის წრისა თუ საკუთრივ თაზოსის ამფორები. კიდევ უფრო მრავალფეროვანი და მრავალრიცხოვანია სუფრის, სანელსაცხებლე თუ ტუალეტისათვის განკუთვნილი ჭურჭელი. მისი მომხმარებელი საზოგადოება უდავოდ მაღალი გემოვნების მატარებელია. ფიჭვნარმა ანტიკური ვაზათმომხატველობის საგანძური ახალი მონაპოვრებით გაამდიდრა. როგორც ვნახეთ, აქ აღმო-ჩენილი ვაზების ნაწილი თვით ანტიკური სამყაროსთვისაც კი იშვიათობას წარმოადგენს. წამყვანი ადგილი, ბუნებრივია, მოხატულ, ორნამენტირებულსა და სადა ატიკურ შავლაკიან კერამიკას უკავია. გრძელდება სადა ჰორიზონტალურზოლებიანი იონიური ჭურჭლის იმპორტიც. აქვე ხაზგასმით უნდა აღინიშნოს ის გარემოებაც, რომ ფიჭვნარელ ელინთა შორის მეტროპოლიაში დამზადებული მაღალმხატვრული პროდუქციის გვერდით დიდ მოწონებას იმსახურებს კოლხ მეთუნეთა ნაწარმი. ეს ითქმის როგორც ზოგადკავკასიურ, ისე კოლხური და ფიჭვნარული თიხის ჭურჭლის დახვეწილ ფორმებზე. ეს უკანასკნელნი ორიგინალურობითა და შემკობის მოტივების მიხედვით განსაკუთრებულ ადგილს იკავებს აღმოსავლეთ შავიზღვისპირეთის მეთუნეთა ნახელავს შორის. უდავოდ მნიშვნელოვანია ნუმიზმატიკური მონაპოვრები. შესაძლებელი ხდება უძველესი კავკასიურ ფულის - კოლხური თეთრის გენეზისის, იკონოგრაფიის, ქრონოლოგიისა და ტიპოლოგიის რიგი აქტუალური პრობლემების ახლებური გაშუქება. როგორც არაერთხელ აღვნიშნეთ, გვაქვს უნიკალური ნომინალებიც. არანაკლებ მნიშვნელოვანია ქ.ქიზიკის სტატერის აღმოჩენის ფაქტები. მსგავსი ინტერლოკალური მონეტები ამიერკავკასიის სხვა ძეგლებიდან

200

არცაა ცნობილი. იშვიათ მონაპოვართა რიცხვს განეკუთვნება სინოპური ადრეული დრაქმა. ასევე ითქმის ჩრდილო შავიზღვისპირეთის, კერძოდ, პანტიკაპეიონის, ნიმფეისა და თეოდოსიის მონეტების მიმართაც.

ელინთა შორის დიდ მოწონებას იმსახურებდა ოქრომჭედლობის მაღალმხატვრული ნიმუშები. თვით მატერიკული საბერძნეთისა და შავიზღვისპირეთის მასობრივი ბერძნული ნეკროპოლების მიხედვით ოქროს ნაკეთობათა მსგავსი ნაირსახეობა არ შეინიშნება. ეს უთუოდ კოლხური კულტურის ზეგავლენით უნდა აიხსნას. ვფიქრობთ, ჩვენი კვლევის ობიექტი ფიჭვნარი ვანი-საირხეს მსგავსად ოქრომჭედლობის ერთ-ერთ საინტერესო ცენტრს წარმოადგენდა. აღსანიშნავია, რომ უცხოურ ნაკეთობებს (ძირითადად ბეჭდებს) მოკრძალებული ადგილი უკავიათ. წამყვანია კოლხიზებული, ზოგადკოლხური თუ თვით ფიჭვნარული ცალები. ბევრი მათგანი საიუველირო ხელოვნების ბრწყინვალე ნიმუშს წარმოადგენს. ზომიერადაა გამოყენებული ვერცხლის, ბრინჯაოსა და რკინის სამკაულები (სპირალური ხვიები, სხივანა, ბიკონუსური და ნახევარმთვარისებრი საყურეები, მშვილდსაკინძი, სამაჯურები, ბეჭდები და ა.შ.), ტყვიის, ბრინჯაოს, ქარვის, სარდიონის, მინისა თუ მინისებრი პასტის სადა ერთფეროვანი და პოლიქრომული მძივები და მძივსაკიდები. სამკაულების ერთი ნაწილი ადგილობრივ ხელოსანთა მიერაა შექმნილი. ეს განსაკუთრებით ვერცხლის სხივანა საყურეების მიმართ ითქმის. ოქროს ნაკეთობების მსგავსად აქაც მარცვლოვანი გავარსის, ე.წ. გრანულაციის ტექნიკაა გამოყენებული. ძვ.წ. V ს მეორე მეოთხედიდან ცხოველთა სკულპტურული თავებით შემკული, ხოლო ამავე საუკუნის 30-20-იანი წლებიდან აქემენიდური სტილის წელშეზნექილი სამაჯურები ჩნდება.

ფიჭვნარში ფერადი მინის შესანიშნავი კოლექცია დაგროვდა. დათარიღებული კომპლექსების მიხედვით შესაძლებელი ხდება მათი ახლებური ქრონოლოგიური და ტიპოლოგიური კლასიფიკაცია. სანელსაცხებლე ჭურჭელს ადგილობრივი მოსახლეობაც იყენებდა. ყველა მათგანი აღმოსავლეთ ხმელთაშუაზღვისპირეთის საწარმოო ცენტრებიდან უნდა მომდინარეობდეს. ჩვენს მონაპოვარში ყველა ძირითადი ფორმაა (არიბალოსი, ოინოხოია, ამფორისკი და ალაბასტრი) წარმოდგენილი. საქართველოს ზღვისპირეთში პირველად აღმოჩნდა ე.წ. Kohl-Tube-ს ტიპის სანელსაცხებლე ჭურჭელი, რომლის საწარმოო ცენტრად ჩრდილო ირანია მიჩნეული.

ფიჭვნარის აღმოჩენებით ანტიკური ტორევტიკის გავრცელების არეალს აღმოსავლეთ შავიზღვისპირეთიც შეემატა. მხატვრული ხელოსნობის მსგავსი ძვირადღირებული ნაკეთობანი უპირატესად მდიდრული ფენებისთვისაა ხელმისაწვდომი. მრავალრიცხოვანი კერამიკული ნაწარმის მსგავსად ტორევტიკის დიდი ნაწილი თვით საბერძნეთში, კერძოდ, ათენსა და მის ახლო-მახლო მდებარე ადგილებში უნდა იყოს დამზადებული. ეს პირველ რიგში ბრინჯაოს ოინოხოიის, სკიფოსის, სარკეებისა და პალესტრთან დაკავშირებული სტრიგილების შესახებ ითქმის. სარწმუნოდ მიგვაჩნია ის აზრი, რომ ფიჭვნარის პირველ სამარხში აღმოჩენილი ბრინჯაოს ოინოხისებრი დოქის წარმოების ცენტრი ეტრურია უნდა ყოფილიყო. გაძნელდება ფიჭვნარული ჩამჩებისა და საწურების ეტრუსკულ ნაწარმად მიჩნევა. სატრაპეზო ღრეობასთან დაკავშირებული მსგავსი

201

ნივთების დამზადების ადგილი თვით საბერძნეთის საყოველთაოდ ცნობილ ინდუსტრიულ ცენტრებში უნდა ვეძიოთ. სწორედ აქედან გაედინებოდა ამ სახეობის ნაწარმი ერთის მხრივ დასავლეთ ხმელთაშუაზღვისპირეთში, მეორეს მხრივ კი პონტოსპირეთში. როგორც ფორმის, ისე ორნამენტაციის ზოგიერთი მოტივის მიხედვით ბერძნულ ნაკეთობად მივიჩნევთ ფიჭვნარის ვერცხლის ფიალებს. სახეზეა აქემენიდური ხელოვნების მეტ-ნაკლები ზეგავლენაც. ადგილობრივ ნაკეთობებს წარმოადგენენ ბრინჯაოს სიტულები.

ცოტაა ბრინჯაოს ისრისპირები. სააღაპო მოედანზე აღმოჩენილი შესანიშნავად დამუშავებული კაჟის ისრისპირისა და ნამგლის ჩასართების მიხედვით ჩანს, რომ ათასწლეულების მანძილზე გრძელდებოდა ქვის იარაღების სამარხეულ ინვენტარად გამოყენების პრაქტიკა.

ძვ.წ. V ს შუახანები და მეორე ნახევარი მეტროპოლიის მიდევნებით ფიჭვნარის ბერძნული დასახლების ეკონომიკური ძლიერებისა და კულტურული აღმავლობის ხანაა. იგი იქცა ანტიკური სამყაროს ერთ-ერთ მნიშვნელოვან ცენტრად, კოლხური და ბერძნული ცივილიზაციების საკონტაქტო ზონად. პონტოსპირეთისათვის ფიჭვნარი ერთადერთი ძეგლია, სადაც ასე ახლოს, ერთმანეთის გვერდიგვერდ თანაარსებობდნენ ადგილობრივი და უცხოური, ამ შემთხვევაში ბერძნული ეთნოსები.

ფიჭვნარის აღმოჩენებითა და ზოგიერთი სხვა მონაცემთა გათვალისწინებით შესაძლებელი უნდა იყოს უფრო ზოგადი დასკვნების გაკეთებაც. ჩვენთვის საინტერესო ეპოქა აღმოსავლეთ შავიზღვისპირეთის ისტორიისა და კულტურის უმნიშვნელოვანესი ეტაპთაგანია. ბრწყინვალე კოლხური კულტურის მემკვიდრე ტომებში ხდება ღრმა სოციალ-ეკონომიკური, პოლიტიკური და კულტურული ძვრები. წარმოიქმნა კოლხეთის სამეფო, ქალაქები და საქალაქო ცხოვრება, ვითარდება სასაქონლო ფულადი ურთიერთობანი, სახეზეა ვაჭართა ფენა, არნახულ აღმავლობას განიცდის ხელოსნობა, ჩნდება ბერძნული დასახლებები. საქართველოს ზღვისპირეთი ჩაბმული ჩანს მსოფლიო-ისტორიულ პროცესებში, მყარდება მჭიდრო კონტაქტები ელინურ სამყაროსთან.

ამ ურთიერთობათა არსის განსაზღვრა, ადგილობრივ მკვიდრთა და ბერძენ მოახალშენეთა ურთიერთობების კონკრეტული შინაარსის ჩვენება ძველი კოლხეთის და, საერთოდაც, პონტოსპირეთის ძველი ისტორიისა და ანტიკური არქეოლოგიის ერთ-ერთი აქტუალური პრობლემათაგანია. როგორც ვნახეთ, ამ მიმართებით მეტად საინტერესო, მდიდარსა და მრავალფეროვან ნივთიერ მასალას იძლევა ფიჭვნარის კომპლექსების არქეოლოგიური კვლევაძიება. მხედველობაშია ნაქალაქარის არქაული და კლასიკური ხანის მძლავრი კულტურული ფენები, ძვ.წ. V-IV სს კოლხური და ბერძნული ნეკროპოლი. განმეორებით ვიტყვით, რომ ბერძნულ ეთნოსთან უშუალოდ დაკავშირებული მეორე ძეგლი არ არსებობს საქართველოს ზღვისპირეთში.

უახლესი მონაპოვრების განზოგადოებისა და სხვა მონაცემების გათვალისწინების მიხედვით ჩანს, რომ აღმოსავლეთ შავიზღვისპირეთისა და აქეური სამყაროს კოლონიზაციამდელი ურთიერთობის ამსახველი ნივთიერი მასალები ჯერჯერობით არაა მოპოვებული. რა თქმა უნდა,

ძვ.წ. V ს ბერძნული ნეკროპოლის გათხრები (1967-1987 წწ)

ფრიად ანგარიშგასაწევია მითოლოგიურ სამოსელში გახვეული არგონავტების თქმულება. ბერძნულ სამყაროსთან რეგულარულ კონტაქტებს საფუძველი ეყრება არქაულ ხანაში. სწორედ ამ ეპოქაში წარმოიშვებიან საქართველოს ზღვისპირეთში იონიური ახალშენები, რომელთაც გასახელმწიფოებრიობის გზაზე მდგომი მჭიდროდ დასახლებულ კოლხეთის ტერიტორიაზე ვერ შექმნეს ვრცელი ადგილების მომცველი თვითმართვადი პოლისური ერთეულები. ჩვენ ვიხრებით იქითკენ, რომ კოლონიზაცია განპირობებული იყო თვით ელადის სოციალ-ეკონომიკური და პოლიტიკური განვითარებით, იგი მრავალმხრივი პროცესი იყო, რომ კოლონიზაცია ძირითადად აგრარული ხასიათის მატარებელია. თავიდანვე დასავლეთ ხმელთაშუაზღვისპირეთის, ჩრდილო აფრიკის, ეგეიდის, პროპონტიდისა და პონტოს სანაპიროების მიმართულებით გაშლილ საკოლონიზაციო მოძრაობაში არსებითად მონაწილეობდნენ საბერძნეთის აგრარული რაიონები (არგოლიდა, ბეოტია და სხვ.). ბუნებრივია, მნიშვნელოვანი ფაქტორები იყო ხელოსნობისა და ვაჭრობის განვითარება, თევზჭერა, ხე-ტყის დამუშავება, ლითონისაკენ ლტოლვა და ა.შ. ფიქრობენ, რომ დიდი ბერძნული კოლონიზაციის უძველესი პლასტი სწორედ ამ უკანასკნელ ფაქტორთან უნდა იყოს დაკავშირებული. ხმელთაშუა თუ სამხრეთ შავიზღვისპირეთის უძველესი ბერძნული კოლონიები ხომ სწორედ ვერცხლისა და რკინის საბადოებით მდიდარ ადგილებში ჩნდება. ჩვენს მიერ გამოყოფილ იქნა ბერძნული კოლონიზაციის ადრეული, ე.წ. იონიური ეტაპი, რომელიც შეზღუდული მასშტაბების მომცველი ჩანს კოლხეთის სინამდვილეში. სავარაუდოა, რომ ამ საფეხურისთვის ადგილობრივი მოსახლეობა გარკვეულ წინააღმდეგობას უწევდა ბერძენთა საკოლონიზაციო მოძრაობას. გასახელმწიფოებრიობის გზაზე მდგომ კოლხებს ცალკეული ბერძნული პოლისებისადმი დაპირისპირების ძალა აღმოაჩნდათ. მიუხედავად ამისა, პირველ ბერძნულ ახალშენებს თავიდანვე მწარმოებლური ხასიათი უნდა ჰქონოდათ. ჩვენი აზრით, ე.წ. ემპორიალური სტადიის საპირისპიროდ ვაჭრობა იყო კოლონიზაციის შედეგი და არა მისი შინაარსის განმსაზღვრელი; საბერძნეთის მზარდი სასაქონლო ხასიათის წარმოება მნიშვნელოვანწილად იყო დამოკიდებული პერიფერიაზე, საიდანაც იღებდა „სასიცოცხლო მოთხოვნილების" პროდუქციას, თვითონ კი აწვდიდა „კულტურული მოთხოვნილების" საგნებს. აღმოსავლეთ შავიზღვისპირეთში იონიური ახალშენების გაჩენამ მნიშვნელოვნად შეუწყო ხელი ადგილობრივი მოსახლეობის სოციალ-ეკონომიკურ დაწინაურებას. ამასთან, ელინებმა გაიჩინეს დასაყრდენი პუნქტები, რომელთა გარეშე პონტოს სანაპიროს სხვა ნაწილებთან, კერძოდ, ჩრდილო შავიზღვისპირეთის აღმოსავლეთ რაიონებთან კონტაქტები ძნელი წარმოსადგენი იქნებოდა. ასეთი ახალშენების არსებობა სავარაუდოა ბათუმისციხის, ციხისძირის, ფიჭვნარის, ურეკის, ფაზისის (უმთავრესი ცენტრი), გიენოსის, დიოსკურიისა და ეშერას მიდამოებში.

ბერძნული კოლონიზაცია არქაული ხანით არ ამოიწურება. პერმანენტულად იგი მომდევნო ეპოქებშიაც გრძელდებოდა. აღმოსავლეთ შავიზღვისპირეთის ბერძნული კოლონიზაციის მორიგ საფეხურს საბერძნეთის მატერიკულ ცენტრ ათენს ვუკავშირებთ. როგორც ცნობილია, ათენმა სხვა ბერძნულ პოლისებთან შედარებით საკოლონიზაციო მოძრაობა გვიან დაიწყო. უადრეს

203

ეტაპად ძვ.წ. VII ს ბოლოა მიჩნეული. სიგეასა და ქერსონესში დააარსეს აგრარული კოლონიები. ისიც უნდა აღინიშნოს, რომ მათ მიერ შექმნილ ახალშენებს ადრიდანვე მჭიდრო ურთიერთობა ჰქონიათ მეტროპოლიასთან. ატიკაში ამოიწურა მიწის რესურსები. თუკიდიდეს სიტყვებით რომ ვთქვათ, „ატიკა უკვე აღარ ყოფნიდა ყველას“ (Thuc. I, 2,6). იწყებს თავისი გავლენის ახალი სფეროების ძიებას. სიგეის დაკავებას დიდი მნიშვნელობა ჰქონდა, რადგან იგი იყო ჰელესპონტის (დარდანელის) გასაღები. ათენის ეპიზოდური საკოლონიზაციო პრაქტიკა გაგრძელდა ძვ.წ. VI საუკუნეში. თანდათანობით მომზადდა პირობები ახალი ექსპანსიისათვის.

ათენის საკოლონიზაციო მოძრაობის პრაქტიკა კიდევ უფრო აქტიური ხდება გვიანარქაული ხანიდან. ძვ.წ. VI ს ბოლოდან ატიკური ახალშენები იკავებენ როგორც ახლომდებარე ადგილებს, ასევე ოქროთი და ხე-ტყით მდიდარ ჩრდილო ეგეიდას. აგრარული ხასიათის კლერუქიები გაჰყავთ კ.სალამინზე, ევბეაზა, ლემნოსზე, იმბროსზე და ა.შ. ამ ახალშენების დაარსება უკავშირდება კლისთენეს აქტიურ საშინაო და საგარეო პოლიტიკას. ბუნებრივია, ატიკური კოლონიზაცია კიდევ უფრო ინტენსიურ ხასიათს იღებს ბერძენ-სპარსელთა ომებისა და დელოსის საზღვაო კავშირის ხანაში. მკვიდრდებიან ხე-ტყითა და ოქროთი მდიდარ თრაკიის სანაპიროებზე, ამყარებენ კონტროლს ჰელესპონტზე. ამავე პერიოდიდან ბერძენთა ინტერესი კიდევ უფრო თვალსაჩინო ხდება პონტოსპირეთის, მათ შორის აღმოსავლეთ შავიზღვისპირეთის მიმართაც. ეს განსაკუთრებით კარგად ჩანს ადრეკლასიკური ხანისათვის ფიჭვნარის ძვ.წ. V ს მეორე მეოთხედის ბერძნული ნეკროპოლის მაგალითზე. ატიკური კოლონიზაცია უმაღლეს საფეხურზე ადის პერიკლეს მოღვაწეობის ხანაში. მონათმფლობელური დემოკრატიის ბრწყინვალე წარმომადგენელი დასაყრდენ პუნქტებს ჰქმნის პონტოს სანაპიროებზე. ამ მიზნით აწყობს ექსპედიციას (Plut., Pericl., 20.1-2).[1] საერთოდაც, გვიანარქაულსა და კლასიკურ ხანაში ვაჭრობის მონოპოლია თითქმის მთლიანად ათენის ხელში გადავიდა. ათენის საზღვაო კავშირის მონაწილეებად მოიაზრება ჰერაკლეა, სინოპე, ამისო, კარუ, კერასუნტი, ათინა; ასევე ითქმის აპოლონიის, ოლბიის, ნიმფეის და, როგორც ჩანს, ტირას მიმართაც.

მსგავსი დასაყრდენი პუნქტები ათენს აღმოსავლეთ შავიზღვისპირეთშიაც უნდა ჰქონოდა. პერიკლეს მოგზაურობას პონტოში გაცილებით მეტი კონკრეტული შედეგი მოყვა, ვიდრე პლუტარქეს ცნობებში პოვა ასახვა. გიენოსის ეკონომიკურ აღორძინებასა და ბერძნული სავაჭრო დასახლების გაჩენას პერიკლეს აქტიურ პოლიტიკას უკავშირებენ. მაგრამ მაინც, ჩვენს ხელთ არსებული მასალების მიხედვით ათენის ყველაზე მნიშვნელოვან ცენტრად აღმოსავლეთ შავიზღვისპირეთში ფიჭვნარი და მისი მიდამოები გამოიყურება. შესაბამისად, ჩვენ ვთვლით, რომ აქაური ელინური დასახლება საბერძნეთის მატერიკულ ცენტრ ათენს უკავშირდება. ბერძნული კოლონიზაციის ატიკური პერიოდის შესწავლისათვის ყველაზე უფრო მდიდარი და მრავალფეროვანი მასალა სწორედ აქედან მომდინარეობს. ეს განსაკუთრებით ითქმის კლასიკური ხანის ბერძნული ნეკროპოლის მიხედვით. ჩანს, რომ კოლხმა მესვეურებმა მიზანშეწონილად ჩათვალეს მძლავრ საერთაშორისო ძალასთან მჭიდრო სავაჭრო-ეკონომიკური და კულტურული ურთიერთობების დამყარება. თავის

მხრივ, ათენიც ეძებდა „მეგობრულ დამოკიდებულებას მეფეებთან და კავშირს დინასტიებთან“ (Thuc. II, 29). მთელი კლასიკური ხანის განმავლობაში ახლო, მშვიდობიანი ურთიერთობაა ადგილობრივ მკვიდრთა და ბერძენ მოახალშენეებს შორის. გვერდიგვერდ ფუნქციონირებს მათი სამაროვნები, რაც უნიკალური შემთხვევაა პონტოსპირეთისათვის.

ფიჭვნარის ბერძნული ნეკროპოლის მიხედვით ირკვევა, რომ პირველი მოახალშენეები უპირატესად ღარიბული ფენების წარმომადგენლები იყვნენ. ძვ.წ. V ს მეორე მეოთხედის სამარხებში იშვიათია ფუფუნების საგნები, საიუველირო ხელოვნებისა და ტორევტიკის ნიმუშები. სურათი მკვეთრად იცვლება ძვ.წ. V ს შუა ხანებისა და მეორე ნახევრისათვის. უკვე ვხვდებით მდიდრულ სამარხებს, რომლებშიც საკმაოდ მრავლადაა წარმოდგენილი ბერძნული ვაზათმომხატველობის (მათ შორის ნიობიდების მხატვრის ორფრიზიანი კრატერი), ტორევტიკისა და საიუველირო ხელოვნების ნიმუშები, სხვადასხვა საწარმოო ცენტრის ამფორები, ინტერლოკალური მონეტები (ქიზიკინები), პალესტრთან დაკავშირებული ნივთები. ფერადი მინის ჭურჭელი (ისინი რატომღაც საკმაოდ ხშირად ჩნდება ადრეულ სამარხებშიაც), სხვადასხვა სახის სამკაულები, მრავალრიცხოვანი კერამიკული ნაწარმი და სხვა სახის ყოველდღიურად მოსახმარი ნივთები. იმართება ხალხმრავალი ქელეხები, მოაქვთ შესაწირავები. როგორც ჩანს, იჭრებოდა ავტონომიური მონეტები, რაზეც უნდა მიუთითებდეს უკნინესი ნომინალების, ე.წ. ჰემიტეტრატემორიონების აღმოჩენის ფაქტი. ერთი რამ აშკარაა, რომ ათენის დემოკრატიის ძლიერების ხანაში ფიჭვნარელი ელინებიც აღზევებას განიცდიან. პალესტრასთან დაკავშირებული ინვენტარის აღმოჩენა იმის მანიშნებელია, რომ იმართებოდა ელინური დღესასწაულები, სპორტული შეჯიბრებები.

აშკარაა, რომ ფიჭვნარის ადგილობრივ საქალაქო ცენტრთან ახლოს არსებული ათენური ეიპოკეა თუ კლერუქია (ამისი ზუსტი განსაზღვრა ჯერჯერობით ჭირს) უშუალოდ, მჭიდროდაა დაკავშირებული მეტროპოლიასთან. გარდა ამისა, უნდა ვიფიქროთ, რომ ფიჭვნარელი ელინები გამოდიან შუამავლის როლში ბერძნული სამყაროს სხვა ცენტრებთანაც, ამ შემთხვევაში ჩრდილო და სამხრეთ შავიზღვისპირეთის ქალაქ-სახელმწიფოებთან სავაჭრო-ეკონომიკური თუ კულტურულ ურთიერთობათა სფეროშიაც (კახიძე, კახიძე ე., 1999; კახიძე, 2002).

ასეთია ქობულეთ-ფიჭვნარის ძვ.წ. V ს ბერძნულ ნეკროპოლზე 1967-1987 წლებში გამოვლენილი სამარხთა ტიპები, ლოკალური თავისებურებებით შეზავებული საერთო ელინური დაკრძალვის წესები და არქეოლოგიური მონაპოვრების ძირითადი ჯგუფები. ამ მოკლე მიმოხილვიდანაც კარგად ჩანს, რომ მიკვლეულია ერთ-ერთი ბრწყინვალე, უნიკალური ძეგლი, რომელიც წარმოადგენდა კოლხური და ბერძნული კულტურების ურთიერთობებისა და ურთიერთზემოქმედების ადგილს. უახლესი აღმოჩენებით შეიქმნა საშური წყაროთმცოდნეობითი ბაზა ძველი კოლხეთის ანტიკური სამყაროს სხვადასხვა ცენტრებთან სავაჭრო-ეკონომიკური თუ კულტურული ურთიერთობების კვლევისათვის. ფიჭვნარის ძვ.წ. ბერძნული ნეკროპოლის არქეოლოგიური გათხრები გრძელდება.

შენიშვნები:

[1] **ამ ექსპედიციის შესახებ სამეცნიერო წრეებში არსებულ შეხედულებებზე იხ. (Федосеев, 2003).**

I. INTRODUCTION

The archaeological complex of Pichvnari [fig. 2], occupying an area of 100 ha, lies on the Black Sea coast in south-western Georgia (Adjara, Kobuleti district), at the confluence of the Choloki and Ochkhamuri rivers some 10 km to the north of the town of Kobuleti [fig. 1]. Sites of various periods have been discovered and studied at Pichvnari and its environs since the 1950s (for earlier discoveries, see: Golenko 1957; 1961; Golenko, Kapanadze 1966; Khoshtaria 1959; Kakhidze 1971b). From 1960 significant large-scale excavations were conducted out by the N. Berdzenishvili Batumi Research Institute of the Georgian Academy of Sciences (Kakhidze 1965; 1971b; 1974a; 1974c; 1975; 1977; 1979a; 1979b; 1979c; 1981; 2000-2001; 2002; 2004; 2005; forthcoming; Kakhidze, Vashakidze 1977; Kakhidze, Sulava 2005). No work was conducted during the period 1990-1997 owing to the difficult economic situation. A new stage began in 1998, when the first joint British-Georgian expedition of Pichvnari was established (Kakhidze, Vickers 2000a; 2000b; 2002; Vickers, Kakhidze 1998; 1999$_a$; 1999$_b$; 2000; 2001$_a$; 2001$_b$; 2002; 2004; Kakhidze, Iashvili, Vickers 2001; Kakhidze, Tavamaishvili, Vickers 2002; Kakhidze, Vickers, Tavamaishvili 2005; Kakhidze, Sulava 2005). The present study deals with earlier excavations in the Pichvnari Greek cemetery of the fifth century BC. First, though, instance, a brief word on the history of the excavations.

EXCAVATIONS IN 1967

The Pichvnari Greek cemetery of the Classical period was discovered in 1967 [fig. 3]. In that year a trial trench 16m long and 8m wide was made, in which were found seven burials and some ritual platforms of the fifth century BC [fig. 4.1]. Burials 1 and 6 were notable for the elaborate mode of interment and for the richness of the grave goods. Burial 1 contained four Chian amphoras, silver and gold hoops, black-gloss bowls, a stemmed cup, a one-handler, a salt-cellar, an *amphoriskos*, a bolsal, a red-figure *askos* and a crater, a bronze *oinochoe,* a ladle, a filter and a strigil [figs 17-18]; Burial 6 included *inter alia* two Thasian amphoras, an electrum coin of Cyzicus, a silver *phiale*, a gold finger-ring with the representation of Eros and Aphrodite on the bezel, a red-figure *lekythos,* a salt-cellar [figs 32-33]. Ritual platforms also yielded noteworthy material: black-gloss *amphoriskoi*, stemmed cups, salt-cellars, *lekythoi*, bowls, bolsals, plain and red-figure *askoi*, stemless cups, standed dishes, etc. (Kakhidze 1975). Notable among the grave goods from other burials were *inter alia* Chian and Thasian amphoras, gold beads and earrings, silver and iron bracelets, bronze bells, a coloured glass *amphoriskos*

206

and an *alabastron*, plain and red-figure squat *lekythoi*, salt-cellars, Colchian vessels, and a coin of Panticapeum.

EXCAVATIONS IN 1968

In 1968 the Greek cemetery was one of the principal objects of attention. The loose sandy layer 40-45cm below the modern surface yielded first of all ritual platforms. Burials proper were dug into the next, solid sandy soil, and 15 of them came to light. Burial 20 which, unusually, had a stone surround proved to have been robbed in antiquity [figs 58-59]. A cremation burial was discovered for the first time, and the urn for the ashes was an Attic red-figure column crater. Burial 15 contained several bodies [figs 46-50]. In Square 16 and above one of the burials near the surface was found a rectangular white limestone *eschara* (0.49x0.46x0.1m) with a hole in the middle [fig. 46]. Below it was a 10-12cm layer prepared from small pebbles and gravel. Then the outlines of a burial pit oriented to the east and 4.9m long and 2.45m wide assumed shape. The contents included a bronze ladle with a swan's head finial and a filter at the south end, and a black-figure *askos* and a bronze *oinochoe* lying on the floor. A male person seems to have been interred in this part, while in the northwestern part of the burial was apparently a female. At the head had been placed a large local jug and 18 bronze 'Scythian' arrowheads, perhaps originally the tips of arrows in a triangular leather quiver. Two gold spiral temple-ornaments, a pair of crescent-shaped earrings and an electrum coin of Cyzicus were also discovered at the head. Remains of tooth enamel were found near the coin (in general, the remains of human skeleton and wooden coffins are not preserved in the damp sandy soil of Pichvnari). Around the coin, in other words at the neck, 90 hollow gold beads were found. An inverted silver *phiale mesomphalos* was found at the left shoulder [fig. 48.4]. In the central part of the burial at the left hand, large black-gloss bowls were placed on top of each another. A tall stemmed black-gloss cup bearing a graffito and another entirely preserved large local pottery jug were also found here. The northwestern section of the burial offers an equally interesting picture. In two places iron and bronze bracelets, fused together, as well as two iron hoops and large numbers of beads were recovered. Among these was a gold crescent-shaped earring. Perhaps a maidservant was buried in this part of the grave.

Amongst grave goods discovered in other burials there were various kinds of plain and painted Attic *lekythoi*, and black-gloss *amphoriskoi*, bolsals, stemmed cups, a *guttus*, a plate, bowls, cups, Ionian and local pottery, Mendean, Chian and Thasian amphoras, a coloured glass *oinochoe* and an *alabastron*, a strigil, an iron finger-ring and a bracelet, gold buttons, a coin of Nymphaeum and, what is especially noteworthy, Colchian silver coins—*kolkhidki*, unknown at Pichvnari hitherto [fig. 4.2].

PICHVNARI II

EXCAVATIONS IN 1972

In 1972 a single burial (No 23) was studied, yielding a black-gloss *amphoriskoi*, a *lekythos,* an Ionian vessel, a bronze mirror, silver bracelets and a bezelled finger-ring, a silver spiral temple-ornament, a clasp and a buckle [figs 5.1, 62].

EXCAVATIONS IN 1973

In an attempt to define the boundaries of the Pichvnari fifth-century BC Greek cemetery and to find out its relation to the fourth-century BC cemetery, excavations were continued in 1973. The earlier trench was extended in the eastern direction, yielding dramatic results. It was confirmed that the boundaries of the cemetery extended both to the east and to the south. It became clear that the fourth-century BC cemetery represented a territorial and chronological continuation of the fifth-century cemetery. Nine burials (including two cremations) came to light. One ritual platform and several cremation sites emerged. It became clear that alongside rich burials there also were ordinary graves in Pichvnari. Here occasionally were found gold and silver objects and imported ceramics and sometimes these strata of the Greek population of Pichvnari used local pottery and ornaments as grave goods [fig. 5.2].

EXCAVATIONS IN 1977

In 1977, the main trench was extended to north and east. Fifteen burials were studied, most of which were inhumations. The single cremation burial employed a plain *hydria* as the ash-urn. A Thasian amphora was used for the burial of an infant, while most the other burials seem to have contained wooden coffins (although some may have had only a wooden roof fastened with iron nails). Grave goods included a miniature red-figure *hydria*, white-ground *lekythoi*, an Ionian *lekythos*-like vessel, black-gloss *amphoriskoi*, a bolsal, a coloured glass *amphoriskos* and an *alabastron*. Chian amphoras, local pottery, bronze bells, silver and iron bracelets, paste beads, amphoras of an as yet unknown origin were also found [fig. 6.1].

THE PICHVNARI 5TH CENTURY BC GREEK NECROPOLIS (1967-1987)

EXCAVATIONS IN 1979

In 1979, to co-incide with the 2nd International Symposium at Tsqaltubo, the main trench was extended to the east. Over much of the area, the upper humus layer yielded fragments of black-gloss pottery and amphoras. Below this was a loose sandy layer, covering ritual platforms. Here were both amphoras with broken tips used as offering points and the outlines of burials proper. Sometimes offerings had been placed on top of burials; for example, above Burial 42 there were an Ionian vessel, a black-gloss fluted mug, a coloured glass *amphoriskos* and a local vessel. It was established that amphoras with wine were sometimes placed in humbler burials. Eighteen burials were studied. Grave goods, ritual platforms, amphoras and offerings looked most impressive. Some burials were cleaned according to the position of iron nails and the size of wooden coffins, others according to the area covering the burial pits. The methods of excavations won high praise from symposiasts [fig. 6.2].

EXCAVATIONS IN THE 1980S

In 1980, the earlier trench was extended eastwards. Eighteen burials and four ritual platforms were studied [fig. 7]. In the middle of Burial 70 the bones of an animal had survived. Elsewhere, the body of a miscarried foetus was buried in a miniature amphora near its mother. The burials of the humbler sort, and some contained no grave goods. Three burials were studied in this area in 1981 [fig. 7]. In 1983 the trench was extended to the west and produced ten burials [fig. 8]. In one burial two deceased persons were interred. For some reason two or three rows of stone embankment ran along the north side of Burial 95. Burial 101 included small gold earrings of a kind unparalleled elsewhere. In 1985, to coincide with the Tsqaltubo-Vani 4th International Symposium, work was carrie dout in both the Colchian cemetery and the Classical Greek cemetery. The principal trench was extended to south and east, bringing to light thirteen burials and a few ritual platforms [fig. 9]. The grave goods from Burial 110 are especially noteworthy: a Thasian amphora, gold beads, pendants and hoop with sculptural representations of birds and ibex heads, a gold finger-ring, a magnificent silver phiale, silver bracelets, a bronze *skyphos*, a so-called 'Delicate Class' stemmed cup and a squat *lekythos*. Burial 107 yielded gold earrings.

In 1986 archaeological excavations were begun at the western section of the principal trench, near the sand dunes. In Classical times the coast line ran here, but later it retreated some 300 metres. This campaign turned out important due to the fact that earlier we had studied mainly burial complexes of the middle and the second half of the fifth century BC, whereas the new section yielded

PICHVNARI II

burials of the second quarter of the same century (though I know that my colleague M. Vickers would place them later, to the mid-fifth century). Twenty-seven burials and several ritual platforms were studied [fig. 10]. They clearly belonged to the first Greek (perhaps Attic) settlers. Grave goods are not especially varied, and burials without grave goods also occur. Only one burial included gold objects (two earrings and 79 beads). Black-gloss *lekythoi*, a painted black-figure *oinochoe*, cups, salt-cellars, Ionian and local pottery, coloured glassware, various adornments also occurred. One ritual platform occupied a considerable area. Six comparatively small ritual platforms also came to light. One of them yielded a flint arrowhead of fine workmanship [fig. 99.7]; another Lesbian amphora in good condition [fig. 96.7]. Field work was continued in 1987. The excavations and the finds were seen by participants at the Vani 5th International Symposium. Thirteen burials and five ritual platforms of the second quarter of the fifth century BC were found [fig. 10]. At this point, the first stage of the study of the Pichvnari Greek cemetery of the fifth century was completed. Quite large scale excavations were conducted at the Greek cemetery in 1998-2002, but the more recent finds have already been discussed elsewhere (Vickers, Kakhidze 2004: 166-202). This publication is concerned with the results of investigations carried out in 1967-87. What follows is a general characterization of the cemetery, and a brief discussion of the types of burials, of burial customs and of the deposition pattern of grave goods within the burials.

GENERAL CHARACTERISTICS OF THE CEMETERY

The Greek cemetery of the Classical period at Pichvnari is separated from its contemporary Colchian and the Hellenistic period cemeteries [fig. 2]. The distance between them is not great (100-150m). Its western boundaries, as was noted above, reached the original sea-shore. The northern boundary follows the left bank of Choloki river. The southern boundary has not yet been defined, whereas to the east it borders upon the Classical and the Hellenistic period cemeteries of the local population. The Pichvnari settlement extends to the east of these cemeteries, in the environs of the confluence of the Choloki and Ochkhamuri rivers. Burials of the second quarter of the fifth century BC are recorded in the northwestern part of the Greek cemetery. The cemetery of subsequent periods, namely, of the middle and the second half of the same century, extends in the eastern direction, occupying a vast territory of the northeastern section of the cemetery. From the turn of the fifth-fourth centuries BC, the cemetery was continued southwards, and by ca. 325 it had flanked the southern part of the fifth century BC Greek cemetery, as far as the sand dunes. It would appear that in classical times there was a single cemetery for Greeks living at Pichvnari. It was used fairly intensively, and only low, swampy places were avoided. A medium-sized area contained 250 burials of the fifth century BC and 90 burials of the

210

fourth, as well as dozens of ritual platforms. There is only one case of one burial being dug into another, so as to damage it. Another peculiarity of the Pichvnari Greek cemetery is the good state of preservation of individual burials. Only one burial was robbed in antiquity. All of which permits the accurate definition of such topics as burial customs, burial types, deposition pattern of grave goods within the burials, and ethnicity in general. The sizes of wooden coffins and their roofs can be reconstructed according to the disposition of iron (very occasionally bronze) nails. As we have already had occasion to note, the damp sandy soil of Pichvnari does not preserve remains of wooden coffins or corpses. Tooth enamel has survived in rare cases.

THE TYPES OF BURIALS

In common with other mass Greek necropoleis of continental Greece and the Black Sea area, individual pit burials predominate at Pichvnari. Collective burials also occur, but rarely (e.g. Burial 15, discussed above). One case of interment of children with their heads in the opposing directions was recorded.

Pit burials are rectangular, with rounded corners. Many corpses were buried in simple wooden coffins, but occasionally more elaborate wooden sarcophagi may have been employed; at least, judging by the black colouring, the remains of wooden legs of a rectangular sarcophagus were probably recorded in burials 1 and 16. Some burials at Pichvnari had only a wooden cover. Interment in wooden coffins was widespread in the classical world, and is recorded for example in many places in the northern Black Sea area (Tsvetaeva 1951: 66-67; Kastanayan 1959; Kozub 1963: 16-17, 73-74, etc.). Plain (i.e. coffinless) pit-burials occur fairly often. Twice remains of a stone-built tomb [fig. 85.4-5] were found above burials with wooden coffins. A T-shaped lead clamp was found on one of them, that had served to fasten a stele to the masonry.

In the inhumation burials of Pichvnari the dead were interred on their backs, in an extended posture, preferably with the head to the east (with slight deviations according to the seasons). This eastern orientation is regarded as a purely Greek custom, widespread both in continental Greece and its peripheries. By the Hellenistic period the custom of eastern orientation had found its way into the local practice at Pichvnari as well.

Cremation burials make up a small group: only five out of the 340 burials studied to date. Even here it was possible to distinguish different ways of performing the ceremony. Twice the corpses appear to have been burnt on a special platform, and the ashes placed in an urn. On a third occasion a cremation platform proper came to light, occupying a large area, and covering a hard-packed and charred sandy layer containing fragments of black-gloss vessels. The black layer was especially thick at the centre.

After the cremation, a pit 60 cm wide had been dug within the cremation platform, into which a tall, plain *hydria* containing the ashes was placed [fig. 73.2-4]. The situation can be paralleled in the necropoleis of Panticapeum and Nymphaeum (Grach 1999: 28). In the fourth case the corpse was incinerated on a cremation platform and the remains buried in a specially dug pit (1.5m long, 0.7m wide) that contained mixed fragments of calcined bones, charcoal and a black-gloss cup-*skyphos*. On the fifth occasion the corpse was incinerated in the burial pit proper. After the laying out of the corpse, wooden logs were placed along the burial. The burnt and charred remains have survived to the present day [fig. 66.4].

Cremation must have been introduced at Pichvnari by the Greeks, for the custom is not recorded in the fifth-century BC Colchian cemetery. As is known, cremation was practised in the countries of Eastern and Central Europe from early times. This custom gradually became dominant in Athens from the mid-eleventh century BC, losing its popularity from the ninth-eighth centuries BC. In the Geometric, Archaic and Classical periods cremation as well as inhumation were practised, depending on family choice (Kurtz, Boardman 1971) or status (Vickers, Gill 1994, 7-12). In any case, inhumation was more widely practiced.

Amphora-burials form a small group [figs 73.1, 83.7, 87.1]. Judging by evidence from Pichvnari and Tsikhisdziri, the custom of burying still-born babies in amphoras was introduced by the Greeks. At Pichvnari infants were buried in Chian and Thasian amphoras. During the excavations at the fifth-century BC Greek cemetery in 1980 we made an extremely interesting and unique discovery.

At first glance Burial 78 did not seem to be especially noteworthy, nor was it distinguished by an abundance of grave goods. A single damaged miniature amphora (H.: 39.5cm; D.: 14.5cm) of a kind new to Pichvnari (with a Thasian *lekythos*-shaped mouth and tip) was found against the north wall of a wooden coffin. When restored, the vessel proved to have a hole 10.7cm in diameter deliberately cut in its side, similar to those in other, larger, amphora-burials. Taking everything into account, the amphora must have been used for the burial of a foetus of approximately four months, when it would have been ca. 16cm long and weighed ca. 120 grams. In this case, the mother must have died from acute blood loss and sepsis as the result of a miscarriage. Mother and foetus were buried together. The interment of an unviable foetus is otherwise unparalleled in the Greek world, and we believe the Pichvnari example to be—at least so far—unique.

Amphora-burials were used by the local population from the Hellenistic period. A brown clay Colchian amphora of this period was thus used as an infant's burial (Vashakidze 1983: 8). The same situation is to be found at the cemetery of Tsikhisdziri, near Pichvnari. Here amphora-burials of the late Archaic period occur too, pointing to the existence of Greek strata. Amphora-burials of the fourth-sixth centuries AD are also found (Inaishvili 1993: 81, 93-97, pl. 39). Following to the Greek tradition, infants were also buried in amphoras in the Roman period at Bichvinta, where out of 430 burials 65 were amphora-burials (Lordkipanidze 1991: 114-115, 147, 157ff). A single amphora-burial of the same period has been found at Gonio-Apsarus (Kakhidze, Mamuladze, Ebralidze 2002).

THE PICHVNARI 5TH CENTURY BC GREEK NECROPOLIS (1967-1987)

It is becoming apparent from recent finds on the Georgian coast that the custom of burying infants in amphoras was first practised by Greeks. From the early Hellenistic period the ritual is occasionally found among the local population, and by Roman times was fairly widespread. Judging by our material and the evidence of the northern Black Sea area (Berezan, Olbia and its *chora*, Niconia, Chersonesus, Charax, Panticapeum, Phanagoria, Cepoi, Cape Panagia, Tyramba, Tanais, etc.), the index of infant mortality was fairly high in the late Archaic, Roman and early Byzantine periods. Single cases have been recorded for the Classical and Hellenistic times.

BURIAL CUSTOMS

The custom of holding funeral feasts was quite widespread among the Greeks of Pichvnari. In the second quarter of the fifth century BC and the fourth century BC as well as individual platforms, there were probably common ritual platforms as well, covering a considerable area. Individual ritual platforms of the middle and the second half of the fifth century BC were mostly situated at the northeastern corner of the burial. It was here that the mourners made the so-called *bothroi*; a fire was lit to grill meat, and wine, olive oil and milk mixed with honey were poured in honour of the chthonic deities. The burnt and charred layers contain numerous fragments of broken vessels. There are no traces of fire on the common ritual platforms which may have been used by comparatively poor members of Pichvnari society, most of whom could not afford luxurious burials and so were content with bringing a few objects to the common ritual platform and performing a symbolic funeral ritual.

It is interesting to note that apart from ritual platforms employed at coastal sites such as Pichvnari and Tsikisdziri, they have also been recorded in inland Colchis, judging by evidence for rich fifth-century BC rituals found at Sairkhe (Nadiradze 1990: 47, 79-85).

The rite of holding a funeral feast was a part of Greek ritual from earliest times. It is repeatedly mentioned in Greek epic poetry, in particular in the *Iliad*. Archaeological evidence from Athens and its environs tends to confirm this. Matters seesm to have got out of hand, to the extent that at the beginning of the sixth century BC Solon prohibited luxurious funerals and related feasts, accompanied by sacrifice of cattle (Cic. *de Legibus* 2.26.64). The ritual seems to have gradually disappeared in Greece, being practised rarely, on special occasions. The situation on the edges of the Classical world was different. The custom of funeral feasts was performed at Pichvnari throughout the Classical and Hellenistic periods and was also in use among local residents. Ritual feasts appear to have been widespread in the northern Black Sea area as well. The custom has been frequently observed in excavations of burial mounds (Kastanayan 1950; Yatsenko 1960: 99-105). In the past ritual platforms were disregarded in studies of cemeteries, and Pichvnari now offers the richest material of all the Pontic necropoleis [figs 36-37, 60-61, 96-100].

II. GRAVE GOODS

THE DEPOSITION PATTERN OF GRAVE GOODS

The bulk of burials at Pichvnari contain grave goods, although there are some without, mostly dated to the second quarter of the fifth century BC. It would appear that the first settlers were poor for the most part. From the mid-fifth century BC the Greeks of Pichvnari buried their dead with a substantial inventory distinguished both by size and wealth (e.g. Burials 1, 6, 12, 15-16, 20, 110). The study of cemeteries of the Classical world and especially the northern Black Sea area shows that our site is outstanding in this respect. Some burials included more than a couple of dozen objects, and there are frequently multiple specimens of the same kind of object. The ritual platforms also yielded numerous objects. A few items occurred in poor burials as well. Burial complexes of persons of moderate wealth include mostly common consumer goods; rich burials contain *inter alia* specimens of monumental vase-painting, metalwork, jewellery, and coins struck in other centers.

The disposition of grave goods within individual burials will not be discussed in detail here. Some goods were placed on the top of the burials, but most within the burials proper. The majority of ceramic wares are concentrated at the head. Pieces of jewellery are found both at the head as well as hands according to their function. Amphoras made in various centres predominate, and there is both decorated and plain imported Attic pottery: a red-figure crater, and a guttus, for example, and black-gloss *lekythoi*, stemmed cups, bolsals, bowls, salt-cellars, *skyphoi*, *oinochoai*, *askoi*.

The import of Ionian plain banded pottery continued. Some local ceramic wares were also used as grave goods. An interesting collection of coloured glassware has been accumulated over the years. Examples of metalwork were found mainly in rich burials. Objects connected with palaestra were found too. Both local and foreign coins were discovered mostly near the mouths of the deceased. Once, three unique Colchian coins were found in a coloured glass *oinochoe*, placed by the left hand.

Among the jewellery, we might note gold, silver and bronze earrings, pendant hoops, necklaces, spiral temple-ornaments, bezelled finger-rings, silver and iron bracelets, bronze bells, arrowheads, and beads.

Judging by all these features, then, the burials in the Pichvnari Classical period Greek cemetery closely resemble those of cemeteries in continental Greece and other centres of the Classical world, especially the Pontic littoral. The comparatively rich and varied artifacts brought to light in individual burial complexes of Pichvnari are a valuable source for the study of trade, and for economic and cultural relations of the Classical world and the eastern Black Sea area in Classical times; and they also cast a fresh light on old problems. Some of our material consists of splendid specimens of Classical minor art, jewellery and metalwork. Their interest is often increased by the fact that in some cases they are the only known examples of their kind from the eastern Black Sea area. What follows is a brief characterization of various kinds of material, starting with pottery.

A. AMPHORAS

The most plentiful articles are amphoras from Chios, an island well-known for wine and the slave-trade. The import of Chian amphoras to our part of the world began in the Archaic period (late seventh century—early sixth century BC) when Chian white-slipped amphoras were found in the fort of Batumi (Batumistsikhe) (Kakhidze 1971a; Kakhidze, Khakhutaishvili 1989: 74-79). The import of wares from this centre flourished in the late Archaic and Classical periods, and we can probably think in terms of direct relations between Chios and Colchis, as the evidence from Pichvnari makes clear. Chios had similar links to the northern part of the Pontic littoral (Brashinskiy 1963: 96). Recent finds from Pichvnari allow a new dating of some forms, discussed elsewhere [Kakhidze, Khalvashi 2006]. Chian amphoras occurred in practically one burial in four [figs 17, 19, 40, 44, 57, 64-65, 71, 80-81, 83, 96.1].

Products of the island of Thasos, a major viticulture and wine-making centre, form another major category of grave goods, and a wide variety have been found [figs 33.1, 34.1, 41.1, 49.2, 65.3, 76.9, 82.1,14, 83.7, 87.1, 96.2-4]. It has been suggested that Athens served as a middleman in the trade in Thasian goods (Inadze 1962). 'Proto-Thasian' or the so-called 'Thasian circle' amphoras constitute a separate group among the Pichvnari finds of the middle decades of the fifth century BC.

Lesbian amphoras constitute a smaller group. An ancient source refers to merchants from Pontus trading in Lesbian wine ([Arist.] 839b; Clinkenbeard 1982: 254-6). Lesbian amphoras did not occur in burials in the Pichvnari Greek cemetery, but were found on ritual platforms dated to the second quarter of the fifth century BC (one bears a graffito [fig. 96.7]). The import of ceramic wares of this centre into Pichvnari apparently continued to the mid-fifth century BC.

Among the fifth century BC grave goods only one amphora of Mende, a famous centre of Chalcidice, was found [figs 59.3, 60.1]. There are rather more from fourth century contexts, and also occur at the Pichvnari settlement. Early Mendean amphoras are very rare in the northern Black Sea area (Brashinskiy 1970: 1,13; 1976: 68; 1984: 35-37).

In the burial complexes of the fifth century BC there are sometimes amphoras with swollen necks [figs 70.3, 83.14] from an unidentified centre, with parallels from finds in the northern Black Sea area (Gaidukevich 1952: 214-216, fig. 14; Zeest 1960: 90, pl. 13.27b).

B. ATTIC BLACK- AND RED-FIGURE POTTERY

Attic pottery, both decorated and plain, forms a large category among the finds from the Pichvnari Classical period Greek cemetery. Their number has been increased with new specimens as a result of more recent discoveries (Vickers, Kakhidze 2004: 179-181). There is a large literature in Georgian devoted to painted pottery by the present writer and others (Sikharulidze 1984; 1985; 1987; 1988; 1991; 1992). Black-figure white-ground *lekythoi*, decorated with vertical palmettes are the earliest wares [figs 12.13, 15.10] (and similar vessels are widespread in the Classical world). There were *lekythoi* [figs 13.3, 56.3, 62.2, 72.9, 77.8, 82.3, 88.10] attributed to the so-called 'Beldam Workshop'. Especially interesting a *lekythos* [fig. 15.4] decorated with meander bands, not to mention other kinds of similar pottery (on detail, see: Sikharulidze 1988: 62-67, pl. 38.1-3).

Of the specimens of late Archaic red-figure style painting, a so-called 'Type B' *skyphos* with the representation of an owl [fig. 15.1] is noteworthy, dating to the second quarter of the fifth century BC (Johnson 1953; 1955: 119-124, pls 35-38; Sikharulidze 1988: 67-70, pl. 39.2). A red-figure *lekythos* [fig. 33.3] is linked with the Athenian and Bowdoin workshops (Kakhidze 1975: 80-81, pl. 25.3; Sikharulidze 1987: 57-60, pl. 38).

The standard *lekythoi* of the Bowdoin workshop taper slightly towards the bottom and have been called the 'BL Class'. Unlike the 'Athena Painter', the 'Bowdoin Painter' prefers quiet scenes from everyday life; favorite images are Nike and female figures. Two hundred pots have been attributed to this painter and are distinguished by the charm, simplicity and directness of their representations, such as the lone figures appear on *lekythoi*. Early specimens have been dated to 480-475 (Sikharulidze 1987: 57-60), but the example from Pichvnari must have been made after 460.

A calyx-crater discovered in Burial 1 is a fine example of early Classical red-figure painting [figs 23-27]. There are two decorative friezes on the body and a horizontal band of palmettes and lotus flowers at the rim. The area between the scenes of the lower frieze and as the section above the handles are adorned with double palmettes. A band of ovolos separates the upper and the lower friezes, and there is a horizontal band of meanders and crosses along the bottom of the lower frieze.

The front of the upper frieze shows the abduction of Helen by Theseus [figs 23-24]. The scene is set in the Temple of Artemis Orthia, indicated clearly by an altar surmounted by an Ionic scroll and aital and a Doric column shown nearby. Theseus holds a spear and chases Helen to the left. He occupies a central position on the upper frieze (which contains13 female and 7 male figures in all) as befits one of the most popular heroes of Attica. He wears an ornamental *petasos*, with his long hair flowing loose under it; he holds a double spear in his hand and a short dagger on his left side and a long narrow cloak over his left arm. Helen wears a festive *peplos*, the hems of which are decorated with a wide embroidered border. She has a narrow girdle round her waist, and a diadem on her head. A bearded male figure, clearly Zeus, faces left behind Helen, his daughter. He holds ornamented sceptre in right hand, and his head is wreathed with laurels. By his side is a chair. The wreath, the sceptre, and the monumentality of the figure in general suggest that this is the supreme god. On the reverse of the upper frieze is a romantic chase, where the winged goddess Eos chases Cephalus who carries a lyre [fig. 26].

On the frieze at the front is myth of Triptolemus, Demeter and Persephone [figs 23-24]. Triptolemus is in the center, facing right seated in a winged chariot, holding a sceptre and ears of cereal in his left hand, and a *phiale* in the right. Demeter stands before Triptolemos holding a sceptre and ears and extending an *oinochoe*. Behind Demeter Hecate is shown full face, with torches, and behind Triptolemos is Kore or Persephone, facing right. She wears a *chiton* and a delicate *himation* and holds olive branches in both hands. The Doric column in the background suggests that the setting is in the shrine at Eleusis. One the reverse of the lower frieze is a symposium; men lying on couches and women entertaining them [fig. 26]. The Pichvnari crater was made in Attica around 450 BC (see further Kakhidze 1973a; 1973b; 1975: 34-58; Sikharulidze 1987: 60-66). It has been attributed to the 'Niobid Painter' (on the parallels, see: Webster 1935; Alfieri, Arias 1958: 40ff; Beazley 1963; Simon 1963; Oakley 1984: 119-121, fig. 1; Boardman 1997: 13, fig. 6).

Other fairly numerous group of painted vases from Pichvnari will not be described in detail. Of these the Polygnotus group red-figure column crater [fig. 63], and a red-figure *hydria* [fig. 70.5] of the late Classical style are especially noteworthy (Sikharulidze 1985; 1987: 67-73, pls 42-43). The latter shows a woman sitting on a chair and Eros. Painted *lekythoi* are more numerous. Their subjects include: female figures playing with a ball [fig. 91.5] or holding boxes at hands [figs 57.5, 82.8], a youth's head with a tall helmet-like *pilos* [fig. 31.3], Hermes (Sikharulidze 1987: 82, pl. 46.4), Nike [fig. 52.1], winged Eros (Sikharulidze 1987: 82-83, pl. 47.1), Sphinx facing right [fig. 52.3], an owl (Sikharulidze 1987: 83-84, pl. 47.4), a deer [fig. 42.4], a swan [figs 76.2, 87.4, 94.2], etc. Such vessels were mass-produced. Chronologically net *lekythoi* are the latest in the group. Sometimes red-figure *askoi* also occur in burials and on ritual platforms. Examples include representations of a confronted lion and bull [fig. 60.4], athletes [fig. 20], a satyr (Sikharulidze 1987: 100-101, pl. 52.3).

PICHVNARI II

C. ATTIC BLACK-GLOSS POTTERY

Ornamented and plain Attic black-gloss vessels make up another large category. Such variety is unknown elsewhere in the eastern Black Sea area. *Oinochoai* are noteworthy among the tableware and toilet vessels of the Classical period. There are fluted examples [figs 51.5, 56.5], and jugs with rounded mouths [fig. 14.10], or 'mugs': the 'Phidias Class' specimens from Pichvnari are adorned with flutes and bosses, and have stamped palmette and ovolo decoration [figs 71.10, 76.8, 86.12, 87.10, 90.4]. Type 'A' and 'B' *skyphoi* [figs 84.8, 87.3, 98.1] are not nearly as numerous as black-gloss stemless cups, mostly found on ritual platforms [figs 13.2, 15.13]. Grooved-rimmed examples of the mid-fifth century BC and later are also found [figs 14.3, 67.8, 69.7]. Stemless cups of this class are known in the specialist literature as Castulo Cups (Shefton 1996). Stemless cups with a narrow foot and a wide mouth appear to be contemporary with them [figs 19.3,5, 48.2, 52.8,11, 53.2]. Specimens with en-graved pattern occur as well [figs 66.2-3, 80.3]. Stemless cups of the so-called 'Delicate Class', bear-ing various engraved and stamped patterns, make up a separate group (Sparkes, Talcott 1970: 102 ff.). Fragments of a similar *stemless cups* have been discovered in large numbers on ritual platforms. Clearly, Greeks living in Pichvnari drank ritual wine from fine ware vessels [figs 36.1-4, 44.4, 55.7, 65.4, 77.2, 92.6, 100.1-2]. Stemless cups of this class occur in Colchian burials as well as in the settlement. The floor of one stemless cup bears an unparalleled engraved representation of Sphinx in a small square medallion [fig. 55.7]. Bolsals form a large group [figs 14.5, 16.4, 51.7-10, 52.4-7, 60.7-8, 70.4]. Their floor is often decorated with a stamped ornament of simple pattern. There are many parallels in the burial complexes and ritual platforms of the fifth and the fourth centuries BC (Sparkes, Talcott 1970: 107-108, pls 24,53, figs 6,22). The ornamental cup-*skyphos* from burial 10 bears a graffito ΓΕΛΩ [fig. 40.7]. Cup-*skyphoi* resembling specimens from the Athenian Agora dated to 430 and 425 BC (Sparkes, Talcott 1970: No. 582, pl. 27, fig. 6).

The next category includes black-gloss one-handlers, both large and small [figs 21.1, 22.1, 60.16, 61.1-3, 78.10, 82.9, 90.5]. There are also specimens of black-gloss bowls, large [figs 19.4,6, 47.5, 49.7, 61.8-9, 100.3-4] and small [figs 13.8, 14.8, 16.3, 21.2-3, 37.4, 39.6, 54.7-8, 55.6, 57.7,9, 67.10, 80.9, 90.12]. Black-gloss salt-cellars were found only in the Greek burials at Pichvnari [figs 21.4, 22.2, 33.2, 34.4, 35.1, 38.8-9, 88.6, 91.3, 94.6]. Attic black-gloss stemmed cups occur in burial complexes and ritual platforms of the second half and middle of the fifth century BC. Specimens of various sizes are found [figs 13.5, 47.2, 48.1, 60.15, 61.7, 62, 97.6]. Black-gloss plates are notable for elaborate ornamentation [figs 52.9,12, 53.1]. Similar plates from the Athenian Agora are dated to 425 BC (Sparkes, Talcott 1970: No. 1025, pl. 59, fig. 10).

THE PICHVNARI 5TH CENTURY BC GREEK NECROPOLIS (1967-1987)

Apart from painted wares, Attic black-gloss *lekythoi* with or without simple ornament constitute the bulk of unguentaria. *Lekythoi* occur in large numbers [figs 30.5, 31.2-3, 57.8, 64.5, 71.2-3,6, 75.6, 78.9, 81.2,8, 85.3, 88.5, 91.2, 92.5, 95.13], as do *amphoriskoi* [figs 21.7, 22.3, 39.8, 62.8, 71.7, 83.3, 84.2, 85.8, 86.5,7, 87.8-9]. As well as the widespread standard form, there are even more richly adorned specimens from Pichvnari, some of which are unparalleled elsewhere [figs 85.8, 87.8]. There are numerous black-gloss *askoi* [figs 37.3, 38.6, 47.4, 54.6, 60.9-11, 61.10-13, 66.5, 77.10, but relatively few black-gloss *lekanai* are few [fig. 38.5].

D. IONIAN POTTERY

In the Classical period plain horizontally banded Ionian pottery continued to be imported. These include *oinochoai* [figs 11.11, 54.3, 55.3, 56.4,9, 59.8, 60.3, 74.5, 75.12], amphoras [figs 39.3, 42.6, 59.9, 60.5, 75.11, 78.12, 90.9, 91.16], jugs (on recent items, see: Vickers, Kakhidze 2004: fig. 116), miniature vessels [figs 67.2, 69.6], *amphoriskoi* [figs 79.8, 82.13], *askoi* [fig. 94.7], bowls [fig. 59.6], *pyxis*-like vessels [figs 62.12, 64.6, 69.5], Samian *lekythoi* [figs 67.5, 78.2, 84.11], etc. They are to be found both in the necropolis and the settlement.

E. COLCHIAN POTTERY

Local pottery figures large among the grave goods, and on ritual platforms. It would appear that local residents took part in the burial rituals of the Greeks. Many forms of Colchian ceramic wares, including pots [figs 11.12, 13.7, 30.8, 31.5, 38.4, 45.2, 54.4-5, 55.4-5, 59.5, 64.10, 67.7, 74.8, 77.6, 79.5-6, 84.13, 88.15, 89.8], jugs [figs 14.2,9, 16.11, 37.1, 43.7, 44.3, 49.5, 54.2, 55.1-2, 56.8, 62.5, 64.4,11, 67.4, 72.3, 74.1, 75.4, 76.4, 79.1,10, 80.2, 83.9, 84.5-6, 88.11-12, 89.7, 90.8, 94.9, 95.2,9, 98.3], flasks [figs 72.5, 76.5], bowls (on recent items, see: Vickers, Kakhidze 2004: 75-76, pl. 172), etc. were popular among the colonists. The so-called Pichvnari type vessels form the most interesting category, unparalleled elsewhere. They appear to be the creation of local potters. They have an outturned mouth, a wide, tall cylindrical neck, a low, rounded body, a flat bottom and a handle that is triangular, sometimes oval, in profile. The surface might be polished black or grey. In most specimens the body is adorned with almond-shaped relief decoration [figs 62.4, 69.4, 72.8, 78.7, 82.7,12, 87.11, 88.2, 90.7]. Others have vertical herring-bone patterns [figs 68.5, 76.1, 79.3, 83.13]. The handless Colchian vessels [figs 43.8, 88.14] and so-called Hellenised forms of local *oinochoai* also occur [figs 64.12, 74.6, 86.13].

PICHVNARI II

F. COINS

The coins found at Pichvnari are of considerable importance. So far it is the only site in the Black Sea area where the custom of burying the dead with the so-called 'Charon's obol' is recorded from an early period (from at least the second quarter of the fifth century BC) both in the Greek and the Colchian cemeteries. Elsewhere, this custom is unknown until the fourth century BC. The finds also allow a new assessment of a range of problems linked with the genesis, iconography, chronology and typology of the earliest Caucasian money – *Kolkhidki*. These naturally occur more frequently in contemporary burials of the local population, and only rarely in Greek burials. Colchian coins were ordinary hemidrachms, or triobols, with, on the obverse, a human head, to right, enclosed in a linear or dotted frame; on the reverse, a bull's head, to right, enclosed in a linear frame, on the reverse (Vickers, Kakhidze 2004: 157-158). New Colchian types are especially interesting. These have, on the obverse, a human head, to right, like the triobols; on the reverse, a bird (probably a heron), to right. These new coins [fig. 43.4-6] weigh 0.150, 0.111 and 0.110 grams, and are smaller than 1/24th of a drachma (Dundua, Kakhidze 1979). *Kolkhidki* were minted by the Greek settlements of Georgia's Black Sea littoral, of which Phasis must have been the main centre. Their ubiquity in the hinterland indicates that they were also used for trade there.

Coins from other centers were in circulation as well. The Pichvnari 1952 hoard included an electrum stater of Cyzicus generally datable to 500-475 BC (Golenko, Kapanadze 1966; Dundua 1997). Another Cyzicene discovered in Burial 15 of the Greek cemetery mentioned might be dated to 480-450 BC [fig. 50.6].

Obv: Triton to left, holding a fish to left; another fish below.

Rev: Square incuse (Kakhidze 1974a; 1974b).

Yet another Cyzicene from Burial 6 is later, 460-440 BC [fig. 41.2].

Obv: Nymph Clite, emblem of Cyzicus.

Rev: Square incuse (Kakhidze 1974a; 1974b).

Coins of the Pontic area brought to light at Pichvnari are equally interesting – a Sinopean silver drachma (Kakhidze, Iashvili, Vickers 2001: 282-288), coins of the capital of the Bosporan kingdom, Panticapaeum (Kakhidze 1974a; 1974b) and Nymphaeum [fig. 38.2]. In 1998 coins of Theodosia and Apollonia (Panticapaeum) were also found (Vickers, Kakhidze 2004: 183). There is no doubt as to the existence of close, direct relations between Pichvnari and Sinope in the Classical and Hellenistic times.

THE PICHVNARI 5TH CENTURY BC GREEK NECROPOLIS (1967-1987)

G. METALWORK

Metal vessels form another group among the grave goods of the Pichvnari Greek cemetery. They are only found in comparatively rich burial complexes of the middle and second half of the fifth century BC. Silver *phialai* are especially noteworthy [figs 33.4, 34.3, 48.4, 92.7]. They appear to be of Greek manufacture, but there is some Achaemenid influence (see further: Kakhidze 2004).

Some bronze vessels were principally associated with wine drinking: bronze *oinochoe*, a ladle, a filter and a *skyphos*. The *oinochoe*-like jug [figs 28.1, 29.1] has closest parallels in Etruria (Kakhidze 1987; 2000-2001: 42, fig. 1; only one item is known in the northern Black Sea area: Bilimovich 1982: 84-85). Another bronze *oinochoe* from Pichvnari seems to be a typical Greek article [fig. 48.3], finding parallels both in Georgia and other centres of Classical world (Kakhidze 2000-2001: 43, fig. 2.1). Burials 1 and 15 yielded bronze ladles with swan's head finials [figs 28.2, 29.2, 47.6, 49.4]. Filters of various kinds were found [fig. 28.3,5, 29.3, 49.3, 80.5], and Burial 110 contained a bronze *skyphos* of a kind as yet unparalleled [fig. 92.4]. Other metal objects were associated with the palaestra, namely bronze and iron strigils [figs 28.4, 29.4, 51.11, 83.4] that were found in burial complexes of the fifth and fourth centuries BC (on iron strigils have been found in the inner areas of Georgia, see: Gagoshidze 1997: 16-17). Plain disk-shaped mirrors, most of which once had wooden handles, constitute another group of ancient toreutics [figs 57.2, 59.4, 60.2, 62.9, 86.4, 88.4, 91.1]. There were locally made bronze situlae [fig. 62.3, 75.8], of a kind well known in western Georgia (e.g. Matiashvili 1977: 102, fig. 93; Nadiradze 1990: 24, 44-46).

H. GLASS

Polychrome core-made glass perfume vessels occupy a prominent place among the grave goods of the Pichvnari Classical period cemetery. Well-dated complexes allow a chronological and typological classification of these goods. All the regular form: *aryballoi* [fig. 15.9], *amphoriskoi* [figs 11.9, 15.5, 16.6, 31.1, 76.6], *oinochoai* (Chkhaidze 1974: 46, pl. 1.2; Schroeder 2004: 39; on recent items, see: Vickers, Kakhidze 2004: fig. 134, 167) and *alabastra* [figs 15.3, 16.5; 31.12; 91.10, 99.4] are to be found, as well as a Kohl-Tube [figs 12.11, 15.8], perhaps from northeastern Iran (Barag 1975: 28; for examples from Vani: Pirtskhalava 1983: 83-84,86, pl. 37.396; Saginashvili 2000: 72-73, fig. 2; Gagošidze, Saginašvili 2000: 67, fig. 1.3). The glassware comes in a range of colours. Those with a predominantly blue background predominate, and there is a wider range of colours among the *alabastra*.

PICHVNARI II

I. JEWELLERY

Pichvnari was one of several centres of jewellery production, a craft that had a long tradition in Colchis (Lordkipanidze 1972: 19-20; Kakhidze, Vashakidze 1977: 45, pl. 20.15; Vashakidze, Kakhidze 1978: 58, pl. 18; Kakhidze 1981; in Vani and Sairkhe has yielded especially rich material: Chqonia 1981; Nadiradze 1990). The Greek cemetery yielded magnificent specimens of the jeweller's art. Of Greek objects, a gold finger-ring with an intaglio of Aphrodite is noteworthy [fig. 41.4]. The goddess is shown full-length, and holds a small Eros by the hand (on detail, see: Lordkipanidze 1975: 16-21, fig. 1, pl. 8.32; with references on similar decorations, on accompanying burial complexes, see Kakhidze 1975: 78, pl. 8.2; Vickers, Kakhidze 2004: 94-104, fig. 22). Colchian jewellery included crescent-shaped earrings (or head-ornaments) with both plain hoops and hoops adorned with rosettes or orna-mental bands [figs 50.3-4,7-9, 91.7-9]. It is noteworthy that forms of these earrings were of no local origin. The bulk of the finds of jewellery consisted of more mundane objects, such as radial earrings decorated with granulation [on recent items, see: Vickers, Kakhidze 2004: figs 71-72, 78, 82, 84, 90]. Another common kind of head ornament was a type of earring with grooved globes [fig. 15.2]. A pair of magnificent gold earrings were found in the child's Burial 101: the front is adorned with a seven-petal rosette and an ornamental band [fig. 91.6] of a kind not so far discovered elsewhere. Necklaces made from various kinds of pendants and beads occur frequently [figs 43.3, 50.5, 69.3]. In one case, the beads were in the form of ibexes, birds, disks and crescents [fig. 93.1]. Otherwise, there are plain pendant hoops [fig. 64.2] and spiral temple ornaments covered with close-set concentric grooves [fig. 50.1-2], although they have not been found elsewhere.

Silver and bronze spiral ornaments [figs 13.11, 62.7] were found in the fifth-century BC com-plexes (on earlier items from Tsikhisdziri, see: Tsetskhladze, Vashakidze 1994). There were also bronze crescent-shaped [fig. 95.4] and biconical [figs 13.12, 95.5] earrings, silver crescent-shaped (Burials 23 and 79, K-P-72/319, 80/36) and pyramidal (Burial 9, K-P-68/143) pendants, and silver, bronze and iron bracelets [figs 12.8,14, 15.11, 30.9, 31.11, 39.5, 40.2, 45.4, 56.7, 68.2, 69.2,8, 70.9, 72.2,7, 75.2, 77.11, 82.5, 86.3, 88.9, 89.2, 91.3], most of which were probably made locally. They often carry geometrical and animal decoration, the latter under Achaemenid Persian influence. The 'bent back' is another Achaemenid feature [figs 77.11, 82.5]. A silver finger-ring from Burial 104 bears the inscrip-tion XAIPE [figs 89.3, 91.12] (on the analogous finger-ring from the northern Black Sea area, see: Rozanova 1968: 128, fig. 1.5). Burial 2 contained a bronze finger-ring with an engraved bezel showing a child's head to right (Lordkipanidze 1975: 27). Silver and bronze bezelled finger-rings of other kinds also occur [figs 78.4,8, 82.6]. Iron finger-rings were usually too corroded to be read [fig. 12.3].

J. BEADS

Beads, both plain and multi-coloured, were mainly used as necklaces. Occasionally, they are made from semi-precious stones, but usually they are of glass. Amongst the plain, small beads of whitish, black, yellowish, sky blue, greenish and grayish paste predominate [figs 12.5, 43.2, 82.10, 87.5,7], but beads of olive, greenish, brownish, blackish-brownish, yellow, black, sky blue or dark blue glass have also occur [figs 70.10, 87.5, 89.4, 91.11]. The multi-coloured, or 'eye beads' constitute a relatively small group [figs 11.6, 15.6, 70.11, 90.3, 95.6]. They bear dark blue or sky blue 'eyes', surrounded by white circles (on the parallels in the contemporary archaeological materials of Georgia, see: Gigolashvili 1983: 99, pl. 49; in northern Black Sea area, see: Alekseeva 1975: 51-52, pl. 16). Amber [figs 16.8, 31.10], cornelian [figs 16.2, 43.2, 82.10], bronze [figs 13.13, 15.12] and lead [fig. 77.5] beads of various shapes have been discovered in small numbers. Sometimes beads were worn as earrings [fig. 16.10].

K. BELLS

Three burials contained bronze bells at the head [figs 31.8, 70.8, 76.3, 78.8], presumably having a talismanic function. Numerous parallels exist in the Colchian as well as the central Transcaucasian and northern Caucasian cultures, end even on the island of Samos (for details, see: Mikeladze 1985).

L. FIBULA

A single silver fibula (burial 23, K-P-72/320) was found (on the origin of this kind of fibula, see: Kuftin 1944: 310-317; Tekhov 1974: 146-147; Kozenkova 1982: 59; on finds from Caucasus, see: Martirosyan 1964: 276; Mikeladze 1985: 44-47; Sulava 2000; Kakhidze, Sulava 2005). A magnificent silver fibula was also deposited in the Pichvnari Greek cemetery of the fourth century BC (Kakhidze, Sulava 2005: 61, pl. 1.d10).

M. ARROWHEADS

Bronze arrowheads, triangular in section, with sharp edges and a point occurred [figs 12.2, 49.6]. All are identical in form. Similar arrowheads were widespread in the Scythian and Greek worlds in the fifth and fourth centuries BC (Smirnov 1961; Liberov 1962; Lordkipanidze 1976: 179; Galanina 1995; etc.). One ritual platform yielded a flint arrowhead [fig. 99.7]. There are rectangular flint inserts used as sickle blades [figs 99.8, 100.13]. Flint tools were also deposited in burials of the fourth century AD (Vickers, Kakhidze 2004: 213).

N. NAILS

Iron nails of various sizes were used in large numbers in making the wooden coffins of the Greeks at Pichvnari [fig. 13.10; (on detail, see: Broadgate 1999)]. Bronze nails also occur, but rarely [fig. 89.11].

III. CONCLUSION

A total of 159 burials were studied at Pichvnari between 1967 and 1987, apart from the related ritual platforms. Both burials and most of the ritual platforms were well-preserved (only one burial was robbed in antiquity). Although the cemetery was used intensively for nearly two centuries, there were no cases of one burial being dug into another, earlier, burial. This creates ideal conditions for the determination of burial types, funerary customs, orientation, deposition patterns, social and ethnic composition, chronology, etc. We do not know of another cemetery in the Pontic area that is nearly as well preserved. Pichvnari is also important because no other site that can be said to be ethnically Greek is known in the eastern Black Sea area.

The population of Pichvnari strictly adhered to purely Greek burial customs throughout the Classical period. These inluded the eastern orientation (with slight deviations), cremation, amphora-burials, the funeral feast. Orientation of the dead in other directions than east are known elsewhere in the Black Sea, and some exceptions are encountered at Pichvnari, which may well be due to Colchian influence. These occur among early burials, but almost no deviations from Greek custom are to be found from the mid-fifth century BC. Pichvnari is also the only Black Sea cemetery site where the dead were buried with the so-called 'Charon's obol' as early as the second quarter of the fifth century BC. Elsewhere. the customs is recorded only in the fourth-century burials. This suggests that relations between the local settlement and the metropolitan centre were close.

Only Nymphaeum among contemporary sites of the Pontic area can be compared to the Pichvnari Greek cemetery of fifth century BC in the high artistry and variety of grave goods. There too, individual inhumation burials predominate, collective or cremation burials being relatively few in number. Amphora burials occur in both places, and for the interment of the rich, large burial pits were dug, into which wooden sarcophagi or coffins were placed. There are also burials with wooden roofs, as opposed to coffins. Elsewhere, there might be stone structures in cemeteries, but there is relativel little evidence for this at Pichvnari. The robbed Burial 20 at Pichvnari had a stone embankment made up of three courses, apparently to support the erection of a stele of white limestone on the top of the wooden coffin. For some reason there was a stone embankment comprising two rows above the northern wall of Burial 95. Rich burials are accompanied by quite extensive ritual platforms. The one next to Burial 20 occupied 16-18 square metres.

Just as in metropolitan centres, social stratigraphy and polarisation can be observed among the

PICHVNARI II

Greeks at Pichvnari. The élite were interred with great circumstance, but there are few burials of this kind. Large burial pits were cut into which sarcophagi or wooden coffins were placed. Plenty of iron nails were used in the wooden coffins. Lavish funeral feasts were held. Rich burials have yielded splendid examples of decorated pottery, jewellery, metalwork, and imported coins.

Burials of the people of moderate wealth are the most numerous. Judging by the arrangement of iron nails, some corpses were buried in wooden coffins or sarcophagi, while others only had a roof made of thick boards or logs. The grave goods are more limited, and ritual platforms, while frequent, are not as lavish as those intened for the funeral feasts of the rich.

There are many burials belonging to the poor. The grave goods are scanty and low value. The general absence of nails suggests that there were no coffins. With few exceptions, there was no evidence for funeral feasts near such burials. Burials with no grave goods at all perhaps belonged to slaves.

A study of the grave goods allows some interesting conclusions to be drawn. Greeks at Pichvnari imported wine and olive oil. By the fifth century BC amphoras from the Aegean world, from Chios, Lesbos, Thasos and Mende, predominated. Amphoras are sometimes found in poor burials too. It is possible that there were direct relations between Chios and Colchis between the end of seventh century to the third century BC. The same is the case with Lesbos in the Classical period. Athens may have served as a middleman in the trade in Thasian goods as well as the 'Proto-Thasian' and the so-called 'Thasian circle' amphoras. Fine specimens of Classical vase-painting, Attic, Ionian and local plain or ornamental vessels of various forms were found in their homes. Gold objects have not been found in such large quantities in other mass Greek necropoleis, including Olbia and Panticapaeum, as at Pichvnari. This is probably to be explained by the influence of Colchian culture. The local Greeks could have hardly remained indifferent to the magnificent specimens of Colchian jewellery, produced at Pichvnari, as well as at other major centres of Colchian goldsmithing as Vani and Sairkhe.

The real importance of Pichvnari is as a centre where local and foreign, Colchian and Greek, co-existed closely with each other. The planting of a colony at Pichvnari in the first half of the fifth century was probably due to Athens, where, according to Thucydides, 'Attica was not enough for everybody any longer' (Thuc. 1.2.6). Athens began to seek new spheres of influence. As mistress of Sigeum, the key to Hellespont and the Pontic regions beyond, she had a strong hand, and established *cleruchies* on the islands Salamis, Euboea, Lemnos, and Imbros. The interest of the Greeks in the eastern Black Sea area became even more obvious in the middle decades of the fifth century, as the Pichvnari Greek cemetery bears witness. Pericles actually ordered an expedition to the Black Sea (Plut. Pericl. 20.1-2) with a view to establishing long-term trading relationships. We know that the Athenian Empire included the following cities in the Pontic area: Heraclea Pontica, Sinope, Amisos, Karussa, Kerasos, and Athinae on the south coast of the Black Sea, and Apollonia, Olbia, Nymphaeum and apparently Tyra on the west and north coasts. Direct information for the eastern Black Sea is scanty, but Athens presumably had similar footholds there too, and Pichvnari is a strong candidate for having been one of them (Kakhidze 2005: 117). Accordingly, we believe that the local Greek settlement may have been closely related to Athens. The richest and the most varied material in the Greek cemetery comes from there. It would appear that the Colchian leaders considered it advantageous to establish economic and cultural relations with a powerful international force. On its part, Athens sought 'amicable relationship with kings and links with dynasties' (Thuc. 2.29). As we have aleady noted, the local population and Greek settlers lived in close, peaceful relationship for nearly over a century and a half. Their cemeteries functioned side-by-side, which is a unique occurrence for the Pontic area.

Judging by the fifth century BC Greek cemetery, the first settlers were generally poor. In the burials of the second quarter of the fifth century BC luxury goods, specimens of jeweller's art and toreutics are rare. The situation changed by the middle and the second half of the fifth century BC. At this time rich burials occur, with fine pottery, silver and bronze vessels, jewellery, electrum coins and glassware (although this occurs earlier too). Funeral feasts involving many people were held. It is clear that when Athens was at the peak of her power, the Greeks living at Pichvnari also flourished.

Things had changed by the end of the fifth century and in the fourth century BC. The defeat of Athens in the Peloponnesian War and the weakening of its international influence is reflected in the Greek community at Pichvnari. The Greek cemetery of Pichvnari ceased functioning from the 30s of the fourth century BC after the occupation of Greece by Macedonia.

Clearly the Athenian *apoikia* or *cleruchy* (its precise status is uncertain) that existed near the local urban centre of Pichvnari was closely linked with metropolitan centres in the late Archaic and Classical period. The Greeks of Pichvnari also played the role of middlemen with other centres of the Greek world. This is the picture revelead by the finds in the Classical Greek cemetery at Pichvnari, where Greek funerary customs blend with local. This brief overview shows that we are dealing with a unique site where Colchians and Greeks interacted on a regular and friendly basis.

ბიბლიოგრაფია
BIBLIOGRAPHY

აბრამიშვილი რ. (1957), სამთავროს სამაროვანზე აღმოჩენილი გვიანბრინჯაოს ხანის და რკინის ფართო ათვისების ხანის ძეგლების დათარიღებისათვის. - სსმმ, XIX-A და XXI-B, გვ. 115-138.

აბრამიშვილი რ. (1961), რკინის ათვისების საკითხისათვის აღმოსავლეთ საქართველოს ტერიტორიაზე. - სსმმ, XVII-A, გვ. 337-382, ტაბ. I-XX.

აფაქიძე ა. (1975), არქეოლოგიური გათხრები ბიჭვინტაში. - დიდი პიტიუნტი I, თბილისი, გვ. 13-127.

ბარამიძე მ. (1977), მერხეულის სამაროვანი, თბილისი.

ბარადისი ა., რიაპოვი ა. (2005), პონტოს აპოლონიის კალფატას (სოზოპოლი, ბულგარეთი) კლასიკური და ელინისტური ხანის სამაროვნის ფრანგულ-ბულგარული გათხრები. ფრანგულ ნაწილში ჩატარებული სამუშაოების პირველი შედეგები. – შავიზღვისპირეთი ელინისტური სამყაროს სისტემაში (შავიზღვისპირეთის ძველი ისტორიისა და არქეოლოგიის XI საერთაშორისო სიმპოზიუმის მოხსენებათა მოკლე შინაარსები). ძიებანის დამატებანი, XIII, თბილისი, გვ. 8-11.

გაგოშიძე ი. (1964), ადრეანტიკური ხანის ძეგლები ქსნის ხეობიდან, თბილისი.

გაგოშიძე ი. (1968), ითხვისის სამარხი. - სსმმ, XXII-B, გვ. 31-45.

გაგოშიძე ი. (1976), მასალები ქართული ოქრომჭედლობის ისტორიისათვის. - სსმმ, XXXII-B, გვ. 5-32.

გაგოშიძე ი. (1981), ქართველი ქალის სამკაული, თბილისი.

გაგოშიძე ი. (1982), თრიალეთის სამაროვნები. კატალოგი III (ანტიკური ხანის სამაროვნები), თბილისი.

გაგოშიძე ი. (1997), არქეოლოგიური გათხრები ტახტიძირში (ქარელის რაიონი). - კავკასიის არქეოლოგია: უახლესი აღმოჩენები და პერსპექტივები, თბილისი, გვ. 16-17.

გამყრელიძე გ. (1982), ცენტრალური კოლხეთის ძველი ნამოსახლარები, თბილისი.

გაფრინდაშვილი ნ. (1972), მითოლოგიური ლექსიკონი, თბილისი.

გიგოლაშვილი ე. (1983), მძივსამკაული. - ვანი VII, თბილისი, გვ. 96-112, სურ. 46-49.

გობეჯიშვილი გ. (1952), არქეოლოგიური გათხრები საბჭოთა საქართველოში, თბილისი.

გობეჯიშვილი გ. (1959$_ა$), განვითარებული რკინის ხანის ძეგლები რიონის სათავეებში. - საქართველოს არქეოლოგია (რედ. ა. აფაქიძე), თბილისი, გვ. 190-205.

გობეჯიშვილი გ. (1959$_ბ$), ბრინჯაოსა და რკინის მეტალურგიის საწყისი საფეხური. - საქარ-

228

თველოს არქეოლოგია (რედ. ა. აფაქიძე), თბილისი, გვ. 206-222.

გობეჯიშვილი გ. (1980), ბედენის გორასამარხების კულტურა, თბილისი.

გოგაძე ე. (1972), თრიალეთის ყორღანების კულტურის პერიოდიზაცია და გენეზისი, თბილისი.

დუნდუა გ., კახიძე ა. (1979), კოლხური თეთრის გენეზისის საკითხები. - მაცნე (ისტორიის, არქეოლოგიის, ეთნოგრაფიისა და ხელოვნების ისტორიის სერია), 2, გვ. 66-73.

დუნდუა გ. (1997), ანტიკური ხანის უცხოური მონეტების განძები კოლხეთიდან (ძვ.წ. VI-IV სს). - გურია II, თბილისი, გვ. 80-107.

დუნდუა გ. (2003), კოლხური თეთრი (ზოგადი მიმოხილვა). – იბერია-კოლხეთი, 1, თბილისი, გვ. 22-49.

ვაშაკიძე ნ. (1971), გურიანთის ანტიკური ხანის არქეოლოგიური ძეგლები. - სდსძ, II, გვ. 5-27, ტაბ I-IV.

ვაშაკიძე ნ. (1973), სუფსის აუზში შემთხვევით აღმოჩენილი ქვევრსამარხები. - სდსძ, III, გვ. 74-87, ტაბ. VIII-X.

ვაშაკიძე ნ., კახიძე ა. (1978), ფიჭვნარის ელენისტური ხანის სამაროვანზე 1975 წელს განხორციელებული საველე კვლევა-ძიების შედეგები. - სდსძ, VII, გვ. 42-58, ტაბ. XI-XX.

ვაშაკიძე ნ., კახიძე ა. (1979), არქეოლოგიური გათხრები ფიჭვნარის ელინისტური ხანის სამაროვნის ტერიტორიაზე 1976 წელს. - სდსძ, VIII, გვ. 68-84, ტაბ. XX-XXXVIII.

ვაშაკიძე ნ. (1983_a), ფიჭვნარის ელინისტური ხანის სამაროვანზე 1980 წელს წარმოებული არქეოლოგიური კვლევა-ძიების შედეგები. - სდსძ, XII, გვ. 64-86.

ვაშაკიძე ნ. (1983_b), ფიჭვნარის ელინისტური ხანის სამაროვანზე 1982 წელს ჩატარებული კვლევა-ძიების შედეგები (ხელნაწერი), ბსკი-ს ფონდები, ბათუმი.

ვაშაკიძე ნ. (1985), ზემოფარცხმის სამაროვანი. - სდსძ, XIII, გვ. 23-116.

ვაშაკიძე ნ. (1986), სამხრეთ-დასავლეთ საქართველოს არქეოლოგიური ექსპედიციის მიერ 1985 წელს ჩატარებული კვლევა-ძიების შედეგები (ხელნაწერი), ბსკი-ს ფონდები, ბათუმი.

ვაშაკიძე ნ., ინაიშვილი ნ. (1987), ციხისძირის სამაროვანზე 1986 წელს განხორციელებული არქეოლოგიური კვლევა-ძიების შედეგები (ხელნაწერი), ბსკი-ს ფონდები, ბათუმი.

ვაშაკიძე ნ. (2000), ადგილობრივი კერამიკული ნაწარმი ციხისძირის ანტიკური ხანის სამაროვნიდან (ხელნაწერი), ბსკი-ს ფონდები, ბათუმი.

ვიკერსი მ., კახიძე ა., იაშვილი ი. (1999), შავიზღვისპირეთის საქალაქო ვერცხლის მონეტები ფიჭვნარის ძვ.წ. V საუკუნის სამაროვნებიდან. - ლიტერატურული აჭარა, 4, გვ. 94-100.

თოდუა თ. (2003) ამფორასამარხები ბიჭვინტიდან (პიტიუნტი). – იბერია-კოლხეთი, 1, გვ. 50-54.

თოლორდავა ვ. (1963), მასალები ქართლის სამეფოს ისტორიისათვის ძვ.წ. III-I სს. - მსკა, III, გვ. 137-168, ტაბ. I-VII.

თოლორდავა ვ. (1976), არქეოლოგიური გათხრები დაბლაგომში 1970-71 წლებში. - ვანი II, გვ. 48-67.

ბიბლიოგრაფია BIBLIOGRAPHY

თოლორდავა ვ. (1980), დაკრძალვის წესები ელინისტური ხანის საქართველოში, თბილისი.

თუშიშვილი ნ., მარგიშვილი ს. (1987), ალგეთის ხეობის არქეოლოგიური მუშაობა 1983-1985 წლებში. – ძეგლის მეგობარი, გვ. 44-47.

იაშვილი ი. (1987), ადრეული სინოპური ვერცხლის დრაქმა ფიჭვნარიდან. - სდსძ, XVI, გვ. 44-46.

ინაიშვილი ნ. (1993), ციხისძირის ახ.წ. I-VI სს არქეოლოგიური ძეგლები. - სდსძ, XXI, გვ. 3-140, სურ. I-XLII.

ინაძე მ. (1962), სავაჭრო ურითერთობათა ისტორია ძველ კოლხეთში. - კავკასიურ-ახლოაღმოსავლური კრებული II, თბილისი, გვ. 81-126.

ინაძე მ. (1982), აღმოსავლეთ შავიზღვისპირეთის ბერძნული კოლონიზაცია, თბილისი.

კალანდაძე ალ. (1955), სოხუმის მთის არქეოლოგიური ძეგლები, ბათუმი.

კაჭარავა დ. (1983), ანტიკური (ბერძნული) იმპორტი ვანსა და მის მიდამოებში (მოხატული, შავლაკიანი და სადა კერამიკა). - ვანი VII, გვ. 26-51, სურ. 11-21.

კახიძე ა. (1964), წითელფიგურული გუტუსი ფიჭვნარიდან. - „ლიტერატურული აჭარა", 5, გვ. 93-95.

კახიძე ა. (1965_a), აღმოსავლეთ შავიზღვისპირეთის ანტიკური ხანის ქალაქები (ქობულეთ-ფიჭვნარი) (საკანდ. დის.), თბილისი.

კახიძე ა. (1965_b), მასალები აღმოსავლეთ შავიზღვისპირეთის ძველი ქალაქების ისტორიისათვის. - მსკა, IV, გვ. 67-94.

კახიძე ა. (1971_a), საქართველოს ზღვისპირეთის ანტიკური ხანის ქალაქები (ქობულეთ-ფიჭვნარი), თბილისი.

კახიძე ა. (1971_b), კერამიკული ტარა ფიჭვნარის ანტიკური ხანის ნაქალაქარიდან. - სდსძ, II, გვ. 28-66, ტაბ. I-III.

კახიძე ა., შატბერაშვილი ზ. (1971), კოლხეთსა და ათენს შორის სავაჭრო-ეკონომიკური ურთიერთობის ისტორიიდან. - სდსძ, II, გვ. 67-73, ტაბ. I-II.

კახიძე ა. (1973_a), ფიჭვნარის წითელფიგურიანი კრატერი. - სმამ, 69, №2, გვ. 505-508.

კახიძე ა. (1973_b), ფიჭვნარის ანტიკური ხელოვნების ძეგლები. - საბჭოთა ხელოვნება, 9, გვ. 28-32.

კახიძე ა. (1974_a), ფიჭვნარის სამაროვანზე 1967-68 წლებში აღმოჩენილი უცხოური მონეტები. - მაცნე (ისტორიის, არქეოლოგიის, ეთნოგრაფიისა და ხელოვნების ისტორიის სერია), 3, გვ. 79-85.

კახიძე ა. (1974_b), ფიჭვნარის ძვ.წ. IV საუკუნის სამაროვნის არქეოლოგიური გათხრების ძირითადი შედეგები. - სდსძ, IV, გვ. 49-93.

კახიძე ა. (1975), აღმოსავლეთ შავიზღვისპირეთის ანტიკური ძეგლები, ბათუმი.

კახიძე ა., ვაშაკიძე ნ. (1977), ფიჭვნარის ელენისტური ხანის სამაროვანზე 1974 წელს წარმოებული არქეოლოგიური გათხრების ძირითადი შედეგები. - სდსძ, VI, გვ. 25-53.

კახიძე ა. (1979), ფიჭვნარის ძვ.წ. IV ს ბერძნულ ნეკროპოლზე 1976 წელს განხორციელე-

230

ბული საველე კვლევა-ძიების შედეგები. - სდსძ, VIII, გვ. 42-67, სურ. 6-19.

კახიძე ა. (1980), ქვის არქიტექტურის უძველესი ნაშთები ფიჭვნარიდან. - სამხრეთ-დასავლეთ საქართველოს არქიტექტურული ძეგლები, ბათუმი, გვ. 28-36.

კახიძე ა. (1981), არქეოლოგიური გათხრები ფიჭვნარის ელინისტური ხანის სამაროვანზე 1965 წელს. - სდსძ, X, გვ. 37-59, სურ. 1-19.

კახიძე ა. (1983), კრამიტსახურავიანი სამარხი ფიჭვნარიდან. - სდსძ, XII, გვ. 53-63.

კახიძე ა. (1987), ანტიკური ტორევტიკის ნიმუშები ფიჭვნარიდან. - სდსძ, XVI, გვ. 47-50, ტაბ. XXXVI.

კახიძე ა., ხახუტაიშვილი დ. (1989), მასალები ბათუმის ძველი ისტორიისათვის. - სდსძ, XVIII, გვ. 3-139, სურ. I-XLVII.

კახიძე ა., იაშვილი ი. (1999), შავიზღვისპირეთის საქალაქო ვერცხლის მონეტები ფიჭვნარის ძვ.წ. V საუკუნის სამაროვნიდან. - ვაჭრობა შავ ზღვაზე არქაულსა და კლასიკურ ხანაში: აბრეშუმის გზის ისტორიული პერსპექტივა (შავიზღვისპირეთის ძველი ისტორიისა და არქეოლოგიის IX საერთაშორისო სიმპოზიუმის მოხსენებათა მოკლე შინაარსები). ძიებანის დამატებანი I, თბილისი, გვ. 22-23.

კახიძე ა., კახიძე ე. (1999), სამხრეთ-დასავლეთ საქართველოს ზღვისპირეთის სავაჭრო-ეკონომიკური ურთიერთობანი ანტიკურ სამყაროსთან გვიანარქაულსა და კლასიკურ ხანაში (ფიჭვნარში აღმოჩენილი მასალების მიხედვით). - ვაჭრობა შავ ზღვაზე არქაულსა და კლასიკურ ხანაში: აბრეშუმის გზის ისტორიული პერსპექტივა (შავიზღვისპირეთის ძველი ისტორიისა და არქეოლოგიის IX საერთაშორისო სიმპოზიუმის მოხსენებათა მოკლე შინაარსები). ძიებანის დამატებანი I, თბილისი, გვ. 23-24.

კახიძე ა., ვიკერსი მ. (2000), ახალი არქეოლოგიური აღმოჩენები ფიჭვნარის ძვ.წ. V ს. ბერძნულ ნეკროპოლზე. - ქალაქები და საქალაქო ცხოვრება ძველ საქართველოში II (სამეცნიერო კონფერენციის მოხსენებათა მოკლე შინაარსები), თბილისი/ბათუმი, გვ. 10-15.

კახიძე ა., ვიკერსი მ., მამულაძე შ. (2000), ადრეშუასაუკუნეების სამარხები ფიჭვნარიდან. - ბათუმის არქეოლოგიური მუზეუმის შრომები, I, გვ. 70-90.

კახიძე ა. (2002), ათენი და აღმოსავლეთ შავიზღვისპირეთი გვიანარქაულსა და კლასიკურ ხანაში. - ურბანიზმი შავიზღვისპირეთში არქაულსა და კლასიკურ ხანაში (შავიზღვისპირეთის ძველი ისტორიისა და არქეოლოგიის X საერთაშორისო სიმპოზიუმის მოხსენებათა მოკლე შინაარსები), ძიებანის დამატებანი VIII, თბილისი, გვ. 23-25.

კახიძე ა., ვიკერსი მ. (2002), საქართველო-ბრიტანეთის ერთობლივი ექსპედიცია ფიჭვნარში 1998 წელს. - ბათუმის არქეოლოგიური მუზეუმის შრომები, II, გვ. 42-77.

კახიძე ა., მამულაძე შ., ებრალიძე ტ. (2002), 2000 წელს გონიო-აფსაროსის ციხის სამხრეთი კარიბჭის გარეთ წარმოებული არქეოლოგიური კვლევა-ძიების ანგარიში. - გონიო-აფსაროსი, III, გვ. 44-49.

კახიძე ა., მამულაძე შ., ფარტენაძე ვ. (2003), ახალი აღმოჩენები სოფელ წონიარისში, გაზ. "აჭარა", 15 ივლისი.

ბიბლიოგრაფია BIBLIOGRAPHY

კახიძე ა., ვიკერსი მ. (2004), კოლხები და ბერძნები აღმოსავლეთ შავიზღვისპირეთში: საქართველო-ბრიტანეთის ერთობლივი არქეოლოგიური ექსპედიციის შედეგები (1998-2002 წწ), ფიჭვნარი I, ბათუმი/ოქსფორდი.

კახიძე ა., თავამაიშვილი გ., ვიკერსი მ. (2005), ახალი არქეოლოგიური აღმოჩენები ფიჭვნარის ელინისტური ხანის სამაროვანზე. - შავიზღვისპირეთი ელინისტური სამყაროს სისტემაში (შავიზღვისპირეთის ძველი ისტორიისა და არქეოლოგიის XI საერთაშორისო სიმპოზიუმის მოხსენებათა მოკლე შინაარსები). ძიებანის დამატებანი, XIII, თბილისი, გვ. 34-35.

კახიძე ა., ხალვაში მ. (2005), ქიოსური ამფორების ერთი ჯგუფის დათარიღების საკითხისათვის (ფიჭვნარის ძვ.წ. V ს ბერძნული ნეკროპოლის მიხედვით). – ძიებანი საქართველოს არქეოლოგიაში, 15-16, თბილისი, გვ. 170-172.

ლიჩელი ვ., ფოსი ჯ., მორინი ჟ. (1997), საქართველო-კანადის სამცხის ერთობლივი ექსპედიციის 1993-1996 წწ მუშაობის ანგარიში. - კავკასიის არქეოლოგიის უახლესი აღმოჩენები და პერსპექტივები (საერთაშორისო სამეცნიერო სესიის მოხსენებათა მოკლე შინაარსები), თბილისი, გვ. 19-21.

ლომთათიძე გ. (1957), კლდეეთის სამაროვანი, თბილისი.

ლორთქიფანიძე გ. (1976), საბრძოლო და სამეურნეო იარაღები. - ვანი II, გვ. 167-190.

ლორთქიფანიძე გ. (1991), ბიჭვინთის ნაქალაქარი, თბილისი.

ლორთქიფანიძე გ., გერაძე გ. (2005), კოლხური თეთრი, თბილისი.

ლორთქიფანიძე მ. (1975), კოლხეთის ძვ.წ. V-III სს საბეჭდავი ბეჭდები (ბერძნულ სახელოსნოებთან ურთიერთობის საკითხი), თბილისი.

ლორთქიფანიძე ოთ. (1966), ანტიკური სამყარო და ძველი კოლხეთი, თბილისი.

ლორთქიფანიძე ოთ. (1971), ანტიკური არქეოლოგია, თბილისი.

ლორთქიფანიძე ოთ. ($1972_ა$), ძველი კოლხეთის კულტურა, თბილისი.

ლორთქიფანიძე ოთ. ($1972_ბ$), ვანის ნაქალაქარი. – ვანი I, თბილისი, გვ. 7-80.

ლორთქიფანიძე ოთ., ფუთურიძე რ., თოფლორდავა ვ., ჭყონია ა. (1972), არქეოლოგიური გათხრები ვანში 1969 წელს. -ვანი I, გვ. 198-242, სურ. 153-225.

ლორთქიფანიძე ოთ., მიქელაძე თ., ხახუტაიშვილი დ. (1980), გონიოს განძი, თბილისი.

ლორთქიფანიძე ოთ., გიგოლაშვილი ელ., კაჭარავა დ., ლიჩელი ვ., ფირცხალავა მ., ჭყონია ა. (1981), ძვ.წ. VI-IV საუკუნეების კოლხური კერამიკა ვანიდან. - ვანი V, გვ. 5-110, სურ. 1-81.

ლორთქიფანიძე ოთ., (1983), ტორევტიკა. - ვანი VII, გვ. 90-91, ტაბ. 39-43.

ლორთქიფანიძე ოთ. (2002), ქართული ცივილიზაციის სათავეებთან, თბილისი.

ლორთქიფანიძე ოთ. (2003), ახალგორის განძი (დათარიღებისა და ისტორიული ინტერპრეტაციის ცდა). - ძიებანი, 11, გვ. 28-71.

მათიაშვილი ნ. (1977), ლითონის ჭურჭელი. - ვანი III, გვ. 101-114, სურ. 91-108.

მარგიშვილი ს. (1992), ანტიკური ხანის მდიდრული სამარხი ალგეთის ხეობიდან, თბილისი.

მახარაძე გ., წერეთელი მ. (2002), ძვ.წ. I ათასწლეულის მეორე ნახევრის სამარხები საჩხერედან. – არქეოლოგიური ჟურნალი, II, თბილისი, გვ. 59-80.

ბიბლიოგრაფია BIBLIOGRAPHY

მენაბდე მ., დავლიანიძე ც. (1968), თრიალეთის სამაროვნები, თბილისი.

მიქელაძე თ. (1974), ძიებანი კოლხეთისა და სამხრეთ-აღმოსავლეთ შავიზღვისპირეთის უძველესი მოსახლეობის ისტორიიდან, თბილისი.

მიქელაძე თ. (1978), არქეოლოგიური კვლევა-ძიება რიონის ქვემო წელზე, თბილისი.

მიქელაძე თ. (1985), კოლხეთის ადრერკინის ხანის სამაროვნები (ურეკისა და ნიგვზიანის სამაროვნები). - კოლხეთის არქეოლოგიური ექსპედიციის შრომები II, თბილისი, გვ. 3-131, ტაბ. I-LI.

მუსხელიშვილი დ. (1978), ხოვლეს ნამოსახლარის არქეოლოგიური მასალა, თბილისი.

ნადირაძე ჯ. (1975), ყვარლის ხეობის არქეოლოგიური ძეგლები, თბილისი.

ნადირაძე ჯ. (1990), საირხე საქართველოს უძველესი ქალაქი, თბილისი.

ნოქალაქევი-არქეოპოლისი, III (1993), დამატება ნოქალაქევის მუზეუმის გაძარცვის თაობაზე. - ნოქალაქევი-არქეოპოლისი, III: არქეოლოგიური გათხრები 1983-1989, თბილისი, გვ. 293-295.

პლონტკე-ლიუნინგი ა., ფელმუთი ნ., გაიერი ა. (2002), გონიო-აფსაროსის გერმანულ-ქართული ერთობლივი არქეოლოგიური ექსპედიცია (ციხის ჩრდილო-დასავლეთ კუთხეში, ჩრდილოეთი კედლის გარეთ და თანამედროვე სასაფლაოს ტერიტორიაზე წარმოებული გათხრების შედეგები). - გონიო-აფსაროსი, III, თბილისი, გვ. 71-81.

რობაქიძე ც. (1986), სამაჯურები არაგვის ხეობის გვიანარმაზული ხანის სამაროვნებიდან. - არქეოლოგიური ძიებანი (ახალგაზრდა მკვლევართა VI სამეცნიერო სესიის მასალები), თბილისი, გვ. 76-91.

საგინაშვილი მ., გაგოშიძე ი. (1973), ალგეთის ფიალა. - მაცნე (ისტორიის, არქეოლოგიის, ეთნოგრაფიისა და ხელოვნების ისტორიის სერია), 4, გვ. 81-98.

საგინაშვილი მ. (1974), მინის ჭურჭელი თბილისიდან. - მაცნე (ისტორიის, არქეოლოგიის, ეთნოგრაფიისა და ხელოვნების ისტორიის სერია), 4. გვ. 164-168, ტაბ. I-II.

საგინაშვილი მ. (2000), მინის სანელსაცხებლეები - Kohl-Tube-ების გავრცელება საქართველოში. - ძიებანი, V, გვ. 72-76.

სახაროვა ლ. (1965), ბრინჯაოს უძველესი მხატვრული ჭურჭელი საქართველოში. - საბჭოთა ხელოვნება, 12, გვ. 46-48.

სახაროვა ლ. (1976), ბრინჯაოს განძები ლეჩხუმიდან, თბილისი.

სინაურიძე მ. (1985), კაზრეთის ხეობის არქეოლოგიური ძეგლები, თბილისი.

სიხარულიძე თ. (1984), „ბელდამის" მხატვრის სახელოსნოს შაბლონურორნამენტიანი ლეკითოსები ფიჭვნარიდან. - თსუ შრომები, 249, გვ. 86-113.

სიხარულიძე თ. (1985), წითელფიგურიანი კრატერი მითოლოგიური სცენით - „ეოსი და კეფალოსი" - ფიჭვნარიდან. - სდსძ, XIII, გვ. 9-22.

სიხარულიძე თ. (1987), ატიკური მოხატული ვაზები ფიჭვნარის სამაროვნიდან (ძვ.წ. V-IV სს). - სდსძ, XVI, გვ. 51-108, ტაბ. XVII-LII.

სიხარულიძე თ. (1988), ატიკური მოხატული კერამიკის ახალი ნიმუშები ფიჭვნარის ბერძნული სამაროვნიდან. - სდსძ, XVII, გვ. 62-71, ტაბ. XXXVIII-XIX.

233

ბიბლიოგრაფია BIBLIOGRAPHY

სიხარულიძე თ. (1991), სამი ლეკითოსი ფიჭვნარის სამაროვნიდან. - სდსძ, XIX, გვ. 42-48, ტაბ. XIII.

სიხარულიძე თ. (1992), ატიკური მოხატული კერამიკა ფიჭვნარის ძვ.წ. V-IV სს სამაროვნიდან (ბერძნული კულტურის ძეგლები საქართველოში) (საკანდ. დის.), თბილისი.

სულავა ნ. (2000), სამთავროს სამაროვნის ფიბულებიანი სამარხების დათარიღებისათვის. - ძიებანი, V, გვ. 65-71.

სურგულაძე ი. (1966), ქართული ხალხური ორნამენტის სემანტიკის ძირითადი საკითხისათვის. - საბჭოთა ხელოვნება, 12, გვ. 49-54.

ტყეშელაშვილი ო. (1969), ფოლადაურის ხეობა, თბილისი.

ურუშაძე ა. (1964), ძველი კოლხეთი არგონავტების თქმულებაში, თბილისი.

ფირცხალავა მ. (1983), მინის ჭურჭელი. - ვანი VII, გვ. 79-86.

ფუთურიძე რ. (1983), კერამიკული ტარა. - ვანი VII, გვ. 9-26.

ღამბაშიძე ოთ. (1963), შემთხვევით აღმოჩენილი ძეგლები სოფ.საზანოდან. - 1962 წლის საველე არქეოლოგიური კვლევა-ძიების შედეგებისადმი მიძღვნილი სამეცნიერო სესიის მოხსენებათა ანოტაციები, თბილისი, გვ. 45-46.

ღამბაშიძე ოთ. (1975), რველის სამაროვანი. - ძეგლის მეგობარი, 39, გვ. 58-63.

ღამბაშიძე ოთ. (1983), ახალი მასალები სამცხე-ჯავახეთიდან. წინა აზია - ეგეოსურ სამყაროსთან ურთიერთობის საკითხისათვის. - ძეგლის მეგობარი, 63, გვ. 11-16.

ღამბაშიძე ოთ. (1987), ახალი არქეოლოგიური მასალები სამცხე-ჯავახეთიდან. - ძეგლის მეგობარი, 4, გვ. 36-43.

ღამბაშიძე ი. (2005), სად არის საყდრისის ოქრო?. – მუდმივი კავშირის სამყარო, 4, გვ. 16-23.

შალიკაძე თ. (2004), გვიანანტიკური და ადრეშუასაუკუნეების მინის ნაწარმი სამხრეთ-დასავლეთ საქართველოს შავიზღვისპირეთიდან. - გონიო-აფსაროსი, V, ბათუმი.

ჯიქია ლ. (1978), „ქუთაისის ქვეყნის" ძვ.წ. I ათასწლეულის არქეოლოგიური ძეგლები (საკანდ. დის.), თბილისი.

ჩიჯავაძე ნ. (1966), მთიური მიწათმოქმედება აჭარაში (მემინდვრეობა) (საკან.დის.), ბათუმი.

ჩხაიძე ლ. (1974), ადრეანტიკური ხანის იმპორტული მინის ჭურჭელი ფიჭვნარის ნაქალაქარის ბერძენ მოახალშენეთა სამაროვნიდან. - სდსძ, IV, გვ. 34-48.

ჩხაიძე ლ. (1979), ახლად აღმოჩენილი იმპორტული სანელსაცხებლე ჭურჭლები ფიჭვნარის ანტიკური ხანის სამაროვნიდან. - სდსძ, VIII, გვ. 38-41, ტაბ. VI.

წითლანაძე ლ. (1976), ხევის არქეოლოგიური ძეგლები (საკან. დის.), თბილისი.

ხალვაში მ. (2002), ამფორების დანიშნულებისათვის. - ბათუმის არქეოლოგიური მუზეუმის შრომები, II, გვ. 94-98.

ხალვაში მ. (2005), ქიოსური ამფორები: ტიპოლოგიურ-ქროგოლოგიური კლასიფიკაციისა და აღმოსავლეთ შავიზღვიპირეთის ქიოსთან ურთიერთობის საკითხისათვის. - ბათუმის არქეოლოგიური მუზეუმის შრომები, III, გვ. 27-39.

ბიბლიოგრაფია BIBLIOGRAPHY

ხახუტაიშვილი დ. (1970), უფლისციხე II, თბილისი.

ხიდაშელი მ. (1972), ბრინჯაოს მხატვრული დამუშავების ისტორიისათვის ანტიკურ საქართველოში, თბილისი.

ხოშტარია ნ. (1959), ანტიკური ხანის არქეოლოგიური ძეგლები დასავლეთ საქართველოში. - საქართველოს არქეოლოგია (რედ. ა. აფაქიძე), გვ. 223-251.

ხოშტარია ნ., ფუთურიძე რ., ჭყონია ა. (1972), ვანის ნაქალაქარის ჩრდილო-აღმოსავლეთ ნაწილში 1961-1963 წლებში ჩატარებული არქეოლოგიური თხრის შედეგები. - ვანი, I, გვ. 111-134, სურ. 33-91.

ჯანიშვილი თ. (2005), ზარაკების ტიპოლოგია-ქრონოლოგიის საკითხები აღმოსავლეთ საქართველოს არქეოლოგიური მასალის მიხედვით. – იბერია-კოლხეთი, 2, თბილისი, გვ. 19-29.

ჭილაშვილი ლ. (1964), ნაქალაქარი ურბნისი, თბილისი.

ჭყონია ა. (1977), ადრეანტიკური ხანის ოქროს საყურეები ვანის ნაქალაქარიდან. - ვანი, III, გვ. 81-100.

ჭყონია ა. (1981), ოქროს სამკაულები ვანის ნაქალაქარიდან. - ვანი VI, გვ. 7-160, სურ. 1-74.

Абрамов А.П., Масленников А.А. (1991), Амфоры V в до н.э. из раскопок поселения на Мысе Зюк. - СА, 3, С. 234-249.

Абрамов А.П. (1993), Античные амфоры. Периодизация и хронология. - Боспорский сборник, III, Москва, С. 4-54, таб. 1-67.

Азарова В.П. (1962), Один из участков Пантикапейского некрополя. - АИБ, II, Симферополь, С. 321-328.

Алексеева Е.М. (1975), Античные бусы Северного Причерноморья. - САИ, вып. Г 1-12, Москва, С. 1-94, таб. I-XIX.

Алексеева Е.М. (1982), Юго-восточная часть некрополя Горгипппии. - Горгипппия, III, Краснодар.

Алексеева Е.М. (1984), Горгиппия. - АГСП, Москва, С. 82-84.

Альбом рисунков… (1906), Альбом рисунков, помещенных в отчетах Императорской Археологической комиссии за 1882-1898 года, Санкт-Петербург.

Анфимов Н.В. (1951), Меото-сарматский могильник. - МИА, 23, С. 155-207.

Арсеньева Т.М. (1963), Некрополь римского времени у дер. Ново-Отрадное. - СА, 1, С. 192-203.

Арсеньева Т.М. (1970), Могильник у дер. Ново-Отрадное. - МИА, 155, С. 82-149.

Артамонов М.И. (1974), Киммерийцы, скифы, Москва.

Айбабин А.И. (1978), Античное погребение в Феодосии. - КСИА, 156, С. 80-84.

Бардавелидзе В.В. (1957), Древнейшие религиозные верования и обрядовое графическое искусство грузинских племен, Тбилиси.

Белов Г.Д. (1938), Отчёт о раскопках в Херсонесе за 1935-1936 гг., Симферополь.

Белов Г.Д. (1950), Некрополь Херсонеса классической эпохи. - СА, 13, С. 272-287.

ბიბლიოგრაფია　　　　　　　　**BIBLIOGRAPHY**

Белов Г.Д., Стржелецкий С.Ф. (1953), Отчеты (раскопки 1937-1948 гг.). Кварталы XV и XVIII. - МИА, 34, С. 279-295.

Белов Г.Д. (1976), Керамика конца V-IV вв до н.э. из некрополя Херсонеса. - ТГЭ, XVII, Ленинград, С. 112-122.

Белов Г.Д. (1977), Амфоры из некрополя Херсонеса (V-IV вв до н.э.). - История и культура античного мира, Москва, С. 17-23.

Беньковский П. (1904), О терракотовых повозочках из Керчи. - ИАК, 9, С. 63-72, таб. IV-VIII.

Билимович З.А. (1976), Греческие бронзевые зеркала эрмитажного собрания. - ТГЭ, XVII, Ленинград, С. 26-36.

Билимович З.А. (1979), Этрусские бронзовые ситечки, найденные в Северном Причерноморье. - Из истории Северного Причерноморья в античную эпоху, Ленинград.

Билимович З.А. (1982), Этрусский бронзовый кувшин из IV семибратнего кургана. - Художественные изделия античных мастеров, Ленинград, С. 84-85.

Блаватская Т.В. (1952), Западнопонтийские города в VII-I вв до н.э., Москва.

Блаватский В.Д. (1941), Раскопки некрополя Тиритаки в 1933 г. - МИА, 4, С. 61-74.

Блаватский В.Д. (1951$_a$), Раскопки некрополя Фанагории в 1938, 1939 и 1940 гг. МИА, 19, С. 189-226.

Блаватский В.Д. (1951$_b$), Харакс. - МИА, 19, С. 250-291.

Блаватский В.Д. (1953), История греческой расписной керамики, Москва.

Блаватский В.Д. (1961), Античная археология Северного Причерноморья, Москва.

Блаватский В.Д. (1962), Отчёт о раскопках Пантикапея в 1945-1949, 1952 и 1953 гг. - МИА, 103, С. 6-85.

Бобринский А.А. (1905), Отчет о раскопках близ с. Журовки и Капитоновки (Чигиринского у. Киевской губ.). - ИАК, вып. 17, С. 77-98.

Брашинский И.Б. (1962), Из истории торговли Северного Причерноморья с Мендой в V-IV вв. до н.э. - НЭ, 3, С. 45-55.

Брашинский И.Б. (1963), Афины и Северное Причерноморье VI-II вв до н.э., Москва.

Брашинский И.Б. (1970), Новые данные о греческом импорте на Нижнем Дону (по материалам Елизаветского городища и могильника). - КСИА, 124, С. 12-18.

Брашинский И.Б. (1976), Амфоры Менды. - Художественная культура и археология античного мира, Москва, С. 67-74.

Брашинский И.Б. (1984), Методы исследования античной торговли, Ленинград.

Булатович С.А. (1968), Кизикины, найденые в Орловке. - Советский коллекционер, VI, Москва, С. 91-93.

Булатович С.А. (1970$_a$), Клад кизикинов из Ольвии. - СА, 2, С. 222-224.

Булатович С.А. (1970$_b$), Клад кизикинов из Орловки. - ВДИ, 2, С. 73-86.

ბიბლიოგრაფია BIBLIOGRAPHY

Булатович С.А. (1971$_a$), Электровые монеты Кизика и их роль в денежном обращении Северного Причерноморья (VI-IV вв до н.э.) (автореф. канд. дисс.), Одесса.

Булатович С.А. (1971$_b$), Монетные находки на о. Левке.- МАСП, VII, С. 811-813.

Бураков А.В. (1976), Козирское городище рубежа и первых столетии н.э., Киев.

Вейсман А.Д. (1991), Греческо-русский словарь, Москва.

Виноградов В.Б., Петренко В.А. (1974), Могильник сарматской эпохи на горе Лехкч-Корп. - СА, 1, С. 171-180.

Виппер Б.Р. (1972), Искусство древней Греции, Москва.

Горбунова К.С. (1969), Древние греки на острове Березань, Ленинград.

Галанина Л.К. (1970), Стеклянные сосуды из Курджипского кургана. - Археологический сборник. Государственный Эрмитаж, 12, Ленинград, С. 35-44.

Галанина Л.К. (1995), Раннескифские стрелковые наборы из Келерметских курганов. - АСГЭ, Санкт-Петербург, С. 40-51.

Гайдукевич В.Ф. (1952$_a$), Раскопки Тиритаки. - МИА, 25, С. 15-134.

Гайдукевич В.Ф. (1952$_b$), Раскопки Мирмекия в 1935-1938 гг. - МИА, 25, С. 135-222.

Гайдукевич В.Ф. (1958), Раскопки Тиритаки и Мирмекия. - МИА, 85: 149-218.

Гайдукевич В.Ф. (1959), Некрополи некоторых Боспорских городов. - МИА, 69, С. 154-238.

Гайдукевич В.Ф. (1966), Работы на Боспоре. - АО 1965 г., Москва, С. 100-102.

Герасимов Т. (1943), Находки от электронови монеты на гр. Кизик от Бьалгария. - Годишник на народния археологичкски музей, VII, София.

Герц Д.Д. (1876), Исторический обзор археологических исследований и открытий на Таманском п.-ве, Москва.

Гдзелишвили И.А. (1964), Железопливальное дело в древней Грузии, Тбилиси.

Гогадзе Э.М., Панцхава Л.М., Дариспанашвили М.В. (1977), Работы Носири-Мухурчской археологической экспедиции в 1974-75 гг. - სსმაკ, V, გვ. 60-71.

Голенко К.В. (1957), Кобулетский клад серебрянных монет середины IV века до н.э. - СА, 27, С. 290-301.

Голенко К.В. (1961), Клад синопских и колхидских монет середины IV в до н.э. (1948). - ВДИ, 1, С. 42-59.

Голенко К.В., Капанадзе Д.Г. (1966), Четыре клада колхидок. - НЭ., 6, С. 31-61.

Горбунова К.С., Передольская А.А. (1961), Мастера греческих расписных ваз, Ленинград.

Граков Б.Н. (1954), Клейменная тара эпохи эллинизма как источник производства и торговли. – МИА, 36, С. 9-178.

Грач Н.Л. (1969), О раскопках Нимфея в 1966-1967 гг. - СГЭ, XXX, С. 56-57.

Грач Н.Л. (1975), Раскопки некрополя Нимфея в 1973-74 гг. - Новейщие открытия советских археологов (тезисы докладов конференции), Киев, ч. II, С. 59-60.

Грач Н.Л. (1999), Некрополь Нимфея, Санкт-Петербург.

ბიბლიოგრაფია BIBLIOGRAPHY

Гриневич К.Е. (1952), Юз-Оба (Боспорский могильник V в до н.э.). - АИБ, 1, Симферополь, С. 129-149.

Дедабришвили Ш. В. (1979), Курганы Алазанской долины, Тбилиси.

Десятчиков Ю.М. Долгоруков В.С. Алексеева Е.М. (1984), Сельская территория. - АГСП, Москва, С. 88-91.

Долгоруков В.С. (1984), Фанагория. - АГСП, Москва, С. 77-81.

Древности Боспора... (1854), Древности Боспора Киммерийского, I, Санкт-Петербург.

Думберг К.Е. (1901), Извлечение из отчета о раскопках гробниц в г. Керчи и его окрестностях в 1899 г.- ИАК, 1, С. 80-93.

Думберг К.Е. (1902), Извлечение из отчета о раскопках гробниц в 1900 г.- ИАК, 2, С. 40-60.

Зеест И.Б. (1960), Керамическая тара Боспора. - МИА, 83, С. 1-179.

Зограф А.Н. (1926), Кизикины коллекции С.Г.Строганова. - Сборник Государственного Эрмитажа, III, Ленинград, С. 59-69.

Зограф А.Н. (1951), Античные монеты. - МИА, 16, С. 1-248, рис. 1-50.

Зубарь В.М., Рыжков С.Г., Шевченко А.В. (1988), Новый погребальный комплекс Западного некрополя Херсонеса. - Античные древности Северного Причерноморья, Киев, С. 148-165.

Иванов Т. (1963), Античная керамика из некрополя Аполлонии. - Аполония. Разкоптике в некропола на Аполония през 1947-1949. София, С. 65-274.

Иванова М.И., Голубев П.М. (1961), Находки в Лоо. - СА, 1961, 3, С. 284-290.

Иващенко М.М. (1941), Кувшинные погребения в Грузии (ხელნაწერი, ინახება ოთ.ლორთქიფანიძის არქეოლოგიის ინსტიტუტში).

Иессен А.А., Пиотровский Б.Б. (1940), Моздокский могильник, Ленинград.

Инадзе М.П. (1968), Причерноморские города древней Колхиды, Тбилиси.

Кадеев В.И. (1973), Об этнической принадлежности скорченных погребений Херсонесского некрополя. - ВДИ, 4, С. 108-116.

Казиев С.М. (1960), Альбом кувшинных погребений Мингечаура, Баку.

Капанадзе Д.Г. (1959), К вопросу об экономических связах Северного и Восточного Причерноморья в античную эпоху по нумизматическим данным. - Проблемы истории Севернего Причерноморья в античную эпоху, Москва, С. 139-151.

Капошина К.И. (1950), Погребения скифского типа в Ольвии. - СА, XIII, С. 205-216.

Капошина К.И. (1956_a), О скифских элементах в культуре Ольвии. - МИА, 50, С. 154-189.

Капошина К.И. (1956_b), Из истории греческой колонизации Нижнего Побужья. - МИА, 50, С. 211-254.

Капошина К.И. (1959), Некрополь в районе поселка им. Войкова близ г. Керчи. - МИА, 69, С. 108-153.

Карышковский П.О. (1961), Об обращении кизикинов в Ольвии. - НЭ, II: 3-13. таб. I.

Кастанаян Е. Г. (1950), Обряд тризны в Боспорских курганах. - СА, 14, С. 124-138.

ბიბლიოგრაფია   **BIBLIOGRAPHY**

Кастанаян Е. Г. (1959), Грунтовые некрополи Боспорских городов. - МИА, 69, С. 257-295.

Кастанаян Е. Г., Кунина Н.З., Пругло В.И., Силантьева Л.Ф., Шургая И.Г. (1967), Работы на Боспоре. - АО 1966 г., Москва, С. 223-225.

Кастанаян Е.Г. (1987), Надгробная надпись из Порфмия. - ВДИ, 2, С. 85-87.

Катюшин Е.А., Айбабин Е.А. (1978), Раскопки в окрестностях Феодосии. - АО 1977 г., Москва, С. 328.

Катюшин Е.А. (1979), Раскопки в окрестностях Феодосии. - АО 1978 г., Москва, С. 334-335.

Катюшин Е.А. (1980), Раскопки в окрестностях Феодосии. - АО 1979 г., Москва, С. 273-274.

Кахидзе А.Ю. (1974), Иноземные монеты могильника Пичвнари. - ВДИ, 3, С. 88-92.

Кахидзе А.Ю. (1977), Раскопки могильника Пичвнари. - КСИА, 151, С. 4-12.

Кахидзе А.Ю., Давитадзе Ю.А. (1978), Раскопки в Пичвнари. - АО 1977 г., Москва, С. 483-484.

Кахидзе А.Ю. (1979), Древнегреческий могильник в Пичвнари (IV в до н. э.). - СА, 1, С. 171-180.

Кахидзе А.Ю. (1981), Восточное Причерноморье в античную эпоху, Батуми.

Кахидзе А., Мамуладзе Ш. (2001), Погребения раннесредневекового периода из Пичвнари. - Российская археология, 1, С. 76-87.

Кахидзе А., Сулава Н. (2005), Фыбулы Пичвнарского могильника. - Кавказоведение, 8, Москва, С. 57-66.

Качарава Д.Д. (1972), Город Гиэнос в античную эпоху (автореферат канд. дисс.), Тбилиси.

Качарава Д. Д., Квирквелия Г. Т. (1991), Города и поселения Причерноморья античной эпохи, Тбилиси.

Кигурадзе Н.В., Лордкипанидзе Г.А. (1970), Археологические исследования в Дапнари. - АО 1969 г., Москва, С. 365.

Кигурадзе Н.В. (1976), Дапнарский могильник, Тбилиси.

Кигурадзе Н.В., Лордкипанидзе Г.А. (1977), Дапнарское селище и могильник (к проблеме сельских поселений Колхиды). -КСИА, 151, С. 55-63.

Кинжалов Р.К. (1955), Золотая серьга из Бори. - Сборник сообщении Государственного Эрмитажа, 7, Ленинград, С. 32-33.

Книпович Т.Н. (1940$_a$) Архаический некрополь на территории Ольвии. - КСИИМК, 6, С. 80-82.

Книпович Т.Н. (1940$_b$), Некрополь в северно-восточной части Ольвийского городища. - СА, 6, С. 94-104.

Книпович Т.Н. (1955), Художественная керамика в городах Северного Причерноморья. - Античные города Северного Причерноморья, Москва/Ленинград, С. 356-391.

Кобылина М.М. (1941), Раскопки некрополя Тиритаки в 1924 г. - МИА, 4, С. 75-84.

Кобылина М.М. (1951$_a$), Раскопки "Южного" некрополя Фанагории в 1947 г. - МИА, 19, С.

236-240.

Кобылина М.М. (1951_b), Раскопки «Восточного» некрополя Фанагории в 1949 г. - МИА, 19, С. 241-249.

Кобылина М.М. (1956), Фанагория. - МИА, 57, С. 5-101.

Козенкова В.И. (1982b), Типология и хронологическая классификация предметов Кобанской культуры. Восточный вариант. – САИ, вып. В. 2-5, Москва, С. 5-176.

Козуб Ю.И. (1960), Погребальный обряд ольвийского некрополя V-IV вв. до н.э. - ЗОАО, I (34), Одесса, С. 75-85.

Козуб Ю.И. (1963), Некрополь Ольвии V-IV вв. до н.э. как исторический источник (канд. дисс.), Киев.

Козуб Ю.И. (1967), Раскопки территории некрополя Ольвии в 1965-1966 гг. - АИУ 1965-1966 гг., I, Киев, С. 126-130.

Козуб Ю.И. (1968), Раскопки на территории некрополя Ольвии в 1967 г. - АИУ 1967 г., II, Киев, С. 135-139.

Козуб Ю.И. (1971), Раскопки западной окрестности Ольвии. - АИУ 1968 г., III, Киев, С. 172-174.

Козуб Ю.I. (1974_a), Некрополь Ольвiï V-IV ст. до н.е., Київ.

Козуб Ю.И. (1974_b), Погребальные сооружения некрополей Ольвии и её округа. - Культура населения Ольвии эллинистического времени, Киев.

Козуб Ю.И. (1984), Историческая топография некрополя Ольвии. - Античная культура Северного Причерноморья, Киев, С. 156-173.

Колпиский Ю.Д. (1970), Искусство эгейского мира и древней Греции, Москва.

Коровина А.К. (1962_a), Некрополь около мыса Панагии. - АИБ, II, Симфорополь, С. 301-314.

Коровина А.К. (1962_b), Раскопки некрополя Тирамбы в 1959 г. - КСИА, 89, С. 70-73.

Коровина А.К. (1968), Тирамба (городище и некрополь). - СГМИИ им. А.С.Пушкина, 4, С. 54-84.

Коровина А.К. (1984), Гермонасса. - АГСП, Москва, С. 81-82.

Корпусова В.Н. (1983), Некрополь Золотое, Киев.

Кравченко А.А. (1969), Клад кизикских стратеров из Одесской области. - СА, 1, С. 274-276.

Кругликова И.Т. (1969), Некрополь поселении у дер. Семёновски. - СА, 1, С. 98-119.

Кругликова И.Т. (1971), Горгиппия в период Спартокидов. - ВДИ, 1, С. 89-100.

Кругликова И.Т. (1980), История исследования Горгиппии и ее некрополя. – Горгиппия, I, Краснодар, С. 5-17.

Кругликова И.Т. (1982), Раскопки некрополя в р-не Астраханской улицы в 1954-64 гг. - Горгиппия, II, Краснодар.

Крупнов Е.И. (1952), Жемталинский клад, Москва.

Крупнов Е.И. (1960), Древняя история Северного Кавказа, Москва.

ბიბლიოგრაფია   BIBLIOGRAPHY

Кузнецова Т.М. (1980), Зеркала из сарматских погребении Ставрополья. - КСИА,162, 101-104.

Кузнецова Т.М. (1988), Зеркала в погребальном обряде сарматов. - СА, 4, С. 52-61.

Кузьменко В.И. (1976), Исследование римских слоев Никонии. - МАСП, вып. 8, Киев, С. 218-224.

Кунина Н.З. (1968), Стеклянные стаканы с греческими надписями в собрании Эрмитажа. - Античная история и культура Средиземноморья и Причерноморья, Ленинград, С. 220-226.

Кунина Н.З. (1997), Античное стекло в собрании Эрмитажа, Санкт-Петербург.

Кутаисов В.А., Ланцов С.Б. (1989), Некрополь античной Керкинитиды, Киев.

Куфтин Б.А. (1941), Археологические раскопки в Триалети, I, Тбилиси.

Куфтин Б.А. (1944), К вопросу о древнейших корнях Грузинской культуры на Кавказе по данным археологии. - სსმმ, XII-B, გვ. 291-440.

Куфтин Б.А. (1949), Материалы к археологии Колхиды, I, Тбилиси.

Куфтин Б.А. (1950), Материалы к археологии Колхиды, II, Тбилиси.

Лесков А.М. (1985), Сокровища курганов Адыгеи, Москва.

Либеров П.Д. (1962), Памятники скифского времени бассейна Северного Донца. – МИА, 113, С. 5-85.

Линевич А.С. (1854), О керченских гробницах. - Пропилей. Сборник статей по классической древносты, издаваемый П. Леонтьевым, IV, С. 537-550.

Лордкипанидзе Г.А. (1970), К истории древней Колхиды, Тбилиси.

Лордкипанидзе О.Д. (1957), Ремесленное производство и торговля в Мцхета I-III вв.н.э. (канд. дисс.), Тбилиси.

Лордкипанидзе О., Путуридзе Р., Лежава Г., Матиашвили Н., Чкония А., Качарава Д., Мицишвили М., Толордава В., Лордкипанидзе Г., Кигурадзе Н., Гиголашвили Е. (1974), Итоги работ Ванской археологической экспедиции. – ПАИ в 1973 г., Тбилиси, С. 35-41, таб. VII-XI.

Лордкипанидзе О.Д. (1979а), Древняя Колхида. Миф и археология, Тбилиси.

Лордкипанидзе О.Д. (1979b), К проблеме греческой колонизации Восточного Причерноморья (Колхиды). - Материалы I Всесоюзного симпозиума по древней истории Причерноморья - Цхалтубо 1977 г., Тбилиси, С. 187-255.

Лордкипанидзе О. Д. (1989), Население древней Грузии, Тбилиси.

Максимова М.И. (1979), Артюховский курган, Ленинград.

Манцевич А.П. (1947), Амфоры кургана Солоха. - СГЭ, IV.

Марти Ю.Ю. (1941), Разведочные раскопки вне городских стен Тиритаки. - МИА, 4: 25-37.

Марченко И.Д. (1956), Раскопки Восточного некрополя Фанагории в 1950-51 гг. - МИА, 57: 102-127.

Марченко И.Д. (1960), Погребение IV в. до н.э. из Фанагории. - СГМИИ им. А.С.Пушкина, I, Москва, С. 22-28.

Марченко К.К. (1984), Поселения античного времени на територии Нижнего Побужья. -

АГСП, Москва, С. 40-44.

Масленников А.А. (1984), Китей. - АГСП, Москва, С. 71.

Мелюкова А.И. (1975), Поселение и могильник скифского времени у села Николаевки, Москва.

Микеладзе Т.К., Барамидзе М.В. (1977), Кольхский могильник VII-VI вв до н.э. в с.Нигвзиани. - КСИА, 151, С. 33-39.

Миллер А.А. (1932), Таманская экспедиция ГАИМК в 1931 г. - СГАИМК, 7-8, С. 43-50.

Младенова Я. (1963), Пастовые и алебастровые предметы из некрополя Аполлонии. - Аполония, София, С. 305-312.

Молева Н.В. (1981), Раскопки некрополя Мирмекия в 1974-1975 гг. - КСИА, 168, С. 73-77.

Монахов С.Ю. (1999), Греческие амфоры в Причерноморье. Комплексы керамической тары, Саратов.

Муральт Э.Г. (1850), Хронологическое обозрение древних могил, открытых по обе стороны Боспора Киммерийского. - Записки Санкт-Петербургского Археологическо-нумизматического общества, III.

Мусхелишвили Д.Л. (1977), К вопросу о распространении красноглиняной керамики на территории Восточной Грузии в раннеантичную эпоху. - СА, 3, С. 213-220.

Мусхелишвили Д.Л. (1978), К вопросу о связях центрального Закавказья с передним Востоком в раннеантичную эпоху. - სას, I, გვ. 19-30.

Неразик Е.Е. (1959), Керамика Хорезма античного периода. - Труды Хорезмской Археологическо-Этнографической Экспедиции, IV, Москва, С. 63-220.

ОАК (1879), Объяснения некоторых художественных произведении, открытых в 1875 г. в южной России. - ОАК за 1876 г., Санкт-Петербург, С. 5-222.

ОАК (1881), Раскопки на Таманском полуострове. - ОАК за 1878-1879 гг., Санкт-Петербург.

ОАК (1892), Раскопки в Керчи и его окрестностях. - ОАК за 1889 г., Санкт-Петербург, С. 7-13.

ОАК (1893), Производство археологических раскопок в Керчи и его окрестностях. - ОАК за 1891 г., Санкт-Петербург, С. 22-68.

ОАК (1901), Раскопки в Пантикапее. - ОАК за 1898 г., Санкт-Петербург, С. 13-20.

ОАК (1903), Раскопки в Ольвии. - ОАК за 1901 г., Санкт-Петербург, С. 2-22

ОАК (1904), Раскопки в Ольвии. - ОАК за 1902 г., Санкт-Петербург, С. 2-27.

ОАК (1906a), Раскопки в Ольвии. - ОАК за 1903 г., Санкт-Петербург, С. 2-20.

ОАК (1906_b), Случайные находки и приобретения. - ОАК за 1903 г., Санкт-Петербург, С. 117-134.

ОАК (1907), Раскопки в Ольвии. - ОАК за 1904 г., Санкт-Петербург, С. 1-41.

ОАК (1908a), Раскопки в Ольвии. - ОАК за 1905 г., Санкт-Петербург, С. 1-35.

ОАК (1908_b), Раскопки в Херсонесе. - ОАК за 1905 г., Санкт-Петербург, С. 93-108.

ОАК (1909), Раскопки в Ольвии. - ОАК за 1906 г., Санкт-Петербург, С. 1-50.

ОАК (1910), Раскопки в Ольвии. - ОАК за 1907 г., Санкт-Петербург, С. 1-66.

ОАК (1912), Раскопки в Ольвии. - ОАК за 1908 г., Санкт-Петербург, С. 1-84.

ОАК (1913), Раскопки в Ольвии. - ОАК за 1909-1910 гг., Санкт-Петербург, С. 1-105.

ОАК (1914), Раскопки в Ольвии. - ОАК за 1911 г., Петроград, С. 1-25.

ОАК (1916), Раскопки в Ольвии. - ОАК за 1912 г., Петроград, С. 1-35.

ОАК (1918), Раскопки в Ольвии. - ОАК за 1913-1915 гг., Петроград, С. 1-51.

Онайко Е.А. (1966), Античный импорт в Приднепровье и Побужье в VII-V веках до н.э. – САИ, Д1-27, С. 1-70, таб. I-XXV.

Петерс Б.Г. (1984), Феодосия. - АГСП, Москва, С. 63.

Придик Е.М. (1914), Новые Кавказские клады. – МАР, 34, Петроград, С. 96-110.

Рамишвили А.Т. (1975), Раскопки приморских стоянок в Пичвнари (Кобулети) в 1960-1964 гг. и 1967 г. - СА, 1, С. 136-153.

Розанова Н.П. (1968), Золотые перстни с геммами и греческими надписями из Фанагории. - СГМИИ им. А.С.Пушкина, IV, Москва, С. 125-131.

Ростовцев М.И. (1925), Скифия и Боспор, Ленинград.

Рыбаков Б.А. (1948), Ремесло древней Руси, Москва.

Рыбаков Б.А. (1956), Средневековая литейная форма из Фанагории. - МИА, 57, С. 180-182.

Салов А.И., Смирнова Т.М. (1972), Новые находки в Анапе. - КСИА, 130, С. 53-57.

Сидорова Н.А. (1962), Архаическая керамика из Пантикапея. - МИА, 103, С. 94-148.

Силантьева П.Ф. (1945), Некрополь Нимфея. – СГЭ, 3, С. 9.

Силантьева П.Ф. (1958), Два килика из некрополя Нимфея (К вопросу о развитии чернолаковой керамики). - ТГЭ, II, Ленинград/Москва, С. 67-73.

Силантьева Л.Ф. (1959), Некрополь Нимфея. - МИА, 69, С. 5-107.

Силантьева Л.Ф. (1976), Спиралевидные подвески Боспора. - ТГЭ, XVII, Ленинград, С. 123-138.

Скржинская М.В. (1986), Греческие серьги и ожерелья архаического периода. - Ольвия и ее округа, Киев, С. 112-126.

Скуднова В.М. (1945), Кольцеобразные сосуды из Ольвии. - Труды отдела истории искусства и культуры античного мира Государственного Эрмитажа, т. I, Ленинград, С. 131-140.

Скуднова В.М. (1952), Находки колхидских монет и пифосов в Нимфее. - ВДИ, 2, С. 238-242.

Скуднова В.М. (1960), Погребения с оружием из архаического некрополя Ольвии. ЗОАО, I (34), Одесса, С. 60-74.

Скуднова В.М. (1962), Скифские зеркала из архаического некрополя Ольвии. - ТГЭ, VII, Ленинград, С. 5-27.

Скуднова В.М. (1988), Архаический некрополь Ольвии, Ленинград.

Смирнов А.П. (1951), Волжские бульгари, Москва.

Смирнов К.Ф. (1958), Меотский могильник у станицы Пашковской. - МИА, 64, С. 272-312.

Смирнов К.Ф. (1961), Вооружение савроматов. – МИА, 101, С. 1-162.

Смирнов Я.И. (1934), Ахалгорский клад, Тифлис.

Сокольский Н.И. (1961), Раскопки Пантикапея. - КСИА, 83, С. 32-54.

Сокольский Н.И. (1961), Кепы. - Античный город, Москва, С. 97-114.

Соловьева С.А. (2003), Археологические памятники сельской округи и некрополь Нимфея, Санкт-Петербург.

Сорокина Н.П. (1957), Тузлинский некрополь, Москва.

Сорокина Н.П. (1961), Раскопки некрополя Гермонассы в 1956-1957 годах. - КСИА, 83, С. 46-52.

Сорокина Н.П. (1962), Раскопки некрополя в Кепах 1959-1960 годах. - КСИА, 91, С. 98-104.

Сорокина Н.П. (1963), Раскопки некрополя Кеп в 1961 г. - КСИА, 95, С. 52-59.

Сорокина Н.П. (1967), Раскопки некрополя Кеп в 1962-64 гг. - КСИА, 109, С. 101-107.

Сорокина Н.П. (1977), Античные стеклянные сосуды из раскопок некрополя Боспорского города Кепы на Таманском полуострове. - Античный мир и археология, Саратов, С. 115-144.

Стржелецкий С.Ф. (1948), Раскопки Таврского некрополя в 1945 г. - ХС, 4, С. 69-95.

Тереножкин А.И. (1976), Киммерийцы, Киев.

Тер-Мартиросов Ф.И. (1979), Фляги как торговая тара.- Проблемы античной истории и культуры (доклады XIV международной конференции античников социалистических стран «Эирне»), II, Ереван, С. 409-414.

Тер-Мартиросов Ф.И. (1984), Керамика эллинистической Армении как исторический источник (автореф. канд. дисс.), Ереван.

Толстой И.И. (1953), Греческие граффити древних городов Северного Причерноморья, Москва/Ленинград.

Трапш М.М. (1955), Краткий отчёт о результатах археологических исследовании в Сухуми в 1952 году. – დ. გულიას სახელობის აფხაზეთის ენის, ლიტერატურისა და ისტორიის ინსტიტუტის შრომები, XXVI, გვ. 219-232.

Трапш М.М. (1969), Красномаяцкий некрополь. - Труды, II, Сухуми, С. 78-268.

Уварова П.С. (1900), Могильники Северного Кавказа. – МАК, VIII, Москва, С. 1-381.

Усачева О.Н., Сорокина Н.П. (1984), Кепы. - АГСП, Москва, С. 84-86.

Фабрициус И.В. (1951), Археологическая карта Причерноморья Украинской ССР, вып. 1, Киев.

Фармаковский Б.В. (1902), Вазовая живопись и её отношения к монументальному искусству в эпоху непосредственно после греко-персидской войны, Санкт-Петербург.

Фармаковский Б.В. (1903), Раскопки некрополя древней Ольвии в 1901 году. - ИАК, вып. 8, С. 1-70, прил. 71-113, таб. I-VI.

Фармаковский Б.В. (1906), Раскопки в Ольвии в 1902-1903 годах. - ИАК, вып. 13, Санкт-Петербург, С. 1-237, прил. 238-295, таб. I-X.

Фармаковский Б.В. (1914), Архаический период в Россий. - МАР, 34, Петроград, С. 15-78, таб. 29, рис. 39.

Фармаковский Б.В. (1926$_a$), Отчет о раскопках в Ольвии в 1924 г.. – СГАИМК, 1, С. 143-163.

Фармаковский Б.В. (1926$_b$), Отчет о раскопках в Ольвии в 1925 г.. – СГАИМК, 1, 171-192.

Федосеев Н.Ф. (2003), Археологические свидетельства об афинской клерухии в Синопе. – ВДИ, 3, С. 132-140.

Филимонов Г.Д. (1878), О доисторической культуре в Осетии. - Приложение к XXXI тому Известия общества любителей Естествознания, Антропологии и Этнографии, Москва, С. 30-31.

Фурманская А.И. (1959), Раскопки некрополя Ольвии в 1956 году. - КСИА АН УССР, 8, Киев, С. 133-138.

Цветаева Г.А. (1951), Грунтовый некрополь Пантиткапея, его история и социальный состав. - МИА, 19, С. 63-86.

Цветаева Г.А. (1967), Раскопки некрополя Горгиппии в 1964 г. - КСИА, 109, С. 136-139.

Черненко Е.В. (1970), Погребения с оружием из некрополя Нимфея. - Древности Восточного Крыма (Предскифский период и скифы), Киев, С. 190-198.

Чубинашвили Г.Н. (1959), Грузинское чеканное искусство, Тбилиси.

Чубова А.П., Иванова А.П. (1966), Античная живопись, Москва.

Чуистова Л.И. (1952), Курганные гробницы, открытие в 1950 г. районе Тиритаки. - АИБ, I, Симферополь, С. 219-228.

Чуистова Л.И. (1959), Новые находки из некрополей Керченского полуострова. - МИА, 69, С. 239-250.

Шамба Г.К. (1981), Эшерское городище, Тбилиси.

Шеглов А.Н. (1984), Керкинитида. - АГСП, Москва, С. 55-56.

Шелов Д.Б. (1949), Кизикские стратеры на Боспоре. - ВДИ, 2, С. 93-97.

Шелов Д.Б. (1956$_a$), Монетное дело Боспора VI-II вв до н.э., Москва.

Шелов Д.Б. (1961), Некрополь Танаиса. - МИА, 98, С. 3-135, рис. 1-49.

Шелов Д.Б. (1984), История античных государств Северного Причерноморья . - АГСП, Москва, С. 8-22.

Шкорпил В.В. (1902), Керчинские надписи, найденные при раскопках на северном склоне горы Митридата в г. Керчи в ноябре и декабре 1901 г. - ИАК, 3, Санкт-Петербург, С. 122-165.

Шкорпил В.В. (1903), Отчет о раскопках гробниц в г. Керчи и его окрестностях в 1901 г. - ИАК, 7, Санкт-Петербург, С. 74-93.

Шкорпил В.В. (1904), Отчет о археологических раскопках в г. Керчи и его окрестностях в 1902 г. - ИАК, 9, Санкт-Петербург, С. 73-177, таб. IX-XI.

Шкорпил В.В. (1905), Отчет о археологических раскопках в г. Керчи и его окрестностях в 1903 г. - ИАК, 17, Санкт-Петербург, С. 1-76.

Шкорпил В.В. (1907), Отчет о раскопках в г. Керчи в 1904 г. - ИАК, 25, Санкт-Петербург, С. 1-66.

ბიბლიოგრაფია

BIBLIOGRAPHY

Шкорпил В.В. (1909$_a$), Отчет о раскопках в г. Керчи в 1905 году. - ИАК, 30, Санкт-Петербург, С. 1-50.

Шкорпил В.В. (1909$_b$), Отчет о раскопках, произведенных в 1906 г. в г. Керчи и его окрестностях. - ИАК, 30, Санкт-Петербург, С. 51-98.

Шкорпил В.В. (1910), Отчет о раскопках в г. Керчи и на Таманском полуострове в 1907 г. - ИАК, 35, Санкт-Петербург, С. 12-47.

Шкорпил В.В. (1911), Отчет о раскопках в г. Керчи в 1908 г. - ИАК, 40, Санкт-Петербург, С. 62-91.

Шкорпил В.В. (1913$_a$), Отчет о раскопках в г. Керчи в 1909 г. - ИАК, 47, Санкт-Петербург, С. 1-41.

Шкорпил В.В. (1913$_b$), Отчет о раскопках в г. Керчи и в ст. Таманской в 1910 г. - ИАК, 47, Санкт-Петербург, С. 42-72, таб. I.

Шкорпил В.В. (1914), Отчет о раскопках в г. Керчи и на Таманском Полуострове. - ИАК, 56, Санкт-Петербург, С. 1-74.

Шкорпил В.В. (1916), Отчет о раскопках в г.Керчи, на Таманском полуострове и в Алуште в 1912 году. - ИАК, 60, Петроград, С. 7-35.

Шмидт Р.В. (1952), Греческая архаическая керамика Мирмекия и Тиритаки. - МИА, 25, С. 223-248.

Штерн Э.Р. (1906), Феодосия и ее керамика, Одесса.

Шульц П.О. (1971), Курган Кара-оба близ Керчи. - КСИА, 128, С. 55-62.

Хазанов А.М. (1964), Религиозно-магическое понимание зеркал у сарматов. - СЭ, 3, С. 89-96.

Хованская О.С. (1958), Нагрудное украшение из Булгарского города Джукетау. - СА, 1, С. 239-243.

Хоштария Н.В. (1962), Археологические раскопки в Вани (предварительное сообщение). - კავკასიურ-ახლოაღმოსავლური კრებული, II, თბილისი, გვ. 65-79.

Хршановский В.А. (2005), Некрополь Илурата: общее и особенное. - Боспорский феномен, Санкт-Петербург, С. 124-130.

Яковенко Э.В. (1970), Рядовые скифские погребения в курганах Восточного Крыма. - Древности Восточного Крыма (Предскифский период и скифы), Киев, С. 113-135.

Яковенко Э.В., Черненко Е.В., Корпусова В.Н. (1970), Описание скифских погребении в курганах Восточного Крыма. - Древности Восточного Крыма (Предскифский период и скифы), Киев, С. 136-179.

Яценко И.В. (1960), О двух жертвенниках в курганах побережья Днепревско-Бугского лимана. - Труды Госсударственного исторического музея, 37, Москва, С. 99-104.

Alekseeva, E.M. 1975-1982: *Classical Beads of the Northern Black Sea Area.* 3 vols. Moscow (see **Алексеева, 1975).**

Alfieri, N., P.E. Arias 1958: *Spina: die neuentdeckte Etruskerstadt und die griechischen Vasen ihrer*

Grдber. Mьnchen.

Alexandrescu, P. 1966: Necropola tumulara, Sapaturi 1955-1961. *Histria* 2: 133 - 294.

Almagro, M. 1953: *Las Nŭcrypolis de Ampurias*. 2 vols. Barcelona.

Almagro, M. 1964: *Excavaciones en la Palaiapolis de Ampurias*. Madrid.

Anderson, J.K. 1954: Excavations on the Kofina Ridge, Chios. *BSA* 49: 123-82.

Ashmole, B. 1946: Kalligeneia and Hieros Arotos. *JHS* 66: 8-10, pls 2-3.

Auth, S.H. 1976: *Ancient Glass of the Newark Museum from the Eugene Schaefer Collection of Antiquities*. Newark NJ.

Babelon, E. 1907-1910: *Traitŭ des Monnaies Grecques et Romaines*. 2 vols. Paris.

Barag, D. 1975: Rod formed Kohl-Tubes of the mid-first Millennium BC. *JGS* 17: 23-36.

Barron, J.P. 1972: New light on old walls. *JHS* 94: 20-45.

Baume, P. la, J.W. Salomonson 1976: *Römische Kleinkunst. Sammlung Karl Löffler. Wissenschaftliche Kataloge des Römisch-Germanischen Museums Köln* 3. Köln.

Beazley, J.D. 1921: An askos by Macron. *AJA* 25: 325-336.

Beazley, J.D. 1940-1945: Miniature panathenaics. *BSA* 61: 10-28.

Beazley, J.D. 1956: *Attic black-figure vase-painters*. Oxford.

Beazley, J.D. 1963: *Attic red-figure vase-painters*. 2nd edn. Oxford.

Beazley, J.D. 1976: *Etruscan Vase Painting*. 2nd edn. New York.

Beazley, J.D., F. Magi 1934-1941: *La raccolta Benedetto Guglielmi nel Museo gregoriano etrusco*. 2 vols. Citta del Vaticano.

Beazley Gifts **1967**: *Select exhibition of Sir John and Lady Beazley's gift.* Oxford, Ashmolean Museum.

Berger, E. 1963: *Kunstwerke der Antike*. Kunstmuseum, Luzern.

Bergman, S.M., A. Oliver, Jr. 1980: *Ancient and Islamic Glass in the Carnegie Museum of Natural History*. Pittsburgh.

Bilimovich, Z.A. 1982: The Etruscan bronze jug from the 'Semibratniy' kurgan No 4. *Artistic Wares of Classical Masters*. Leningrad (see **Билимович, 1982**).

Blinkenber, C., K.F. Kinch 1931: *Lindos*. Berlin.

Boardman, J. 1970: Cypriot finger rings. *BSA* 65: 5-16, pls 2-6.

Boardman, J. 1993: *History of Classical Art*. Oxford.

Boardman, J. 1997: *Athenian Red Figure Vases. The Classical Period. A handbook.* 2nd edn. New York.

Boellau I. 1889: *Aus ionischen und italischen Necropolen*. Leipzig.

Boulter, C.G. 1953: Pottery of the mid-fifth century from a well in the Athenian Agora. *Hesperia* 22: 59-115, pls 21-41.

Boulter, C.G. 1963: Graves in Lenormant Street, Athens. *Hesperia* 32: 113-137, pls 36-53.

Böttger, 1907: Die Kaiserzeitlichen und spätantiken Amphoren aus dem Kerameikos. *AM* 107: 315-

381, pls 96-102.

Brashinskiy, I.B. 1963: *Athens and the Northern Black Sea Area in the 6th-2nd Centuries BC*. Moscow (see **Брашинский, 1963**).

Brashinskiy, I.B. 1970: New evidence for Greek imports in the lower course of the Don. *Brief Reports of the Institute of Archaeology* 124: 12-18 (see **Брашинский, 1970**).

Brashinskiy, I.B. 1976: Mendean amphoras. On the localisation of the group of amphoras with wine-glass-like feet. *Artistic Culture and Archaeology of the Ancient World: Collection in Memory of B.V. Farmakovskiy*: 67-74. Moscow (see **Брашинский, 1976**).

Brashinskiy, I.B. 1984: *The Methodology of the Study of Classical Ttrade*. Leningrad (see **Брашинский, 1984**).

Brett, A.B. 1955: *Catalogue of Greek Coins: Museum of fine Arts, Boston*. Boston.

Broadgate, J.A. 1999: *A Study of Iron Coffin Fittings of the Fifrh and Fourth Centuries BC from Pichvnari* (Dissertation). Oxford.

Brommer, F. 1967: Kylix. *AA*: 546.

Brouwer, M. 1991: *Glass uit de Oudheid*. Amsterdam.

Brueckner, A., E. Pernice 1893: Ein attischer Friedhof. *AM* 18: 73-191, pls 6-9.

Burrows, R.M., P.N. Ure 1907-1908: Excavations at Rhitsyna in Boeotia. *BSA* 14: 226-318, pls 5-15.

Buschor, E. 1940: *Grichische Vasen*. München.

Callender, M.N. 1965: *Roman Amphorae with Index of Stamps*. London.

Callipolitis-Feytmans, D. 1948: A propos de deux assiettes attiques a figures noires des Musйes Royaux d'Art et d'Histoire. *Antiquitй Classique* 17: 183-192, pls 1-2.

Caskey L.D., J.D. Beazley 1931-1963: *Attic Vase Painting in the Museum of Fine Arts, Boston*. 3 vols. London.

***Catalogue Naville* 1922**: *Monnaies grecque antiques, provenant des collections de S.A. le Grand-duc Alexandre Michaylovich, de Sir Arthur J. Evans e d'autres amateurs* 4. Geneva.

Chkhaidze, L. 1974: Imported glassware of the early Classical period from the cemetery of the Greek settlers of the Pichvnari city site. *Remains of South-western Georgia* 4: 34-48 (see **ჩხაიძე, 1974**).

Chqonia, A. 1981: Gold ornaments from the city site of Vani. *Vani* 6. Tbilisi: 7-160, pls 1-74 (see **ჭყონია, 1981**).

Clinkenbeard, B.G. 1982: Lesbian wine and storage amphoras: a progress report on identification, *Hesperia* 51: 248-67.

***Constable-Maxwell Collection* 1979**: *Catalogue of the Constable-Maxwell Collection of Ancient Glass: the Property of Mr. and Mrs. Andrew Constable-Maxwell ... which will be sold by action by Sotheby Parke Benet & Co.* London.

Cook, R.M. 1972: *Greek Painted Pottery*. 2nd edn. London.

Corbett, P.E. 1949: Attic pottery of the later fifth century from the Athenian Agora. *Hesperia* 18:

298-351, pls 73-103.

Crosby, M. 1943: A silver ladle and strainer. *AJA* 47: 209-216.

CVA **1927**: *Corpus Vasorum Antiquorum. Great Britain 3, Oxford, Ashmolean Museum* (ed. J.D. Beazley). Oxford.

CVA **1930**: *Corpus Vasorum Antiquorum. Great Britain 6. Cambridge, Fitzwilliam Museum* (ed. W. Lamb). Ofxord.

CVA **1962**: *Corpus Vasorum Antiquorum. Schweiz 1. Genuve, Musŭe d'art et d'histoire* (ed. A. Bruckner). Berne.

CVA **1965**: *Corpus Vasorum Antiquorum. Roumanie 1. Institut d'archéologie, Musŭe national des antiquitŭs* (eds S. Dimitriu, P. Alexandrescu). Bucarest.

CVA **1968**: *Corpus Vasorum Antiquorum. Deutschland 29. Gotha, Schlossmuseum, DDR* (ed. E. Rohde). Berlin.

***Deutsches Bergbau-Museum Bochum* 2006**: Jahresbericht 2005. Veröffetlichungen aus dem Deutschen Bergbau-Museum Bochum 145 (ed. M. Merz). Bochum.

Dohan, E.H., H.M. Holnigswald 1942: The inscriptions in the University Museum, Philadelphia. *AJA* 46: 532-537.

Dragendorff, H. et al. (ed.) 1903, Theraeische Graeber. *Thera* 2. Berlin.

Dshaparidse, O. 1995: Die Zeit der frühen Kurgane. *Unterwegs zum Goldenen Vlies. Archäologische Funde aus Georgien* (eds A. Miron, W. Orthman): 69-72.

Dugas, C. 1935: Les vases orientalisants de style non-mélien. *Délos* 17. Paris.

Dugas, C. 1946-1947: Lécythe Aryballisques Athénien. *BCH* 70: 172-178, pl. 9.

Dugas, C. 1951: Le peintre d'Altamura au Musée de Lyon. *AJA* 71: 58-62.

Dugas, C. 1952: Las vases attiques à figures rouges. *Délos* 21. Paris.

Dundua, G. 1997: The Classical hoards of foreign coins from Colchis (6th - 4th centuries BC). *Guria* 2 (ed. V. Sadradze). Tbilisi: 80-107 (see დუნდუა, **1997**).

Dundua, G., Kakhidze, A., 1979: On the origins of Kolkhidki. *Matsne* 2: 66-73 (see დუნდუა, კახიძე **1979**).

Ebert, M. 1913: Ausgrabungen auf dem Gute Maritzyn, Gour. Cherson (Süd-Russland). *Prächistorische Zeitschrift* 5.2: 1-79, pls 1-3.

Eisen, G. 1927: *Glass.* New York.

Eliot, C. W. J., M. Eliot 1968: The Lechaion cemetery near Corinth. *Hesperia 37*: 345-367, pls 102-109.

Filow, B.D. 1913: Bulgarien (Archдologische funde in jahre 1912). *AA* 28: 340-363, pls 15-17.

Filow, B.D. 1934: *Die Grabhьgelnekropole bei Duvanlij in Sьdbulgarien.* Sofia.

Fossing, P. 1940: *Glass Vessels Before Glass-blowing.* Copenhagen.

Fritze, H. von, H. Goebler 1912: Die Elektronprägung von Kyzikos. *Nomisma* 7. Berlin.

Furtwängler, A. (1884), Archaischer Goldschmuck. – *AZ 42.*

ბიბლიოგრაფია BIBLIOGRAPHY

Furtwängler, A. 1900: *Die antiken Gemmen: Geschichte der Steinschneidekunst im klassischen Altertum.* 3 vols. Leipzig/Berlin.

Gagoshidze, I. 1997: Excavations at Takhtidziri (Kareli district). *Archaeology of the Caucasus: New Discoveries and Perspectives. Abstracts of Papers of International Scientific Session* (eds O.D.Lordkipanidze, B.A.Jorbenadze, A.A.Tchanturia). Tbilisi: 16-17 (see **გაგოშიძე, 1977**).

Gagošidze, J., Saginašvili, M. 2000: Die achaimenidischen Glasgefäße in Georgien. *Archäologische Mitteilungen aus Iran und Turan* 32: 67-73.

Gaidukevich, V.F. 1952: The excavations of Myrmekion in 1935-1938. *Materialy i Issledovaniya po Arkheologii SSSR* 25: 135-222 (see Гайдукевич, 1952).

Galanina, L.K. 1995: The early Scythian shooting collections from the Kelermess kurgans. *Collection of Papers in Archaeology of the State Hermitage* 32. Leningrad: 40-51 (see **Галанина, 1995**).

Gigolashvili, E. 1983: Beads. *Vani* 7. Tbilisi: 96-112 (see **გიგოლაშვილი, 1983**).

Gill, D.W.J. 1986: Classical Greek fictile imitations of precious metal vases. *Pots and Pans. A Colloquium on Precious Metals and ceramics in the Muslim, Chinese and Graeco-Roman Worlds, Oxford 1985* (ed. M. Vickers). Oxford: 9-30.

Golenko, K.V. 1957: A hoard of silver coins of the mid-4th century BC at Kobuleti. *Sovietskaya Arkheologiya* 27: 290-301 (see **Голенко, 1957**).

Golenko, K.V. 1961: A hoard of Sinopean and Colchian coins of the mid-4th century BC (1948). *Vestnik Drevnei Istorii* 1: 42-59 (see **Голенко, 1961**).

Golenko, K.V., Kapanadze, D.G. 1966: Four hoards of Kolkhidkas. *Numismatica i Epigrafica* 6 : 31-61 (see **Голенко, Капанадзе, 1966**).

Grace, V.R. 1949: Standard Pottery Containers of the Ancient Greek World. *Hesperia* 8: 175-189.

Grach, N. 1999: *The Cemetery at Nymphaeum.* St Petersburg (see **Грач, 1999**).

Greenwell, W. 1887: The Electrum Coinage of Cyzicus. *Numismatic Chronicle* 3.7: 1-125.

Grose, D.F. 1989: *The Toledo Museum of Art: Early Ancient Glass.* New York.

Hadaczek, K. 1903: *Der Ohrschmuck der Griechen und Etrusker*. Wien.

Harden, D.B. 1981: *Catalogue of Greek and Roman Glass in the British Museum* 1. London.

Harden, D.B., K.S. Painter, R.H. Pinder-Wilson, H. Tait 1968: *Masterpieces of Glass.* London.

Hayes, J. W. 1975: *Roman and Pre-Roman Glass in the Royal Ontario Museum: a Catalogue.* Toronto.

Hayes, J. W. 1992: *Greek and Greek-style Painted and Plain Pottery in the Royal Ontario Museum (excluding black-figure and and red-figure vases).* Toronto.

Head, B. V. 1911: *Historia Numorum a manual of Greek numismatics*, Oxford.

Higgins, R.A. 1980: *Greek and Roman Jewellery*. 2nd edn. London.

Inadze, M. 1962: The history of trade in ancient Colchis. *Caucasus-Middle East Collection* 2. Tbilisi: 81-126 (see **ინაძე, 1962**).

Inaishvili, N. 1993: The Tsikhisdziri archaeological remains of the first-sixth centuries AD. *Re-*

mains of South-Western Georgia 21. Tbilisi (see ინაიშვილი, **1993**).

Jacopi, G. 1929: Scavi nella necropoli di Ialisso 1924-1928. *Clara Rhodos* 3: 5-284.

Jacopi, G. 1931: Sepolcreto di Makri Langrin. *Clara Rhodos* 4: 43-340.

Jacopi, G. 1932-1933: Esplorazione archeologica di Camiro - II. *Clara Rhodos* 6-7: 3-4349.

Jehasse, J., Jehasse, L. 1973: *La nécropole préromaine d'Aléria (1960-1968)*. Paris.

Johnson, F.P. 1953: An owl skyphos. *Studies presented to David Moore Robinson* 2. St. Louis: 96-105.

Johnson, F.P. 1955: A note on owl skyphoi. *AJA* 59: 119-124, pls 35-8.

Kakhidze, A. 1965: Materials for the history of ancient cities of the Eastern Black Sea littoral. *Materials concerning the Archaeology of Georgia and the Caucasus* 4: 67-94 (see კახიძე, **1965**)

Kakhidze, A. 1971a: Ceramic wares from the Pichvnari Classical settlement. *Remains of the South-Western Georgia* 2: 28-66, pls. 1-3 (see კახიძე, **1971a**).

Kakhidze, A. 1971b: *Classical Period Cities of Georgia's Black Sea Littoral (Kobuleti/Pichvnari)*. Tbilisi (see კახიძე, **1971b**).

Kakhidze, A. 1973a: The red-figure crater of Pichvnari. *Bulletin of the Georgian Academy of Sciences* 69.2: 505-508 (see კახიძე, **1973a**).

Kakhidze, A. 1973b: The remains of Classical art in Pichvnari. *Sabchota Khelovneba* 9: 28-32 (see კახიძე, **1973b**).

Kakhidze, A. 1974a: Foreign coins discovered in 1967-1968 at the Pichvnari cemetery. *Matsne* 3: 79-85 (see კახიძე, **1974a**).

Kakhidze, A. 1974b: Imported coins from a grave in Pichvnari. *Vestnik Drevnei Istorii* 3: 88-92 (see Кахидзе, **1974**).

Kakhidze, A. 1974c: The principal results of archaeological excavations of the fourth century BC cemetery at Pichvnari. *Remains of South-Western Georgia* 4: 49-93 (see კახიძე, **1974b**).

Kakhidze, A. 1975: *The Classical Remains of the Eastern Black Sea Littoral.* Batumi (see კახიძე, **1975**).

Kakhidze, A. 1977: Excavations in the Pichvnari Cemetery. *Brief Reports of the Institute of Archaeology* 151: 4-12 (see **Кахидзе, 1977**).

Kakhidze, A. 1979a: The ancient Greek cemetery in Pichvnari (4th century BC). *Sovietskaya Arkheologiya* 1: 171-180 (see **Кахидзе, 1979**).

Kakhidze, A. 1979b: *The Eastern Black Sea Littoral in the Classical Period* (PhD thesis). Tbilisi (see კახიძე, **1979a**).

Kakhidze, A. 1979c: The results of the studies carried out in the Pichvnari Greek cemetery in 1976. *Remains of South-Western Georgia* 8: 42-67, pls. 6-19 (see კახიძე, **1979b**).

Kakhidze, A. 1981: *The Eastern Black Sea Littoral in Classical times*. Batumi (see **Кахидзе, 1981**).

Kakhidze, A. 1987: Specimens of Classical toreutics from Pichvnari. *Remains of South-Western Georgia* 16: 47-50, pl. 36 (see კახიძე, **1987**).

ბიბლიოგრაფია BIBLIOGRAPHY

Kakhidze, A. 2000-2001: Specimens of Classical Bronze Toreutics from Pichvnari, *Proceedings of the Dutch Archaeological and Historical Society Volumes: The Black Sea Region in the Greek, Roman, and Byzantine Periods* (Eds G. R.Tsetskhladze and J. G. de Boer), ΤΑΛΑΝΤΑ 32/33: 41-60.

Kakhidze, A. 2002: Die Gräberfelder von Pitschwnari. *Katalog der Ausstellung des Deutschen Bergbau-Museums Bochum in Verbindung mit dem Zentrum für Archäologische Forschungen der Georgischen Akademie der Wissenschaften Tbilissi vom 28. Oktober 2001 bis 19. Mai 2002* (eds. I. Gambashidze, A. Hauptman). Bochum: 72-75.

Kakhidze, A. 2004: Silver *phialai* from the 5th century BC Greek cemetery at Pichvnari. *Pontus and the Outside World, Colloquia Pontica* 9. Leiden/Boston: 85-120.

Kakhidze, A. 2005: Athens and the Black Sea Area in the late Archaic and Classical periods. *Pont Euxin et Polis. Polis Hellenis et Polis Barbaron. Actes du Xe Symposium de Vani - 23-26 Septembere, 2002* (eds D. Kacharava, M. Faudot, Й. Geny). Paris: 115-118.

Kakhidze, A. forthcoming: Greek Necropolis of Classical Period at Pichvnari. *Ancient Greek Colonies in the Black Sea* 2 (eds E. Petropoulos, D.V. Grammenos). *British Archarological Reports International Series.* Oxford.

Kakhidze, A., Iashvili, I., Vickers, M. 2001: Silver coins of Black Sea coastal cities from the fifth century BC cemetery at Pichvnari. *Numismatic Chronicle* 161: 282-288.

Kakhidze, A., Khakhutaishvili, D. 1989: Materials for the Ancient History of Batumi. *Remains of South-Western Georgia* 18. Batumi: 3-139: 3-139, pls 1-47 (see **კახიძე, ხახუტაიშვილი, 1989**)

Kakhidze, A., Khalvashi, M. 2006: On the dating of one group of Chian amphoras (based on finds from the Pichvnari Greek Necropolis of the fifth century BC). *Ancient Civilization from Scythia to Siberia* 12. 3-4 (eds G. Bongard-Levin, G. Gnodi, A. Ivantchik). Leiden: 290-295.

Kakhidze, A., Mamuladze, S., Ebralidze, T. 2002: Arbeiten vor dem Südtor. *Georgisch-Deutsche archäologische Expedition Gonio-Apsaros. Ester Vorläufiger Bericht. Arbeiten im Jahr 2000* (eds A. Gayer, S. Mamuladze), Tbilisi: 50-70.

Kakhidze, A., Tavamaishvili, G., Vickers, M., 2002: Pichvnari. A contact zone of Greeks and Colchians. *Pont Euxin et Commerce. La genèse de la "Route de la Soie". Actes du IXe Symposium de Vani (Colchide)* (eds M. Faudot, A. Fraysse, É. Geny). Paris: 227-234.

Kakhidze, A., Sulava, N. 2005: Fibulae from the Pichvnari cemetery. *Kavkazovedenie* 8. Moscow: 57-66. (see **Кахидзе, Сулава, 2005**).

Kakhidze, A., Vashakidze, N. 1977: The principal results of the archaeological excavations carried out on the Hellenistic period cemetery of Pichvnari in 1974. *Remains of South-Western Georgia* 6. Tbilisi: 25-53 (see **კახიძე, ვაშაკიძე, 1977**).

Kakhidze, A., Vickers, M. 2000a: Antike Welt und Ostpontos: Die Griechische Nekropole Klassischer Zeit in Pichvnari. *Phasis 2-3*. Tbilisi: 175-180.

Kakhidze, A., Vickers, M. 2000b: Recent discoveries at the Pichvnari 5th century BC Greek Necropolis. *Abstracts of Papers of the Conference: Towns and Urban Life in the Ancient Georgia* 2. Tbilisi/

ბიბლიოგრაფია   BIBLIOGRAPHY

Batumi: 10-15 (see კახიძე, ვიკერსი, 2000).

Kakhidze, A., Vickers, M. 2002: The Georgian-British joint expedition to Pichvnari in 1998. *Activities of the Batumi Archaeological Museum* 2: 42-79 (see კახიძე, ვიკერსი 2002).

Kakhidze, A., Vickers, M., Tavamaishvili, G. 2005: The principal results of the expeditions conducted in 1998-2001 at Pichvnari by the Joint Georgian-British Archaeological Expedition. *Metalla* 12.1/2: 114-124.

Kastanayan, E.G. 1950: The tradition of funeral feasts in Bosporan kurgans. *Sovietskaya Arkheologia* 14: 124-138 (see **Кастанаян, 1950**).

Kastanayan, E.G. 1959: Earthen necropoleis in Bosporan cities. *Materialy i Issledovaniya po Arkheologii SSSR* 69: 257-95 (see **Кастанаян,** 1959).

Khoshtaria, N.V. 1959: Archaeological sites of the Classical period in western Georgia. *Archaeology of Georgia* (ed. A. Apakidze). Tbilisi: 223-251 (see ხოშტარია, 1959).

Knigge, U. 1972: Untersuchungen bei den Gesandtenstelen im Kerameikos zu Athen. *AA* 87: 584-629.

Knigge, U. 1976: Der Südhügel. *Kerameikos: Ergebnisse der Ausgrabungen* 9. Berlin: 584-629.

Kolpinskiy, Y.D. 1970: *The art of Aegean world and ancient Greece*. Moscow (see **Колпинский, 1970**).

Kozenkova, V.I. 1982: Typology and chronological classification of objects of the Koban culture. *Svod Arkheologicheskikh Istochnikov* V.2-5. Moscow: 5-176 (see **Козенкова, 1982**).

Kozub, Y.I. 1963: *The Olbian cemetery of the 5th-4th centuries BC as an historical source* (Candidate's thesis). Kiev (see **Козуб, 1963**).

Kuftin, B.A. 1944: Concerning the question of ancient roots of Georgian culture in the Caucasus according to archaeological evidence. *Bulletin of the State Museum of Georgia* 12-B: 310-317 (see **Куфтин, 1944**).

Kurtz, D., J. Boardman 1971: *Greek Burial Customs*. London.

Kunina, N.Z. 1997: *Classical Glass in the Hermitage Collection*. St Petersburg (see **Кунина, 1997**).

Labino, D. 1966: The Egyptian sand-core technique: a new interpretation. *JGS* 8: 124-127.

Lambrino, M. F. 1938: *Les vases archanques d'Hstria*. Bucureşti.

Lang, M. 1956: Numerical notation on Greek vases. *Hesperia* 25: 1-24.

Liberov, P.D. 1962: Sites of the Scythian period in the middle course of the northern Donets. *Materialy i Issledovaniya po Arkheologii SSSR* 113: 5-84 (see **Либеров, 1962**).

Lordkipanidze, G. 1976: Weapons and tools. *Vani* 2. Tbilisi: 167-190 (see ლორთქიფანიძე გ., 1976).

Lordkipanidze, G. 1991: *The Settlement at Bichvinta*. Tbilisi (see ლორთქიფანიძე გ., 1991).

Lordkipanidze, M. 1975: *Colchian Signet-rings of the fifth-third century BC: Concerning relations with Greek workshops*. Tbilisi (see ლორთქიფანიძე მ., 1975).

Lordkipanidze, O. 1972: The city site of Vani. *Vani* 1. Tbilisi: 7-80 (see ლორთქიფანიძე ოთ.,

1972b).

Luschey, H. 1939: *Die Phiale*. Bleicherode am Harz.

Martirosyan, A.A. 1964: *Armenia in the Bronze and Early Iron Ages*. Yerevan (see **Мартиросян, 1964**).

Matheson, S.B. 1980: *Ancient glass in the Yale University art gallery*. Yale.

Matiashvili, N. 1977: Metal vessel. *Vani* 3. Tbilisi: 101-114, figs 91-108 (see **მათიაშვილი, 1977**).

McClellan, M. 1984: *Core-formed glass from dated contexts* (Dissertation). Philadelphia.

Mikeladze, T. 1985: *Colchian Early Iron Age Cemeteries: Ureki and Nigvziani cemeteries*. Tbilisi (see **მიქელაძე, 1985**).

Nadiradze, J. 1990: *Sairkhe: an Ancient City of Georgia*. Tbilisi (see **ნადირაძე, 1990**).

Neuburg, F. 1962: *Ancient glass.* London.

Nolte, B., Haevernick, T.E. 1967: Ägyptische und griechische frühe Glasgefässe. Rostok.

Oakley, J.H. 1984: Double-register calyx kraters: a study in workshop tradition. *Ancient Greek and Related Pottery. Proceedings of the International Vase Symposium*. Amsterdam: 119-127.

Oliver, Jr., A. 1977: *Silver for the Gods: 800 Years of Greek and Roman Silver.* Toledo.

Osborne, R. 1998: *Archaic and Classical Greek Art*. Oxford.

Paul-Zinserling, V. 1981: *Sammlung Antiker Kleinkunst Der Friedrich-Schiller-Universität Jena.* Jena.

Papadopoulos, J.K, S.A. Paspalas 1999: Mendaian as Chalkidian wine. *Hesperia* 68.2: 162-188.

Paton, W.R. 1887: Excavations in Caria. *JHS* 8: 64-82.

Pfuhl, E. 1923: Malerei und Zeichnung der Griechen. 3 vols. München.

Philipp, H. 1981: *Bronzeschmuck aus Olympia*. Berlin.

Pirtskhalava, M. 1983: Glassware. *Vani* 7. Tbilisi: 79-86 (see **ფირცხალავა, 1983**).

Poulsen, F. 1905: Die Dipylongräber und Dipylonvasen. Leipzig.

***Recent acquisitions* 1982**: Recent important acquisitions made by public and private collections in the United States and abroad. *JGS* 24: 87-114.

Regling, K. 1931: Der griechische Goldschatz von Prinkipo. *Zeitschrift fьr Numismatik* 41: 1-46.

Richter, G., M. Milne 1935: *Shapes and Names of Athenian Vases*. New York.

Robinson, D.M. 1941: Metal and minor miscellaneous finds: an original contribution to Greek life. *Excavations at Olynthus* 10. Baltimore/London.

Robinson, D.M. 1950: Vases found in 1934 and 1938. *Excavations at Olynthus* 13. Baltimore.

Robinson, D.M., C.G. Harcum 1930: *A Catalogue of the Greek Vases in the Royal Ontario Museum of Archaeology*. 2 vols. Toronto.

Roffia, E. 1993: I vetri antichi delle civiche raccolte archeologiche di Milano. Milano.

Rozanova, N.P. 1968: The gold rings with gems from Panticapaeum and Phanagoria. *Transactions of the A.S. Pushkin State Museum of Fine Arts* 4. Moscow: 125-131 (see **Розанова, 1968**).

Rumpf, A. 1953: *Malerei und Zeichnung*. München.

ბიბლიოგრაფია   BIBLIOGRAPHY

Saginashvili, M. 2000: The distribution of glass unguentaria - Kohl-Tubes in Georgia. *Dziebani* 5: 72-76 (see საგინაშვილი, 2000).

Saldern A. von, 1974: *Glassamlung Hentrich. Antike und Islam. Kataloge des Kunstmuseums Dьsseldorf,* Dьsseldorf.

Saldern, A. von, B. Nolte, P. la Baume, T.E. Haevernick 1974: *Gläser der Antike. Sammlung Erwin Oppenländer*. Hamburg.

Schauenburg, K. 1962: Eine neue Sianaschale. *AA* 77: 745-766.

Shear, T. L. 1936: The current excavations in the Athenian Agora. *AJA* 40: 188-203.

Schlürb-Vierneisel, B. 1966: Eridanos-Nekropole. *AM* 81: 4-111.

Schroeder, H. 2004: *Ancient Greek Glass from the Eastern Black Sea Littoral – a Provenance Study* (Dissertation). Oxford.

Shefton, B.B. 1996: Castulo cups in the Aegean, the Black Sea and the Near East with the respective hinterland. *Sur les traces des Argonautes, Actes du 6ᵉ symposium de Vani (Colchide) 22-29 September 1990* (eds O. Lordkipanidze, P. Lйvкque). Besanзon/Paris: 163-186.

Sieveking, J., Hackl, R. 1912: *Die königliche Vasensammlung zu München*. 3 vols. München.

Sikharulidze, T. 1984: Patterned *Lekythoi* of the "Beldam" Painter workshop from Pichvnari. *Proceedings of the Tbilisi State University* 249: 86-113 (see სიხარულიძე, 1984).

Sikharulidze, T. 1985: Red-figure crater with a mythological scene: Eos and Cephalos from Pichvnari. *Remains of South-Western Georgia* 13: 9-22 (see სიხარულიძე, 1985).

Sikharulidze, T. 1987: Attic painted vases from the Pichvnari cemetery (5ᵗʰ-4ᵗʰ centuries BC*). Remains of South-Western Georgia* 16: 51-108, pls. 37-52 (see სიხარულიძე, 1987).

Sikharulidze, T. 1988: New specimens of Attic painted pottery from the Pichvnari Greek cemetery. *Remains of South-Western Georgia* 17: 62-71, pls. 38-9 (see სიხარულიძე, 1988).

Sikharulidze, T. 1991: Three *Lekythoi* from the Pichvnari *5ᵗʰ-4ᵗʰ century BC* cemetery. *Remains of South-Western Georgia* 19: 42-8, pl. 13 (see სიხარულიძე, 1991).

Sikharulidze, T. 1992: *Attic painted pottery from the Pichvnari 5ᵗʰ-4ᵗʰ century cemetery. Remains of Greek Culture in Georgia* (Candidate's thesis). Tbilisi (see სიხარულიძე, 1992).

Silantieva, L.F. 1976: The spiral-like pendants of the Bosporus. *Activities of the State Hermitage* 17. Leningrad: 123-138 (see Силантьева, 1976).

Simon, E., 1963: Polygnotan painting and the Niobid Painter. *AJA* 67: 57-61.

Skudnova, V.M. 1988: *The Archaic Cemetery of Olbia*. Leningrad.

Smirnov, K.F. 1961: Weapons of the Sarmatians. *Materialy i Issledovaniya po Arkheologii SSSR* 101: 1-162 (see Смирнов К., 1961).

Sparkes, B., Talcott, L. 1970: Black and plain pottery of the 6th, 5th and 4th Centuries BC, *Athenian Agora* 12. Princeton NJ.

Spartz, E. 1967: *Antike Gläser. Vollständiger Katalog Staatliche Kunstsammlungen Kassel*. Kassel.

Stern, E.M., Schnick-Nolte B. 1994: *Frьhes Glas der alten Welt 1600 v. Chr. - 50 n. Chr. Samm-*

lung Ernesto Wolf. Stuttgart.

Strong, D.E. 1966: *Greek and Roman Gold and Silver Plate*. London.

Sulava, N., 2000: Concerning the chronology of graves with fibulae at the Samtavro cemetery. *Dziebani 5*: 65-71 (see სულავა, 2000).

Talcott, L. 1935: Attick black-glazed stamped ware and other pottery from the fifth century well. *Hesperia* 4: 477-523.

Technau, W. 1929: Griechische Keramik im Samischen Heraion. *AM* 54: 6-64.

Tekhov, B.V. 1974: *The Central Caucasus in the Fourteenth -Tenth Centuries BC*. Moscow (see Техов, 1974).

Trendall, A.D. 1951: Attic vases in Australia and New Zealand. *JHS* 71: 178-193.

Tsetskhladze, G.R., Vashakidze, N.V. 1994: Terracota figures of animals from Colchis. *Dialogues d'histoire ancienne* 20.01: 109-125.

Tsvetaeva, G.A. 1951: An underground cemetery at Panticapaeum. *Materialy i Issledovaniya po Arkheologii SSSR* 19: 63-86 (See Цветаева, 1951).

Ure, A. D. 1936: Red figure cups with incised and stamped decoration 1. *JHS* 56: 205-215, pls 11-13.

Ure, A.D. 1944: Red-figure cups with incised and stamped decoration 2. *JHS* 64: 67-77.

Vanderpool, E. 1946: The rectangular rock-cut shaft. *Hesperia* 15: 265-336, pls 13-69.

Vanderpool, E. 1951: A black-figured kylix from the Athenian Agora. *Hesperia* 20: 61-63, pls 31-32.

Vashakidze, N. 1983: Results of studies carried out on the Pichvnari Hellenistic period cemetery in 1980. *Remains of South-Western Georgia* 12: 64-86 (see ვაშაკიძე, 1983).

Vashakidze, N., Inaishvili, N. 2002: Greek imports of the late Archaic and Classical period in Tsikhisdziri. *Pont Euxin et Commerce. La genèse de la "Route de la Soie". Actes du IXe Symposium de Vani (Colchide)* (eds M. Faudot, A. Fraysse, É. Geny). Paris: 235-250.

Vashakidze, N., Kakhidze, A. 1978: The results of the field work conducted in the Hellenistic period cemetery of Pichvnari in 1975. *Remains of South-Western Georgia* 7. Tbilisi: 42-58 (see ვაშაკიძე, კახიძე, 1978).

Vermeule, E. T. 1965: Vengeance of Achilles (the dragging of Hektor at Troy). *Bulletin of the Museum of Fine Arts* 63.331. Boston: 34-52.

Vickers, M. 1979: *ScythianTreasures in Oxford*. Oxford.

Vickers, M. 2002: *Scythian and Thracian Antiquities in Oxford*. Oxford.

Vickers, M. 2004: Was ist Material wert ? Eine kleine Geschichte über den Stellenwert griechischer Keramik. *Antike Welt* 4: 63-69.

Vickers, M., Gill, D. 1994: *Artful Crafts: Ancient Greek Silverware and Pottery*. Oxford.

Vickers, M., Kakhidze, A. 1998: Pichvnari, Georgia, 1998. *Anatolian Archaeology* 4: 15.

Vickers, M., Kakhidze, A. 1999a: Pichvnari, Ajarian AR, Georgia 1999. *Anatolian Archaeology* 5:

11-12.

Vickers, M., Kakhidze, A. 1999b: The Oxford-Batumi Pichvnari Expedition, 1998, *Pontica* 32: 19-38.

Vickers, M., Kakhidze, A. 2000: Pichvnari, Ajarian AR, Georgia 2000. *Anatolian Archaeology* 6: 13-14.

Vickers, M., Kakhidze, A. 2001a: Pichvnari, Ajarian AR, Georgia 2001. *Anatolian Archaeology* 7: 13-14.

Vickers, M., Kakhidze, A. 2001b: The British-Georgian Excavation at Pichvnari, 1998: the "Greek" and "Colchian" cemeteries. *Anatolian Studies* 51: 65-90.

Vickers, M., Kakhidze, A. 2002: Pichvnari, Ajarian AR, Georgia 2001. *Anatolian Archaeology* 8: 15.

Vickers, M., Kakhidze, A. 2004: *Greeks and Colchians on the east coast of the Black Sea: results of excavations conducted by the joint British-Georgian Pichvnari expedition (1998-2002)*, Pichvnari 1. Batumi/Oxford.

Vošěinina, S. 1963: Frühantike Glassgefässe in der Ermitage (Gruppe der Salbgefässe in der Sand-kern-Technik). *Wissenschaftliche Zeitschrift der Universität Rostock. Gesellschafts- und sprachwissenschaftliche Reihe* 16: 555-560.

Webster, T. 1935: *Der Niobidenmaler*. Leipzig.

Weinberg, G. D. 1992: *Glass Vessels in Ancient Greece*. Athens.

Yatsenko, I.B. 1960: Concerning two altars in kurgans on the coast of the Dnieper-Bug estuary. *Activities of the State Historical Museum* 37. Moscow: 99-104 (see **Яценко, 1960**).

Young, R.S. 1951: An industrial district of ancient Athens. *Hesperia* 20: 135-288, pls 55-85.

Zeest, I.B. 1960: Ceramic wares of Bosporus. *Materialy i Issledovaniya po Arkheologii SSSR* 83: 1-179 (see **Зеест, 1960**).

შემოკლებათა განმარტებანი ABBREVIATIONS

ბამ-ის შრომები - ბათუმის არქეოლოგიური მუზეუმის შრომები

ბსკი - ბათუმის სამეცნიერო-კვლევითი ინსტიტუტი

თსუ შრომები - თბილისის სახელმწიფო უნივერსიტეტის შრომები

იიშ - აკად. ივ.ჯავახიშვილის სახელობის ისტორიიის ინსტიტუტის შრომები

მსკა - მასალები საქართველოს და კავკასიის არქეოლოგიისათვის

მაცნე - საქართველოს სსრ მეცნიერებათა აკადემიის მაცნე - ისტორიის, არქეოლოგიის, ეთნოგრაფიისა და ხელოვნების ისტორიის სერია

მსე - მასალები საქართველოს ეთნოგრაფიისათვის

მსკა - მასალები საქართველოსა და კავკასიის არქეოლოგიისათვის

საs - საქართველოს არქეოლოგიის საკითხები

სდსძ - სამხრეთ-დასავლეთ საქართველოს ძეგლები

სმამ - საქართველოს მეცნიერებათა აკადემიის მოამბე

სსმაე - საქარათველოს სახელმწიფო მუზეუმის არქეოლოგიური ექსპედიციები

სსმმ - საქართველოს სახელმწიფო მუზეუმის მოამბე

ძიებანი - საქართველოს მეცნიერებათა აკადემიის არქეოლოგიური კვლევის ცენტრის ჟურნალი

АГСП - Античные города Северного Причерноморья

АИБ - Археология и история Боспора

АИКСП - Античная история и культура Средиземноморья и Причерноморья

АО - Археологические открытия

АС - Археологический сборник

АСГЭ - Археологический сборник Государственного Эрмитажа

ВДИ - Вестник древней истории

ЗОАО - Записки Одесского археологического общества

ИАК - Известия императорской археологической комиссии

ИГАИМК - Известия Государственной Академии истории материальной культуры

КСИА - Краткие сообщения Института археологии АН СССР

КСИИМК - Краткие сообщения Института истории материальной культуры

МАК - Материалы по археолгии Кавказа

МАР - Материалы по археолгогии России

МАСП - Материалы по археологии Северного Причерноморья

МИА - Материаля и исследования по археологии СССР

ОАК - Отчеты императорской археологической комиссии

СГМИИ - Сообщения Государственного музея изобразительных искусств

СГЭ - Сборник Государственного Эрмитажа

СЭ - Советская этнография

ТГЭ - Труды Государственного Эрмитажа

ХС - Херсонеский сборник

AA - Archäologischer Anzeiger

AJA - American Journal of Archaeology

AM - Mitteilungen des Deutschen Archäologischen Instituts, Athenische Abteilung

AZ - Archäologische Zeitung

BCH - Bulletin de Correspondance Hellénique

BSA - Annual of the British School at Athens

JGS - Journal of Glass Studies

JHS - Journal of Hellenic Studies

PICHVNARI

RESULTS OF EXCAVATIONS
CONDUCTED BY THE N. BERDZENISHVILI BATUMI RESEARCH
INSTITUTE PICHVNARI EXPEDITION

VOLUME II
PICH'VNARI 1967-1987

CLASSICAL WORLD IN THE EAST BLACK SEA AREA:
THE PICHVNARI FIFTH CENTURY BC GREEK
NECROPOLIS

PART 2: ILLUSTRATIONS

BY
AMIRAN KAKHIDZE

THE ASHMOLEAN MUSEUM, OXFORD
AND THE BATUMI ARCHAEOLOGICAL MUSEUM

2007

ამირან კახიძე

ფიჭვნარი
II

ბათუმის ნ. ბერძენიშვილის სახელობის სამეცნიერო-კვლევითი ინსტიტუტის ფიჭვნარის არქეოლოგიური ექსპედიციის მუშაობის შედეგები

(1967-1987 წწ)

ანტიკური სამყარო აღმოსავლეთ შავიზღვისპირეთში
(ფიჭვნარის ძვ.წ. V საუკუნის ბერძნული ნეკროპოლი)

ნაწილი II
(ილუსტრაციები)

ბათუმის არქეოლოგიური მუზეუმი
ოქსფორდის აშმოლის მუზეუმი

2007

UDC (უაკ) 902(479.22)
კ-378

ფიჭვნარი II. ბათუმის ნ. ბერძენიშვილის სახელობის სამეცნიერო-კვლევითი ინსტიტუტის ფიჭვნარის არქეოლოგიური ექსპედიციის მუშაობის შედეგები (1967-1987 წწ)

ბათუმის არქეოლოგიური მუზეუმი
ISSN-1512-0716
ISBN 978-99940-0-114-9 (ტომეულის)
ISBN 978-99940-0-218-4 (II ტომის)

ოქსფორდის უნივერსიტეტის აშმოლის მუზეუმი
ISBN 1-85444-223-6

რედაქტორი: ასოც. პროფ. ე. კახიძე

დაიბეჭდა: საგამომცემლო სახლში „ინოვაცია",
საქართველო, ქ.თბილისი, ძმები კაკაბაძეების ქ. № 22.

ASHMOLEAN MUSEUM, UNIVERSITY OF OXFORD
ISBN 1-85444-223-6

BATUMI ARCHAEOLOGICAL MUSEUM
ISSN-1512-0716
ISBN 978-99940-0-218-4

PICHVNARI. RESULTS OF EXCAVATIONS CONDUCTED BY THE N. BERDZENISHVILI BATUMI RESEARCH INSTITUTE PICHVNARI EXPEDITION. PICHVNARI 1967-1987, V. 2: CLASSICAL WORLD IN THE EAST BLACK SEA AREA: THE PICHVNARI FIFTH CENTURY BC GREEK NECROPOLIS

INCLUDES BIBLIOGRAPHICAL REFERENCES AND CATALOGUE

CONTENTS: PT. 1. TEXT - PT. 2. ILLUSTRATIONS

PRINTED IN GEORGIA
BY THE PUBLISHING HOUSE INOVACIA LTD, 22 DZMEBI KAKABADZEEBI STREET, TBILISI

სამარხთა კატალოგი

სამარხი №1. აღმოჩნდა მე-2 და მე-7 კვადრატებში. აღმოსავლეთისკენ დამხრობილი (ოდნავ ჩრდილოეთისკენ გადახრილი – სურ. 17-18). სამარხეული ორმოს სიგრძე - 5 მ, სიგანე - 3 მ. ხის კუბოს სიგრძე 2,5 მ, სიგანე - 1,6 მ. სამარხის აღმოსავლეთ ნაწილში იდო 4 ქიოსური ამფორა (სურ. 17; 19/1,2). მიცვალებულის თავის მარჯვენა მხარეს აღმოჩნდა ვერცხლის პატარა ზომის რგოლი, მარცხენა მხარეს - რამდენიმე შავლაკიანი ჭურჭელი: პატარა ზომის ორნამენტული თასი (სურ. 21/5,6; 22/4) და მოზრდილი ჯამი (სურ. 19/4, 6) და მის გვერდით ერთმანეთში ჩადგმული ორი კილიკი (სურ. 19/3, 5). აქვე იყო წითელფიგურული ასკი (სურ. 20) და კიდევ ერთი გრაფიტოიანი თასი. ჭურჭლებთან ერთად აღმოჩნდა ვერცხლის წყვილი რგოლი.

მარჯვენა ხელის არეში მოვიპოვეთ ოქროს სადა რგოლი, შავლაკიანი ამფორისკი (სურ. 21/7; 22/3) და სამარილე (სურ. 21/4; 22/2).

სამარხეული ინვენტარის დანარჩენი ნაწილი ფეხების არეში, ხის კუბოს დასავლეთი კედლის მთელ სიგრძეზე იყო ჩაწყობილი - სამხრეთ-დასავლეთ ნაწილში წითელფიგურული კრატერი (სურ. 23-27). მის გვერდით ეწყო 3 შავლაკიანი ბოლსალი (სურ. 21/8,9,10; 22/5,6,7). აქვეა ბრინჯაოს სტრიგილა (სურ 28/4; 29/4). ამას მოსდევს ბრინჯაოს ჩამჩა (სურ. 28/2; 29/2) და საწური (სურ. 28/3,5; 29/3,5). სამარხის ჩრდილო-დასავლეთ კუთხესთან იდო ბრინჯაოს დოქი (სურ. 28/1; 29/1).

სამარხი №2. კვადრატი 2. ზედაპირიდან 40 სმ-ზე გამოჩნდა არიბალისებრი ლეკითოსი. შემდეგ რკინის ლურსმნები. ჩანს, რომ ლეკითოსი სამარხის თავზე იყო დადაგმული. თვით სამარხში მოპოვებულ იქნა მეორე დაზიანებული ლეკითოსი და ოქროს შვიდი ცალი ფუყე მძივი. ესენი სამარხის აღმოსავლეთ ნაწილში იყო გაბნეული. ჩანს, რომ აქაც მიცვალებული თავით აღმოსავლეთისკენ იყო დამხრობილი, ოდნავ ჩრდილოეთისკენ გადახრილი. სამარხის სიგრძე 2 მ, სიგანე 1 მ, სიღრმე 0,8 მ. (სურ. 30/1,2)

სამარხი №3. I კვადრატი. აღმოსავლეთისკენ დამხრობილი. ოდნავ სამხრეთისკენ გადახრილი. სამარხეული ორმოს სიგრძე 1,4 მ, სიგანე 0,7 მ. სამარხის თავზე აღმოჩნდა ორი ადგილობრივი ჭურჭელი - ერთი იდო სამხრეთ-აღმოსავლეთ, მეორე - ჩრდილო-დასავლეთ კუთხეში. მიცვალებული ხის კუბოში ჩანს დაკრძალული. თავის ლურსმნები წვერით ქვემოთკენაა მიმართული, ძირის პირიქით - ზემოთკენ. სამარხის აღმოსავლეთ ნაწილში აღმოჩნდა ორი ცალი მკრთალი ოქროსგან ნაკეთები საყურე, ყელთან ახლოს - მძივები, ერთ-ერთი მათგანი ოქროსი იყო. თავის მარჯვენა მხარეს იდო შავლაკიანი ლეკითოსი, ხელების არეში ვერცხლის პატარა ზომის სამაჯურები, ფერადი მინის ამფორისკი და არიბალისებური მინიატურული შავლაკიანი ლეკითოსი. სამარხი ბავშვისა უნდა იყოს (სურ. 30/3-9; 41/1).

სამარხი №4. მდებარეობს I და III კვადრატების სამხრეთ მონაკვეთზე. დამხრობილია

აღმოსავლეთისკენ (ოდნავ ჩრდილოეთისკენ გადახრილი). ფხვიერ სილნარ ფენაში. სამარხეული ორმოს ზომების განსაზღვრა არ მოხერხდა. რკინის ლურსმნების მიხედვით ჩანს, რომ ხის სახურავის სიგრძე იყო 1,8X0,3 მ-ზე. ინვენტარი აღმოჩნდა თანამედროვე ზედაპირთან 1,05 მ სიღრმეზე. თავის არეში პრეპარირებულ იქნა ბრინჯაოს წყვილი ზარაკი, ყელის - მძივები, მარცხენა მხართან - ორი პატარა ზომის ადგილობრივი დოქი, მარჯვენა მხრის არეში კი - შავლაკიანი ამფორისკი. მარცხენა ხელზე მიცვალებულს გაკეთებული ჰქონდა რკინის სამაჯური. აქვე იყო მოხატული არიბალისებური ლეკითოსი (სურ. 31/4-11).

სამარხი №5. აღმოჩნდა VI კვადრატის აღმოსავლეთ მონაკვეთზე. აღმოსავლეთისკენ დამხრობილი (ოდნავ ჩრდილოეთისკენ გადახრილი). ზომებია: 1,5X0,9X1,5 მ. სამარხი ხის სახურავიანი ყოფილა. სამარხის გარეთ, ჩრდილო-აღმოსავლეთ კუთხეში, ჩაუდგამთ ქიოსური ამფორა (ახლა დაზიანებული). სამხრეთ კედელთან, ცენტრალურ ნაწილში, ინვენტარის დონიდან 20-25 სმ სიმაღლეზე სამსხვერპლო ორმოში - ე.წ. ბოთროსში აღმოჩნდა ერთი სადა და ერთი მოხატული შავლაკიანი ლეკითოსი. თვით სამარხში, თავის არეში აღმოჩნდა პანტიკაპეონის მონეტა. იგი იმდენად დაზიანებული იყო, რომ მოხერხდა მისი ადგილზევე დეტალური აღწერილობის გაკეთება. ორივე ხელის არეში გაიწმინდა თითო ვერცხლის სამაჯური, მარჯვენა ხელთან ახლოს - ფერადი მინის ალაბასტრი, ფეხების არეში, სამარხის დასავლეთი კედლის გასწვრივ, იდო შავლაკიანი სამარილე და ყურმილიანი დოქი (სურ. 31/12-15).

სამარხი №6. სამარხის აღმოსავლეთი ნაწილი მოქცეულია მე-5 და მე-6 კვადრატების საზღვარზე. დასავლეთი - მე-2 და მე-3 კვადრატებისაზე. დამხრობილია აღმოსავლეთისკენ, ოდნავ ჩრდილოეთისკენ გადახრილი. აღმოსავლეთ ნაწილში გამოჩნდა მოზრდილი საალაპო მოედანი (სურ. 32/2). სამარხეული ორმოს სიგრძე 3,25 მ-ია, სიგანე 1,75 მ, სიღრმე 0,9 მ. ადრე გამოჩენილი გრუნტული წყლების გამო კუბოს ზომები ზუსტად ვერ განისაზღვრა. სამარხში, თავის არეში ჩაედგათ ორი თაზოსური ამფორა (სურ. 33/1; 34/1-2), პირის არეში მოვიპოვეთ ელექტრუმის ქიზიკინი (სურ. 41/2). მისგან სამხრეთ-დასავლეთით 20-25 სმ-ზე, ე.ი. მარცხენა მხრის არეში იდო პირქვე ჩამხობილი ვერცხლის ომფალოსიანი ფიალა (სურ. 33/4; 34/3). თასის დასავლეთით, როგორც ჩანს მარჯვენა ხელის არეში, მოპოვებულ იქნა ოქროს ფარაკიანი ბეჭედი (სურ. 41/4), ფეხებთან მოზრდილი წითელფიგურული ლეკითოსი (სურ. 33/3) და შავლაკიანი სამარილე (სურ. 33/2; 34/4).

საალაპო მოედანზე წარმოდგენილი იყო მრავალრიცხოვანი კერამიკული ნაწარმი, რომელთა ნაწილი აღსდგა (სურ. 35; 37; 41/3).

სამარხი №7. მე-5 კვადრატი. აღმოსავლეთისკენ დამხრობილი. სამარხის ზომების დადგენა არ მოხერხდა. სამხრეთ-აღმოსავლეთ ნაწილში აღმოჩნდა თაზოსური ამფორა, ხოლო თვით სამარხში კი ყურმილიანი დოქი და დაზიანებული შავლაკიანი ლეკითოსი.

სამარხი №8. კვადრატი მე-19. ჩრდილო-აღმოსავლეთისკენ დამხრობილი, ხის სახურავის სიგრძე 1,5 მ, სიგანე 0,6 მ. პირის არეში აღმოჩნდა ნიმფეის მონეტა და ვერცხლის საკიდი, ხელების - პატარა ზომის სამაჯურები; მარჯვენა ხელთან - ორი ადგილობრივი ჭურჭელი. სამარხი ბავშვის ყოფილა. ახლავს საალაპო მოედანიც. მოხერხდა ლეკანის, ასკოსის, ჯამისა და სამარილეების აღდგენა. სხვა უსახური ნატეხებია. მათ შორის შტამპირებული ორნამენტიანი ამფორისკი (სურ. 38/1-9).

სამარხთა კატალოგი

სამარხი №9. მე-18 კვადრატის სამხრეთი ნაწილი. აღმოსავლეთისკენ დამხრობილი (ოდნავ ჩრდილოეთისკენ გადახრილი). სამარხის კონტურის ზომებია: 1,8X1,15X0,75 მ. ჰქონია ხის სახურავი (რკინის ლურსმნები სამარხის თავზე ორ რიგად იყო განლაგებული). სახურავის ლურსმნების დონეს ზემოთ, სამარხის ჩრდილო-აღმოსავლეთ კუთხეში აღმოჩნდა თაზოსური ამფორა (დაზიანებული); ჩრდილო კედელთან - დაშლილი ადგილობრივი დოქი; ფეხების არეში - მეორე ადგილობრივი ქოთანი. თვით სამარხში ჩაეწყოთ: თავის არეში იონიური ამფორა. პირზე დაედგათ მეორე პატარა ზომის იონიური ჭურჭელი. ამფორასთან ახლოს პრეპარირებულ იქნა ორნამენტირებული შავლაკიანი ამფორისკი და ვერცხლის სამაჯურები, მარჯვენა ხელთან - ფერადი მინის ალაბასტრი და შავლაკიანი ლეკითოსი. ფეხების არეში იდო ერთადერთი შავლაკიანი სამარილე (სურ. 39/1-8).

სამარხი №10. მდებარეობს მე-17 და მე-18 კვადრატების საზღვარზე. აღმოსავლეთისკენ დამხრობილი. ზომები: 2,8X0,9-1,6X1,1 მ. ხის სახურავის: 1,9X0,6 მ. სამარხის ჩრდილო კიდესთან დადგმული იყო ქიოსური ამფორა (დაზიანებული). თვით სამარხში თავის არეში ჩაუწყვიათ 3 ამფორისკი და მოხატული შავლაკიანი ლეკითოსი, ორივე ხელზე გაკეთებული ჰქონდა წელშეზნექილი სამაჯური. ფეხების არეში აღმოჩნდა გრაფიტოიანი თას-კილიკი და ორნამენტირებული ლეკითოსი (სურ. 40; 41/5).

სამარხი №11. კვადრატი 17. აღმოსავლეთისკენ დამხრობილი (ოდნავ ჩრდილოეთისკენ გადახრილი). ზომები: 2,35X1,4X0,85 მ. სამარხის სამხრეთ-აღმოსავლეთ ნაწილში აღმოჩნდა ქიოსური ამფორა. თვით სამარხში ორი ლეკითოსი - მოხატული თავის არეში, სადა - მარცხენა ხელთან (სურ. 42/1-4).

სამარხი №12. კვადრატი 14. აღმოსავლეთისკენ დამხრობილი (ოდნავ ჩრდილოეთისკენ გადახრილი). ზომები: 2,25X1,3X1 მ. სამარხს ჰქონია ხის სახურავი (რკინის ლურსმნები სამ რიგად იყო განლაგებული). რკინის ლურსმნების კონტურების გარეთ, სამარხის ჩრდილო-აღმოსავლეთ ნაწილში, ჩაუდგამთ პატარა ზომის ქიოსური ამფორა. თვით სამარხში თავის არეში, აღმოჩნდა მკრთალი ოქროსაგან დამზადებული ორი ცალი ე.წ. ნახევარმთვარისებური საყურე, ყელის - პატარა ზომის ოქროს საკიდი და 58 ფუყე მძივი (სურ. 43/3). აქვე იყო სადა მძივები (სურ. 43/2). მათ შორის ერთი თვალადი. სამარხის მარცხენა კედელთან, მარცხენა ხელის არეში აღმოჩნდა ფერადი მინის ოინოხოია. მასში ჩაეწყოთ სამი ცალი კოლხური თეთრის უნიკალური ნიმუშები - ე.წ. ჰემიტეტრატემორიონები (სურ. 43/4,5,6). აქვე იყო ვერცხლის სამაჯურები (ორი ცალი), ფარაკიანი ბეჭედი (სურ. 43/1) და სამი შავლაკიანი ამფორისკი - მარჯვენა ხელთან ახლოს (სურ. 42/7), ფეხების არეში, სამარხის სამხრეთ-დასავლეთ ნაწილში იდგა ყურმილიანი დოქი (სურ. 43/7), იონიური ამფორა (სურ. 42/6) და პატარა ზომის ქილისებური ჭურჭელი (სურ. 43/8).

სამარხი №13. კვადრატი 20. აღმოსავლეთისკენ დამხრობილი (ოდნავ ჩრდილოეთისკენ გადახრილი). ზომები: 2,85X1,9X1,45 მ. ხის სახურავის: 2X1,1 მ. ფეხების არეში აღმოჩნდა პატარა ზომის ქიოსური ამფორა და მინიატურული შავლაკიანი ლეკითოსი, თავის არეში, სამარხის მარჯვენა კედელთან, ადგილობრივი კოჭობი (სურ. 44). ამ სამარხთან დაკავშირებული ჩანს მე-19 კვადრატში გამოვლენილი სააღაპო მოედანი.

ლურსმნების განლაგების მიხედვით შესაძლებელი ხდება წარმოდგენა შევქმნათ სახურავის

გეგმაზე. სამარხის გასწვრივ გაუდებიათ სამი შედარებით მსხვილი ძელი, რომელზედაც შემდგომ დაუჭედებიათ ფიცრები. ლურსმნების სიმეტრიული განლაგების მიხედვით ჩანს, რომ სახურავად ექვსი ფიცარი ყოფილა გამოყენებული (ლურსმნები წვერით ქვემოთკენაა მიმართული). ამ ფიცრების სიფართე დაახლოებით 32-35 სმ-მდე ყოფილა. სხვა სამარხების მიხედვით (მაგალითად, მე-9, მე-10, მე-12) ჩანს, რომ აქ ხის სახურავის გაკეთების განსხვავებული წესიც არსებობდა - სამი ძელი იდებოდა თავის, შუა წელისა და ფეხების არეში, შემდგომ კი ფიცრების დაჭედვა ხდებოდა სამარხის მთელს სიგრძეზე. მესამე წესის მიხედვით (მაგალითად, სამარხი №2) ხის ორი ძელი იდებოდა სამარხის ჩრდილო და სამხრეთი კედლების გასწვრივ. შემდგომ ეჭედებოდა მოკლე ფიცრები მთელ სიგანეზე.

სამარხი №14. მდებარეობს მე-10 და მე-11 კვადრატების კვეთაზე. ზომები: 1,8X1X1,15 მ. ჰქონია ხის სახურავი. სამარხის ცენტრალურ ნაწილში წარმოდგენილი იყო სამაჯურის ნატეხები, ფეხებთან - ორი ადგილობრივი დოქი (სურ. 45).

სამარხი №15. კვადრატი 16. სამარხი კოლექტიური ჩანს. მის თავზე, ცენტრალურ ნაწილში, ზედაპირთან ახლოს გამოჩნდა თეთრი კირქვისაგან დამზადებული ოთხკუთხა მოყვანილობის ნახვრეტიანი ესხარია (ზომები: 0,49X0,46X0,1 მ). მის ქვემოთ იწყებოდა 10–12 სმ სისქის წვრილი რიყის ქვებისა და ხრეშისაგან საგანგებოდ შექმნილი შრე. ამის შემდგომ მოიხაზა სამარხეული ორმოს კონტურები, რომლის სიგრძე 4,9 მ უდრიდა, ხოლო სიგანე 2,45 მ. სამარხის სამხრეთ კედელთან პირველ რიგში ვამოჩნდა გედის თავიანი ბრინჯაოს ჩამჩა და ბრინჯაოსვე საწურის სადა ყური. მათ რაიმე გადანაცვლება არ ვანუცდიათ. საწურთან ახლოს იდო მთლიანად დაცული თაზოსური ამფორა (პირით დასავლეთისკენ მიმართული); ჩამჩასთან ახლოს კი - შავლაკიანი კილიკი (ესეც კედელზე უნდა ყოფილიყო ჩამოკიდებული). სამარხის იატაკის დონეზე, ჩამჩასთან ახლოს, მოპოვებულ იქნა შავფიგურული ორნამენტით შემკული ასკოსი და ბრინჯაოს ოინოხოია. როგორც ჩანს, ეს ინვენტარი მამაკაცის კუთვნილებას წარმოადგენდა. საინტერესო მასალა გამოჩნდა კოლექტიური სამარხის ჩრდილო-აღმოსავლეთ მონაკვეთზე. თავის არეში გაიწმინდა მოზრდილი ადგილობრივი დოქი (ჩალეწილი). აქვე იყო ბრინჯაოს 18 ცალი ე.წ.სკვითური ისრისპირი. ისინი თავის დროზე სამკუთხა მოყვანილობის ტყავის კაპარჭაში ყოფილან ჩალაგებული. თავისავე არეში იყო განლაგებული ოქროს ორი ცალი სასფეთქლე ხვია, წყვილი ე.წ. ნახევარმთვარისებური საყურე და ელექტრუმის ქიზიკინი. მონეტასთან ახლოს ფიქსირებულ იქნა კბილის ემალის ნაშთები. მონეტის ირგვლივ განლაგებული იყო ოქროს ფუყე მძივები (მათი რიცხვი 90 შეადგენდა). მარცხენა მხრის არეში იდო პირით ქვემოთკენ ჩამხობილი ვერცხლის ომფალოსიანი ფიალა. სამარხის ცენტრალურ ნაწილში ერთი მეორეში ჩაედგათ შავლაკიანი მოზრდილი ჯამები, აქვე იყო მაღალძირიანი გრაფიტოიანი შავლაკიანი თასი და დიდი ზომის ადგილობრივი ჭურჭელი. კოლექტიური სამარხის ამ მონაკვეთზე ქალი უნდა ყოფილიყო დაკრძალული.

საინტერესო სურათს იძლევა სამარხის ჩრდილო-დასავლეთი მონაკვეთი. ორ ადგილას გაიწმინდა ერთი მეორეზე შეწებებული რკინისა და ბრინჯაოს სამაჯურები. აქვე იყო წყვილი მარყუჟისებური რკინის რგოლი, ასევე მრავლად მიმობნეული მძივები, ერია ნახევარმთვარისებური ოქროს ყურსაკიდიც. არაა გმორიცხული, რომ აქ მსახური იყო დაკრძალული (სურ. 46-50).

სამარხი №16. მე-5 კვადრატი. აღმოსავლეთისკენ დამხრობილი. ფხვიერ სილნარ ფენაში

სამარხთა კატალოგი

სამარხეული ორმოს დადგენა არ მოხერხდა. რკინის ლურსმნების განლაგების მიხედვით ჩანს, რომ ეს სამარხი მოზრდილი ყოფილა: 2,35X1,2X1,5 მ. ლურსმნების გასწვრივ მიუყვებოდა 15-20 სმ-ის სიფართის შავი ფენა, რაც ხის კუბოს ძელების ლპობის შედეგად ჩანს წარმოქმნილი. თავის არეში, ლურსმნების კონტურების გარეთ, სამარხის ჩრდილო-აღმოსავლეთ მონაკვეთზე, აღმოჩნდა ოდნავ წაფერდებული დიდი ზომის ქიოსური ამფორა. თვით სამარხში თავის არეში ჩაუდგამთ ორი შავლაკიანი ლეკითოსი. აქვე იყო კბილის ნაშთები. სამხრეთ კედელთან გამოჩნდა პატარა ზომის თაზოსური ამფორა. სამხრეთ კედლის ცენტრალურ ნაწილშივე აღმოჩნდა ორი შავლაკიანი ბოლსალი. ერთ-ერთის მათგანი სამარხის იატაკის დონეზე 30 სმ მაღლა იყო. ამათ გაგრძელებაზე, დასავლეთით, კიდევ უფრო მაღლა იატაკის დონიდან მოპოვებულ იქნა ბრინჯაოს ცუდად დაცული სტრიგილა. სამარხის სამხრეთი კედლის დასავლეთ მონაკვეთზე იდო ორნამენტირებული შავლაკიანი კილიკი. ჩრდილო-დასავლეთ მონაკვეთზე წარმოდგენილი იყო წითელფიგურული ლეკითოსი, ორნამენტირებული თეფში და კიდევ ერთი წითელფიგურული ლეკითოსი. ფეხების არეში, ე.ი. სამარხის დასავლეთ კედელთან აღმოჩნდა ორი შავლაკიანი ბოლსალი და ოინოხოია (სურ. 51, 52, 53).

სამარხი №17. მე-6 კვადრატი. აღმოსავლეთისკენ დამხრობილი. ოდნავ ჩრდილოეთისკენ გადახრილი. ზომები: 1,75X0,8X0,8 მ. სამარხის აღმოსავლეთ ნაწილში იდო ყურმილიანი დოქი. მისგან დასავლეთით 40 სმ-ზე მეორე ყურმილიანი დოქი. მას მოსდევს იონიური ოინოხოია. ოდნავ მოშორებით, სამხრეთ-დასავლეთით, 34-45 სმ-ზე დევს ორი პატარა ზომის ადგილობრივი ქოთანი. სამარხს უკავშირდება სააღაპო მოედანი (გუტუსი, ჯამი, მაღალძირიანი თასი და სხვ.) (სურ. 54, 55).

სამარხი №18. კვადრატი 15. აღმოსავლეთისკენ დამხრობილი. ოდნავ ჩრდიოეთისკენ გადახრილი. ზომები: 2,3X0,9X1,4-1,2 მ, ხის სახურავის: 1,1X0,7 მ. სამარხი ბავშვის უნდა იყოს. თავთან ახლოს აღმოჩნდა მოზრდილი ორნამენტირებული ლეკითოსი - მარცხენა მხრის არეში, ლეკითოსის ძირთან - წელშეზნექილი სამაჯური, მეორე სამაჯური იდო ჩრდილოეთით 30 სმ-ზე. სამაჯურებს შორის წარმოდგენილი იყო ყვითელი პასტის რამდენიმე თვალადი მძივი. დანარჩენი მასალები განლაგებული იყო ფეხების არეში - სამარხის ჩრდილო-დასავლეთ კუთხესთან: იონიური და შავლაკიანი ოინოხოია, ბოლსალი და ადგილობრივი დოქი. ახლავს აღაპი: მოზრდილი ასკი, სამარილე, ნატიფი კლასის კილიკი და სხვათა ნატეხები (სურ. 56/1-9; 69/2).

სამარხი №19. კვადრატი 14. აღმოსავლეთისკენ დამხრობილი. ზომები: 2,5X1,6X1,2 მ. ხის სახურავის: 1,9X2,65 მ. სახურავის ჩრდილო-დასავლეთ მონაკვეთზე აღმოჩნდა ქიოსური ამფორა (დაზიანებული). თვით სამარხში, თავის მარჯვენა მხარეს, მოპოვებულ იქნა ბრინჯაოს სარკე, ხოლო მარცხენა მხარეს - წითელფიგურული ლეკითოსი. წელის არეში გამოჩნდა ერთი სადა და ერთი წითელფიგურული ლეკითოსი, ხოლო ფეხებთან ახლოს - ორი ცალი პატარა ზომის შავლაკიანი ჯამი (სურ. 57; 69/1). მიცვალებული ხის კუბოში ყოფილა დაკრძალული. ამ სამარხსაც ახლავს სააღაპო მოედანი: დაფიქსირდა კილიკისა და სხვა სახის ჭურჭლის ნატეხები.

სამარხი №20. კვადრატი 12. აღმოსავლეთისკენ დამხრობილი. პირველ ხანებში მე-12 და მე-13 კვადრატებში ყურადღება მიიქცია ბაზალტის ქვების და სარიტუალო მოედნის ნაშთებმა. გამოიყოფოდა სააღაპო მოედნის სამი ჯგუფი. ბაზალტის ქვები მიმობნეული იყო მძარცველთა მიერ თავის დროზე სამარხის თავზე გაკეთებული ქვების წყობის დანგრევის შედეგად. ოთხკუთხა

მოყვანილობის კედლიდან გადარჩენილი იყო ჩრდილოეთი ნაწილი, აღმოსავლეთი და დასავლეთი კედლების მცირე მონაკვეთი. ბაზალტის ქვებს შორის თეთრი კირქვის ნატეხებიც იყო გარეული. აქვე აღმოჩნდა ტყვიის გამირიც, ე.ი. სამარხს აღმოსავლეთ კედელთან გამირით გამაგრებული სტელა ჰქონია. კედელი შედგება ქვის წყობის 4 რიგისგან, რომლის სიმაღლე 75 სმ-ია. სამარხის კონტურები ქვის წყობაზე დიდია. მიცვალებული დაუკრძალავთ ხის კუბოში. გათხრების პროცესში შეინიშნებოდა, რომ სამარხი გაძარცვული იყო. მენდეს ამფორის ცალკეული ნატეხები მიმობნეული იყო მთელს სამარხში. სხვადასხვა ადგილას აღმოჩნდა ოქროს 19 კილიტი და 38 მოზრდილი მძივი. თავის ადგილზე დაგვხვდა შავლაკიანი ამფორისკი და თავის მარცხენა მხარეს ბრინჯაოს სარკე - ხის ფუტლარში ჩადებული. ასევე ვერცხლის სამაჯურები. სამარხს ახლავს მოზრდილი საალაპო მოედანი (სურ. 58-61; 69/3).

სამარხი №21. აღმოჩნდა მე-16 და 25-ე კვადრატების ჩრდილო-დასავლეთ მონაკვეთზე. აღმოსავლეთისკენ დამხრობილი. ზომები: 2X1,1X0,7 მ. თავის არეში დაფიქსირდა 3 ცილინდრისებური ლეკითოსის ნატეხები. მარჯვენა ხელთან მოვიპოვეთ ფერადი მინის ადაბასტრი და ვერცხლის სამაჯურები. ფეხების არეში ბრინჯაოს დაზიანებული სიტულა და ადგილობრივი პატარა ზომის დოქი (სურ. 62/1-5; 69/4).

სამარხი №22. კრემაციული. მე-13 კვადრატი. მიცვალებულის ფერფლი შეუნახავთ წითელფიგურულ კრატერში (სურ. 63).

სამარხი №23. კვადრატი 24. აღმოსავლეთისკენ დამხრობილი (ოდნავ ჩრდილოეთისკენ გადახრილი). სამარხეული ორმოს სიგრძე 2,8 მ-ია. სიგანე თავის არეში 1,5 მ, ცენტრალურ ნაწილში 2 მ, ფეხების არეში 1,7 მ, სიღრმე 1,3 მ. მიცვალებული დაკრძალული ყოფილა ხის კუბოში; თავის მარცხენა მხარეს ჩაუდგამთ მოზრდილი ქიოსური ამფორა, აღმოსავლეთისკენ წაწვენილი. თავისავე არეში აღმოჩნდა სხვადასხვა სახის ნივთები. ჩრდილო-აღმოსავლეთ ნაწილში სახურავიანი წყვილყურიანი ე.წ. იონიური ჭურჭელი. იგი იდო ორნამენტირებულ შავლაკიან ლეკითოსზე. ამათგან სამხრეთით 10 სმ-ზე მოპოვებულ იქნა პატარა და მოზრდილი შავლაკიანი ამფორისკები, მათ გვერდით - ბრინჯაოს სადა სარკე. აქვე იყო ვერცხლის წყვილი სასაფეთქლე ხვია, ფრაგმენტირებული საკინძი და რამდენიმე მოუცვეთელი მოზრდილი კბილი. ე.ი. სამარხი შედარებით ახალგაზრდა ქალის ჩანს. კბილებთან ახლოს გამოჩნდა პატარა ზომის ბალთა და ერთი მძივი. ხელების არეში აღმოჩნდა ოდნავ წელშეზნექილი სამაჯურები. მარცხენა ხელთან - ორი ცალი ვერცხლის ფარაკიანი ბეჭედი (სურ. 62/6-12; 69/5).

სამარხი №24. 26-ე და 27-ე კვადრატების საზღვარზე. აღმოსავლეთისკენ დამხრობილი (ოდნავ ჩრდილოეთისკენ გადახრილი). ზომები: 1,7X0,8X0,9 მ. ჰქონია ხის სახურავი. სახურავის ჩრდილო-აღმოსავლეთ ნაწილში იდო დამტვრეული შავლაკიანი ლეკითოსი, თვით სამარხში, თავის არეში - ოქროს პატარა ზომის წყვილი საყურე, ხელებთან ახლოს - ვერცხლის სამაჯური, მინიატურული ჭურჭელი და შავლაკიანი ამფორისკი; ფეხების არეში - ადგილობრივი დოქი. სამარხი ბავშვის უნდა იყოს (სურ. 64/1-6).

სამარხი №25. 23-ე კვადრატის სამხრეთ მონაკვეთზე. აღმოსავლეთისკენ დამხრობილი (ოდნავ ჩრდილოეთისკენ გადახრილი). ზომები: 1,7X0,9 მ. ჰქონია ხის სახურავი, რომლის ჩრდილო-აღმოსავლეთ კუთხეში იდო პატარა ზომის ქიოსური ამფორა - პირით დასავლეთისკენ მიმართული; მის ქვემოთ - ადგილობრივი დოქი, ხოლო დასავლეთ მონაკვეთზე - ოინოხოის

ტიპის მეორე ადგილობრივი ჭურჭელი. თვით სამარხში, კერძოდ, თავის არეში მოპოვებულ იქნა კიდევ ერთი ადგილობრივი ქოთანი. მიცვალებულს ორივე ხელზე გაკეთებული ჰქონია ვერცხლის პატარა ზომის სამაჯურები. მარცხენა მხართან ახლოს იდო შავლაკიანი ლეკითოსი. მარცხენა ფეხთან - კვლავაც ადგილობრივი დოქი; მარჯვენა ფეხის არეში - პატარა ზომის შავლაკიანი ჯამი და მეორე ლეკითოსი. ეს სამარხიც ბავშვის უნდა იყოს. ახლავს სააღაპო მოედანი, სადაც წარმოდგენილი იყო ატიკური, იონიური ჯამისა და სხვა სახის ჭურჭლის ნატეხები (სურ. 64/7-12).

სამარხი №26. კვადრატი 26. აღმოსავლეთისკენ დამხრობილი. ზომები: 3,15X2X1,6 მ. რკინის ლურსმნებით შემოწერილი კონტურების სიგრძე 2,5 მ, სიგანე 1,2 მ, სამარხის თავზე დიდი რაოდენობით აღმოჩნდა რკინის ლურსმნები. ისინი სიგრძეზე 3 რიგად იყო განლაგებული, სიგანეზე - 5 რიგად. ხის კუბოს ძირში რკინის ლურსმნები გვერდებიდან ჩანს მიჭედებული. მიცვალებულის თავის არეში აღმოჩნდა შავლაკიანი კილიკი. აქვე იყო კბილების ნაშთები. სამხრეთ კედელთან ფიქსირებულ იქნა რკინის სტრიგილის ნატეხები. სამხრეთ-დასავლეთ კუთხეში აღმოჩნდა მოზრდილი თაზოსური ამფორა, ჩრდილო-აღმოსავლეთ ნაწილში - ბრინჯაოს ხანის მოზრდილი კვერცხისებური დერგის ნახევარი, რომელიც დაუზიანებიათ სამარხის ჩაჭრისას. ჭურჭლის ფსკერზე მიკრული ბრინჯაოს თხელი ფირფიტისა და მწვანე პატინის მიხედვით ჩანს, რომ მასში თავის დროზე ბრინჯაოს ნივთების განძი უნდა ყოფილიყო მოთავსებული. განსვენებულმა მეცნიერმა ტ.ჩუბინიშვილმა იგი შუაბრინჯაოს ხანის ნაკეთობად მიიჩნია (სურ. 65/1-4).

სამარხი №27. კვადრატი 22. აღმოსავლეთისკენ დამხრობილი (20-30^{0} ჩრდილოეთისკენ გადახრილი). ზომები: 2,3X1,5 მ. სამარხის აღმოსავლეთ ნაწილში აღმოჩნდა ქიოსური ამფორა და მოხატული შავლაკიანი ლეკითოსი. სამარხის თავზე, ფეხების არეში, გაიწმინდა ე.წ. კრემაციული წერტილი, სადაც წარმოდგენილი იყო შავლაკიანი და იონიური ჭურჭლის ნატეხები. სახურავის ერთდროული ჩაქცევის გამო რკინის ლურსმნები ზედაპირიდან 1,1 მ სიღრმეზე გამოჩნდა (სურ. 65/5-6).

სამარხი №28. კრემაციული. აღმოჩნდა 21-ე კვადრატში. არც თუ ისე ღრმად ჩაჭრილ ორმოში ერთმანეთში არეული იყო შავლაკიანი თას-სკითოსების (ჩაუყოლებიათ ორი ცალი), კალცირებული ძვლებისა და ნახშირის ნატეხები. კრემაციული ორმოს სიგრძე 1,5 მ-ია, სიგანე - 0,75 მ. (სურ. 66/1-3).

სამარხი №29. 22-ე კვადრატის ჩრდილო-აღმოსავლეთი ნაწილი. კრემაციული. მკვრივ გრუნტში გამოიყო თხელი ორმო. სწორედ ამ ორმოში მოუხდენიათ მიცვალებულის ფერფლად ქცევა. ორმოს მთელ სიგრძეზე მიუყვებოდა დანახშირებული ხის მოზრდილი ნატეხები. კრემაციის დასრულების შემდეგ სამარხის დასავლეთ მონაკვეთზე დაეწყოთ იონიური ოინოხოია და შავლაკიანი ჭურჭლები (დაზიანებული). ცენტრალურ ნაწილში სადაზოლებიანი იონიური თასი, აღმოსავლეთ ნაწილში - დიდი ზომის ადგილობრივი ცალყურა ქოთანი. აქვე იყო შავლაკიანი ჭურჭლის ნატეხები. ცეცხლის მოქმედების შედეგად ქოთნის ერთი გვერდი გაშავებულია; შავლაკიანი ჭურჭლის ნატეხებსაც ადრინდელი ელვარება დაუკარგავთ (სურ. 66/4-8).

სამარხი №30. აღმოჩნდა 24-ე კვადრატის აღმოსავლეთ ნაწილში. აღმოსავლეთისკენ დამხრობილი. ზომები: 2,1X1,3X1,2 მ. რკინის ლურსმნები არ გამოჩენილა. თავის არეში

გაიწმინდა ბრინჯაოს ორი სასაფეთქლე ხვია. აქვე იყო კარგად დაცული კბილები. ხვიებთან ახლოს, სამხრეთ-აღმოსავლეთ ნაწილში, აღმოჩნდა მოყვითალო-მოთეთროდ გამომწვარი ჭურჭელი. თავისავე არეში გაიწმინდა ადგილობრივი და მოხატული შავლაკიანი ჭურჭლის ნატეხები (სურ. 67/1,2; 69/6).

სამარხი №31. აღმოჩნდა 25-ე კვადრატის აღმოსავლეთ ნაწილში. აღმოსავლეთისკენ დამხრობილი. ზომები: 1,7X1,2 მ. სამარხის ჩრდილო-აღმოსავლეთ ნაწილში, ლურსმნების ზემოთ, აღმოჩნდა ამფორის ნატეხები; თვით სამარხში, ამფორის სამხრეთით, ყურმილიანი დოქი და სამოსური ლეკითოსი. სამარხი ბავშვის უნდა იყოს (სურ. 67/3,4,5).

სამარხი №32. კვადრატი 25. აღმოსავლეთისკენ დამხრობილი. ზომები: 2,24X1,05 მ. მარცხენა მხრის არეში იდო შავლაკიანი კილიკი, ხოლო ფეხებთან – ადგილობრივი ქოთანი (სურ. 67/6,7,8; 69/7).

სამარხი №33. 34 და 35 კვადრატის საზღვარი. აღმოსავლეთისკენ დამხრობილი (ოდნავ ჩრდილოეთისკენ გადახრილი). ზომები: 2X1,35 მ. სამარხს ჰქონია ხის სახურავი - 1,76X0,79 მ. სამხრეთ-დასავლეთ კუთხესთან იდო შავლაკიანი ჯამი; მარჯვენა ხელის არეში - ფერადი მინის ამფორისკი და დაზიანებული ალაბასტრი (სურ. 67/9,10).

სამარხი №34. კვადრატი 39. აღმოსავლეთისკენ დამხრობილი (ოდნავ ჩრდილოეთისკენ გადახრილი). ზომები: 2,05X0,88-1,05X1,37 მ. ხის კუბოს: 1,35X0,7X0,37 მ, ყელის არეში აღმოჩნდა ერთადერთი მძივი. მარცხენა ხელთან - შავლაკიანი ლეკითოსი და სამაჯური. სამაჯური მარჯვენა ხელზეც ეკეთა. ამ უკანასკნელთა ზომების მიხედვით ჩანს, რომ სამარხი ბავშვის იყო (სურ. 68/1,2; 69/8).

სამარხი №35. მე-40 კვადრატის დასავლეთი ნაწილი. აღმოსავლეთისკენ დამხრობილი (ოდნავ ჩრდილოეთისკენ გადახრილი). ზომები: 2,2X1,15X1,29 მ. ხის კუბოს: 1,38X0,7X0,4 მ. მარცხენა ხელის არეში პრეპარირებულ იქნა არიბალისებრი ლეკითოსი, დაზიანებული. ფეხების არეში, სამხრეთ-დასავლეთ კუთხესთან, ფიჭვნარული დოქი (სურ. 68/3,4,5; 76/1).

სამარხი №36. კვადრატი 39. აღმოსავლეთისკენ დამხრობილი. ზომები: 2,05X1,11X1,26 მ. ხის კუბოს: 1,7X0,55X0,43 მ. ინვენტარი ამჯერად მხოლოდ ფეხების არეში ეწყო. სამარხის თავზე დაუდგამთ ყელგამობერილი განუსაზღვრელი ცენტრის ამფორა. იგი სახურავის ჩაქცევის შემდეგ თვით სამარხში ჩავარდნილა. ამფორა დაცემულა ბოლსალზე და წითელფიგურულ ჰ იდრიაზე. აქვე იყო გედის გამოსახულებიანი არიბალისებური ლეკითოსი (სურ. 70/1-5; 76/2).

სამარხი №37. მე-40 კვადრატის აღმოსავლეთი მონაკვეთი. აღმოსავლეთისკენ დამხრობილი (ოდნავ ჩრდილოეთისკენ გადახრილი). ზომები: 1,85X0,95X1,04 მ. ხის კუბოს: 1,3X0,5X0,26 მ. ყელის არეში გაიწმინდა 2 ცალი მძივი; სახის მარცხენა მხარეს - ბრინჯაოს ზარაკი. ორივე ხელზე გაკეთებული ჰქონია სამაჯურები (სამაჯურების ზომების მიხედვით ჩანს, რომ სამარხი ბავშვის ყოფილა). სამხრეთ-დასავლეთ კუთხეში იდგა ყურმილიანი დოქი (სურ. 70/6-11; 76/3,4,7).

სამარხი №38. 40 და 41 კვადრატის საზღვარი. აღმოსავლეთისკენ დამხრობილი (ოდნავ ჩრდილოეთისკენ გადახრილი). ზომები: 2,2X0,7 მ. ხის კუბოს: 1,8X0,8X0,43 მ. ხელების არეში აღმოჩნდა თითო არიბალისებური ლეკითოსი (სურ. 71/1-3).

სამარხი №39. 38-ე კვადრატის სამხრეთ-აღმოსავლეთი მონაკვეთი. აღმოსავლეთისკენ დამხრობილი, ოდნავ ჩრლილოეთისკენ გადახრილი. ზომები: 2,2X0,95X1,15 მ. ხის კუბოს:

სამარხთა კატალოგი

1,59X0,7X0,4 მ. მარცხენა მხრის არეში აღმოჩნდა პატარა ზომის ადგილობრივი ჭურჭელი; მარცხენა ხელთან - შავლაკიანი ლეკითოსი, მარჯვენასთან ამფორისკი. სამარხის სამხრეთ-დასავლეთ კუთხეში პირით დასავლეთისკენ წაწვენილი იყო პატარა ზომის ქიოსური ამფორა (დაზიანებული). ამფორის ქვეშ იდო შავლაკიანი ტოლჩა და ადგილობრივი ჭურჭელი. აღმოსავლეთ კედელთან დამტვრეული ლეკითოსისებრი ჭურჭელი. არაა გამორიცხული, რომ ამ ადგილას სამარხთან დაკავშირებული ბოტროსი იყო (სურ. 71/4-10).

სამარხი №40. კვადრატი 38. აღმოსავლეთისკენ დამხრობილი; ოდნავ ჩრდილოეთისკენ გადახრილი. ზომები: 1,8X0,45-0,9X1,19 მ. სამარხი ბავშვის უნდა იყოს. ყელის არეში აღმოჩნდა წვრილი მძივები, თავთან ახლოს ყურმილიანი დოქი, მარცხენა მხართან - მოხატული შავლაკიანი ლეკითოსი და რკინის რგოლი. მეორე ასეთივე რგოლი, როგორც ჩანს, რკინის სამაჯური იდო სამარხის ცენტრალურ ნაწილში. ბავშვს მარჯვენა ხელი გულმკერდთან ახლოს ჰქონია დასვენებული. სამარხის აღმოსავლეთ ნაწილში გამართული იყო სააღაპო მოედანი (სურ. 72/1-3).

სამარხი №41. კვადრატი 37. აღმოსავლეთისკენ დამხრობილი. ზომები: 2,43X0,7X1 მ. სამარხის აღმოსავლეთ ნაწილში აღმოჩნდა იონიური ჭურჭელი და შავლაკიანი ლეკითოსი. სამხრეთ-აღმოსავლეთ კუთხეში იდო შესანიშნავი მათარა. ჩრდილო-დასავლეთ მონაკვეთზე გაეკეთებინათ 1,8 მ სიგრძის და 0,54 მ სიფართის შენაჭერი. რა მიზნით ვერაფერს ვიტყვით (სურ. 72/4,5; 76/5).

სამარხი №42. 37-ე კვადრატის ჩრდილო-აღმოსავლეთი მონაკვეთი. თითქმის ჰუმუსოვან ფენაში. სამარხის ზუსტი ზომებისა და დამხრობის გარკვევა არ მოხერხდა. რკინის ლურსმნების მიხედვით მისი მიახლოებითი ზომებია: 1,5X0,9 მ. ხის კუბოს: 0,8X0,59X0,35 მ. მკვრივ გრუნტზე აღმოჩნდა შემდეგი სახის მასალა: მიცვალებულს ორივე ხელზე ეკეთა პატარა ზომის ვერცხლის სამაჯურები; მარჯვენა ფეხთან იდო თეთრანგობიანი ცილინდრული ლეკითოსი, მარცხენასთან - ფიჭვნარული დოქი (სურ. 72/6-9).

სამარხი №43. 36-ე კვადრატის სამხრეთ-დასავლეთი მონაკვეთი. აღმოსავლეთისკენ დამხრობილი (ოდნავ ჩრდილოეთისკენ გადახრილი). ზომები: 2,54X1,35X0,62 მ. ხის კუბოს: 1,84X0,8X0,2 მ. მარცხენა ხელის არეში იდო ფერადი მინის ალაბასტრი და მინიატურული შავლაკიანი ლეკითოსი.

სამარხი №44. კვადრატი 39. სამარხის ფორმის, დამხრობისა და ზომების გარკვევა არ მოხერხდა. აღმოჩნდა პირქვე ჩამხობილი ადგილობრივი დოქი და სქელკედლიანი ჭურჭლის ნატეხი. შესაძლებელია მასზე მოხდა მიცვალებულის კრემაცია. სხვა სახის მასალა აქ არ ჩანს.

სამარხი №45. ამფორასამარხი. 41-ე კვადრატის ჩრდილო-აღმოსავლეთი ნაწილი. მკვრივ გრუნტში ამოუჭრიათ ამფორის ზომის პატარა ორმო - სიგრძე 0,69 მ, სიგანე ძირთან ახლოს 0,4 მ, შუა წელზე 0,55 მ, პირთან 0,48 მ. ამფორა დაწვენილი იყო პირით აღმოსავლეთისკენ. მას ერთი ყური მომტვრეული ჰქონდა. თაზოსური ამფორის ტანის არეში გაეკეთებინათ საგანგებო ამონატეხი ახალშობილის ჩასვენების მიზნით. ხვრელი იმავე ნატეხით იყო შევსილი. უინვენტარო (სურ. 73/1).

სამარხი №46. კვადრატი 37. კრემაციული. დამწვარ დანახშირებულ ფენას მოზრდილი ფართობი ეჭირა. თხელი შრეების აღების შემდეგ საკრემაციო მოედნის რადიუსი თანდათანობით

შემცირდა. ცენტრალურ ნაწილში გამოჩნდა მოზრდილი სადა ჰიდრია. იგი ჩადგმული იყო საგანგებოდ ამოჭრილ ორმოში. ჭურჭელში მიცვალებულის ფერფლის ნაშთების არსებობა შეინიშნებოდა. ორმოს დიამეტრი 0,61 მ-ს უდრიდა. ირგვლივ არე შევსილი იყო დატკეპნილი დანახშირებული შავი ფენით (სურ. 73/2,3,4).

სამარხი №47. აღმოჩნდა 188 და 119 კვადრატების საზღვარზე. აღმოსავლეთისკენ დამხრობილი (ოდნავ ჩრდილოეთისკენ გადახრილი). ზომები: 2,3X0,9X1,35 მ. სახურავის რკინის ლურსმნები განლაგებული იყო თავსა და ბოლოში, ხოლო ხის კუბოს ძირის ლურსმნები 3 რიგად - თავში, შუაწელსა და ბოლოში. ისინი გვერდებიდან ჩანს მიჭედებული. მხოლოდ ერთი რიგი იყო წვერით ზემოთკენ მიმართული. ნატეხების მიხედვით, ნაწილობრივ აღდგა ორნამენტირებული ადგილობრივი დოქი (სურ. 74/1).

სამარხი №48. კვადრატი 35, აღმოსავლეთისკენ დამხრობილი. ხის სახურავიანი. ზომები: 2X1,6X0,9 მ. რკინის ლურსმნების განლაგების მიხედვით ჩანს, რომ მიცვალებული, ეტყობა ბავშვი, დაკრძალული იყო სამარხეული ორმოს ჩრდილო მონაკვეთზე (რკინის ლურსმნებს უკავია ფართობი - 1,1X0,5 მ). სამარხეული ორმოს გარკვეულ ნაწილზე შესაწირავად მიტანილი ნივთები დაუწყვიათ. ესენია: იონიური ოინოხოია, ფერადი მინის ამფორისკი, ატიკური კანელურებიანი ტოლჩა, რამდენიმე ადგილობრივი ჭურჭელი და ა.შ. თვით სამარხში წარმოდგენილი იყო ყელის არეში, ე.ი. სამარხის აღმოსავლეთ ნაწილში მძივები, მათ შორის ერთი მოზრდილი თვალადი მძივი და ბრინჯაოს ზარაკი. ფეხებთან იდო სადა მოყვითალო ფიალა. სააღაპო მოედანზე აღმოჩნდა პატარა ზომის ადგილობრივი და იონიური ოინოხოია (სურ. 74/3-6; 76/6,8).

სამარხი №49. კვადრატი 50. სამარხის ჩრდილო მონაკვეთი 51 კვადრატში ექცევა. აღმოსავლეთისკენ დამხრობილი. ზომები: 2X1,2X1,1 მ. სამარხის აღმოსავლეთ ნაწილში იდგა დამტვრეული, ოდნავ ჩრდილოეთისკენ წაფერდებული პატარა ზომის ქიოსური ამფორა, მარჯვენა ხელის არეში - ადგილობრივი დოქი (ჩალეწილი), პატარა ზომის ქოთანი, პირქვე ჩამხობილი ბოლსალი და რკინის ფარაკიანი ბეჭედი (სურ. 74/7,8,9).

სამარხი №50. 45 და 46 კვადრატების საზღვარზე. აღმოსავლეთისკენ დამხრობილი. ზომები: 2,4X1,4X1,25 მ. ხის კუბოს: 1,8X0,75X0,3 მ. ხის კუბოს გარეთ ინვენტარის საერთო დონის 30 სმ სიმაღლეზე, მიცვალებულის თავის გარეთ აღმოჩნდა მთლიანად დაცული გრაფიტოიანი თაზოსური ამფორა და ადგილობრივი პირმომტვრეული დოქი. თვით სამარხში, მარცხენა ხელთან ახლოს, გამოჩნდა შავლაკიანი არიბალისებრი ლეკითოსი და რკინის კოროზირებული რგოლი. სამარხის ჩრდილო-დასავლეთ კუთხეში, მარჯვენა ფეხის ახლოს, ჩაედგათ ე.წ. ფიჭვნარული ჭურჭელი (სურ. 75/1-4; 76/9).

სამარხი №51. კვადრატი 46. აღმოსავლეთისკენ დამხრობილი. ზომები: 2,7X1,4X1,3 მ. ხის სახურავის: 1,8X0,7 მ. მის გარეთ, სამარხის აღმოსავლეთ ნაწილში, ინვენტარის საერთო დონიდან 12 სმ სიმაღლეზე აღმოსავლეთისკენ დაფერდებულად ჩაედგათ მთლიანი თაზოსური ამფორა. იგი თავის დროზე დახურული ყოფილა იონიური ჭურჭლით. თვით სამარხში, ფეხების არეში, აღმოჩნდა შავლაკიანი კანელურებიანი ლეკითოსი – პირი აკლია (სურ. 75/5,6).

სამარხი №52. კვადრატი 53. აღმოსავლეთისკენ დამხრობილი. ზომები: 2,35X1,2X1,2 მ. ხის სახურავის: 1,75X0,8 მ. მის გარეთ, როგორც წესი, სამარხის აღმოსავლეთ ნაწილში, ჩაუდგამთ საშუალო ზომის ქიოსური ამფორა. თვით სამარხში, მიცვალებულის მარცხენა მხართან,

აღმოჩნდა წითელფიგურული პალმეტიანი ლეკითოსი. დასავლეთ კუთხეში იდო იონიური ამფორა და ოინოხოია. მის გვერდით - დაზიანებული ბრინჯაოს სიტულა, ცენტრალურ ნაწილში კი - შავლაკიანი ამფორისკი (სურ. 75/7-12; 82/2).

სამარხი №53. 53 და 54 კვადრატების საზღვარზე. აღმოსავლეთისკენ დამხრობილი (ოდნავ ჩრდილოეთისკენ გადახრილი). სამარხეულ ორმოს ეკავა მოზრდილი ფართობი - 3,4X2,2X1,55 მ. ხის კუბოს: 2X0,9X0,35 მ. სამარხის აღმოსავლეთ ნაწილში გაუმართავთ მცირე ფართობის მომცველი საალაპო მოედანი. უფრო დიდი ფართობი ეკავა ჩრდილო-დასავლეთ ნაწილში გამოჩენილ საალაპო მოედანს. გათხრების პროცესში დადგინდა, რომ ცეცხლის ნაშთები და რიტუალის შესრულებისას დაღვრილი სითხის ნაღვენთები თითქმის სამარხის მთელს სიღრმეზე ვრცელდებოდა. კვლავაც სამარხის აღმოსავლეთ ნაწილში, თავის გარეთ აღმოჩნდა ჩრდილო-დასავლეთით წაფერდებული ორი თაზოსური ამფორა. ამათ პირზე ადგილობრივი ჭურჭლის ნატეხები ჰქონდათ დაფარებული. ჩანს, რომ ამფორები ღვინიანად ჩაუდგამთ. თვით სამარხში, მარცხენა ხელის არეში, აღმოჩნდა შავლაკიანი ამფორისკი, მარცხენა ფეხის - ე.წ. ნატიფი კლასის კილიკი. დიდი რაოდენობით იყო გამოყენებული რკინის ლურსმნები. ისინი ძირზე 4 რიგად იყო განლაგებული. ყველა გვერდებიდან მიჭედებული. ცენტრში ზემოდან ჩანს დაჭედილი (სურ. 77/1,2; 82/1).

სამარხი №54. კვადრატი 47. აღმოსავლეთისკენ დამხრობილი. ზომები: 1,8X0,8X0,95 მ. თავის იქით, უფრო ჩრდილო-აღმოსავლეთ ნაწილში, აღმოჩნდა ორი ადგილობრივი ჭურჭელი, პირის არეში - კოლხური თეთრი და ტყვიის მძივი. მარჯვენა ფეხთან პრეპარირებულ იქნა ბრინჯაოს ორნამენტირებული რგოლი (სურ. 77/3-6).

სამარხი №55. აღმოჩნდა 47-ე კვადრატის ჩრდილო კუთხეში. აღმოსავლეთისკენ დამხრობილი. ზომები: 2X1,1X1,15 მ. მარჯვენა ფეხთან იდო მოზრდილი ე.წ. სამოსური ლეკითოსი

სამარხი №56. კვადრატი 54. აღმოსავლეთისკენ დამხრობილი. ზომები: 1,6X0,7X0,6 მ. ჰქონია ხის სახურავი. სამარხის აღმოსავლეთ ნაწილში, ხის სახურავის გარეთ, აღმოჩნდა მაღალი ცილინდრული თეთრანგობიანი ლეკითოსი (სურ. 77/7,8; 82/3).

სამარხი №57. 54 და 55 კვადრატების საზღვარზე. აღმოსავლეთისკენ დამხრობილი. ზომები: 2,2X2,15X1 მ. ხის კუბოს: 1,9X0,65X0,42 მ. ხის კუბოს გარეთ, სამარხის სამხრეთ-აღმოსავლეთ კუთხეში, ჩაუდგამთ მოზრდილი ქიოსური ამფორა; დასავლეთ კუთხეში - თეთრკეციანი ჭურჭელი. თვით სამარხში ორივე ხელის არეში აღმოჩნდა ბრწყინვალედ ნაკეთები ვერცხლის წელშეზნექილი სამაჯურები, მარჯვენა ფეხთან - შავლაკიანი გუტუსი (სურ. 77/9,10,11; 82/4,5).

სამარხი №58. აღმოჩნდა 54-55 და 47-48 კვადრატების გადაკვეთაზე. აღმოსავლეთისკენ დამხრობილი. ზომები: 2,5X1,5X1,15 მ. ხის კუბოს: 2X0,6X0,4 მ. კუბოს გარეთ, სამარხის აღმოსავლეთ ნაწილში, ჩაუდგამთ ქიოსური ამფორა (ახლა დაზიანებული). თვით სამარხში, მარცხენა ხელის არეში, აღმოჩნდა ვერცხლისა და ბრინჯაოს ფარაკიანი ბეჭდები, მარჯვენა ხელთან - მოზრდილი ე.წ. სამოსური ლეკითოსი. რკინის ლურსმნების ზედა რიგი წვერით ქვემოთკენაა მიმართული, ქვედა - გვერდებიდან ჩანს მიჭედებული (სურ. 78/1-4).

სამარხი №59. კვადრატი 48. აღმოსავლეთისკენ დამხრობილი. ზომები: 2,3X1,7X1,1 მ. ხის კუბოს: 1,55X0,7X0,22 მ. მის გარეთ, სამარხის აღმოსავლეთ ნაწილში, აღმოჩნდა ქიოსური ამფორა და ადგილობრივი ჭურჭელი, თავის არეში - ბრინჯაოს ზარაკი, მარჯვენა მხართან

სამარხთა კატალოგი

ახლოს - მოხატული ცილინდრული ლეკითოსი, ხოლო მარცხენა ხელის არეში - წყვილი არიბალისებური ლეკითოსი და ვერცხლის ფარაკიანი ბეჭედი. მარჯვენა ფეხთან ახლოს იდო შავლაკიანი ჯამი და ადგილობრივი დოქი. რკინის ლურსმნები აქაც უმეტესწილად გვერდებიდან იყო მიჭედებული. ზოგიერთი წვერით ქვემოთკენ იყო მიმართული (სურ. 78/5-10; 82/7,8,9).

სამარხი №60. კვადრატი 55. აღმოსავლეთისკენ დამხრობილი. სამარხეული ორმოს კონტურების განსაზღვრა არ მოხერხდა. ხის კუბოს ზომებია: 1,7X0,8X0,95 მ. სამარხის ცენტრალურ ნაწილში აღმოჩნდა იონიური ამფორა (სურ. 78/11-12).

სამარხი №61. კვადრატი 55. ზომები: 2X1X0,6 მ. ჰქონია ხის სახურავი. აღმოჩნდა რამდენიმე მძივი და სამხრეთ კედელთან ახლოს არიბალისებური ლეკითოსი. მისი აღდგენა არ მოხერხდა.

სამარხი №62. აღმოჩნდა 39-ე კვადრატის აღმოსავლეთ ნაწილში. აღმოსავლეთისკენ დამხრობილი. სამარხი ბავშვის უნდა იყოს. ზომები: 1,2X0,85X0,7 მ. თავთან – მარცხენა მხარეს იდო ყურმილიანი დოქი. ყელის არეში მიმობნეული იყო მინისებური პასტის წვრილი და სხვა სახის მძივები. ფეხებთან გაიწმინდა რკინის სამაჯური (სურ. 79/1; 82/10).

სამარხი №63. აღმოჩნდა 39-ე კვადრატის ჩრდილო-აღმოსავლეთ ნაწილში. ჩრდილო-აღმოსავლეთისკენ დამხრობილი. ზომები: 2,2X1X0,7 მ. სამარხის მარცხენა მონაკვეთზე, ცენტრალურ ნაწილში, აღმოჩნდა ადგილობრივი დოქი, ფეხების არეში - კოლხური ქვევრის რამდენიმე ნატეხი (სურ. 79/2,3).

სამარხი №64. 50-ე კვადრატის სამხრეთ-დასავლეთი ნაწილი. ზომებისა და კონტურების დადგენა არ მოხერხდა; აღმოჩნდა მძივები და პატარა ზომის ორი ადგილობრივი ჭურჭელი (სურ. 79/4,5,6).

სამარხი №65. აღმოჩნდა 55-ე კვადრატის აღმოსავლეთ ნაწილში. კონტურებისა და ზომების დადგენა არ მოხერხდა. სამარხის თავზე იდო თაზოსური ამფორა, მის დასავლეთით - მოზრდილი დაზიანებული სამოსური ამფორისკი (სურ. 79/7,8; 82/13).

სამარხი №66. კვადრატი 57. აღმოსავლეთისკენ დამხრობილი. ზომები: 1,9X1,02X0,85 მ. ხის კუბოს: 1,9X0,55X0,36 მ. სამარხის სამხრეთ-აღმოსავლეთ კუთხეში იდო ორნამენტირებული ადგილობრივი დოქი (სურ. 79/9,10).

სამარხი №67. კვადრატი 70. აღმოსავლეთისკენ დამხრობილი. ზომები: 2,4X1,3X1,37 მ. ხის სახურავის: 1,8X0,62 მ. მის ჩრდილო-დასავლეთ ნაწილზე იდო გრაფიტოიანი დაშლილი იონიური ოინოხოია. თვით სამარხში რაიმე მასალები არ ყოფილა წარმოდგენილი.

სამარხი №68. 58-ე და 69-ე კვადრატების საზღვარი. აღმოსავლეთისკენ დამხრობილი. ზომები: 2,3X1,15X1,23 მ. ხის სახურავის: 1,8X0,62 მ. აქაც აღმოსავლეთ ნაწილში იდო ადგილობრივი დოქი და დაშლილი შავლაკიანი თას-სკიფოსი. თვით სამარხში რაიმე მასალები არ იყო ფიქსირებული (სურ. 80/1,2,3).

სამარხი №69. კვადრატი 59. აღმოსავლეთისკენ დამხრობილი. ზომები: 2,4X1,25X0,9 მ. ხის კუბოს: 1,8X0,8X0,35 მ. აღმოსავლეთ ნაწილში, თავს იქით, იდგა მთლიანი თაზოსური ამფორა. ფეხების არეში, სამარხის სამხრეთ მონაკვეთზე აღმოჩნდა შავლაკიანი თასი, მარცხენა ხელთან - არიბალისებური ლეკითოსი (სურ. 82/14).

სამარხი №70. კვადრატი 59. აღმოსავლეთისკენ დამხრობილი. ზომები: 2,23X1,1X0,95 მ.

სამარხთა კატალოგი

ხის კუბოს: 1,9X0,6X0,27 მ. სამარხის თავზე, ჩრდილო-დასავლეთ ნაწილში, აღმოჩნდა იონიური ჭურჭლის ნატეხები. გათხრის პროცესში შავლაკიანი ჭურჭლის ფრაგმენტებიც ჩნდებოდა. ეტყობა სამარხის ჩაჭრისას რომელიღაც სააღაპო მოედანი დააზიანეს. განსაკუთრებით საყურადღებოა ის გარემოებაც, რომ სამარხის ცენტრალურ ნაწილში, ოდნავ აღმოსავლეთით, გამოჩნდა წვრილი ძვლების გროვა. არაა გამორიცხული, რომ ეს მსხვერპლად მიტანილი ბატკნის ნაშთები იყოს. სხვა მსგავსი შემთხვევა არ ყოფილა დადასტურებული. სამარხის სამხრეთ-აღმოსავლეთ ნაწილში, მარცხენა მხართან, მოპოვებულ იქნა პატარა ზომის საწური. ყელის არეში - ქარვის მძივების ნატეხები (სურ. 80/4,5).

სამარხი №71. კვადრატი 60. აღმოსავლეთისკენ დამხრობილი. ზომები: 2,33X1,16X1,1 მ. ხის კუბოს: 1,77X0,5X0,42 მ. სამხრეთ-აღმოსავლეთ კუთხეში ჩაუდგამთ მოზრდილი ქიოსური ამფორა; ფეხების არეში - პატარა ზომის შავლაკიანი ჯამი (სურ. 80/6,7).

სამარხი №72. კვადრატი 59. აღმოსავლეთისკენ დამხრობილი. ზომები: 1,26X0,92X1,22 მ. სამარხი ბავშვის უნდა იყოს. სამხრეთ-აღმოსავლეთ კუთხეში ჩაუდგამთ ოინოხოია (დაშლილი) და შავლაკიანი პატარა ზომის ჯამი, ხოლო მარჯვენა მხრის ახლოს - არიბალისებური ლეკითოსი (სურ. 80/8,9,10).

სამარხი №73. კვადრატი 67. აღმოსავლეთისკენ დამხრობილი. ზომები: 2,5X1,62X1,22 მ. ხის კუბოს: 1,92X0,65X0,33 მ. თავის იქით, ე.ი. აღმოსავლეთ ნაწილში, იდგა ქიოსური ამფორა. თვით სამარხში, ორივე ხელთან ახლოს, იდო თითო შავლაკიანი ლეკითოსი (სურ. 81/1,3).

სამარხი №74. კვადრატი 67. აღმოსავლეთისკენ დამხრობილი. სამარხი ბავშვის უნდა იყოს. ზომები: 1X0,65X1,12 მ. მარჯვენა მხართან ეწყო ქოთანი და ორნამენტირებული ყურმილიანი დოქი (სურ. 81/4,5,6).

სამარხი №75. კვადრატი 67. აღმოსავლეთისკენ დამხრობილი. ზომები: 1,4X1X1,1 მ. უინვენტარო.

სამარხი №76. კვადრატი 60. აღმოსავლეთისკენ დამხრობილი. ზომები: 2,2X1,47X1 მ. ხის კუბოს ზომებია: 1,83X0,75X0,26 მ. სამარხის სამხრეთ-აღმოსავლეთ ნაწილში აღმოჩნდა თაზოსური ამფორა, ჩრდილო-აღმოსავლეთ მონაკვეთზე იდო ფიჭვნარული დოქი. მარჯვენა მხართან - სამი არიბალისებრი ლეკითოსი; ხელებთან ახლოს - ვერცხლის შესანიშნავი სამაჯურები (სურ. 81/7-11; 82/5).

სამარხი №77. 60 და 61-ე კვადრატების საზღვარი. აღმოსავლეთისკენ დამხრობილი. ზომები: 3X1,75X1,1 მ. ხის კუბოს: 2,15X0,85X0,25 მ. ჩრდილო-აღმოსავლეთ კუთხეში ჩაუდგამთ ქიოსური ამფორა, თვით სამარხში, კერძოდ, მარჯვენა ხელის არეში - შავლაკიანი ამფორისკი და ცილინდრული ლეკითოსი. სამარხის ჩრდილო-დასავლეთ ნაწილში იდო რკინის სტრიგილა (სურ. 83/1-5).

სამარხი №78. კვადრატი 66. აღმოსავლეთისკენ დამხრობილი. ზომები: 2,2X1,08X0,8 მ. სამარხის გარეთ, ჩრდილო კედელთან იდო პატარა ზომის ამფორა, რომელსაც აქვს თაზოსური ლეკითოსისებრი პირი და ძირი. მსგავსი ჭურჭელი ადრე უცნობი იყო. სამარხში რაიმე ინვენტარი არ აღმოჩენილა (სურ. 83/6,7; 87/1).

როგორც შემდგომ დადასტურდა, სამარხი ეკუთვნოდა ნაადრევად მშობიარობის დროს დაღუპულ დედას, ხოლო მინიატურულ ამფორაში კი დაკრძალული იყო თვით 3 თუ 4 თვის

სამარხთა კატალოგი

ჩანასახი.

სამარხი №79. კვადრატი 61. აღმოსავლეთისკენ დამხრობილი. ზომები: 1,22X0,48X0,6 მ. სამარხი ბავშვის უნდა იყოს. ჰქონია ხის სახურავი, თავს იქით აღმოჩნდა ყურმილიანი დოქი. აქვე იყო სხვა სახის ჭურჭლის ნატეხებიც. მარცხენა ყურის არეში მოპოვებულ იქნა ვერცხლის ნახევარმთვარისებური საკიდი (სურ. 83/8-9).

სამარხი №80. 61 და 62 კვადრატების საზღვარი. აღმოსავლეთისკენ დამხრობილი. ოდნავ ჩრდილოეთისკენ გადახრილი. ხის კუბოს ზომებია: 1,4X0,6X0,3 მ. კუბოს გარეთ, სამარხის სამხრეთ-აღმოსავლეთ კუთხეში ჩაუდგამთ განუსაზღვრელი ცენტრის ამფორა, თვით სამარხში, მარჯვენა ხელთან ახლოს - ლაკგადაცლილი პატარა ზომის ლეკითოსი, მარჯვენა ფეხთან - ფიჭვნარული დოქი (სურ. 83/10-14).

სამარხი №81. კვადრატი 62. აღმოსავლეთისკენ დამხრობილი (ოდნავ სამხრეთისკენ გადახრილი). სამარხეული ორმოსა და ხის კუბოს ზომები თითქმის ემთხვევა: 2X0,7X0,85 მ. სამარხის სამხრეთ-აღმოსავლეთ კუთხეში, თავთან ახლოს, იდო დიდი ზომის დაშლილი ლეკითოსი - მოხატული; მარჯვენა ხელთან - მეორე ცილინდრული ლეკითოსი, მარცხენასთან - შავლაკიანი ამფორისკი (სურ. 84/1,2,3; 87/2).

სამარხი №82. კვადრატი 68. აღმოსავლეთისკენ დამხრობილი. ზომები: 2,6X1,1X1,35 მ. ხის კუბოს - 1,8X0,7X0,23 მ. აღმოსავლეთ ნაწილში, ხის კუბოს გარეთ, აღმოჩნდა ქიოსური ამფორა. მას პირზე კოლხური ჭურჭელი ჰქონდა დაფარებული. თვით სამარხში, მარჯვენა ხელთან, აღმოჩნდა არიბალისებური ლეკითოსი, ფეხების არეში - მოზრდილი, დეფორმირებული კოლხური ჭურჭელი. აქვე იყო შავლაკიანი სკიფოსი (სურ. 84/4-8; 87/3).

სამარხი №83. 67-ე და 68-ე კვადრატების საზღვარი. აღმოსავლეთისკენ დამხრობილი. ზომები: 1,75X0,96X1,1 მ. ხის კუბოს - 1,45X0,53X0,32 მ. თავთან ახლოს აღმოჩნდა ორი წითელფიგურული ლეკითოსი. ყელის არეში მიმობნეული იყო მძივები. მიცვალებულს მარცხენა ხელზე ჰქონია ბრინჯაოს სამაჯური. სამარხი ბავშვის უნდა იყოს (სურ. 87/4-5).

სამარხი №84. კვადრატი 69. აღმოსავლეთისკენ დამხრობილი. ზომები: 2,3X0,95X1,16 მ. მარჯვენა ხელის არეში აღმოჩნდა ერთადერთი იონიური ოინოხოია. სამარხს ჰქონია საალაპო მოედანი.

სამარხი №85. კვადრატი 63. აღმოსავლეთისკენ დამხრობილი (ოდნავ ჩრდილოეთისკენ გადახრილი). თავის არეში იდო შავლაკიანი ბოლსალი, მარჯვენა ხელთან ახლოს - თეთრანგობიანი ლეკითოსი, ოდნავ სამხრეთით - ე.წ. სამოსური ლეკითოსი (სურ. 84/9,10,11; 87/6).

სამარხი №86. კვადრატი 56. აღმოსავლეთისკენ დამხრობილი. ზომები: 2,86X1,15 მ. ხის კუბოს - 2X0,7X0,26 მ. უინვენტარო.

სამარხი №87. კვადრატი 189. აღმოსავლეთისკენ დამხრობილი (ოდნავ ჩრდილოეთისკენ გადახრილი). ზომები: 2,1X0,9X1,25 მ. სამარხის ჩრდილო-აღმოსავლეთ ნაწილში, მარჯვენა ხელთან ახლოს, აღმოჩნდა ადგილობრივი ჭურჭელი. აღმოსავლეთ ნაწილში გაიწმინდა მცირე ფართობის მომცველი საალაპო მოედანი (სურ. 84/12,13).

სამარხი №88. კვადრატი 190. აღმოსავლეთისკენ დამხრობილი (ოდნავ ჩრდილოეთისკენ გადახრილი). ზომები: 2,5X1,2X1,1 მ. ხის კუბოს - 1,9X0,65X0,35 მ. სამარხის ჩრდილო კედელთან ახლოს, მარჯვენა ხელის არეში, აღმოჩნდა ერთადერთი არიბალისებრი ლეკითოსი

(სურ. 85/1,2,3).

სამარხი №89. კვადრატი 162. სამხრეთ-აღმოსავლეთისკენ დამხრობილი. სამარხეული ორმოს სიგრძე 2,25 მ, სიგანე 1,2 მ. სიღრმე 1,3 მ. უინვენტარო.

სამარხი №90. კვადრატი 167. ჩრდილოეთისკენ დამხრობილი. სამარხეული ორმოს სიგრძე 2 მ, სიგანე 1,25 მ. სიღრმე 0,95 მ. უინვენტარო.

სამარხი №91. კვადრატი 167. ჩრდილო-აღმოსავლეთისკენ დამხრობილი. სამარხეული ორმოს სიგრძე 1,75 მ, სიგანე 0,9 მ. სიღრმე 1,15 მ. უინვენტარო.

სამარხი №92. კვადრატი 183. აღმოსავლეთისკენ დამხრობილი. სიგრძე 1,6 მ, სიგანე 0,9 მ, სიღრმე 1,25 მ. უინვენტარო.

სამარხი №93. კვადრატი 190. აღმოსავლეთისკენ დამხრობილი. სამარხეული ორმოს ზომებია: 1,1X0,55X0,9 მ. უინვენტარო.

სამარხი №94. კვადრატი 178. აღმოსავლეთისკენ დამხრობილი. ჩრდილოეთისკენ გადახრილი. სამარხეული ორმოს ზომებია: 1,3X0,75X1,05 მ. სამარხის დასავლეთ ნაწილში აღმოჩნდა რკინის სამაჯურის ნატეხები.

სამარხი №95. კვადრატი 105. აღმოსავლეთისკენ დამხრობილი. ჩრდილოეთისკენ გადახრილი. ზომები: 3,75X2,25X0,9 მ. ხის კუბოს - 2,55X0,87X0,35 მ. სამარხის ჩრდილო კედელს მთელს სიგრძეზე მიუყვება ფლეთილი ქვების წყობა - ზოგან ორი, ზოგან სამი რიგი. ხის კუბოს სახურავი გვერდებიდან ყოფილა მიმაგრებული. ძირის ლურსმნები წვერით ზემოთკენაა მიმართული. სამარხის თავზე მოზრდილი ლურსმნები (ზოგის სიგრძე 0,33 მ-ია) სამ რიგად იყო განლაგებული - თავზე, შუა წელსა და ბოლოში. ხის კუბოს გარეთ, სამხრეთ-აღმოსავლეთ და ჩრდილო მონაკვეთზე ჩნდებოდა კალცირებული ძვლების ნატეხები. აქვე რამდენიმე წვრილი მძივიც აღმოჩნდა. არაა გამორიცხული, რომ სამარხს ახლდა სამსხვერპლო მოედანი, ე.წ. ბოტროსი. თვით სამარხში იდო პირით ჩრდილოეთისკენ მიმართული პატარა ზომის ქიოსური ამფორა, მარცხენა ხელის არეში - შავლაკიანი ამფორისკი, ფეხებთან ახლოს - ბოლსალი (სურ. 85/4-8; 87/7,8).

სამარხი №96. კვადრატი 104. აღმოსავლეთისკენ დამხრობილი (ოდნავ ჩრდილოეთისკენ გადახრილი). ზომები: 3,35X2X1,2 მ. ხის კუბოს - 1,8X1,3X0,23 მ. სამარხის აღმოსავლეთ ნაწილში გამოჩნდა კბილების ნაშთები, სახის მარჯვენა მხარეს – ბრინჯაოს პატარა ზომის სარკე. ორივე ხელზე გაკეთებული ჰქონია ვერცხლის სამაჯურები. მარცხენა ხელთან ახლოს ჩაედგათ წითელფიგურული ლეკითოსი, მარჯვენასთან - შავლაკიანი ამფორისკი. მისგან ოდნავ მოშორებით, ჩრდილო-აღმოსავლეთ ნაწილში - მეორე უფრო პატარა ზომის ამფორისკი (სურ. 86/1-7; 87/9).

სამარხი №97. კვადრატი 112. აღმოსავლეთისკენ დამხრობილი. პირველად გამოიკვეთა მოზრდილი სამარხის კონტური. სიგრძე 3,75 მ. სიფართე აღმოსავლეთ ნაწილში 1,8 მ, ცენტრალურ ნაწილში 1,55 მ, დასავლეთ მონაკვეთზე 1,2 მ. გათხრების შემდეგ გამოირკვა, რომ სამარხეული ორმო გამოყენებული იყო ორი მიცვალებულის დასაკრძალავად. ერთ-ერთი მათგანი დაესვენებინათ სამარხის დასავლეთ მონაკვეთზე. სამარხის თავზე გამოჩნდა დამტვრეული ამფორის ნატეხები. ხის კუბოს ზომებია: 1,85X0,9X0,25 მ. თვით სამარხში რაიმე ინვენტარი არ ჩაეყოლებინათ. მეორე სამარხი უფრო პატარა ზომისაა - 0,9X0,55 მ. სამარხში ფეხების არეში იდო

ერთადერთი ბოლსალი (სურ. 86/8,9,10).

სამარხი №98. კვადრატი 103. აღმოსავლეთისკენ დამხრობილი. ზომები: 1,8X0,8X0,95 მ. თავის არეში აღმოჩნდა ადგილობრივი ოინოხოის ტიპის ჭურჭელი და შავლაკიანი კანელურებიანი ტოლჩა. გათხრებისას ჩნდებოდა შავლაკიანი ჭურჭლის ნატეხებიც (სურ. 86/11,12,13; 87/10).

სამარხი №99. კვადრატი 113. აღმოსავლეთისკენ დამხრობილი. ზომებია: 2,05X1,1X0,85 მ. სამარხის თავზე, ჩრდილო ნაწილში იდო ერთადერთი ფიჭვნარული დოქი. თვით სამარხში რაიმე მასალა არ აღმოჩენილა. არის მაღალძირიანი თასის გრაფიტოიანი ფრაგმენტი (სურ. 87/11; 88/1,2).

სამარხი №100. კვადრატი 112. გარკვეული ნაწილი 104 და 105 კვადრატებში ექცევა. დამხრობილია ჩრდილო-აღმოსავლეთისკენ. ზომები: 2X1,2X1,1 მ. ხის კუბოს - 1,7X0,88X0,3 მ. სახის მარცხენა მხარეს იდო ბრინჯაოს მოზრდილი სარკე. საყურადღებოა, რომ მის ქვემოთ ძვლის ნაშთებიც იყო გადარჩენილი - ეტყობა მარცხენა მხრის. მასზე სარკის პატინა იყო გადასული. ძვლები აღებისას დაიშალა. მარჯვენა მხართან იდო შავლაკიანი სამარილე, მარჯვენა ხელის არეში - არიბალისებური ლეკითოსი. სამარილესა და ლეკითოსს შორის აღმოჩნდა ბრინჯაოს სარკის ტარის ნაწილი – ეტყობა ტარმა გადანაცვლება განიცადა (სურ. 88/3-6; 91/1-4).

სამარხი №101. კვადრატი 106. აღმოსავლეთისკენ დამხრობილი (ოდნავ ჩრდილოეთისკენ გადახრილი). სამარხი ბავშვის უნდა იყოს. ზომები: 2X1,25X0,95 მ. ხის კუბოს - 1,1X0,67 მ (სახურავის ლურსმნები არ შეგვხვედრია, ძირზე გვერდებიდან ჩანს მიჭედებული). ბავშვი დაკრძალული ყოფილა სამარხეული ორმოს სამხრეთ კედელთან. თავის არეში გამოჩნდა სადა და ოქროს წვრილი მძივები; აქვე აღმოჩნდა ოქროს საყურეებიც. ამათგან დასავლეთით, 17 სმ-ზე პრეპარირებულ იქნა წითელფიგურული პატარა ზომის ცილინდრული ლეკითოსი, როგორც ჩანს, იგი იდო მარჯვენა ხელის არეში, პირით აღმოსავლეთისკენ. აქვეა ვერცხლის პატარა ზომის სამაჯური; მეორე სამაჯური მარცხენა ხელზე ჰქონია გაკეთებული. ფეხების არეში ჩაეწყოთ ერთი მეორის მიყოლებით ქოთანი, ორი ყურმილიანი დოქი, ერთი ცილინდრული წითელფიგურული ლეკითოსი, შავლაკიანი სამარილე და კიდევ ერთი ადგილობრივი ორნამენტირებული უყურო ჭურჭელი. ყურადღებას იქცევს პატარა ზომის იონიური ჯამი, რომელსაც ჩამოკიდების მიზნით ქუსლზე წყვილი ნახვრეტი აქვს გაკეთებული (სურ. 88/7-16; 91/5,6)

სამარხი №102. კვადრატი 114. ჩრდილო-აღმოსავლეთისკენ დამხრობილი. ზომები: 1,75X1,1X0,8 მ. უინვენტარო.

სამარხი №103. კვადრატი 116. ჩრდილოეთისკენ დამხრობილი. ზომები: 1,75X1,1X1 მ. უინვენტარო.

სამარხი №104. კვადრატი 107. აღმოსავლეთისკენ დამხრობილი (ჩრდილოეთისკენ გადახრილი). ზომები: 2,3X1,4X0,98 მ. ხის კუბოს - 1,9X1,15X0,2 მ. სამარხის ჩრდილო-აღმოსავლეთ და სამხრეთ-აღმოსავლეთ კუთხეში აღმოჩნდა სააღაპო მოედანი. თვით სამარხის ჩრდილო-აღმოსავლეთ კუთხეში ჩაედგათ ამფორა. თავის არეში პრეპარირებულ იქნა ოქროს ორი ცალი ნახევარმთვარისებური საყურე და ოქროს ყელსაბამი (შედგებოდა ერთი სადა, 83 ოქროს ფუყე მძივისაგან და ორი ნახევარმთვარისებრი საკიდისაგან). აქვე იყო სინოპური ადრეული მონეტა.

278

მარჯვენა ხელის არეში იდო ფერადი მინის ალაბასტრი. ორივე ხელზე გაკეთებული ჰქონია ვერცხლის სამაჯურები და ერთი ფარაკიანი ბეჭედი (სურ. 89/1-4; 91/9-13).

სამარხი №105. 131 და 132 კვადრატების საზღვრზე. ჩაჭრილია ფხვიერ სილნარ ფენაში, ამიტომ მისი ორიენტაციის და ზუსტი ზომების გარკვევა ჭირს. სამარხში ერთ რიგად განლაგებული იყო პატარა ზომის ყურმილიანი დოქი, კოლხური თეთრი, ორი ცალი რკინის სამაჯური, ცალყურა ქოთანი და დიდი რაოდენობით პასტის მძივები. არის გრაფიტოიანი შავლაკიანი კილიკის ნატეხები (სურ. 89/5-8).

სამარხი №106. 122 და 123 კვადრატების საზღვარზე. დამხრობილი აღმოსავლეთისკენ (ოდნავ ჩრდილოეთისკენ გადახრილი). ზომები: 2,1X1X0,8 მ. ხის კუბოს: 1,55X0,5X0,25 მ. ლურსმნები სამ რიგადაა განლაგებული. მათ შორის ერთ-ერთი ბრინჯაოსგანაა დამზადებული. სამარხში აღმოჩნდა ორი არიბალისებური ლეკითოსი - შედარებით დიდი ზომის. სადა ლეკითოსი იდო მარცხენა ფეხის არეში (აკლია პირი). მეორე სადა ჰორიზონტალური ზოლით შემკული ლეკითოსი კი - მარჯვენა მხართან (სურ. 89/9-13).

სამარხი №107. 120-ე კვადრატის სამხრეთ-აღმოსავლეთი მონაკვეთი. აღმოსავლეთისკენ ორიენტირებული. სამარხი ჩაჭრილია ფხვიერ სილნარ გრუნტში, ამიტომაც რკინის ლურსმნების მიხედვით ვიძლევით მხოლოდ და მხოლოდ ხის კუბოს ზომებს: 1,4X0,52X0,2 მ. ინვენტარი განლაგებული იყო თანამედროვე ზედაპირიდან 0,65 მ-ის სიღრმეზე. თავის არეში აღმოჩნდა წითელფიგურული ლეკითოსი, ოქროს წყვილი საყურე, ყელთან ახლოს ვერცხლის შესაკრავი, თვალადი მძივი. ორივე ხელზე მიცვალებულს გაკეთებული ჰქონია ვერცხლის სამაჯურები. ფეხებთან ჩაელაგებინათ ადგილობრივი დოქი, ცალყურა თასი და რელიეფური ორნამენტებით შემკული პატარა ზომის შავლაკიანი ჭურჭელი (სურ. 90/1-5; 91/13,14,15).

სამახი №108. 135 და 136 კვადრატების საზღვარი. ორიენტირებული აღმოსავლეთისკენ. ეს სამარხიც ფხვიერ სილნარ გრუნტშია ჩაჭრილი. რკინის ლურსმნების მიხედვით ჩანს, რომ ხის სახურავის სიგრძე უდრიდა დაახლოებით 1 მ, სიგანე 0,5 მ, ე.ი. პატარა ზომის ყოფილა. სახურავზე იდგა სამი ჭურჭელი - ყურმილიანი, ფიჭვნარული დოქი და პატარა ზომის იონიური ამფორა. თვით სამახში, სამხრეთ კედელთან ახლოს, ჩაუდგამთ მაღალი შავლაკიანი ლეკითოსისებური ჭურჭელი (სურ. 90/6-9; 91/16).

სამარხი №109. 131 და 132 კვადრატების საზღვარი, აღმოსავლეთისკენ დამხრობილი. ზომები: 2,1X1,3X1,5 მ; ხის კუბოს - 1,5X0,7X0,35 მ. სამარხის აღმოსავლეთ ნაწილში ჩაუდგამთ თაზოსური ამფორა, ხოლო დასავლეთ მონაკვეთზე, ხის სახურავზე, იდო პატარა ზომის შავლაკიანი ჯამი. თვით სამარხში, კედელთან ახლოს აღმოჩნდა რკინის სტრიგილა (სურ. 90/10-12; 91/17).

სამარხი №110. კვადატი 121. აღმოსავლეთისკენ დამხრობილი. ოდნავ ჩდილოეთისკენ გადახრილი. ზომები: 3,2X2,25X1,2 მ. ხის კუბოს: 2,5X1,2,X0,5 მ. სამარხის თავზე გამოჩნდა ბრინჯაოს პატარა ზომის სამაჯურისებრი ნივთი; შემდეგ კი - 5 რიგად განლაგებული წვერით ქვემოთკენ მიმათული ხის კუბოს სახურავის ლურსმნები. ყველა ქოლგისებური თავი შესანიშნავად გამოიკვეთა. სამარხის პრეპარაცია ვაწარმოეთ ხის კუბოს ზომების მიხედვით; აღმოჩნდა საინტერესო მასალა: სამხრეთ-დასავლეთ კედელთან - პირით დასავლეთისკენ წაწვენილი დიდი ზომის თაზოსური ამფორა, მიცვალებულის ყელის არეში პრეპარირებულ იქნა ოქროს 9 მძივი,

სამარხთა კატალოგი

ჩიტის გამოსახულებიანი 6 მძივსაკიდი და ერთიც ჯიხვის სკულპტურულ გამოსახულებიანი საკიდი. ამფორასთან ახლოს იდგა ბრინჯაოს სკიფოსისებრი ჭურჭელი. მისი ერთი ყური თვით ჭურჭელში იყო ჩავარდნილი. ეტყობა, იგი დაზიანდა სახურავის ჩამოქცევისას; მოშორებით - სადა რგოლისებური ვიწრო ძირიც მოვიპოვეთ. სკიფოსთან ახლოს იდო პირქვე ჩამხრობილი შავლაკიანი delicate class-ის ტიპის კილიკი. სამარხის ცენტრალურ ნაწილში, მარჯვენა ხელთან ახლოს, აღმოჩნდა ვერცხლის შესანიშნავი ომფალოსიანი ფიალა. მიცვალებულს ორივე ხელზე გაკეთებული ჰქონდა ვერცხლის სამაჯურები. მარცხენა ხელის არეში აღმოჩნდა პატარა ზომის ოქროს სადა ბეჭედი. მარჯვენა ხელის არეში, ჩრდილო კედელთან ახლოს, გამოჩნდა შავლაკიანი არიბალისებური ლეკითოსი, ისიც სახურავის ჩამოქცევისას დაზიანებული (სურ. 92; 93/1-3).

სამარხი №111. 129 და 130 კვადრატების საზღვარი. აღმოსავლეთისკენ დამხრობილი. ზომები: 2,1X1,2X1,25 მ. ხის კუბოს - 1,75X0,75X0,3 მ. მარჯვენა ხელის არეში ჩაუდგამთ ერთადერთი გედის გამოსახულებიანი არიბალისებური ლეკითოსი (სურ. 94/1,2).

სამახი №112. კვადრატი 133. აღმოსვლეთისკენ დამხრობილი. ზომები: 1,95X1,2X1,1 მ. ხის კუბოს - 1,75X0,75X0,25 მ. აღმოსავლეთ ნაწილში, ხის კუბოს ძირიდან 0,5 მ-ის სიმაღლეზე აღმოჩნდა პატარა ზომის ქიოსური ამფორა. თვით სამარხში, მარჯვენა ფეხთან ახლოს, იდო ორი შავლაკიანი სამარილე და პირქვე ჩამხობილი იონიური ასკი. ჩრდილო-აღმოსავლეთ კედელთან ახლოს გაუმართავთ საალაპო მოედანი (სურ. 94/3-7).

სამარხი №113. 133 და 134 კვადრატების საღვარი. დამხრობილი ჩდილოეთისკენ. ზომები: 2,15X1,1X1 მ. ჩრდილო კედელთან ახლოს იდო ადგილობივი დოქი (სურ. 94/8,9).

სამარხი №114. კვადრატი 132. სამარხის დამხრობისა ჲა ზომების განსაზღვრა არ მოხერხდა. რკინის ლუსმნების განლაგების მიხედვით ჩანს, რომ სამარხი პატარა ზომის ყოფილა. სამარხეული ორმოს ზომებია 0,95X0,5X1,15 მ. თანამედროვე ზედაპირიდან 1,15 მ-ის სიღრმეზე აღმოჩნდა ერთადერთი ყურმილიანი დოქი (სურ. 95/1,2).

სამარხი №115. 134 კვადრატის სამხრეთ მონაკვეთი. ზომები: 1,35X0,75X1,25 მ. რკინის ლურსმნები არ ჩანს. ორიენტაციის გარკვევა ჭირს. საერთოდ, სამარხეული ორმო აღმოსავლე-თიდან დასავლეთისკენაა დამხრობილი. აღმოსავლეთ ნაწილში გამოჩნდა მოზრდილი რგოლისებური თვალადი მძივი. დასავლეთ მონაკვეთზე - ბრინჯაოს ნახევარმთვარისებრი საყურე. აქვეა ბრინ-ჯაოსა და რკინის სამაჯურის ნატეხებიც. ჩრდილო კედელთან ახლოს პრეპარირებულ იქნა ბრინჯაოს ბიპირამიდისებური საყურე, შესაძლოა, აქ ბავშვები ფეხშექცევით იყვნენ დაკრძალული. ინვენტარი კოლხურ იერს ატარებს (სურ. 93/4; 95/3-7).

სამარხი №116. კვადრატი 135. სამარხის ზომების და ორიენტაციის გარკვევა არ მოხერხდა. მკვრივ გრუნტზე იდო ორი ადგილობრივი ჭუჭელი - ყურმილიანი დოქი და ქოთანი (სურ. 95/8,9,10).

სამარხი №117. კვადრატი 132. ჯერ გამოჩნდა სამარხის დასავლეთი მონაკვეთი. დიდი ნაწილი გაუთხრელ ფართობში ექცეოდა. გავაკეთეთ შენაჭერი. ახალმა ფართობმა რაიმე მასალა არ მოგვცა. სამარხის დასავლეთ მონაკვეთზე იდო ყურმილიანი დოქი და არიბალისებური ლეკითოსი. დამხრობისა და ზომების განსაზღვრა არ მოხერხდა (სურ. 95/11,12,13).

სამარხი №118. 143 და 144 კვადრატების საზღვარი. ჩრდილო-აღმოსავლეთისკენ დამხრობილი. ზომები: 1,6X0,8X1,25 მ. ხის კუბოს - 1,25X0,6 მ. სამარხის თავზე დაფიქსირდა

რკინის 6 ლურსმანი, 2 თავის, 2 ცენტრალურ და 2 ფეხების არეში. ამდენივე რკინის ლურსმანი სამარხის ძირზეც აღმოჩნდა. სამარხის სახურავის ჩრდილო-აღმოსავლეთ ნაწილში პირქვე ჩამხობილი იდო წითელფიგურული სკიფოსი (სურ. 15/1). თვით სამარხში თავის არეში - ვერცხლის მონეტა, ხოლო ცენტრალურ ნაწილში, უფრო მარჯვენა ხელის არეში, მთლიანად დაცული ფინიკიური ოინოხოია.

სამარხი №119. 145 და 149 კვადრატების საზღვარი. სამხრეთ-აღმოსავლეთისკენ დამხრობილი. ზომები: 2,35X1,46X1,43 მ. ხის კუბოს - 1,76X0,8X0,35 მ. აქაც წინა სამარხის მსგავსად 6-6 რკინის ლურსმანი იყო განლაგებული. სამარხის სამხრეთ კედლის აღმოსავლეთ ნაწილში აღმოჩნდა ოქროს ორი საყურე, 79 ცალი ოქროსავე ფუყე მძივი და ყვითელი პასტის ორი მძივი (სურ. 15/2). ამავე სამარხს უკავშირდება სააღაპო მოედანი, რომელიც გამართულია სამარხის ჩრდილოეთ ნაწილში. მისი საზღვრები ნაწილობრივ სამარხის თავზე გადადის.

სამარხი №120. 146 და 150 კვადრატების საზღვარი. ჩრდილო-აღმოსავლეთისკენ დამხრობილი. ზომები: 1,73X0,84X1,65 მ. მარჯვენა და მარცხენა ხელის არეში აღმოჩნდა შავლაკიანი ცილინდრული ლეკითოსი და ე.წ. ფერადი მინის ალაბასტრი (სურ. 11/1; 15/3).

სამარხი №121. 148-ე კვადრატი. აღმოსავლეთისკენ დამხრობილი. პატარა ზომის სამარხეული ორმო თითქმის წრიული მოყვანილობისაა - 0,9X0,6X1,1 მ. დამხრობის შესახებ ვერაფერს ვიტყვით. მის აღმოსავლეთ ნაწილში იდო პატარა ზომის შავლაკინი ლეკითოსი და ორი ცალი მძივი. სამარხი ჩაჭრილია სააღაპო მოედნის ტერიტორიაზე (სურ. 11/2,3,4).

სამარხი №122. კვადრატი 152. აღმოსავლეთისკენ დამხრობილი. ზომები: 1,5X1X0,9 მ. ცენტრალურ ნაწილში აღმოჩნდა პატარა ზომის შავფიგურული ლეკითოსი და სადა სამაჯური.

სამარხი №123. 152 და 153 კვადრატების საზღვარი. აღმოსავლეთისკენ დამხრობილი. სამარხის ცენტრალურ ნაწილში აღმოჩნდა ბრინჯაოს სამაჯური. თავის არეში - 2 თვალადი მძივი (სურ. 11/5,6,7; 15/6).

სამარხი №124. კვადრატი 143. ჩრდილო-დასავლეთისკენ დამხრობილი. სამარხეული ორმო - 1,6X0,9X1,25 მ. დასავლეთ მონაკვეთზე აღმოჩნდა ბრინჯაოს სამაჯური. როგორც ჩანს, მიცვალებული აქ თავით ჩრდილო-დასავლეთისკენ იყო დაკრძალული მოხრილ პოზაში. სამაჯურიანი ხელი თავს ქვემოთ უნდა ჰქონოდა დასვენებული.

სამარხი №125. კვადრატი 143. აღმოსავლეთისკენ დმხრობილი (ოდნავ ჩრდილოეთისკენ გადახრილი). ზომები: 1,25X0,75 მ. უინვენტარო.

სამარხი №126. კვადრატი 144. აღმოსავლეთისკენ დმხრობილი (ოდნავ ჩრდილოეთისკენ გადახრილი). ზომები: 1,2X0,8X1,08 მ. უინვენტარო.

სამარხი №127. კვადრატი 144. მცირე ნაწილი 145-ე კვადრატში ექცევა. ჩრდილო-აღმოსავლეთისკენ დამხრობილი. ზომები: 2X0,7X1,2 მ. ხის სახურავის - 1,6X0,5 მ. რკინის 6 ლურსმანი განლაგებული იყო მთელ სიგრძეზე ორ რიგად - 2 თავში, 2 - შუა წელზე და 2 ბოლოში. მარჯვენა ხელის არეში აღმოჩნდა ორნამენტირებული შავლაკიანი ცილინდრული ლეკითოსი, ხოლო მარცხენა ხელთან კი - ფერადი მინის მცირე ზომის ამფორისკი (სურ. 11/8-9; 15/4-5).

სამარხი №128. კვადრატი 144. სამხრეთ-აღმოსავლეთისკენ დამხრობილი. ზომები: 1,5X0,7X1,1 მ. აღმოსავლეთ ნაწლში გამოჩნდა იონიური ჭურჭელი, დასავლეთ მონაკვეთზე კი

- ადგილობრივი ქოთანი (სურ. 11/10,11,12).

სამარხი №129. კვადრატი 147. ჩრდილო-აღმოსავლეთისკენ დმხრობილი. აღმოსავლეთ ნაწილი ექცეოდა გაუთხრელ ფართობში, ამიტომაც გავაკეთეთ მოზრდილი შენაჭერი. ზომები: 2,2X1,14X2 მ. მარცხენა ხელთან აღმოჩნდა პატარა ზომის რკინის ბეჭედი; უფრო აღმოსავლეთით – სკვითური ისრისპირი (სურ. 12/1,2,3).

სამარხი №130. 143-ე კვადრატის აღმოსავლეთ ნაწილში. აღმოსავლეთისკენ დამხრობილი (ოდნავ ჩრდილოეთისკენ გადახრილი). ზომები: 2X0,9X1,2 მ. უნვენტარო.

სამარხი №131. 167 კვადრატი. ნაწილობრივ გადადის 143-ე კვადრატში. აღმოსავლეთისკენ დამხრობილი. ზომები: 1,4X0,8X0,85 მ. სამარხის აღმოსავლეთ ნაწილში აღმოჩნდა მძივები, აქვე იყო ვერცხლის სხივანა საყურის ნაშთებიც. მისი აღება არ მოხერხდა. მარჯვენა ხელის არეში პრეპარირებულ იქნა ბრინჯაოს სამაჯური (სურ. 12/4,5,6; 15/7).

სამარხი №132. კვადრატი 145. ჩრდილო-აღმოსავლეთისკენ დამხრობილი. ზომები: 1,6X0,9 მ. სამარხის სამხრეთ კედელთან ახლოს, უფრო აღმოსავლეთ ნაწილში, აღმოჩნდა ბრინჯაოს ორი სამაჯური. იქმნება შთაბეჭდილება, რომ მიცვალებული მარცხენა გვერდზე იწვა გულ-ხელ დაკრეფილი (სურ. 12/7,8,9).

სამარხი №133. კვადრატი 147. ჩრდილო-აღმოსავლეთისკენ დამხრობილი. სამარხი ბავშვის უნდა იყოს. უინვენტარო.

სამარხი №134. კვადრატი 179. აღმოსავლეთისკენ დამხრობილი. ზომები: 1,8X1,2X1,05 მ. ხის კუბოს: 1X0,85X0,35 მ. უინვენტარო.

სამარხი №135. 185-188 კვადრატების საზღვარი. სამარხეული ორმო დამხრობილია აღმოსავლეთიდან დასავლეთისკენ. მისი ზომებია: 1,8X0,75X1,3 მ. ჩრდილო კედელთან გამოჩნდა ერთადერთი რკინის ლუსმანი, სხვა მასალა არ აღმოჩენილა.

სამარხი №136. აღმოჩნდა 152-ე კვადრატის ჩრდილო-აღმოსავლეთ ნაწილში. აღმოსავლეთისკენ დამხრობილი. ზომები: 1,1X0,8X0,9 მ. ეს სამარხი ბავშვის უნდა იყოს. მარჯვენა ხელის არეში აღმოჩნდა ფერადი მინის ოთხწახნაგა სანელსაცხებლე, მარცხენა ხელთან კი - დაშლილი კოროზირებული რკინის სამაჯური (სურ. 12/10,11; 15/8).

სამარხი №137. კვადრატი 163. კონტური ფხვიერ სილნარ გრუნტში მოიხაზა ჟანგისებური მოყავისფრო შეფერილობის მიხედვით. ჩრდილოეთისკენ დამხრობილი. ზომები: 1,15X0,6X0,9 მ. სამარხის აღმოსავლეთ ნაწილში გამოჩნდა რკინის 3 ლურსმანი. ჩრდილო კედელთან ახლოს კი - შესანიშნავი სფერულტანიანი ფერადი მინის არიბალოსი (სურ. 15/9).

სამარხი №138. 162 და 163 კვადრატების საზღვარი. აღმოსავლეთისკენ დამხრობილი (ოდნავ ჩრდილოეთისკენ გადახრილი). სახურავზე რკინის ლურსმნები განლაგებული იყო სამარხის თავსა და ბოლოში, ხოლო ინვენტარის დონეზე - თავის, წელისა და ფეხების არეში. აღმოჩნდა მოზრდილი ცილინდრული ლეკითოსი. ცენტრალურ ნაწილში კი - ვერცხლის სამაჯური და ვერცხლისავე ბეჭედი. ბეჭედი მარცხენა ხელზეც ჰქონია გაკეთებული. თავის არეში პრეპარირებული იქნა ბრინჯაოს ნივთი, შესაძლოა სასაფეთქლე ხვიების ნაშთები. აქვე იყო კბილის ემალის ნაშთები (სურ. 12/12-14; 15/10-11).

სამარხი №139. 163 და 167 კვადრატების საზღვარი. ჩრდილო-აღმოსავლეთისკენ დამხრობილი. სამარხეული ორმოს ზომებია 2X0,9X1,1 მ. სამარხის აღმოსავლეთ ნაწლში აღმოჩნდა

კარგად დაცული კბილები და ტყვიისებური მასის მძივები (სურ. 15/12).

სამარხი №140. 166 და 167 კვადრატების საზღვარი. დიდი ნაწილი 167 კვადრატში ექცევა. პირველ ხანებში სამარხის კონტურის განსაზღვრა მოხდა ფხვიერი სილნარი გრუნტის მოჟანგისფრო-მოყავისფრო შეფერილობის მიხედვით. სამხრეთ-აღმოსავლეთისკენ დამხობილი. პრეპარაციის პროცესში რკინის ლურსმნებიც გამოჩნდა - 3 თავის, 3 - ხელების არეში. ხის სახურავის ზომებია 1,3X0,9 მ. სამარხის სიღრმე 0,7 მ. თავის არეში, სამარხის ჩრდილო-აღმოსავლეთ კედელთან, იდო ცილინდრული ლეკითოსი. სამხრეთ-აღმოსავლეთ კუთხეში კი – პირქვე ჩამხობილი მაღალძირიანი კილიკი. აქვე იყო კბილის ემალის ნაშთებიც. ფეხების არეში აღმოჩნდა შავფიგურული ოინოხოია - პირით ჩრდილოეთისკენ მიმართული. რკინის ლურსმნები სამარხის ძირშიც გამოჩნდა. მიცვალებული ხის კუბოში ყოფილა დაკრძალული. სამხრეთ-აღმოსავლეთისკენ დამხრობილი (სურ. 13/1,2,3; 15/13).

სამარხი №141. 162 და 169 კვადრატების საზღვარი. ჩრდილო-აღმოსავლეთისკენ დამხრობილი. კონტური დადგინდა მოჟანგისფრო-მოყავისფრო შეფერილობის მიხედვით. ზომები: 1,1X0,6X0,75 მ. სამარხის ჩრდილო-აღმოსავლეთ კუთხეში ჩაუდგამთ ნაკლული მაღალძირიანი (ძირი აკლია) შავლაკიანი თასი (სურ. 13/4-5).

სამარხი №142. კვადრატი 169. ჩრდილოეთისკენ დამხრობილი. ფხვიერ გრუნტში კონტური დადგინდა ჟანგისფერი შეფერილობის მიხედვით. ზომები: 1,65X0,8X1,1 მ. თავის არეში პრეპარირებულ იქნა ექვსი მძივი, ჩრდილო კედელის ახლოს, უფრო აღმოსავლეთ მონაკვეთზე, სქელკედლიანი სამარილისებური შავლაკიანი ჭურჭელი და პატარა ზომის ადგილობრივი ქოთანი. ხელების არეში აღმოჩნდა ორი ცალი ბრინჯაოს სამაჯური (სურ. 13/6,7,8; 16/1,2,3).

სამარხი №143. კვადრატი 171. აღმოსავლეთისკენ დამხრობილი. ზომები: 1,7X0,9X0,65 მ. უინვენტარო.

სამარხი №144 (147).* 177 და 186 კვადრატების საზღვარი. ჩრდილო-აღმოსავლეთისკენ დამხრობილი. ზომები: 1,65X0,87 მ. ჰქონია ხის სახურავი - 1,55X0,7 მ. სამხრეთ-აღმოსავლეთ ნაწილში, როგორც ჩანს, მარცხენა მხრის არეში, აღმოჩნდა ფერადი მინის ალაბასტრი, თავთან - ბრინჯაოს ბიკონუსური ყურსაკიდი. აქვე იყო ორი ცალი ბრინჯაოსა და ორიც პასტის მძივი (სურ. 13/9-13; 16/5,7).

სამარხი №145 (148). 184 და 185 კვადრატების საზღვარი. სამხრეთ-დასავლეთისკენ დამხრობილი. ზომები: 2,3X1,3X1 მ. სამარხის ჩრდილო-დასავლეთ კუთხეში ჩაუდგამთ მოზრდილი დოქი, მისგან ოდნავ სამხრეთ-აღმოსავლეთით, უფრო დაბლა - შავლაკიანი კილიკი. სამხრეთ-აღმოსავლეთ ნაწილში მდებარეობდა სააღაპო მოედანი (სურ. 14/1,2,3).

სამარხი №146 (149). კვადრატი 183. კონტურის ზუსტი განსაზღვრა არ მოხერხდა. ჩრდილო კედლის კონტურის მიხედვით ჩანს, რომ სამარხი აღმოსავლეთისკენ ყოფილა ორიენტირებული, ზედაპირიდან 0,5 მ-ის სიღრმეზე აღმოჩნდა ბოლსალი და ფერადი მინის ამფორისკი (სურ. 14/4,5; 16/4,6).

სამარხი №147 (150). კვადრატი 173. სამარხეული ორმოს მომცველი ყავისფერი ფენის მიხედვით ჩანს, რომ სამარხი ჩრდილო-აღმოსავლეთისკენ ყოფილა დამხრობილი. მის აღმოსავლეთ

* მოხდა სამარხების ნუმერაციის შეცვლა.

ნაწილში იდო ყურმილიანი დოქი, სადა იონიური ჭურჭელი და შავლაკიანი სამარილე. ცენტრალურ ნაწილში პრეპარირებულ იქნა ერთი მთელი და მეორე ფრაგმენტული ბრინჯაოს სამაჯური (სურ. 14/6,7,8,9,10).

სამარხი №148 (151). კვადრატი 177. დასავლეთისკენ დამხრობილი. ზომები: 1,05X0,85X0,95 მ. სამარხი ბავშვის უნდა იყოს. მის ჩრდილო-დასავლეთ კუთხეში აღმოჩნდა ყურმილიანი დოქი და ქოთანი. ამ უკანასკნელს თავზე ჭურჭლის ძირი ეხურა. ცენტრალურ ნაწილში პრეპარირებულ იქნა მძივები. ერთ-ერთ მათგანს ლითონის ღერო ჰქონდა. ჩანს, რომ ეს მძივი საყურედ იყო გამოყენებული. უფრო აღმოსავლეთით აღმოჩნდა სამაჯური. არის ბრინჯაოს ძეწკვის ნატეხებიც (სურ. 16/10,11).

სამარხი №149 (152). 179 და 184 კვადრატების საზღვარი. აღმოსავლეთისკენ დამხრობილი (ოდნავ ჩრდილოეთისკენ გადახრილი). ზომები: 1,4X0,7X0,1 მ. სამხრეთ-აღმოსავლეთ ნაწილში აღმოჩნდა თეთრანგობიანი ცილინდრული ლეკითოსი (მის ქვემოთ რკინის ლურსმნის ნატეხი). არის რამდენიმე ქარვის მძივი (სურ. 16/8).

სამარხი №150 (153). აღმოჩნდა 143 და 173 კვადრატების საზღვართან. სამარხეული ორმოს ყავისფერი შეფერილობის მიხედვით ჩანს, რომ სამარხი ჩრდილოეთისკენ უნდა ყოფილიყო დამხრობილი. ზომები: 1,9X0,9X0,8 მ. სამარხის ჩრდილო ნაწილში აღმოჩნდა წითელფიგურული არიბალისებრი ლეკითოსი.

სამარხი №151 (155). 179 და 180 კვადრატების საზღვარი. სამხრეთ-დასავლეთისკენ დამხრობილი. ზომები: 2X1,2X1,15 მ. სამხრეთ-დასავლეთ ნაწილში აღმოჩნდა ერთადერთი ტანდაღარული მძივი (სურ. 16/9).

სამარხი 152 (159). ზომებისა და დამხრობის განსაზღვრა არ მოხერხდა. აღმოჩნდა ცილინდრული ლეკითოსი (სურ. 16/12).

სურათების აღწერილობა

სურ. 1. საქართველოს რუკა.
სურ. 2. ფიჭვნარის ტოპოგეგმა (1967–1987 წწ).
სურ. 3. ძვ.წ. V ს ბერძნული ნეკროპოლის გათხრების საერთო ხედი (1967–1985 წწ).
სურ. 4. ძვ.წ. V ს ბერძნული ნეკროპოლი. 1967–1968 წწ გათხრები.
სურ. 5. ძვ.წ. V ს ბერძნული ნეკროპოლი. 1972-1973 წწ გათხრები.
სურ. 6. ძვ.წ. V ს ბერძნული ნეკროპოლი. 1977, 1979 წწ გათხრები.
სურ. 7. ძვ.წ. V ს ბერძნული ნეკროპოლი. 1980-1981 წწ გათხრები.
სურ. 8. ძვ.წ. V ს ბერძნული ნეკროპოლი. 1983 წ გათხრები.
სურ. 9. ძვ.წ. V ს ბერძნული ნეკროპოლი. 1985 წ გათხრები.
სურ. 10. ძვ.წ. V ს ბერძნული ნეკროპოლი. 1986-1987 წწ გათხრები.

სურ. 11. 1. სამარხი 120; 2. სამარხი 121; 3. მძივები; 4. არიბალისებრი ლეკითოსი; 5. სამარხი 123; 6. მძივები; 7. სამაჯურები; 8. სამარხი 127; 9. ფერადი მინის ამფორისკი; 10. სამარხი 128; 11. იონიური ოინოხოია; 12. თიხის ადგილობრივი ქოთანი.

სურ. 12. 1. სამარხი 129; 2. ბრინჯაოს ისრისპირი; 3. რკინის ბეჭედი; 4. სამარხი 131; 5. მძივები; 6. სამაჯური 7. სამარხი 132; 8-9. სამაჯურები; 10. სამარხი 136; 11. ირანული კოსმეტიკური მინის ჭურჭელი; 12. სამარხი 138; 13. პალმეტებიანი ლეკითოსი; 14. ვერცხლის სამაჯურები.

სურ. 13. 1. სამარხი 140; 2. მაღალძირიანი შავლაკიანი კილიკი; 3. ცილინდრული ლეკითოსი; 4. სამარხი 141; 5. მაღალძირიანი შავლაკიანი თასის ტანი; 6. სამარხი 142; 7. თიხის ქოთანი; 8. შავლაკიანი პატარა ზომის ჯამი; 9. სამარხი 147; 10. რკინის ლურსმნები; 11. ბრინჯაოს სპირალისებური ხვია; 12. ბიკონუსური საყურე; 13. მძივები.

სურ. 14. 1. სამარხი 145 (148); 2. თიხის დოქი; 3. შავლაკიანი კილიკი; 4. სამარხი 149 (152); 5. შავლაკიანი ბოლსალი; 6. სამარხი 150 (153); 7. სამაჯური; 8. პატარა ზომის შავლაკიანი ჯამი; 9. ყურმილიანი ხელადა; 10. შავლაკიანი ოინოხოია.

სურ. 15. 1. წითელფიგურული სკიფოსი (სამარხი 118); 2. ოქროს მძივები და საყურეები (სამარხი 119); 3. ფერადი მინის ალაბასტრი (სამარხი 120); 4-5. საკვამურისებრპირიანი ლეკითოსი, ფერადი მინის ამფორისკი (სამარხი 127); 6. მინის თვალადი მძივი (სამარხი 123); 7. მძივები (სამარხი 131); 8. ირანული ფერადი მინის კოსმეტიკური ჭურჭელი (სამარხი 136); 9. ფერადი მინის არიბალოსი (სამარხი 137); 10-11. პალმეტებიანი ლეკითოსი, ვერცხლის სამაჯურები (სამარხი 138); 12. ტყვიის მძივი (სამარხი 139); 13. მაღალძირიანი კილიკი (სამარხი 140).

სურ. 16. 1-3. სამაჯური, მძივები, შავლაკიანი პატარა ზომის ჯამი (სამარხი 142); 4. შავლაკიანი ბოლსალი (სამარხი 149); 5. ფერადი მინის ალაბასტრი (სამარხი 147); 6. ფერადი მინის ამფორისკი (სამარხი 149); 7. მძივები (სამარხი 147); 8. მძივები (სამარხი 152); 9. მძივი (სამარხი 155); 10-11. მძივები და მძივსაკიდი, ყურმილიანი დოქი (სამარხი 151); 12. ცილინდრული ლეკითოსი (სამარხი 159).

სურათების აღწერილობა

სურ. 17. სამარხი 1. გათხრების საერთო ხედი.

სურ. 18. სამარხი 1. გეგმა და ჭრილი.

სურ. 19. სამარხი 1. 1-2. ქიოსური ამფორები; 3,5. შავლაკიანი კილიკი, 4,6. დიდი ზომის შავლაკიანი ჯამი.

სურ. 20. სამარხი 1. წითელფიგურული ასკი.

სურ. 21. სამარხი 1. 1. შავლაკიანი ცალყურა თასი; 2-3. პატარა ზომის გრაფიტოიანი ჯამები; 4. შავლაკიანი სამარილე; 5-6. პატარა ზომის ორნამენტირებული ჯამები; 7. შავლაკიანი ამფორისკი; 8-10. შავლაკიანი ბოლსალები.

სურ. 22. სამარხი 1. 1. შავლაკიანი ცალყურა ჯამი; 2. შავლაკიანი გრაფიტოიანი სამარილე; 3. შავლაკიანი ამფორისკი; 4. შავლაკიანი ორნამენტირებული პატარა ზომის ჯამი; 5-7. ბოლსალები.

სურ. 23–27. სამარხი 1. წითელფიგურული კრატერი.

სურ. 28. სამარხი 1. 1. ბრინჯაოს დოქი; 2. ბრინჯაოს ჩამჩა; 3,5. ბრინჯაოს საწური; 4. ბრინჯაოს სტრიგილა.

სურ. 29. სამარხი 1. 1. ბრინჯაოს დოქი; 2. ბრინჯაოს ჩამჩა; 3. ბრინჯაოს საწური; 4. ბრინჯაოს სტრიგილა.

სურ. 30. 1. სამარხი 2; 2. არიბალისებრი ლეკითოსი; 3. სამარხი 3; 4–9. ლეკითოსები, დოქი, ქოთანი, მძივები, სამაჯურები.

სურ. 31. 1–3. მინის ამფორისკი, ლეკითოსები (სამარხი 3); 4–11. ყურმილიანი დოქი, ქოთანი, შავლაკიანი ამფორისკი, პალმეტიანი ლეკითოსი, ზარაკი, მძივები, ქარვის მძივსაკიდი, სამაჯური (სამარხი 4); 12–15. მინის ალაბასტრი, წითელფიგურული და შავლაკიანი ლეკითოსები, შავლაკიანი სამარლე (სამარხი 5).

სურ. 32. სამარხი 6. 1. სამარხის გეგმა, 2. საალაპო მოედანი.

სურ. 33. სამარხი 6. 1. თაზოსური ამფორები, 2. შავლაკიანი სამარილე, 3. წითელფიგურული ლეკითოსი, 4. ვერცხლის ომფალოსიანი ფიალა.

სურ. 34. სამარხი 6. 1-2. თაზოსური ამფორები, 3. ვერცხლის ომფალოსიანი ფიალა, 4. შავლაკიანი სამარილე.

სურ. 35. მე–6 სამარხის საალაპო მოედანი. 1. შავლაკიანი სამარილე; 2. მაღალძირიანი ლან-გარი; 3. დიდი ზომის შავლაკიანი ჯამი; 4. შავლაკიანი სამარილე; 5. პატარა ზომის შავლაკიანი ჯამი.

სურ. 36. მე-6 სამარხის საალაპო მოედანი. ორნამენტიანი შავლაკიანი ჭურჭლის ფრაგმენტები.

სურ. 37. მე–6 სამარხის საალაპო მოედანი. 1. ქოთანი; 2. მილიანი ჭურჭელი; 3. შავლაკიანი ასკოსი, 4-5. შავლაკიანი ჯამები; 6. შავლაკიანი სამარილე; 7. დიდი ზომის შავლაკიანი ჯამი; 8. შავლაკიანი ჯამი; 9. შავლაკიანი სამარილე; 10 მაღალძირიანი შავლაკიანი ჭურჭლის ქუსლი; 11. ხუფი.

სურ. 38. 1. სამარხი 8; 2. ნიმფეის მონეტა; 3. სამაჯურები; 4. ქოთანი; 5. შავლაკიანი ლეკანი; 6. შავლაკიანი ასკოსი; 7. დიდი ზომის შავლაკიანი ჯამი; 8-9. შავლაკიანი სამარილეები.

სურ. 39. 1 სამარხი 9; 2. ქოთანი; 3. იონიური ამფორა; 4. იონიური ფინჯანი; 5. ვერცხლის სამაჯურები; 6. შავლაკიანი პატარა ზომის ორნამენტირებული ჯამი; 7. შალაკიანი არიბალისებრი ლეკითოსი; 8. შავლაკიანი ამფორისკი.

სურ. 40. 1. სამარხი 10; 2. ვერცხლის სამაჯურები; 3. ქიოსური ამფორა; 4. შავლაკიანი ამფორისკი; 5. შავლაკიანი არიბალისებური ლეკითოსი, 6. წითელფიგურული ლეკითოსი, 7. შავლაკიანი კილიკი.

სურ. 41. 1. ოქროს საყურეები (სამარხი 3); 2. ქიზიკინი ნიმფა კლიტეს გამოსახულებით

(სამარხი 6); 3. წითელფიგურული ლეკითოსი (მე.6 სამარხის სააღაპო მოედანი); 4. ოქროს ფარაკიანი ბეჭედი აფროდიტესა დაეროტის გამოსახულებით (სამარხი 6); 5. ვერცხლის სამაჯურები (სამარხი 10).

სურ. 42. 1,3. სამარხი 11; 2. ქიოსური ამფორა; 4. წითელფიგურული არიბალისებური ლეკითოსი; 5. სამარხი 12; 6. იონიური ამფორა, 7. შავლაკიანი ამფორისკი.

სურ. 43. სამარხი 12. 1. ოქროს ფარაკიანი ბეჭედი; 2. მძივები; 3. ოქროს ყელსაბამი; 4. ჰემიტეტარტემორიონები; 5. ყურმილიანი დოქი; 6. ქილისებური ჭურჭელი.

სურ. 44. 1. სამარხი 13; 2,7. შავლაკიანი არიბალისებრი ლეკითოსი; 3. თიხის კოჭობი; 4. შავლაკიანი ორნამენტირებული კილიკი; 5. ქიოსური ამფორი; 6. შავლაკიანი ბოლსალი; 8; დიდი ზომის შავლაკიანი ჯამი; 9. შავლაკიანი სამარილე; 10. შავლაკიანი ჯამი.

სურ. 45. 1. სამარხი 14; 2. კოჭობი; 3. ქოთანი; 4. ვერცხლის სამაჯურის ფრაგმენტი.

სურ. 46. სამარხი 15. გათხრების საერთო ხედი.

სურ. 47. სამარხი 15. 1. თაზოსური ამფორა; 2. მაღალძირიანი შავლაკიანი თასი; 3. რკინის რგოლები; 4. შავლაკიანი ასკოსი; 5. დიდი ზომის შავლაკიანი ჯამი; 6. ბრინჯაოს ჩამჩა; 7. შავლაკიანი კილიკი.

სურ. 48. სამარხი 15. 1. მაღალძირიანი შავლაკიანი თასი; 2. შავლაკიანი კილიკი; 3. ბრინჯაოს ოინოხოია; 4. ვერცხლის ფიალა.

სურ. 49. სამარხი 15. 1. სამარხის გეგმა; 2. თაზოსური ამფორა; 3. ბრინჯაოს საწური; 4. ბრინჯაოს ჩამჩა; 5. თიხის დოქი; 6. ბრინჯაოს ისრისპირი; 7. დიდი ზომის შავლაკიანი თასი.

სურ. 50. სამარხი 15. 1-2. ოქროს სასაფეთქლე რგოლები; 3-4,7-9. ოქროს ნახევარმთვარისებური საყურეები; 5. ოქროს ყელსაბამი; 6. ქიზიკინი ზღვის ღვთაება ტრიტონის გამოსახულებით.

სურ. 51. 1-3 სამარხი 16; 4, 6. შავლაკიანი არიბალისებრი ლეკითოსები; 5. შავლაკიანი ოინოხოია; 7-10. შავლაკიანი ბოლსალები; 11. ბრინჯაოს სტრიგილა.

სურ. 52. სამარხი 16. 1,3. წითელფიგურული ლეკითოსები; 2. შავლაკიანი ოინოხოია; 4-7. შავლაკიანი ბოლსალები; 8,11. შავლაკიანი კილიკი; 9,12. შავლაკიანი ორნამენტირებული თეფში; 10. შავლაკიანი არიბალისებრი ლეკითოსი.

სურ. 53. სამარხი 16. 1. შავლაკიანი ორნამენტირებული თეფში; 2. შავლაკიანი კილიკი.

სურ. 54. 1. სამარხი 17, 2. ყურმილიანი დოქი;3. იონიური ოინოხოია; 4-5. ქოთანი; 6. გუტუსი; 7-8. პატარა ზომის შავლაკიანი ჯამი.

სურ. 55. სამარხი 17. 1-2. ყურმილიანი დოქი; 3. იონიური ოინოხოია; 4-5. ქოთანი; 6. პატარა ზომის შავლაკიანი ჯამი; 7. შავლაკიანი კილიკის ნატეხი სფინქსის გამოსახულებით.

სურ. 56. 1-2. სამარხი 18; 3. შავლაკიანი ცილინდრული ლეკითოსი; 4,9. იონიური ოინოხოიები; 5. შავლაკიანი ოინოხოია; 6. შავლაკიანი არიბალისებრი ლეკითოსი; 7. ვერცხლის სამაჯურები; 8. თიხის დოქი

სურ. 57. 1. სამარხი 19; 2. ბრინჯაოს სარკე; 3. შავლაკიანი ბოლსალი; 4-5. წითელფიგურული ლეკითოსები; 6,8. შავლაკიანი არიბალისებრი ლეკითოსები; 7,9. შავლაკიანი ჯამები; 10. ქიოსური ამფორა.

სურ. 58. მე-20 სამარხის გათხრების საერთო ხედი.

სურ. 59. 1. სამარხი 20, 2. ტყვიის გამირი, 3. მენდეს ამფორა, 4. ბრინჯაოს სარკე, 5. ქოთანი, 6. იონიური ჯამი, 7,10. შავლაკიანი ბოლსალები, 8. იონიური ოინოხოია, 9. იონიური ამფორა.

სურ. 60. სამარხი 20. 1. მენდეს ამფორა; 2. ბრინჯაოს სარკე; 3. იონიური ოინოხოია; 4. წითელფიგურული ასკოსი; 5. იონიური ამფორა; 6-8. შავლაკიანი ბოლსალები; 9-11. შავლაკიანი ასკოსები; 12-14. შავლაკიანი ჯამები; 15. შავლაკიანი მაღალძირიანი პატარა ზომის თასი; 16.

ცალყურა შავლაკიანი ჯამი; 17. ყურმილიანი დოქი.

სურ. 61. სამარხის 20. 1-3. შავლაკიანი ცალყურა ჯამები; 4-5. შავლაკიანი სამარილეები; 6. შავლაკიანი ჯამი; 7. მაღალძირიანი შავლაკიანი თასი; 8-9. შავლაკიანი დიდი ზომის ჯამები; 10-13. შავლაკიანი ასკოსები.

სურ. 62. 1. სამარხი 21; 2. შავლაკიანი ცილინდრული ლეკითოსი; 3. ბრინჯაოს სიტულა; 4. ფიჭვნარული დოქი; 5. ყურმილიანი დოქი; 6. სამარხი 23; 7. სპირალური ხვიები; 8. შავლაკიანი ამფორისკი; 9. ბრინჯაოს სარკე; 10-11. ვერცხლის ფარაკიანი ბეჭდები; 12. სტამნოსისებრი ჭურჭელი.

სურ. 63. 22-ე ურნასამარხი. წითელფიგურული კრატერი.

სურ. 64. 1. სამარხი 24; 2. ოქროს რგოლსაკიდები; 3. ვერცხლის სამაჯური; 4,11. თიხის დოქები; 5. შავლაკიანი არიბალისებრი ლეკითოსი; 6. სტამნოსისებრი ჭურჭელი; 7-8. სამარხი 25; 9. ქიოსური ამფორა; 10. თიხის ქოთანი; 12. ადგილობრივი ოინოხოია.

სურ. 65. 1. სამარხი 26; 2. შუაბრინჯაოს ხანის თიხის ჭურჭელი; 3. თაზოსური ამფორა; 4. ნატიფი კლასის შავლაკიანი კილიკი; 5. სამარხი 27; 6. ქიოსური ამფორა.

სურ. 66. 1. სამარხი 27; 2-3. 28-ე კრემაციულ სამარხში ნაპოვნი შავლაკიანი თას-კილიკები; 4. 29-ე კრემაციული სამარხი; 5. შავლაკიანი გუტუსი; 6-8. შავლაკიანი ბოლსალები.

სურ. 67. 1. სამარხი 30; 2. იონიური ჭურჭელი; 3. სამარხი 31; 4. ყურმილიანი დოქი; 5. სამოსური ლეკითოსი; 6. სამარხი 32; 7. ქოთანი; 8. შავლაკიანი კილიკი; 9. სამარხი 33; 10. შავლაკიანი ჯამი.

სურ.68. 1. სამარხი 34; 2. ვერცხლის სამაჯურები; 3. სამარხი 35; 4. შავლაკიანი არიბალისებრი ლეკითოსი; 5. ფიჭვნარული დოქი.

სურ. 69. 1. წითელფიგურული არიბალისებრი ლეკითოსი (სამარხი 19); 2. ვერცხლის სამაჯურები (სამარხი 18); 3. ოქროს ყელსაბამი და კილიტები (სამარხი 20); 4. ფიჭვნარული დოქი (სამარხი 21); 5. სტამნოსისებრი ჭურჭელი (სამარხი 23); 6. იონიური ჭურჭელი (სამარხი 30); 7. შავლაკიანი კილიკი (სამარხი 32); 8. ვერცხლის სამაჯურები (სამარხი 34).

სურ. 70. 1. სამარხი 36; 2. არიბალისებრი ლეკითოსი; 3. განუსაზღვრელი ცენტრის ყელგამობერილი ამფორა; 4. შავლაკიანი ბოლსალი; 5. წითელფიგურული ჰიდრია; 6. სამარხი 37; 7. ყურმილიანი დოქი; 8. ბრინჯაოს ზარაკი; 9. ვერცხლის სამაჯურები; 10–11. მძივები.

სურ. 71. 1. სამარხი 38; 2–3,6. შავლაკიანი არიბალისებრი ლეკითოსები; 4. სამარხი 39; 5. თიხის ქოთანი; 7. სადა შავლაკიანი ამფორისკი; 8. იონიური ლეკითოსისებრი ჭურჭელი; 9. ქიოსური ამფორა; 10. შავლაკიანი კანელურებიანი ტოლჩა.

სურ. 72. 1. სამარხი 40; 2. რკინის სამაჯურები; 3. ყურმილიანი დოქი; 4. სამარხი 41; 5. თიხის მათარა; 6. სამარხი 42; 7. ვერცხლის სამაჯურები; 8. ფიჭვნარული დოქი; 9. შავლაკიანი ცილინდრული ლეკითოსი.

სურ. 73. 1. 45-ე ამფორასამარხი; 2–3. 46-ე კრემაციული სამარხი; 4. კრემაციული სამარხის ურნად გამოყენებული ჰიდრია.

სურ. 74. 1. თიხის დოქი; 2,4. სამარხი 48; 3. შავლაკიანი კანელურებიანი ტოლჩა; 5. იონიური ოინოხოია; 6. ადგილობრივი ოინოხოია; 7. სამარხი 49; 8. თიხის ქოთანი; 9. შავლაკიანი ბოლსალი.

სურ. 75. 1. სამარხი 50; 2. რკინის რგოლი; 3. შავლაკიანი არიბალისებრი ლეკითოსი; 4. თიხის დოქი; 5. სამარხი 51; 6. შავლაკიანი კანელურებიანი ლეკითოსი; 7. სამარხი 52; 8. ბრინჯაოს სიტულა; 9. შავლაკიანი პალმეტიანი ლეკითოსი; 10. ქიოსური ამფორა, 11. იონიური ამფორა; 12. იონიური ოინოხოია.

სურ. 76. 1. ფიჭვნარული დოქი (სამარხი 35); 2-3. გედის გამოსახულებიანი შავლაკიანი არიბალისებრი ლეკითოსი, ბრინჯაოს ზარაკი (სამარხი 36); 4. ყურმილიანი დოქი (სამარხი 37); 5.

მათარა (სამარხი 41); 6. ფერადი მინის ამფორისკი (სამარხი 48); 7. მძივები (სამარხი 37); 8. შავლაკიანი კანელურებიანი ტოლჩა (სამარხი 48); 9. თაზოსური ამფორა (სამარხი 50).

სურ. 77. 1. სამარხი 53; 2. ნატიფი კლასის შავლაკიანი კილიკი; 3. სამარხი 54; 4. ბრინჯაოს რგოლი; 5. ტყვიის მძივი; 6. თიხის ქოთანი; 7. სამარხი 56; 8. შავლაკიანი ცილინდრული ლეკითოსი; 9. სამარხი 57; 10. შავლაკიანი გუტუსი; 11. ვერცხლის სამაჯურები.

სურ. 78. 1. სამარხი 58; 2. სამოსური ლეკითოსი; 3. ბრინჯაოს ფარაკიანი ბეჭედი; 4. ვერცხლის ბეჭედი; 5–6. სამარხი 59; 7. ფიჭვნარული დოქი; 8. ბრინჯაოს ზარაკი; 9. შავლაკიანი არიბალისებრი ლეკითოსები; 10. შავლაკიანი ცალყურა თასი; 11. სამარხი 60; 12. იონიური ამფორა.

სურ. 79. 1. ყურმილიანი დოქი; 2. სამარხი 63; 3. ფიჭვნარული დოქი; 4. სამარხი 64; 5–6. თიხის ქოთანი; 7. სამარხი 65; 8. სამოსური ამფორისკი; 9. სამარხი 66; 10. თიხის დოქი.

სურ. 80. 1. სამარხი 68; 2. თიხის დოქი; 3. შავლაკიანი თას-სკიფოსი; 4. სამარხი 70; 5. ბრინჯაოს საწური; 6. სამარხი 71; 7. ქიოსური ამფორა; 8. სამარხი 72; 9. შავლაკიანი პატარა ზომის ჯამი; 10. შავლაკიანი არიბალისებრი ლეკითოსი.

სურ. 81. 1. სამარხი 73; 2. შავლაკიანი კანელურებიანი არიბალისებრი ლეკითოსი; 3. ქიოსური ამფორა; 4. სამარხი 74; 5. ყურმილიანი დოქი; 6. ქოთანი; 7. სამარხი 76; 8-9. შავლაკიანი არიბალისებრი ლეკითოსები; 10. ფიჭვნარული დოქი; 11. თაზოსური ამფორა.

სურ. 82. 1. თაზოსური ამფორა (სამარხი 53); 2. პალმეტიანი წითელფიგურული არიბალისებრი ლეკითოსი (სამარხი 52); 3. შავლაკიანი ცილინდრული ლეკითოსი (სამარხი 56); 4-5. შავლაკიანი გუტუსი და ვერცხლის სამაჯურები (სამარხი 57); 6-9. ვერცხლის ფარაკიანი ბეჭედი, ფიჭვნარული დოქი, წითელფიგურული ცილინდრული ლეკითოსი, შავლაკიანი ცალყურა თასი (სამარხი 59); 10. მძივები (სამარხი 64); 11. ყურმილიანი დოქი (სამარხი 74); 12. ფიჭვნარული დოქი (სამარხი 76); 13. სამოსური ამფორისკი (სამარხი 65); 14. თაზოსური ამფორა (სამარხი 69); 15. ვერცხლის სამაჯურები (სამარხი 76).

სურ. 83. 1. სამარხი 77; 2. შავლაკიანი ცილინდრული ლეკითოსი; 3. შავლაკიანი ამფორისკი; 4. რკინის სტრიგილა; 5. ქიოსური ამფორა; 6. სამარხი 78; 7. ჩანასახის ურნად გამოყენებული თაზოსური მინიატურული ამფორა; 8. სამარხი 79; 9. ყურმილიანი დოქი; 10. სამარხი 80; 11-12. შავლაკიანი არიბალისებრი ლეკითოსი; 13. ფიჭვნარული დოქი; 14. განუსაზღვრელი ცენტრის ყელგამობერილი ამფორა.

სურ. 84. 1. სამარხი 81; 2. შავლაკიანი ამფორისკი; 3. შავლაკიანი ცილინდრული ლეკითოსი; 4. სამარხი 82; 5-6. თიხის დოქები; 7. შავლაკიანი არიბალისებრი ლეკითოსი; 8. შავლაკიანი სკიფოსი; 9. სამარხი 85; 10. შავლაკიანი ბოლსალი; 11. სამოსური ლეკითოსი; 12. სამარხი 87; 13. თიხის ქოთანი.

სურ. 85. 1-2. სამარხი 88; 3. შავლაკიანი არიბალისებრი ლეკითოსი; 4-5. სამარხი 95; 6. ქიოსური ამფორა; 7. შავლაკიანი ბოლსალი; 8. შავლაკიანი ამფორისკი.

სურ. 86. 1-2. სამარხი 96; 3. სამაჯურები; 4. ბრინჯაოს სარკე; 5,7. შავლაკიანი ამფორისკები; 6. შავლაკიანი არიბალისებრი ლეკითოსი; 8. სამარხი 97; 9-10. შავლაკიანი ბოლსალი; 11. სამარხი 98; 12. შავლაკიანი კანელურებიანი ტოლჩა; 13. თიხის ადგილობრივი ოინოხოია.

სურ. 87. 1. ჩანასახის ურნად გამოყენებული თაზოსური მინიატურული ამფორა (სამარხი 78); 2. წითელფიგურული ლეკითოსი (სამარხი 81); 3. შავლაკიანი სკიფოსი (სამარხი 82); 4-5. გედისგამოსახულებიანი შავლაკიანი არიბალისებრი ლეკითოსი და მძივები (სამარხი 83); 6. შავლაკიანი ბოლსალი (სამარხი 85); 7. მძივები (სამარხი 95); 8. შავლაკიანი ამფორისკი (სამარხი 95); 9. შავლაკიანი ამფორისკი (სამარხი 96); 10. შავლაკიანი კანელურებიანი ტოლჩა (სამარხი 98); 11. ფიჭვნარული დოქი (სამარხი 99).

სურ. 88. 1. სამარხი 99; 2. ფიჭვნარული დოქი; 3. სამარხი 100; 4. ბრინჯაოს სარკე; 5.

შავლაკიანი არიბალისებრი ლეკითოსი; 6,13. შავლაკიანი სამარილეები; 7-8. სამარხი 101; 9. ვერცხლის სამაჯურები; 10. შავლაკიანი ცილინდრული ლეკითოსი; 11-12. ყურმილიანი დოქები; 14. ორნამენტირებული უყურო დოქი; 15. ქოთანი; 16. პატარა ზომის იონიური ჯამი.

სურ. 89. 1. სამარხი 104; 2. ვერცხლის სამაჯურები; 3. ვერცხლის ფარაკიანი ბეჭედი; 4. მძივი; 5–6. სამარხი 105; 7. ყურმილიანი დოქი; 8. ქოთანი; 9-10. სამარხი 106; 11. ბრინჯაოს ლურსმანი; 12-13. შავლაკიანი არიბალისებრი ლეკითოსები.

სურ. 90. 1. სამარხი 107; 2. ვერცხლის სამაჯურები; 3. მძივები; 4. კანელურებიანი შავლაკიანი ტოლჩა; 5. შავლაკიანი ცალყურა თასი; 6. სამარხი 108; 7. ფიჭვნარული დოქი; 8. ყურმილიანი დოქი; 9. იონიური ამფორა; 10. სამარხი 109; 11. რკინის სტრიგილა; 12. შავლაკიანი ჯამი.

სურ. 91. 1-3. ბრინჯაოს სარკე, შავლაკიანი არიბალისებრი ლეკითოსი, შავლაკიანი სამარილე (სამარხი 100); 4-6. შავლაკიანი სამარილე, წითელფიგურული ცილინდრული ლეკითოსი, ოქროს საყურეები (სამარხი 101); 7-12. ოქროს ნახევარმთვარისებრი საყურეები, ყელსაბამი, ფერადი მინის ალაბასტრი, მძივი და ვერცხლის ფარაკიანი ბეჭედი (სამარხი 104); 13-15. ვერცხლის სამაჯურები, წითელფიგურული არიბალისებრი ლეკითოსი, ოქროს საყურეები (სამარხი 107); 16. იონიური ამფორა (სამარხი 108); 17. შავლაკიანი ჯამი (სამარხი 109).

სურ. 92. 1-2. სამარხი 110; 3. ვერცხლის სამაჯურები; 4. ბრინჯაოს სკიფოსი; 5. შავლაკიანი არიბალისებრი ლეკითოსი; 6. ნატიფი კლასის შავლაკიანი კილიკი; 7. ვერცხლის თასი.

სურ. 93. 1-3. ოქროს ყელსაბამი ჯიხვისა და ჩიტების გამოსახულებით, ოქროს სადა ბეჭედი, ბრინჯაოს რგოლი (სამარხი 110); 4. თვალადი მძივი (სამარხი 115).

სურ. 94. 1. სამარხი 111; 2. გედისგამოსახულებიანი შავლაკიანი არიბალისებრი ლეკითოსი; 3–4. სამარხი 112; 5. პატარა ზომის შავლაკიანი ჯამი; 6. შავლაკიანი სამარილე; 7. იონიური ასკოსი; 8. სამარხი 113; 9. თიხის დოქი.

სურ. 95. 1. სამარხი 114; 2. ყურმილიანი დოქი; 3. სამარხი 115; 4. ბრინჯაოს ნახევარმთვარისებრი საყურე; 5. ბრინჯაოს ბიკონუსური საყურე; 6. თვალადი მძივი; 7. ბრინჯაოს სამაჯური; 8. სამარხი 116; 9,12. ყურმილიანი დოქები; 10. ქოთანი; 11. სამარხი 117; 13. შავლაკიანი არიბალისებრი ლეკითოსი.

სურ. 96. ძვ.წ. V ს მეორე მეოთხედის საალაპო მოედანი. 1. ყელგამობერილი ქიოსური ამფორის ფრაგმენტი; 2-3. პროტოთაზოსური ამფორის ფრაგმენტები; 4. თაზოსური ამფორის ძირი; 5. თაზოსური ლეკითოსის პირ-ყელი და ტანის ნაწილი; 6. თაზოსური ლეკითოსის ძირი; 7. ლესბოსური ამფორა.

სურ. 97. 1. შავფიგურული ოინოხოია; 2-3. შავლაკიანი ცილინდრული ლეკითოსები; 4-5. ცილინდრული ლეკითოსის ძირები; 6. შავლაკიანი მაღალძირიანი თასი; 6. შავლაკიანი კილიკი.

სურ. 98. ძვ.წ. V ს მეორე მეოთხედის საალაპო მოედანი. 1. შავლაკიანი სკიფოსი; 2. შავლაკიანი არიბალისებრი ლეკითოსი; 3. თიხის ქოთანი; 4. ნახვრეტიანი ადგილობრივი ჭურჭლის ძირი; 5. ბრინჯაოს სამაჯური; 6. ქვის სალესის ნატეხი; 7. კაჟის დამუშავებული ქვა.

სურ. 99. ძვ.წ. V ს მეორე მეოთხედის საალაპო მოედანი. 1. შავლაკიანი ცილინდრული ორნამენტირებული ლეკითოსი; 2. შავფიგურული არიბალისებრი ლეკითოსი; 3. იონიური ჭურჭელი; 4. ფერადი მინის ალაბასტრის ნატეხი; 5. თიხის ქოთანი; 6. ნახვრეტიანი ადგილობრივი ჭურჭლის ძირი; 7. კაჟის ისრისპირი; 8. კაჟის ნამგლისპირის ჩასართი.

სურ. 100. ძვ.წ. V ს მეორე ნახევრის საალაპო მოედანი. 1-2. აღდგენილი ნატიფი კლასის შავლაკიანი კილიკები; 3-4. შავლაკიანი ორნამენტირებული დიდი ზომის აღდგენილი ლანგრები; 5. შავლაკიანი სამარილე; 6-10. გრაფიტოიანი შავლაკიანი ჭურჭლის ნატეხები; 11. შავლაკიანი არიბალისებრი ლეკითოსის ძირი; 12. შავლაკიანი ბოლსალი; 13. ნამგლისპირის კაჟის ჩასართი.

CATALOGUE

Burial 1. Squares 2 and 7; oriented E; slightly inclined N [figs 17-18]; burial pit: 5 x 3 m; wooden coffin: 2.5 ×1.6 m. Four Chian amphoras at E part of burial [figs 17, 19.1-2]; small silver hoop to right of head, several black-gloss vessels [figs 19.3-6, 20, 21. 5-6, 22.4] and silver hoops to left; plain gold hoop, black-gloss *amphoriskos* [figs 21.7, 22.3] and salt-cellar [21.4, 22.2] at right hand; a red-figure calyx-crater [figs 23-27], three black-gloss bolsals [figs 21.8-10, 22.5-7], bronze strigil [figs 28.4, 29.4], bronze ladle [figs 28.2, 29.2], a filter [figs 28.3,5, 29.3,5] and bronze jug [figs 28.1, 29.1] along W wall of wooden coffin.

Burial 2. Square 2; oriented E; slightly inclined N [fig. 30.1-2]; burial pit: 2 x 1 x 0.8 m. Squat *lekythos* and iron nails at the depth of 0.40 m from the modern surface; another squat *lekythos* and seven hollow beads of gold within burial.

Burial 3. Square 1; oriented E; slightly inclined S; burial pit: 1.4 x 0.7 m. Two local vessels on top of burial; There are some traces of wooden coffin (nails at head and feet); two electrum earrings at E part of burial; beads at neck; black-gloss squat *lekythos* to right of head; small silver bracelets, polychrome glass *amphoriskos* and miniature squat *lekythos* at hands. Child's burial [figs 30.3-9, 41.1-4].

Burial 4. Squares 1 and 3 of S sector; cut into solid soil; oriented E; slightly inclined N; failed to determine burial size; judging by the arrangement of the nails, there was a wooden roof: 1.8 x 0. 3 m. Grave goods were discovered at 1.05 m from the modern surface; small bronze bells at head; beads at neck; two small local jugs to left of shoulder and black-gloss *amphoriskos* to right; iron bracelet and painted squat *lekythos* at left hand [fig. 31.4-11].

Burial 5. Square 6 of E sector; oriented E; slightly inclined N; burial pit: 1.5 x 0.9 x 1.5 m; with wooden roof. Damaged Chian amphora outside burial, in NE corner; one plain and one painted black-gloss *lekythoi* in central part, into a ritual pit (*bothros*), 20-25 cm above the level of grave goods. Badly damaged coin of Panticapaeum within burial; silver bracelets at both hands; polychrome glass *alabastron* near right hand; salt-cellar and tubular-handled jug at feet [fig. 31.12-15].

Burial 6. E part of burial at the boundary of squares 5 and 6; W part at the boundary of squares 2 and 3; oriented E; slightly inclined N; burial pit: 3.25 x 1.75 x 0.9 m; difficult to determine the coffin sizes; large ritual platforms at E section [fig. 32.2]. Two Thasian amphoras at head [figs 33.1, 34.1-2]; an electrum coin of Cyzicus at mouth [fig. 41.2]; silver *phiale mesomphalos* at left shoulder [figs 33.4, 34.3]; bezelled finger-ring at right hand [fig. 41.4]; red-figure *lekythos* [fig. 33.3] and black-gloss salt-cellar [figs 33.2, 34.4] at feet. Ritual platforms also yielded ceramics in large numbers [figs 35-37, 41.3].

CATALOGUE

Burial 7. Square 5; oriented E; failed to determine the burial sizes. Thasian amphora at SE part; tubular-handled jug and damaged black-gloss *lekythos* within burial itself.

Burial 8. Square 19; oriented NE; wooden roof: 1.5 x 0.6 m. A coin of Nymphaeum and silver pendant at mouth; small bracelets at hands; two local vessels at right hand. Child's burial. Ritual platforms also occur [fig. 38.1-9].

Burial 9. Square 18 of S sector; oriented E; slightly inclined N; burial pit: 1.8 x 1.1 x 0.75 m; with wooden roof (iron nails on top of burial); damaged Thasian amphora in the NE corner of burial; fragmentary local jug at N wall. Another local pot within burial, at feet; Ionian amphora, ornamented black-gloss *amphoriskos* and silver bracelets at head; another Ionian small vessel at mouth; polychrome glass *alabastron* and black-gloss squat *lekythos* at right hand; black-gloss salt-cellar at feet [fig. 39. 1-8].

Burial 10. At the boundary of squares 17 and 18; oriented E; burial pit: 2.8 x 0.9-1.6 x 1.1 m; wooden roof: 1.9 x 0.6 m; damaged Chian amphora at N wall of burial. Three *amphoriskoi* and painted black-gloss *lekythos* within burial itself, at head; bracelets at hands; stemless cup bearing a graffito and decorated *lekythos* at feet [figs 40, 41.5].

Burial 11. Square 17; oriented E; slightly inclined N; burial pit: 2.35 x 1.4 x 0.85 m; Chian amphora at SE part of burial. Two *lekythoi* within burial itself [fig. 42. 1-4].

Burial 12. Square 14; oriented E; slightly inclined N; burial pit: 2.25 x 1.3 x 1 m; with wooden roof; small Chian amphora at NW part of burial. Two electrum crescent-shaped earrings at head; small gold pendant, 58 hollow and plain beads at neck [fig. 43.2-3]; three *Kolkhidki* within polychrome glass *oinochoe* at left hand [fig.43.4-6]; silver bracelets, bezelled finger-ring [fig. 43.1] and three black-gloss *amphoriskoi* near right hand [fig. 42.7]; tubular-handled jug, Ionian amphora [fig. 42.6] and small jar-like vessel [fig. 43.8] at feet.

Burial 13. Square 20; oriented E; slightly inclined N; burial pit: 2.85 x 1.9 x 1.45 m; wooden roof: 2 x 1.1 m. Small Chian amphora and miniature black-gloss *lekythos* at feet; local pot at head [fig. 44]. Ritual platforms excavated in square 19 linked with the burial.

Burial 14. At the boundary of squares 10 and 11; burial pit: 1.8 x 1 x 1.5 m; with wooden roof. Fragments of bracelet in central part of burial; two local jugs at feet [fig. 45].

Burial 15. Square 16; contained several bodies; rectangular white limestone *eschara* (0.49 x 0.46 x 0.1 m) in central part, near top of burial; below 10-12cm layer prepared from small pebbles and gravel; outlines of a burial pit oriented to the east: 4.9 x 2.45 m. Bronze ladle with a swan's head finial, bronze filter handle, Thasian amphora, black-gloss cup, black-figure *askos* and bronze *oinochoe* at S wall of burial; large local jug, 18 bronze 'Scythian' arrowheads (perhaps originally the tips of arrows in a triangular leather quiver), two gold spiral temple-ornaments, pair of crescent-shaped earrings, electrum coin of Cyzicus (remains of tooth enamel were found near it), 90 hollow gold beads and inverted silver *phiale mesomphalos* at NE part of burial; large black-gloss bowls placed on top of each another, tall stemmed black-gloss cup bearing a graffito and entirely preserved large local pottery jug in central part of burial; iron and bronze bracelets, two iron hoops and large numbers of beads (among these a gold crescent-shaped earring) at NW part of burial [figs 46-50].

CATALOGUE

Burial 16. Square 5; oriented E; failed to determine burial outlines; judging by the arrangement of the nails, pit sizes: 2.35 x 1.2 x 1.5 m; large Chian amphora at NE part of burial. Two black-gloss *lekythoi* within burial, at head (remains of teeth were found near it); small Thasian amphora, two black-gloss bolsals, damaged bronze strigil and decorated black-gloss cup at S wall; two red-figure *lekythoi* and ornamented plate at NW wall; two black-gloss bolsals and *oinochoe* at W wall [figs 51-53].

Burial 17. Square 5; oriented E; slightly inclined N; burial pit: 1.75 x 0.8 x 0.8 m. Two tubular-handled jugs, Ionian *oinochoe* and pair of small local pots at E part of burial. Bowl, *guttus*, tall-stemmed cup, etc. were found in ritual platforms [figs 54-55].

Burial 18. Square 5; oriented E; slightly inclined N; burial pit: 2.3 x 0.9 x 1.4-1.2 m; wooden roof: 1.1 x 0.7 m; child's burial. Large decorated *lekythos*, bracelets and beads of yellow paste at left shoulder; Ionian and black-gloss *oinochoai*, bolsal and local jug at feet. Large *askos*, salt-cellar, cup belonging to the 'Delicate Class', etc. were found in ritual platforms [figs 56.1-9, 69.2].

Burial 19. Square 14; oriented E; burial pit: 2.3 x 0.9 x 1.4-1.2 m; wooden roof: 1.9 x 2.65 m; damaged Chios amphora on NW part of roof. Bronze mirror to right of head and red-figure *lekythos* to left; plain and red-figure *lekythoi* at waist; two small black-figure bowls [figs 57, 69.1]; with ritual platforms.

Burial 20. Square 12; oriented E; with wooden with coffin and ritual platforms; robbed in antiquity. Fragment of amphoras, 19 gold buttons and 38 beads were found on each side; black-gloss *amphoriskos* and bronze mirror at head; silver bracelet was cleaned as well [figs 58-61, 69.3].

Burial 21. NW section of squares 16 and 25; oriented E; burial pit: 2 x 1.1 x 0.7 m. Fragments of *lekythos* at head; polychrome glass *alabastron* and silver bracelets at right hand; damaged bronze situla and small local jug at feet [figs 62.1-5, 69.4].

Burial 22. Cremation burial; square 13. Red-figure crater as the ash-urn [fig. 63].

Burial 23. Square 24; oriented E; slightly inclined N; burial pit 2.8 m in length and 1.3 m deep, 1.5 m in width head and 1.7 m at feet, 2 m in width in central part; with wooden coffin. Large Chian amphora and several artifacts at head; small clasp and bead near teeth; bracelets and two silver bezelled finger-rings at hands; double-handled Ionian vessel on the decorated black-gloss *lekythos*, two *amphoriskoi*, plain bronze mirror, pair of spiral silver temple ornaments and fragmentary fibula at NW part of burial [figs 62.6-12, 69.5].

Burial 24. At the boundary of squares 26 and 27; oriented E; slightly inclined N; burial pit: 1.7 x 0.8 x 0.9 m; with wooden roof; damaged black-gloss squat *lekythos* at NE part of roof. Pair of small earrings at head within burial; silver bracelet, miniature vessel and black-gloss *amphoriskos* at hands; local vessel at feet; Child's burial [fig. 64.1-6].

Burial 25. S sector of square 25; oriented E; slightly inclined N; burial pit: 1.7 x 0.9 m; with wooden roof; Chian amphora and local jug at NE part of roof; *oinochoe*-like local vessel at W part. Local pot at head within burial; small silver bracelets at hands; black-gloss squat *lekythos* near left shoulder; another local jug at left foot; small black-gloss bowl and another squat *lekythos* at right foot. Child's burial. Fragments of an Ionian bowl and imported vessels from Athens and elsewhere in ritual

CATALOGUE

platforms [fig. 64.7-12].

Burial 26. Square 26; oriented E; burial pit: 3.15 x 2 x 1.6 m; outlines based on the positions of the nails measured 2.5 x 1.2 m. Attic black-gloss cup and remains of teeth at head; fragments of iron strigil at S wall; large Thasian amphora in the SW corner of burial; damaged large jug ('*dergi*') of middle Bronze age in the NW corner [fig. 65.1-4].

Burial 27. Square 22; oriented NE; burial pit: 2.3 x 1.5 m. Chian amphora and decorated black-gloss squat *lekythos* at E part of burial; fragments of black-gloss and Ionian vessels in so-called cremation area, at feet [fig. 65.5-6].

Burial 28. Cremation burial; square 21; oriented E; burial pit: 2.3 x 1.5 m. Pair of black-gloss cup-*skyphoi*, fragments of carbonised bones and charcoal were mixed in cremation pit: 1.5 x 0.75 m [fig. 66.1-3].

Burial 29. Cremation burial; NE sector of square 22; remains of the deceased in the cremation pit. Ionian *oinochoe* and damaged black-gloss vessels at W part of burial; plain banded Ionian cup in central part; large local one-handled pot and fragments of black-gloss vessel at E part [fig. 66.4-8].

Burial 30. E sector of square 24; oriented E; burial pit: 2.1 x 1.3 x 1.2 m; no nails occur. Pair of bronze temple ornaments, pottery vessel of yellowish-white clay, fragments of local and decorated vessels and teeth in good condition at head [figs 67.1-2; 69.6].

Burial 31. E sector of square 25; oriented E; burial pit: 1.7 x 1.2 m; fragments of amphora at NE part of burial, above nails. Tubular-handled jug and Samian *lekythos* within burial [fig. 67.3-5].

Burial 32. Square 25; oriented E; burial pit: 2.24 x 1.05 m. Attic black-gloss cup at left shoulder and local pot at feet [figs 67.6-8, 69. 7].

Burial 33. At the boundary of squares 34 and 35; oriented E; slightly inclined N; burial pit: 2 x 1.35 m; with wooden roof: 1.76 x 0.79 m. Attic black-gloss bowl in the SW corner of burial; polychrome glass *amphoriskos* and damaged glass *alabastron* at right hand [fig. 67.9-10].

Burial 34. Square 39; oriented E; slightly inclined N; burial pit: 2.05 x 0.88-1.05 x 1.37 m; wooden roof: 1.35 x 0.7 x 0.37 m. A single bead at neck; black-gloss *lekythos* and bracelet at left hand. Child's burial [figs 68.1-2, 69.8].

Burial 35. W sector of square 40; oriented E; slightly inclined N; burial pit: 2.2 x 1.15 x 1.29 m; wooden roof: 1.38 x 0.7 x 0.4 m. Damaged squat *lekythos* at left hand; Pichvnari type jug at feet [figs 68.3-5, 76.1].

Burial 36. Square 39; oriented E; burial pit: 2.05 x 0.88-1.11 x 1.26 m; wooden roof: 1.7 x 0.55 x 0.43 m; amphora with a swollen neck from an as yet unknown centre avbove burial. Bolsal, red-figure *hydria* and squat *lekythos* decorated with a swan within burial [figs 70.1-5, 76.2].

Burial 37. E sector of square 40; oriented E; slightly inclined N; burial pit: 1.85 x 0.95 x 0.26 m. Two beads at neck; small bronze bell at face; bracelets at hands; tubular-handled jug in the SW corner [figs 70.6-11, 76.3-4,7].

Burial 38. At the boundary of squares 40 and 41; oriented E; slightly inclined N; burial pit: 2.2 x 0.7 m; wooden roof: 1.8 x 0.8 x 0.43 m. Pair of squat *lekythoi* at hands [fig. 71.1-3].

Burial 39. SE sector of square 38; oriented E; slightly inclined N; burial pit: 2.2 x 0.95 x 1.15 m;

wooden roof: 1.59 x 0.7 x 0.4 m. Small local vessel at left shoulder; black-gloss *lekythos* at left hand and *amphoriskos* at right; damaged small Chian amphora, Attic black-gloss mug and local vessel in the SW corner of burial; fragments of *lekythos*-like vessel at E wall. It is assumed that there was a *bothros* linked with the burial [fig. 71.4-10].

Burial 40. Square 38; oriented E; slightly inclined N; burial pit: 1.8 x 0.45-0.9 x 1.19 m; child's burial. Small beads at neck; tubular-handled jug at head; decorated and iron hoop at left shoulder; another iron hoop in central part of burial. Ritual platforms at E part of burial [fig. 72.1-3].

Burial 41. Square 37; oriented E; burial pit: 2.43 x 0.7 x 1 m. Ionian vessel and black-gloss *lekythos* at E part of burial; flask in the SE corner [figs 72.4-5, 76.5].

Burial 42. NE sector of square 37; failed to determine the burial sizes and orientation; judging by the arrangement of the nails, burial pit: 1.5 x 0.9 m; wooden coffin: 0.8 x 0.59 x 0.35 m. Small silver bracelets, Attic *lekythos* and Pichvnari type jug found in firm soil [fig. 72.6-9].

Burial 43. SW sector of square 36; oriented E; slightly inclined N; burial pit: 2.54 x 1.35 x 0.62 m; wooden coffin: 1.84 x 0.8 x 0.2 m. Polychrome glass *alabastron* and miniature Attic black-gloss *lekythos* at left hand.

Burial 44. Square 39; failed to determine the burial sizes and orientation. Local jug and fragment of thick-walled vessel, presumably used for cremation found here.

Burial 45. Amphora burial; NE sector of square 41; Small pit (0.69 x 0.4-0.55 m) was cut into solid soil. A Thasian amphora was used for the burial of an infant; no grave goods at all [fig. 73.1].

Burial 46. Cremation burial; square 37. Large plain *hydria* as the ash-urn in central part of burial [fig. 73.2-4].

Burial 47. At the boundary of squares 118 and 119; oriented E; slightly inclined N; burial pit: 2.3 x 0.9 x1.35 m. Damaged decorated local jug within burial [fig. 74.1].

Burial 48. Square 35; oriented E; with wooden roof; burial pit: 2 x 1.6 x 0.9 m; child's burial; Ionian *oinochoe*, polychrome glass *amphoriskos*, Attic fluted mug, several local vessels, etc. found in a nearby burial pit. Beads and small bell at neck, plain *phiale* at feet within burial. Local and Ionian *oinochoai* were found in ritual platforms [figs 74.3-6, 76.6,8].

Burial 49. Square 50; N part of burial in square 51; oriented E; burial pit: 2 x 1.2 x 1.1 m. Damaged small Chian amphora at E part of burial; damaged local jug, small pot, Attic bolsal and bezelled iron finger-ring at right hand [fig. 74.7-9].

Burial 50. At the boundary of squares 45 and 46; oriented E; burial pit: 2.4 x 1.4 x1.25 m; wooden coffin: 1.8 x 0.75 x 0.3 m. Thasian amphora with graffito and local jug outside wooden coffin; Attic black-gloss squat *lekythos* and iron hoop near left hand in burial; Pichvnari type vessel near right foot, in the NW corner of burial [figs 75.1-4, 76.9].

Burial 51. Square 46; oriented E; burial pit: 2.7 x 1.4 x 1.3 m; wooden roof: 1.8 x 0.7 m. Thasian amphora outside wooden coffin, in the E corner of burial; black-gloss fluted *lekythos* near feet in burial [fig. 75.5-6].

Burial 52. Square 53; oriented E; burial pit: 2.35 x 1.2 x 1.2 m; wooden roof: 1.75 x 0.8 m. Chian amphora outside wooden coffin, in the E corner of burial; Attic red-figure *lekythos* decorated with palmettes near left shoulder in burial; Ionian amphora, *oinochoe* and damaged bronze situla; black-gloss *amphoriskos* in central part of burial [figs 75.7-12, 82.2].

Burial 53. At the boundary of squares 53 and 54; oriented E; slightly inclined N; burial pit: 3.4 x 2.2 x 1.55 m; wooden coffin: 2 x 0.9 x 0.35 m; small ritual platforms at E part of burial and a larger one at NW part. Pair of Thasian amphoras and fragments of local vessel outside wooden coffin, in the E corner of burial; Attic black-gloss *amphoriskos* near left hand in burial; Attic cup belonging to the 'Delicate Class' at left foot [figs 77.1-2, 82.1].

Burial 54. Square 47; oriented E; burial pit: 1.8 x 0.8 x 0.95 m; wooden roof: 1.75 x 0.8 m. Pair of local vessels near head; Colchian coin (*kolkhidki*) and lead bead at mouth; bronze ornamented hoop at right foot [fig. 77.3-6].

Burial 55. N sector of square 47; oriented E; burial pit: 2 x 1.1 x 1.15 m. Large Samian *lekythos* at right foot.

Burial 56. Square 54; oriented E; burial pit: 1.6 x 0.7 x 0.6 m; with wooden roof. Tall *lekythos* outside wooden coffin, in the E corner of burial [figs 77.7-8, 82.3].

Burial 57. At the boundary of squares 54 and 55; oriented E; burial pit: 2.2 x 2.15 x 1 m; wooden coffin: 1.9 x 0.65 x 0.42 m. Large Chian amphora outside wooden coffin, in the SE corner of burial and white clay vessel in the W corner; silver bracelets at hands in burial; Attic blacl-gloss *guttus* at right hand [77.9-11, 82.4-5].

Burial 58. At the boundary of squares 54-55 and 47-48; oriented E; burial pit: 2.5 x 2.5 x 1.15 m; wooden coffin: 2 x 0.6 x 0.4 m. Chian amphora outside wooden coffin, in the E corner of burial; silver and bronze bezelled finger-rings at left hand in burial; large Samian *lekythos* at right hand [fig. 78.1-4].

Burial 59. Square 48; oriented E; burial pit: 2.3 x 1.7 x 1.1 m; wooden coffin: 1.55 x 0.7 x 0.22 m. Chian amphora and local vessel in the E corner of burial; small bronze bell at head; decorated Attic *lekythos* near right shoulder; pair of squat *lekythoi* and silver bezelled finger-ring at left hand [figs 78.5-10, 82.7-9].

Burial 60. Square 55; oriented E; failed to determine burial outlines; wooden coffin: 1.7 x 0.8 x 0.95 m. Ionian amphora in central part of burial [fig. 78.11-12].

Burial 61. Square 55; burial pit: 2 x 1 x 0.6 m; with wooden roof. Several beads and Attic squat *lekythos* within burial.

Burial 62. E sector of square 39; oriented E; child's burial: 1.2 x 0.8 x 0.7 m. Tubular-handled jug at head; glass paste and other beads at neck; iron bracelet at feet [figs 79.1, 82.10].

Burial 63. NE sector of square 39; oriented E; burial pit: 2.2 x 1 x 0.7 m. Local jug to left side of burial; several fragments of Colchian *pithos* at feet [fig. 79.2-3].

Burial 64. SW sector of square 50; failed to determine the burial sizes and outlines. Beads and two small local vessels were discovered [fig. 79.4-6].

Burial 65. E sector of square 55; failed to determine the burial sizes and outlines. Thasian amphora and damaged Samian *amphoriskos* on top of burial [figs 79.7-8, 82.13].

Burial 66. Square 57; oriented E; burial pit: 1.9 x 1.02 x 0.85 m; wooden coffin: 1.9 x 0.55 x

CATALOGUE

0.36. Decorated local jug in the SE corner of burial [fig. 79.9-10].

Burial 67. Square 70; oriented E; burial pit: 2.4 x 1.3 x 1.37 m; wooden roof: 1.8 x 0.62; damaged Ionian *oinochoe* with graffito at NE part of roof. No grave goods at all within burial.

Burial 68. At the boundary of squares 58 and 69; oriented E; burial pit: 2.3 x 1.15 x 1.23 m; wooden roof: 1.8 x 0.62 m; local jug and damaged Attic black-gloss cup-*skyphos* at E part of roof. No grave goods at all within burial [fig. 80.1-3].

Burial 69. Square 59; oriented E; burial pit: 2.4 x 1.25 x 0.9 m; wooden roof: 1.8 x 0.8 x 0.35 m. Thasian amphora near head; Attic black-gloss cup near feet; Attic squat *lekythos* at left hand [fig. 82.14].

Burial 70. Square 59; oriented E; burial pit: 2.23 x 1.1 x 0.95 m; wooden roof: 1.9 x 0.6 x 0.27 m; fragments of Ionian vessel on top of burial, at NW part; bones of an animal in central part of burial. Small filter at left shoulder and fragments of amber beads at neck [fig. 80.4-5].

Burial 71. Square 60; oriented E; burial pit: 2.33 x 1.16 x 1.1 m; wooden roof: 1.77 x 0.5 x 0.42 m. Large Chian amphora in the NE corner; small black-gloss bowl at feet [fig. 80.6-7].

Burial 72. Square 59; oriented E; burial pit: 2.33 x 1.16 x 1.1 m; wooden roof: 1.26 x 0.92 x 1.22 m; child's burial. Damaged *oinochoe* and small bowl in the SE corner of burial; Attic squat *lekythos* near right shoulder [fig. 80.8-10].

Burial 73. Square 67; oriented E; burial pit: 2.5 x 1.62 x 1.22 m; wooden roof: 1.92 x 0.65 x 0.33 m; Chian amphora at E part, above head. Pair of black-gloss *lekythoi* near hands within burial [fig. 81.1-3].

Burial 74. Square 67; oriented E; child's burial: 1 x 0.65 x 1.12 m. Pot and decorated tubular-handled jug at right shoulder [fig. 81.4-6].

Burial 75. Square 67; oriented E; burial pit: 1.4 x 1 x 1.1 m; No grave goods.

Burial 76. Square 60; oriented E; burial pit: 2.2 x 1.47 x 1 m; wooden roof: 1.83 x 0.75 x 0.26 m; Thasian amphora at SE part of burial and Pichvnari type jug at NE part. Three Attic squat *lekythoi* at right shoulder; silver bracelets near hands [figs 81.7-11, 82.5].

Burial 77. At the boundary of squares 60 and 61; oriented E; burial pit: 3 x 1.75 x 1.1 m; wooden roof: 2.15 x 0.85 x 0.25 m; Chian amphora in the NE corner. Attic Black-gloss *amphoriskos* and *lekythos* at right hand; iron strigil at NW part of burial [fig. 83.1-5].

Burial 78. Square 66; oriented E; burial pit: 2.2 x 1.08 x 0.8 m; wooden roof: 1.83 x 0.75 x 0.26 m; small amphora used for the ash-urn of foetus outside burial, at N wall. No grave goods within burial. The mother who died, presumably as the result of a miscarriage, buried here too [figs 83.6-7, 87.1].

Burial 79. Square 61; oriented E; burial pit: 1.22 x 0.48 x 0.6 m; with wooden roof; child's burial. Tubular-handled jug and fragments of another vessel above head; silver crescent pendant at left ear [fig. 83.8-9].

Burial 80. At the boundary of squares 61 and 62; oriented E; slightly inclined N; wooden coffin: 1.4 x 0.6 x 0.3 m. Amphora from an as yet unknown production outside wooden coffin, in the SE corner of burial; small Attic squat *lekythos* at right hand and Pichvnari type jug at right foot in burial

CATALOGUE

[fig. 83.10-14].

Burial 81. Square 62; oriented E; slightly inclined N; burial pit and wooden coffin: 2 x 0.7 x 0.85 m; Damaged large decorated Attic *lekythos* near head, in the SE corner of burial; Attic *lekythos* at right hand; Attic black-gloss *amphoriskos* at left hand [figs 84.1-3, 87.2].

Burial 82. Square 68; oriented E; burial pit: 2.6 x 1.1 x 1.35 m; wooden coffin: 1.8 x 0.7 x 0.23 m. Chian amphora and Colchian vessel outside wooden coffin, at E part; Attic squat *lekythos* at right hand in burial; damaged Colchian vessel and Attic black-gloss *skyphos* at feet [figs 84.4-8, 87.3].

Burial 83. At the boundary of squares 67 and 68; oriented E; burial pit: 1.75 x 0.96 x 1.1 m; wooden coffin: 1.45 x 0.53 x 0.32 m. Two Attic red-figure squat *lekythoi* at head; beads at neck; bronze bracelet at left hand. Child's burial [fig. 87.4-5].

Burial 84. Square 69; oriented E; burial pit: 2.3 x 0.95 x 1.16 m. Ionian *oinochoe* at right hand. Ritual platforms also occur.

Burial 85. Square 63; oriented E; slightly inclined N; Attic black-gloss bolsal near head; white clay and Samian *lekythoi* near right hand [figs 84.9-11, 87.6].

Burial 86. Square 56; oriented E; burial pit: 2.86 x 1.15 m; wooden coffin: 2 x 0.7 x 0.26 m. No grave goods.

Burial 87. Square 189; oriented E; slightly inclined N; burial pit: 2.1 x 0.9 x 1.25 m. Local vessel near right hand, at NE part of burial. Small ritual platforms at E section [fig. 84.11-12].

Burial 88. Square 190; oriented E; slightly inclined N; burial pit: 2.5 x 1.2 x 1.1 m; wooden coffin: 1.9 x 0.65 x 0.35 m. Attic squat *lekythos* at right hand, near N wall of burial [fig. 85.1-3].

Burial 89. Square 162; oriented SE; burial pit: 2.25 x 1.2 x 1.3 m. No grave goods.

Burial 90. Square 167; oriented N; burial pit: 2 x 1.25 x 0.95 m. No grave goods.

Burial 91. Square 167; oriented NE; burial pit: 1.75 x 0.9 x 1.15 m. No grave goods.

Burial 92. Square 183; oriented E; burial pit: 1.6 x 0.9 x 1.25 m. No grave goods.

Burial 93. Square 190; oriented E; burial pit: 1.1 x 0.55 x 0.9 m. No grave goods.

Burial 94. Square 178; oriented E; slightly inclined N; burial pit: 1.3 x 0.75 x 1.05 m. Fragments of iron bracelet at W part of burial.

Burial 95. Square 105; oriented E; slightly inclined N; burial pit: 3.75 x 2.25 x 0.9 m; wooden coffin: 2.55 x 0.87 x 0.35 m; rough stones along N wall of burial; large nails on top of burial; fragments of carbonised bones and several beads outside wooden coffin, at SE and N parts; there was presumably a *bothros* linked with the burial. Small Chian amphora, Attic black-gloss *amphoriskos* and bolsal within burial [figs 85.4-8, 87.7-8].

Burial 96. Square 104; oriented E; slightly inclined N; burial pit: 3.35 x 2 x 1.2 m; wooden coffin: 1.8 x 1.3 x 0.23 m. Remains of teeth at E part of burial; small bronze mirror to the left of the face; pair of bracelets at hands; Attic red-figure squat *lekythos* near left hand; Attic black-gloss small *amphoriskoi* near right hand [figs 86.1-7, 87.9].

Burial 97. Square 112; oriented E; two deceased buried together. Large burial pit: 3.75 x 1.2-1.8 m; wooden coffin: 1.85 x 0.9 x 0.25 m; no grave goods at all. Another burial pit: 0.9 x 0.55 m; Attic bolsal at feet [fig. 86.8-10].

CATALOGUE

Burial 98. Square 103; oriented E; burial pit: 1.9 x 0.8 x 0.95 m. Local *oinochoe*, Attic black-gloss fluted mug at head. Fragments of another Attic black-gloss vessel were found during the excavation [figs 86.11-13, 87.10].

Burial 99. Square 113; oriented E; burial pit: 2.05 x 1.1 x 0.85 m; Pichvnari type jug on top of burial, at N part. A fragment only of a stemmed cup bearing a graffito [figs 87.11, 88.1-2].

Burial 100. Square 112; part in squares 104 and 105; oriented NE; burial pit: 2 x 1.2 x 1.1 m; wooden coffin: 1.7 x 0.88 x 0.3 m. Large bronze mirror to the left of the face (remains of bone discovered below it); Attic black-gloss salt-cellar at right shoulder; Attic squat *lekythos* at right hand [figs 88.3-6, 91.1-4].

Burial 101. Square 101; oriented E; slightly inclined N; child's burial: 2 x 1.25 x 0.95 m; wooden coffin: 1.1 x 0.67 m. Plain and gold beads at head; Attic red-figure *lekythos* and small silver bracelet at right hand; another bracelet at left hand; pot, two tubular-handle jugs, Attic red-figure *lekythos*, Attic black-gloss salt-cellar and local decorated vessel. Small Ionian bowl with two holes in the foot also found [figs 88.7-16, 91.5-6].

Burial 102. Square 114; oriented NE; burial pit: 1.75 x 1.1 x 0.8 m. No grave goods.

Burial 103. Square 103; oriented N; burial pit: 1.75 x 1.1 x 1 m. No grave goods.

Burial 104. Square 107; oriented E; slightly inclined N; child's burial: 2.3 x 1.4 x 0.98 m; wooden coffin: 1.9 x 1.15 x 0.2 m; ritual platforms at NE and SE parts of burial. Amphora at NE part; pair of gold crescent earrings, gold necklace and earlier Sinopean coin at head; polychrome glass *alabastron* at right hand; silver bracelets and bezelled finger-ring at hands [figs 89.1-4, 91.9-13].

Burial 105. At the boundary of squares 131 and 132; failed to determine the burial sizes and orientation on account of loose sandy soil. Small tubular-handled jug, one *Kolkhidki*, two iron bracelets, one-handled pot, many paste beads and fragments of Attic black-gloss cup bearing a graffito were found in burial [fig. 89.5-8].

Burial 106. At the boundary of squares 122 and 123; oriented E; slightly inclined N; burial pit: 2.1 x 1 x 0.8 m; wooden coffin: 1.55 x 0.5 x 0.25 m. Two Attic squat and two plain *lekythoi* within burial [fig. 89.9-12].

Burial 107. SE sector of square 120; oriented E; cut into loose sandy soil; judging by the arrangement of the nails, wooden roof: 1.4 x 0. 52 x 0.2 m. Attic red-figure squat *lekythos* and pair of gold earrings at head; silver clasp and eye-bead at neck; silver bracelets at hands; local jug, one-handled cup and small decorated Attic black-gloss vessel at feet [figs 90.1-5, 91.13-15].

Burial 108. At the boundary of squares 135 and 136; oriented E; cut into loose sandy soil; judging by the arrangement of the nails, wooden roof: 1 x 0. 5 m; tubular-handled vessel, Pichvnari type jug and small Ionian amphora on top of roof. Attic black-gloss *lekythos*-like vessel at S wall of burial [figs 90.6-9, 91.16].

Burial 109. At the boundary of squares 131 and 132; oriented E; burial pit: 2.1 x 1.3 x 1.5 m; wooden coffin: 1.5 x 0.7 x 0.35 m; Thasian amphora at E part of burial; small black-gloss bowl at W part, on top of wooden roof. Iron strigil near wall in burial [figs 90.10-12, 91.17].

Burial 110. Square 121; oriented E; slightly inclined N; burial pit: 3.2 x 2.25 x 1.2 m; wooden coffin: 2.5 x 1.2 x 0.5 m; small bracelet on top of burial. Large Thasian amphora, bronze *skyphos*-like vessel and Attic black-gloss 'Delicate Class' cup at SW wall; nine gold beads, six pendants with representations of birds and hoop with sculptural representation of ibex; silver *phiale mesomphalos* and damaged Attic black-gloss squat *lekythos* near right hand and small gold plain finger-ring at left; silver bracelets at both hands [figs 92, 93.1-3].

Burial 111. At the boundary of squares 129 and 130; oriented E; burial pit: 2.1 x 1.2 x 1.25 m; wooden coffin: 1.75 x 0.75 x 0.3 m. Attic red-figure squat *lekythos* decorated with a swan at right hand [fig. 94.1-2].

Burial 112. Square 133; oriented E; burial pit: 1.95 x 1.2 x 1.1 m; wooden coffin: 1.75 x 0.75 x 0.25 m. Small Chian amphora at E part; two Attic black-gloss salt-cellars and an Ionian *askos* at right foot in burial. Ritual platforms near NE wall also occur [fig. 94.3-7].

Burial 113. At the boundary of squares 133 and 134; oriented N; burial pit: 2.15 x 1.1 x 1 m. Local jug near N wall [fig. 94.8-9].

Burial 114. Square 132; oriented E; failed to determine the burial sizes and orientation; judging by the arrangement of the nails, burial pit: 0.95 x 0.5 x 1.15 m. One-handled jug at 1.4 m depth from the modern surface [fig. 95.1-2].

Burial 115. S sector of square 134; burial pit: 1.35 x 0.75 x 1.25 m; no nails at all; failed to determine the orientation. Large eye-bead at E part; bronze crescent earring, fragments of bronze and iron bracelets at W part; bronze bipyramidal earring near N wall. Grave goods may be of Colchian manufacture [figs 93.4, 95.3-7].

Burial 116. Square 135; failed to determine the burial sizes and orientation. Two local vessels found in firm soil [fig. 95.8-10].

Burial 117. Square 132; failed to determine the burial sizes and orientation. Tubular-handled jug and Attic squat *lekythos* at W part of burial [fig. 95.11-13].

Burial 118. At the boundary of squares 143 and 144; oriented NW; burial pit: 1.6 x 0.8 x 1.25 m; wooden coffin: 1.25 x 0.6 m; six nails at top of burial and six at bottom; red-figure *skyphos* on NE part of roof [fig. 15.1]. Silver coin at head and Phoenician *oinochoe* near right hand within burial.

Burial 119. At the boundary of squares 145 and 149; oriented SE; burial pit: 2.35 x 1.46 x 1.43 m; wooden coffin: 1.76 x 0.8 x 0.35 m; six nails at top of burial and six at bottom. Two gold earrings, 79 hollow beads of gold and two yellow paste beads at E section of S wall of burial [fig. 15.2.]. Ritual platforms at N part of burial.

Burial 120. At the boundary of squares 146 and 150; oriented NE; burial pit: 1.73 x 0.84 x 1.65 m. Attic black-gloss *lekythos* and polychrome glass *alabastron* at hands [figs 11.1, 15.3].

Burial 121. Square 148; oriented E; burial pit: 0.9 x 0.6 x 1.1 m. Small Attic black-gloss squat *lekythos* and two beads at E part. Burial cut in the territory of ritual platforms [fig. 11.2-4].

Burial 122. Square 152; oriented E; burial pit: 1.5 x 1 x 0.9 m. Small Attic black-*lekythos* and plain bracelet in central part of burial.

Burial 123. At the boundary of squares 152 and 153; oriented E. Bronze bracelet in central part of burial; two eye-beads at head [figs 11.5-7, 15.6].

CATALOGUE

Burial 124. Square 143; oriented NE; burial pit: 1.6 x 0.9 x 1.25 m. Bronze bracelet at W part of burial.

Burial 125. Burial 126. Square 143; oriented E; slightly inclined N; burial pit: 1.75 x 0.75 m. No grave goods.

Burial 126. Square 144; oriented E; slightly inclined N; burial pit: 1.2 x 0.8 x 1.08 m. No grave goods.

Burial 127. Square 144; part in square 145; oriented NE; burial pit: 2 x 0.5 m; wooden roof: 1.6 x 0.5 m. Decorated Attic black-gloss *lekythos* at right hand and small polychrome glass *amphoriskos* at left [figs 11.8-9, 15.4-5].

Burial 128. Square 144; oriented SE; burial pit: 1.5 x 0.7 x 1.1 m. Ionian vessel at E part of burial and local jug at W part [fig. 11.10-12].

Burial 129. Square 147; oriented NE; burial pit: 2.2 x 1.14 x 2 m. Small iron finger ring and Scythian arrowhead near left hand [fig. 12.1-3].

Burial 130. E sector of square 143; oriented E; slightly inclined N; burial pit: 2 x 0.9 x 1.2 m. No grave goods.

Burial 131. Square 167; part in square 143; oriented E; burial pit: 1.4 x 0.9 x 0.85 m. Beads and fragments of radial earring at E part of burial; bronze bracelet at right hand [figs 12.4-6, 15.7].

Burial 132. Square 145; oriented NE; burial pit: 1.6 x 0.9 m. Two bronze bracelets near S wall of burial [fig. 12.7-9].

Burial 133. Square 147; oriented NE; child's burial. No grave goods.

Burial 134. Square 179; oriented E; burial pit: 1.8 x 1.2 x 1.05 m; wooden coffin: 1 x 0.85 x 0.35 m. No grave goods.

Burial 135. At the boundary of squares 185 and 188; burial pit: 1.8 x 0.75 x 1.3 m. Only a nail at N wall of burial.

Burial 136. NE sector of square 152; oriented E; burial pit: 1.1 x 0.8 x 0.9 m; child's burial. Polychrome glass perfume vessel at right hand and corroded iron bracelet at left [figs 12.10-11, 15.8].

Burial 137. Square 163; cut into loose sandy soil; oriented N; burial pit: 1.15 x 0.6 x 0.9 m. Three iron nails at E part of burial; polychrome glass *aryballos* near N wall [fig. 15.9].

Burial 138. At the boundary of squares 162 and 163; oriented E; slightly inclined N; nails on roof and within burial. Large Attic *lekythos*, silver bracelet and finger-ring, fragments of bronze temple ornament and remains of tooth enamel were found here [figs 12.12-14, 15.10-11].

Burial 139. At the boundary of squares 163 and 167; oriented NE; burial pit: 2 x 0.9 x 1.1 m. Teeth in good condition and lead beads at E part of burial [fig. 15.12].

Burial 140. At the boundary of squares 166 and 167, but mostly in square 167; cut into loose sandy soil; oriented SE; three nails at head and three at hands; wooden roof: 1.3 x 0.9 m; burial depth of 0.7 m. Attic *lekythos* at head, near NE wall of burial; Attic stemmed cup and remains of tooth enamel in the SE corner; Attic black-figure *oinochoe* at feet. Additional nails at bottom of burial [figs 13.1-3, 15.3].

Burial 141. At the boundary of squares 162 and 169; oriented NE; three nails at head and three at hands; burial pit: 1.1 x 0.6 x 0.75 m; Attic stemmed cup in the NE corner of burial [fig. 13.4-5].

Burial 142. Square 169; oriented N; cut into loose sandy soil: 1.65 x 0.8 x 1.1 m. Six beads at head; Attic black-gloss thick-walled salt-cellar-like vessel and small local pot near N wall; two bracelets at hands [figs 13.6-8, 16.1-3].

Burial 143. Square 171; oriented E; burial pit: 1.7 x 0.9 x 0.65 m. No grave goods.

Burial 144 (No. 147 in the revised burial series). At the boundary of squares 177 and 186; oriented NE; burial pit: 1.65 x 0.87 m; wooden roof: 1.55 x 0.7 m. Polychrome glass *alabastron* at left shoulder, SE part of burial; bronze biconical earring, two bronze and two paste beads at head [figs 13.9-13; 16.5,7].

Burial 145 (148). At the boundary of squares 184 and 185; oriented SW; burial pit: 2.3 x 1.3 x 1 m. Large jug and Attic black-gloss cup in the NW corner of burial. Ritual platforms at SE part [fig. 14.1-3].

Burial 146 (149). Square 183; failed to determine the orientation. Attic bolsal and polychrome glass *amphoriskos* at 0.5 m depth from the modern surface [figs 14.4-5, 16.4,6].

Burial 147 (150). Square 173; judging by the brown colour of burial pit, oriented NE. Tubular-handled jug, plain Ionian vessel and Attic black-gloss salt-cellar at E part of burial; bronze bracelets in central part [fig. 14.6-10].

Burial 148 (151). Square 177; oriented W; burial pit: 1.05 x 0.8 x 0.95 m; child's burial. Tubular-handled jug and pot in the NW corner of burial; beads, bracelet and fragmentary bronze chain in central part [fig. 16.10-11].

Burial 149 (152). At the boundary of squares 179 and 184; oriented E; slightly inclined N; burial pit: 1.4 x 0.7 x 0.1 m. White graund *lekythos* at SE part of burial. Several amber beads also occur [fig. 16.8].

Burial 150 (153). At the boundary of squares 143 and 173; judging by the brown colour of burial pit, oriented N: 1.9 x 0.9 x 0.8 m. Red-figure squat *lekythos* at N part of burial.

Burial 151 (155). At the boundary of squares 179 and 180; oriented SW; burial pit: 2 x 1.2 x 1.15 m. A single bead at SW part of burial [fig. 16.9].

Burial 152 (159). Failed to determine the burial size and orientation. Attic *lekythos* found here [fig. 16.12].

LIST OF ILLUSTRATIONS

303

LIST OF ILLUSTRATIONS

LIST OF ILLUSTRATIONS

307

CATALOGUE

90. 1. Burial 107, 2. Silver bracelets, 3. Beads, 4. Black-gloss fluted mug, 5. Black-gloss one-handled cup, 6. Burial 108, 7. Pichvnari type jug, 8. Tubular-handled jug, 9. Ionian amphora, 10. Burial 109, 11. Iron strigil, 12. Black-gloss bowl

91. 1-3. Bronze mirror, black-gloss squat *lekythos* and black-gloss salt-cellar (Burial 100), 4-6. Black-gloss salt-cellar, red-figure squat *lekythos* and gold earrings (Burial 101), 7-12. Gold crescent-shaped earrings, gold necklace, bead and silver bezelled finger-ring (Burial 104), 13-15. Silver bracelets, red-figure squat *lekythos* and gold earrings (Burial 107), 16. Ionian amphora (Burial 108), 17. Black-gloss bowl (Burial 109)

92. 1-2. Burial 110, 3. Silver bracelets, 4. Bronze *skyphos*, 5. Black-gloss squat *lekythos*, 6. Black-gloss cup belonging to the 'Delicate Class', 7. Silver cup

93. 1-3. Gold necklace, gold plain finger-ring and bronze hoop (Burial 110), Eye-bead (Burial 115)

94. 1. Burial 111, 2. Black-gloss squat *lekythos*, 3-4. Burial 112, 5. Black-gloss bowl, 6. Black-gloss salt-cellar, 7. Ionian *askos*, 8. Burial 113, 9. Jug

95. 1. Burial 114, 2. Tubular-handled jug, 3. Burial 115, 4. Bronze crescent-shaped earring, 5. Bronze biconical earring, 6. Eye-bead, 7. Bronze bracelet, 8. Burial 116, 9,12. Tubular-handled jugs, 10. Pot, 11. Burial 117, 13. Black-gloss squat *lekythos*

96. 1. Fragments of Chian amphora, 2-3. Fragments of 'Proto-Thasian' amphora, 4. Foot of Thasian amphora, 5. Fragments of Thasian *lekythos*, 6. Foot of Thasian *lekythos*, 7. Lesbian amphora (Ritual platforms of the second quarter of the fifth century BC)

97. 1. Black-figure *oinochoe*, 2-3. Black-gloss squat *lekythoi*, 4-5. Foots of *lekythoi*, 6-7. Black-gloss cups

98. 1. Black-figure *skyphos*, 2. Black-gloss squat *lekythos*, 3. Pot, 4. Foot of Colchian vessel, 5. Bronze bracelet, 6. Fragment of stone polisher, 7. Flint whetstones (Ritual platforms of the second quarter of the fifth century BC)

99. 1. Decorated black-gloss *lekythos*, 2. Black-gloss squat *lekythos*, 3. Ionian vessel, 4. Fragment of coloured glass *alabastron*, 5. Pot, 6. Foot of Colchian vessel, 7. Flint arrowhead, 8. Flint inserts for sickle (Ritual platforms of the second quarter of the fifth century BC)

100. 1-2. Black-gloss cups belonging to the 'Delicate Class', 3-4. Decorated black-gloss plates, 5. Black-gloss salt-cellar, 6-10. Fragments of black-gloss vessel bearing graffito, 11. Foot of black-gloss squat *lekythos*, 12. Black-gloss bolsal, 13. Flint inserts for sickle (Ritual platforms of the second quarter of the fifth century BC)

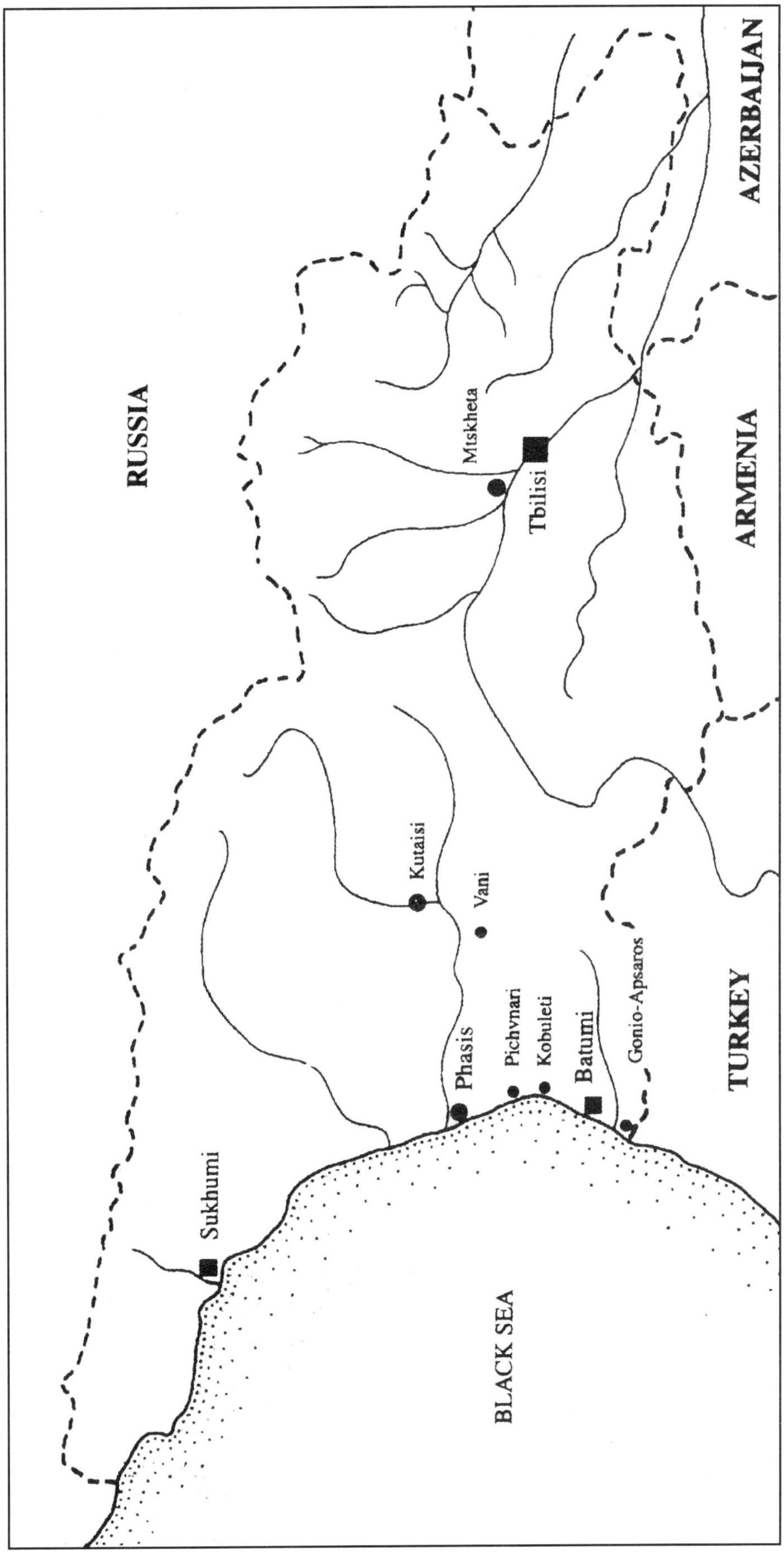

RUSSIA

AZERBAIJAN

Mtskheta

Tbilisi

ARMENIA

Kutaisi

Vani

Phasis

Pichvnari

Kobuleti

Batumi

Gonio-Apsaros

TURKEY

Sukhumi

BLACK SEA

სურ. 1.

309

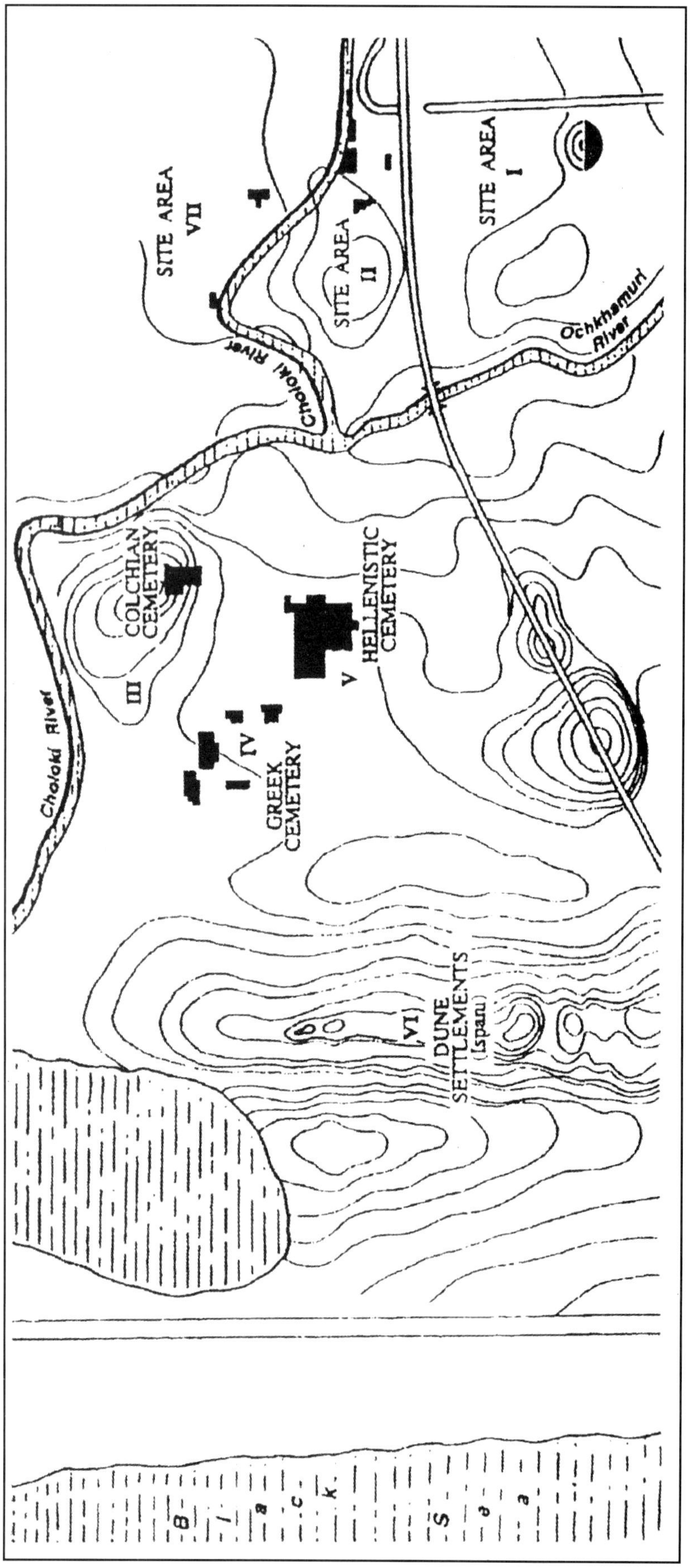

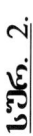

Ochkhamuri River
V
IV
GREEK CEMETERY

სურ. 2.

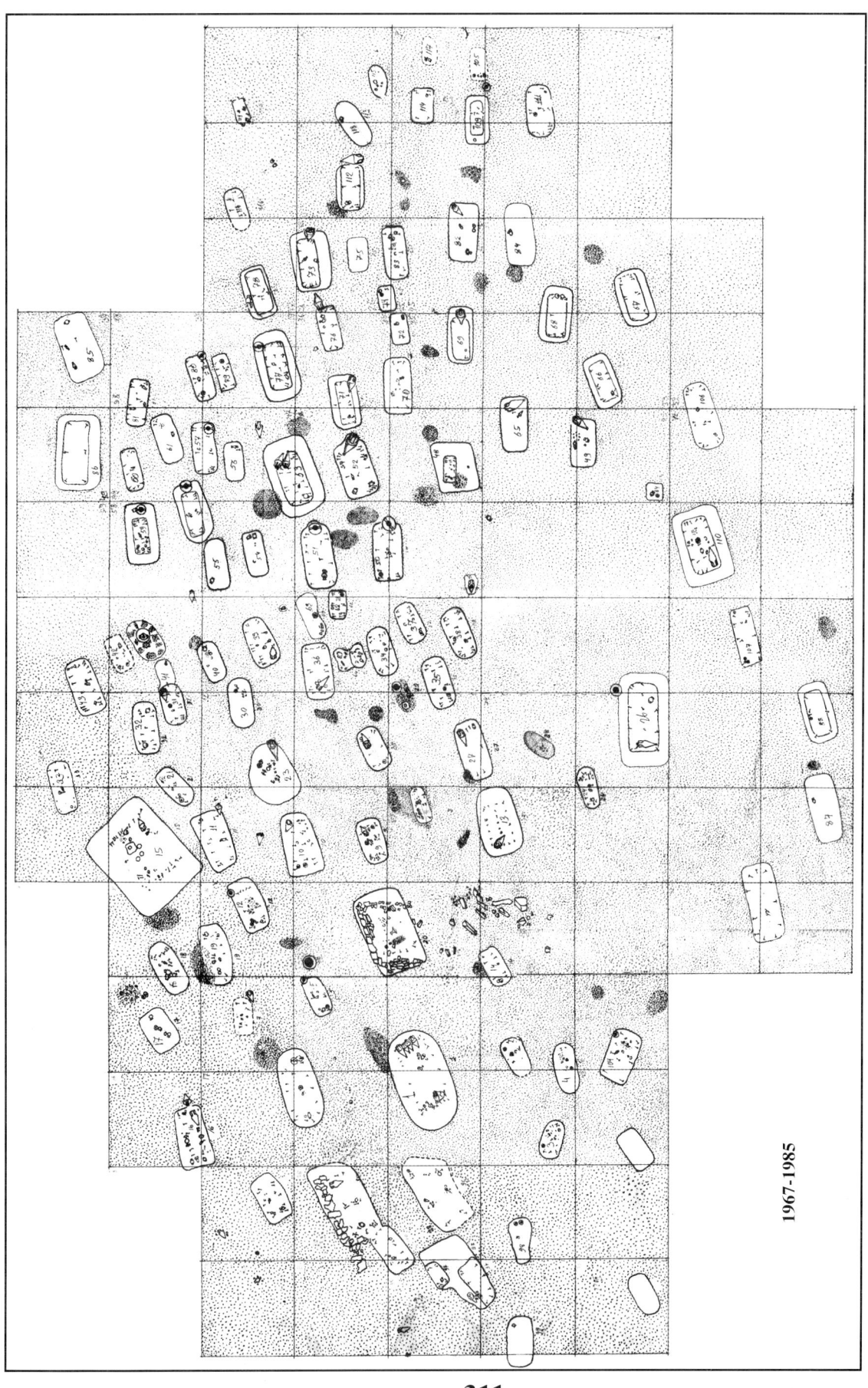

სურ. 3.

1967-1985

311

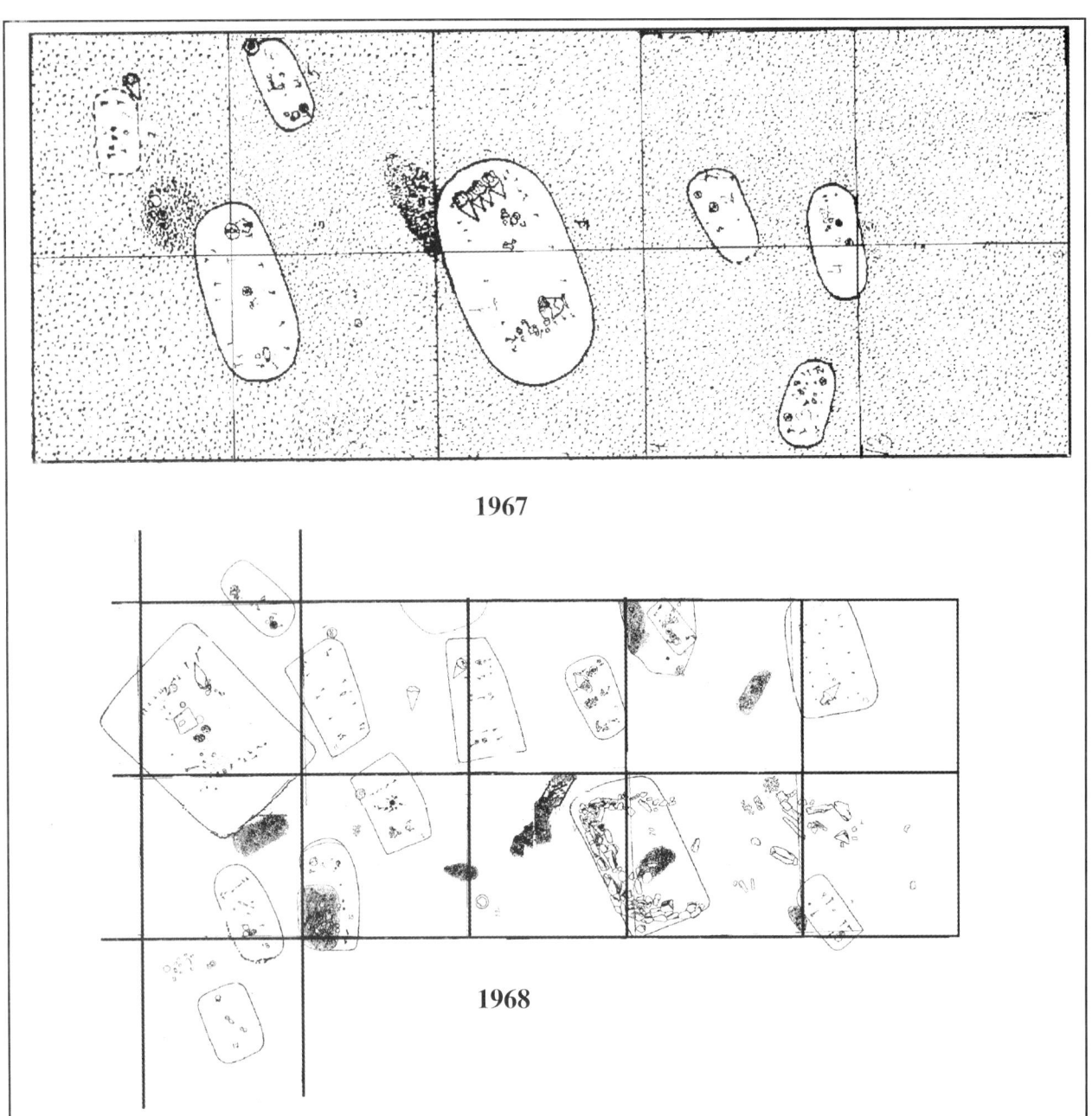

1967

1968

სურ. 4.

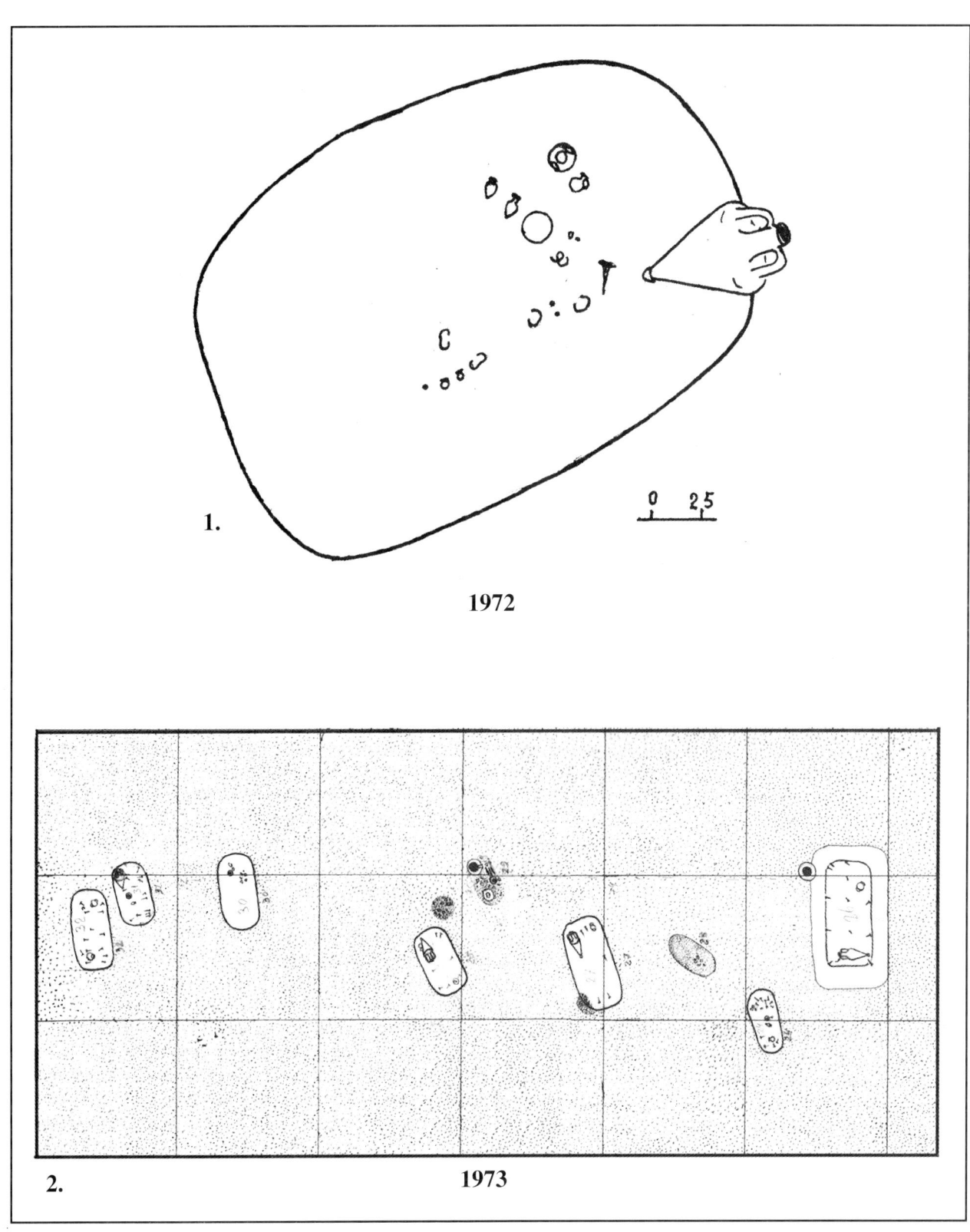

0 2,5

1.

1972

2.

1973

სურ. 5.

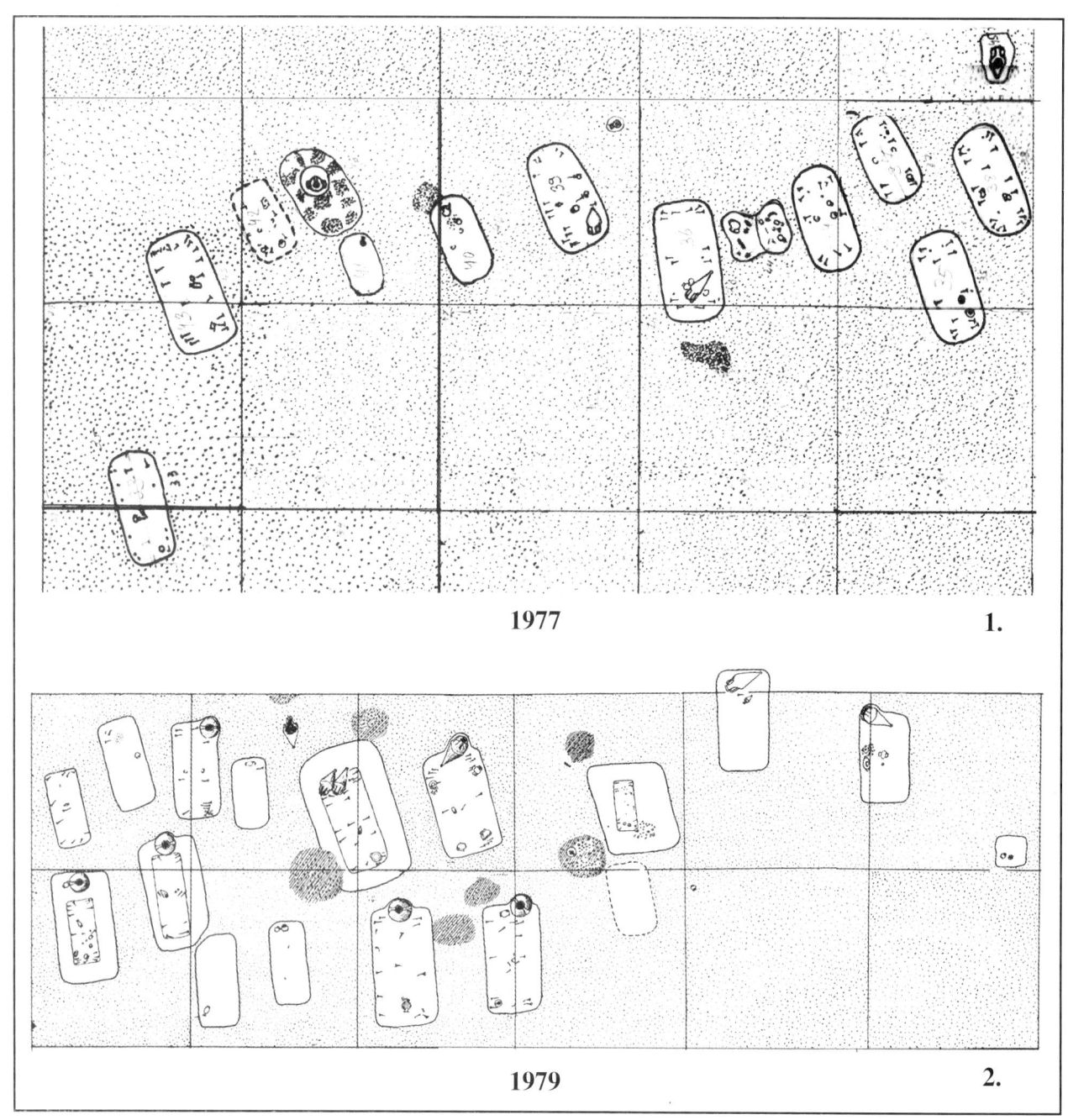

1977 1.

1979 2.

 სურ. 6.

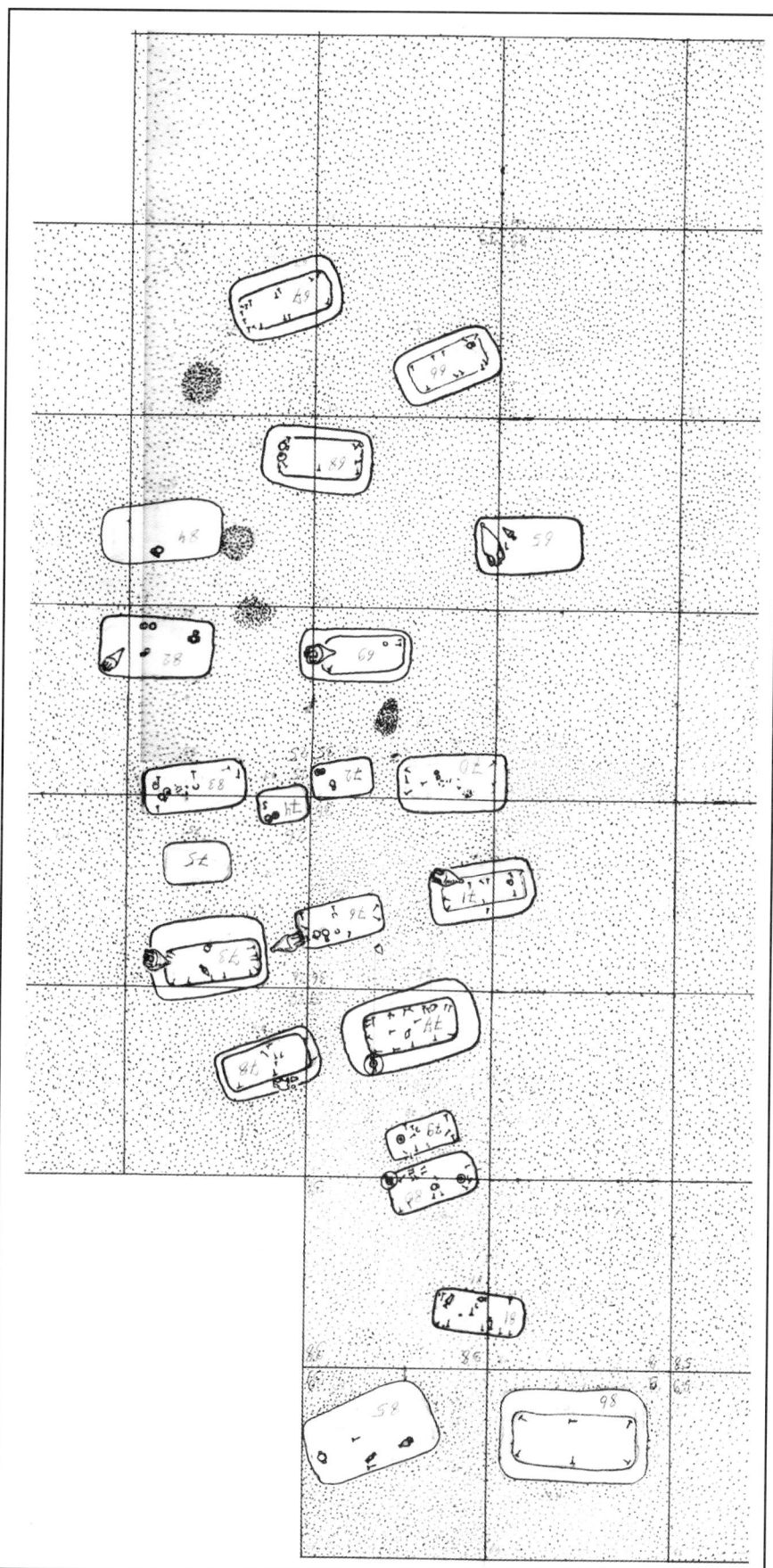

1980-1981

სურ. 7.

315

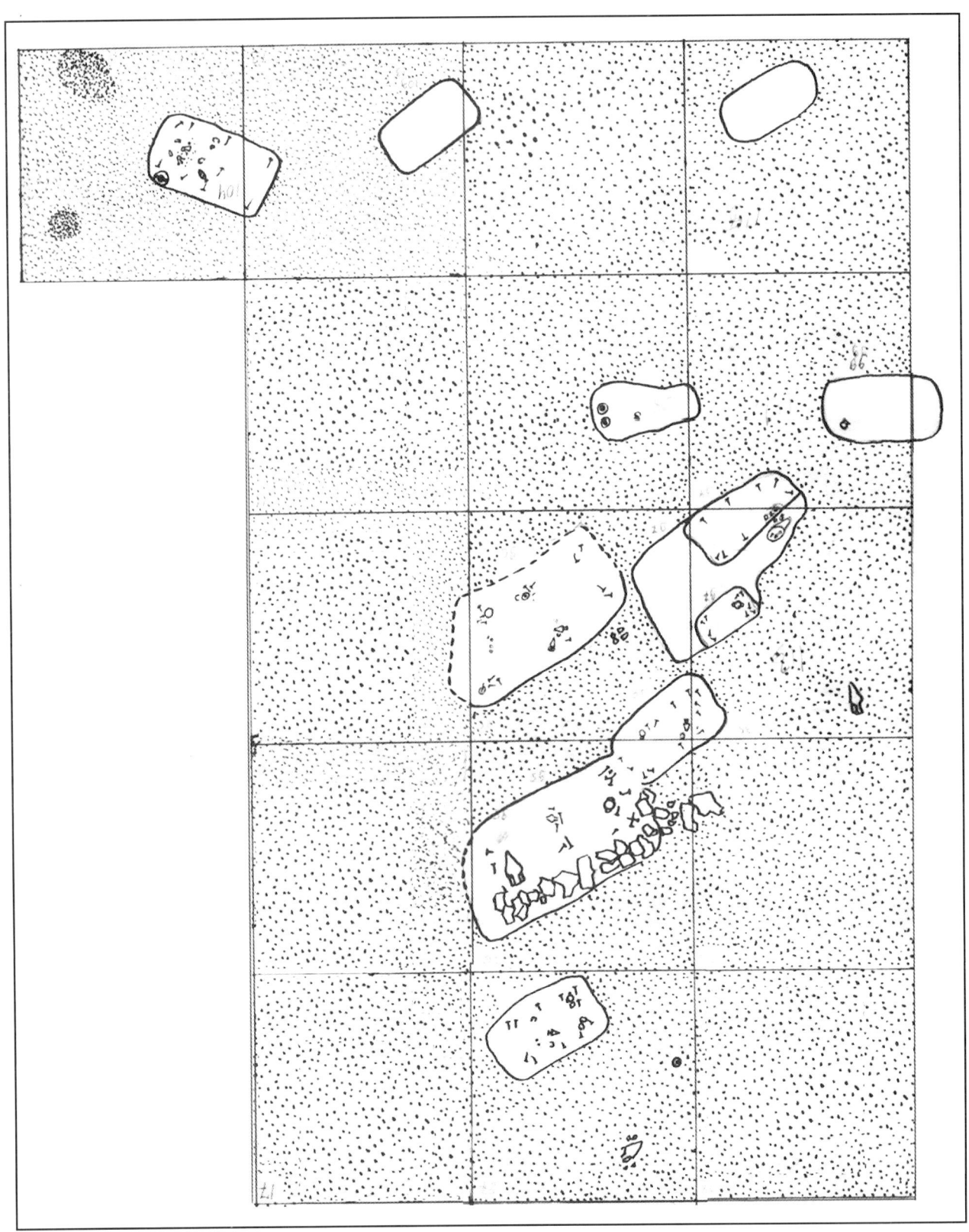

1983

სურ. 8.

316

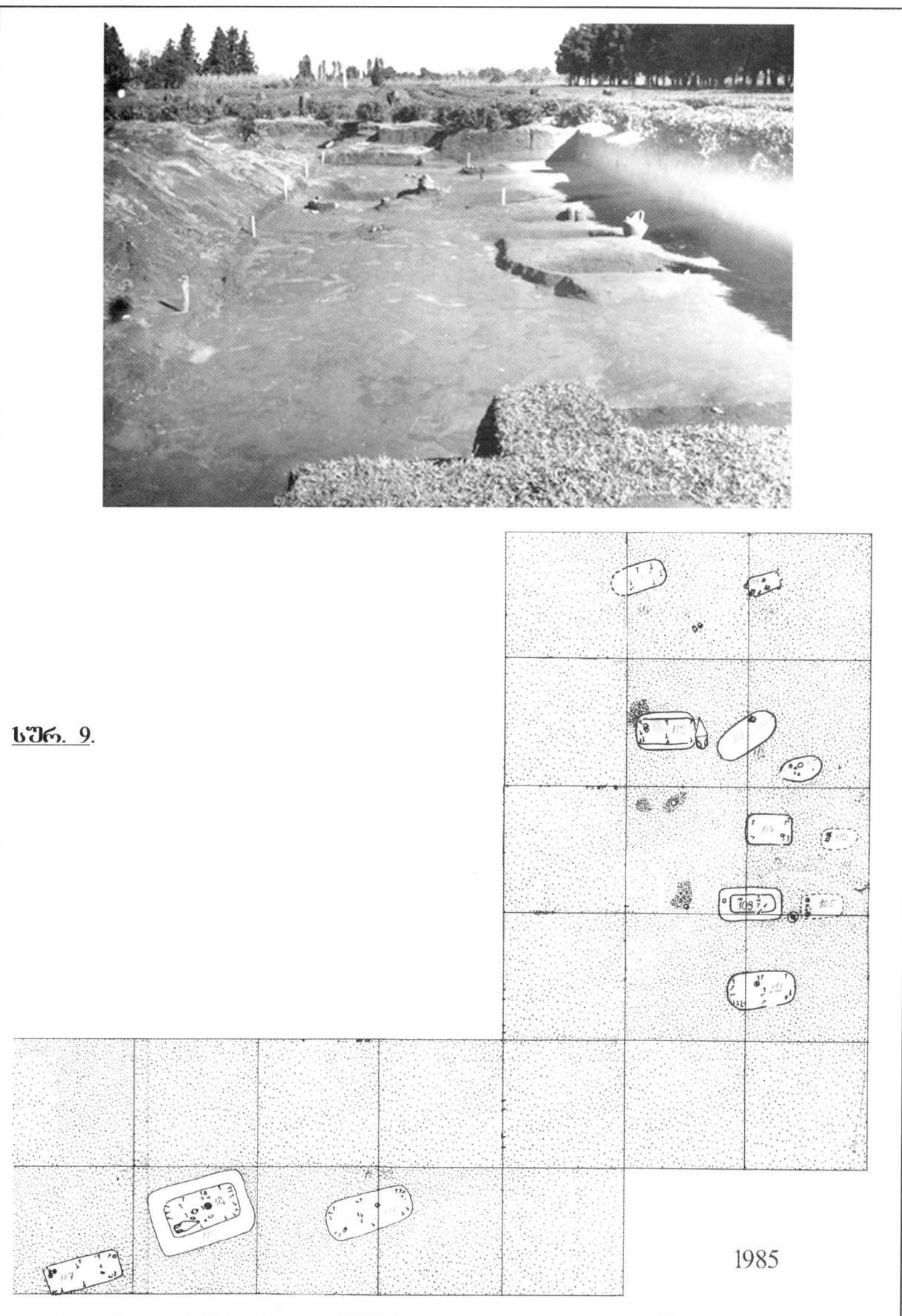

სურ. 9.

1985

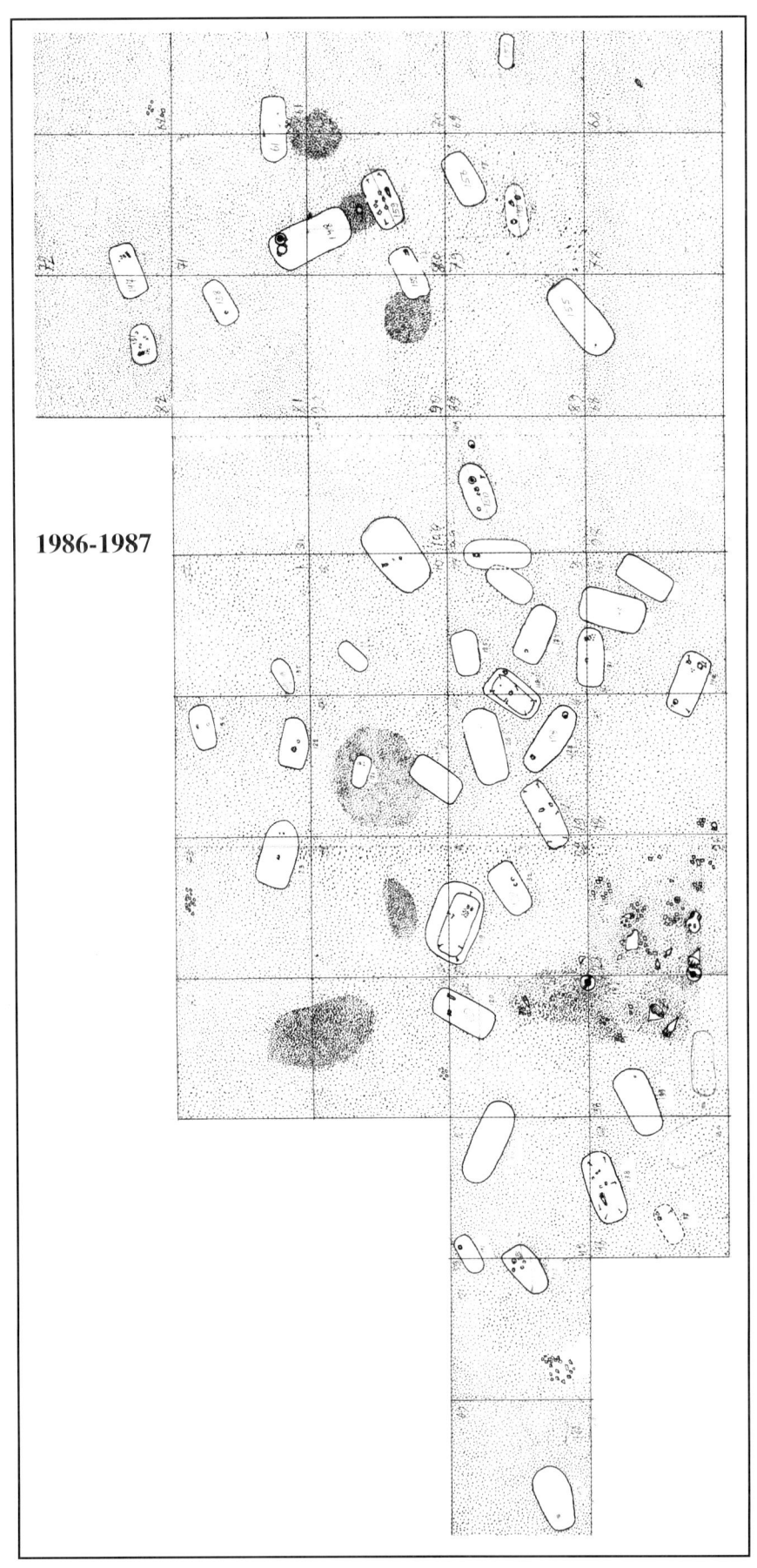

1986-1987

სურ. 10.

318

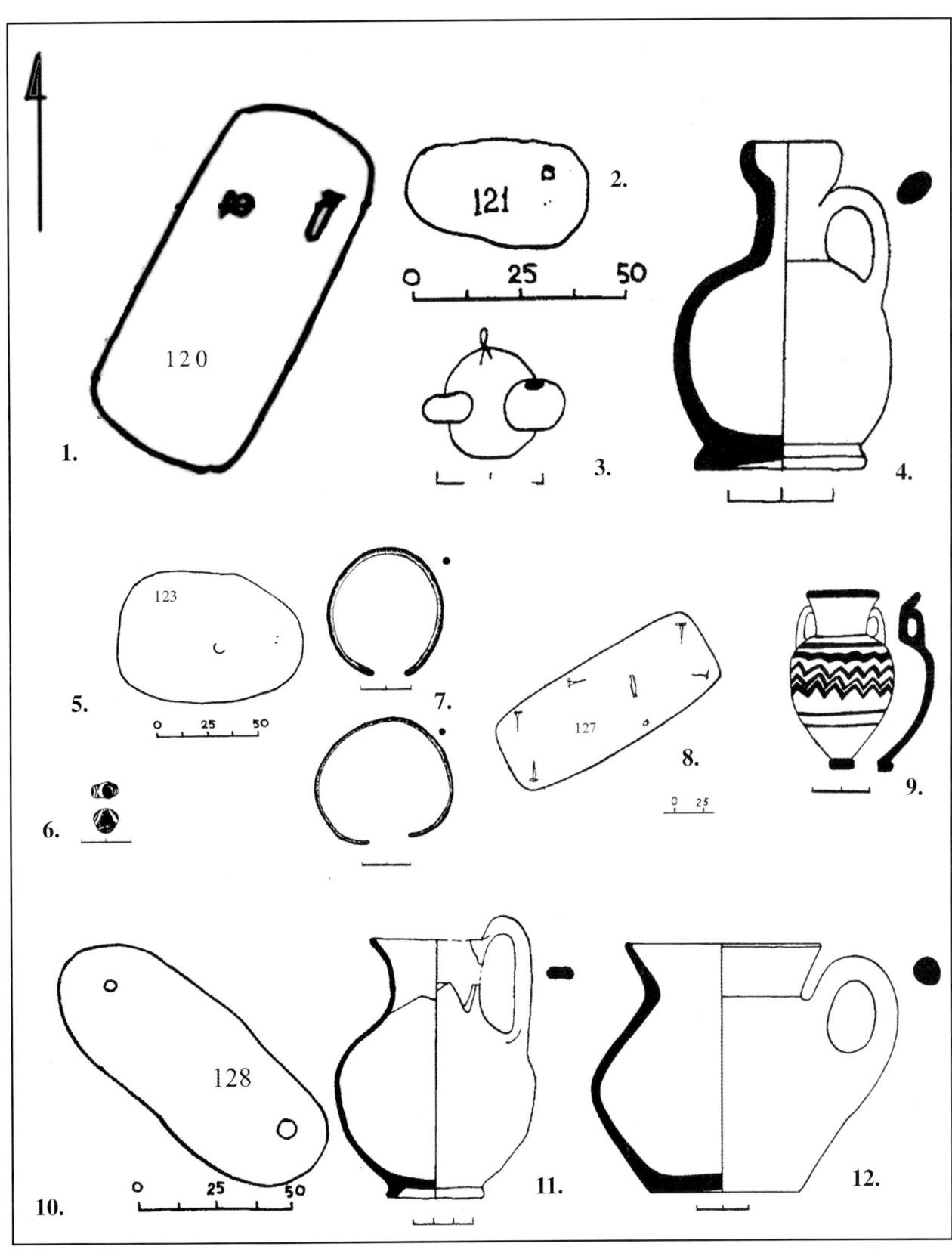

სურ. 11.

319

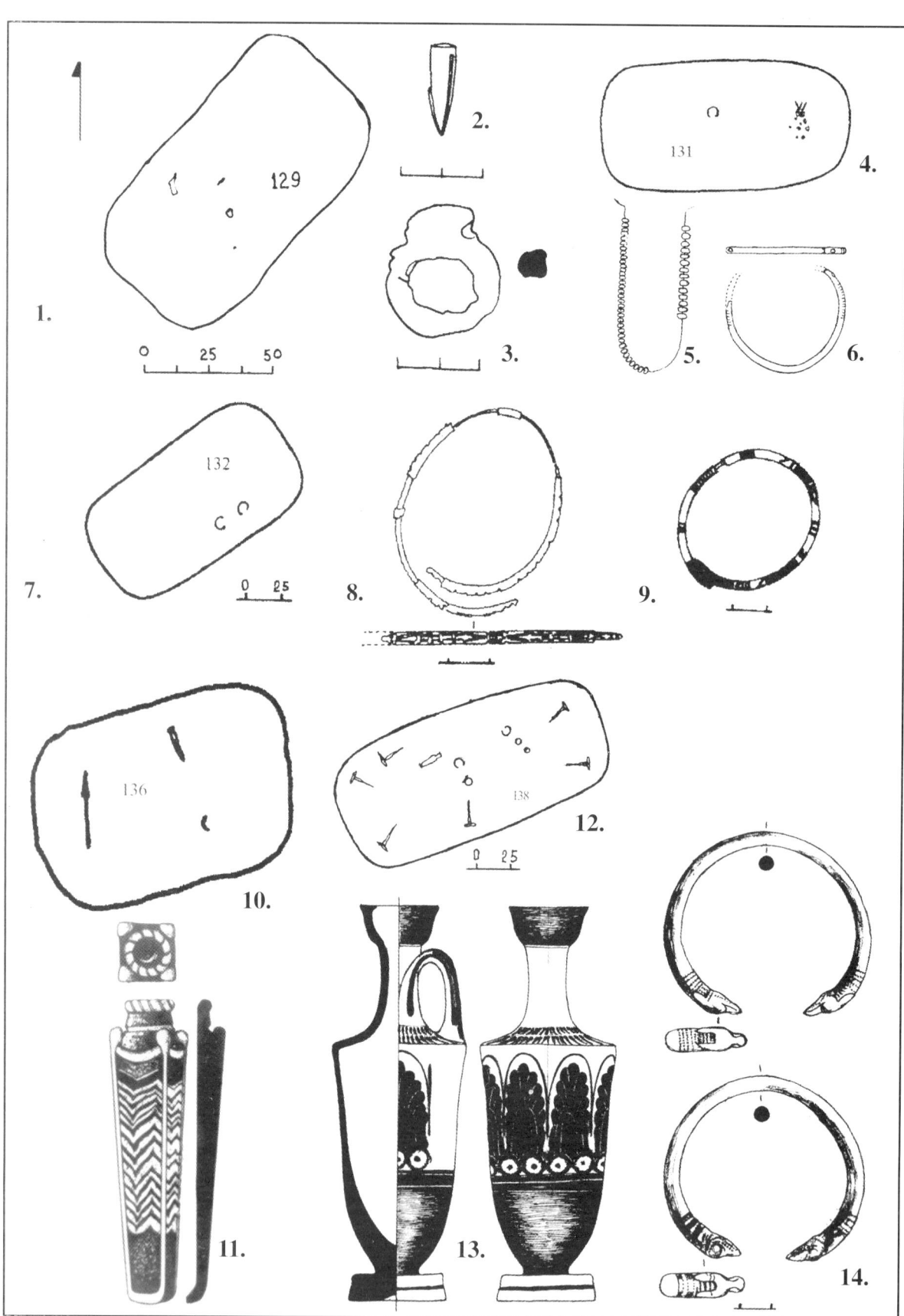

სურ. 12.

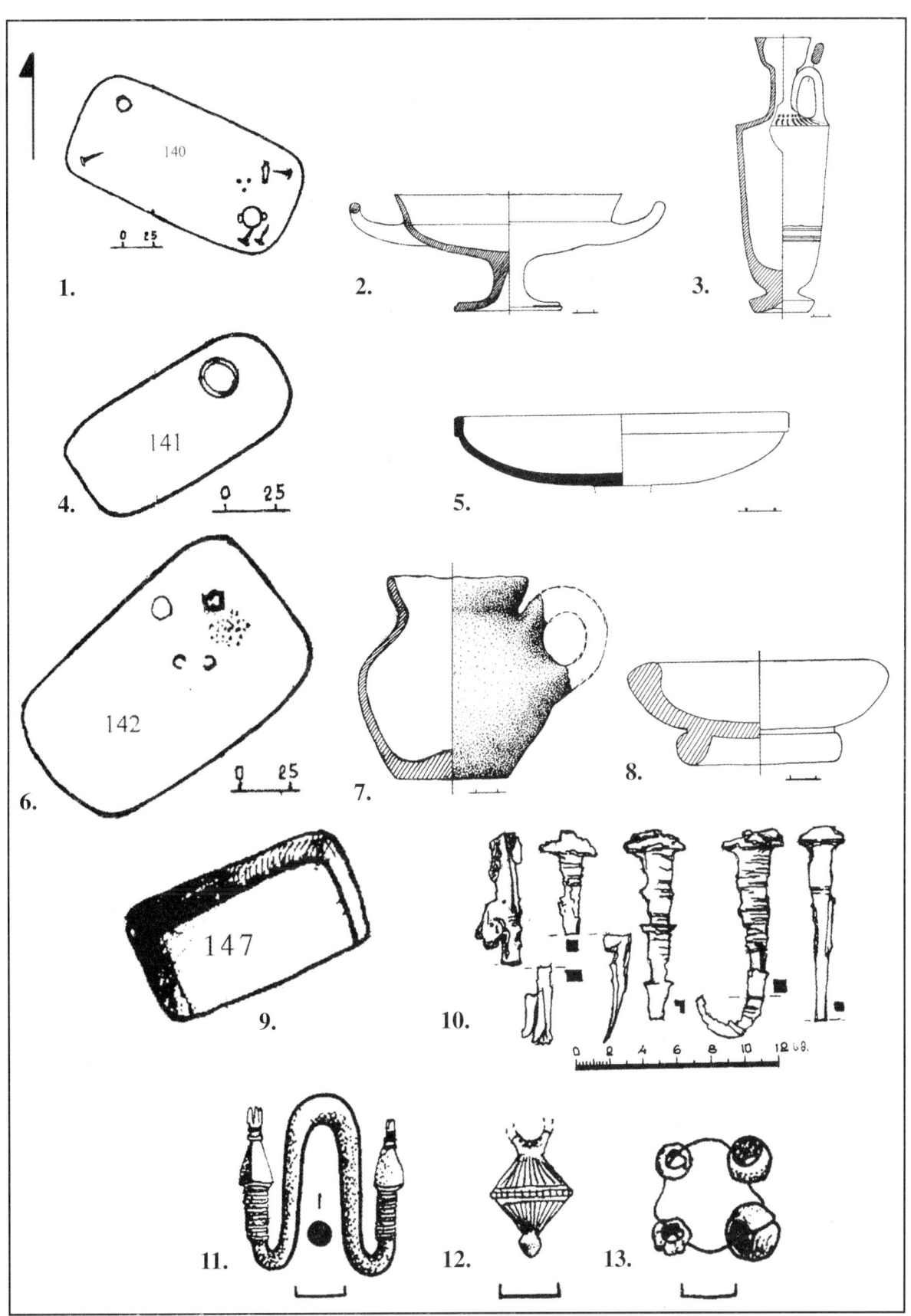

სურ. 13.

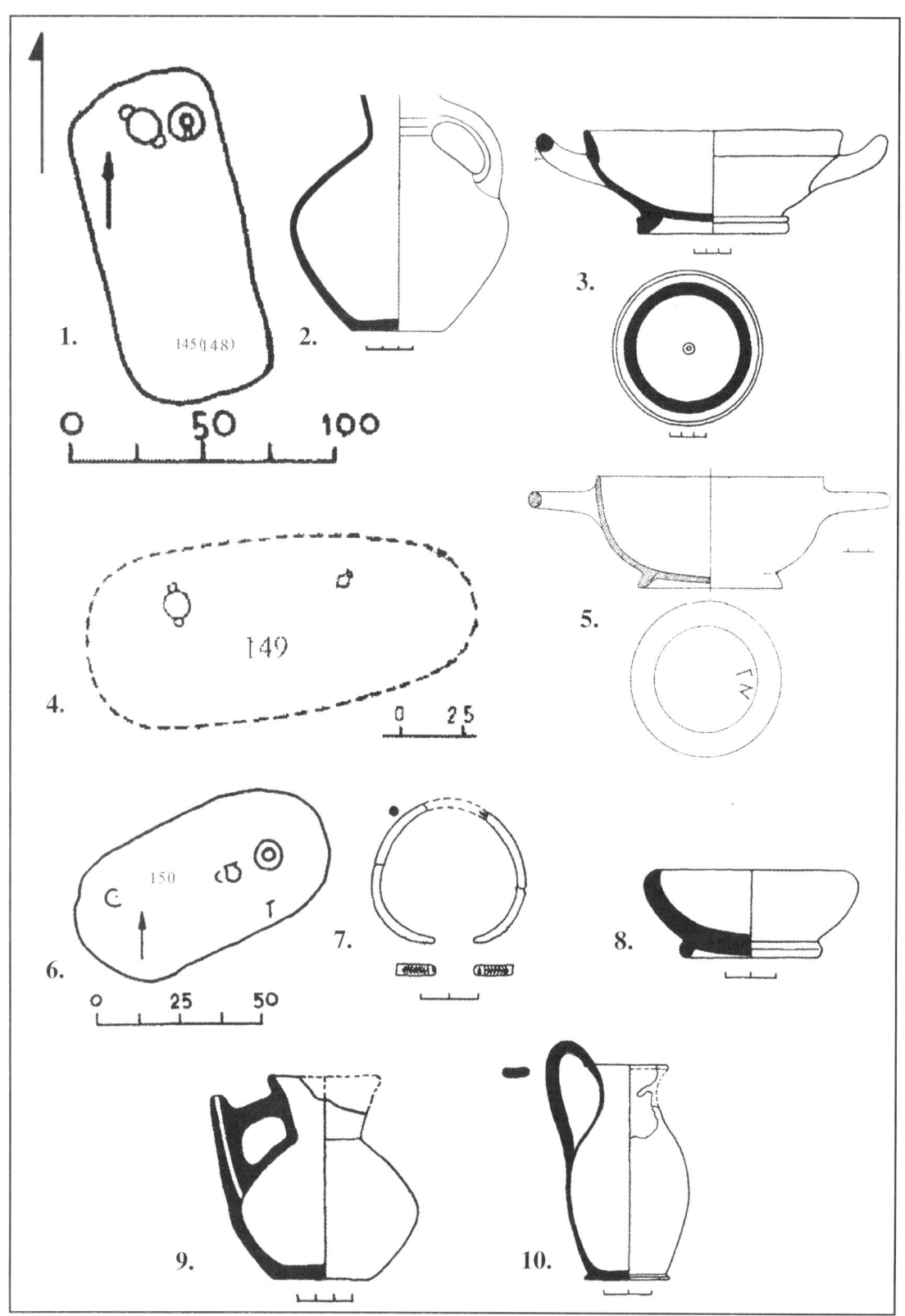

 სურ. 14.

სურ. 15-16 იხილეთ ფერად ილუსტრაციებში, გვ. 393-394.
Figs 15-16 See colour illustrations, pages 393-394.

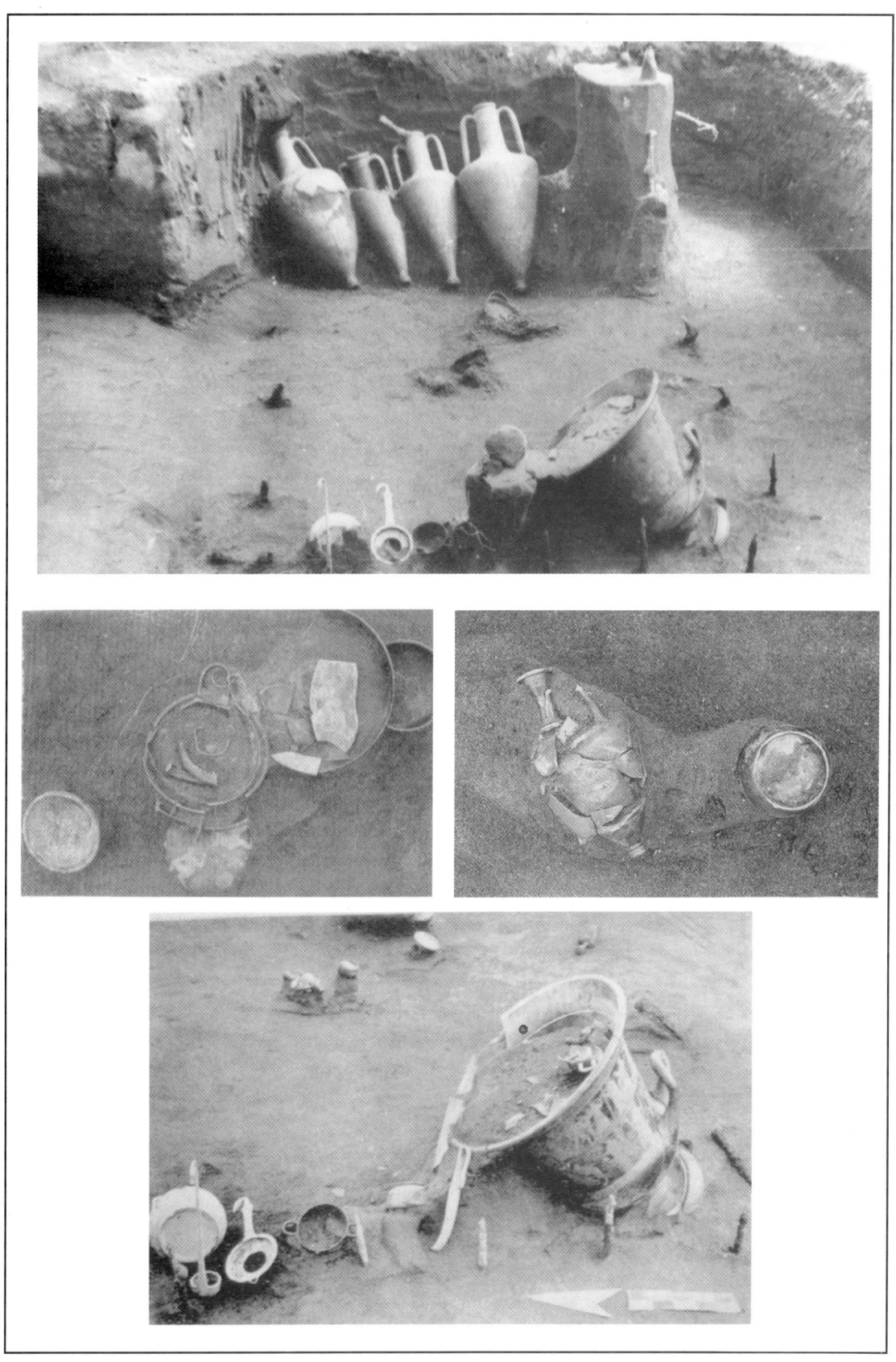

სურ. 17.

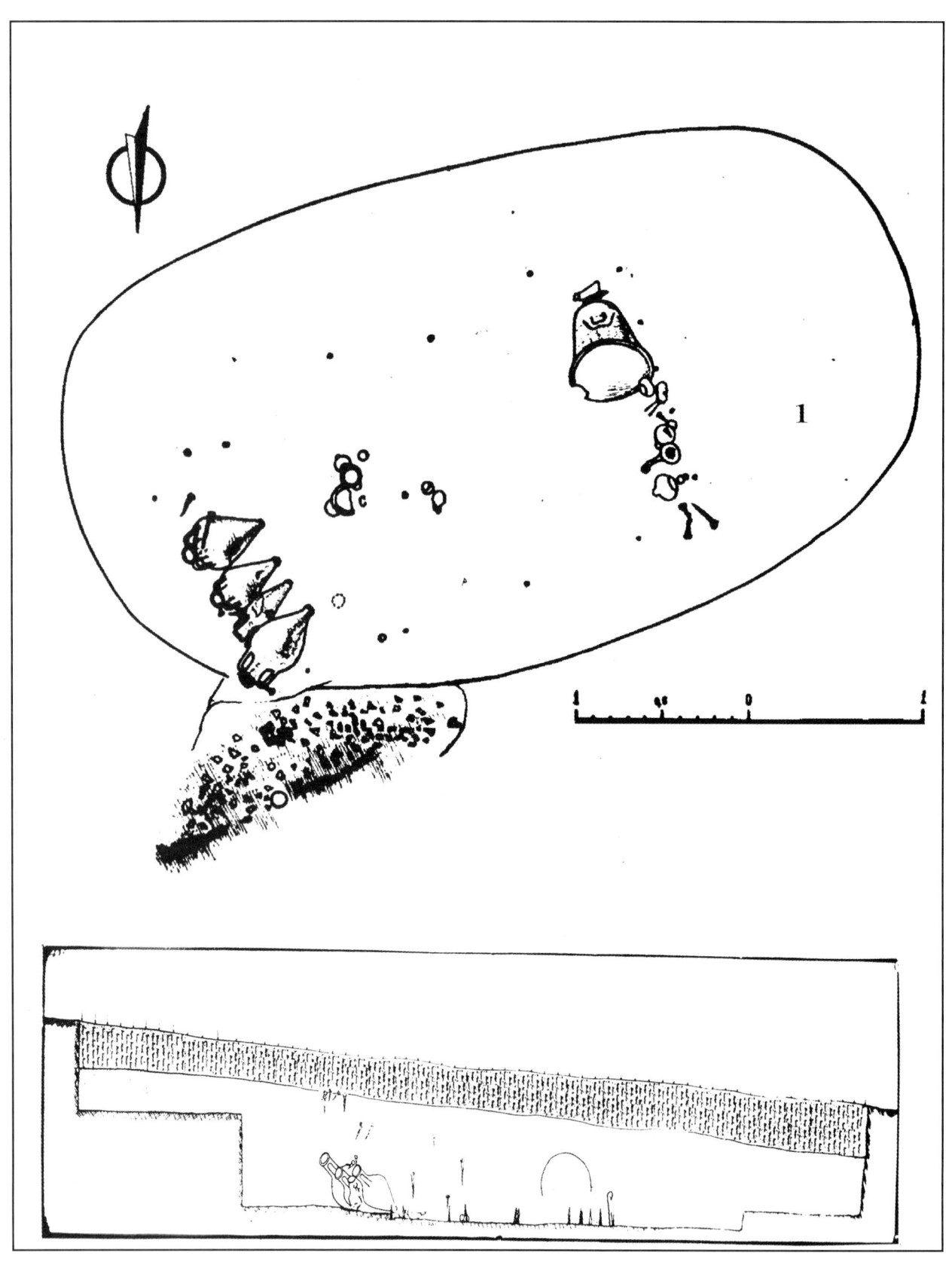

სურ. 18.

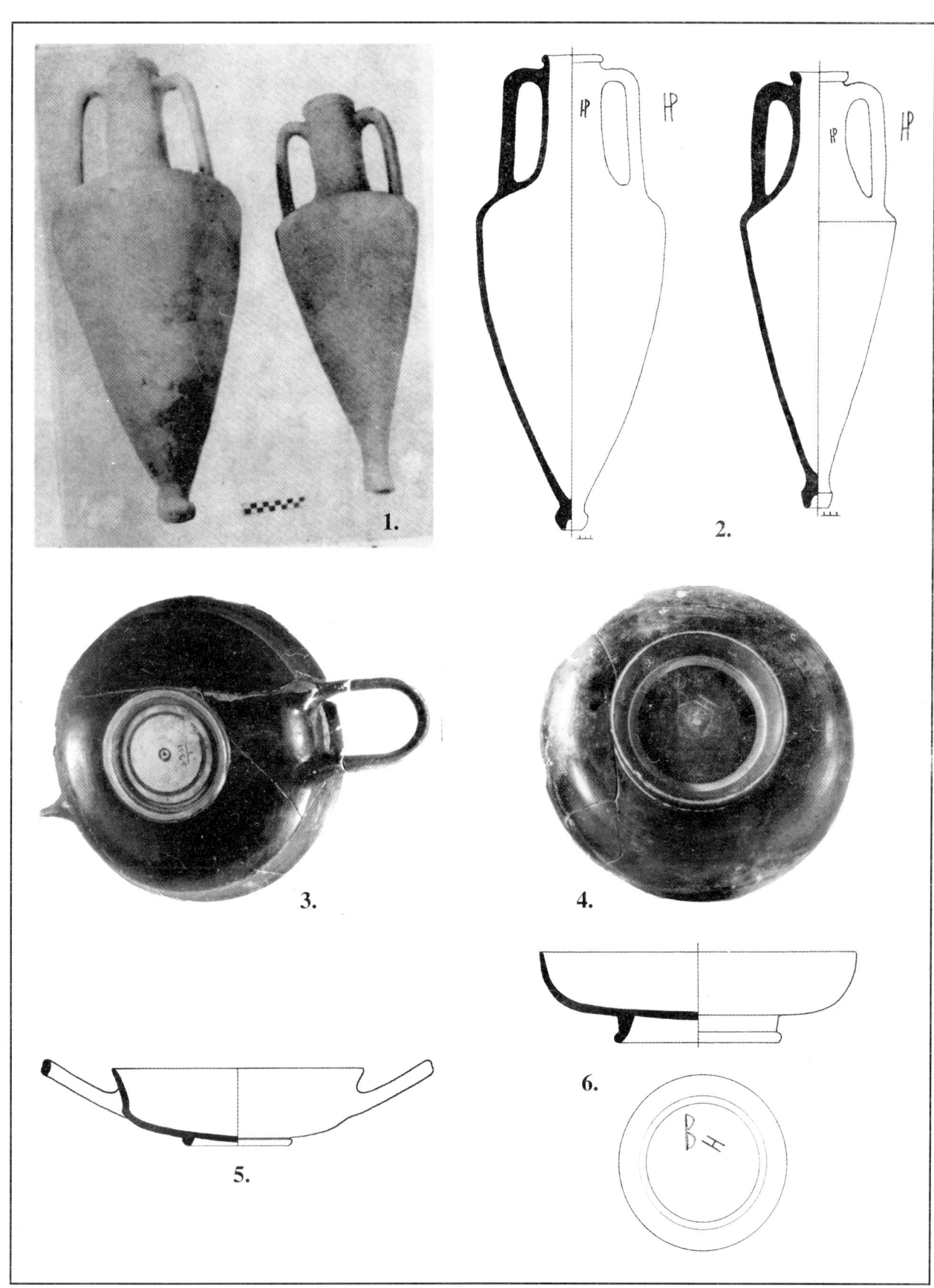

1.

2.

3.

4.

5.

6.

სურ. 19.

სურ. 20.

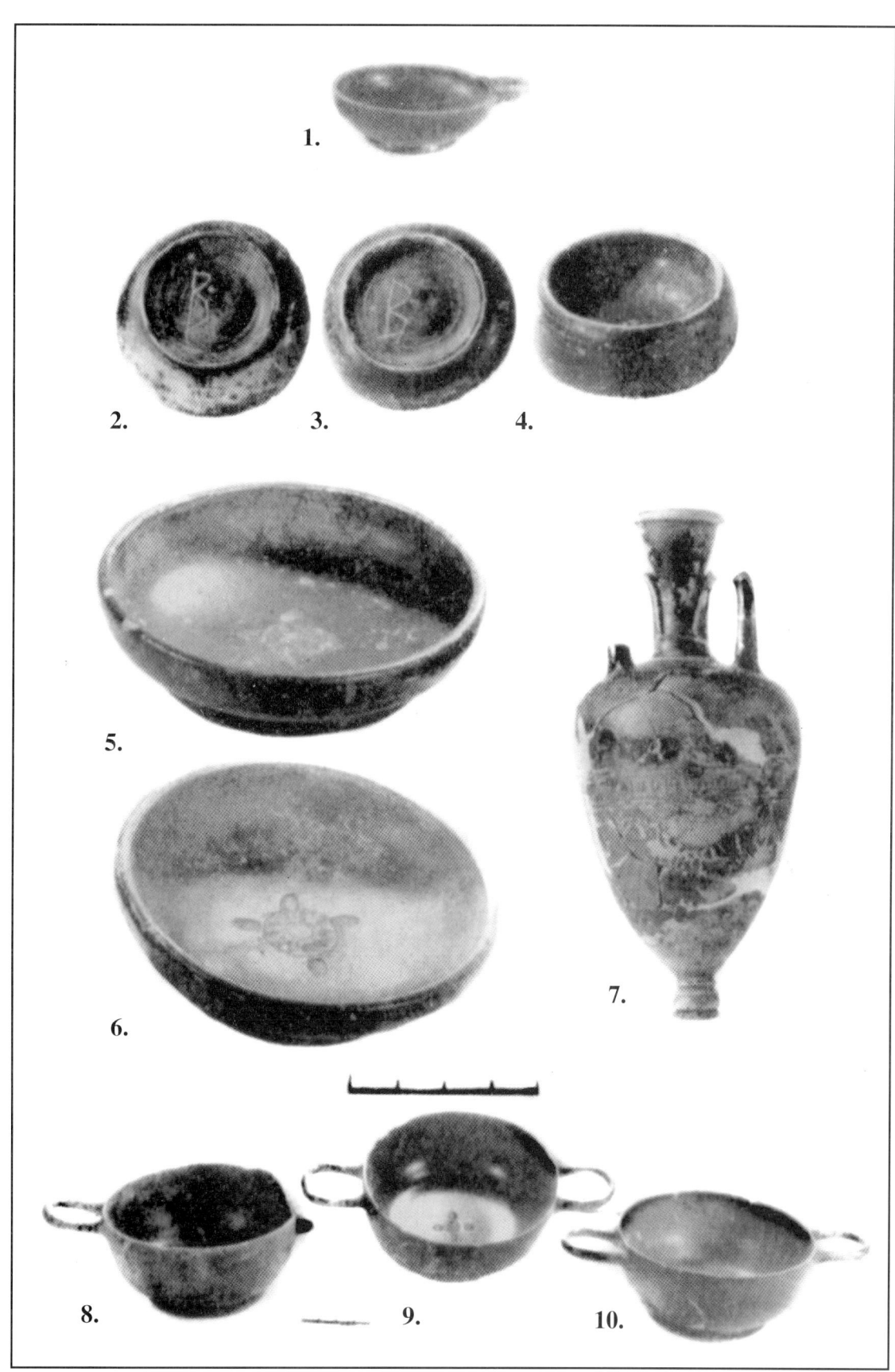

სურ. 21.

327

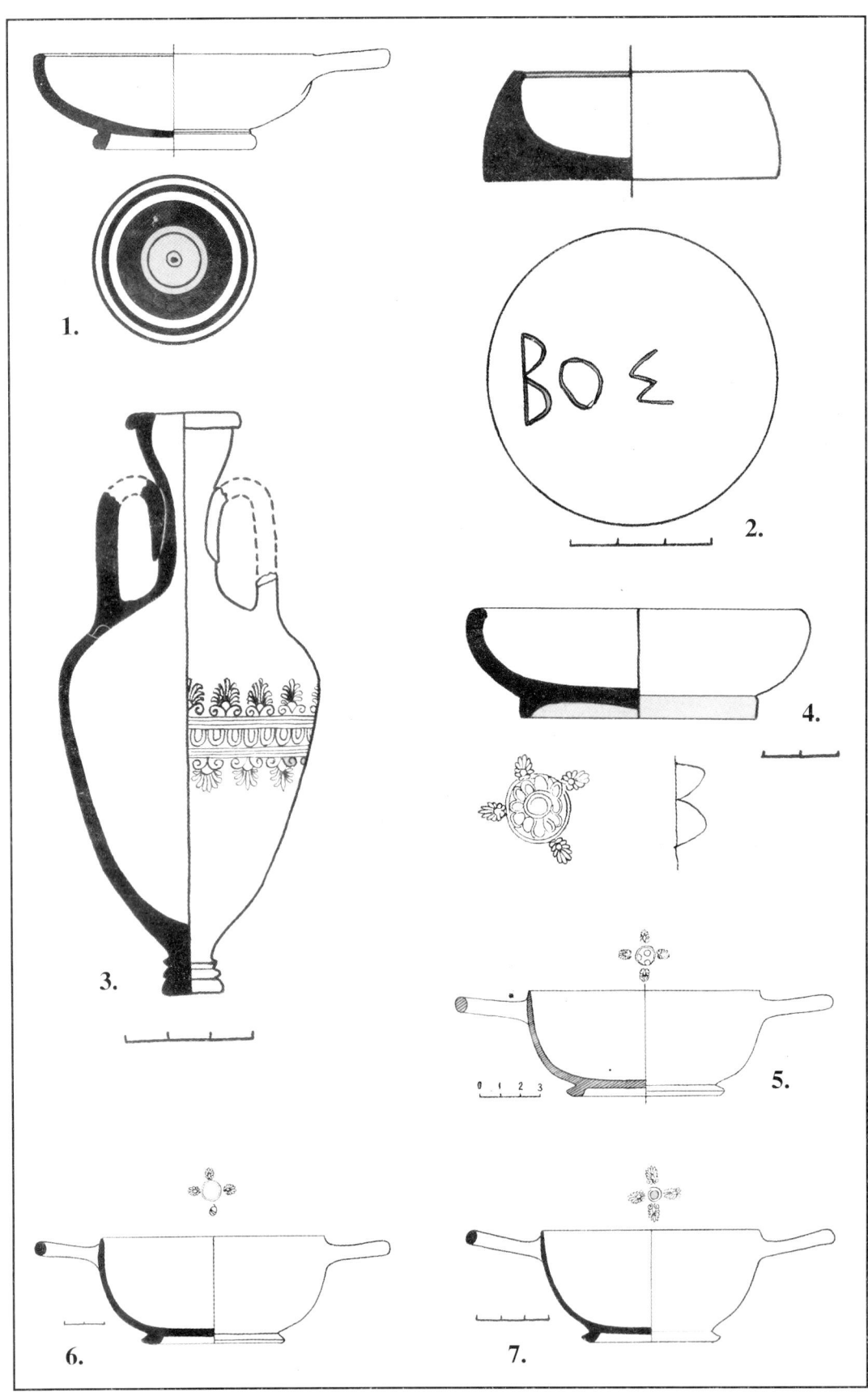

 სურ. 22.

სურ. 23.

სურ. 24-27 იხილეთ ფერად ილუსტრაციებში, გვ. 395-398.
Figs 24-27 See colour illustrations, pages 395-398.

329

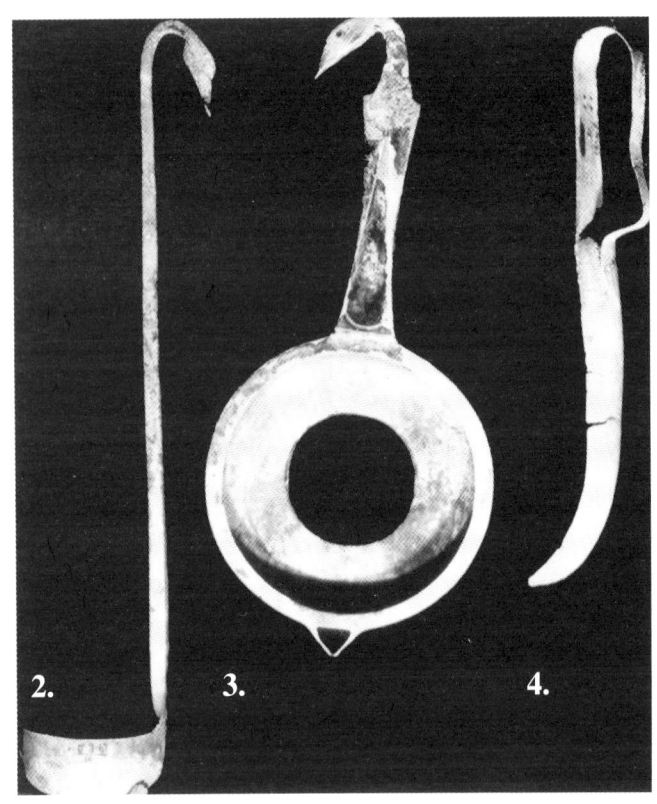

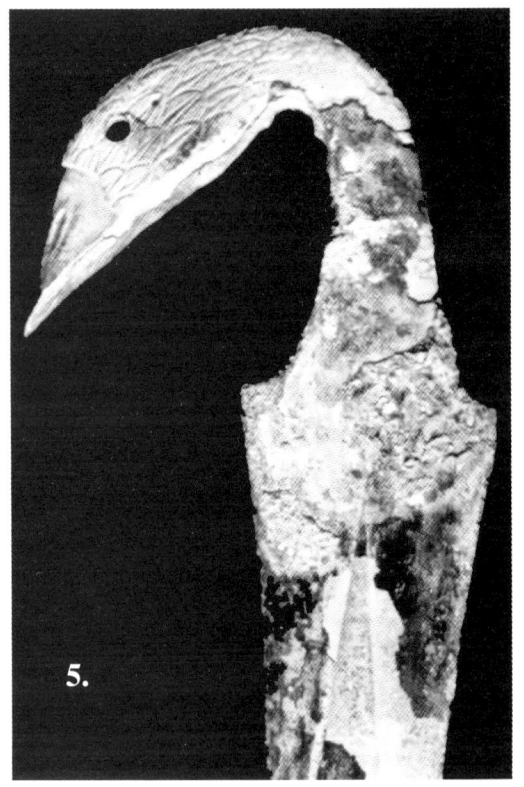

სურ. 28.

330

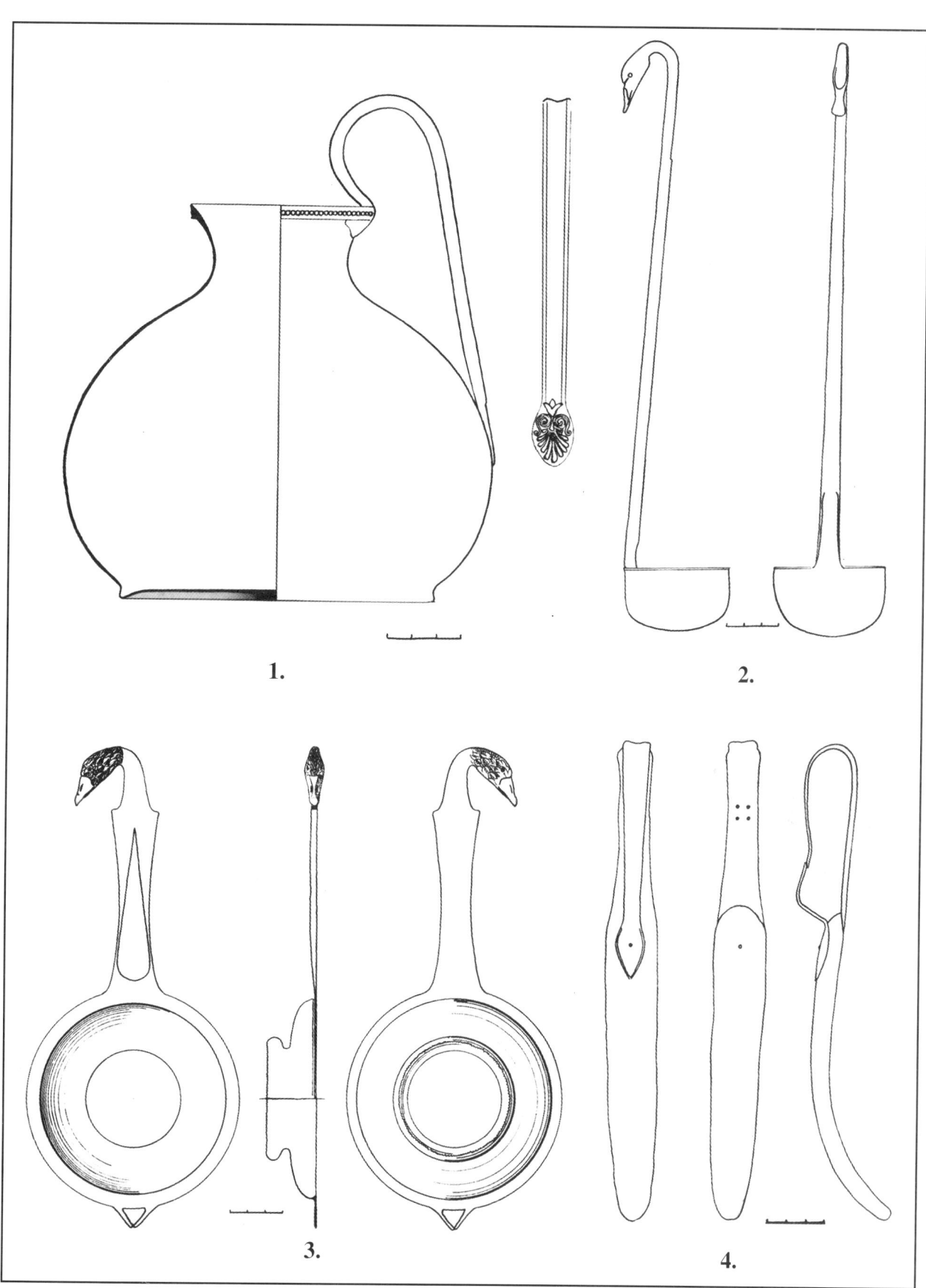

1.

2.

3.

4.

სურ. 29.

331

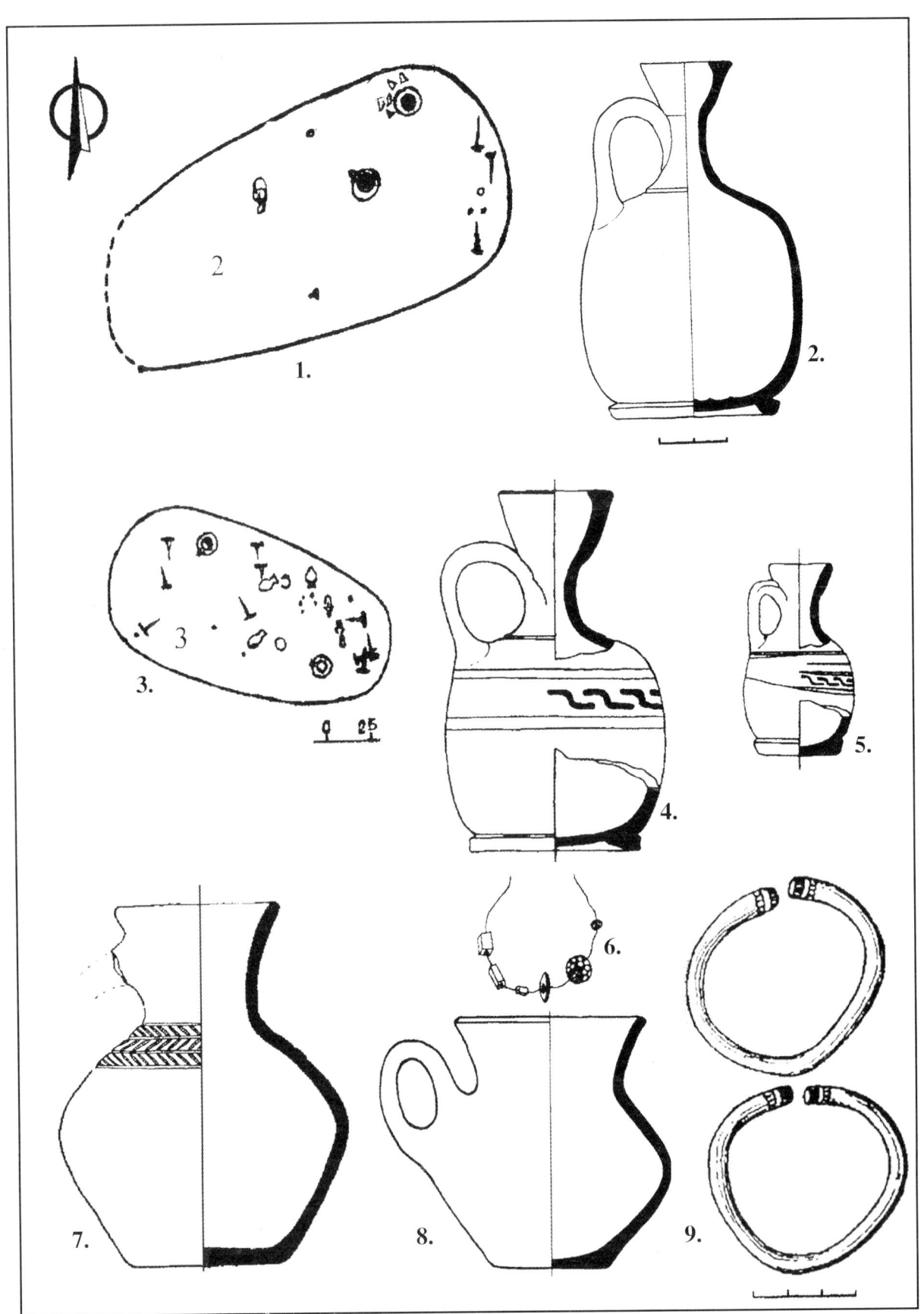

სურ. 30.

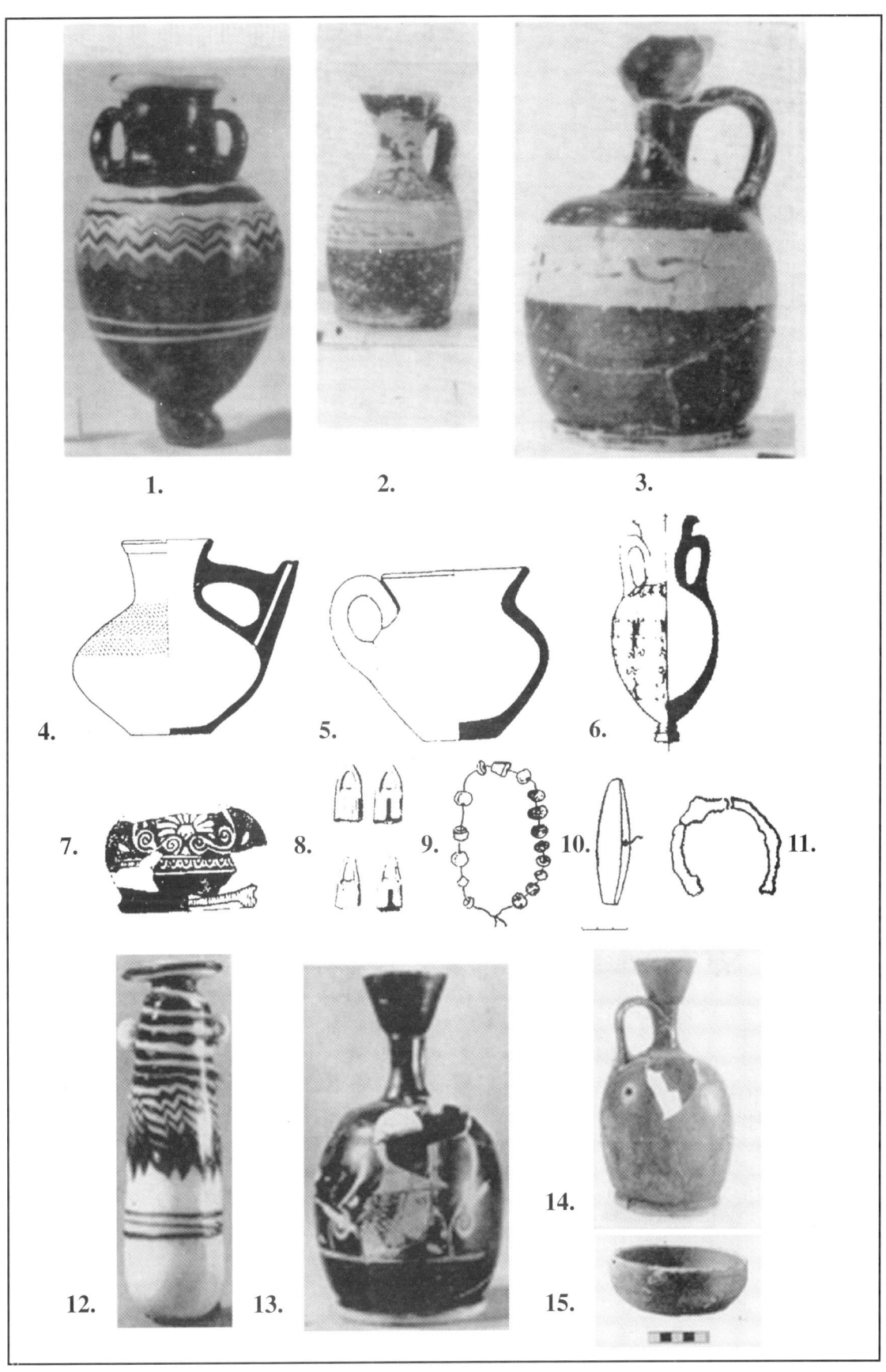

1.   2.   3.

4.   5.   6.

7.   8.   9.   10.   11.

12.   13.   14.

15.

სურ. 31.

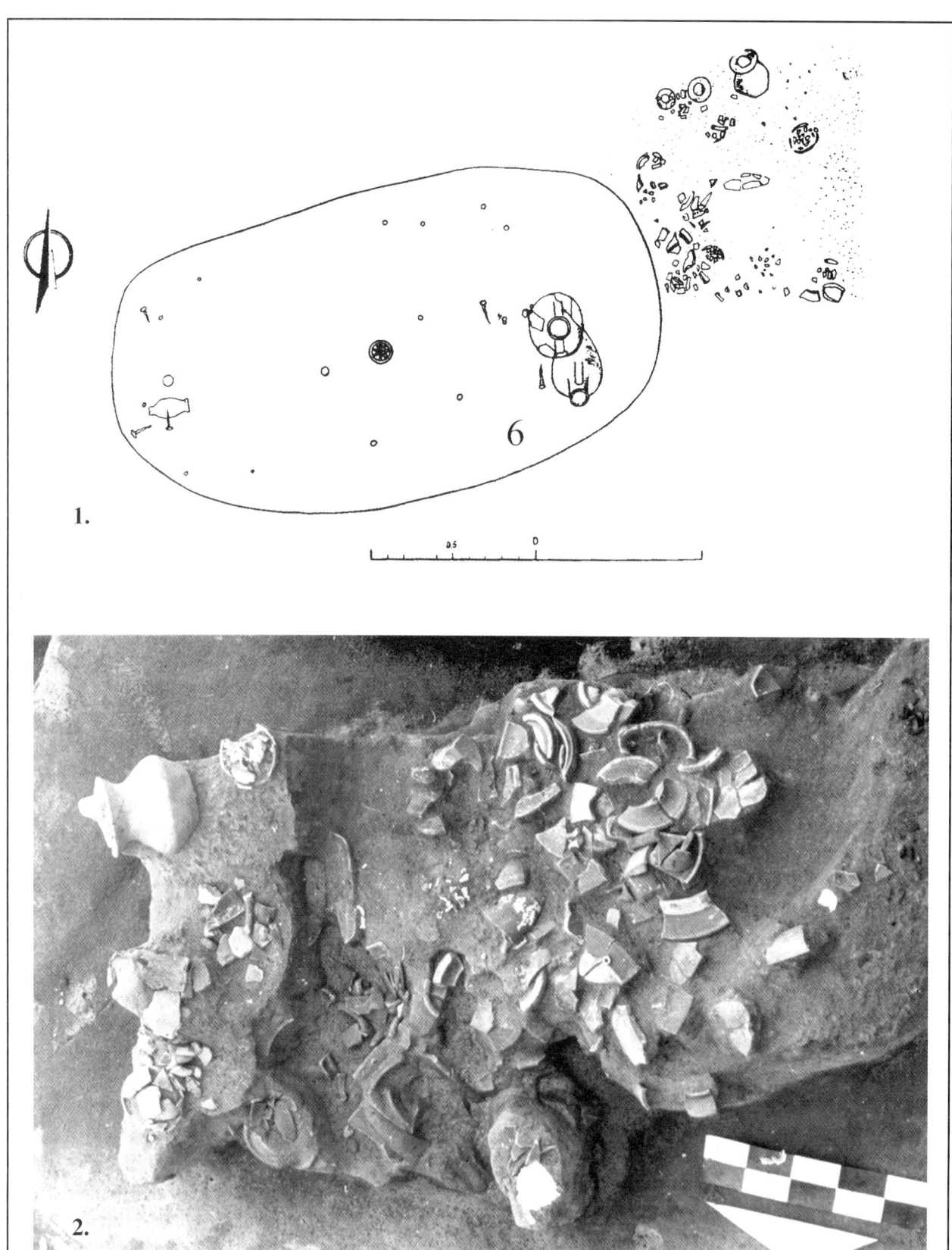

1.

6

2.

სურ. 32.

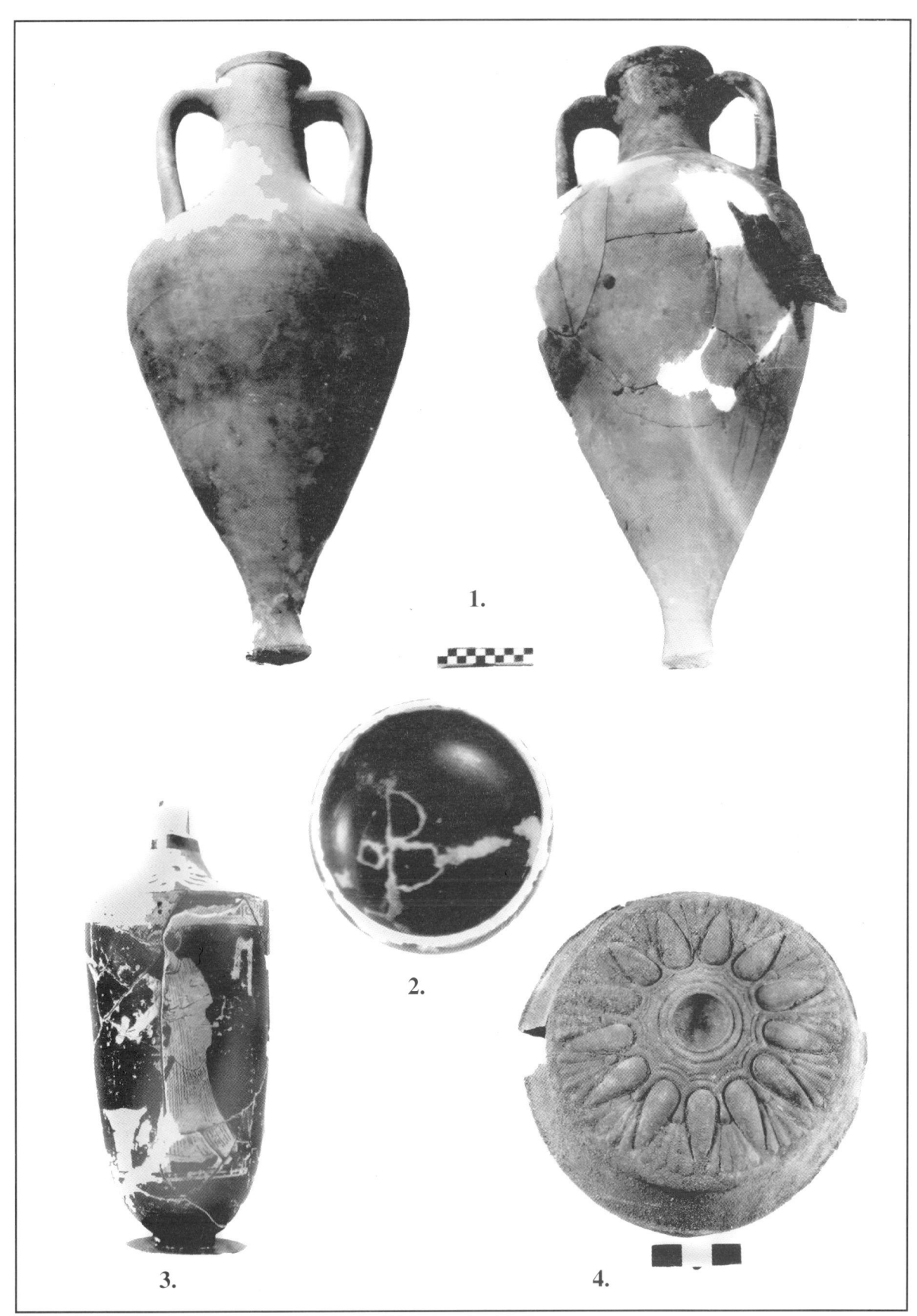

1.

2.

3.   4.

სურ. 33.

335

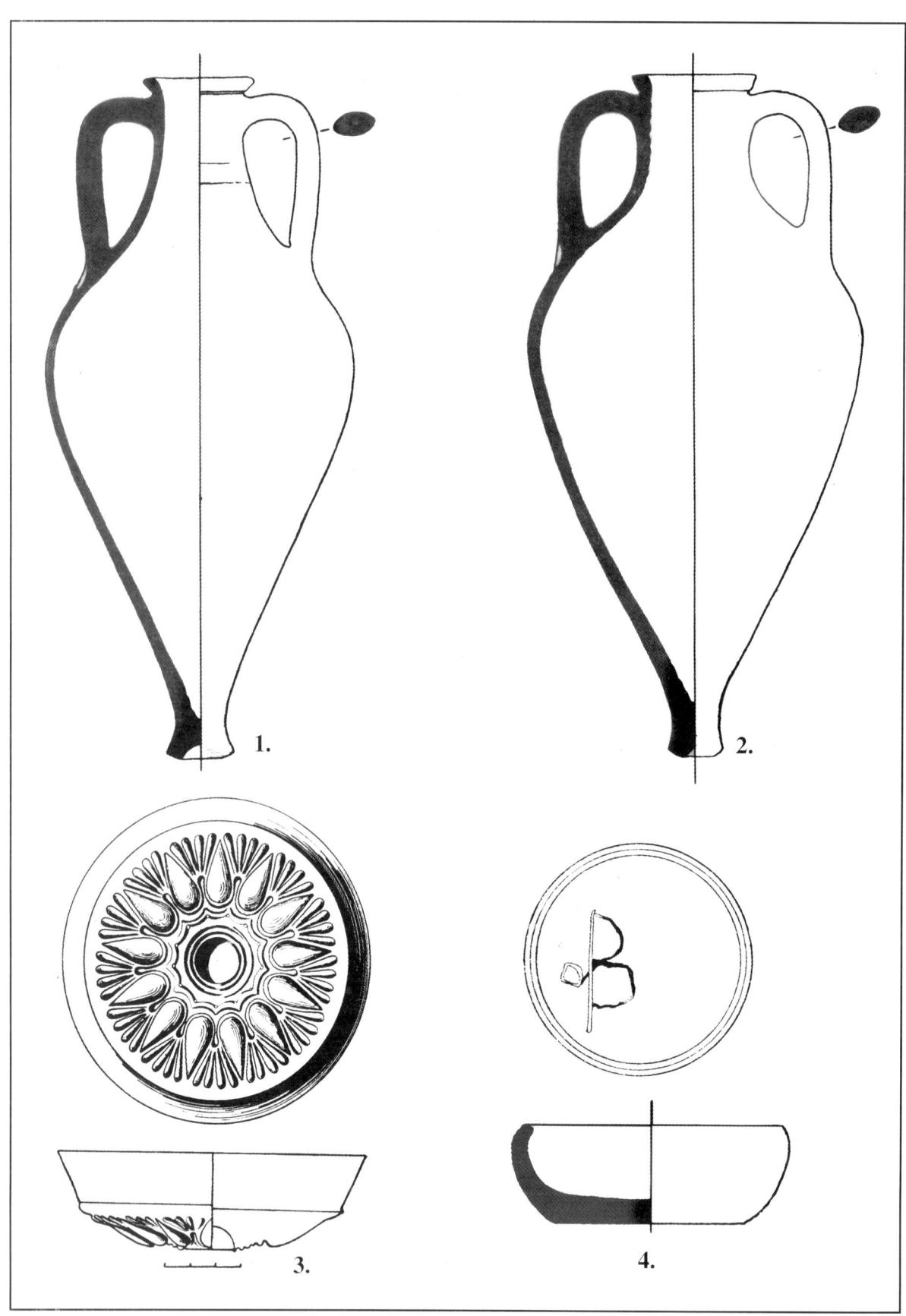

1.   2.

3.   4.

სურ. 34.

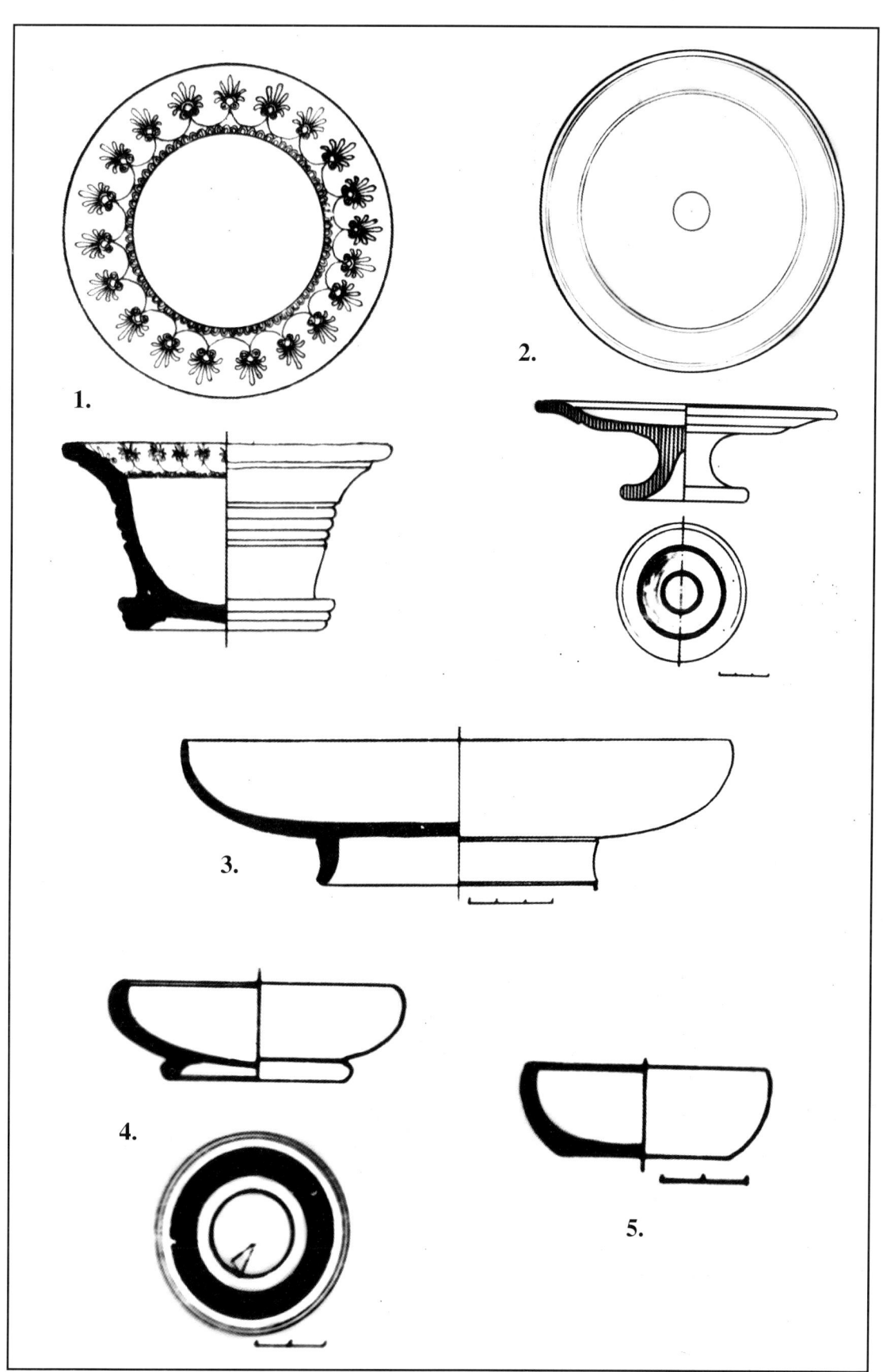

1.

2.

3.

4.

5.

სურ. 35.

337

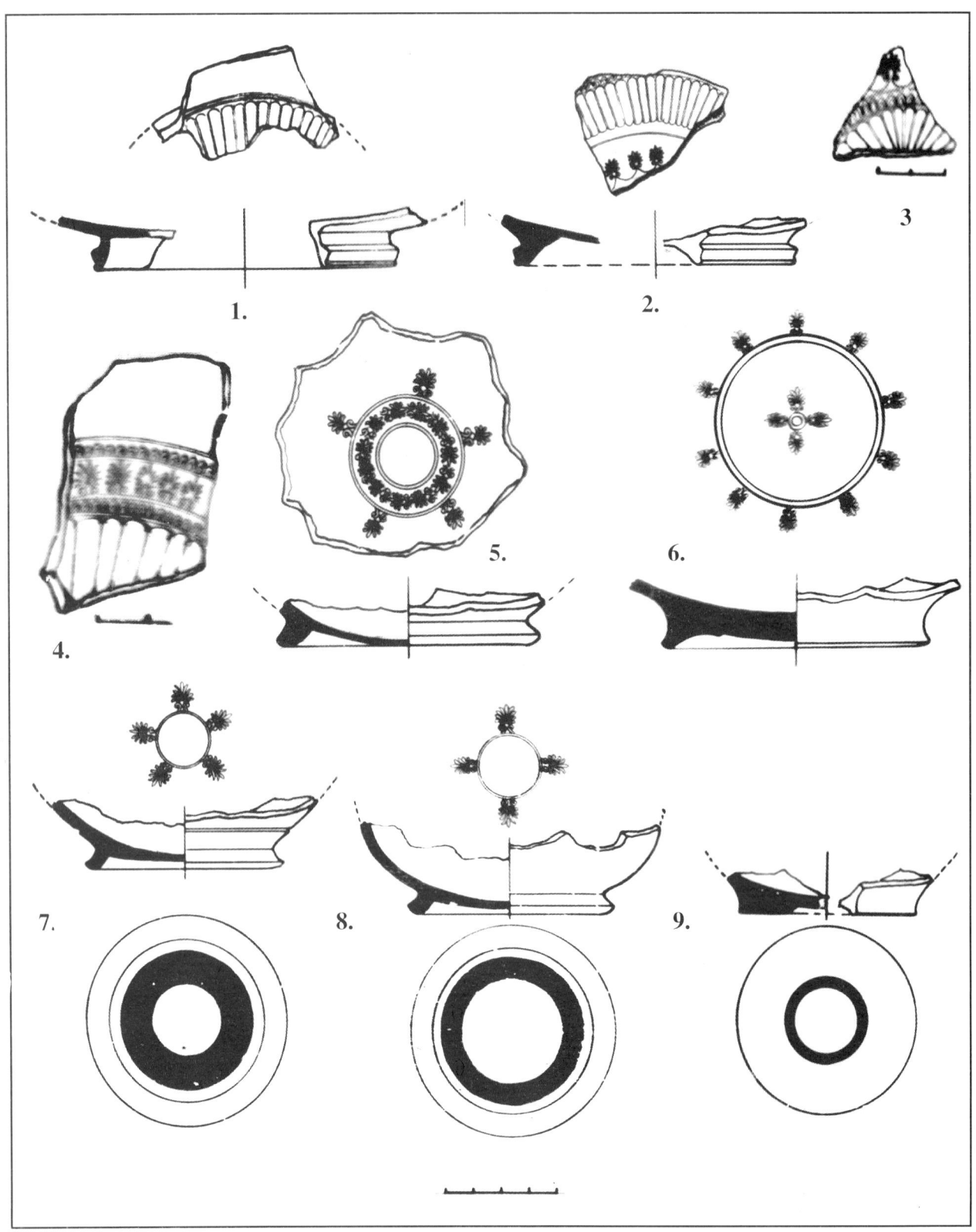

1.

2.

3

4.

5.

6.

7.

8.

9.

სურ. 36.

338

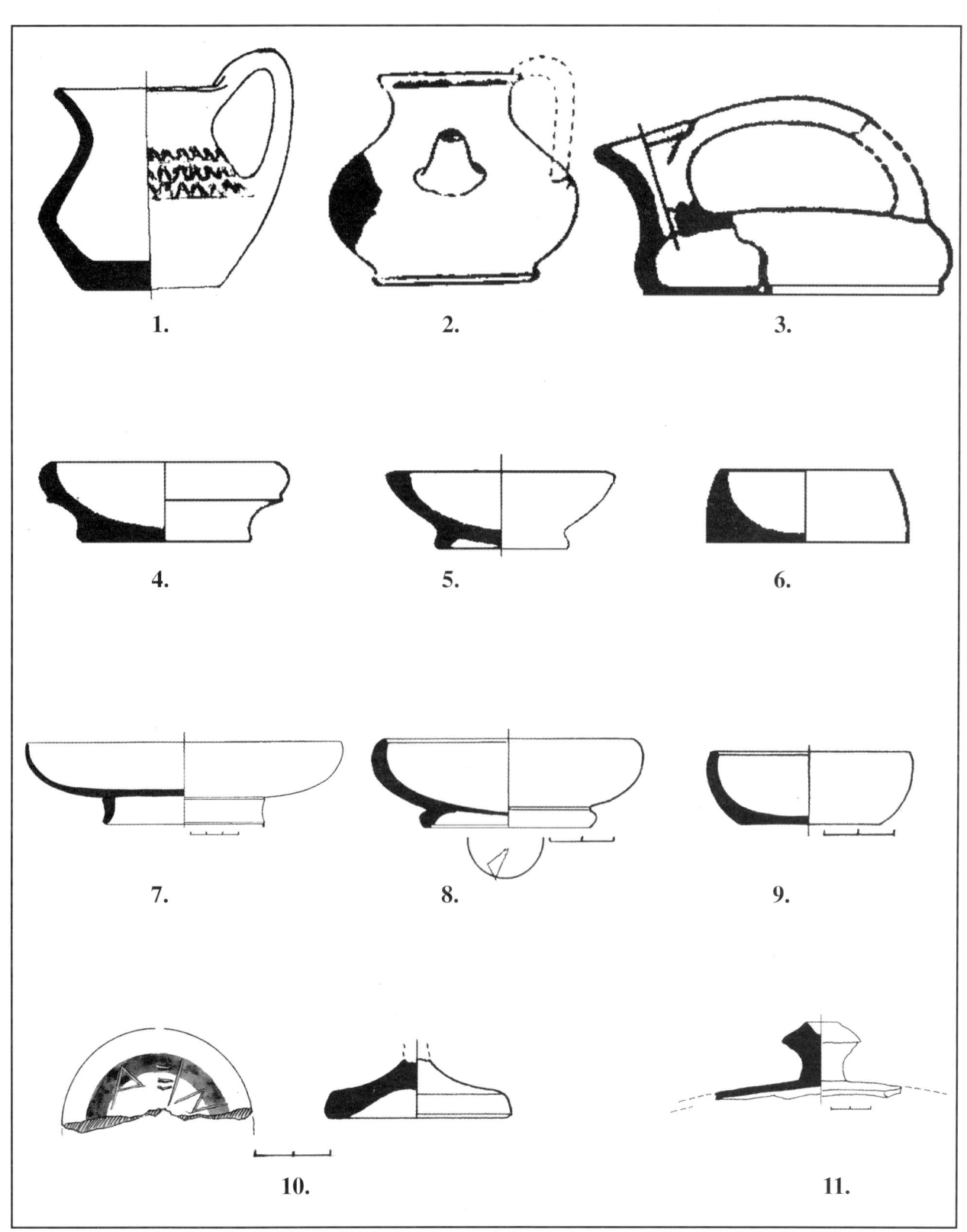

1.

2.

3.

4.

5.

6.

7.

8.

9.

10.

11.

სურ. 37.

339

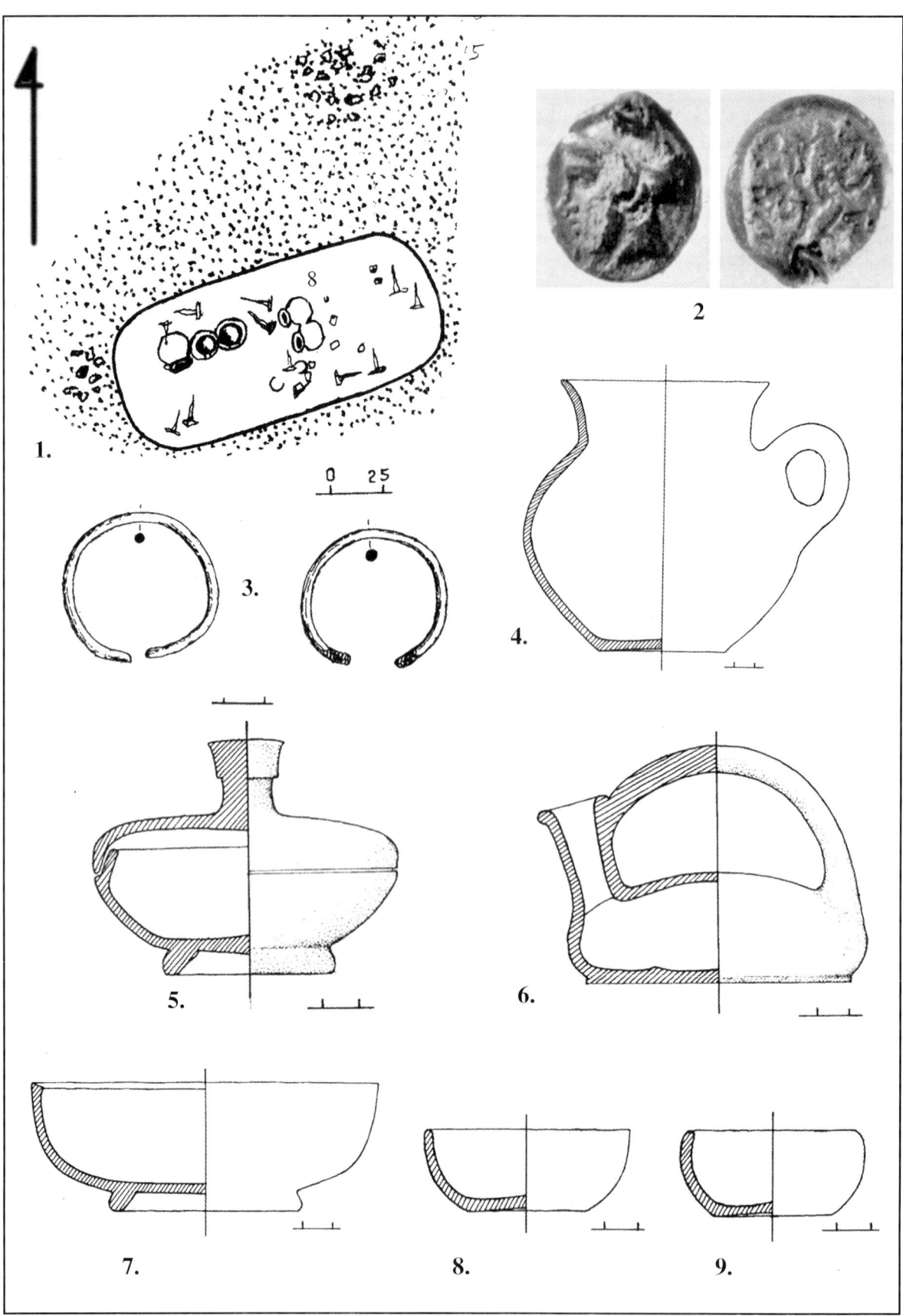

სურ. 38.

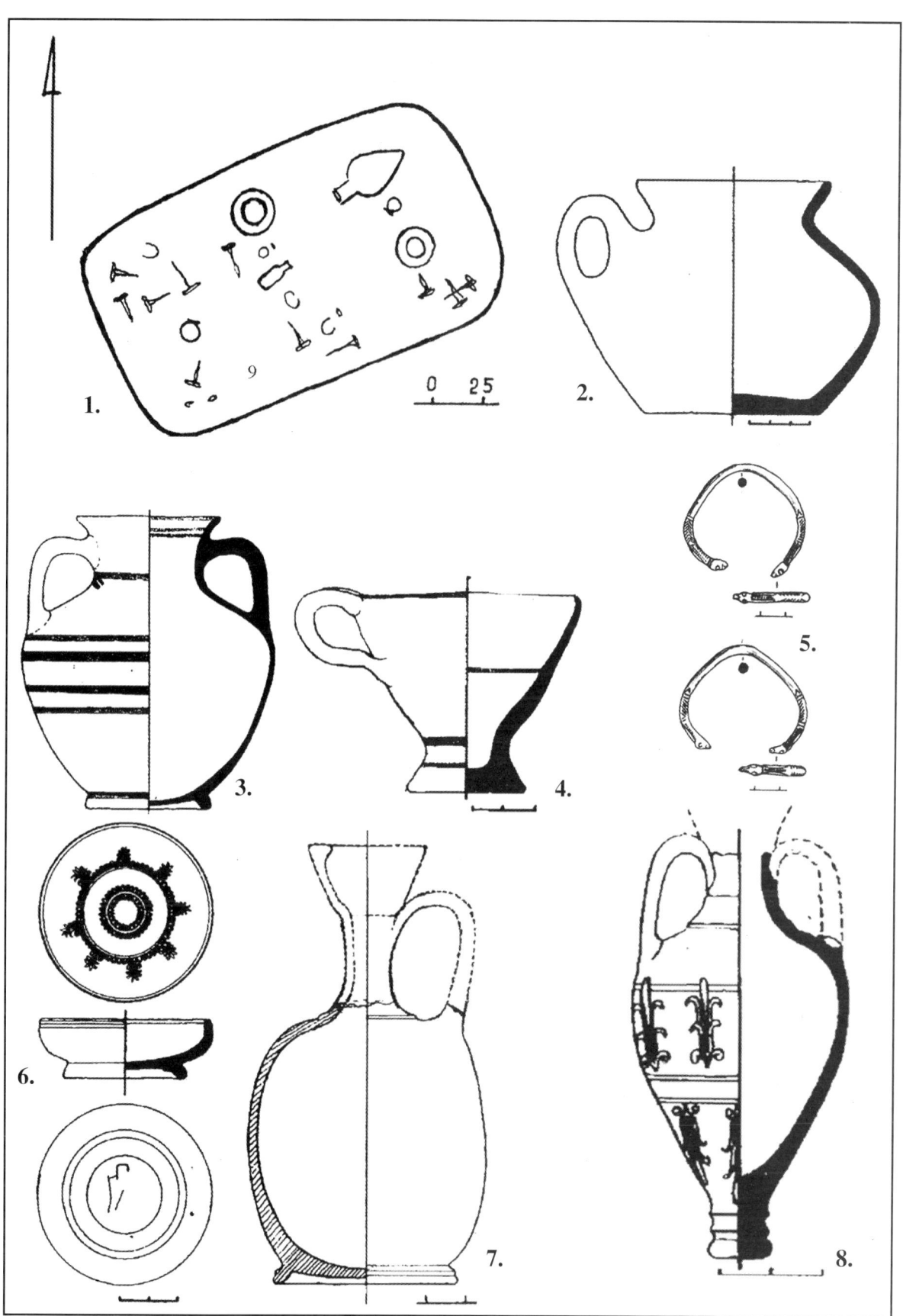

სურ. 39.

341

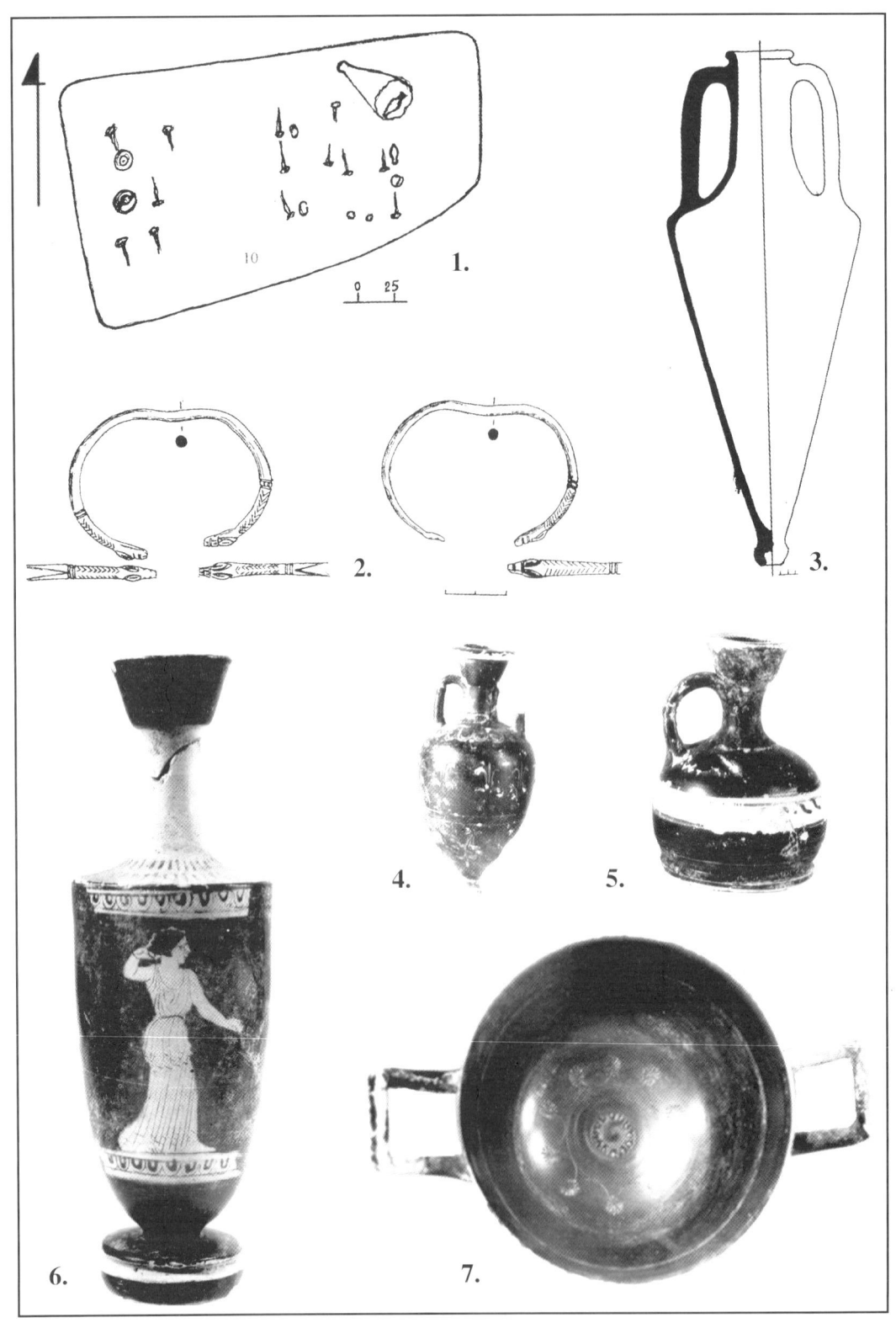

სურ. 40.

სურ. 41 იხილეთ ფერად ილუსტრაციებში, გვ. 399.
Fig. 41 See colour illustrations, page 399.

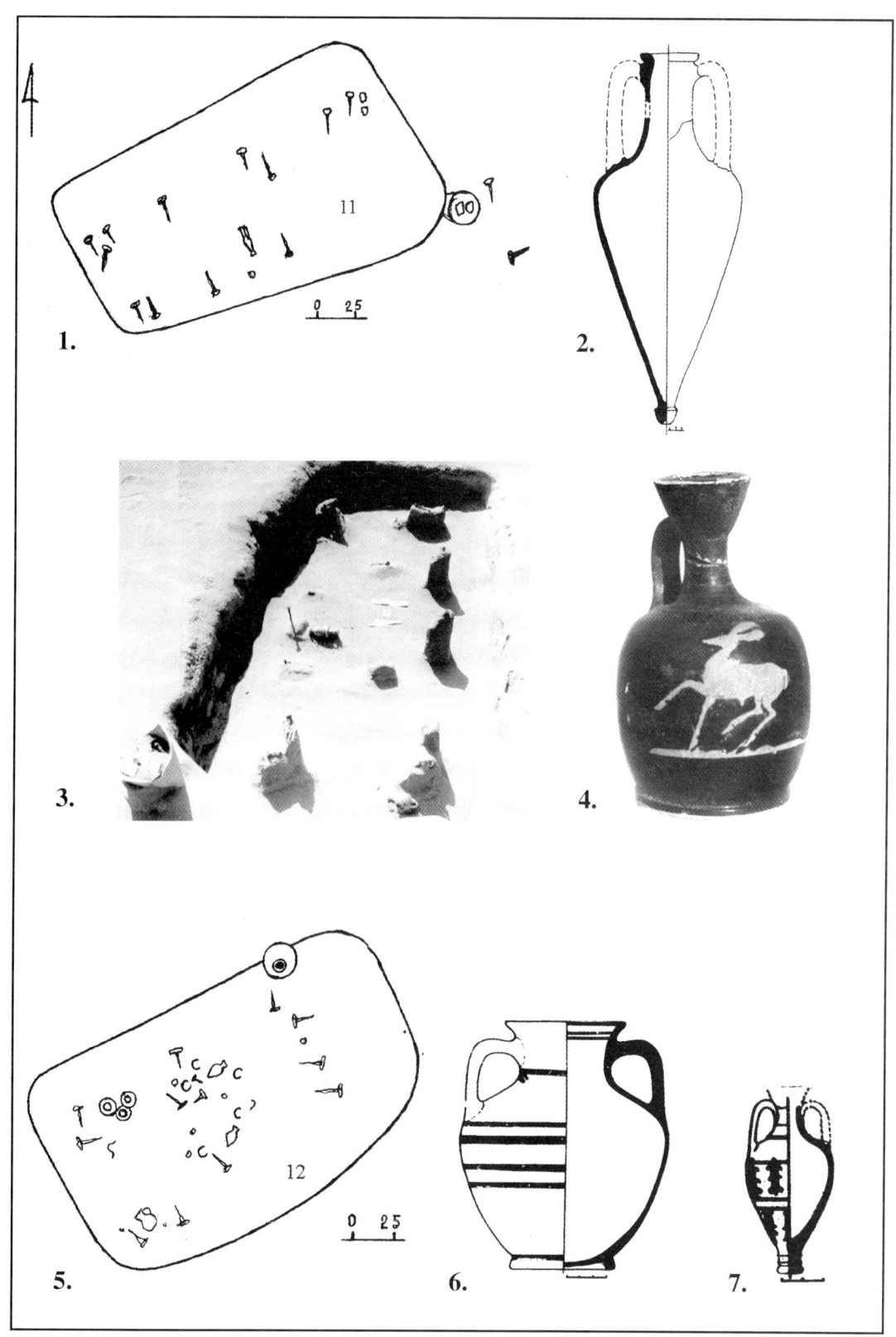

სურ. 42.

სურ. 43 იხილეთ ფერად ილუსტრაციებში, გვ. 400.
Fig. 43 See colour illustrations, page 400.

343

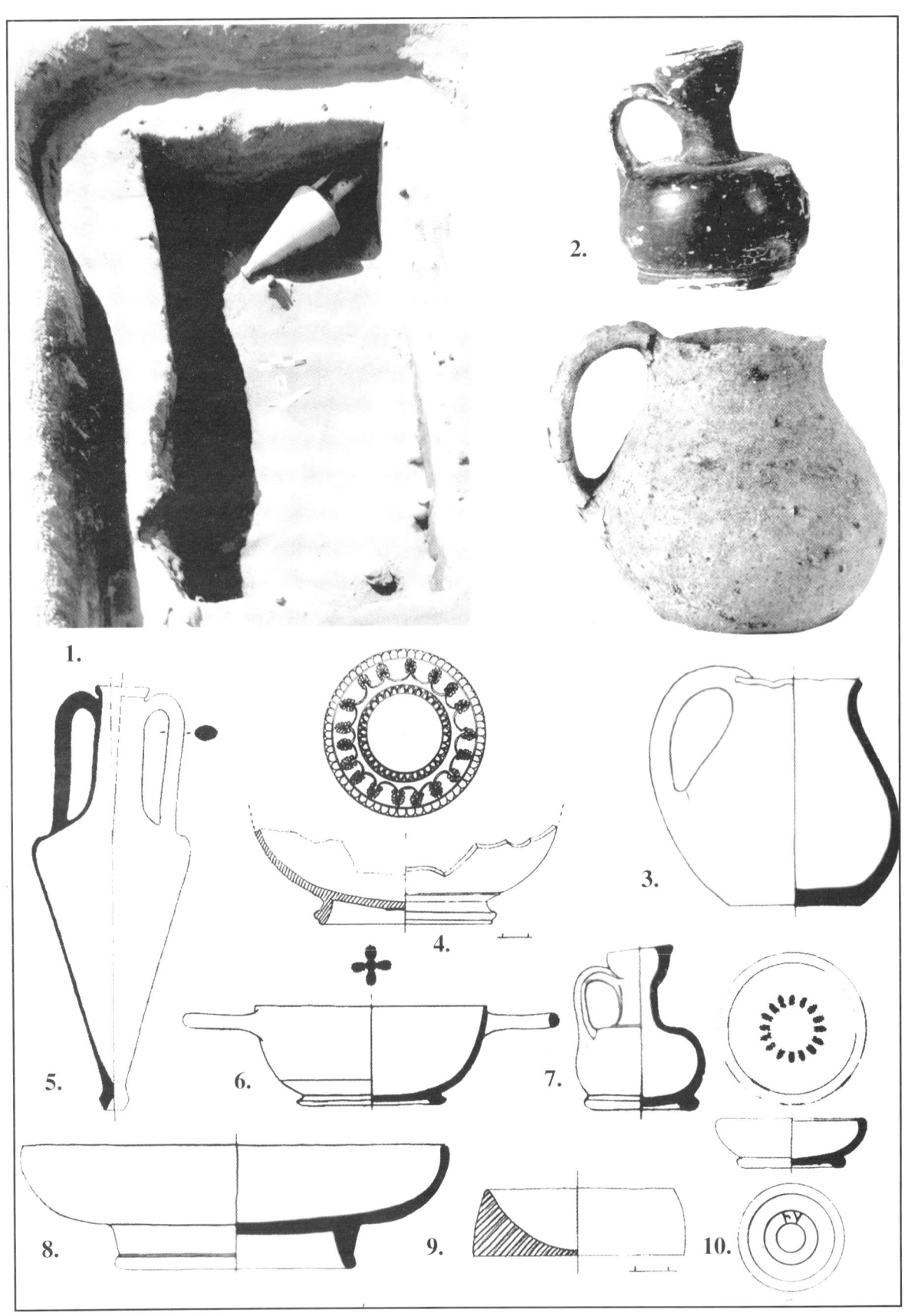

სურ. 44.

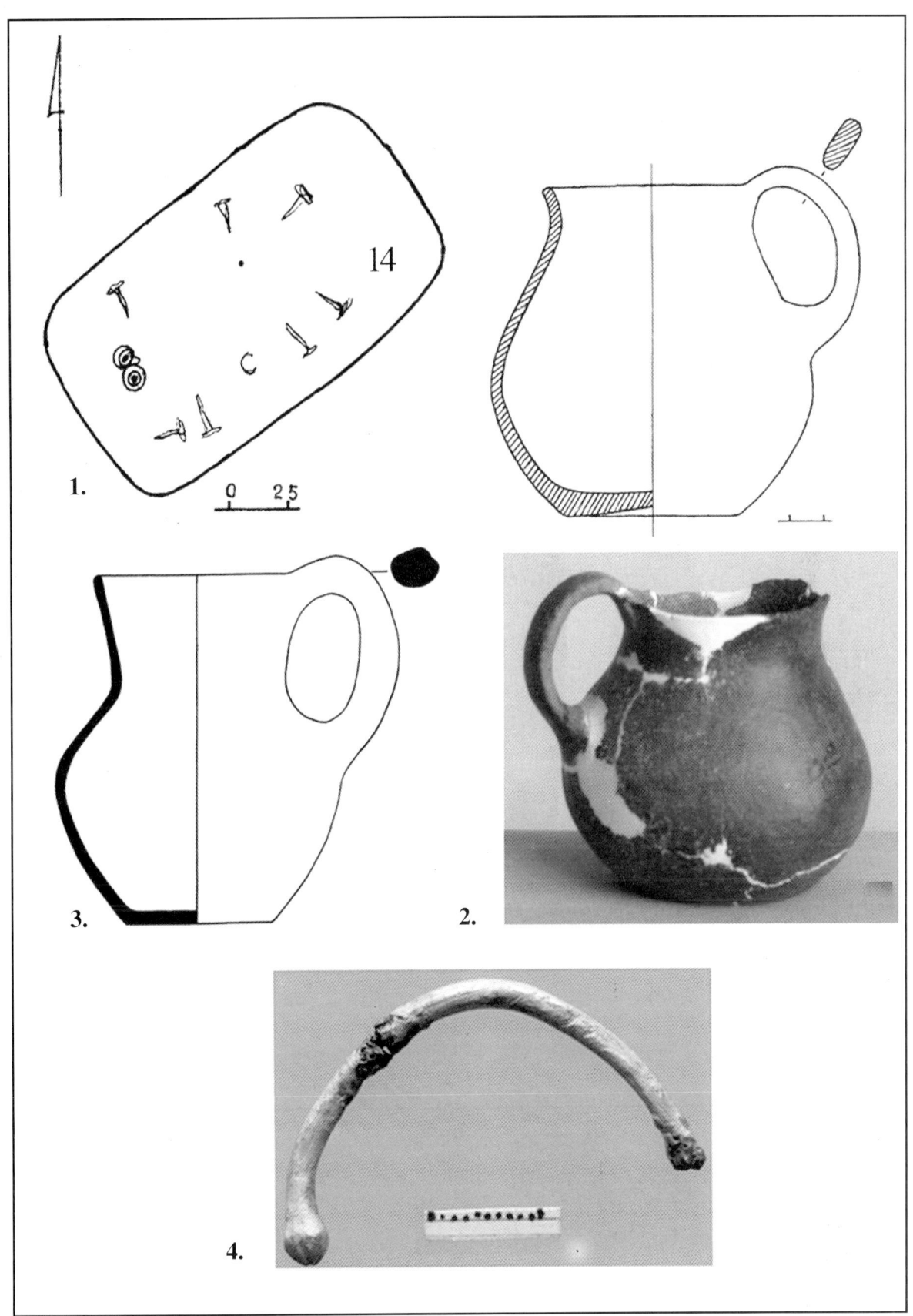

სურ. 45.

სურ. 46.

346

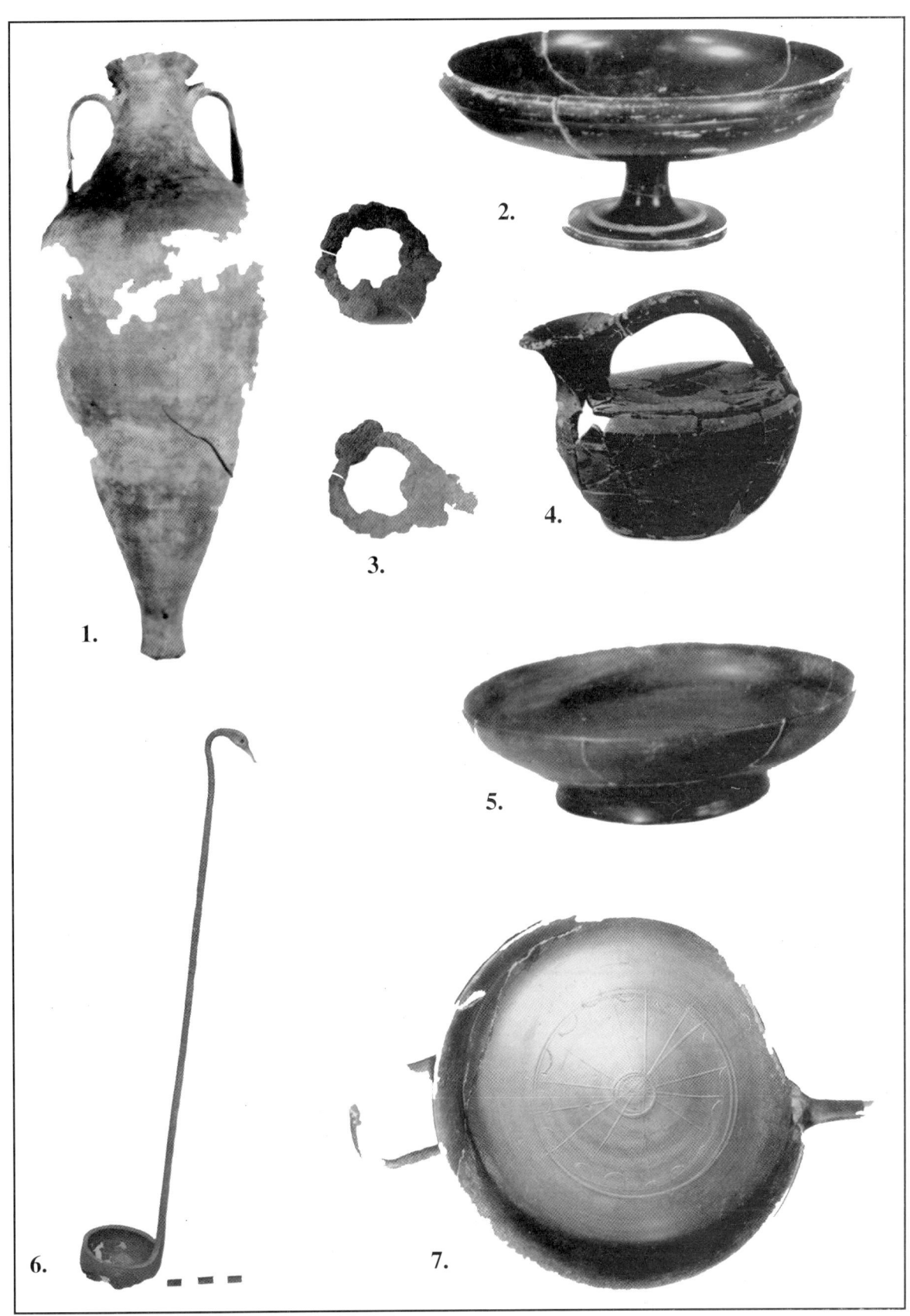

სურ. 47.

347

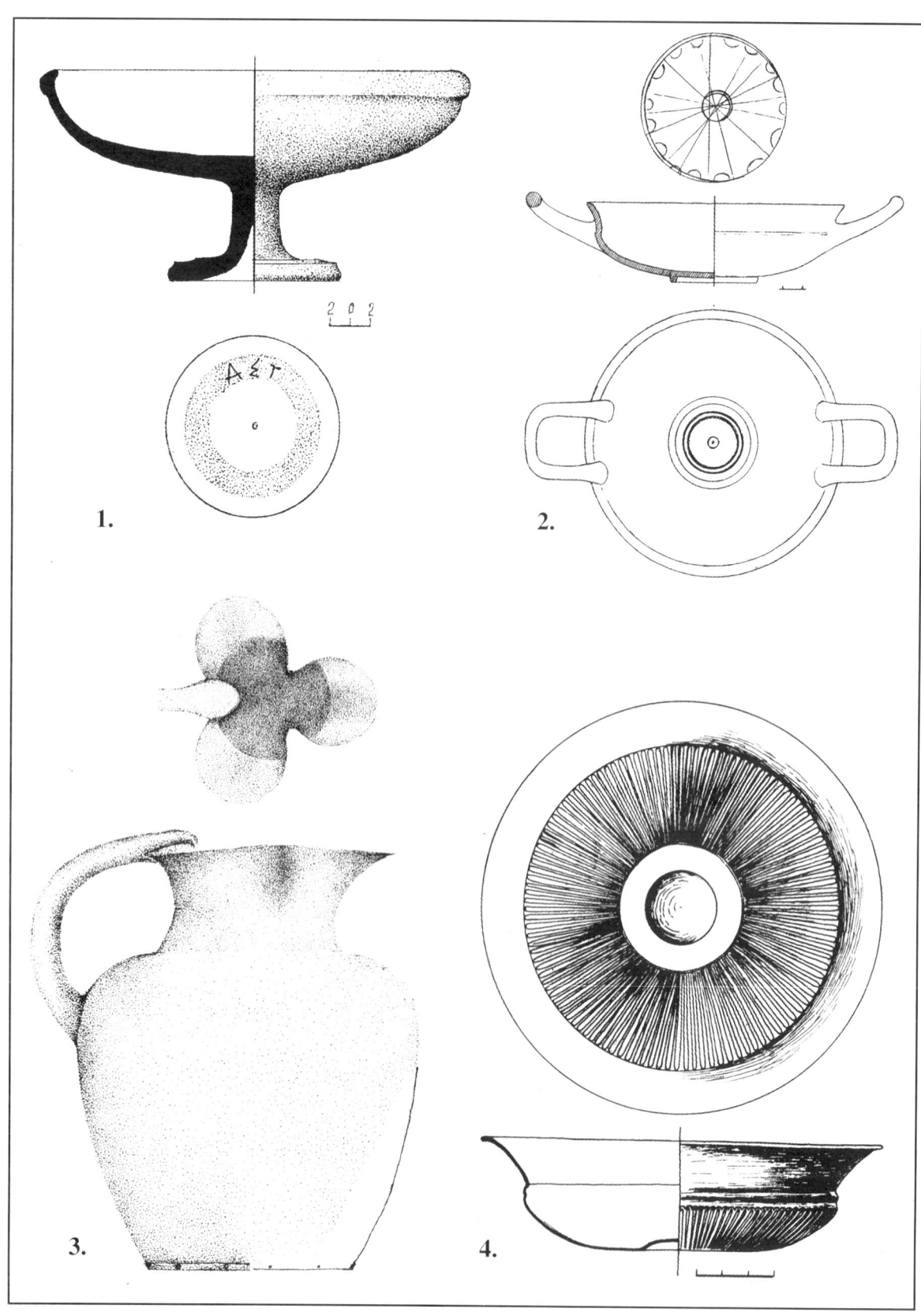

1.

2.

3.

4.

სურ. 48.

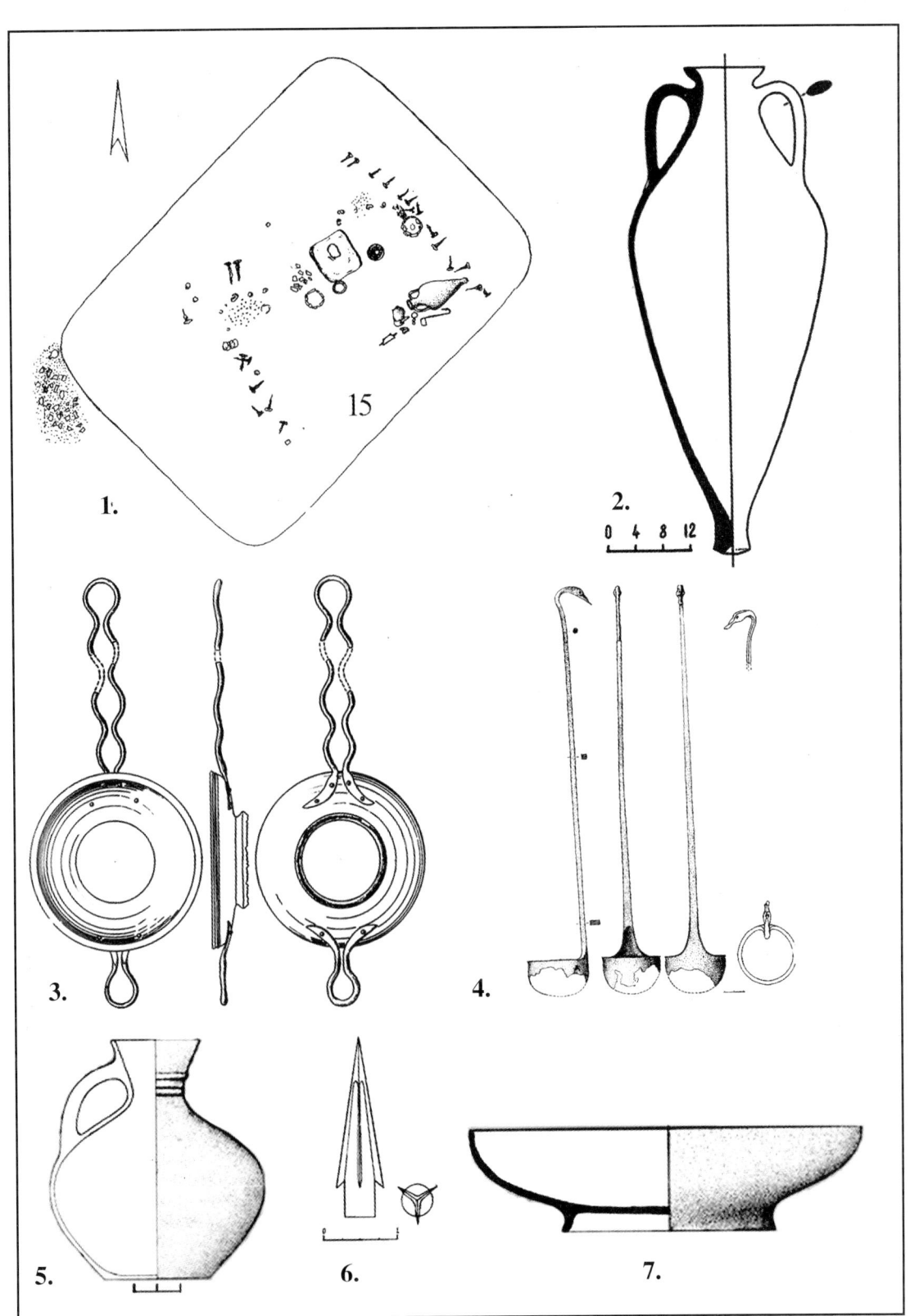

სურ. 49.

სურ. 50 იხილეთ ფერად ილუსტრაციებში, გვ. 401.
Fig. 50 See colour illustrations, page 401.

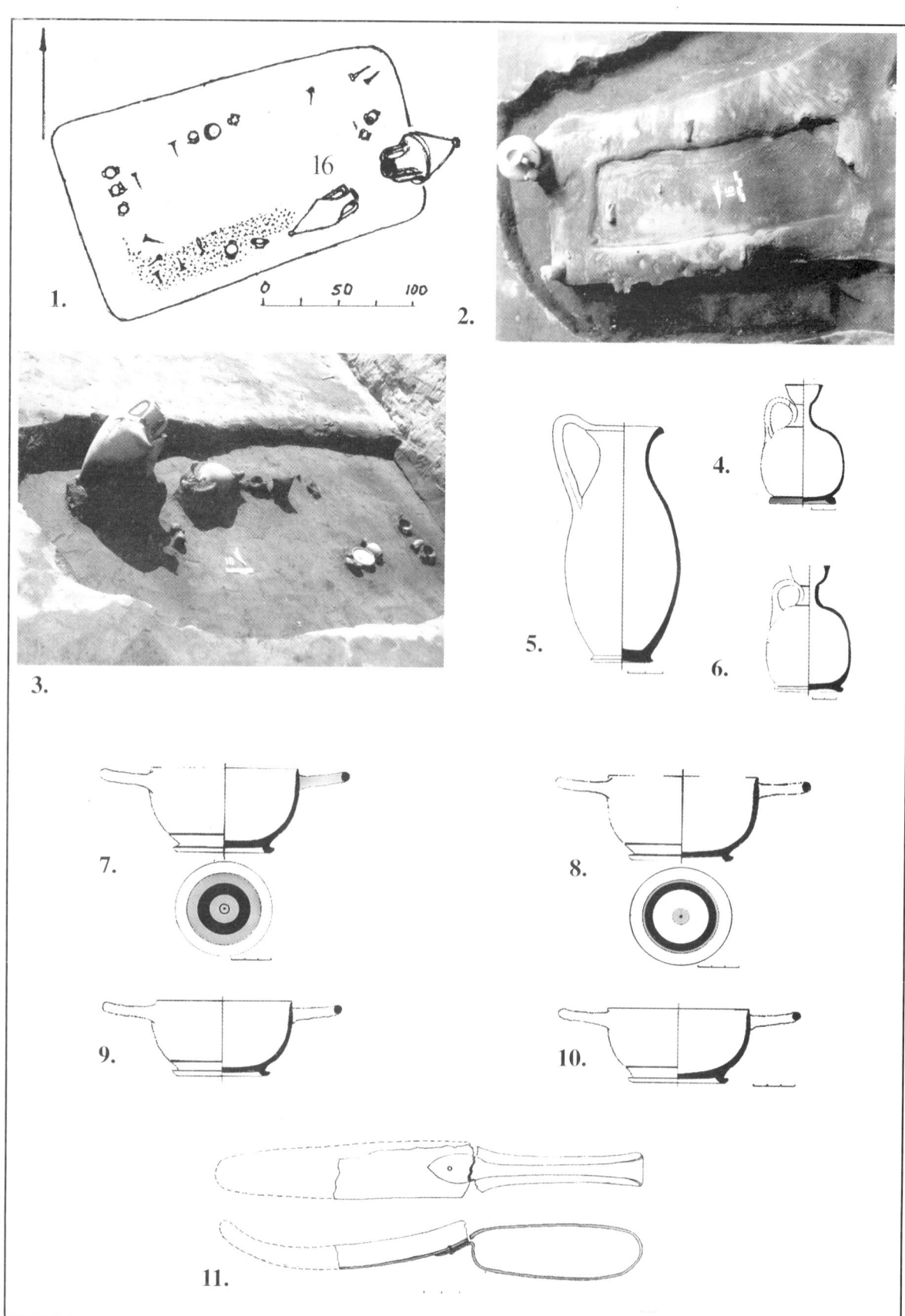

1.   2.   3.

4.   5.   6.   7.

8.   9.

10.   11.   12.

სურ. 52.

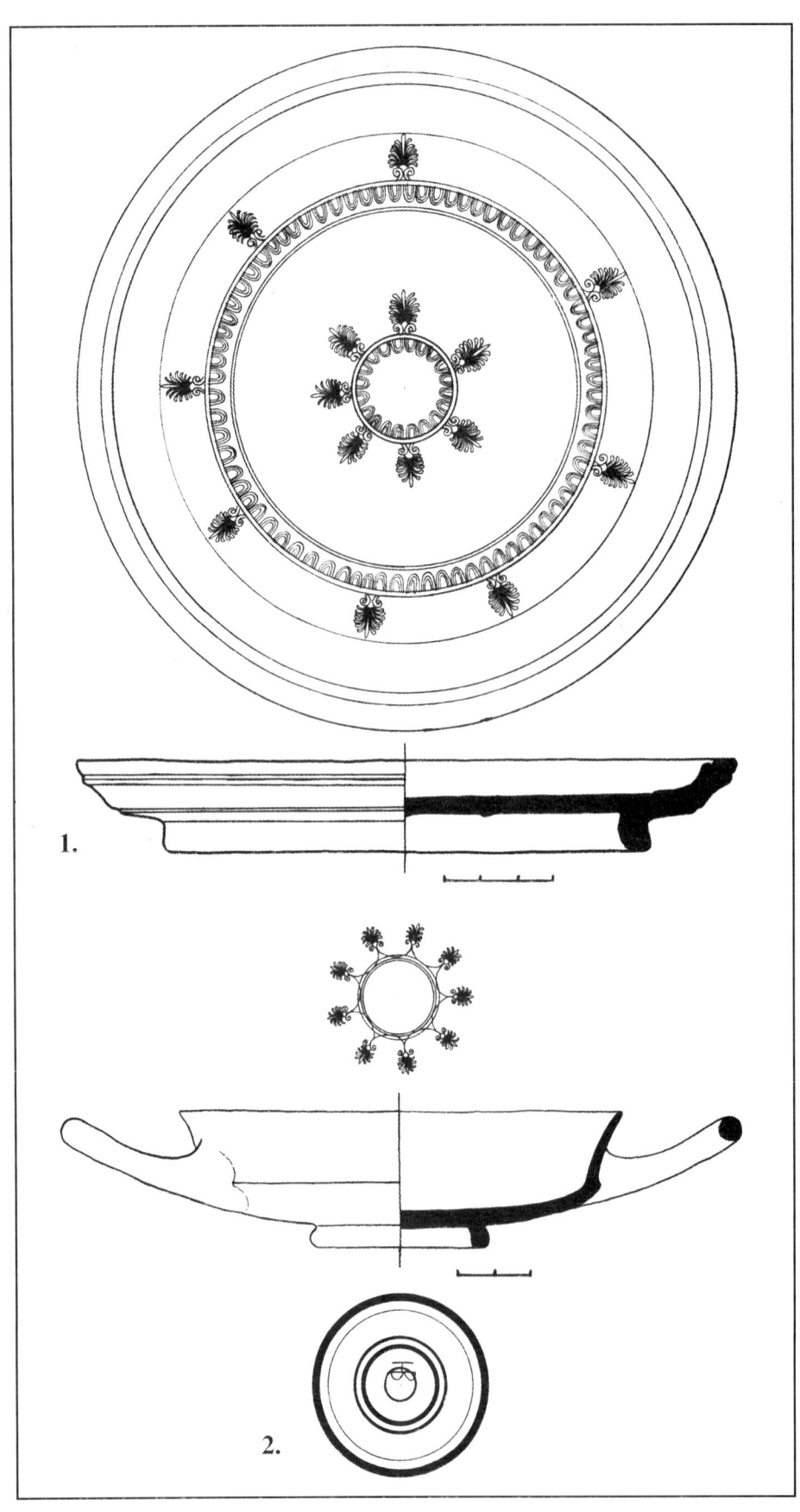

1.

2.

სურ. 53.

352

1.

2. 3. 4. 5.

6. 7. 8.

სურ. 54.

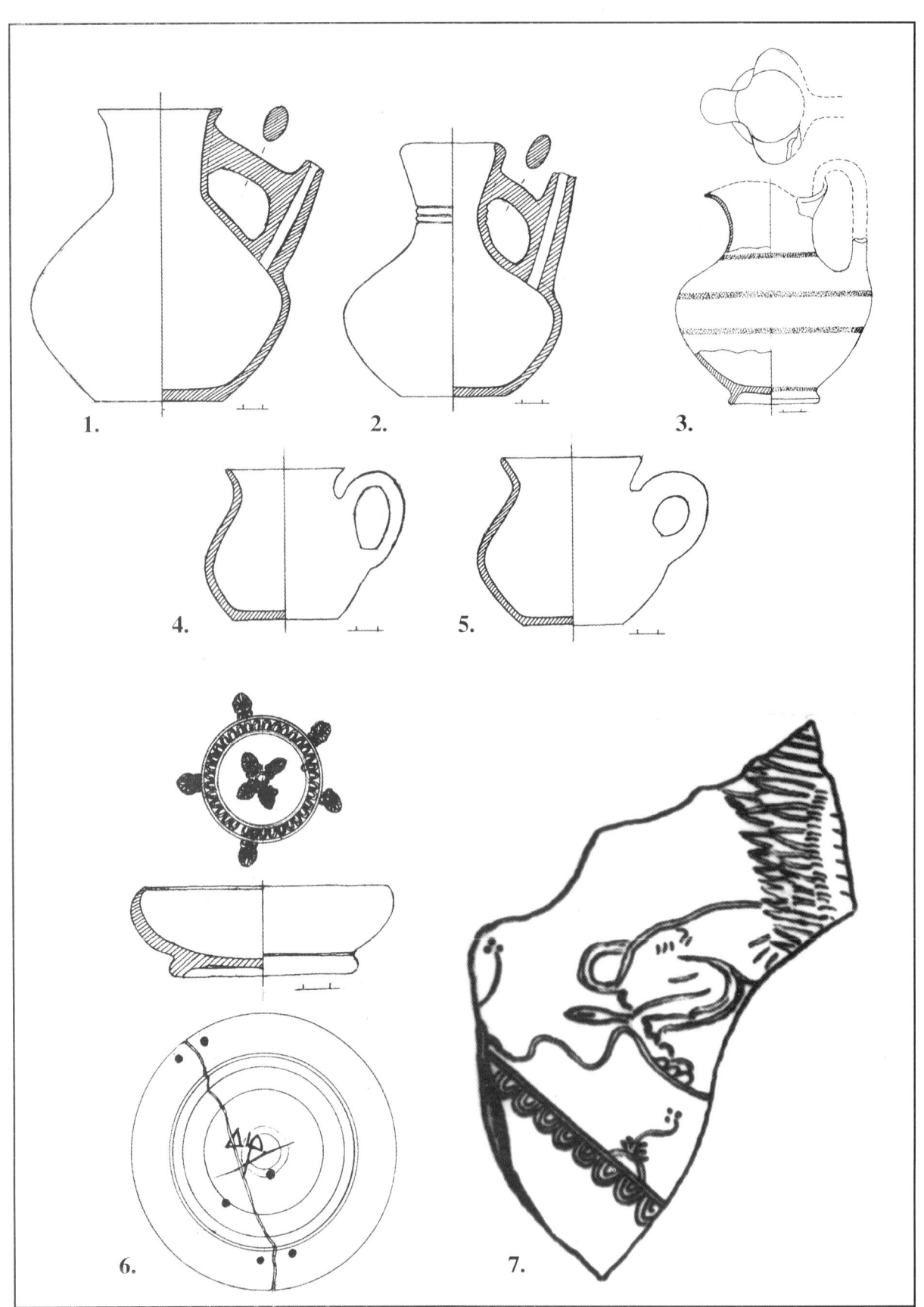

1. 2. 3.

4. 5.

6. 7.

სურ. 55.

354

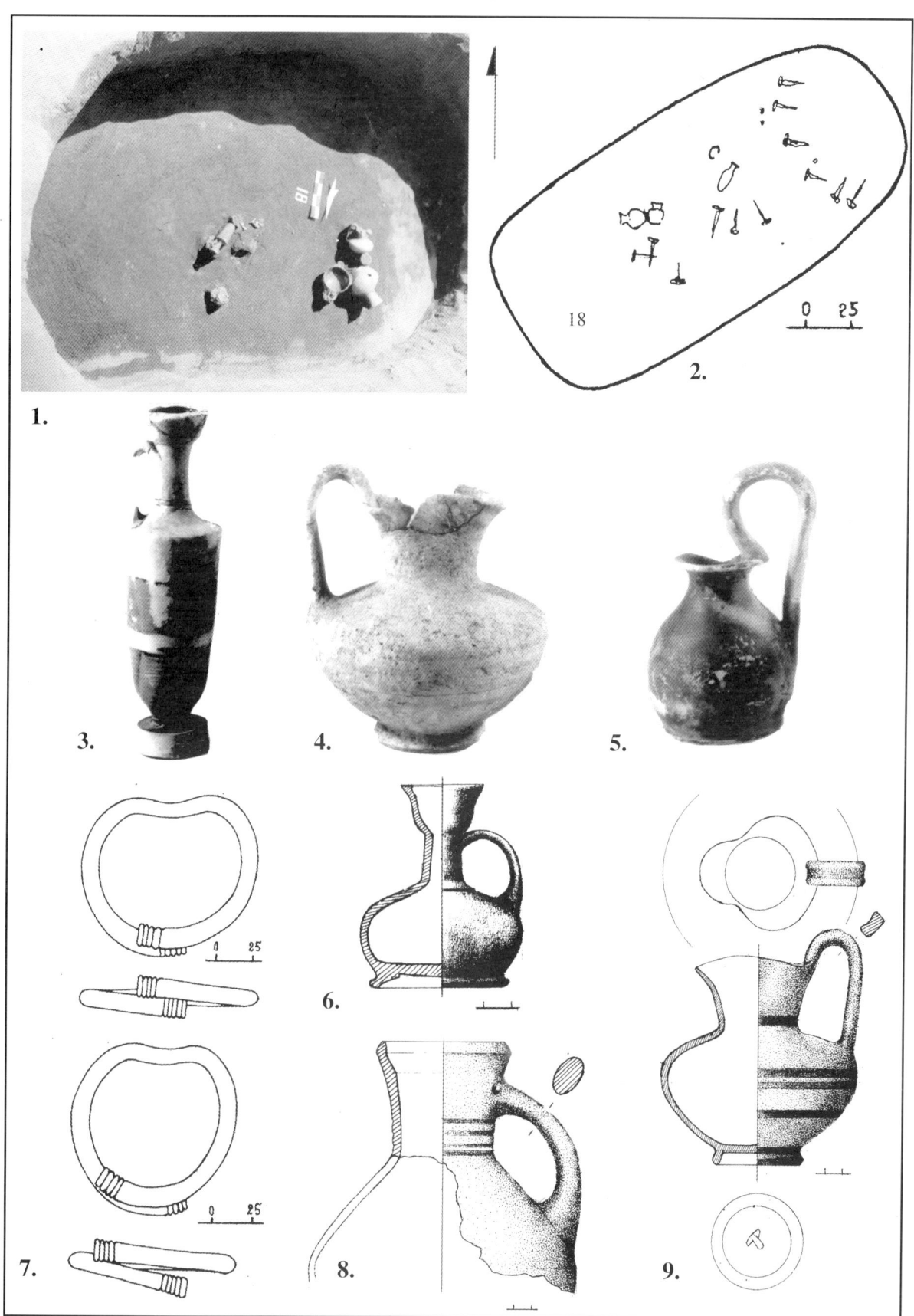

სურ. 56.

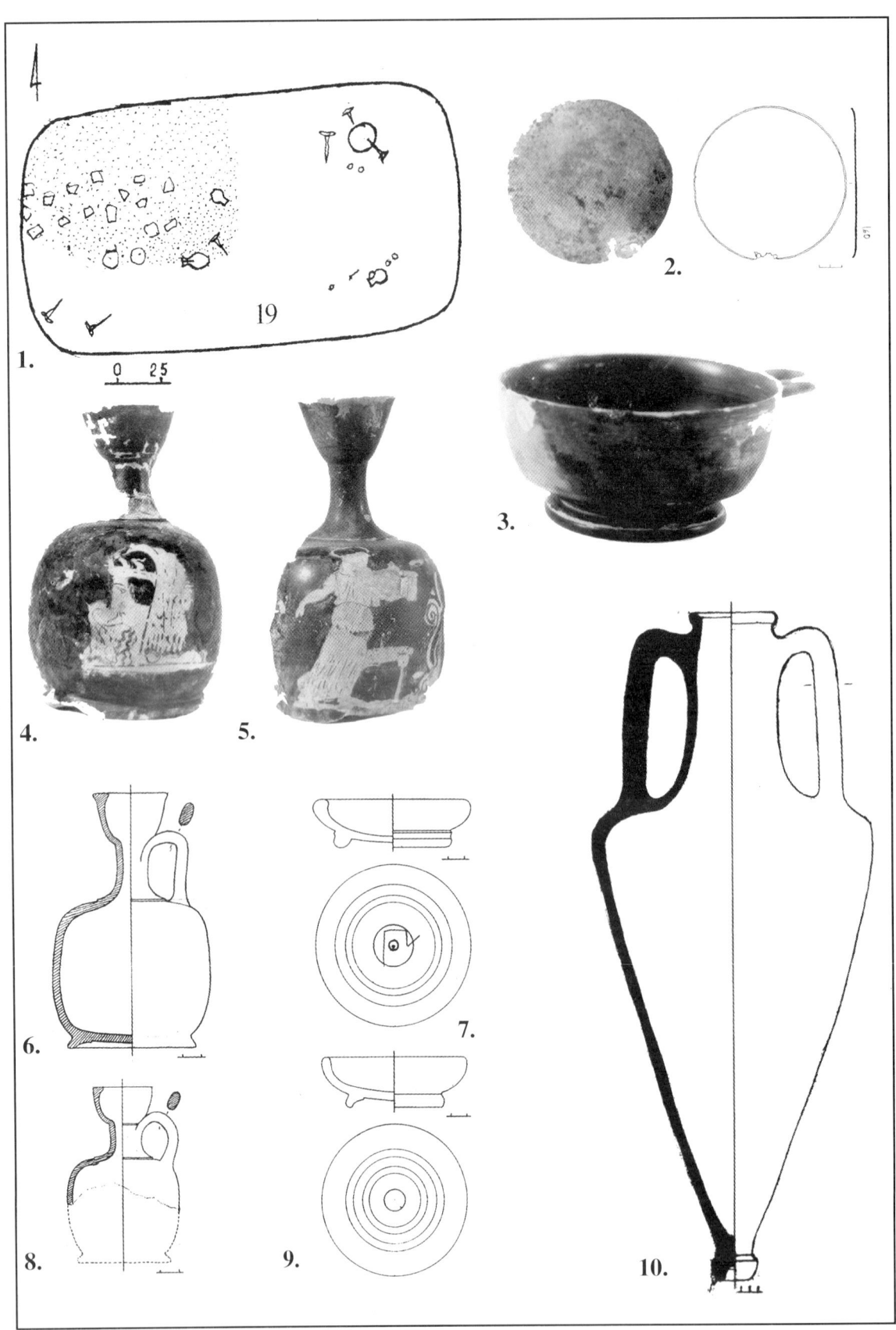

19

1.

2.

3.

4.   5.

6.   7.

8.   9.   10.

სურ. 57.

356

სურ. 58.

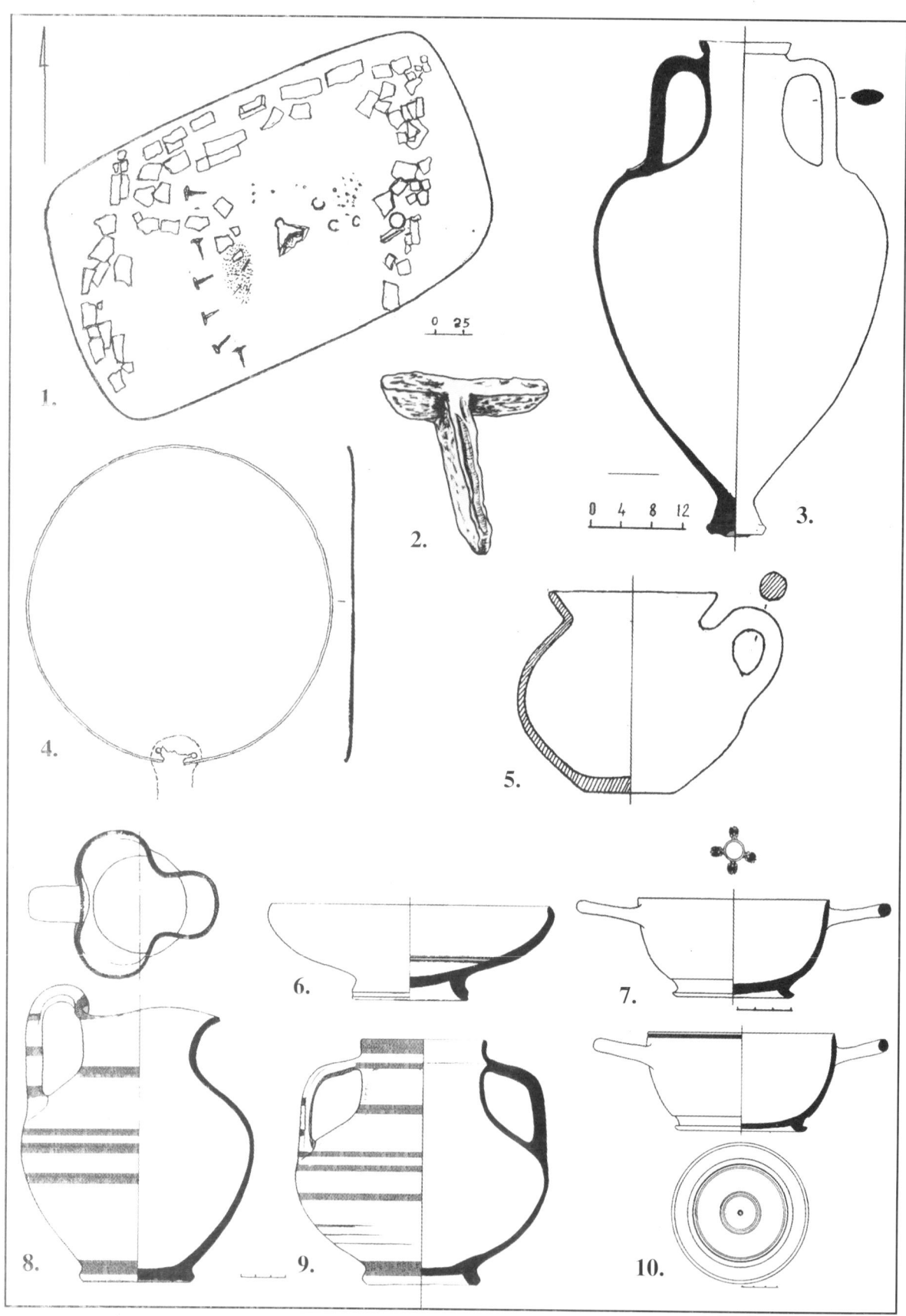

 სურ. 59.

358

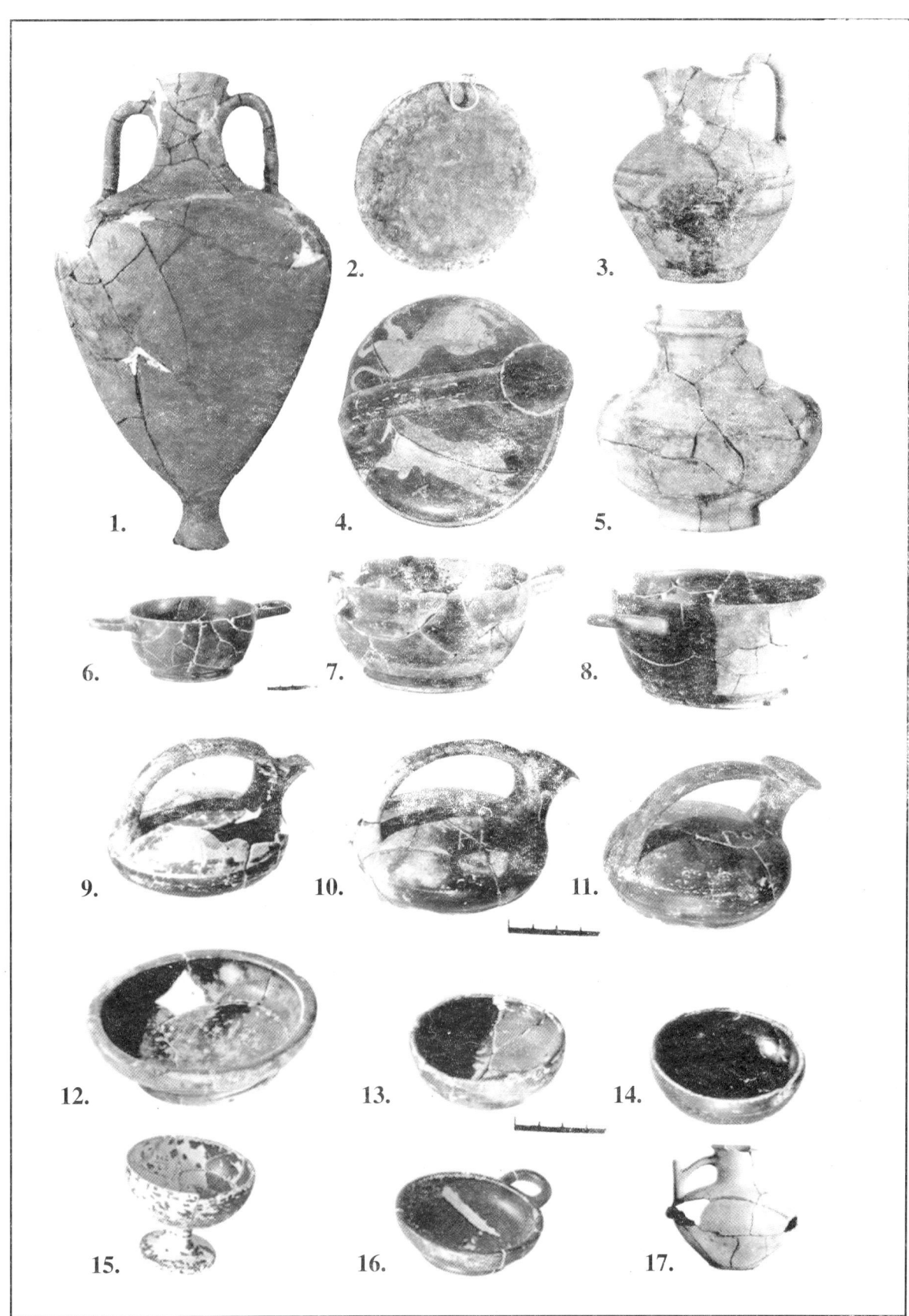

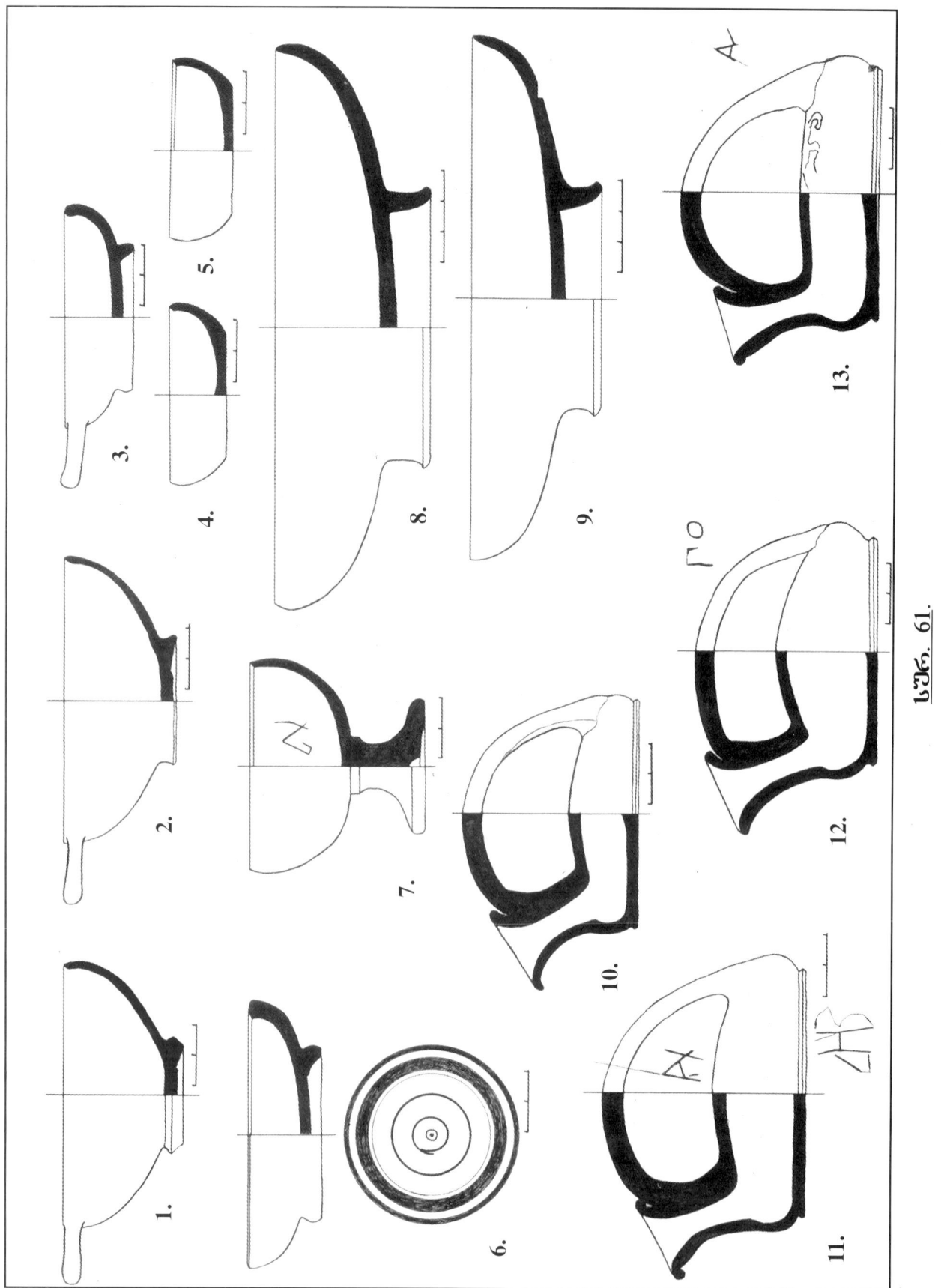

ტაბ. 61.

360

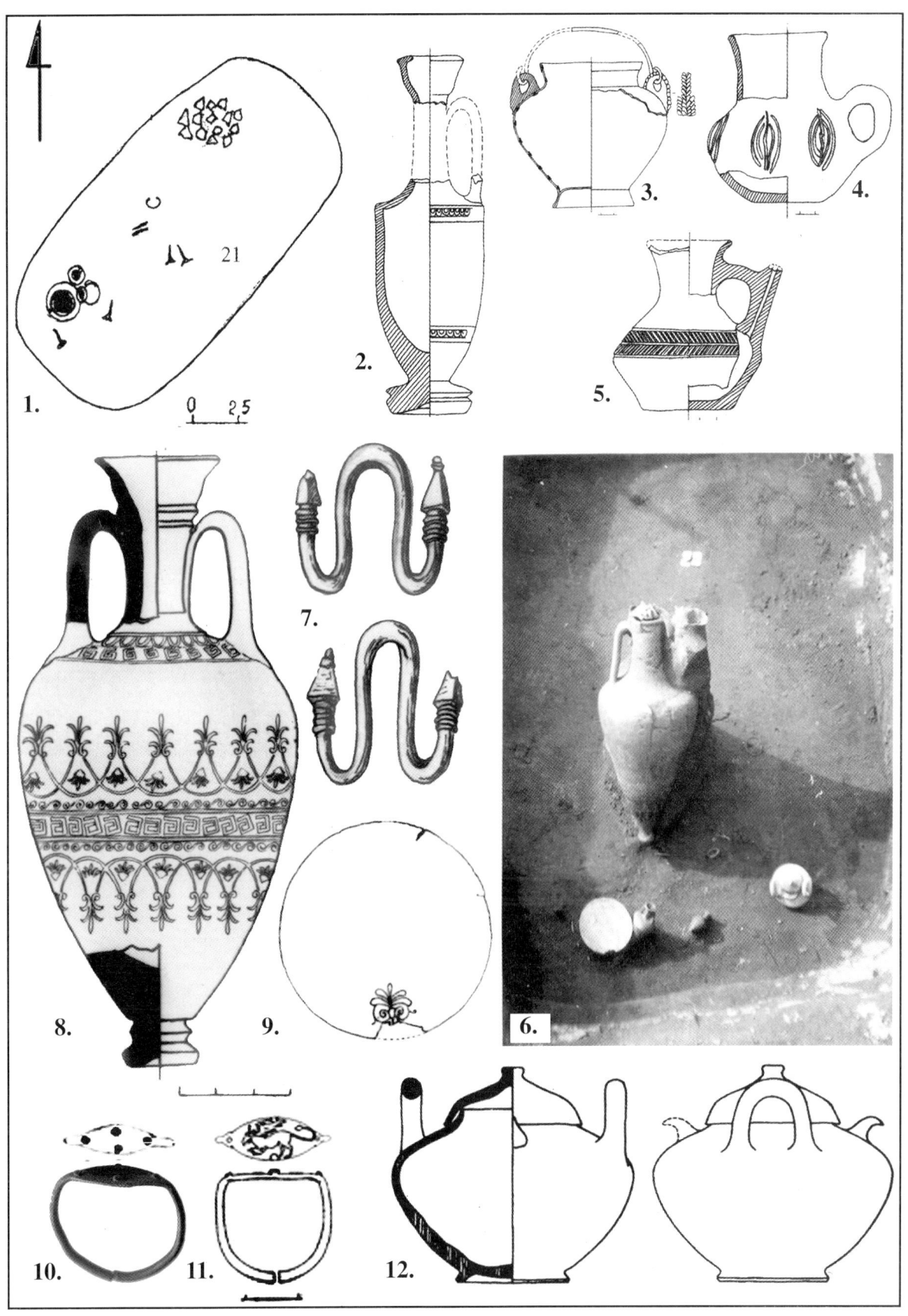

სურ. 63.

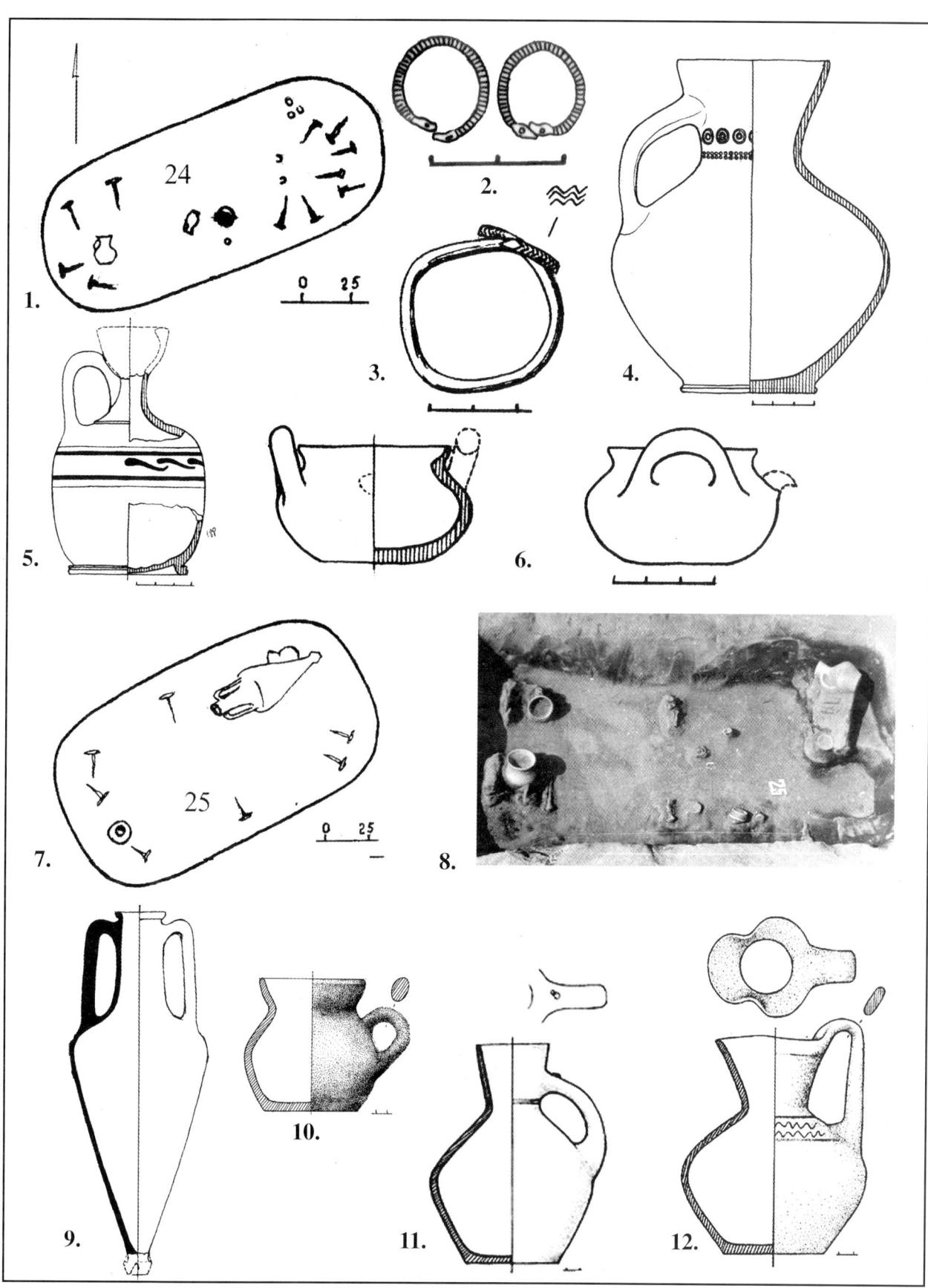

სურ. 64.

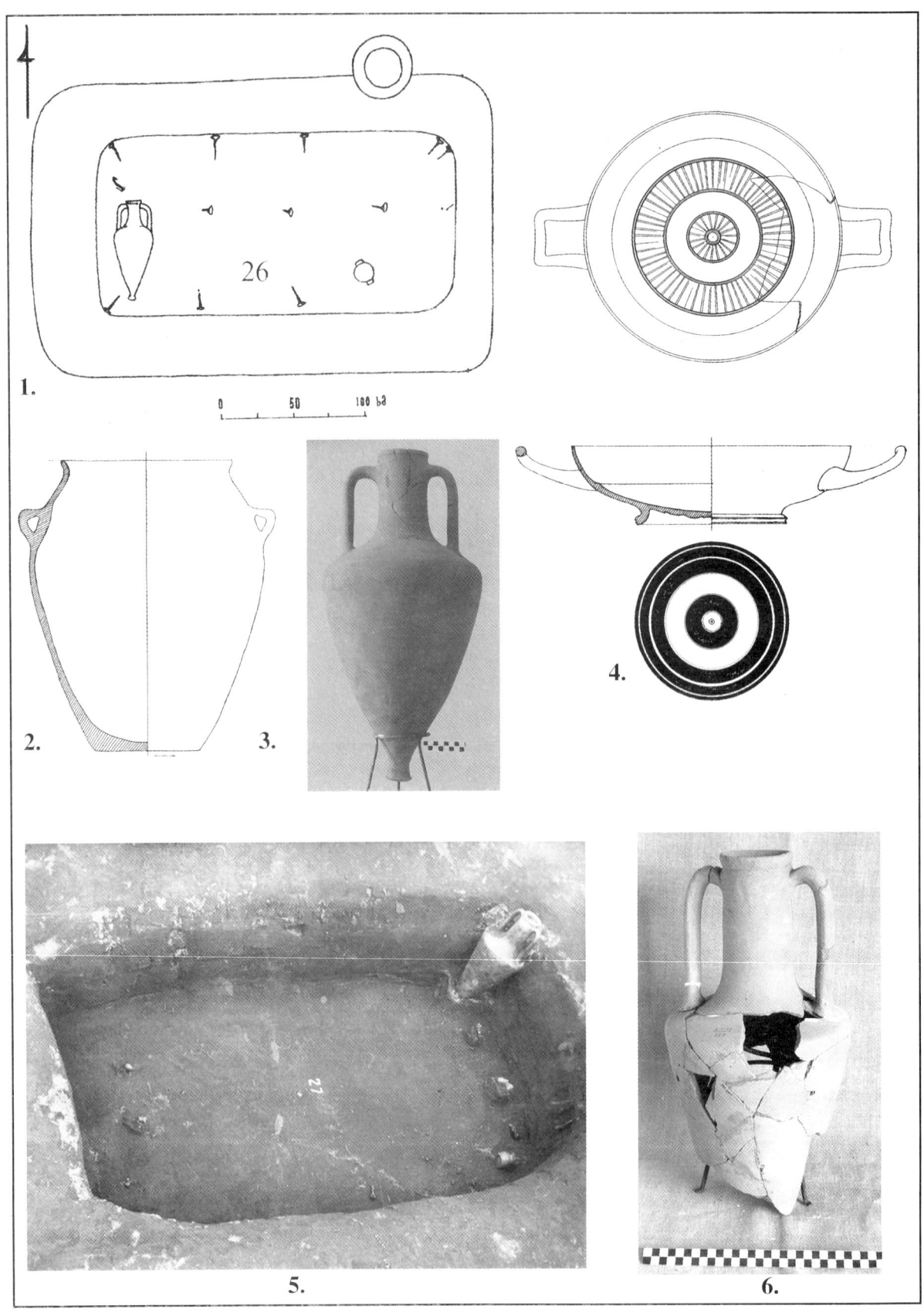

1.

2.

3.

4.

5.

6.

სურ. 65.

364

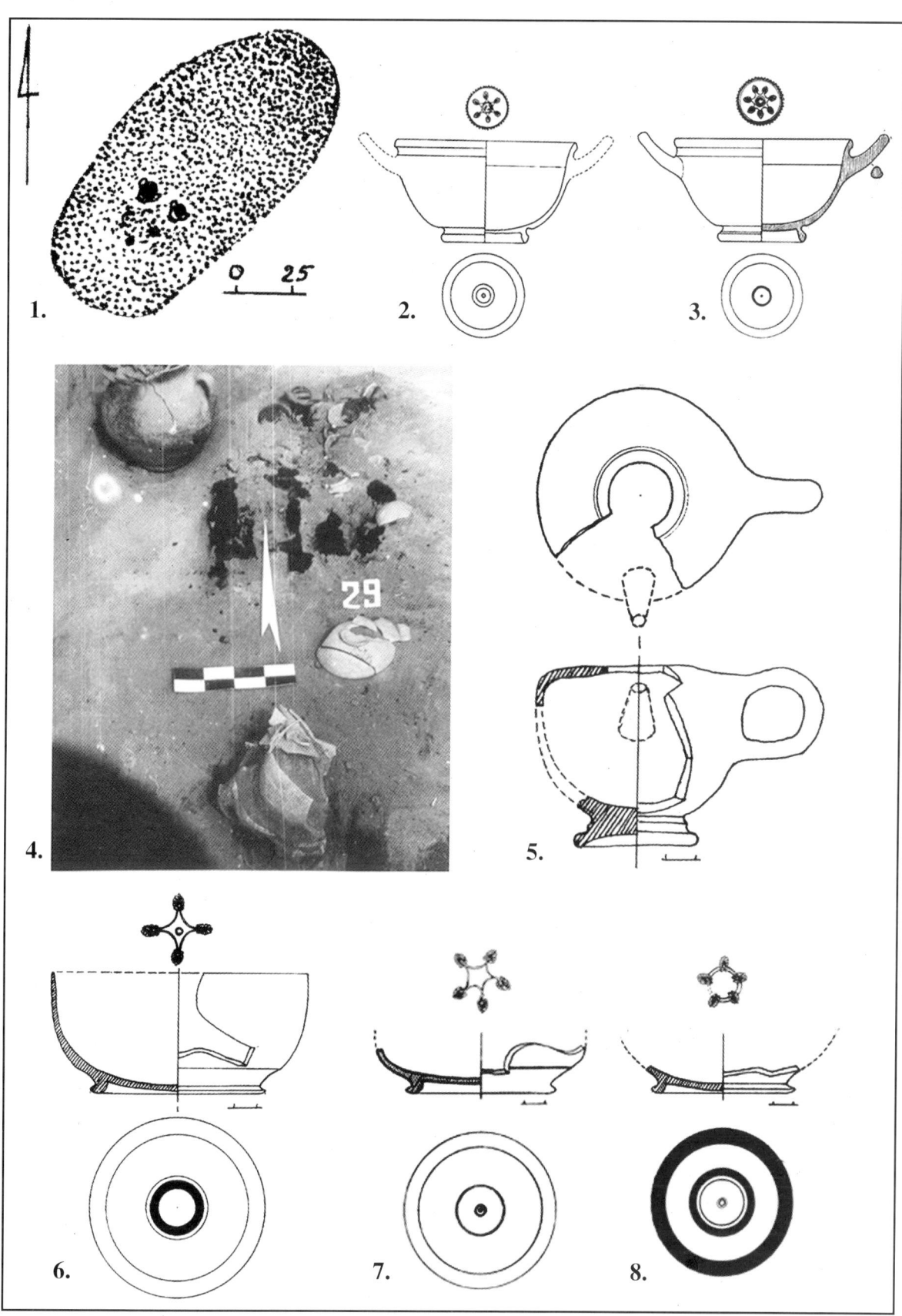

სურ. 66.

365

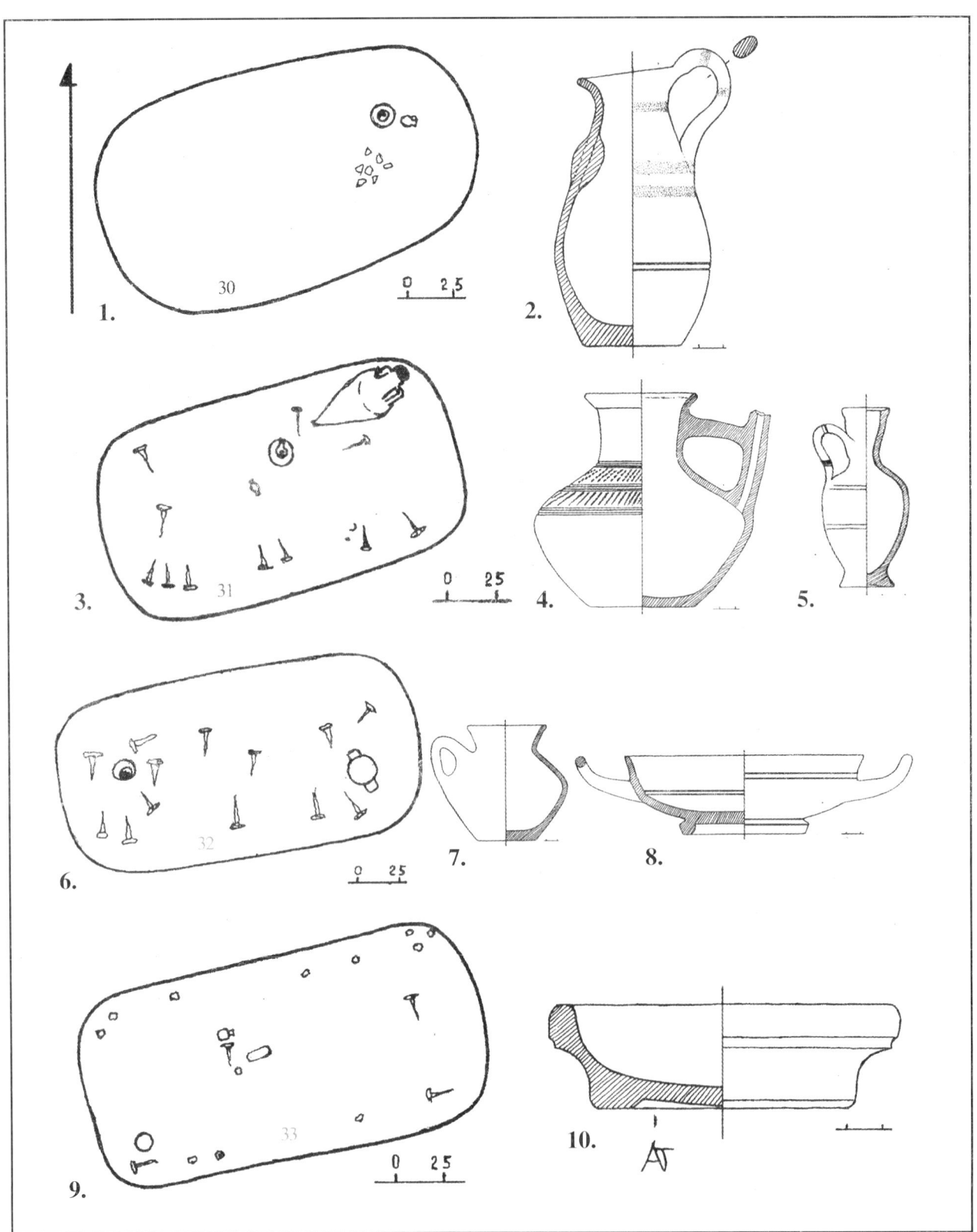

სურ. 67.

366

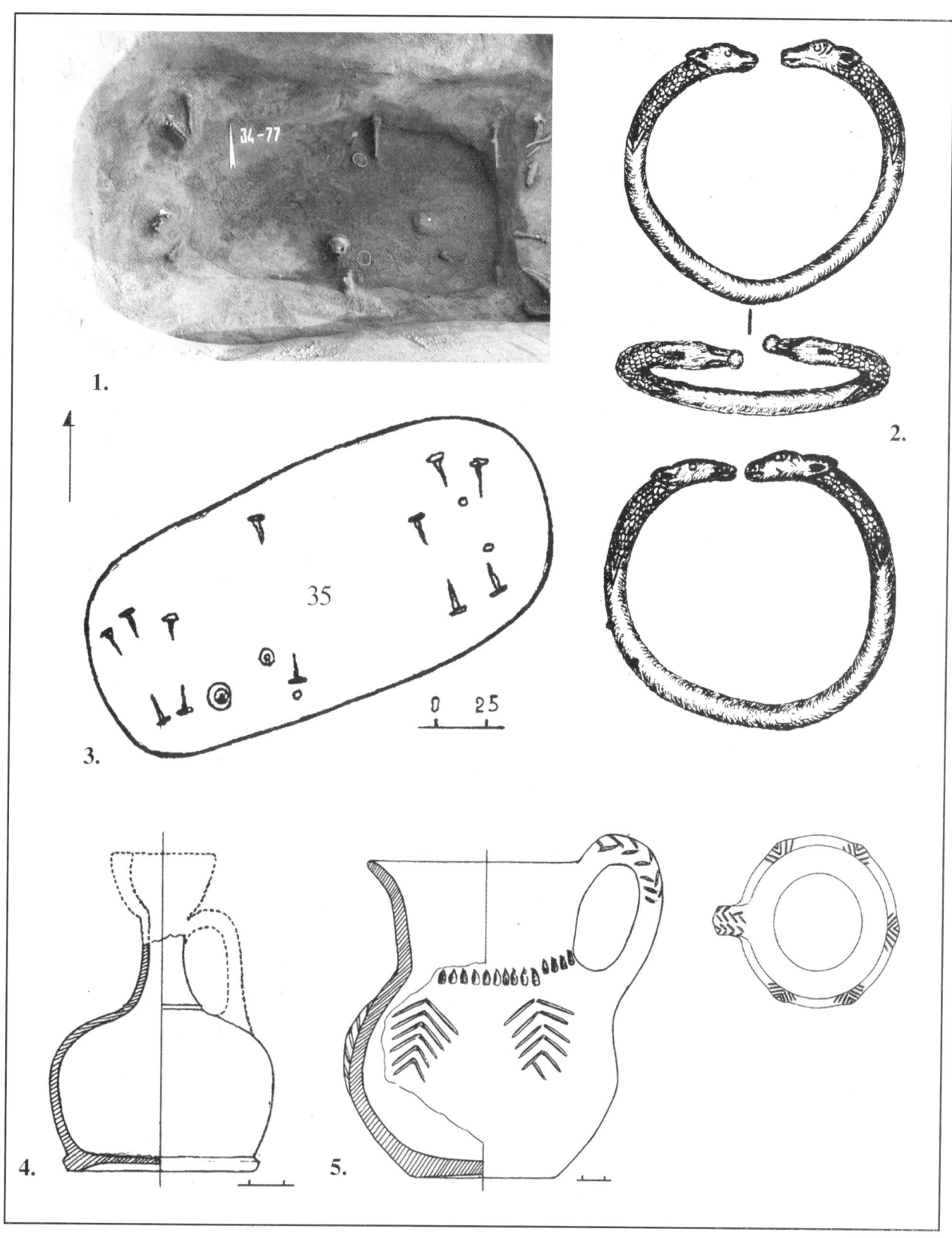

სურ. 68.

სურ. 69 იხილეთ ფერად ილუსტრაციებში, გვ. 402.
Fig. 69 See colour illustrations, page 402.

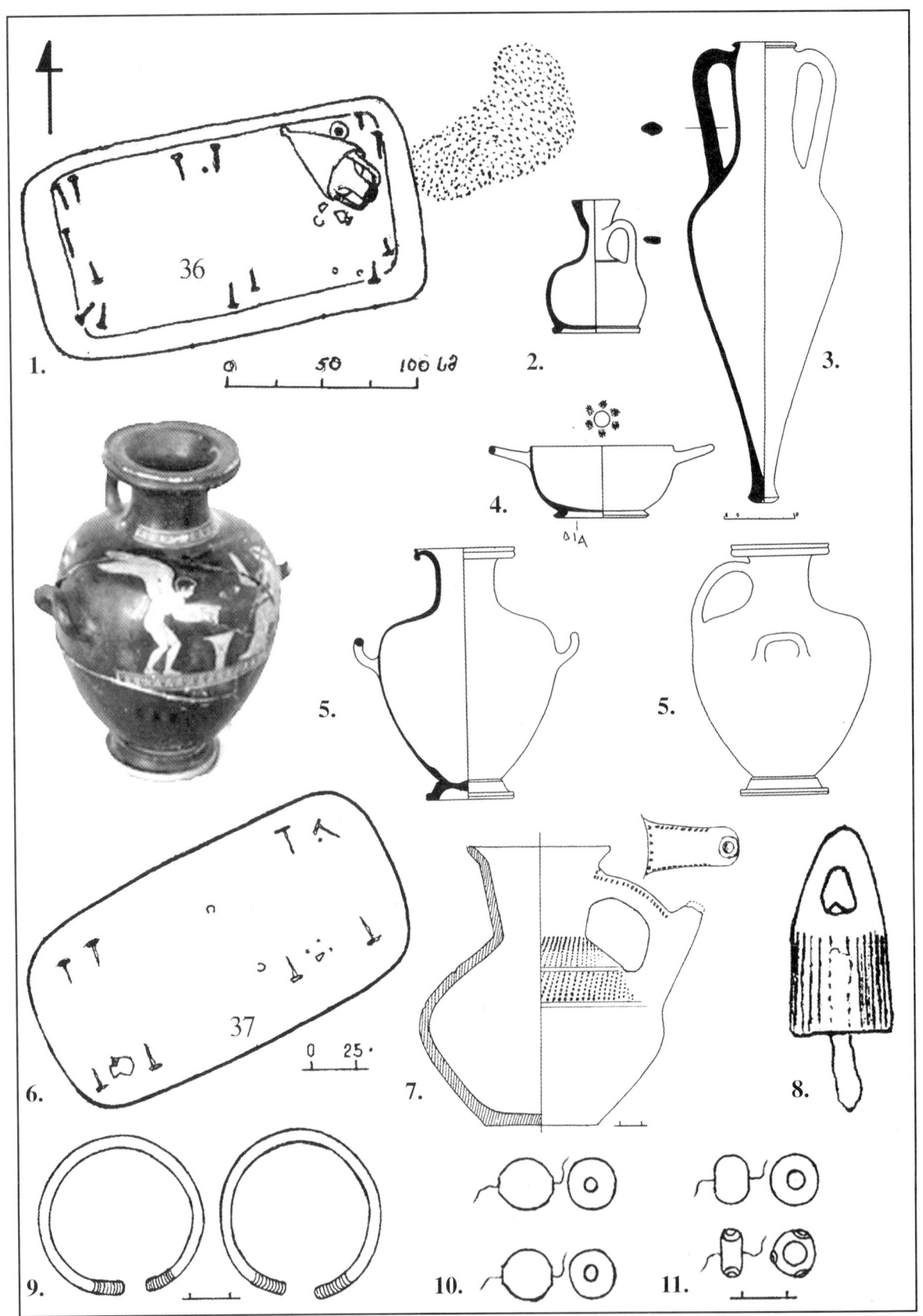

სურ. 70.

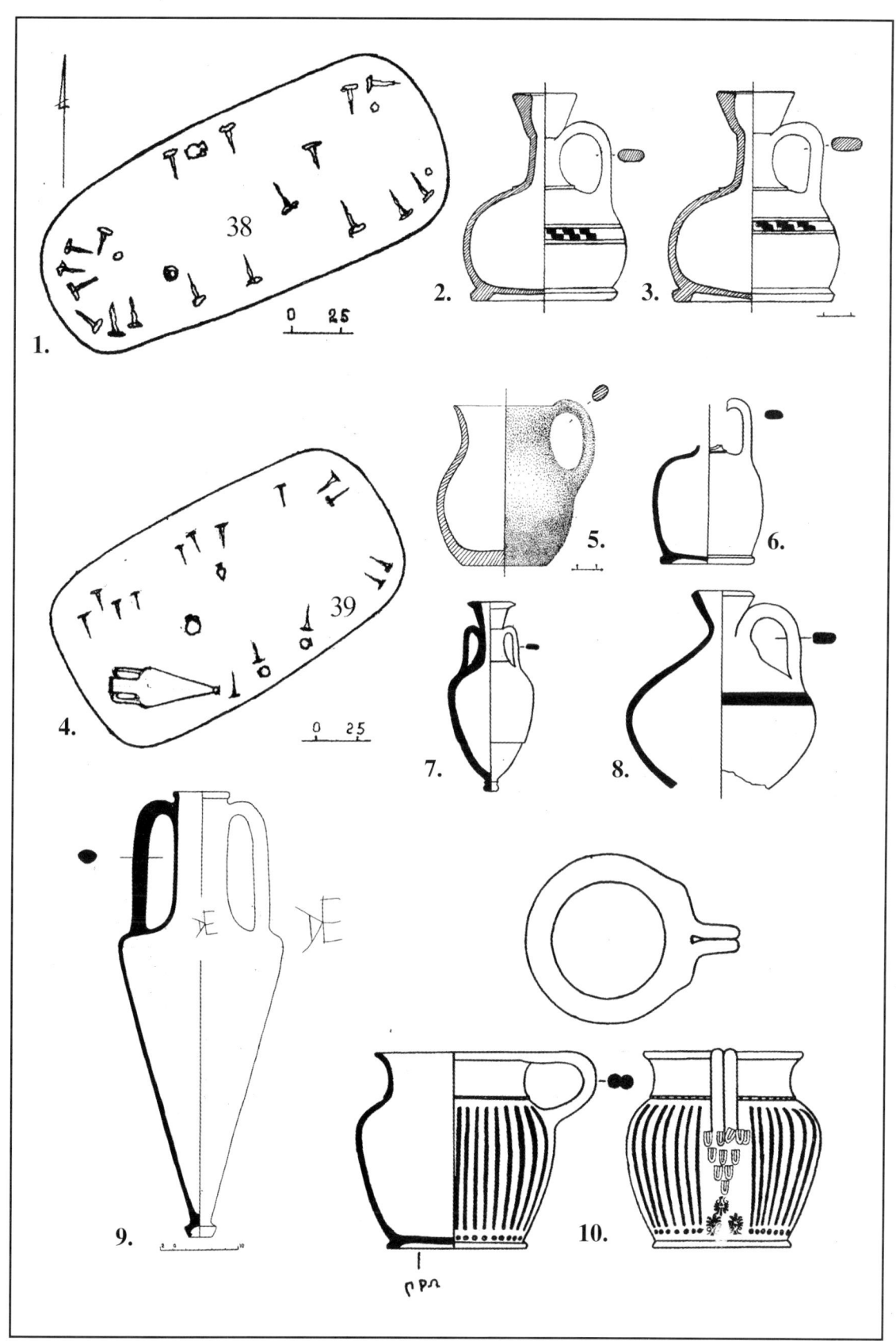

სურ. 71.

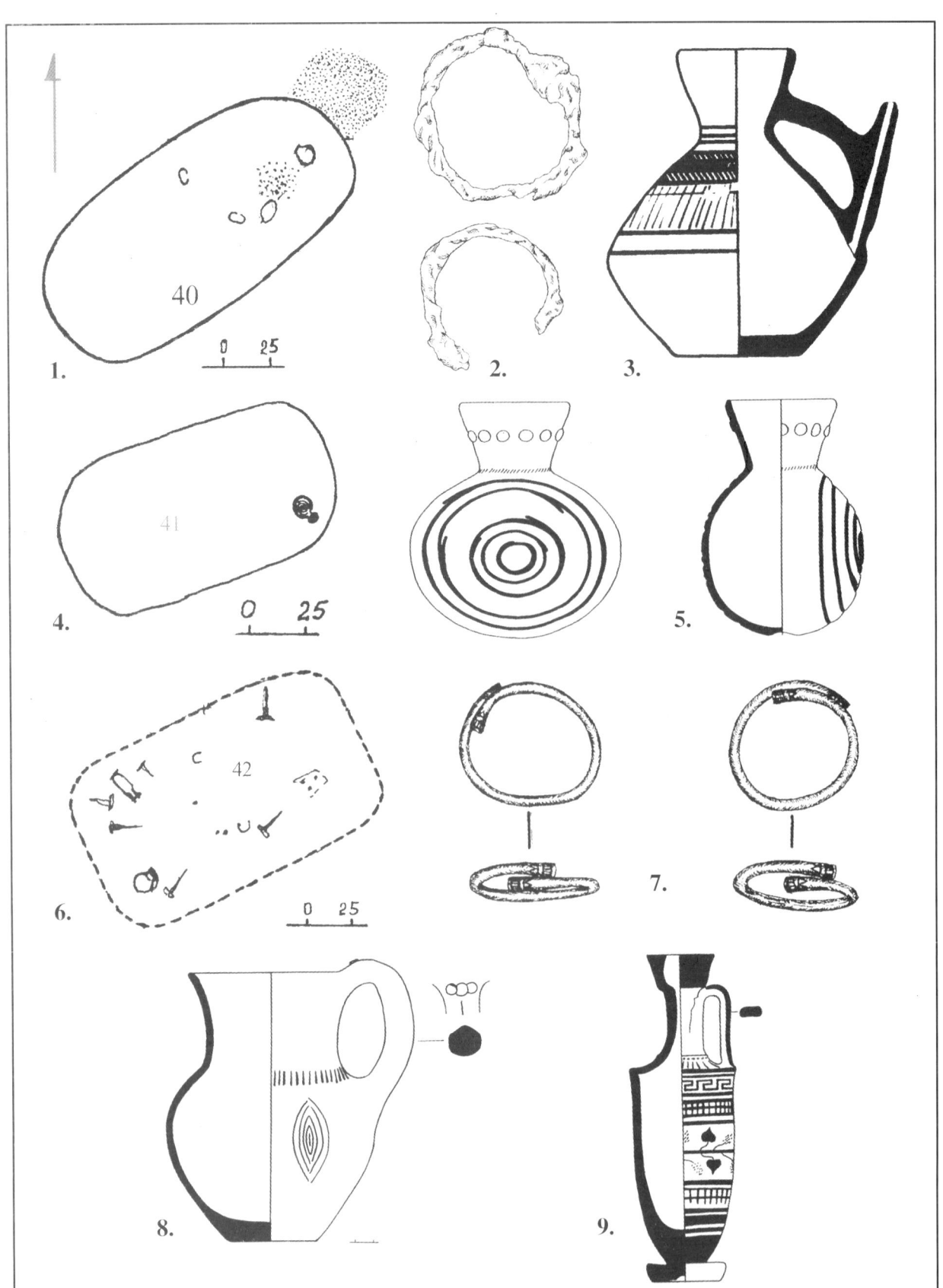

სურ. 72.

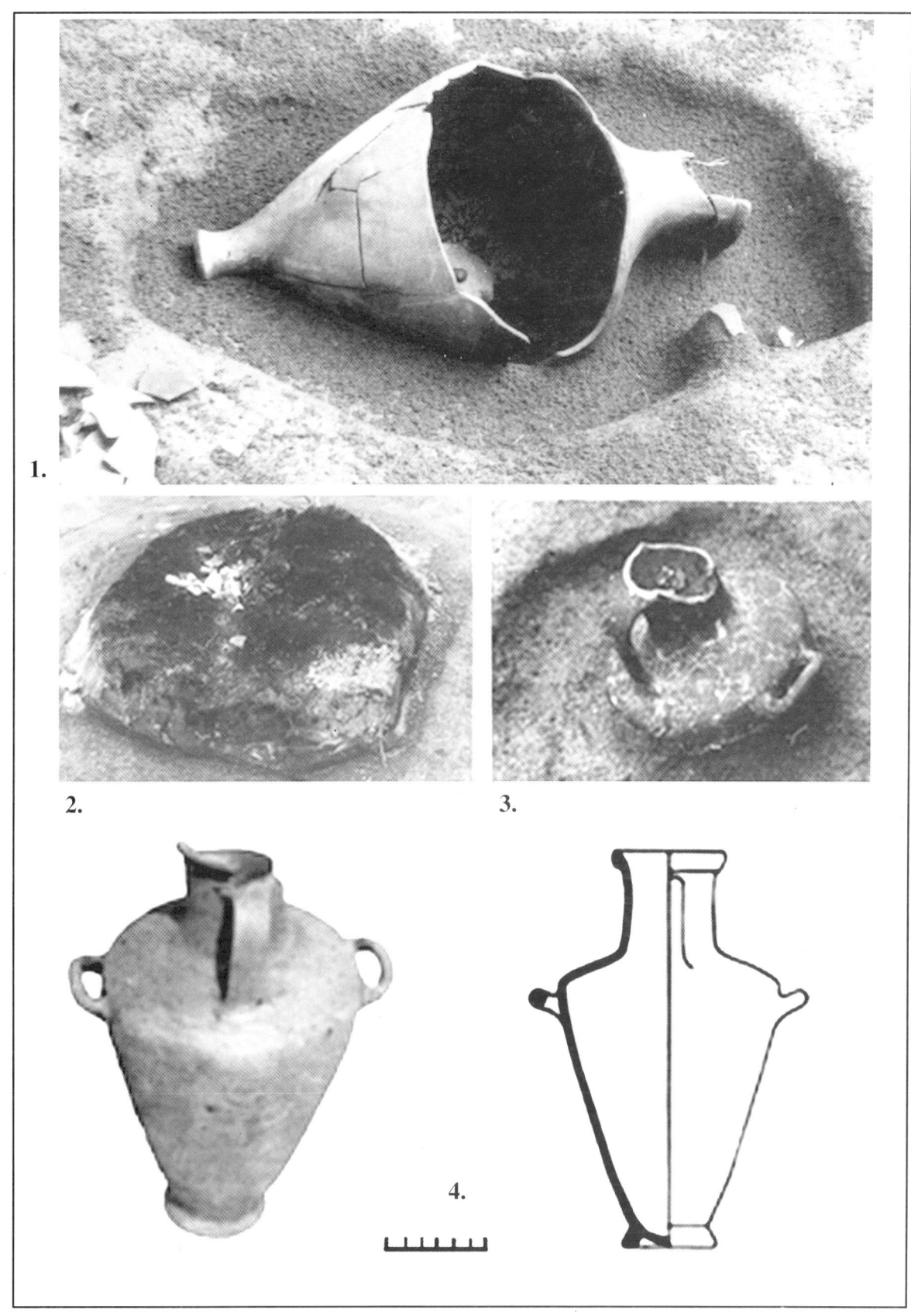

1.

2.

3.

4.

სურ. 73.

371

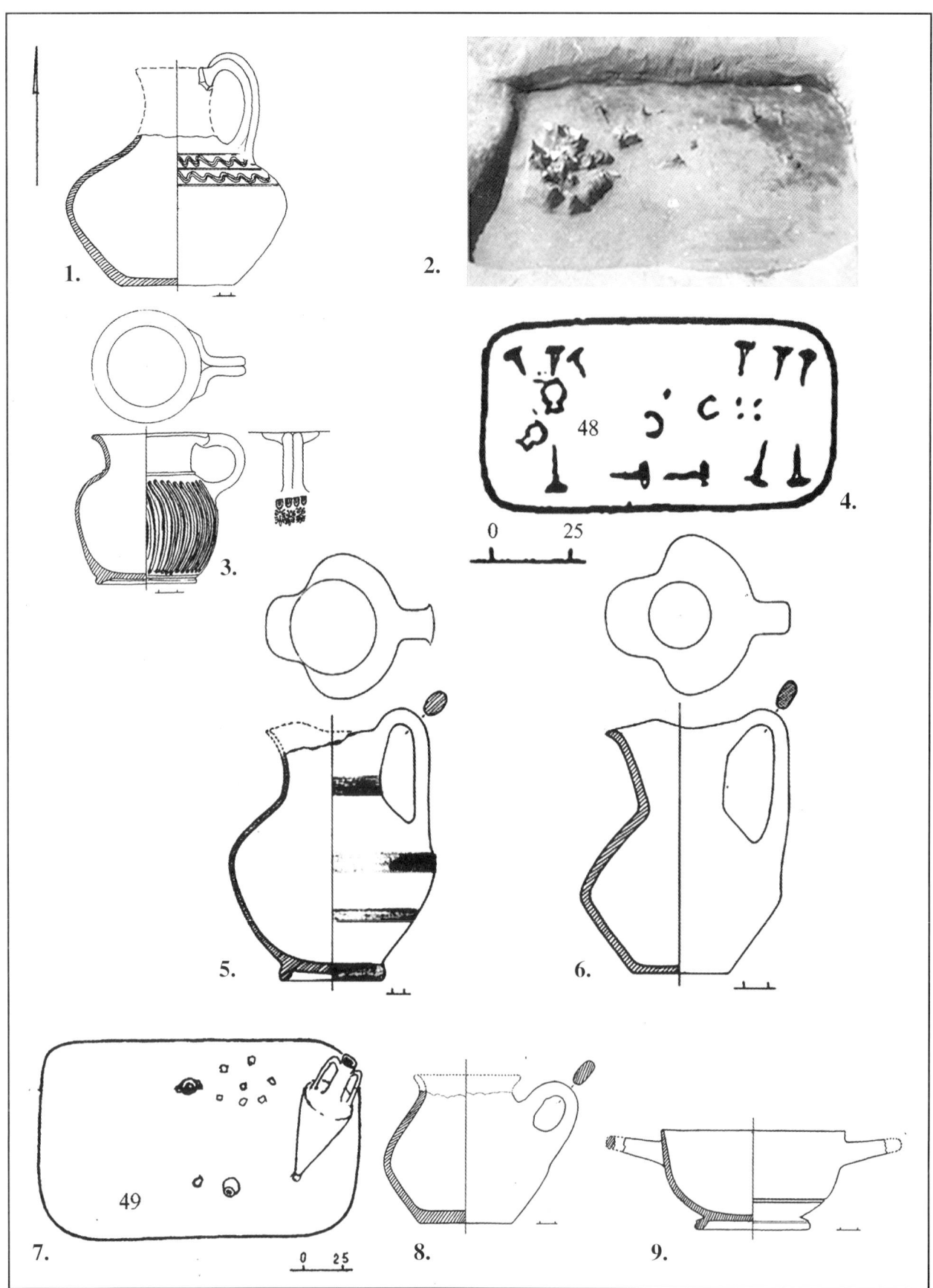

სურ. 74.

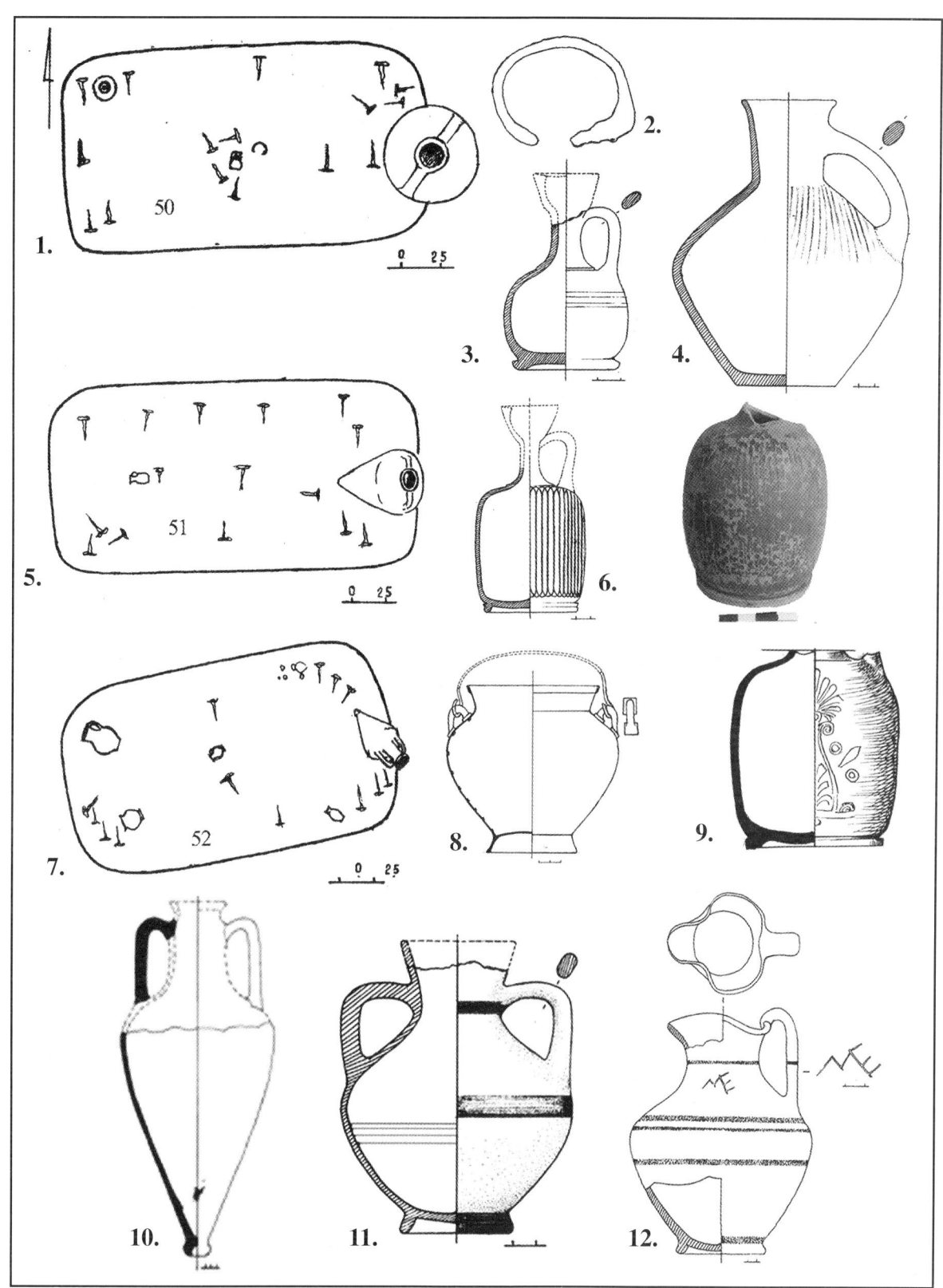

სურ. 75.

სურ. 76 იხილეთ ფერად ილუსტრაციებში, გვ. 403.
Fig. 76 See colour illustrations, page 403.

373

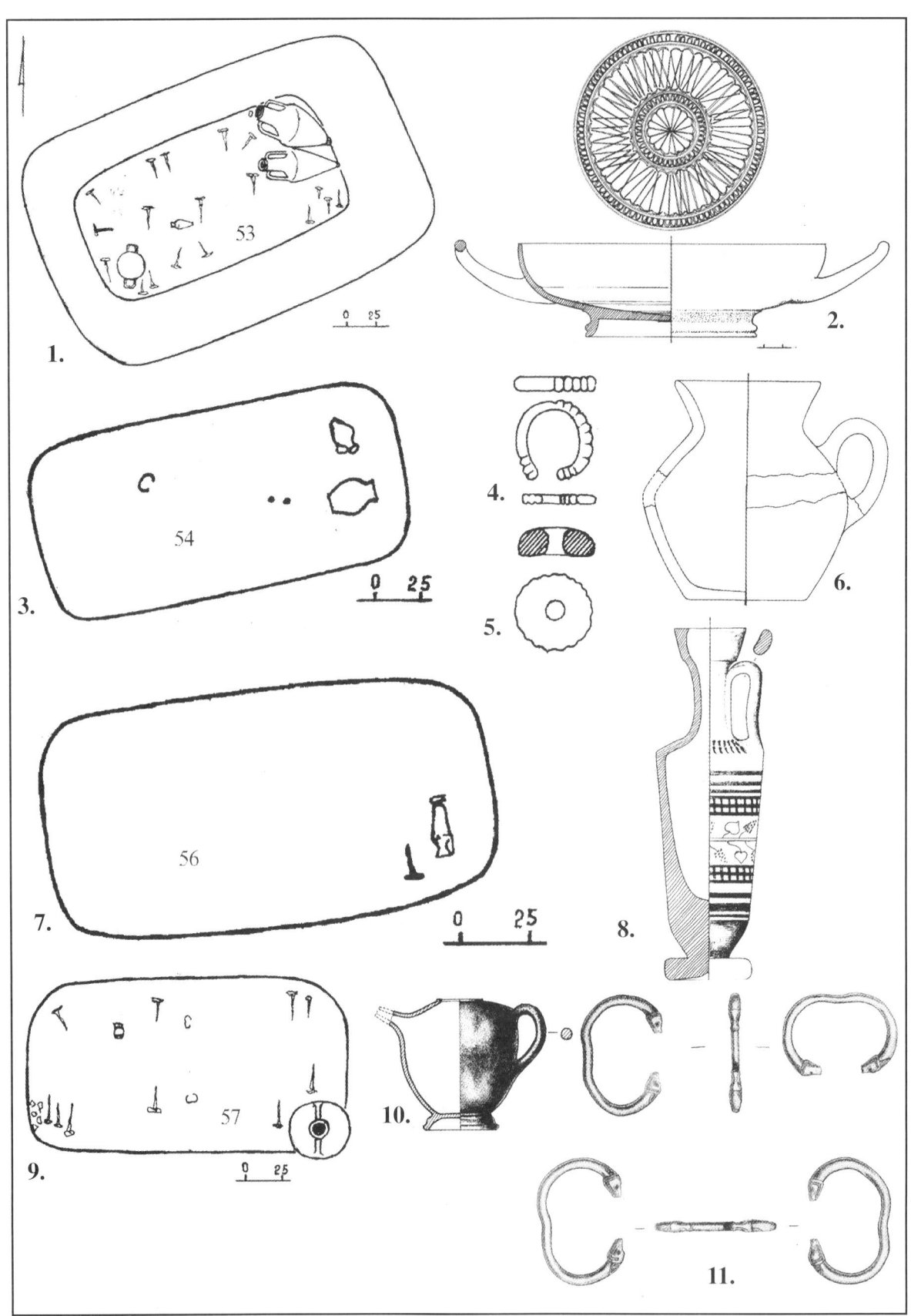

სურ. 77.

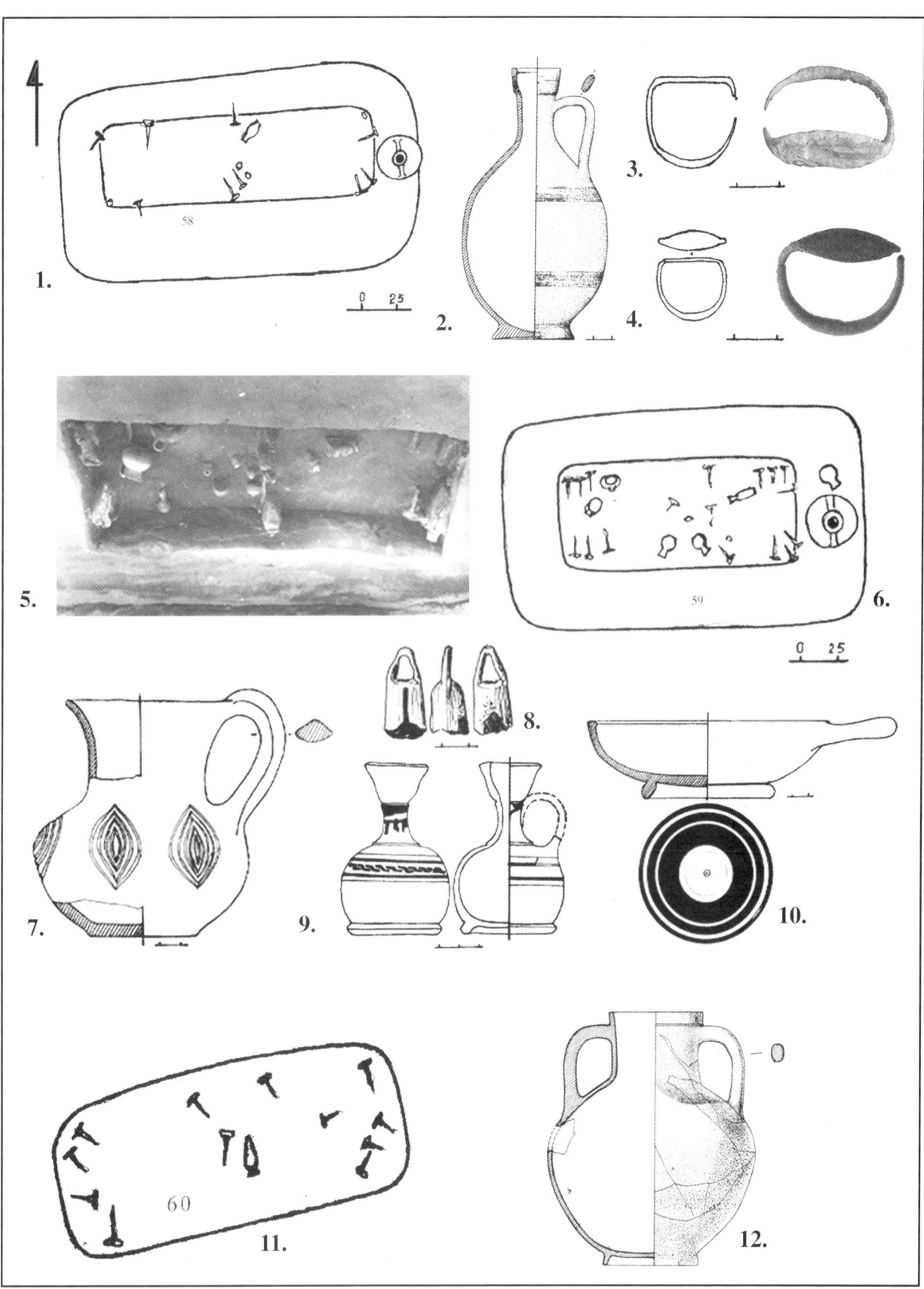

სურ. 78.

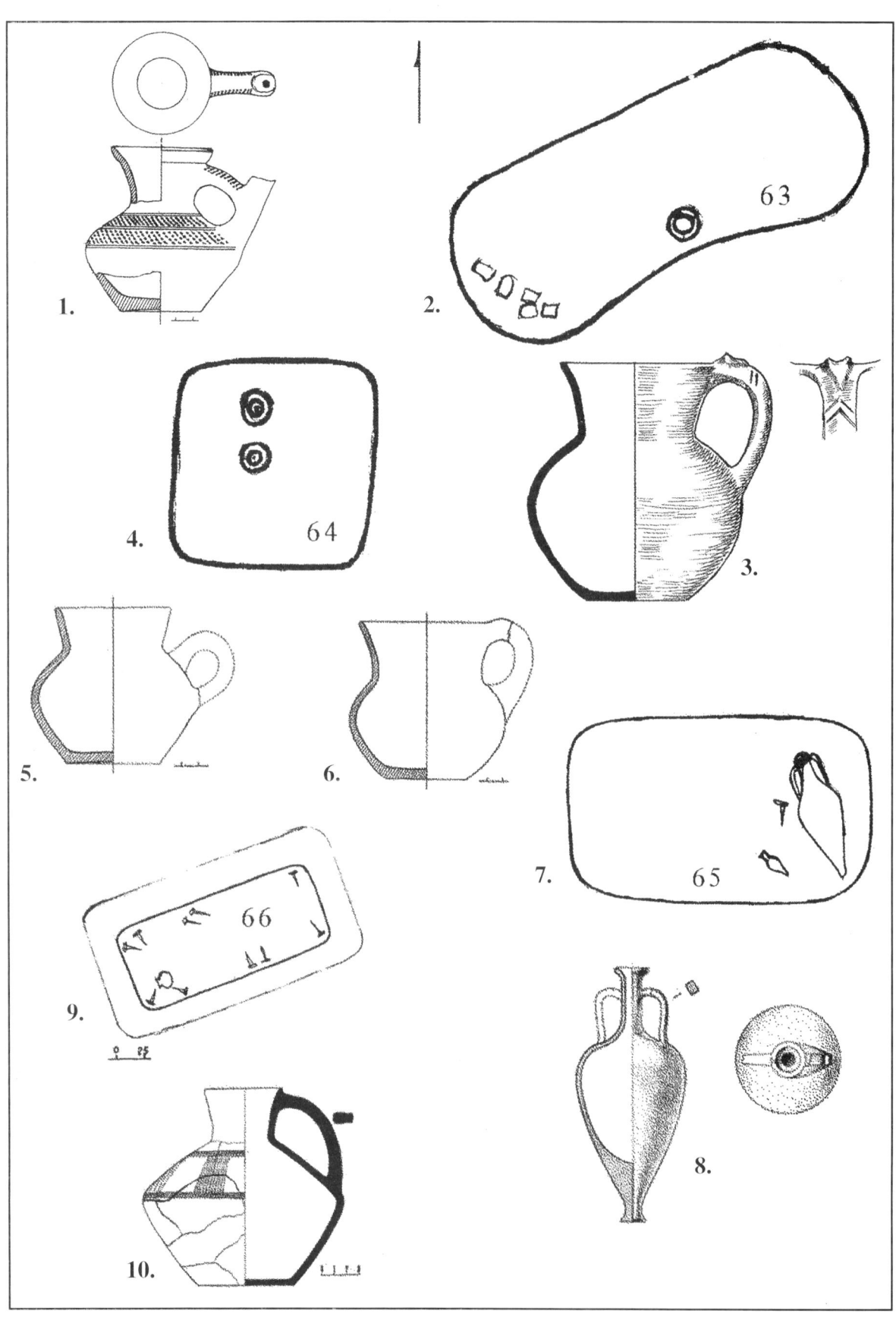

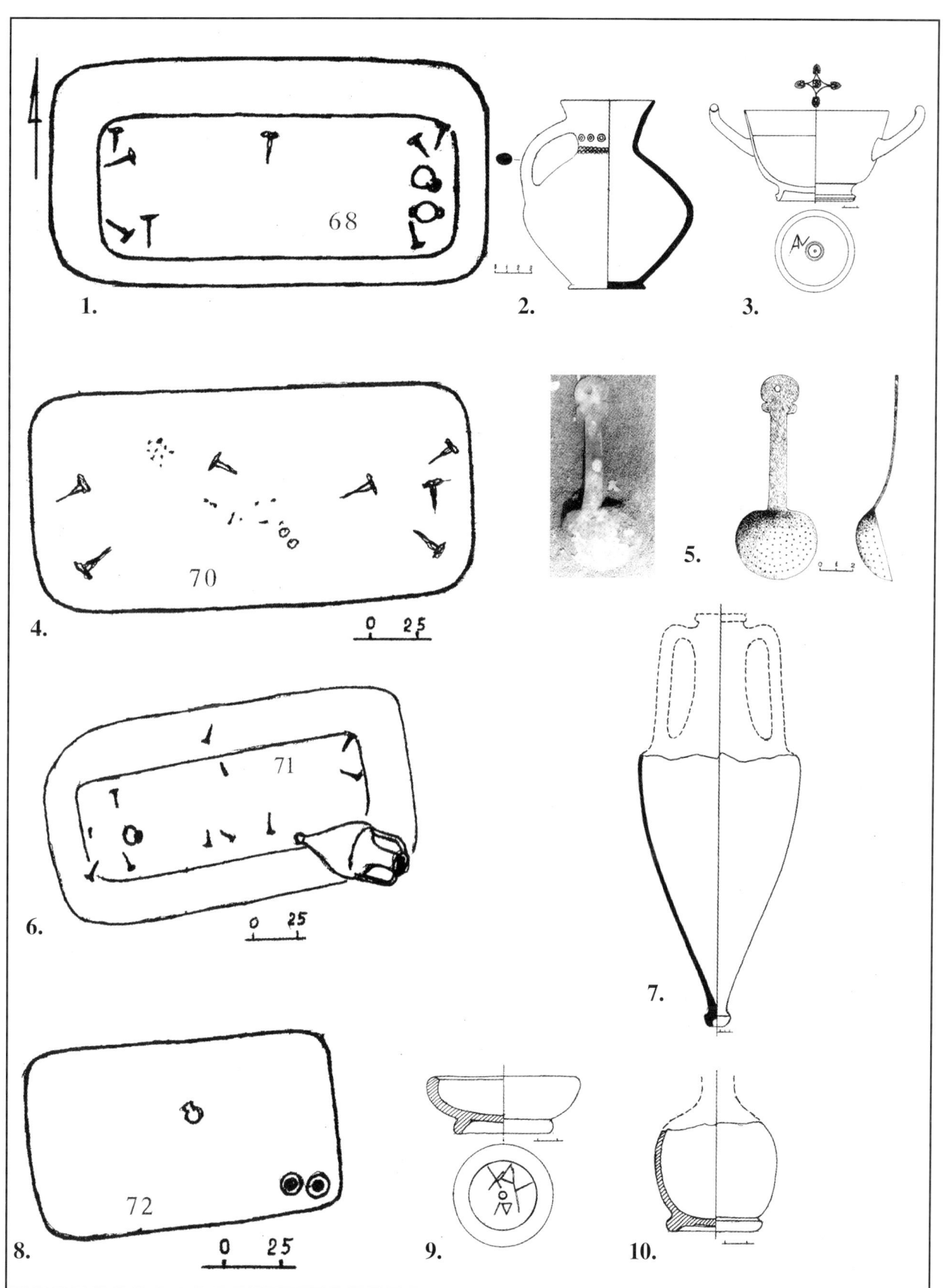

1. 2. 3.

68

4. 5.

70

6. 7.

71

8. 9. 10.

72

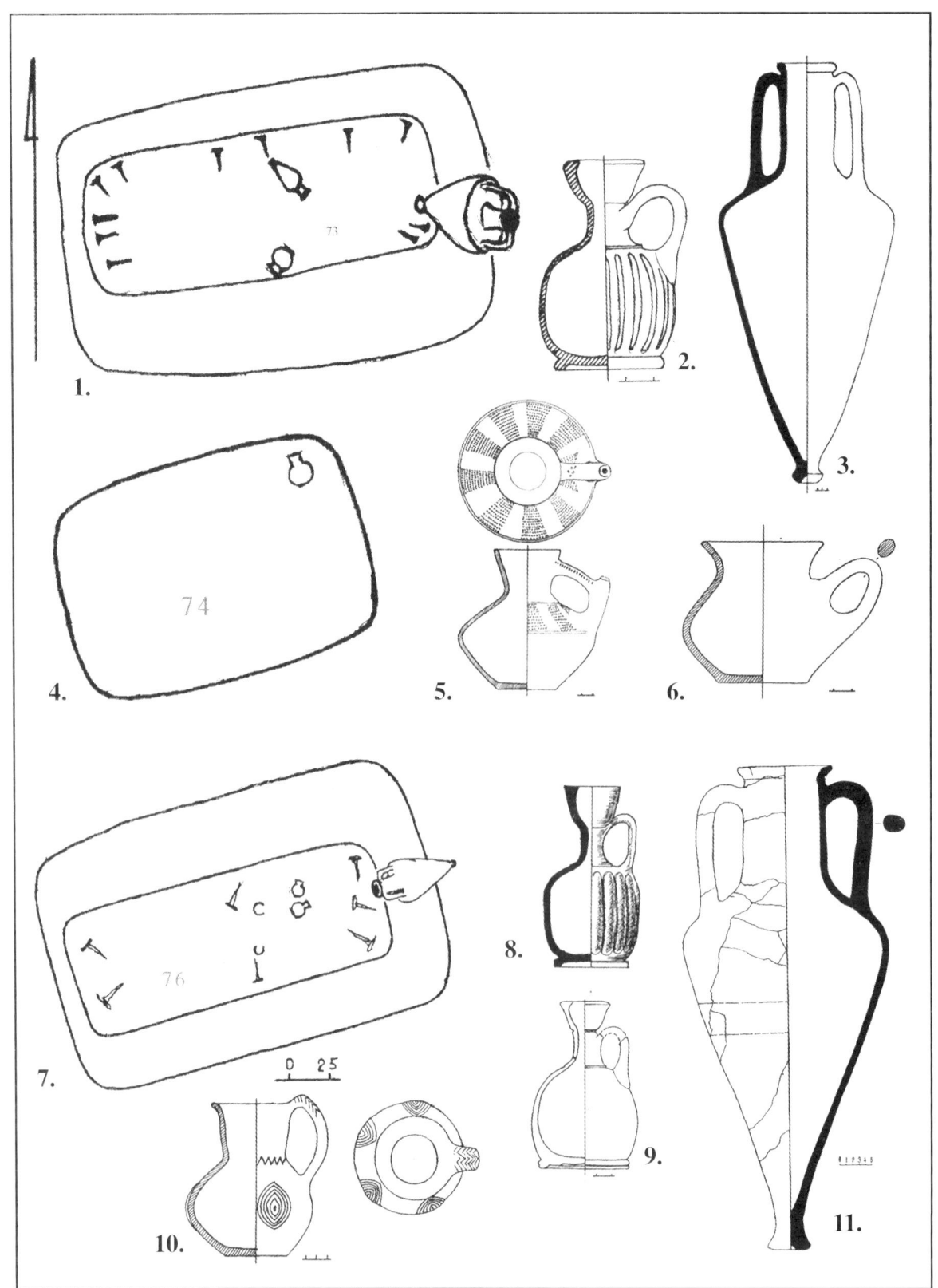

სურ. 81.

სურ. 82 იხილეთ ფერად ილუსტრაციებში, გვ. 404.
Fig. 82 See colour illustrations, page 404.

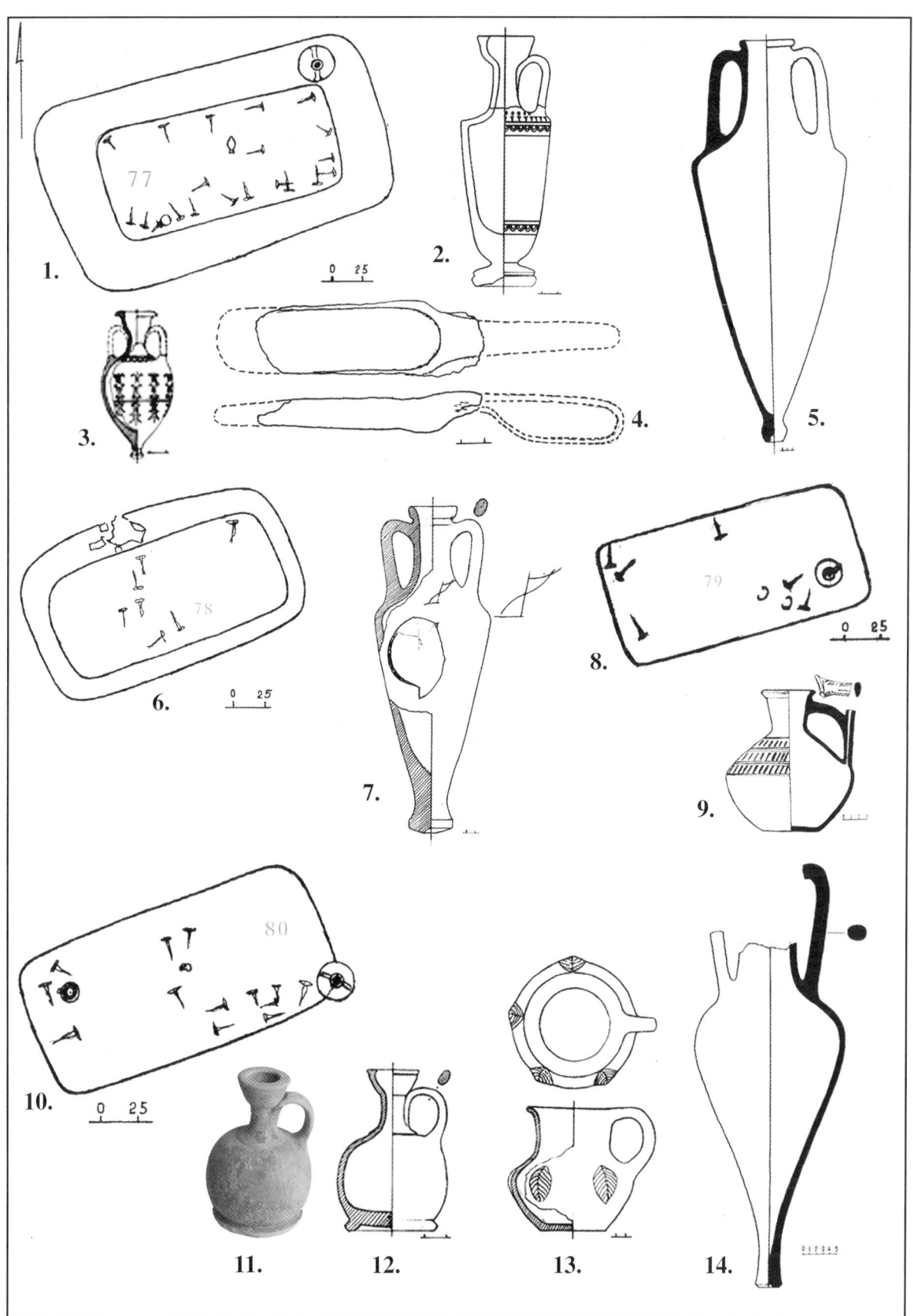

სურ. 83.

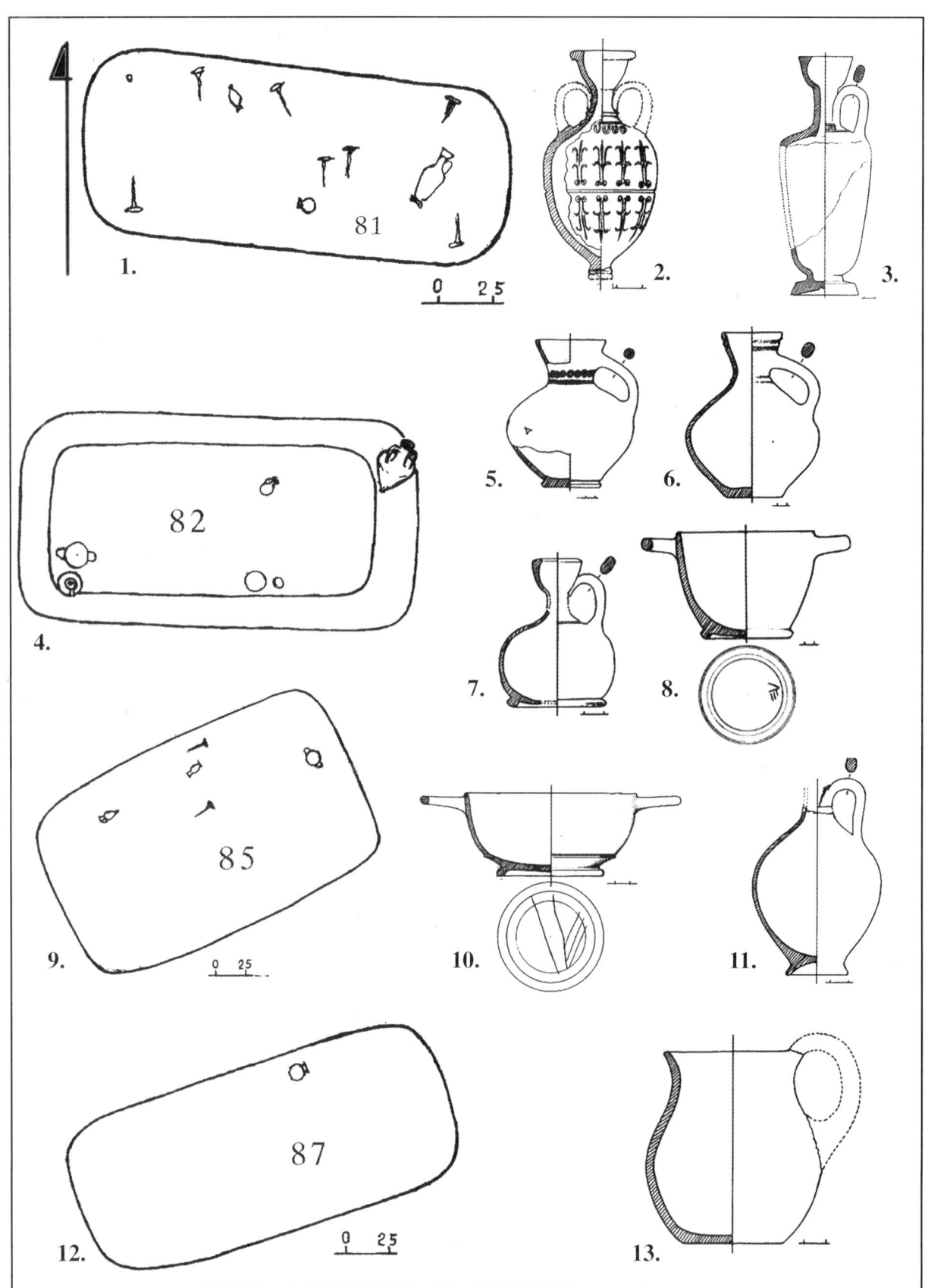

სურ. 84.

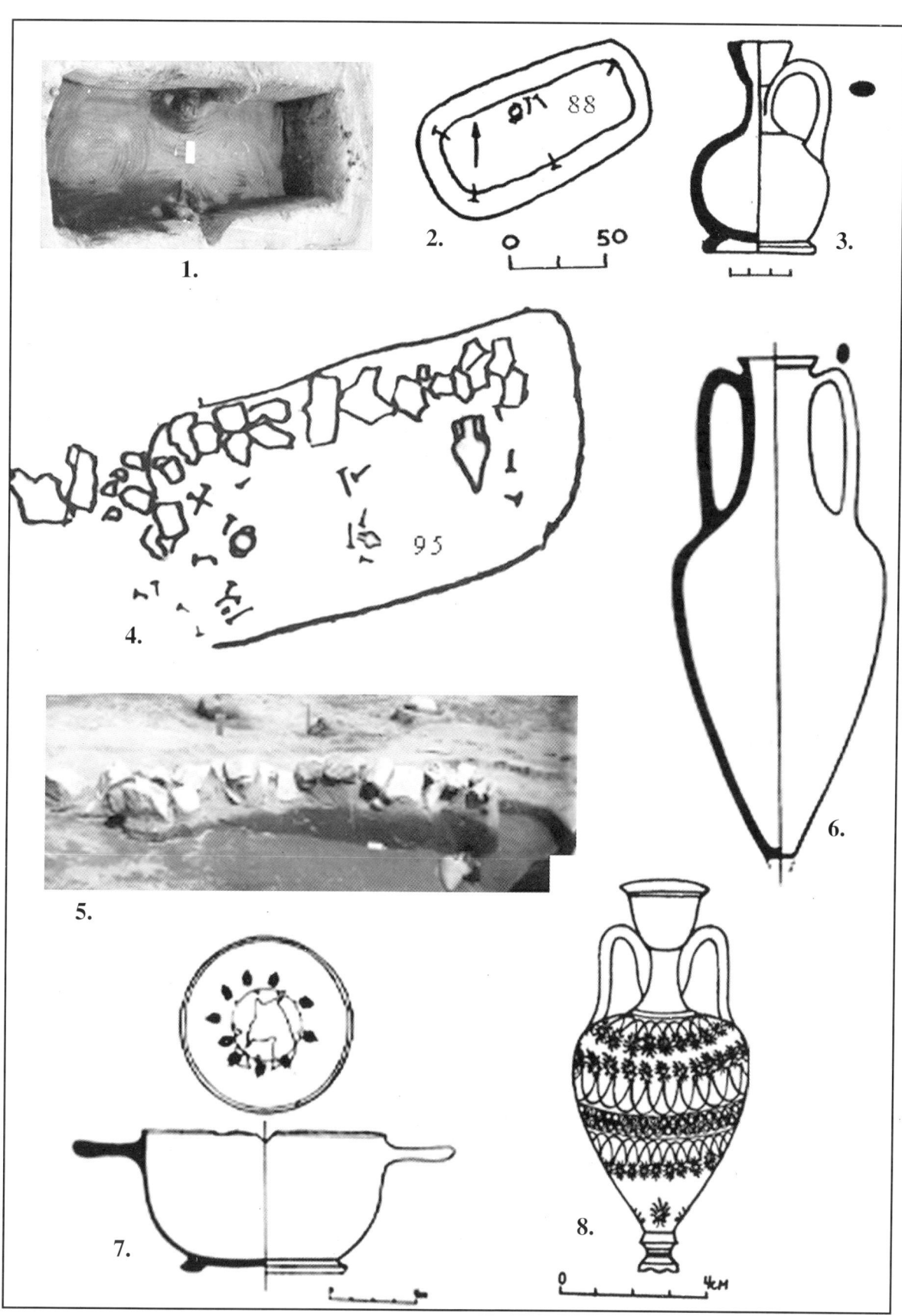

1.

2.

88

0   50

3.

4.

95

6.

5.

7.

8.

0   4CM

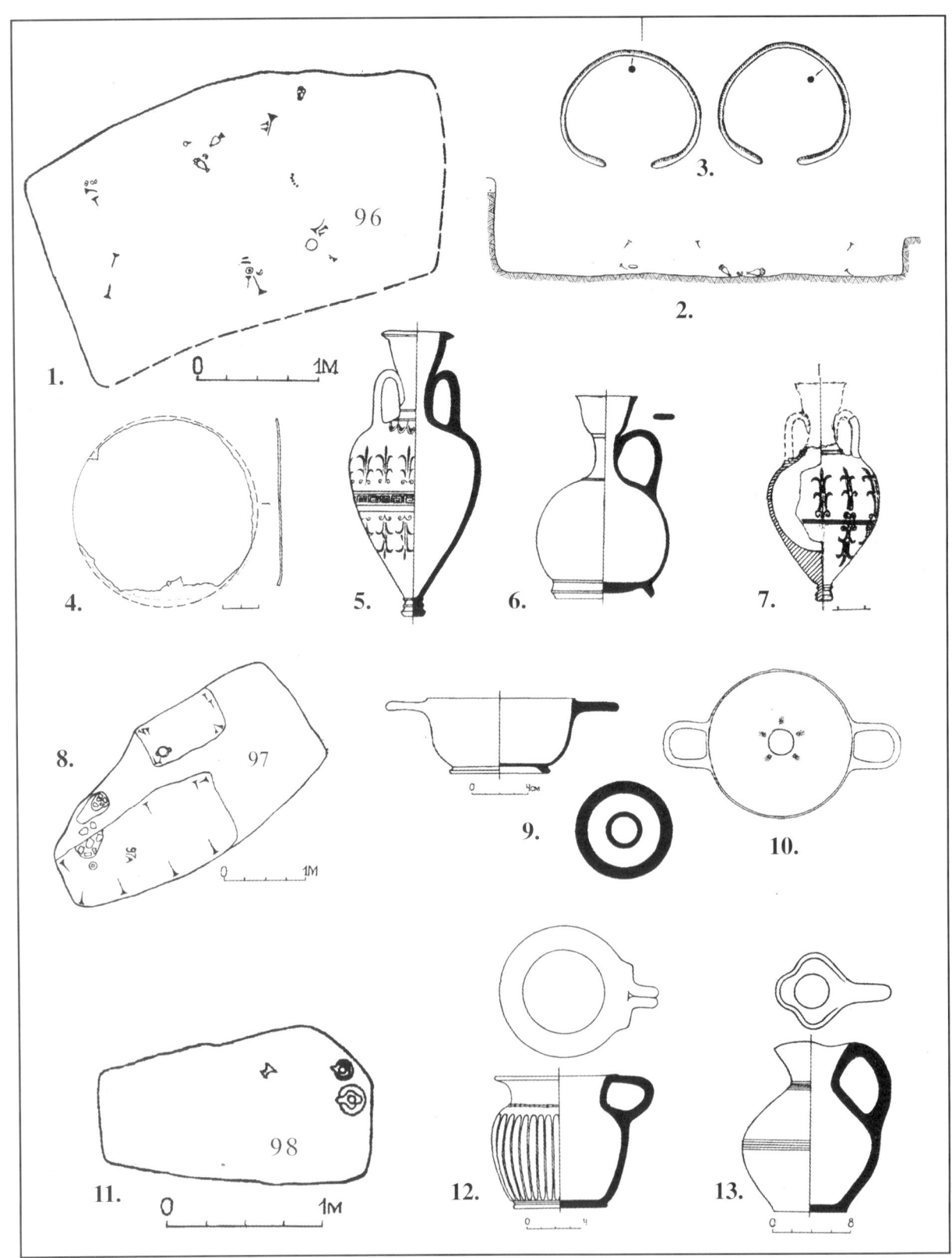

სურ. 86.

სურ. 87 იხილეთ ფერად ილუსტრაციებში, გვ. 405.
Fig. 87 See colour illustrations, page 405.

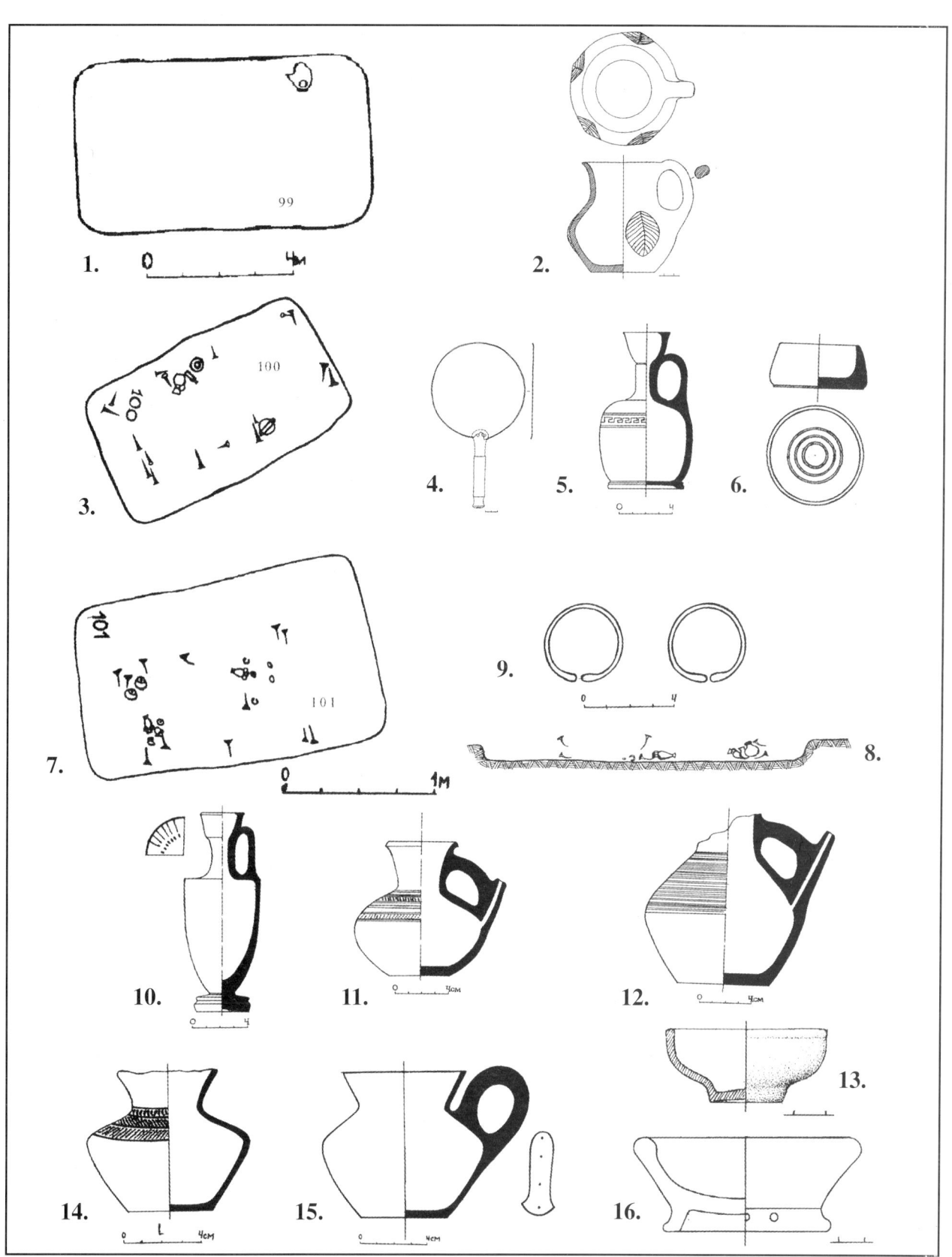

სურ. 88.

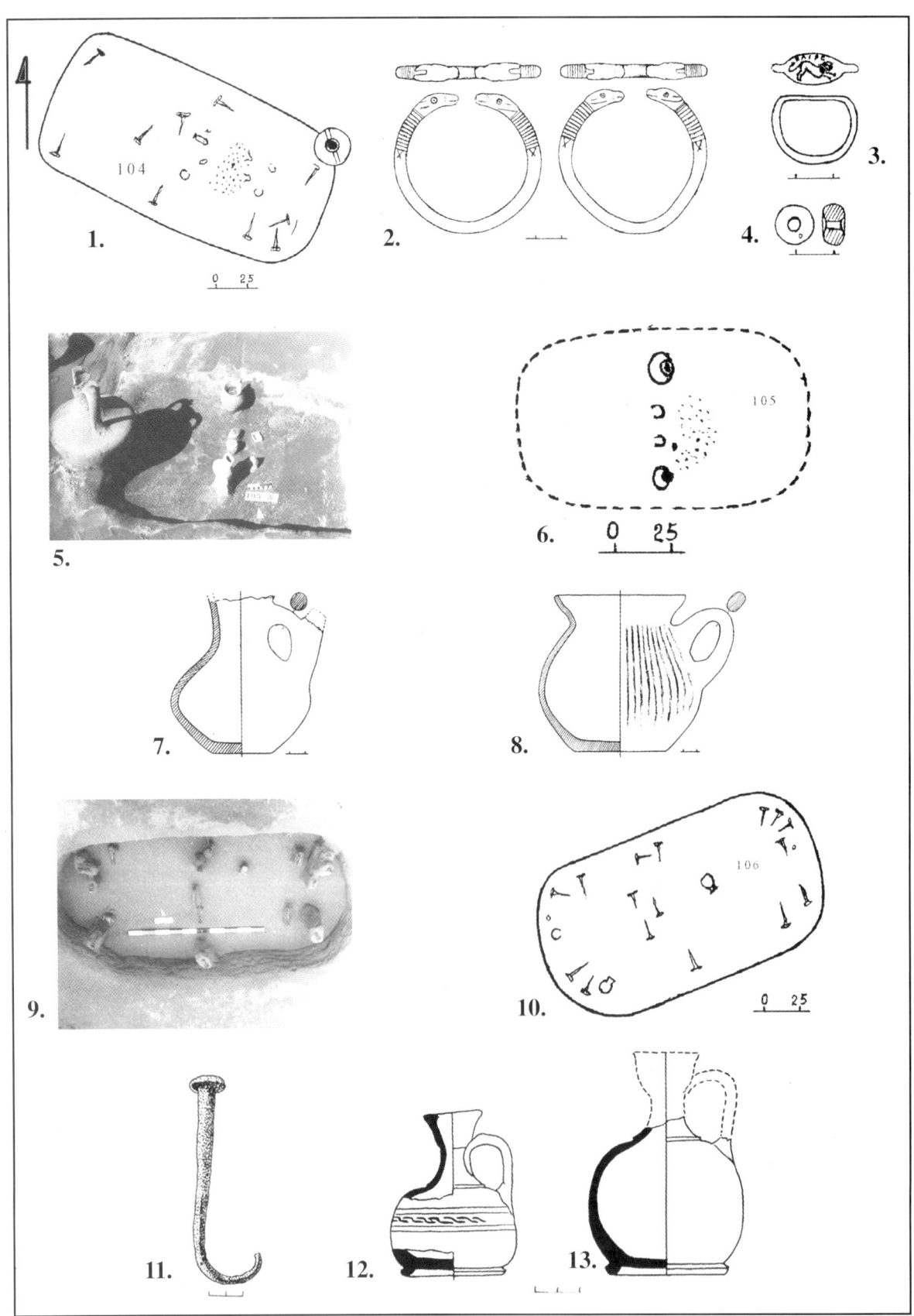

სურ. 89.

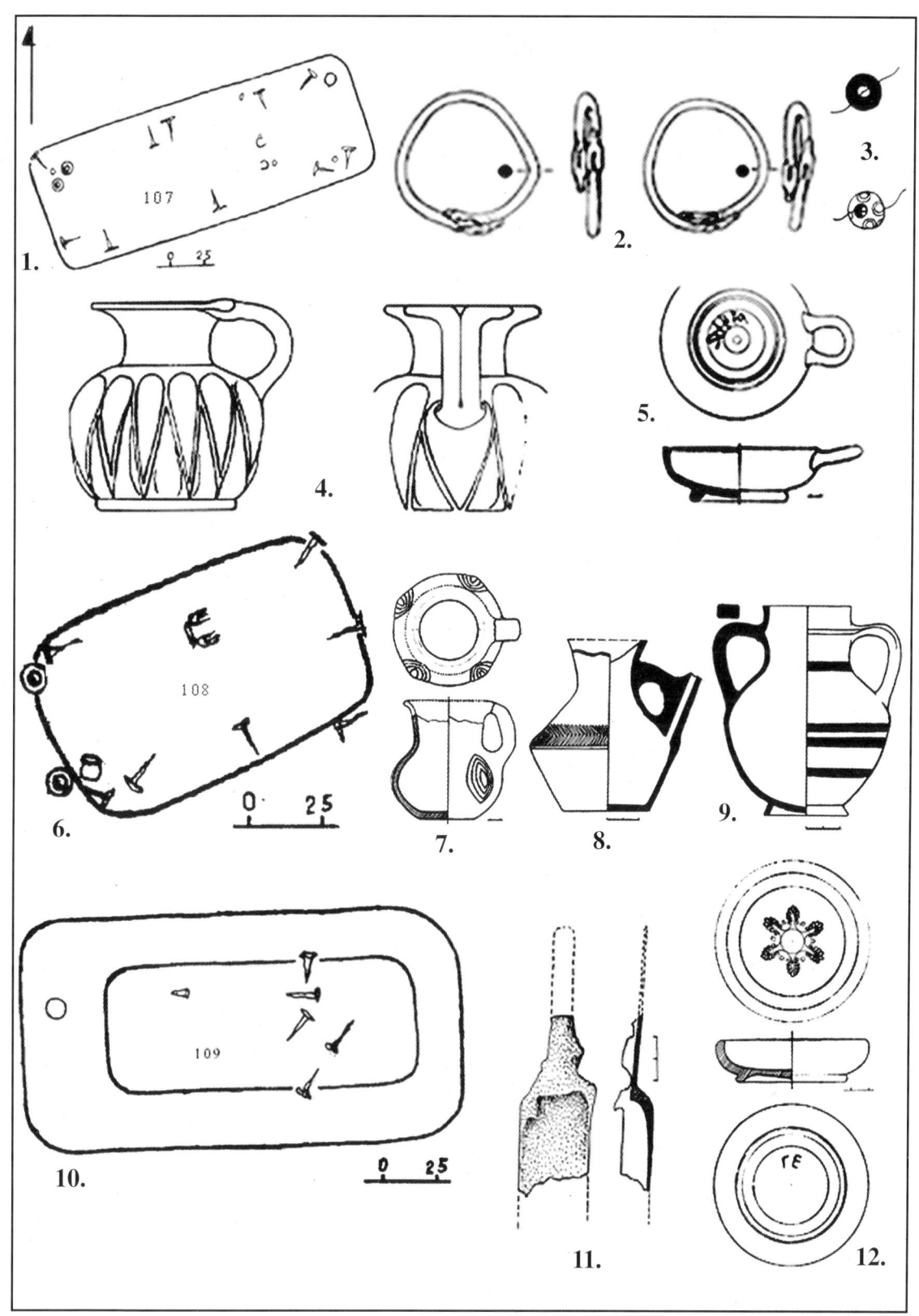

სურ. 90.

სურ. 91 იხილეთ ფერად ილუსტრაციებში, გვ. 406.
Fig. 91 See colour illustrations, page 406.

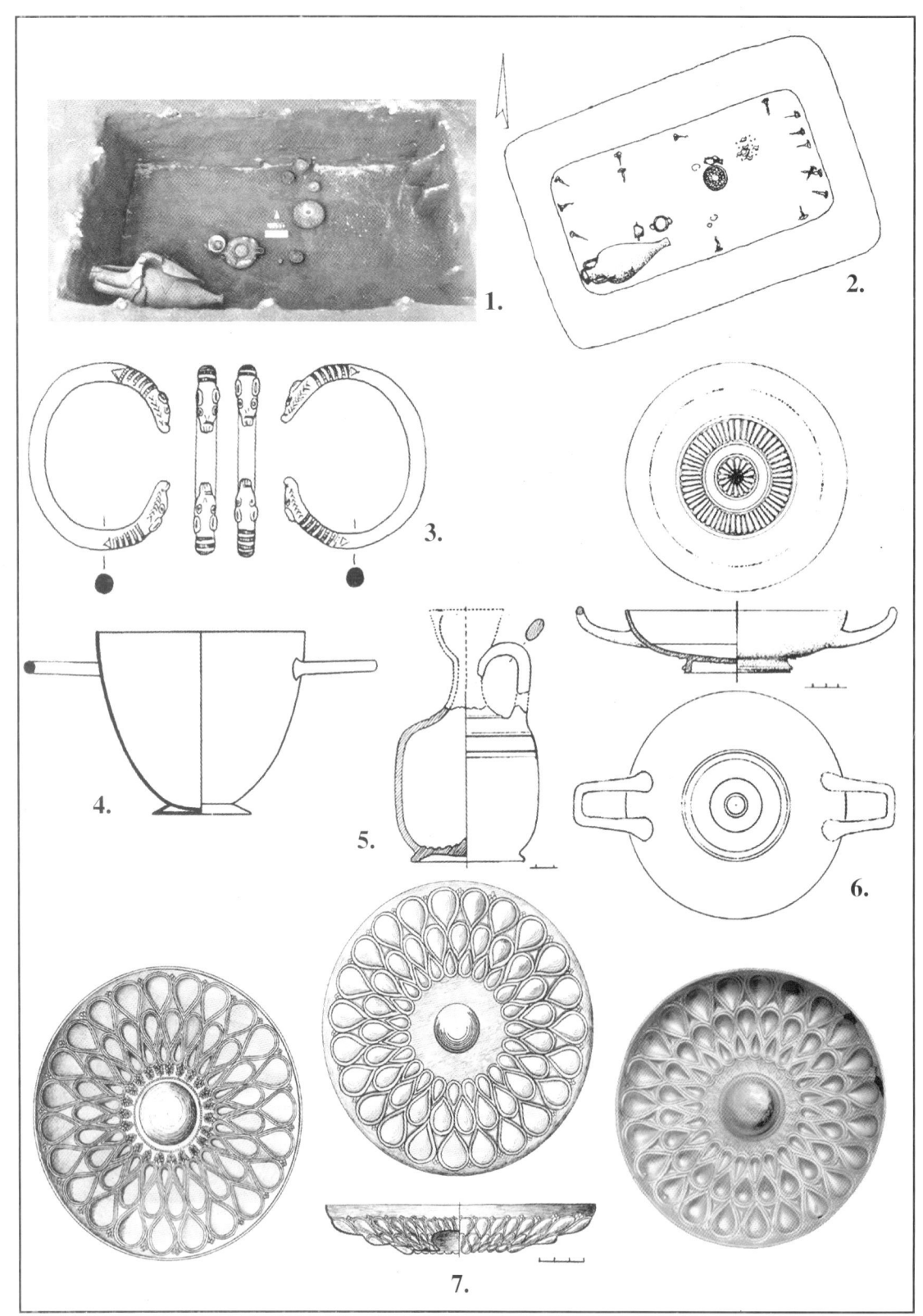

სურ. 92.

სურ. 93 იხილეთ ფერად ილუსტრაციებში, გვ. 407.
Fig. 93 See colour illustrations, page 407.

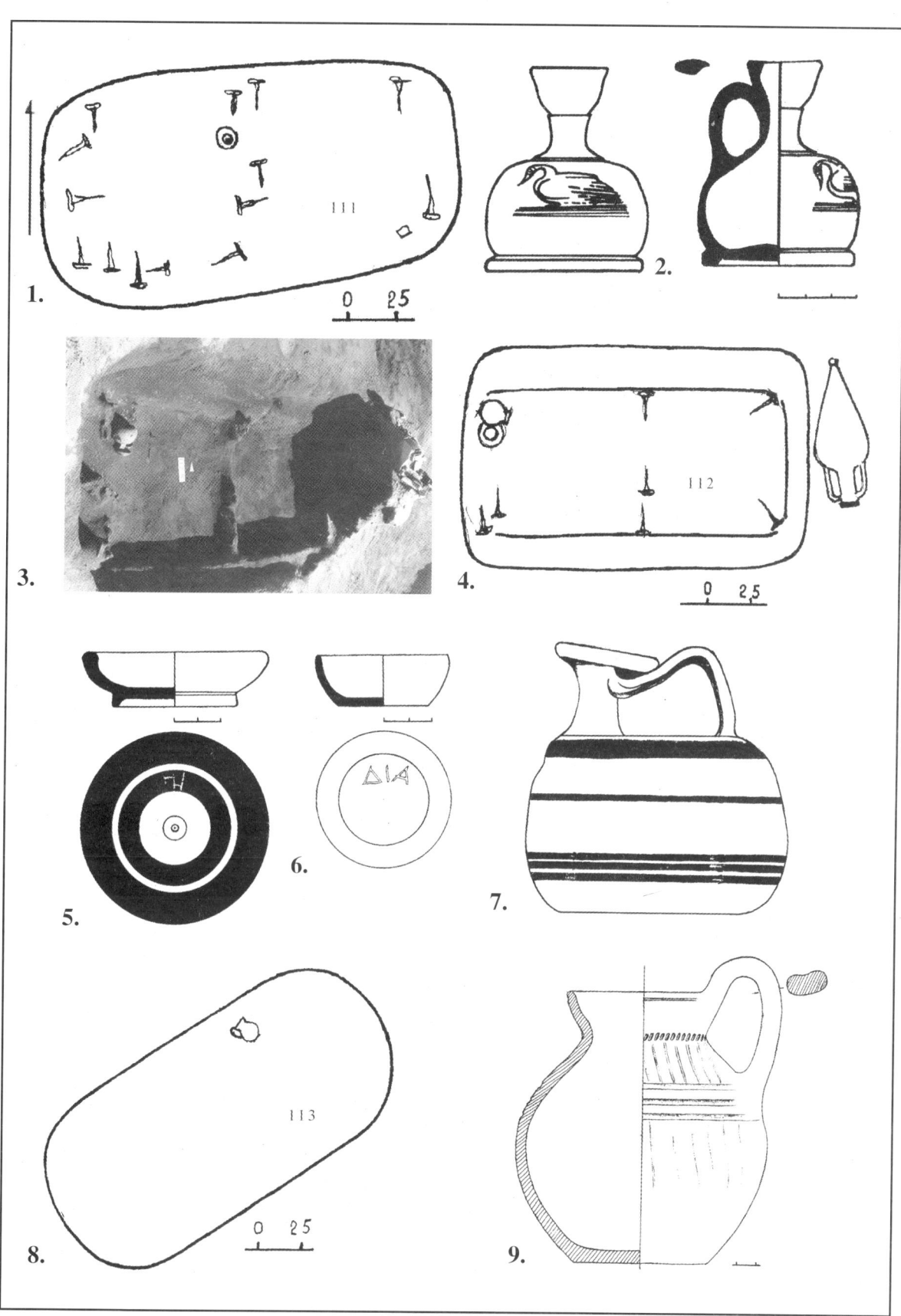

1. 2. 3. 4. 5. 6. 7. 8. 9.

 სურ. 94.

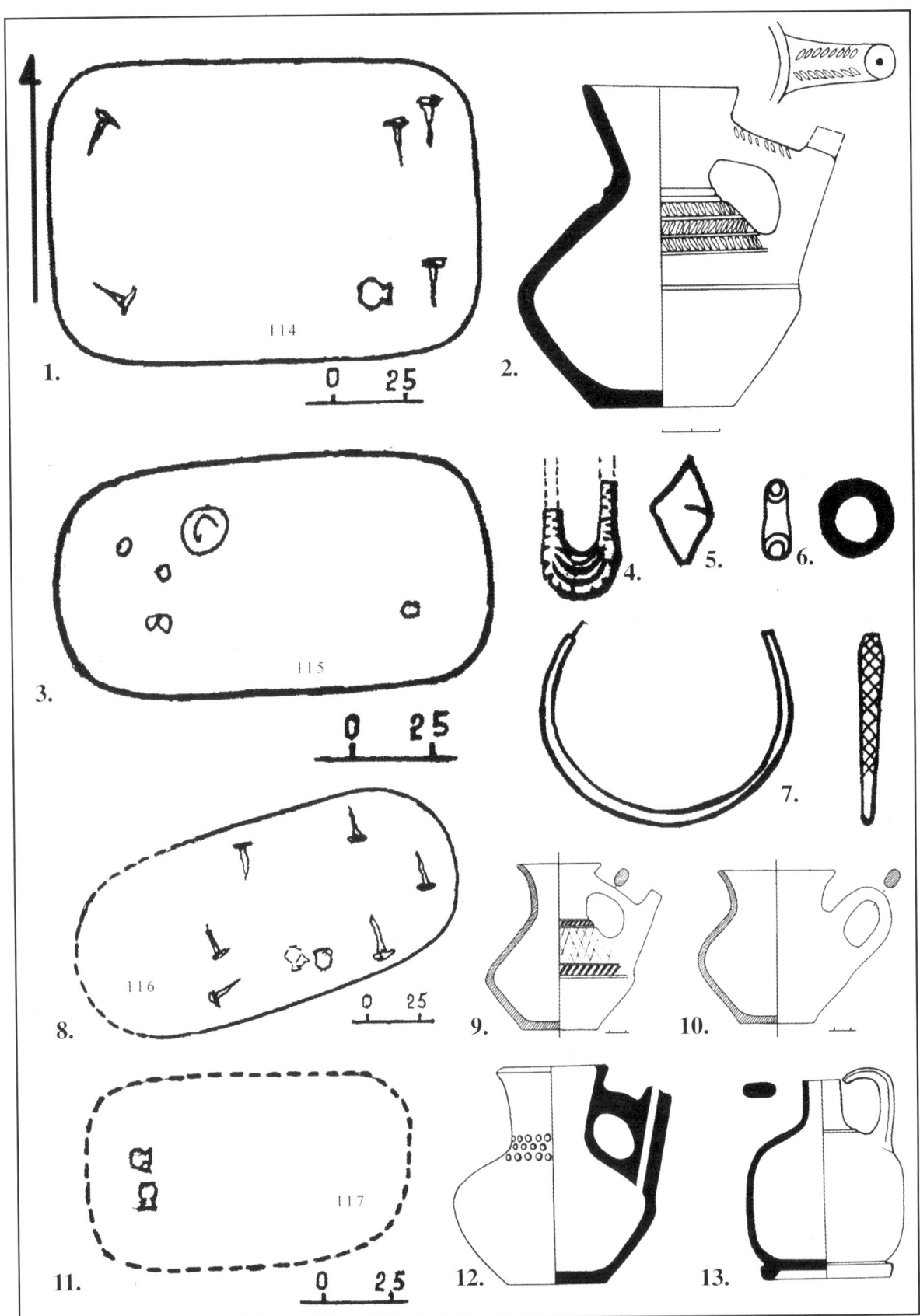

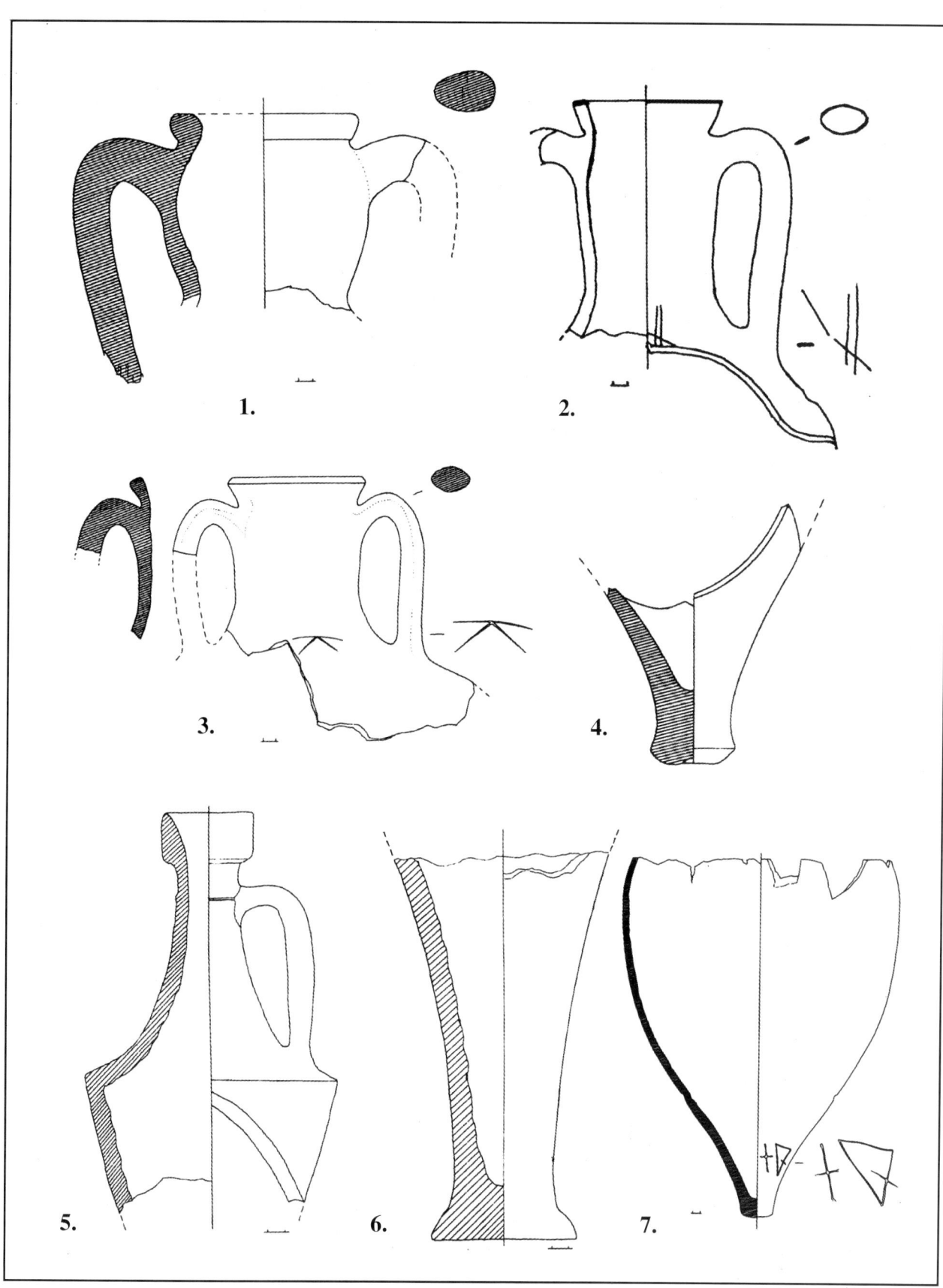

1.

2.

3.

4.

5.

6.

7.

სურ. 96.

389

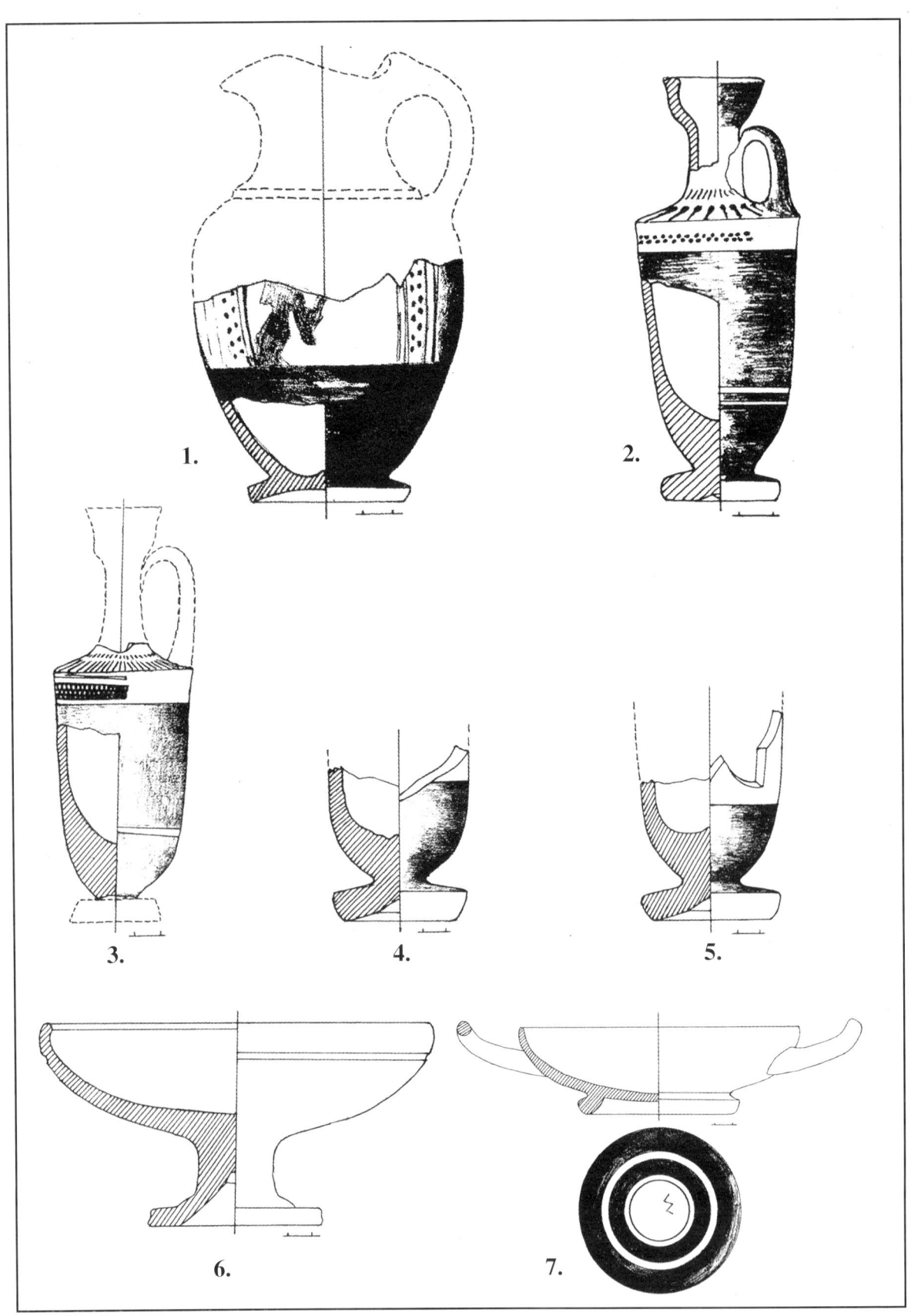

სურ. 97.

390

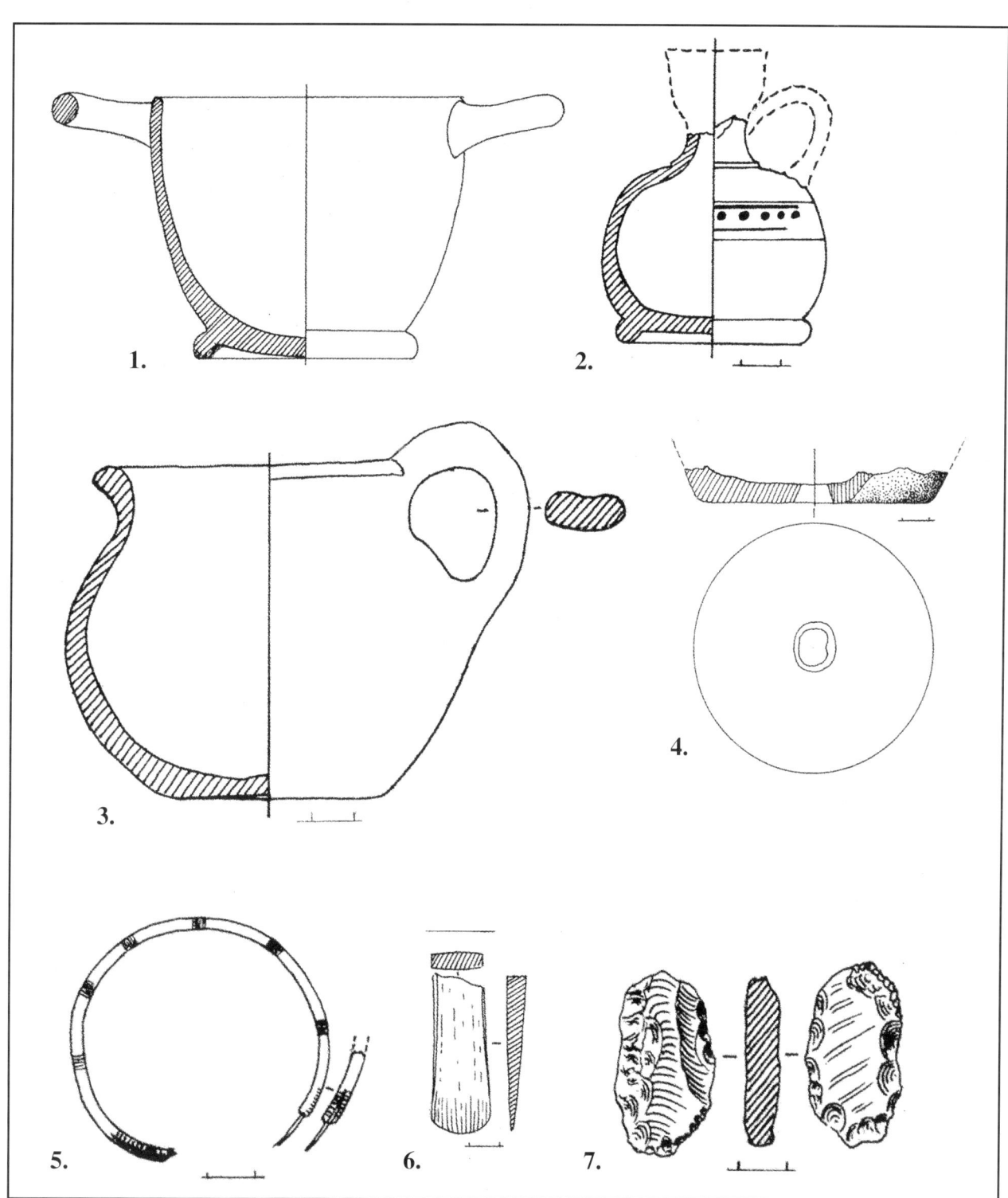

სურ. 98.

სურ. 99 იხილეთ ფერად ილუსტრაციებში, გვ. 408.
Fig. 99 See colour illustrations, page 408.

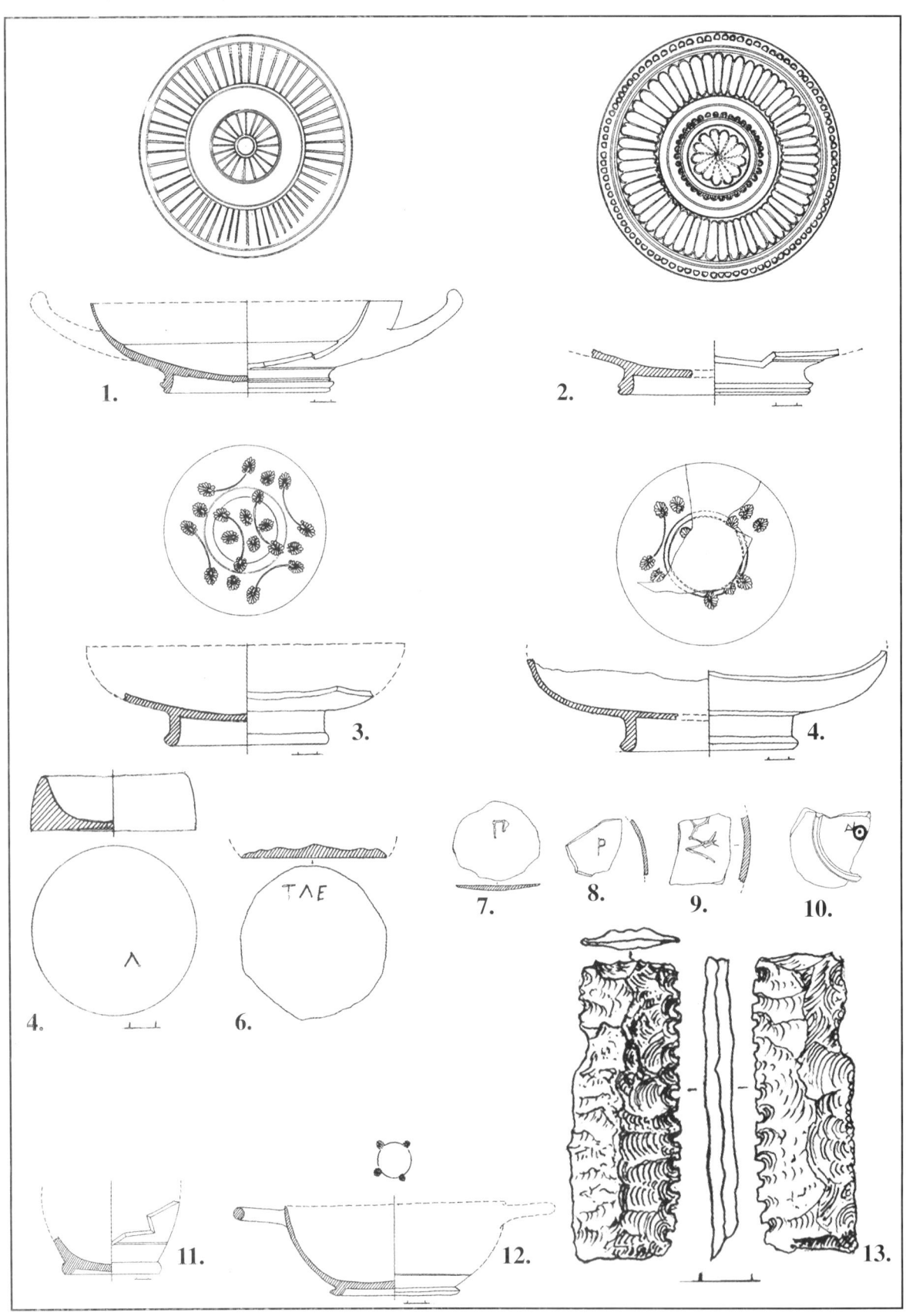

სურ. 100.

1.　　　　118

2.　　119

3.　120

127

4.

5.

6.　123

7.　131

136　8.

9.　137

10.

11.

138

12.　139

13.　140

სურ. 24.

395

სურ. 25.

სურ. 26.

სურ. 27.

12

სურ. 50.

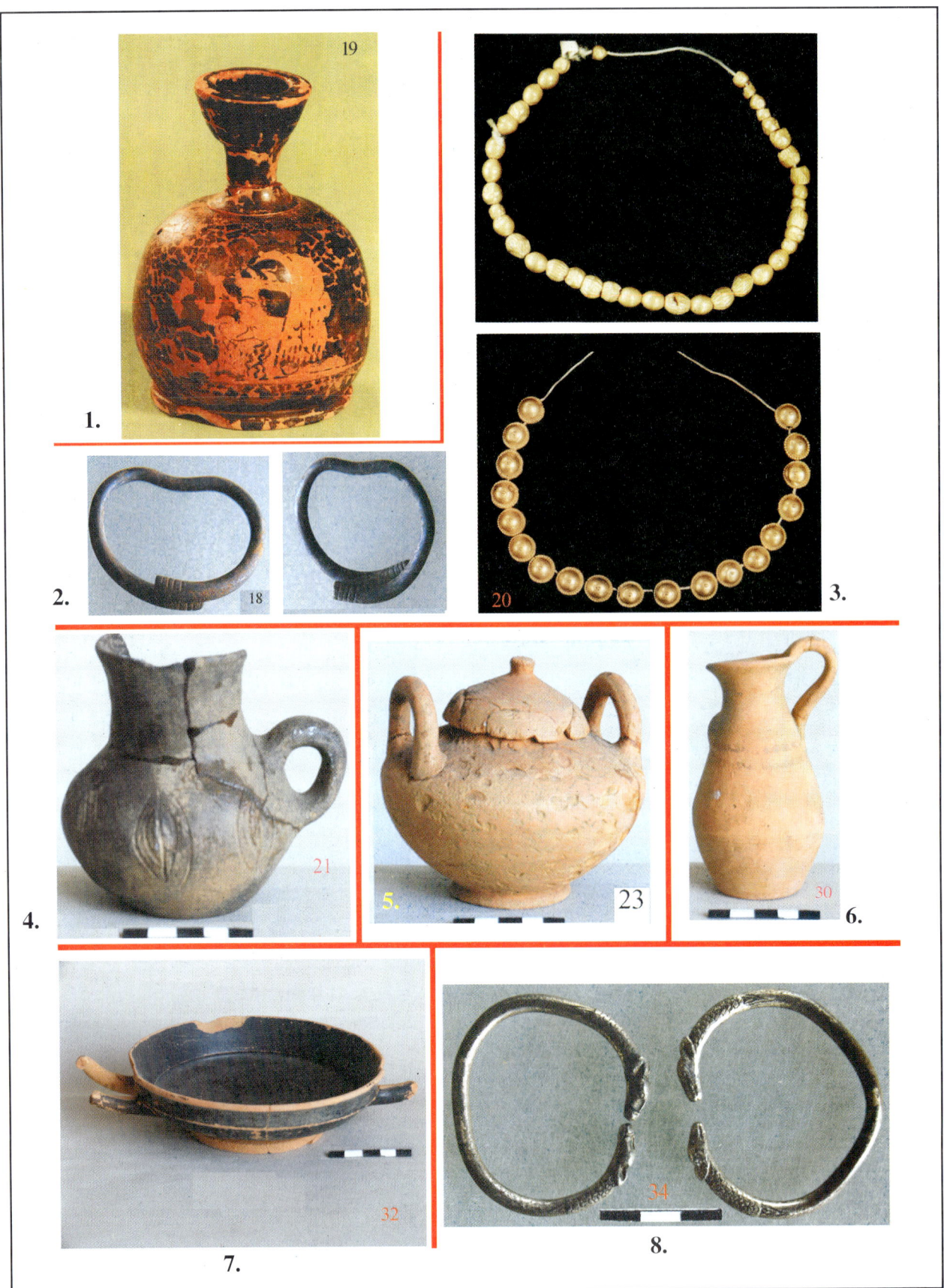

სურ. 69.

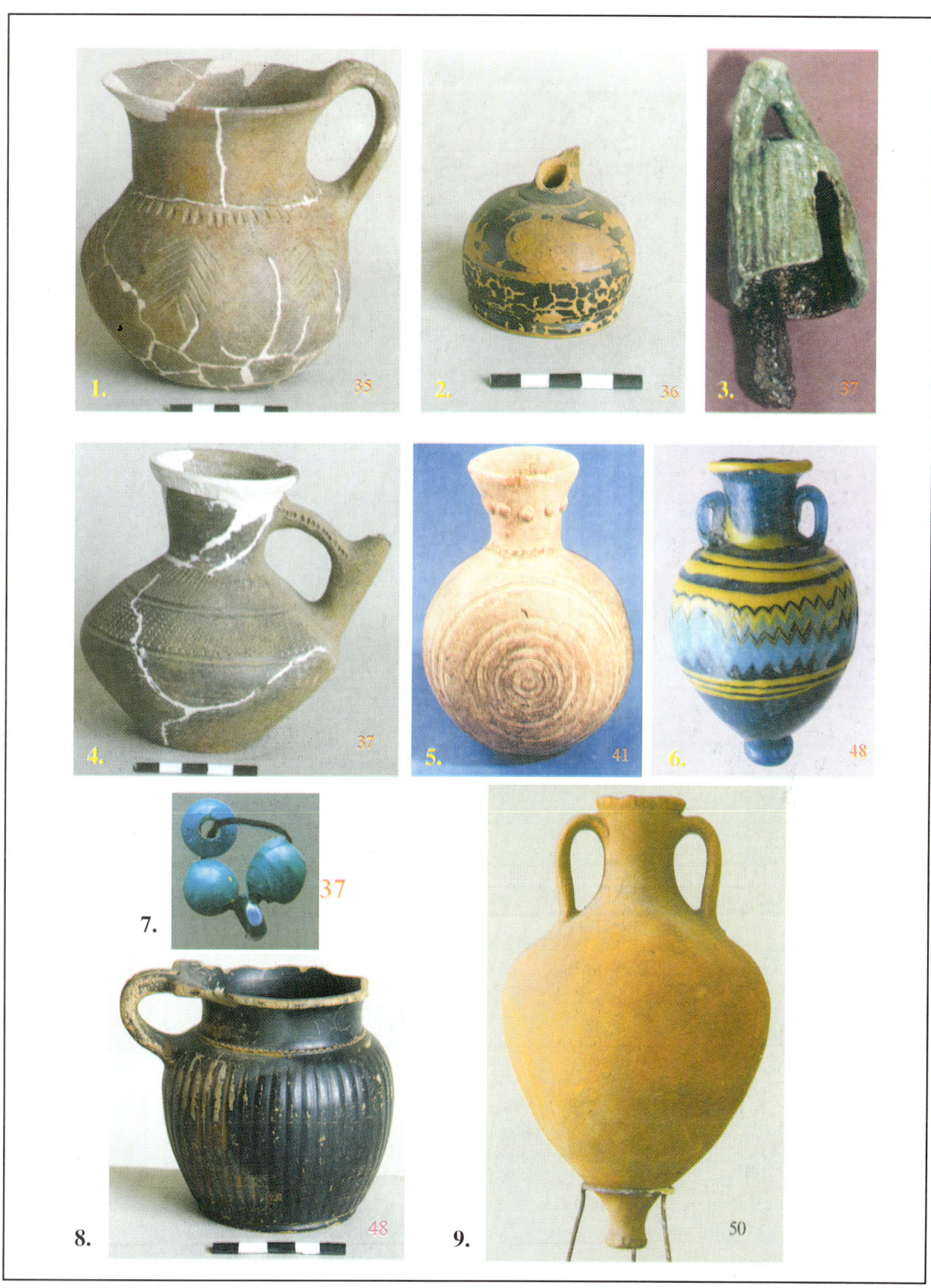

1. 35   2. 36   3. 37

4. 37   5. 41   6. 48

7. 37

8. 48   9. 50

სურ. 76.

403

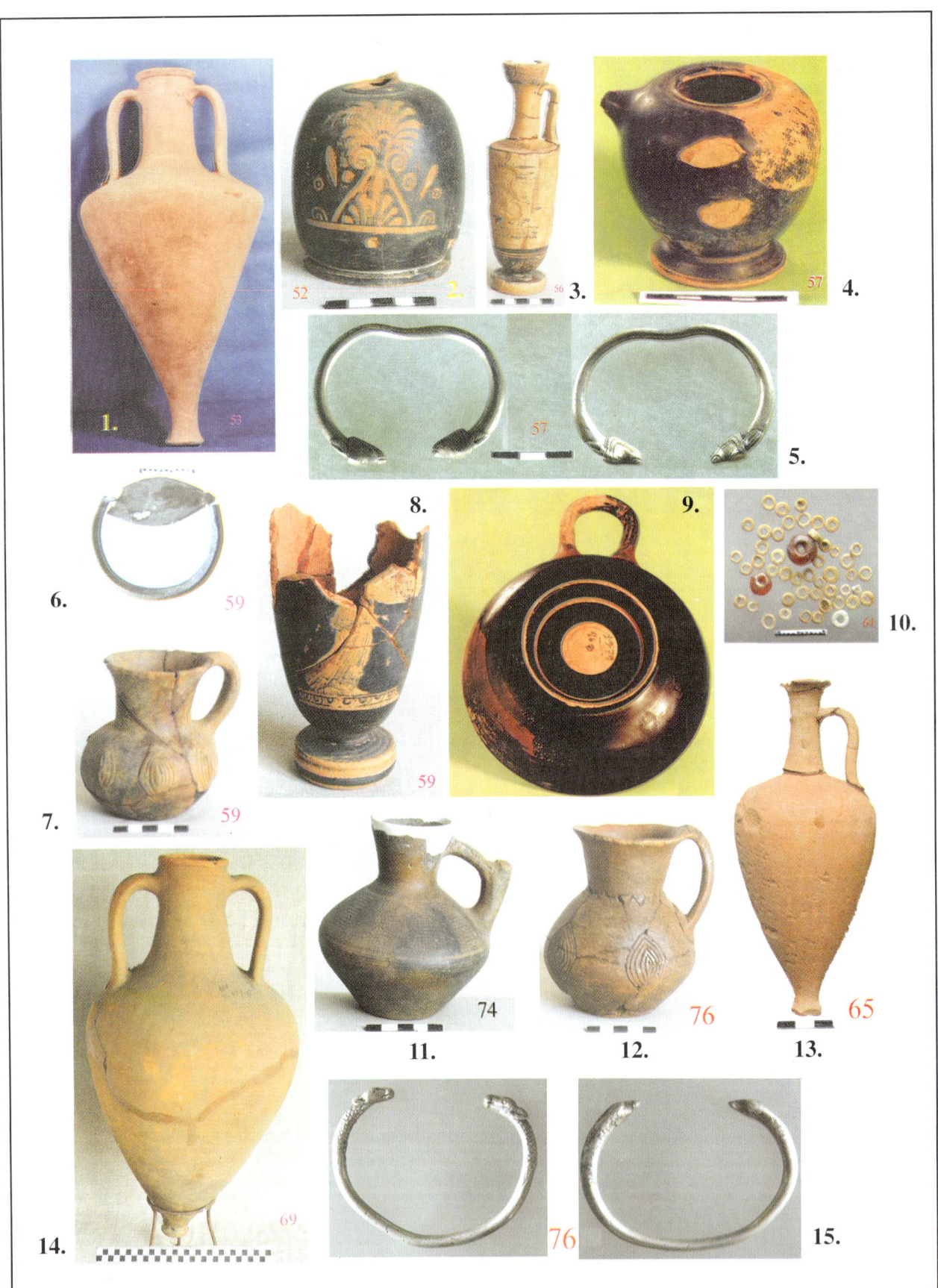

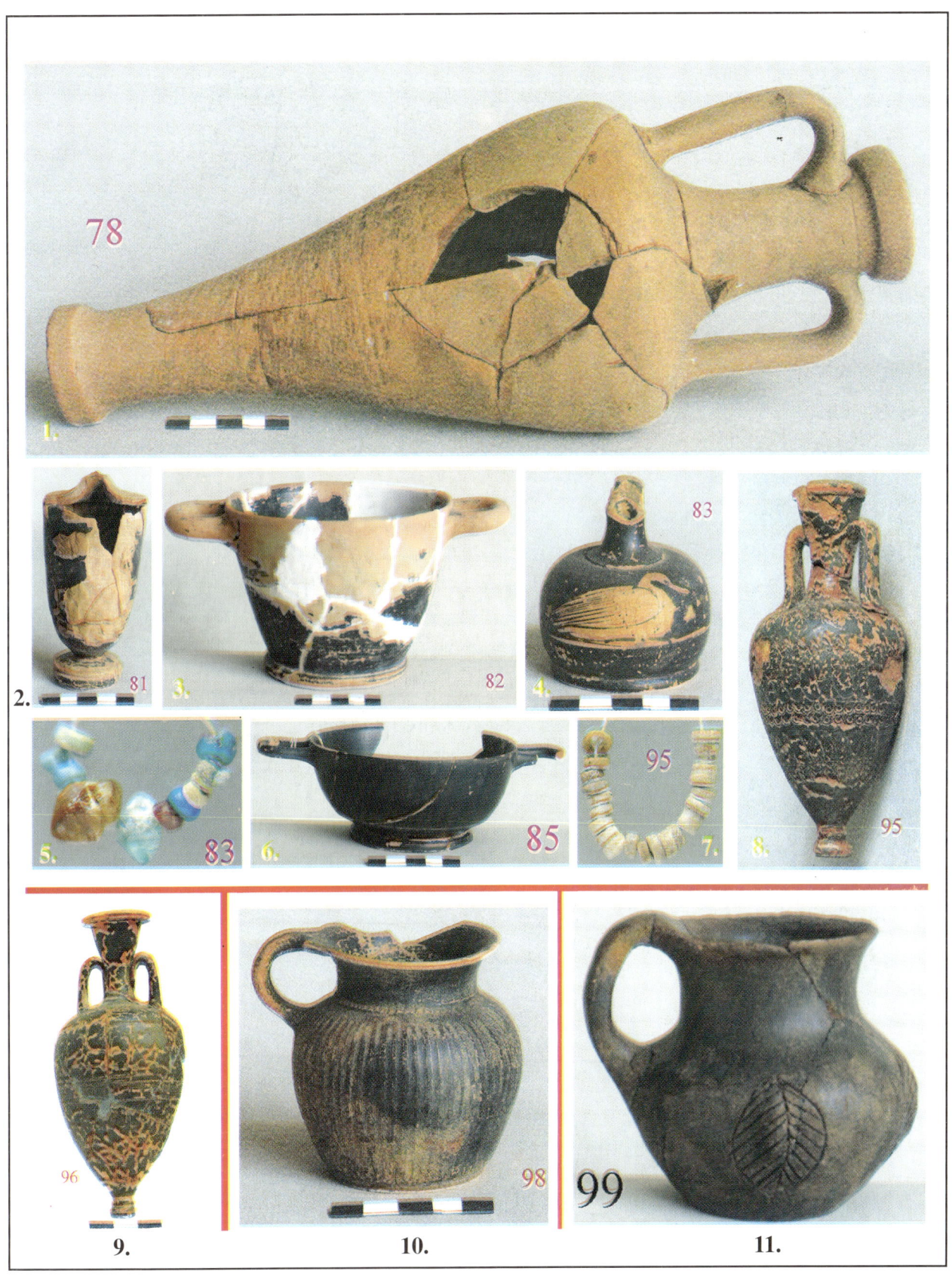

სურ. 87.

405

1.   2.   3.   4.   5.   6.   7.   8.   9.

10.   11.   12.   13.

14.   15.   16.   17.

სურ. 91.

406

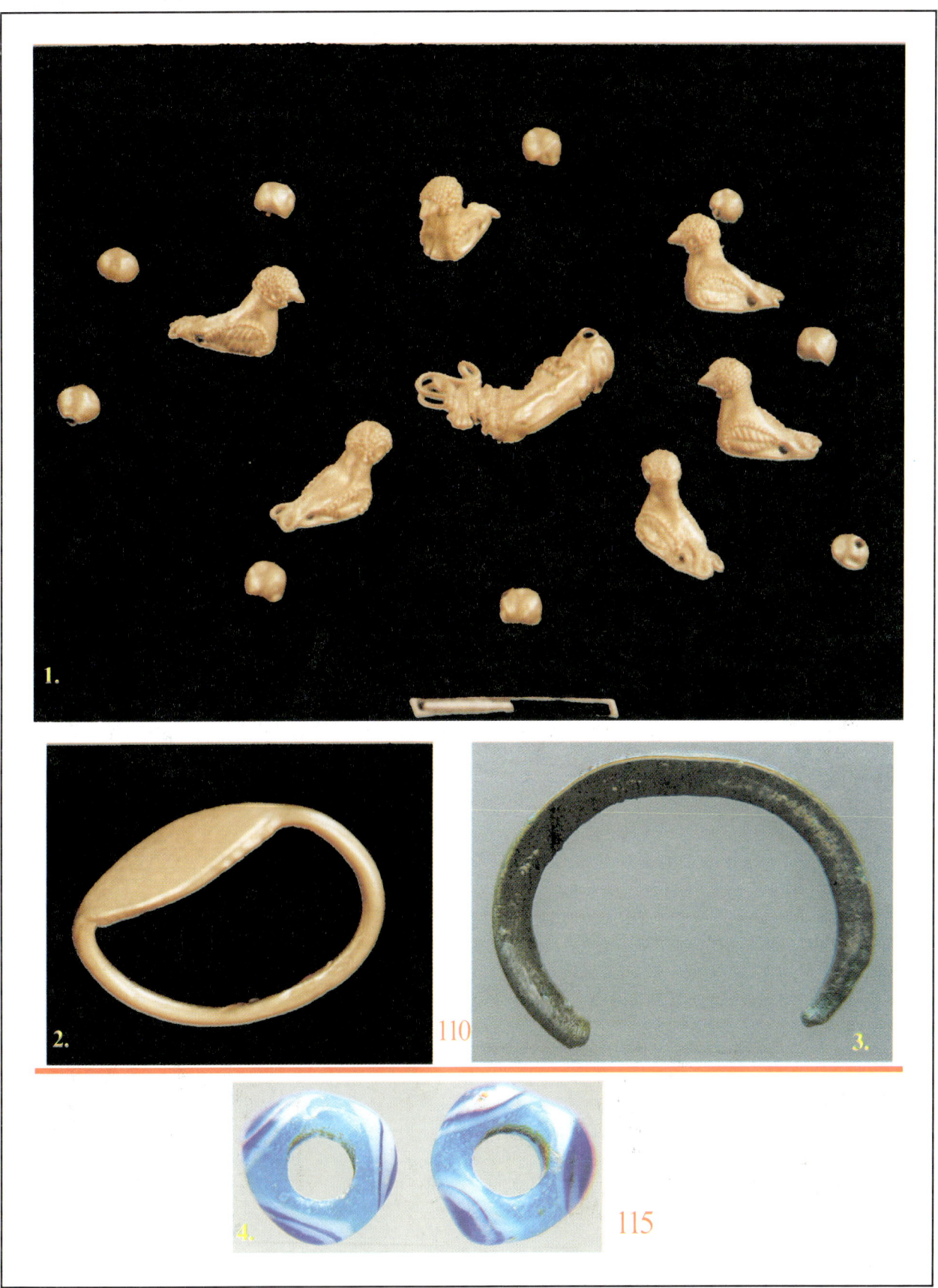

110

115

სურ. 93.

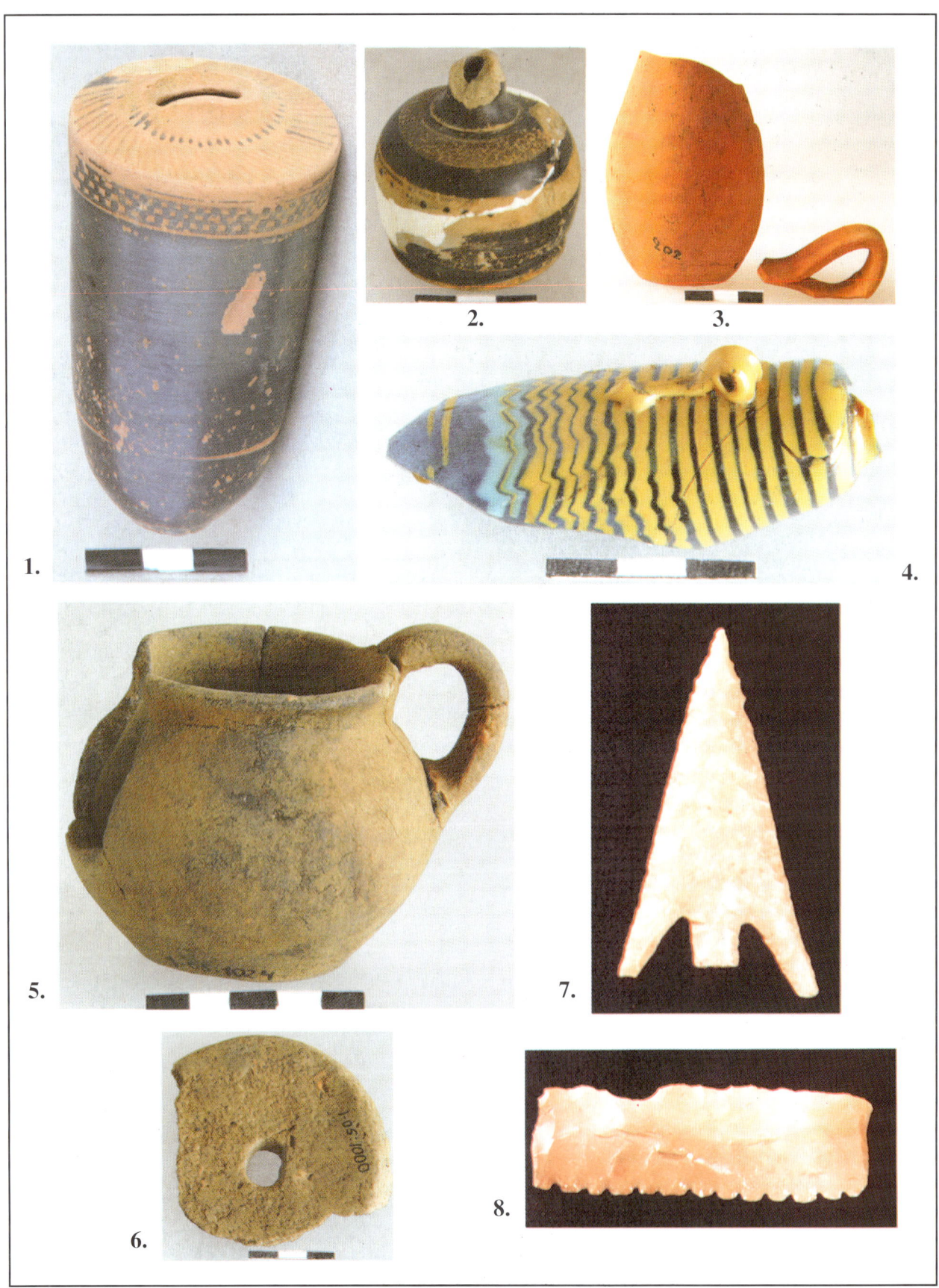